Le Guide Vert

S. Sauvignier/MICHELIN

Côte d'Azur

Directeur	David Brabis
Rédactrice en chef	Nadia Bosquès
Rédaction	Stéphanie Vinet
Mise à jour	Juliette Dablanc
Informations pratiques	Catherine Rossignol, Isabelle Foucault, Marie Simonet, Catherine Guégan
Documentation	Isabelle du Gardin, Eugenia Gallese, Aurelia Voltz
Cartographie	Alain Baldet, Michèle Cana, Alain Schmitz, Christelle Coué
Iconographie	Stéphane Sauvignier
Secrétariat de rédaction	Pascal Grougon, Danièle Jazeron
Correction	Agnès Jeanjean
Mise en page	Didier Hée, Jean-Paul Josset, Frédéric Sardin
Conception graphique	Christiane Beylier à Paris 12e
Maquette de couverture	Laurent Muller
Fabrication	Pierre Ballochard, Renaud Leblanc
Marketing	Cécile Petiau, Ana Gonzalez
Ventes	Gilles Maucout (France), Charles Van de Perre (Belgique), Philippe Orain (Espagne, Italie), Jack Haugh (Canada), Stéphane Coiffet (Grand export)
Relations publiques	Gonzague de Jarnac
Régie pub et partenariats	michelin-cartesetguides-btob@fr.michelin.com Le contenu des pages de publicité insérées dans ce guide n'engage que la responsabilité des annonceurs
Pour nous contacter	Le Guide Vert Michelin 46, avenue de Breteuil 75324 Paris Cedex 07 ☏ 01 45 66 12 34 Fax : 01 45 66 13 75 www.ViaMichelin.fr LeGuideVert@fr.michelin.com

Parution 2006

Note au lecteur

L'équipe éditoriale a apporté le plus grand soin à la rédaction de ce guide et à sa vérification. Toutefois, les informations pratiques (prix, adresses, conditions de visite, numéros de téléphone, sites et adresses Internet...) doivent être considérées comme des indications du fait de l'évolution constante des données. Il n'est pas totalement exclu que certaines d'entre elles ne soient plus, à la date de parution du guide, tout à fait exactes ou exhaustives. Elles ne sauraient de ce fait engager notre responsabilité.Ce guide vit pour vous et par vous ; aussi nous vous serions très reconnaissants de nous signaler les omissions ou inexactitudes que vous pourriez constater. N'hésitez pas à nous faire part de vos remarques et suggestions sur le contenu de ce guide. Nous en tiendrons compte dès la prochaine mise à jour.

À la découverte de la Côte d'Azur

Le long d'une côte rocheuse et découpée, les routes en corniche surplombent le bleu profond de la Méditerranéen. La lumière pare la nature de grâces éblouissantes, embrase les rochers de porphyre rouge de l'Esterel, dessine les bois sombres du massif des Maures, révèle la beauté des sanctuaires botaniques et marins des îles d'Hyères, et des jardins paradisiaques de Menton. C'est le miracle de cette nature exceptionnelle de rassembler, là où la mer et la montagne se rencontrent, une infinie variété de sites.

Le cap Ferrat ou le cap d'Antibes, les rades de Toulon ou de Villefranche, le golfe de St-Tropez accueillent yachts et navires de plaisance ; les stations nautiques offrent de multiples activités à ceux qui souhaitent prendre le large tandis que la foule d'estivants se serre sur les plages de sable ou de galets. À l'animation du littoral, où la densité des constructions et l'affluence peuvent dérouter, s'oppose le charme méditerranéen préservé dans les terres : les vallons couverts d'oliviers et les champs de vignes du pays dracénois, les sources et fontaines rafraîchissantes de la « Provence Verte », les impressionnantes gorges du Loup, les chapelles peintes de l'arrière-pays niçois jusqu'aux cimes du Mercantour réservent les plus agréables surprises au visiteur.

Lieu de prédilection des peintres, la Côte d'Azur reste un domaine privilégié pour la création artistique, ses nombreux musées présentent un vaste panorama de l'art moderne et contemporain. Les ruelles des villages perchés abritent des galeries ainsi que des ateliers d'artisans d'art qui ont élu domicile en ces endroits enchanteurs fort fréquentés l'été. Pour en profiter, mieux vaut venir en début de matinée ou choisir une autre période.

Pourquoi pas l'hiver ? Il n'est pas ici synonyme de morte-saison mais de tranquillité et de douceur. Autour de Noël s'organisent des foires aux santons, des crèches s'installent, puis vient le temps joyeux des carnavals, des corsos fleuris. La côte est alors plus abordable et il fait bon flâner sur la Promenade des Anglais ou la Croisette.

L'équipe du Guide Vert Michelin
LeGuideVert@fr.michelin.com

Sommaire

Informations pratiques

Invitation au voyage

S. Sauvignier/MICHELIN

Vert, les pins parasols du massif des Maures.

S. Sauvignier/MICHELIN

Rouge, les pétales de roses à Grasse.

Villes et sites

D. Pazery/MICHELIN

Jaune, les façades du vieux Nice.

S. Sauvignier/MICHELIN

Bleu, l'horizon et la mer à Antibes.

Cartes et plans

Les cartes routières qu'il vous faut

Comme tout automobiliste prévoyant, munissez-vous de bonnes cartes. Les produits Michelin sont complémentaires : ainsi, chaque ville ou site présenté dans ce guide est accompagné de ses références cartographiques sur les cartes Local. Nous vous proposons de consulter également les différentes gammes de cartes.

Les **cartes Local**, au 1/150 000 ou au 1/175 000, ont été conçues pour ceux qui aiment prendre le temps de découvrir une zone géographique plus réduite (un ou deux départements) lors de leurs déplacements en voiture. Elles disposent d'un index complet des localités et proposent les plans des préfectures. Pour ce guide, consultez les cartes Local **340** et **341**.

L'assemblage de nos cartes est présenté ci-dessous avec les délimitations de leur couverture géographique.

Les **cartes Régional**, au 1/200 000, couvrent le réseau routier secondaire et donnent de nombreuses indications touristiques. Elles sont pratiques lorsqu'on aborde un vaste territoire ou pour relier des villes distantes de plus de cent kilomètres. Elles disposent également d'un index complet des localités et proposent les plans des préfectures. Pour ce guide, utilisez la carte **527**.

Les **cartes Zoom**, au 1/100 000, n° **114** pour le Pays varois et n° **115** pour la Côte d'Azur.

Et n'oubliez pas, la **carte de France n° 721** vous offre la vue d'ensemble de la région Côte d'Azur au 1/1 000 000, avec ses grandes voies d'accès d'où que vous veniez.

Enfin sachez qu'en complément de ces cartes, le site Internet **www.ViaMichelin.fr** permet le calcul d'itinéraires détaillés avec leur temps de parcours, et offre bien d'autres services. Le minitel **3615 ViaMichelin** vous permet d'obtenir ces mêmes informations ; les **3617** et **3623 Michelin** les délivrent par fax ou imprimante.

L'ensemble de ce guide est par ailleurs riche en cartes et plans, dont voici la liste :

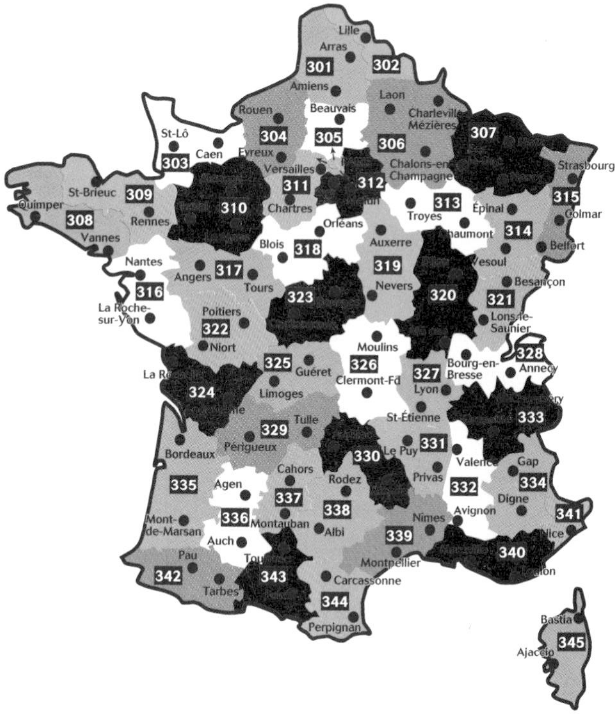

Cartes thématiques

Plans de villes

Plans de monuments

Cartes des circuits décrits

Légende

Monuments et sites

- Itinéraire décrit, départ de la visite
- Église
- Temple
- Synagogue - Mosquée
- Bâtiment
- Statue, petit bâtiment
- Calvaire
- Fontaine
- Rempart - Tour - Porte
- Château
- Ruine
- Barrage
- Usine
- Fort
- Grotte
- Habitat troglodytique
- Monument mégalithique
- Table d'orientation
- Vue
- Autre lieu d'intérêt

Signe particulier

- Plage

Sports et loisirs

- Hippodrome
- Patinoire
- Piscine : de plein air, couverte
- Cinéma Multiplex
- Port de plaisance
- Refuge
- Téléphérique, télécabine
- Funiculaire, voie à crémaillère
- Chemin de fer touristique
- Base de loisirs
- Parc d'attractions
- Parc animalier, zoo
- Parc floral, arboretum
- Parc ornithologique, réserve d'oiseaux
- Promenade à pied
- Intéressant pour les enfants

Abréviations

A	Chambre d'agriculture
C	Chambre de commerce
H	Hôtel de ville
J	Palais de justice
M	Musée
P	Préfecture, sous-préfecture
POL.	Police
	Gendarmerie
T	Théâtre
U	Université, grande école

	site	station balnéaire	station de sports d'hiver	station thermale
vaut le voyage	★★★	☼☼☼	✲✲✲	♆♆♆
mérite un détour	★★	☼☼	✲✲	♆♆
intéressant	★	☼	✲	♆

Autres symboles

ℹ	Information touristique
═ ═	Autoroute ou assimilée
❶ ❶	Échangeur : complet ou partiel
⊢⊣ ═	Rue piétonne
I=====I	Rue impraticable, réglementée
⊓⊓⊓⊓ ----	Escalier - Sentier
🚆	Gare - Gare auto-train
🚌 S.N.C.F.	Gare routière
—•—•—	Tramway
Ⓜ	Métro
P R	Parking-relais
♿	Facilité d'accès pour les handicapés
✉	Poste restante
☎	Téléphone
⊠	Marché couvert
✕	Caserne
△	Pont mobile
∪	Carrière
⚒	Mine
B F	Bac passant voitures et passagers
⛴	Transport des voitures et des passagers
⛴	Transport des passagers
③	Sortie de ville identique sur les plans et les cartes Michelin
Bert (R.)...	Rue commerçante
AZ B	Localisation sur le plan
►►	Si vous le pouvez : voyez encore...

Carnet pratique

	Catégories de prix :
⊖	À bon compte
⊖⊖	Valeur sûre
⊖⊖⊖	Une petite folie !
20 ch. : 38,57/57,17 €	Nombre de chambres : prix de la chambre pour une personne/chambre pour deux personnes
demi-pension ou pension : 42,62 €	Prix par personne, sur la base d'une chambre occupée par deux clients
☕ *6,85 €*	Prix du petit déjeuner ; lorsqu'il n'est pas indiqué, il est inclus dans le prix de la chambre (en général dans les chambres d'hôte)
120 empl. : 12,18 €	Nombre d'emplacements de camping : prix de l'emplacement pour 2 personnes avec voiture
12,18 € déj. - 16,74/38,05 €	Restaurant : prix menu servi au déjeuner uniquement – prix mini/maxi : menus (servis midi et soir) ou à la carte
rest. 16,74/38,05 €	Restaurant dans un lieu d'hébergement, prix mini/maxi : menus (servis midi et soir) ou à la carte
repas 15,22 €	Repas type « Table d'hôte »
réserv.	Réservation recommandée
💳̸	Cartes bancaires non acceptées
P	Parking réservé à la clientèle de l'hôtel

Les prix sont indiqués pour la haute saison

Les plus beaux sites

MONACO ★★★ Vaut le voyage

Antibes ★★ Mérite un détour

Biot ★ Intéressant

Cogolin — Autre site décrit dans ce guide.

La cotation des stations balnéaires (⛱) répond à des critères liés à leur activité.

Itinéraire décrit dans ce guide: rechercher dans l'index en fin de guide un des sites du parcours pour retrouver la description détaillée de l'ensemble du circuit.

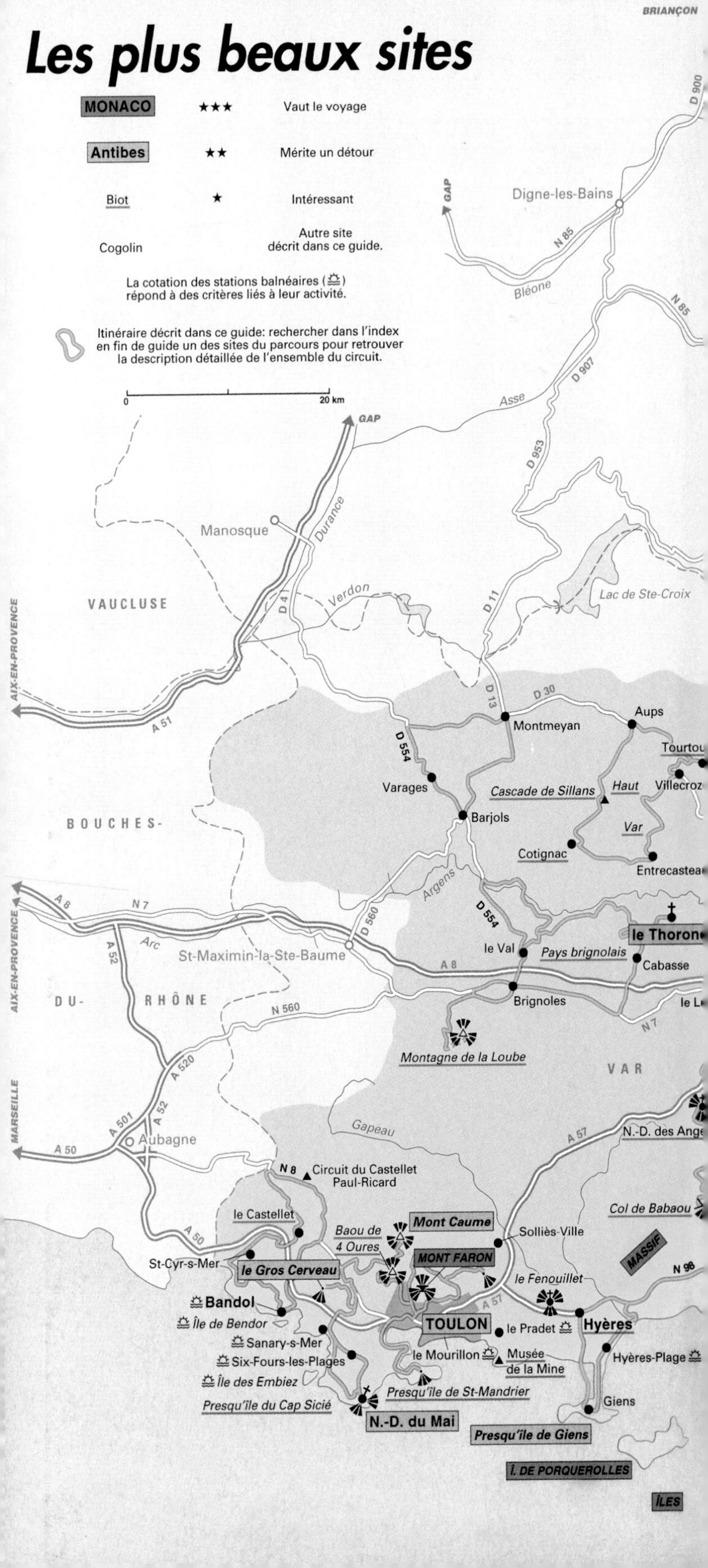

Circuits de découverte

Pour de plus amples explications, consulter la rubrique du même nom dans la partie "Informations pratiques" en début de guide.

1. Littoral varois et îles d'Or
2. Le Haut Var
3. Le Massif des Maures
4. Massif de l'Esterel et pays de Fayence
5. Parfums et couleurs des Préalpes
6. L'arrière-pays niçois
7. Les corniches de la Riviera

- Site antique
- Édifice religieux
- Château
- Curiosité naturelle
- Fortification
- Grotte
- Jardin
- Loisirs sportifs
- Panorama
- Parc animalier
- Parc ornithologique
- Promenade en bateau
- Site remarquable
- Ville ancienne
- Village pittoresque
- Musée
- Dégustation
- Site balnéaire agréable
- Fresque

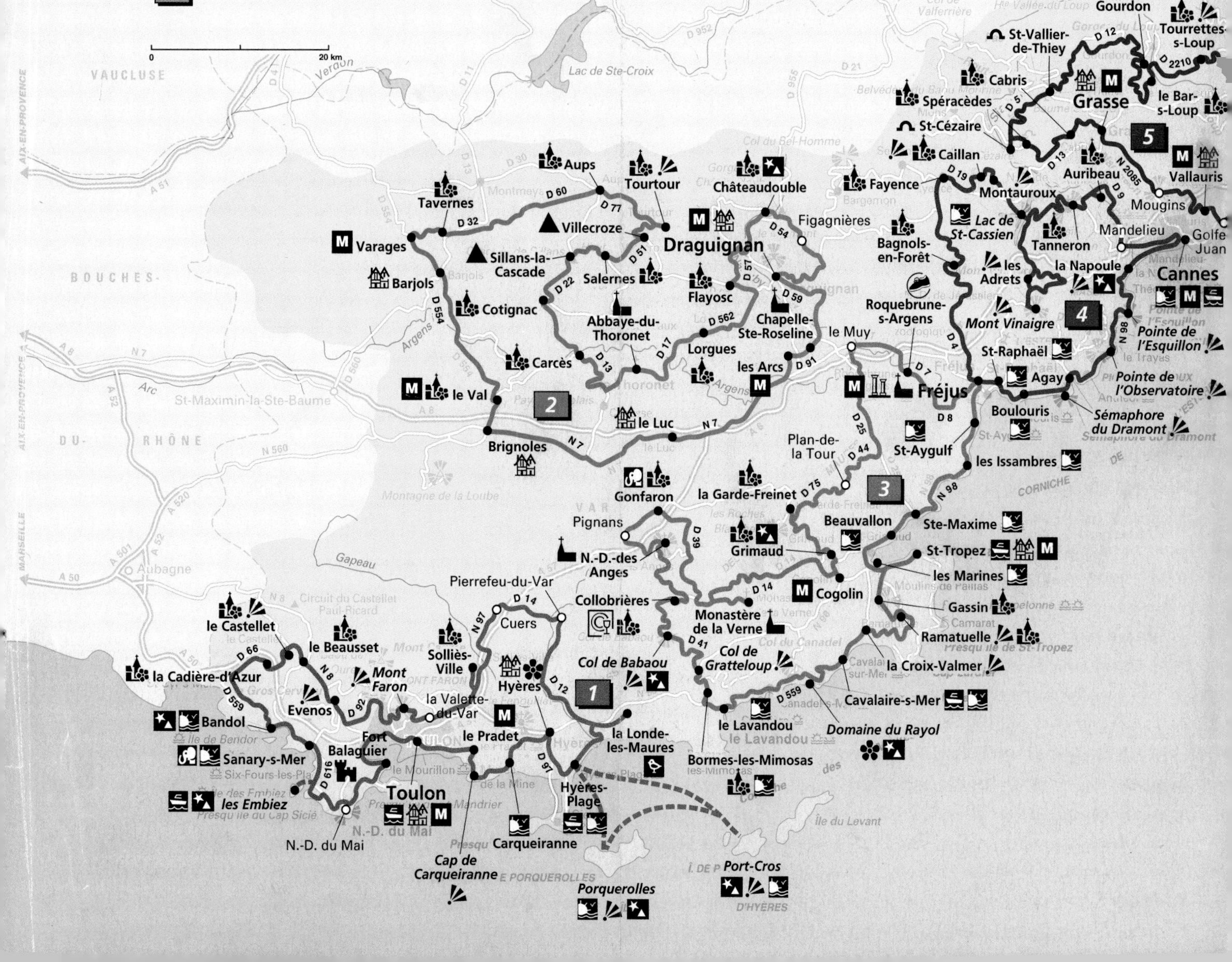

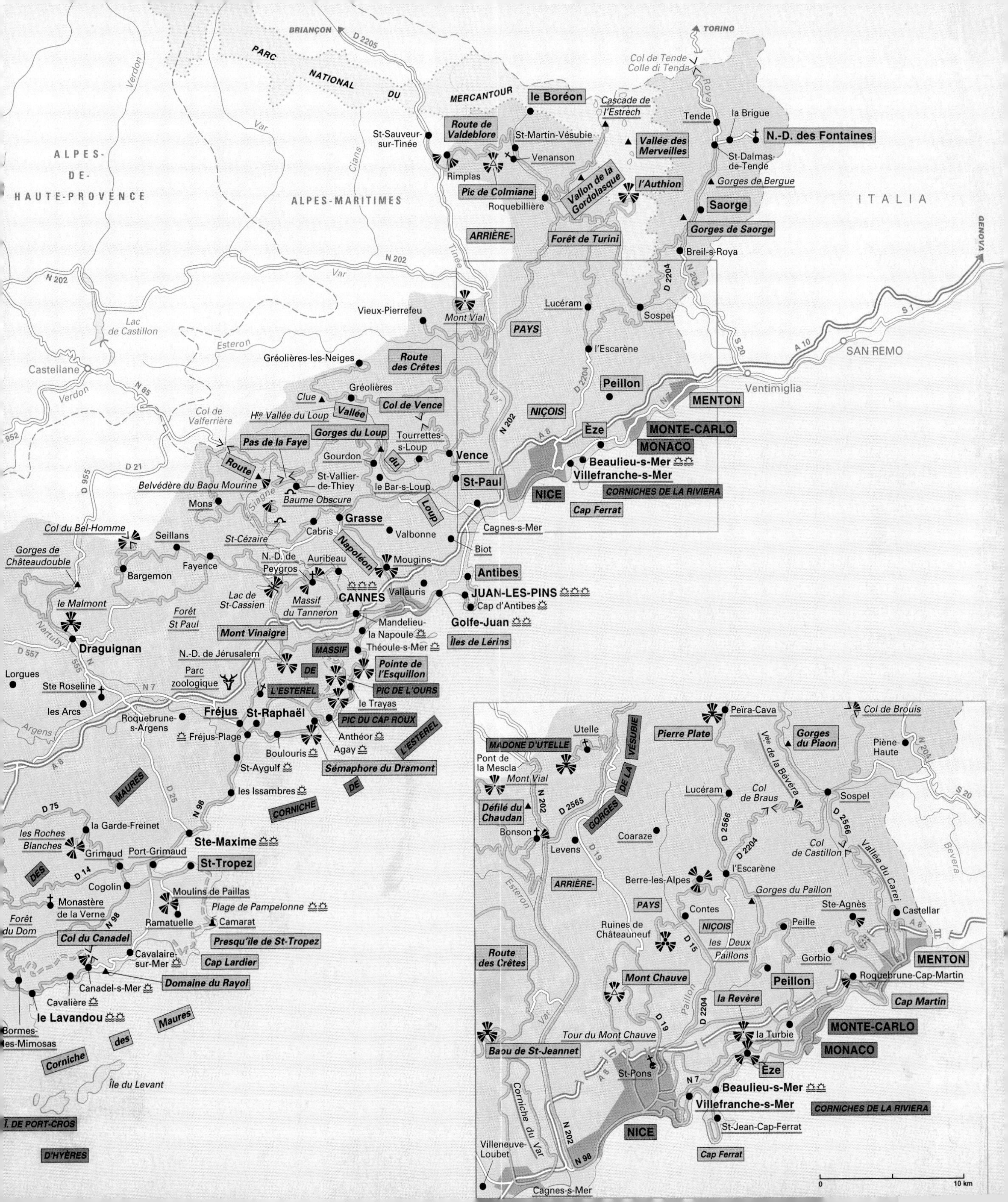

BRIANÇON
D 2205
TORINO
PARC NATIONAL DU MERCANTOUR
Col de Tende
Colle di Tenda
Roya
le Boréon
Cascade de l'Estrech
Route de Valdeblore
St-Sauveur-sur-Tinée
St-Martin-Vésubie
Vallée des Merveilles
Tende
la Brigue
N.-D. des Fontaines
St-Dalmas-de-Tende
Venanson
Rimplas
Pic de Colmiane
Vallon de la Gordolasque
l'Authion
Gorges de Bergue
Roquebillière
Saorge
ALPES-DE-HAUTE-PROVENCE
ALPES-MARITIMES
ITALIA
Verdon
Var
Cians
ARRIÈRE-
Forêt de Turini
Gorges de Saorge
Breil-s-Roya
GENOVA
N 202
Tinée
Var
D 2204
N 204
Lucéram
Sospel
Mont Vial
Vieux-Pierrefeu
PAYS
Lac de Castillon
Esteron
S 1
A 10
S 20
SAN REMO
l'Escarène
Gréolières-les-Neiges
Route des Crêtes
Castellane
Verdon
N 85
Clue
Gréolières
Peillon
Ventimiglia
MENTON
Var
NIÇOIS
Vallée
Col de Vence
Col de Valferrière
Hte Vallée du Loup
Gorges du Loup
952
Pas de la Faye
Tourrettes-s-Loup
N 202
A 8
Èze
MONTE-CARLO
MONACO
Gourdon
du
Vence
Beaulieu-s-Mer
Villefranche-s-Mer
D 21
Route
St-Vallier-de-Thiey
le Bar-s-Loup
St-Paul
Belvédère du Baou Mourine
Siagne
Baume Obscure
NICE
CORNICHES DE LA RIVIERA
Loup
Cap Ferrat
D 955
Mons
Grasse
Cagnes-s-Mer
Col du Bel-Homme
St-Cézaire
Cabris
Valbonne
Seillans
Napoléon
Biot
Gorges de Châteaudouble
Fayence
N.-D. de Peygros
Auribeau
Mougins
Antibes
Bargemon
Lac de St-Cassien
CANNES
Vallauris
JUAN-LES-PINS
Cap d'Antibes
le Malmont
Forêt St Paul
Massif du Tanneron
Golfe-Juan
Nartuby
Mandelieu-la Napoule
Mont Vinaigre
Îles de Lérins
D 557
Draguignan
MASSIF
Théoule-s-Mer
N.-D. de Jérusalem
Pointe de l'Esquillon
555
DE
Lorgues
Ste Roseline
Parc zoologique
N 7
L'ESTEREL
PIC DE L'OURS
les Arcs
le Trayas
Roquebrune-s-Argens
Fréjus
St-Raphaël
PIC DU CAP ROUX
Argens
Fréjus-Plage
Anthéor
L'ESTEREL
Boulouris
Agay
A 8
St-Aygulf
Sémaphore du Dramont
MAURES
D 25
DE
les Issambres
D 75
CORNICHE
N 98
les Roches Blanches
la Garde-Freinet
Ste-Maxime
Grimaud
Port-Grimaud
DES
D 14
St-Tropez
Cogolin
Moulins de Paillas
Monastère de la Verne
Plage de Pampelonne
N 98
Forêt du Dom
Ramatuelle
Camarat
Col du Canadel
Presqu'île de St-Tropez
Cavalaire-sur-Mer
Cap Lardier
Canadel-s-Mer
Domaine du Rayol
Cavalière
le Lavandou
Maures
Bormes-les-Mimosas
des
Corniche
Île du Levant
Î. DE PORT-CROS
D'HYÈRES
Peïra-Cava
Col de Brouis
Utelle
VÉSUBIE
Pierre Plate
Gorges du Piaon
MADONE D'UTELLE
Pont de la Mescla
DE LA
Vée de la Bévéra
Piène-Haute
N 204
Mont Vial
Lucéram
Col de Braus
Sospel
S 20
N 202
D 2565
Défilé du Chaudan
GORGES
D 2566
D 2566
Bonson
Levens
Coaraze
D 2204
Col de Castillon
Vallée du Careï
Bevera
D 19
ARRIÈRE-
Berre-les-Alpes
l'Escarène
Esteron
Gorges du Paillon
PAYS
Contes
Ste-Agnès
Castellar
A 8
Ruines de Châteauneuf
NIÇOIS
Peille
les Deux Paillons
D 15
Gorbio
MENTON
Route des Crêtes
Mont Chauve
Peillon
Roquebrune-Cap-Martin
Paillon
D 2204
la Revère
Cap Martin
Var
D 19
MONTE-CARLO
Tour du Mont Chauve
la Turbie
MONACO
Baou de St-Jeannet
St-Pons
Èze
A 8
N 7
Beaulieu-s-Mer
Corniche du Var
Villefranche-s-Mer
CORNICHES DE LA RIVIERA
N 202
NICE
St-Jean-Cap-Ferrat
Villeneuve-Loubet
N 98
Cap Ferrat
0
10 km
Cagnes-s-Mer

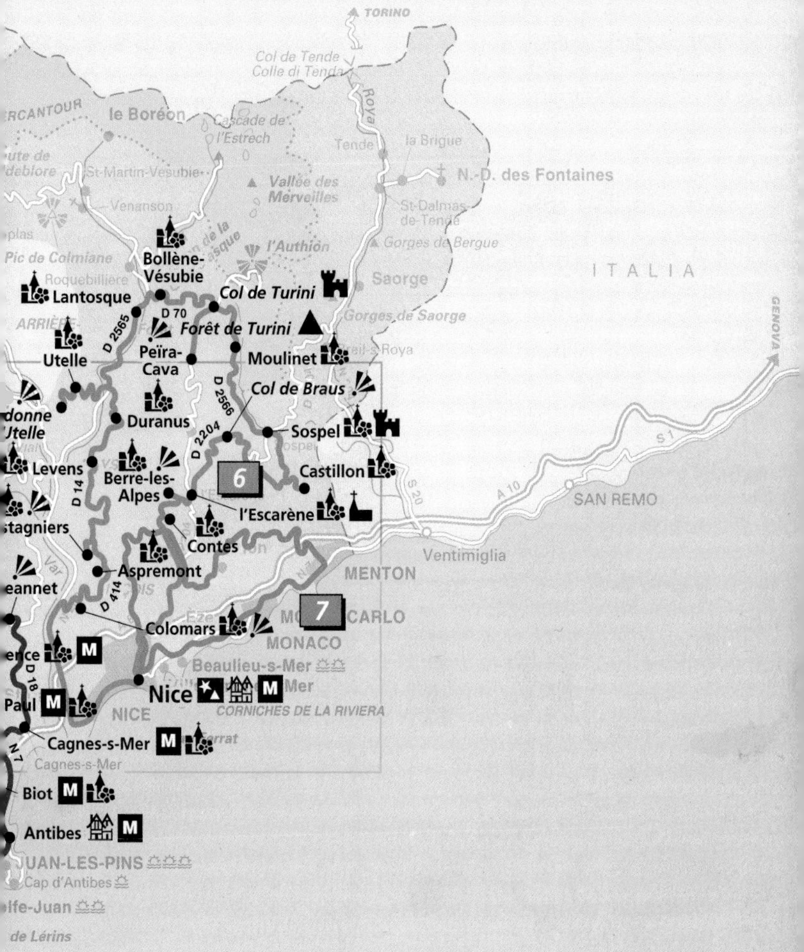
TORINO
Col de Tende
Colle di Tenda
Roya
MERCANTOUR
le Boréon
Cascade de l'Estrech
Tende
la Brigue
St-Martin-Vésubie
N.-D. des Fontaines
Vallée des Merveilles
Venanson
St-Dalmas-de-Tende
l'Authion
Gorges de Bergue
Pic de Colmiane
Bollène-Vésubie
Saorge
ITALIA
Roquebillière
Lantosque
Col de Turini
GENOVA
D 70
Gorges de Saorge
D 2565
Forêt de Turini
Utelle
Peïra-Cava
Moulinet
Col de Braus
D 2566
Duranus
Sospel
S 1
D 2204
Levens
Berre-les-Alpes
6
Castillon
D 14
A 10
S 20
SAN REMO
l'Escarène
Castagniers
Contes
Ventimiglia
Aspremont
MENTON
D 414
7
Colomars
MONTE-CARLO
MONACO
Beaulieu-s-Mer
Nice
D 18
NICE
CORNICHES DE LA RIVIERA
Cagnes-s-Mer
N 7
Biot
Antibes
JUAN-LES-PINS
Cap d'Antibes
de Lérins

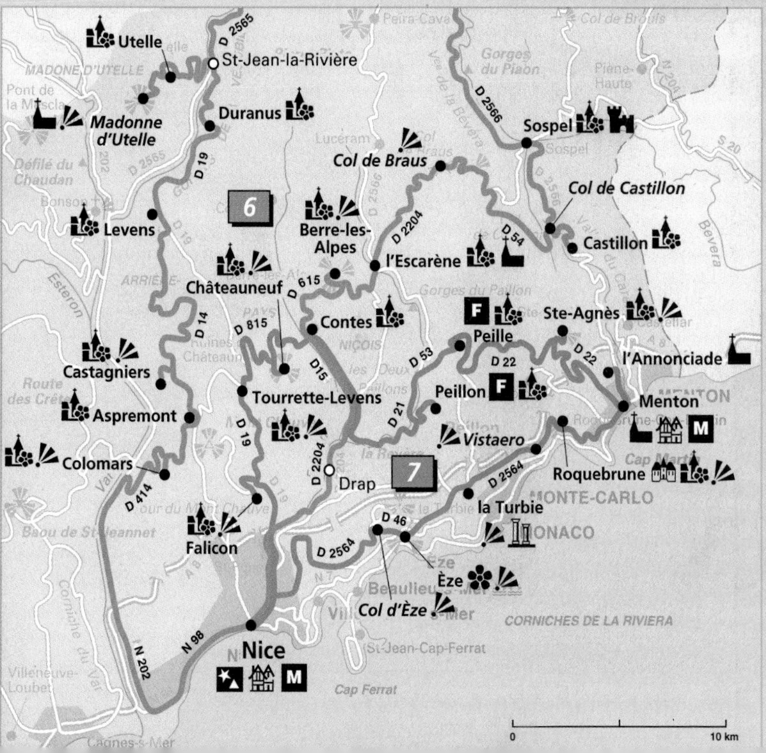
Utelle
D 2565
Peïra-Cava
Col de Brouis
St-Jean-la-Rivière
MADONE D'UTELLE
Gorges du Piaon
Pont de la Mescla
Piene-Haute
Madonne d'Utelle
Duranus
D 2566
Sospel
Lucéram
S 20
Défilé du Chaudan
D 19
Col de Braus
Col de Castillon
6
D 2204
D 54
Levens
Berre-les-Alpes
Castillon
l'Escarène
Bevera
D 615
Châteauneuf
Gorges du Paillon
D 14
D 815
Contes
Peille
Ste-Agnès
Castagniers
D 15
D 53
D 22
l'Annonciade
Route des Crêtes
Tourrette-Levens
Peillon
Menton
Aspremont
D 19
D 21
Vistaero
Colomars
D 2204
Drap
7
D 2564
Roquebrune
D 414
la Turbie
MONTE-CARLO
Baou de St-Jeannet
Falicon
D 46
MONACO
D 2564
Èze
Beaulieu-s-Mer
Col d'Èze
CORNICHES DE LA RIVIERA
N 98
Nice
St-Jean-Cap-Ferrat
N 202
Cap Ferrat
Villeneuve-Loubet
Cagnes-s-Mer
0
10 km

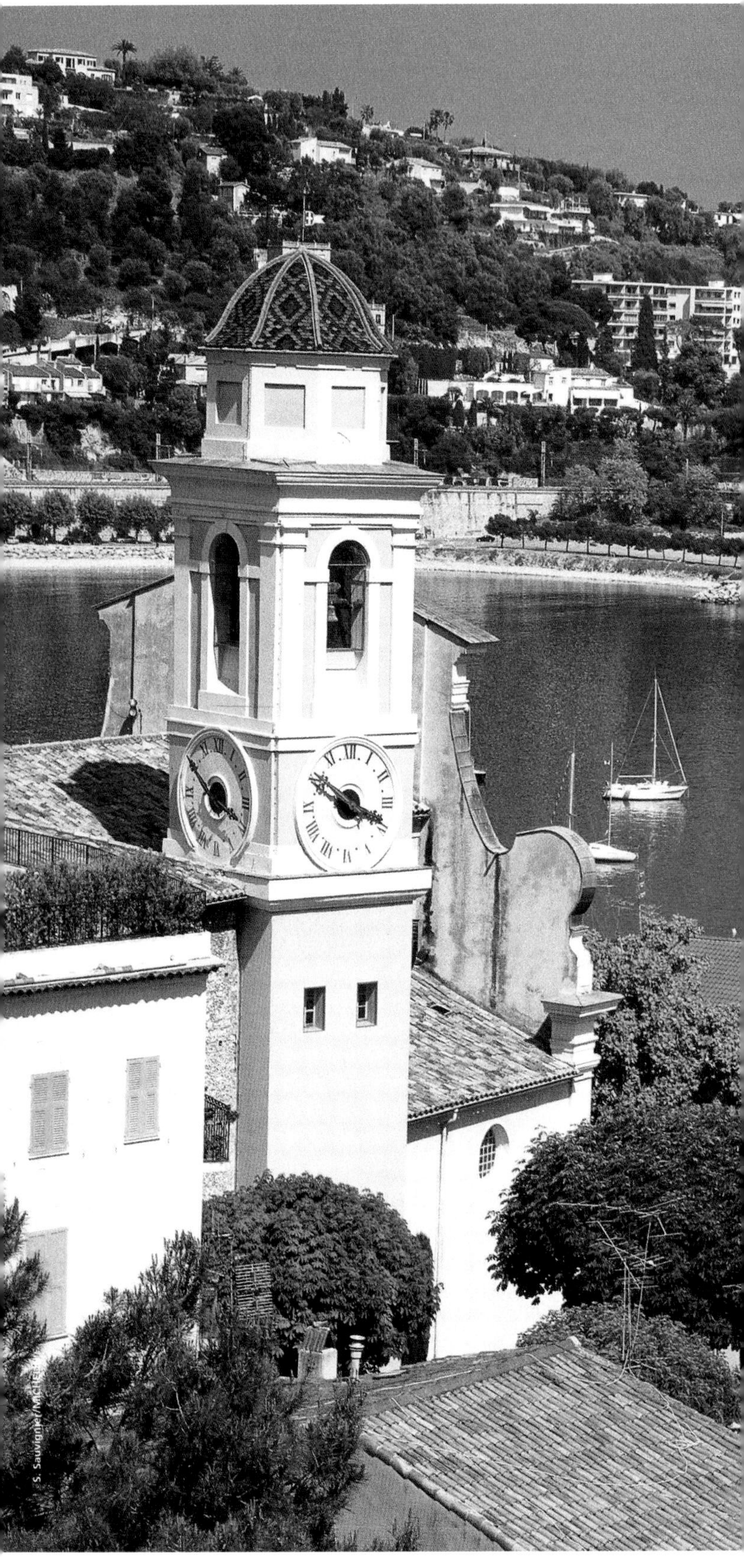

Villefranche-sur-Mer, sur la corniche de la Riviera.

S. Sauvignier/MICHELIN

Informations pratiques

Avant le départ

adresses utiles

Ceux qui aiment préparer leur voyage dans le détail peuvent rassembler toute la documentation utile auprès des professionnels du tourisme de la région. Outre les adresses indiquées ci-dessous, sachez que les coordonnées des offices de tourisme ou syndicats d'initiative des villes et sites décrits dans le corps de ce guide sont précisées au début de chaque chapitre (rubrique « La situation »).

Un numéro pour la France, le 3265 – Un nouvel accès facile a été mis en place pour joindre tous les offices de tourisme et syndicats d'initiative en France. Il suffit de composer le 3265 (0,34 €/mn) et de prononcer distinctement le nom de la commune. Vous serez alors directement mis en relation avec l'organisme souhaité.

Comités régionaux de tourisme

Provence-Alpes-Côte d'Azur – Les Docks - Atrium 10.5 - 10 pl. de la Joliette - BP 46214 - 13567 Marseille Cedex 02 - ☎ 04 91 56 47 00 - www.crt-paca.fr

Riviera-Côte d'Azur – 55 prom. des Anglais - BP 1602 - 06011 Nice Cedex 1 - ☎ 04 93 37 78 78 - www.guideriviera.com

Autres organismes de tourisme

Comité départemental du tourisme du Var – 1 bd du Mar.-Foch - BP 99 - 83003 Draguignan Cedex - ☎ 04 94 50 55 50 - www.tourismevar.com

Union départementale des Offices de tourisme et Syndicats d'initiative des Alpes-Maritimes – 2 r. Gustave-Deloye - 06000 Nice - ☎ 04 92 47 75 15 - www.cotedazur-en-fetes.com

Direction du Tourisme et des Congrès de la principauté de Monaco – 2^A bd des Moulins - 98000 Monaco - ☎ 92 16 61 16 - www.monaco-tourisme.com

Parc national du Mercantour – 23 r. d'Italie - BP 1316 - 06006 Nice - ☎ 04 93 16 78 88 - fax 04 93 88 79 05 - www.parc-mercantour.fr

Villes et Pays d'art et d'histoire

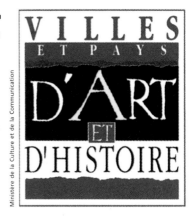

Sous ce label décerné par le ministère de la Culture et de la Communication sont regroupés quelque 130 villes et pays qui œuvrent activement à la mise en valeur et à l'animation de leur architecture et de leur patrimoine. Dans les sites appartenant à ce réseau sont proposées des visites générales ou insolites (1h30 ou plus), conduites par des guides-conférenciers et des animateurs du patrimoine agréés par le ministère (voir également « La destination en famille »).
Renseignements auprès des offices de tourisme des villes ou sur le site www.vpah.culture.fr
Les Villes d'art et d'histoire citées dans ce guide sont **Fréjus**, **Grasse** et **Menton**.

forfaits

Carte Musées Côte d'Azur – Elle offre un accès libre, direct et illimité aux musées et monuments de la Riviera Côte d'Azur du Thoronet à Menton, pendant 1 jour (10 €), 3 jours (17 €) ou 7 jours (27 €) ; l'accès à ces sites est gratuit pour les enfants de moins de 7 ans. Vente dans les sites concernés et les Galeries Lafayette Nice Masséna. www.cmcariviera.com

Le Var, Pass Sites – Valable dans 24 sites (parcs et jardins, musée, édifices religieux), il est remis gratuitement lors de la première visite et donne droit au tarif Pass dès le deuxième site. Si vous visitez 8 sites, une balade nature accompagnée dans le massif des Maures vous est offerte. Liste des sites disponible auprès du Comité départemental du tourisme du Var *(voir plus haut « Autres organismes de tourisme »)*.

météo

Quel temps pour demain ?

Les services téléphoniques de Météo France – Taper 3250 suivi de : **1** : toutes les prévisions météo départementales jusqu'à 7 jours

(DOM-TOM compris) ; **2** : météo des villes ; **3** : météo plages et mer ; **4** : météo montagne ; **6** : météo internationale.

Accès direct aux prévisions du département – ☎ 0 892 680 2 suivi du numéro du département (0,34 €/mn).

Prévisions pour l'aviation ultra-légère (vol libre et vol à voile) – ☎ 0 892 681 014 (0,34 €/mn).
Toutes ces informations sont également disponibles sur **www.meteo.fr**

Climat

Pendant longtemps, la Côte d'Azur ne reçut de visiteurs qu'en hiver et au printemps. Ils s'y pressent maintenant en été. La « saison » touristique dure ainsi presque toute l'année. Une première explication ? Il n'y a en moyenne que 86 jours de pluie à Nice (contre 162 à Paris), mais les précipitations sont plus fortes.
La douceur de l'**hiver** sur la Côte reste proverbiale. Elle s'explique par une latitude déjà basse, la présence de la mer qui modère les écarts de température, l'exposition en plein midi et l'écran de montagne qui atténue les vents froids. La moyenne de janvier est de 8 °C à Nice (alors qu'elle est de 3 °C à Paris). Le soleil peut faire monter le thermomètre jusqu'à 22 °C, mais au crépuscule et pendant la nuit, la température baisse subitement et fortement. Sur la côte, les feuillages persistants et les premières fleurs donnent à la nature un air de fête. Dès janvier, il faut sillonner la rayonnante « route du mimosa » et en février vivre au rythme joyeux des corsos fleuris ou fruités (comme à Menton). Quand on pénètre dans l'arrière-pays, le froid et la neige réapparaissent, mais l'atmosphère reste pure et le soleil brillant. C'est le climat rêvé pour les sports d'hiver.
Quelques pluies violentes mais courtes caractérisent le **printemps**. C'est la saison de la pleine floraison qui ravit tous les sens. Mais c'est aussi en cette saison que le **mistral** souffle le plus fréquemment, surtout à l'Ouest de Toulon. Ce vent vient du Nord-Ouest, par froides rafales. Après quelques jours – trois, six ou neuf, dit-on – le jet puissant d'air pur a tout assaini : le ciel, balayé, est encore plus bleu !
Le coup de chaud arrive avec l'**été**, la végétation, accablée par la sécheresse, sommeille. La Côte offre alors son azur invariablement pur et ses 26 °C de moyenne en juillet-août. La chaleur reste toutefois supportable parce qu'elle est tempérée par la brise qui souffle pendant la journée. On fait la grimace quand arrive, du Sud, le souffle de feu du **sirocco**. L'arrière-pays offrant toute la gamme des séjours d'altitude jusqu'à 1 800 m. Donc, plus on aime le frais, plus on goûte l'air vif, et plus on montera !
L'**automne**, enfin, est la saison des orages violents après lesquels le soleil reparaît, brillant et chaleureux, donnant aux fleurs une nouvelle occasion de montrer le bout de leur nez ! Les belles journées ne manquent point pendant l'arrière-saison.

transports

Par route

Grands axes – Les autoroutes A 6 et A 7 relient Paris à Lyon. L'A 8 parcourt le littoral azuréen de Marseille à la frontière italienne. Elle est raccordée au réseau autoroutier italien sans interruption jusqu'à Gênes.
Accès depuis les Alpes de Haute-Provence par la route Napoléon (N 85) via Castellane et Grasse, et depuis le Piémont par l'axe du col de Tende et de la vallée de la Roya (N 204), jusqu'à Menton.
La durée moyenne du trajet par autoroute depuis l'Île-de-France est d'environ 7h.

Informations autoroutières – 3 r. Edmond-Valentin - 75007 Paris - informations sur les conditions de circulation sur les autoroutes au ☎ 0 892 681 077 - www.autoroutes.fr

Informations sur Internet et minitel – Le site Internet www.ViaMichelin.fr offre une multitude de services et d'informations pratiques d'aide à la mobilité (calcul d'itinéraires, cartographie : des cartes pays aux plans de villes, sélection des hôtels et restaurants du Guide Michelin,...) sur la France et d'autres pays d'Europe. Les calculs d'itinéraires sont également accessibles sur minitel (3615 ViaMichelin) et peuvent être envoyés par fax (3617 ou 3623 Michelin).

En train

Depuis Paris (gare de Lyon), le **TGV** permet de rejoindre via Lyon les principales villes de la Côte d'Azur que sont Toulon (4h), Hyères (4h20), St-Raphaël, Cannes (5h), Antibes, Nice (5h30), Monaco et Menton (6h). Pensez à réserver vos billets à l'avance afin de bénéficier de tarifs préférentiels (sous certaines conditions). Il existe des trajets en TGV à 25 € (le billet « Prem's » s'achète en ligne).

Informations générales, réservation, vente – Tlj 7h-22h - ☎ 3635 (0,34 €/mn) - www.voyages-sncf.com - 3615 SNCF (0,21 €/mn).

Le **TER** assure les liaisons interrégionales, ce qui permet d'aller d'une ville à l'autre sans encombre :
- Ligne n° 2 : Marseille - Toulon - Les Arcs-Draguignan
- Ligne n° 3 : Les Arcs-Draguignan - Fréjus - St-Raphaël - Cannes - Nice
- Ligne n° 4 : Mandelieu - Cannes - Nice - Ventimiglia
- Ligne n° 5A : Nice - Breil-sur-Roya - Cueno - Torino
- Ligne n° 6 : Marseille - Toulon - Nice - Ventimiglia

Sachez que du 1er juillet au 30 septembre, entre Fréjus et Vintimille, ainsi que Nice et Tende, la « Carte Isabelle » (11 €) permet un nombre de voyages illimité dans la journée.

Informations générales, réservation, vente – ☎ 3635 (0,34 €/mn) - www.ter-sncf.com - 3615 TER (0.15 €/mn).

EN AVION

Deux grands aéroports proposent des liaisons régulières directes avec d'autres villes françaises. Service de navettes pour rejoindre le centre-ville.

AÉROPORTS

Aéroport international de Nice-Côte d'Azur – BP 3331 - 06206 Nice Cedex 03 - ☎ 0 820 423 333 - www.nice.aeroport.fr

Aéroport international de Toulon-Hyères – Bd de la Marine - 83418 Hyères Cedex - ☎ 0 825 018 387 - www.aeroport.var.cci.fr

COMPAGNIES AÉRIENNES :

Air France – La compagnie assure des liaisons quotidiennes entre Ajaccio, Biarritz, Mulhouse, Lyon, Rennes, Clermont-Ferrand et l'aéroport de Nice. Nice est également desservi au départ de Deauville en été. En outre, Lille, Nantes, Strasbourg et Clermont-Ferrand sont reliés à l'aéroport de Toulon quotidiennement. Renseignements et réservations : ☎ 0 820 820 820, www.airfrance.fr
En réservant 30 jours à l'avance, le prix du billet aller-retour peut-être très attractif. Renseignements et réservations : ☎ 0 820 820 820. www.airfrance.fr

S. Sauvignier/MICHELIN

La plage de l'Escalet au cap Taillat, près de Ramatuelle.

Easyjet – Vols Paris-Nice. Renseignements et réservations : ☎ 0825 08 25 08. www.easyjet.com

EN BATEAU

Le **port de Nice** assure des liaisons toute l'année avec la Corse. ☎ 0820 425 555 (0,12 €/mn) - www.riviera-ports.com. Vous pouvez vous renseigner directement auprès des deux compagnies : **SNCM** – 3260 - www.sncm.fr

Corsica Ferries – ☎ 0825 095 095 - www.corsicaferries.com

La **gare maritime de Toulon** offre des liaisons permanentes avec la Corse et saisonnières avec la Sardaigne. Renseignements auprès de la SNCM *(voir ci-dessus)*.

Pour connaître les conditions de traversée par bateau vers les îles qui longent la côte, se reporter aux « carnets pratiques » des villes concernées.

tourisme et handicapés

Un certain nombre de curiosités décrites dans ce guide sont accessibles aux handicapés. Elles sont signalées par le symbole ♿.
Pour de plus amples renseignements au sujet de l'accessibilité des musées aux personnes atteintes de handicaps moteurs ou sensoriels, consulter le site **http://museofile.culture.fr**

Le Guide Michelin France et le Guide Camping Michelin France – Révisés chaque année, ils indiquent respectivement les chambres accessibles aux handicapés physiques et les installations sanitaires aménagées.

Hébergement, restauration

Si les noms des grands hôtels et des palaces vous font rêver et que le parfum de l'huile d'olive vous met l'eau à la bouche à la simple évocation de son nom, alors la Côte d'Azur est sans aucune hésitation votre destination et elle comblera tous vos désirs.
Séjours au bord de mer, à la campagne ou randonnées sportives dans l'arrière-pays ? À chaque envie, son type d'hébergement et pour chaque station, sa formule privilégiée. Les villes sont largement pourvues dans la gamme large des hôtels et des pensions. Il en est de même pour les stations balnéaires dont le parc hôtelier, souvent cossu, reflète bien le prestige de la clientèle qui a fait la réputation de la Côte d'Azur. Plus haut pourrait-on dire, dans la majesté des altitudes du haut pays niçois, et à proximité du parc du Mercantour, les chambres d'hôte et les gîtes ruraux règnent en maître, mais, rançon de leur succès, ils sont pris d'assaut dès la sortie des premières primevères. Une infinité de stations de séjours au bord d'un lac, au fond d'un vallon couvert d'oliviers ou dans le pli d'un plateau sauront agrémenter vos vacances et vous étonner par de multiples activités : bases d'eaux vives au bord des petits torrents des Préalpes, centres équestres de randonnées de la Haute-Tinée, etc. Mais les séjours au bord de la « Grande Bleue » demeurent la destination favorite avec bien sûr les sports nautiques déclinés sous toutes leurs formes dans les moindres criques ou ports de plaisance... Tout le monde est sûr d'y trouver son compte...

les adresses du guide

Pour la réussite de votre séjour, vous trouverez la sélection des bonnes adresses de la collection LE GUIDE VERT. Nous avons sillonné la région pour repérer des chambres d'hôte et des hôtels, des restaurants et des fermes-auberges ... En privilégiant des étapes, souvent agréables, au cœur des villes, des villages ou sur nos circuits touristiques, en pleine campagne ou les pieds dans l'eau ; des maisons de pays, des tables régionales, des lieux de charme et des adresses plus simples... pour découvrir la région autrement : à travers ses traditions, ses produits du terroir, ses recettes et ses modes de vie.

Le confort, la tranquillité et la qualité de la cuisine sont bien sûr des critères essentiels ! Toutes les maisons ont été visitées et choisies avec le plus grand soin, toutefois il peut arriver que des modifications aient eu lieu depuis notre dernier passage : faites-le nous savoir, vos remarques et suggestions seront toujours les bienvenues !
Les prix que nous indiquons sont ceux pratiqués en **haute saison** ; hors saison, de nombreux établissements proposent des tarifs plus avantageux, renseignez-vous...

Mode d'emploi

Au fil des pages, vous découvrirez nos carnets pratiques : toujours rattachés à des villes ou à des sites touristiques remarquables du guide, ils proposent une sélection d'adresses à proximité. Si nécessaire, l'accès est donné à partir du site le plus proche ou sur des schémas régionaux.
Dans chaque carnet, les maisons sont classées en trois catégories de prix pour répondre à toutes les attentes :
Vous partez avec un budget inférieur à 40 € ? Choisissez vos adresses parmi celles de la catégorie ⊖ : vous trouverez là des hôtels, des chambres d'hôtes simples et conviviales et des tables souvent gourmandes, toujours honnêtes, à moins de 14 €.
Votre budget est un peu plus large, jusqu'à 65 € pour l'hébergement et 30 € pour la restauration. Piochez vos étapes dans les ⊖⊖. Dans cette catégorie, vous trouverez des maisons, souvent de charme, de meilleur confort et plus agréablement aménagées, animées par des passionnés, ravis de vous faire découvrir leur demeure et leur table. Là encore, chambres et tables d'hôte sont au rendez-vous, avec également des hôtels et des restaurants plus traditionnels, bien sûr.
Vous souhaitez vous faire plaisir, le temps d'un repas ou d'une nuit, vous aimez voyager dans des conditions très confortables ? Les catégories ⊖⊖⊖ et plus sont pour vous... La vie de château dans de luxueuses chambres d'hôte pas si chères que cela ou dans les palaces et les grands hôtels : à vous de choisir ! Vous pouvez aussi profiter des décors de rêve de lieux mythiques à moindres frais, le temps d'un brunch ou d'une tasse de thé... À moins que vous ne préfériez casser votre tirelire pour un repas gastronomique dans un restaurant renommé. Sans oublier que

la traditionnelle formule « tenue correcte exigée » est toujours d'actualité dans ces élégantes maisons !

L'Hébergement

Les hôtels

Nous vous proposons un choix très large en terme de confort. La location se fait à la nuit et le petit-déjeuner est facturé en supplément. Certains établissements assurent un service de restauration également accessible à la clientèle extérieure.

Les chambres d'hôte

Vous êtes reçu directement par les habitants qui vous ouvrent leur demeure. L'atmosphère est plus conviviale qu'à l'hôtel, et l'envie de communiquer doit être réciproque : misanthropes, s'abstenir ! Les prix, mentionnés à la nuit, incluent le petit-déjeuner. Certains propriétaires proposent aussi une table d'hôte, en général le soir, et toujours réservée aux résidents de la maison. Il est très vivement conseillé de réserver votre étape, en raison du grand succès de ce type d'hébergement.
NB : certains établissements ne peuvent pas recevoir vos compagnons à quatre pattes ou les accueillent moyennant un supplément, pensez à le demander lors de votre réservation.

La Restauration

Pour répondre à toutes les envies, nous avons sélectionné des restaurants régionaux bien sûr, mais aussi classiques, exotiques ou à thème... Et des lieux plus simples, où vous pourrez grignoter une salade composée, une tarte salée, une pâtisserie ou déguster des produits régionaux sur le pouce.
Quelques fermes-auberges vous permettront de découvrir les saveurs de la France profonde. Vous y goûterez des produits authentiques provenant de l'exploitation agricole, préparés dans la tradition et généralement servis en menu unique. Le service et l'ambiance sont bon enfant. Réservation obligatoire !

S. Sauvignier/MICHELIN

Par ailleurs, si vous souhaitez déguster des spécialités régionales dans une auberge ou mitonner vous-même de bons petits plats avec les produits du terroir, le Guide Gourmand Michelin
Provence - Côte-d'Azur - Corse vous permettra de trouver les boutiques de bouche reconnues, les adresses des marchés, la liste des spécialités culinaires régionales et leurs recettes, des adresses de restaurants aux menus inférieurs à 32 € pour Provence, Côte d'Azur et Corse
Enfin, n'oubliez pas que les restaurants d'hôtels peuvent vous accueillir.

et aussi...

Si d'aventure, vous n'avez pu trouver votre bonheur parmi toutes nos adresses, vous pouvez consulter les Guides Michelin d'hébergement ou, en dernier recours, vous rendre dans un hôtel de chaîne.

Le Guide Michelin France

Pour un choix plus étoffé et actualisé, Le Guide Michelin France recommande hôtels et restaurants sur toute la France. Pour chaque établissement, le niveau de confort et de prix est indiqué, en plus de nombreux renseignements pratiques. Les bonnes tables, étoilées pour la qualité de leur cuisine, sont très prisées par les gastronomes. Le symbole « **Bib Gourmand** » sélectionne les tables qui proposent une cuisine soignée à moins de 26 € (prix d'un repas hors boisson).
Le symbole « **Bib Hôtel** » signale des hôtels pratiques et accueillants offrant une prestation de qualité avec une majorité de chambres à moins de 67 € en province et à moins de 83 € dans les grandes villes et stations touristiques importantes (prix pour 2 personnes, hors petit-déjeuner).

Le Guide Camping Michelin France

Le Guide Camping Michelin France propose tous les ans une sélection de terrains visités régulièrement par nos inspecteurs. Renseignements pratiques, niveau de confort, prix, agrément, location de bungalows, de mobile homes ou de chalets y sont mentionnés.

Lest chaînes hôtelières

L'hôtellerie dite « économique » peut éventuellement vous rendre service. Sachez que vous y trouverez un équipement complet (sanitaire privé et télévision), mais un confort très simple. Souvent à proximité de grands axes routiers, ces établissements n'assurent pas de restauration. Toutefois, leurs tarifs restent difficiles à concurrencer

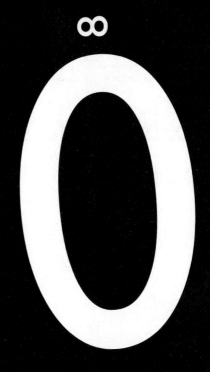

(moins de 45 € la chambre double). En dépannage, voici donc les centrales de réservation de quelques chaînes :
B&B ☎ 08 92 78 29 29
Etap Hôtel ☎ 0 892 688 900
Villages Hôtel ☎ 03 80 60 92 70
Enfin, les hôtels suivants, un peu plus chers (à partir de 60 € la chambre), offrent un meilleur confort et quelques services complémentaires :
Campanile ☎ 01 64 62 46 46
Kyriad ☎ 0 825 003 003
Ibis ☎ 0 825 882 222

HÉBERGEMENT RURAL

GÎTES DE FRANCE

Maison des Gîtes de France et du Tourisme vert - 59 r. St-Lazare - 75439 Paris Cedex 09 - ☎ 01 49 70 75 75 - www.gites-de-france.com - Cet organisme donne les adresses des relais départementaux et publie des guides sur les différentes possibilités d'hébergement en milieu rural (gîtes ruraux, chambres et tables d'hôtes, gîtes d'étape, chambres d'hôtes de charme, gîtes de neige, gîtes de pêche, gîtes d'enfants, camping à la ferme, gîtes Panda).

STATIONS VERTES

Fédération des Stations vertes de Vacances et Villages de Neige - BP 71698 - 21016 Dijon Cedex - ☎ 03 80 54 10 50 - www.stationsvertes.com - Situées à la campagne et à la montagne, les 588 Stations vertes sont des destinations de vacances familiales reconnues tant pour leur qualité de vie (produits du terroir, loisirs variés, cadre agréable) que pour la qualité de leurs structures d'accueil et d'hébergement.

HÉBERGEMENT POUR RANDONNEURS

Les randonneurs peuvent consulter le guide « Gîtes d'étapes, refuges », de A. et S. Mouraret Rando Éditions La Cadole, 74 r. A.-Perdreaux, 78140 Vélizy, ☎ 01 34 65 11 89 - www.gites-refuges.com - Cet ouvrage est principalement destiné aux amateurs de randonnée, d'alpinisme, d'escalade, de ski, de cyclotourisme et de canoë-kayak.

AUBERGES DE JEUNESSE

Ligue française pour les Auberges de la Jeunesse - 67 r. Vergniaud - bâtiment K - 75013 Paris - ☎ 01 44 16 78 78 - www.auberges-de-jeunesse.com - La carte LFAJ est délivrée en échange d'une cotisation annuelle de 10,70 € pour les moins de 26 ans et de 15,25 € au-delà de cet âge.

Propositions de séjour

idées de week-end

NICE

C'est la destination idéale pour un premier contact avec la Côte d'Azur. Commencez par la promenade des Anglais. Vous devez la longer tranquillement en regardant alternativement la mer et les villas. Ouvrez vos yeux et vos poumons : vous êtes à Nice, station balnéaire, animée à toute heure de la journée et fréquentée par des touristes du monde entier.
Essayez de consacrez au moins une demi-journée à la visite des nombreux musées ; le choix est tel que vous trouverez forcément un circuit répondant à votre sensibilité artistique : musée d'Art naïf, musée d'Art moderne et d'Art contemporain, musée des Arts asiatiques... à vous de choisir. Le musée Marc-Chagall et le musée Matisse sont quant à eux incontournables ! Alors que l'après-midi sera déjà bien avancée, remontez les siècles en parcourant la colline embaumée de Cimiez : son monastère abritant de vénérables œuvres de Bréa, les ruines de la cité romaine et son musée. La fin de journée vous retrouvera sur la place Masséna, typique, avec ses arcades empruntées à l'architecture piémontaise et haut lieu du Carnaval ; à deux pas, la vieille ville vous réservera enchantement et surprises à chaque détour de rues. Profitez-en pour faire du shopping et vous approvisionner comme les Niçois :

Le jardin Albert 1er à Nice.

S. Sauvignier/MICHELIN

marchands d'herbes, vendeur de socca... Le soir, vous goûterez la douceur du climat à la terrasse d'un restaurant du vieux Nice.
Le lendemain, rendez-vous au parc Phœnix où presque toutes les variétés végétales se côtoient pour votre plaisir, puis évadez-vous vers les hauteurs jusqu'à la cascade de Gairaut où vous apprécierez l'étendue de la ville et le charme tout proche de l'arrière-pays dont les contreforts ponctués de villages perchés semblent à portée de main. En fin d'après-midi, revenez dans le vieux Nice mesurer l'opulence discrète des notables niçois en visitant le palais Lascaris et la cathédrale Ste-Réparate, avant de monter, si le temps s'y prête, à la cascade du château pour profiter d'un dernier coup d'œil sur le panorama de la baie des Anges en vous promettant de revenir bien vite.

Monte-Carlo

Ici tout n'est que luxe, calme et parfois... volupté. Si vous êtes venu pour renflouer vos poches au casino, nous vous souhaitons bonne chance ! Pour tous les autres, qui ne manqueront cependant pas de tenter le sort à un « manchot », débutons ce court séjour par une visite du Rocher, siège du gouvernement monégasque. À 11h55 exactement, rendez-vous au Palais princier : c'est l'heure de la grande relève de la garde ! Allez ensuite à la découverte du musée des Souvenirs napoléoniens et de la collection des Archives historiques du Palais, du jardin St-Martin, de la cathédrale, puis du fameux musée océanographique qui enchantera petits et grands avec son aquarium immense et ses squelettes imposants d'animaux. Cette journée s'achèvera par le quartier moderne de Fontvieille, à l'urbanisme futuriste, où vous pourrez vous émerveiller devant deux collections princières confiées à des musées : celui des timbres et des vieilles voitures ; à moins que vous ne préfériez vous amuser des grimaces des multiples chimpanzés et autres animaux exotiques qui peuplent le jardin animalier au pied du Rocher. Le soir, vous aurez l'embarras du choix entre une restauration classique dans le cadre ancien du Rocher, ou plus sophistiquée à la terrasse d'un des grands restaurants de Monte-Carlo en contemplant le carrousel des limousines, pour peu que ce soit une soirée de gala...
Le lendemain, prenez de la hauteur en attaquant le contrefort de la Tête de Chien et visitez le jardin exotique, la grotte et le musée d'Anthropologie préhistorique. Par le biais des ascenseurs publics qui facilitent bien les déplacements, rejoignez Monte-Carlo, retrouvez au casino (interdit aux mineurs !) les joueurs invétérés puis, touche d'exotisme finale, en poursuivant votre descente, rendez-vous au jardin japonais et au musée national.
Cette suggestion de week-end à Monte-Carlo se combine aisément avec celle de Menton pour former un séjour de 3 à 4 jours.

Saint-Tropez

Un séjour même court dans la cité du Bailli, comme la dénomme les vieux Tropéziens, peut paraître une formule à mi-chemin entre snobisme et détente de star. Mais c'est sans aucun doute une journée de plaisir... Consacrez les premières heures de la matinée à déambuler (une première fois) sur les quais du vieux port à l'heure où les locataires (et parfois propriétaires) des somptueux yachts sont en train de s'éveiller. Croiser une star à la terrasse du Sénéquier pour une soupe à l'oignon après une nuit blanche est toujours possible (c'est une histoire de hasard !) mais laissons cette quête aux paparazzi. Voici l'instant de profiter en solitaire des anses de la Ponche et des ruelles fraîches et désertes.
Découvrez, entourée d'un agréable patio, l'étonnante maison des Papillons du peintre Lartigue, le fils du célèbre photographe de star J.-F. Lartigue, puis faites du « lèche-étals » au marché des Lices, puisque nous sommes samedi, jour le plus couru pour ce marché réputé. Appréciez en connaisseur les produits artisanaux ou faites-vous expliquer l'usage des nombreuses herbes en vente. Vous ne rentrerez pas bredouille ! Désaltérez-vous ensuite tout en comptant les points des joueurs de boules qui sont les seuls à s'échauffer à cette heure.
Vous trouverez forcément un endroit pour déjeuner selon vos envies, chemin faisant vers la citadelle. Point de vue magnifique et observatoire privilégié des amateurs avisés de régates, vous saurez tout sur la vie de la station en visitant le musée naval. Le soir, à vous de choisir : soirée disco ? Il y en a pour tous les goûts mais prévoyez une tenue soignée. Soirée flânerie ? Les quais du port vous accueillent, une animation s'y tient entre les fameux marchands « de croûtes », dont vous emporterez un exemplaire, sans aucun doute...
Le lendemain matin, accordez-vous une matinée culturelle pour ne plus rien ignorer du pointillisme et des nabis : direction le musée de l'Annonciade. La fin de la matinée approchant, vous vous dirigerez vers Ramatuelle, en faisant une halte

(selon la saison) pour vous restaurer dans un des établissements de Pampelonne. L'après-midi à Ramatuelle sera un moment inoubliable. Village lové sur lui-même, il garde la mémoire de Gérard Philipe mais aussi le caractère intact des villages provençaux authentiques.

Menton

Autre perle de la Riviera, Menton peut à juste titre prétendre marier tous les genres et toutes les nationalités. La station la plus abritée de France bénéficie d'une exceptionnelle douceur de climat. Résultat, elle a vu affluer les plantes les plus étranges et les plus rares dans une multitude de jardins. Et les touristes les plus cosmopolites viennent les admirer ! Commencez ce séjour par une visite du vieux port et du musée Cocteau, logé dans l'unique vestige militaire de Menton, bastion du 17e s. Mettez à profit la matinée, si elle n'est pas trop chaude, pour vous attaquer au sommet de la vieille ville jusqu'au vieux cimetière peuplé de somptueuses tombes de nobles russes et anglais. Là, vous rêverez devant le spectacle de la baie et du cap de Bordighera en Italie. Juste en dessous, l'église St-Michel cache un magnifique décor intérieur. Faites-y un tour, puis laissez-vous porter au gré de votre curiosité jusqu'au rivage. En chemin, les nombreuses échoppes d'artisanat sauront vous attirer. Vous consacrerez votre après-midi au musée des Beaux-Arts et au musée de Préhistoire régionale, un des plus complets de la région qui saura passionner ceux qui désirent mieux connaître la vie de nos lointains ancêtres, déjà nombreux sur la Côte ! Allez enfin apprécier la végétation du jardin Biovès, théâtre de magnifiques expositions d'agrumes lors de la fête des Citrons.
Le lendemain, journée verdure : vous allez parcourir les plus beaux spécimens d'anciens jardins exotiques privés devenus la fierté de la cité du citron : Val Rameh, jardin Maria Serena et jardin des Romanciers (ces deux derniers accessibles en visite guidée uniquement) et, si vous avez encore un peu de temps devant vous, franchissez la frontière jusqu'à Mortola Inferiore pour vous extasier devant les splendeurs du jardin Hanbury (Giardini Hanbury). En revenant vers le centre-ville de Menton, faites un détour jusqu'à la chapelle de l'Annonciade qui vous offre, de sa terrasse à plus de 200 m d'altitude, un incomparable panorama où vous pourrez noter les destinations de votre prochain séjour à Menton !

idées de séjour de 3 à 4 jours

Au départ de Nice

Vous voilà donc pour trois jours au moins face aux galets de la promenade des Anglais à Nice. Le premier jour, vous pourrez flâner dans les ruelles fraîches du vieux Nice en alternant la visite des chapelles avec celles des boutiques de tissus provençaux ou des marchands d'olives noires de Nice. Si vous avez l'âme encyclopédique et souhaitez combler d'éventuelles lacunes sur les grands peintres modernes, alors pas d'hésitation, arpentez tous les musées de la ville : Chagall, Matisse, Art naïf, Art moderne et contemporain, Arts asiatiques, Beaux-Arts, etc. Sachez tout de même que deux jours pour ce marathon semblent le minimum. Le soir, octroyez-vous une détente soit dans la vieille ville à la terrasse d'un restaurant authentique, soit vers les rochers de Villefranche où des établissements très « select » proposent des menus de la mer avec vue sur la Corniche.
Le troisième jour, partez à la découverte de la Riviera par la Grande Corniche accrochée à flanc de montagne. Si le beau temps le permet (et il le permet souvent !), n'hésitez pas à vous arrêter sur les aires de dégagement aménagées le long de la route. Elles sont généralement très bien exposées et vous offrent des vues à couper le souffle. Soyez en fin de matinée à Èze pour apprécier le jeu de l'ombre et de la lumière dans les ruelles qui mènent au Jardin exotique, un des plus riches de France. La vue de ce nid d'aigle vous coupera le souffle mais sûrement pas l'appétit pour apprécier les recettes locales dans les restaurants réputés du village. Revenez vers Nice par la Basse Corniche qui se faufile entre les somptueuses villas. Marquez un arrêt à Beaulieu-sur-Mer pour visiter la surprenante villa grecque Kérylos et longer le bord de mer sur la promenade Maurice-Rouvier.
Vous voilà au Cap-Ferrat pour le quatrième jour : allez flâner dans les superbes jardins de la villa Ephrussi-de-Rotschild ou suivez le sentier du littoral qui fait le tour du cap. Une dernière halte à Villefranche pour visiter la citadelle comprenant quatre musées (gratuits) et pour admirer les fresques de la chapelle des pêcheurs décorée par Jean Cocteau, puis vous atteignez le col de Nice juste à temps pour admirer la baie des Anges au soleil couchant. Une dernière vision féerique avant de partir...

E. Baret/MICHELIN

Au départ de Cannes

Et pour commencer, pourquoi ne pas jouer les stars sur la terrasse du Carlton en savourant un brunch à l'heure où les fêtards regagnent leur domicile ?
La première journée sera consacrée aux sites remarquables qui ont fait la réputation de Cannes, bien avant que la fée cinéma n'ait posé sa baguette sur la Croisette : la vieille ville blottie au pied du Suquet et le musée de la Castre (collections ethnographique, archéologique et de peintures). Un petit tour au port puis retour sur la Croisette : la promenade est agréable hors saison. Autrement, vous pourrez vous rendre au vieux Cannet pour une agréable flânerie.
Le lendemain, les îles de Lérins vous invitent à prendre le large : profitez-en pour alterner baignade et recueillement dans le monastère ou au fort Sainte-Marguerite habité par le souvenir de son hôte, le mystérieux « Masque de fer ».
Si l'air du large est bénéfique à votre teint, après cette journée à quelques encablures du port de Cannes, renouvelez l'expérience par beau temps (et en saison) de Cannes jusqu'à St-Tropez : sensation unique que celle de longer les côtes dentelées de porphyre rouge de l'Esterel. Cette escapade marine jusqu'à St-Trop' vous permettra de dénicher des œuvres intéressantes au fameux « marché aux croûtes » du vieux port après avoir mesuré la subtilité des coloris des maîtres exposés au musée de l'Annonciade. Traversez la pinède qui domine la ville pour monter à la citadelle : si vous aimez la photo, c'est le moment de mettre à l'épreuve votre talent. Avant de partir, laissez-vous aller à rêver devant les somptueux yachts, et si votre chauffeur n'arrive pas, sachez que des services de cars relient Cannes par la corniche de l'Esterel.
Le dernier jour sera consacré à l'arrière-pays et notamment à Grasse, sa vieille ville et la visite de ses parfumeries, ou au massif du Tanneron à la saison du mimosa (entre janvier et mars).

idées de séjour d'une semaine

Nice et l'arrière-pays

Au départ de Nice, les deux premiers jours seront consacrés à une visite de la capitale de la Côte d'Azur selon les propositions faites pour le séjour d'un week-end.
Le troisième jour, engagez-vous dans la vallée du Var d'où vous apercevrez les cimes tardivement enneigées des hauteurs de la Tinée. Les routes en corniche qui dominent le lit du Var traversent un chapelet de villages qui semblent aux antipodes de l'agitation de la Côte. Ici le temps semble s'être arrêté : Saint-Jeannet, Gattières, Carros, puis sur l'autre versant Castagniers, Aspremont, et Levens d'où l'on atteindra Utelle puis la Madone d'Utelle au point de vue vertigineux. À proximité des vignes de Bellet, voici une bonne occasion de goûter aux fameux cépages locaux !
Le quatrième jour, regagnez Contes, puis Coaraze (chapelle peinte) et Lucéram. Tout en charme et doté d'une des plus belles églises de l'arrière-pays, la visite de ce village vous donnera l'occasion de goûter la cuisine locale à base de farcis. Du col de l'Orme et la station d'altitude de Peïra Cava (joli panorama sur la vallée), vous serez saisi par le paysage alpin du col de Turini ceint de vestiges de fortifications. Faites le tour de l'Authion, par le circuit des Mille-Fourches : le panorama sur les vallées sauvages à la lisière du Parc national du Mercantour est tout simplement exceptionnel. Avant de rejoindre Sospel et son pittoresque vieux pont à péage, en passant par les gorges sauvages du Piaon.
Le jour suivant (le 5e), allez jusqu'au col de Braus admirer l'Escarène et, juché sur sa crête comme un veilleur, le village perché de Berre-les-Alpes. Le vaste panorama depuis le village vous fera oublier les mille et un virages de la route : tout le littoral vous est offert en un seul coup d'œil... Le long de petites routes sinueuses, les villages jumeaux de Peille et Peillon montrent leur charmes cachés à qui sait les apprécier, et dévoilent la splendeur des fresques de leurs chapelles.
Le dernier jour, redescendez vers la Côte par le col de Guerre et La Turbie, où vous irez admirer le célèbre trophée d'Auguste. Évitez encore un peu la cohue estivale en

S. Sauvignier/MICHELIN

vous accordant un détour par Falicon, village niçois typique où Jules Romains a situé la plupart de ses romans.

Menton, haut pays et Ligurie

Avant de partir, prévoyez le nécessaire pour de brefs séjours en haute montagne (crème solaire, lunettes de protection, lainage, jumelles) et vos papiers d'identité, pour l'Italie.

Après une première journée à Menton (voir la formule week-end), prenez la route en direction du village de Sainte-Agnès qui surplombe de ses 780 m tout le rivage azuréen jusqu'à San Remo. Si vous aimez les spécialités régionales, vous serez comblé par l'une des tables du village. En saison, pensez à réserver ! Revenez sur Menton pour vous engager à l'autre extrémité de la ville en direction de Castellar agrippé à son rocher face à Sainte-Agnès. Étroite, la route n'est cependant pas dangereuse, mais prudence tout de même. Après Castellar, allez à Castillon, agréable village d'artisans, qui domine le fond de la vallée de Menton. Dernière vue sur le rivage avant de parvenir à la vallée de Sospel, qui sera une excellente étape pour votre soirée.

Le jour suivant (3e jour), avant de quitter Sospel, prenez une heure pour visiter l'église car elle abrite des œuvres de Bréa. Rejoignez la vallée de la Roya sauvage et torrentueuse, en passant par Breil, ancienne ville frontière, puis visitez Saorge, véritable village tibétain qui, vu de la route, s'étale vertigineusement à flanc de montagne. Mettez à profit la visite du village pour mieux connaître les traditions de ce coin isolé du comté de Nice. Vous pourrez vous y restaurer agréablement. Situé un peu plus haut dans la vallée, La Brigue est un rendez-vous incontournable pour les amateurs d'art. Le village représente avec N.-D.-des-Fontaines, située à 4 km, un haut lieu de l'art primitif. La journée s'achèvera à Saint-Dalmas-de-Tende, agréable station d'altitude disposant d'une énorme gare ferroviaire. Le lendemain (4e jour) sera consacré à la vallée des Merveilles (attention : pensez à vous renseigner auparavant auprès des organismes compétents sur les conditions de visite guidée des sites rupestres). Les marcheurs s'engageront sur la route de Casterino jusqu'au lac des Mesches ou selon les horaires indiqués jusqu'à la station de Casterino. Ils profiteront ensuite de la marche d'approche pour apprécier le charme de l'épaisse forêt. À l'issue de la visite guidée des gravures préhistoriques qui émaillent les versants rocheux, il est possible, si l'on a pris la précaution de réserver, de séjourner dans un des deux refuges de la vallée des Merveilles pour bénéficier à l'aube d'un magnifique lever de soleil sur la vallée.

Le sixième jour, retour sur la vallée en faisant étape à Tende pour visiter le musée des Merveilles qui prolongera la découverte du site la veille. Dans le vieux village, prenez votre courage à deux mains pour grimper les marches qui vous conduiront jusqu'aux ruines vertigineuses de l'ancien château des comtes de Lascaris. Vue étonnante sur le village ! Retour à Breil avant de passer la frontière italienne pour quelques heures. Les villages perchés sont noyés dans un paysage où domine l'olivier. L'arrivée par la voie rapide à Vintimille vous autorise une dernière halte pour savourer tout le charme ligure de la vieille ville médiévale et ses produits régionaux. Puis *ciao* Vintimille et retour à Menton pour l'apéro.

Cannes et l'Esterel

Depuis la capitale du cinéma, une incursion dans la forteresse rouge de l'Esterel ne nécessite pas de préparation particulière sauf l'appréhension des routes sinueuses et des belvédères accessibles par des chemins parfois très escarpés.

La première journée sera consacrée à la visite du vieux Cannes et son musée de la Castre, puis à longer la Croisette, son allée des stars et ses palaces où il se passe toujours quelque chose.

Le lendemain, cap vers le large ou du moins jusqu'aux îles de Lérins : histoire et botanique à l'île Ste-Marguerite où séjourna le mystérieux « Masque de fer », puis détente, baignade et silence à St-Honorat, résidence des moines.

Le troisième jour, prenez la route des villages perchés du Tanneron : Auribeau-sur-Siagne, Tanneron et Caillan se succèdent dans une explosion d'odeurs et de couleurs. Si vous venez en février, mois où les mimosas sont en fleurs, ce sera un véritable océan de jaune et de parfum qui vous accueillera. Arrêt incontournable à Mougins, village perché fréquenté en son temps par Picasso, avant d'étourdir vos sens devant l'orgue à parfum d'un « nez » à Grasse. Vieille ville, musée provençal, parfumeries : Grasse offre un choix éclectique de distractions. Ce sera également une excellente étape pour votre soirée. Profitez-en pour vous promener, comme les Grassois après le dîner, sur la corniche qui domine la rade de Cannes.

Cabris et son superbe panorama, Saint-Vallier-de-Thiey et Saint-Cézaire : ces deux hauts lieux du monde souterrain azuréen occuperont le quatrième jour de votre circuit. Vous visiterez les grottes avant de vous engager dans le pays de Fayence, moins touristique mais bien plus authentique.

Après une nuit réparatrice dans un des hôtels de Fayence, la lumière du matin vous fera découvrir un relief insoupçonné : petites collines coiffées de villages ou hameaux semblant de loin assoupis. Laissez-vous séduire par Tourrettes, par le cadre antique de la colline de N.-D.-des-Cyprès puis par Seillans dont les ruelles ne connaissent que la pente. Rejoignez le littoral par Bagnols-en-Forêt. À l'approche de la cité romaine de Fréjus, vous êtes accueillis par les témoignages militaires de toutes les époques : mosquée sénégalaise, musée des Troupes coloniales et vestiges d'aqueduc romain. Gardez une partie de la soirée pour flâner dans la vieille ville. Ceux qui sont réfractaires aux vieilles pierres iront longer les canaux de Port-Fréjus.

Le lendemain matin sera consacré à la visite du quartier épiscopal et de la chapelle N.-D.-de-Jérusalem. Vous irez ensuite déguster les spécialités de poissons à la terrasse d'un des restaurants de St-Raphaël avant de vous engager sur la corniche de l'Esterel. Multipliez les arrêts chaque fois que la route vous le permet : vous ne le regretterez pas, chaque point de vue est différent. Soirée à Agay.

Le septième jour, longez la côte jusqu'à Cannes sans oublier de vous arrêter, le temps nécessaire, à la pointe du cap Roux et aux promontoires précédant Théoule-sur-Mer. L'apparition du château de la Napoule annonce la longue plage rectiligne menant à Cannes...

Circuits de découverte

Pour visualiser l'ensemble des circuits proposés, reportez-vous à la carte p. 13 du guide.

1 Littoral varois et îles d'Or

Circuit de 235 km au départ de Toulon – Le Toulon des Toulonnais est une ville à découvrir lentement, au fil de ses rues étroites et à l'ombre de ses platanes. Après avoir fait le plein de fruits et de douceurs au marché Lafayette, partez à la découverte de la « plus belle rade » de la Méditerranée par la pointe du fort Balaguier et le cap Sicié. Entre mer et montagne, Sanary et Bandol, que prolongent les îles de Bendor et des Embiez, ont un air de paradis sur terre. Les superbes villages perchés du Castellet, Beausset et Evenos ne peuvent que confirmer cette impression. La rade peut également se découvrir du haut du mont Faron. Le jardin des Oiseaux de La Londe vous emportera vers les tropiques, et un séjour aux îles d'Or (Porquerolles et Port-Cros) vous enchantera, car vous n'hésiterez pas à participer à l'originale « randonnée » à la nage dans le fameux sentier sous-marin. La visite de la mine du Pradet, au cap Carqueiranne offre une autre approche du littoral, beaucoup moins lumineuse mais tout aussi captivante.

Cadran solaire à Bormes-les-Mimosas.

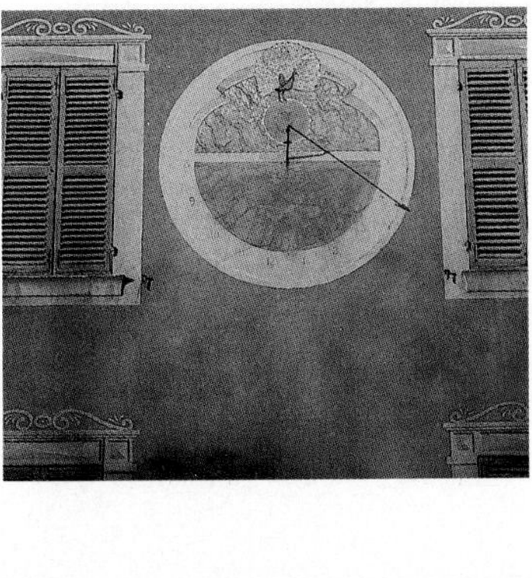
E. Baret/MICHELIN

2 Le haut Var

Circuit de 245 km au départ de Draguignan – En route pour parcourir le haut Var aux paysages vallonnés et boisés, ponctués de vénérables abbayes et de sites étonnants : comme Tourtour étiré sur la crête d'une colline dominant des oliveraies, Cotignac niché au cœur d'une falaise, Villecroze et Seillans entourés de concrétions de tuf,

Entrecasteaux dominé par un château où le temps s'est figé. La variété des villages traversés vous surprendra : certains semblent sommeiller dans la tradition, alors que d'autres s'activent autour d'un artisanat dynamique. Les marchés aux truffes ou aux fromages de chèvres, selon la saison, sauront agrémenter vos étapes, et vous ne manquerez pas de goûter à la cuisine régionale, aussi raffinée que parfumée.

3 Le massif des Maures

Circuit de 275 km au départ de Fréjus – Loin de l'affluence estivale du littoral, laissez-vous gagner par la fraîcheur des bois de chênes-lièges et les parfums dégagés par les diverses essences de la forêt des Maures : chênes, châtaigniers, eucalyptus, cèdres de l'arboretum de Gratteloup. Remontez le temps au domaine du Rayol, vestige de ce que fut le rivage avant l'expansion du tourisme, et découvrez un artisanat vivant à Collobrières, capitale du marron, à Gonfaron, royaume du liège, ou encore à Cogolin, où l'on fabrique pipes et tapis. Les vues panoramiques sur la côte ne manquent pas depuis les sites perchés de Ramatuelle, Grimaud, Gassin et les moulins de Paillas. Avant de vous baigner dans une des criques abritées, allez côtoyer les stars à la terrasse du Sénéquier à St-Tropez, à moins que vous ne préfériez glaner dans le « marché aux croûtes » du vieux port, à la recherche d'un faux Picasso...

4 Massif de l'Esterel et pays de Fayence

Circuit de 285 km au départ de Cannes – Quelle que soit la saison où vous décidez de suivre ce circuit, tous vos sens seront ravis par la luxuriance et la variété de la nature : chant des cigales en été, senteurs du mimosa en hiver et douce caresse du soleil printanier, rougeoiement des pics de porphyre de l'Esterel au soleil estival... De La Napoule à Agay, la corniche d'Or plonge dans la mer dans une symphonie de vert, de bleu et de rouge. St-Raphaël, station balnéaire animée, Fréjus au brillant passé militaire, sans manquer Fréjus-Plage qui offre la plus longue plage de sable de la Côte d'Azur vous emballeront. Le pays de Fayence vous fera grimper et admirer ses petits villages accrochés aux pentes des montagnes et dominés parfois par des châteaux forts : Fayence, Tourrettes, Seillan, Caillan, Tanneron et Auribeau-sur-Siagne.

L'eau coule à Gourdon...

D. Pazery/MICHELIN

5 Parfums et couleurs des Préalpes

Circuit de 215 km au départ de Grasse – Les Préalpes provençales, adossées aux sommets alpins et coupées de gorges abruptes forment une palette de couleurs et de senteurs où les roses, le jasmin et les violettes se disputent la faveur aux oliviers et aux agrumes. Grasse doit une partie de sa renommée à cette richesse, et vous devez absolument commencer la visite de la ville par le musée du Parfum et les parfumeries. L'entrée des gorges du Loup permet d'admirer Gourdon, superbe village perché en gardien des gorges, puis le plateau de Caussols, lunaire et truffé d'avens qui créent un univers très particulier. St-Vallier et St-Cézaire proposent la visite de grottes aménagées pour découvrir l'envers de ce décor. Tourrettes-sur-Loup, capitale de la violette, et St-Paul-de-Vence, celle des peintres et artistes qui ont essaimé leurs œuvres dans les musées locaux, raviront vos yeux. St-Jeannet domine le cours du Var, lui-même coiffé du célèbre *baou* (« rocher » en provençal), destination rêvée de tout grimpeur qui se respecte. Enfin, le littoral de Cagnes-sur-Mer à Antibes alterne musées d'art moderne et vieilles villes préservées.

6 L'arrière-pays niçois

Circuit de 270 km au départ de Nice – Villages perchés, chapelles peintes par d'illustres artistes ou de parfaits inconnus du Moyen Âge, belvédères impressionnants sur des gorges bouillonnantes et forêts au vénérables futaies bruissant d'une faune invisible : c'est un peu tout cela que ce parcours vous propose. Par la basse vallée du Var bornée à l'Ouest par l'impressionnant *baou* de St-Jeannet, on grimpe sur les premiers contreforts de l'arrière-pays niçois dominé par le mont Chauve. Il faut traverser Aspremont, Levens, Duranus pour se pencher sur les gorges de La Vésubie au saut des Français avant d'escalader (ou presque !) les lacets conduisant à la Madone d'Utelle où l'on se sent plus

près du ciel... En remontant le cours de La Vésubie jusqu'au col de Turini, marquez un arrêt à Bollène-Vésubie, accroché vertigineusement au flanc de la montagne. À L'Authion, faites le tour de la pointe des Trois-Communes pour embrasser le panorama, un des plus vastes du secteur. Engagez-vous ensuite dans les gorges du Piaon, et après l'insolite chapelle de N.-D.-de-la-Menour, vous atteindrez Sospel qui, dans son verdoyant bassin, est une excellente étape où vous pourrez apprécier les spécialités du pays. Après une succession de cols pour atteindre la vallée de Lucéram, célèbre pour son église et son Noël de bergers, vous enchaînerez les belvédères occupés chacun par un village : Berre, Falicon, Tourrettes.

7 Les corniches de la Riviera

Circuit de 250 km au départ de Nice – À l'image de Grace Kelly jouant du volant dans les virages de la Grande Corniche (revoir *La Main au collet* d'Alfred Hitchcock), accrochez-vous à la rambarde des belvédères qui vont se succéder dans des à-pics vertigineux au-dessus des plus beaux sites de la Côte d'Azur. Par Villefranche, réputé pour sa rade et ses préparations de poissons tout autant que pour sa chapelle St-Pierre, décorée par Jean Cocteau, gagnez la Grande Corniche que vous suivrez jusqu'à Roquebrune avec des descentes sur Beaulieu (villa Kérylos) et St-Jean-Cap-Ferrat (villa Ephrussi-de-Rothschild), puis Èze, accroché entre ciel et mer, où l'artisanat a précédé les artistes, mais où tous cohabitent avec les coussins de belle-mère du jardin exotique. Un dernier panorama du Vistaero avant d'amorcer la descente sur Roquebrune, avec son château médiéval et aussi son olivier millénaire ! De Menton, prenez le chemin des écoliers pour découvrir les remarquables villages perchés de Ste-Agnès, Peille et Peillon dont les calades (rues pentues) vertigineuses mènent à des chapelles enluminées de fresques étonnantes de fraîcheur.

Itinéraires à thème

jardins exotiques

La douceur du climat et les abris offerts par le relief ont favorisé des microclimats permettant le développement d'espèces exotiques uniques en métropole : citronniers, orangers, palmiers se sont maintenant si bien fondus dans le paysage qu'on peut les croire d'origine.
Voici les principaux sites permettant de découvrir ces tableaux exotiques au cours d'un parcours d'Ouest en Est : au Rayol, le **domaine du Rayol** ; à Grasse, le **jardin de la princesse Pauline** ; au cap d'Antibes, **le jardin Thuret** ; à Nice, **le parc Phœnix** ; au cap Ferrat, les **jardins de la villa Ephrussi-de-Rothschild** ; à Èze, le **jardin exotique** ; à Monaco, le **jardin exotique** et le **jardin japonais** ; à Menton, **les jardins du Val Rameh**, et celui **des Romanciers**. Et en poussant au-delà de la frontière, à Mortola (Italie), **le jardin Hanbury**.

Le comité régional du tourisme Provence-Alpes-Côte d'Azur *(voir « Avant le départ »)* propose, sur simple demande, une brochure « Échappées belles » qui présente les parcs et jardins de la région.

Vous pouvez également vous procurer le livret de la **Route des jardins de la Riviera** auprès du comité régional du tourisme Riviera-Côte d'Azur *(voir « Avant le départ »)* ou consulter l'itinéraire sur le site du conseil général des Alpes Maritimes : www.cg06.fr

Lors de la période de floraison (janvier à mars), suivez la **Route du mimosa**, un circuit en 8 étapes (130 km) de Bormes-les-Mimosas à Grasse, à parcourir à votre rythme. Renseignements auprès des Offices de tourisme de Bormes-les-Mimosas, Sainte-Maxime, Saint-Raphaël, Mandelieu-la-Napoule et Grasse *(voir ces noms dans la partie « Villes et sites »)*.

art moderne et contemporain

Si Paris est une des plus prestigieuses vitrines de l'art moderne et contemporain, la Côte d'Azur s'avère une rivale de qualité. Forte de sa lumière, qui ne pouvait qu'envoûter les peintres, la Côte a illuminé les toiles de Dufy et de Matisse, de Léger et de Picasso. Rien d'étonnant à ce

S. Sauvignier/MICHELIN

La citadelle de St-Tropez.

que cet éden touristique soit aussi celui des arts, avec une école de Nice pleine d'exubérance et une concentration unique de musées, de collections et de fondations de renom. Reportez-vous à la partie « Villes et sites » de ce guide à :
Antibes : musée Picasso ; **Biot** : musée Fernand-Léger ; **Cagnes-sur-Mer** : musée Renoir ; **Fréjus** : chapelle de Notre-Dame-de-Jérusalem conçue par Cocteau ; **Le Cannet** *(voir Cannes)* : chapelle St-Sauveur décorée par Tobiasse ; **Menton** : musée des Beaux-Arts, musée Jean-Cocteau ; **Nice** : musée Marc-Chagall, musée Matisse, musée d'Art moderne et d'Art contemporain, et musée des Beaux-Arts ; **St-Tropez** : musée de l'Annonciade ; **Vallauris** : musée Magnelli et musée national « La Guerre et la Paix » (Picasso) ; **Vence** : chapelle du Rosaire décorée par Matisse ; **Villefranche** : chapelle St-Pierre décorée par Cocteau.

fortifications des Alpes-Maritimes

L'intérêt stratégique de la zone frontalière du Sud-Est, révélé par Vauban, a été mis en valeur à partir de 1880 par le système de défense promu par Séré de Rivières, système complété et amélioré dès 1929 par l'intégration de ce secteur à la ligne Maginot qui a fortifié les frontières de Dunkerque à Menton. L'ensemble des ouvrages constitue un panorama intéressant de l'architecture militaire des 19e et 20e s.

Le visiteur gardera à l'esprit les règles élémentaires de prudence et de respect des lieux car les ouvrages de l'époque Maginot, en apparence en bon état, recèlent des puits intérieurs dissimulés ou des passages dont l'accessibilité reste dangereuse. De même, certains de ces bâtiments ont été acquis par des particuliers et doivent être à ce titre considérés comme des propriétés privées.

Certains forts, désarmés et restaurés par des associations, sont accessibles aux visites ; ils sont décrits dans ce guide :
fort de **Ste-Agnès** *(voir Menton)*, fort **St-Roch** à Sospel *(voir ce nom)*, fort **Suchet**, du 19e s. *(voir forêt de Turini)*.

Le secteur hautement stratégique de **L'Authion**, près du col de Turini *(voir forêt de Turini)* conserve plusieurs exemples de l'architecture Séré de Rivières accessibles depuis la route en boucle qui ceinture le massif : le fort des Mille-Fourches, celui de la Forca et la redoute des Trois-Communes qui fut le premier ouvrage construit en béton armé en 1897.

Au Nord de Nice, le **mont Chauve d'Aspremont** *(voir Nice)* offre un superbe point d'observation où, lors de conditions anticycloniques idéales, le littoral se dévoile jusqu'à l'horizon. Le sommet (854 m) est coiffé d'un fort Séré de Rivières à la façade Sud monumentale, typique de l'époque. Il est occupé par des services des Télécommunications. Plus au Nord, on distingue la hauteur du mont Chauve de Tourrette, également coiffé d'un ouvrage de la même époque.

À proximité du **col de Tende** (ce secteur est resté italien de 1860 à 1947), l'imposant système défensif italien du 19e s. est surtout remarquable par le fort central. Situé au sommet même du col et accessible par la petite route du col qui part de l'entrée du tunnel routier, il présente une architecture différente sur chacune de ses façades.

Autres pistes

La route Napoléon – *Voir ce nom dans la partie « Villes et Sites ».*

La route du baroque nisso-ligure – Informations : ☎ 04 93 04 92 05. Itinéraire également consultable sur le site du conseil général des Alpes-Maritimes : www.cg06.fr

Découvrir autrement la région

en train touristique

Train des Pignes

Le célèbre « train des Pignes » (l'appellation proviendrait des pignes, pommes de pin, utilisées comme combustible de la chaudière des locomotives), qui va de Nice à Digne-les-Bains, parcourt l'arrière-pays niçois et la haute Provence sur 151 km via Puget-Théniers, Entrevaux, Annot, St-André-les-Alpes. Construite de 1890 à 1911, sa voie métrique et unique franchit une soixantaine d'ouvrages d'art remarquables : ponts métalliques, viaducs, tunnels (dont un de 3,5 km). Le train des Pignes est le vestige d'un vaste réseau régional qui desservait au début du siècle du 20e s. tout l'arrière-pays jusqu'à Toulon via Draguignan. En un peu plus de 3h, ce voyage permet, en suivant le cours de cinq vallées, de découvrir de très beaux paysages et des villages perchés, qui sont parfois difficilement accessibles par la route.

Toute l'année, ce train permet de rejoindre le lac de Castillon et les gorges du Verdon ainsi que les stations de sports d'hiver des Alpes-Maritimes et des Alpes-de-Haute-Provence. La vallée de La Vésubie aux multiples possibilités de randonnées est accessible depuis la station de Plan-du-Var.

À l'extérieur des gares, l'aménagement de haltes, indiquées par une signalisation, permet au randonneur d'organiser son itinéraire en quittant le train à un point donné pour le reprendre en fin de journée à un autre arrêt.

Sur la section entre Puget-Théniers et Annot circule, le dimanche de mi-mai à mi-octobre, un **train touristique à vapeur**. 1h de voyage à 20 km/h, sur des banquettes en bois. Trajet avant (Nice-Puget) possible par le train des Pignes.

Renseignements

Chemin de fer de Provence, gare du Sud, 4 bis r. Alfred-Binet, BP 1387, 06007 Nice Cedex 1 - ☎ 04 97 03 80 80 - www.trainprovence.com. Autre adresse : gare, av. P.-Sémard, 04000 Digne-les-Bains - ☎ 04 92 31 01 58.

Le train des merveilles

Ce train touristique circule entre Nice et Tende, traversant les vallées du Paillon et de la Roya-Bévéra *(voir la ligne Nice-Cueno à la rubrique « Escapade transalpine »)*. Il s'arrête dans toutes les gares du parcours. Vous pourrez visiter deux villages dans la journée (dernier TER au départ de Tende à 17h05).

Ne manquez pas le train de 9h28 au départ de Nice (arrivée à Tende à 11h06), animé par un **guide conférencier**, tous les jours entre juin et septembre et le week-end le reste de l'année.

Renseignements

SNCF – ☎ 3635 - www.ter-scnf.com/paca

Association Développement touristique Roya Bévéra – ☎ 04 93 04 92 05 ou www.royabevera.com

vue du ciel

Hélicoptère

Héli-Air-Monaco – Héliport de Monaco-Fontvieille - ☎ 92 050 050 - www.heliairmonaco.com - cette société assure 50 vols quotidiens entre Nice et Monaco en 6mn de vol. Elle propose également vols vers St-Tropez, l'Italie, la Corse, des vols privés toutes destinations, des vols panoramiques, des baptêmes de l'air ou des vols photos.

Vol libre, deltaplane, parapente et ULM

Une vingtaine de sites sont propices à la pratique des sports aériens libres et à l'ULM. Pour obtenir la liste à jour des centres de vol libre et des lieux de pratique :

Envol de Provence – Domaine de la Limatte - 83870 Signes - ☎ 04 94 90 86 13 ou 06 07 28 93 41 - www.envolprovence.com

Fédération française de vol libre(deltaplane, parapente et cerf-volant) – 4 r. de Suisse - 06000 Nice - ☎ 04 97 03 82 82 - www.ffvl.fr

Fédération française de planeur ultra-léger motorisé – 96 bis r. Marc-Sangnier - BP 341 - 94709 Maisons-Alfort Cedex - ☎ 01 49 81 74 43 - www.ffplum.com

Vol à voile

Le principal centre de vol à voile se situe à **Fayence** où il bénéficie de conditions aérologiques exceptionnelles. Ce centre, animé par l'Association aéronautique Provence-Côte d'Azur, est devenu le premier centre de vol à voile en Europe. Il contribue à l'essor d'une discipline spectaculaire, la voltige en planeur.

Port d'embarquement	Destinations
Bandol	Îles des Embiez. Toulon par le cap Sicié. Cassis et la calanque d'En-Vau par La Ciotat. Journée complète au château d'If et les îles du Frioul.
Toulon	La Seyne-sur-Mer, Les Sablettes, Tamaris, St-Mandrier (navettes). Rade et port de Toulon.
Le Lavandou et Cavalaire	Île du Levant. Îles d'Hyères.
St-Tropez	Îles d'Hyères. Ste-Maxime (navettes). Les Issambres (navettes). Port-Grimaud (navettes). Baie des Cannebiers.
Cannes	Îles de Lérins.
St-Raphaël	St-Tropez (navettes). Îles de Lérins.
Nice	La Riviera.
Menton	La Riviera. Monaco.

Association aéronautique Provence-Côte-d'Azur – 83440 Fayence - ☎ 04 94 76 00 68 - www.aapca.net

Fédération française de Vol à Voile – 29 r. de Sèvres - 75006 Paris - ☎ 01 45 44 04 78 - www.ffvv.org

sur l'eau

Outre les lignes maritimes régulières desservant les îles de Bendor, des Embiez, de Hyères et de Lérins *(voir ces noms)*, des promenades en mer sont organisées en saison au départ des stations citées dans le tableau. Vous trouverez les adresses des compagnies dans les « carnets pratiques » des villes concernées.

S. Sauvignier/MICHELIN

Bateau pour les îles d'Hyères.

par l'artisanat

Des stages d'initiation à l'artisanat peuvent être entrepris en saison dans de nombreux villages et lieux de séjours. Les associations proposant des stages sont répertoriées auprès des comités régionaux du tourisme *(voir la rubrique « Avant le départ »)*.

Par exemple, à **Grasse**, les principales parfumeries organisent des stages d'initiation aux techniques de création de parfums en compagnie d'un « nez », avec la possibilité d'emporter le parfum que l'on a soi-même créé *(voir le « carnet pratique » de Grasse)*. À **Vallauris**, vous pourrez faire un stage de poterie *(voir le « carnet pratique » de Vallauris)*.

Ceux qui souhaitent simplement découvrir les artisans de la région, se rendront plus particulièrement dans les villes labellisées « **Ville et Métiers d'Art** » : Biot, Cagnes-sur-Mer, Fréjus, Ollioules, Vallauris. Informations : ☎ 01 48 88 26 56 - www.vma.asso.fr

par la gastronomie

La première approche, la plus simple, consistera à vous rendre sur les marchés *(voir les rubriques « carnet pratique » des villes)* ou chez les producteurs ! Demandez au comité départemental du tourisme du Var les dépliants (la région est découpée en 6 secteurs) « **À la découverte des Terroirs du Var** » répertoriant les producteurs de la région qui vous recevront sur leurs exploitations. Sachez, en outre, que le Var est classé parmi les 5 premiers départements « bio » de France.

Pour goûter à la savoureuse cuisine traditionnelle, il vous suffira de pousser la porte des petits restaurants (suivez votre flair).

À Nice, pour vous repérer, un label « **Cuisine Nissarde** » est apposé sur la devanture des établissements qui servent des menus du terroir.

Pour connaître les prestataires qui organisent des stages de cuisine du terroir, contactez le comité régional du tourisme Provence-Côte d'Azur. Par ailleurs, celui-ci propose gratuitement une brochure sur la gastronomie intitulée « **Terre de saveurs** » qui vous mettra l'eau à la bouche ! Entre autres adresses :

École de cuisine du Moulin de Mougins – Restaurant l'Amandier - pl. du Cdt-Lamy - 06250 Mougins - ☏ 04 93 90 00 91. Cours de 2h30 destinés aux cuisiniers amateurs. Démonstration de deux plats et dégustation.

La Route des Saveurs – L'Association touristique du Canton de Levens propose une « Route des Saveurs » avec visites et dégustations, un circuit qui vous fera découvrir les produits du terroir et les traditions culinaires du Pays Niçois, à travers différents sites privés mais visitables. Les moulins à huile, en saison (nov.-mars) : produits oléicoles AOC « Olive de Nice » ; le vignoble de Bellet : vins rosés, rouges et blancs AOC ; la chocolaterie Marcellin, artisan-chocolatier à Levens ou l'abbaye cistercienne N.-D.-de-la-Paix à Castagniers : chocolat de fabrication artisanale ; la Ferme du Reveston et ses fromages de chèvre, ou une ferme biologique... « Menus du terroir » chez les restaurateurs détenteurs du label « Cuisine Nissarde ».
Association touristique du Canton de Levens, « Maison du Tourisme du Canton aux 10 Sourires » - RN 202 - La Manda - 06670 Colomars - ☏ 04 93 08 76 31 - www.canton-de-levens.com

dans le vignoble

Le comité régional du tourisme de Provence-Côte d'Azur propose une brochure « **Routes des vignobles** » très complète.

Visite de caves

La visite des caves coopératives est partout possible dans les régions de vignobles : pays de Bandol, pays de Brignoles, Le Luc, Hyères et ses îles, golfe de St-Tropez, pays de Fréjus, pays dracenois (Draguignan) et pays niçois. Pour obtenir les adresses des caves et des domaines, s'adresser aux syndicats et maisons des vins ; pour connaître les dates des manifestations liées au vignoble, s'adresser aux offices de tourisme.
Vous trouverez des adresses de domaines dans les « carnet pratique » des villes.

Vins de Bandol – Un circuit permet également de découvrir les crus des vins de Bandol. Renseignements à la Maison des Vins de Bandol, 22 allée Alfred-Vivien, 83150 Bandol, ☏ 04 94 29 45 03. www.maisondesvins-bandol.com

Coteaux varois – Le vignoble de l'AOC Coteaux Varois s'étend sur 28 communes autour de Brignoles, des contreforts de la Sainte-Baume aux Bessillons. Renseignements à la Maison des Vins Coteaux Varois, installée dans l'enceinte de l'Abbaye Royale de la Celle, où vous pourrez découvrir les vins des vignerons de l'appellation (83170 La Celle, ☏ 04 94 69 33 18, coteauxvarois@wanadoo.fr).

Côtes-de-Provence – C'est la plus importante zone AOC de la région Provence-Alpes-Côte d'Azur. Elle s'étend de l'arrière-pays aixois à l'Estérel et de la côte provençale aux contreforts des gorges du Verdon. L'île de Porquerolles fait partie de ce territoire.
Renseignements à la Maison des vins des Côtes de Provence, RN 7, 83460 Les Arcs-sur-Argens, ☏ 04 94 99 50 20. Outre la vente et la dégustation des vins AOC côtes-de-provence, la maison des vins propose des stages de dégustation.

Vins de Bellet – Les collines de l'arrière-pays niçois abritent à St-Roman-de-Bellet le cru vin de Bellet, réputé et rare, qui s'étend sur 50 ha seulement. Se renseigner sur www.vinsdebellet.com

Stages d'œnologie

Maison des vins des Côtes-de-Provence – RN 7 - 83460 Les Arcs - ☏ 04 94 99 50 20. Outre la présentation et la vente de 750 vins d'appellation côtes-de-provence dont une sélection de 16 vins, la Maison des vins propose tous les jours une dégustation gratuite et des stages de dégustation.

Domaine de Lauzade – Rte de Toulon - 83340 Le Luc - ☏ 04 94 60 72 51 - www.lauzade.com - expositions de peinture en juillet et août. Dégustations des vins de Provence tous les jours sauf samedi après-midi et dimanche.

La Cave du Moulin – 50 av. Charles-Mallet - 06250 Mougins - ☏ 04 92 92 06 88. Initiation à l'œnologie, à la cuisine (au moulin de Mougins, ☏ 04 93 75 35 70) et dégustation de vins.

avec les enfants

Pour varier les plaisirs de la plage, pour profiter d'une journée boudée par le soleil ou accaparée par un mistral trop présent, de nombreuses attractions sont aménagées le long de la Côte d'Azur. Dans la partie « Villes et sites », le pictogramme ☺ précède les sites ou activités (dans les rubriques « carnet pratique ») susceptibles d'intéresser votre tribu. Pour les retrouver, reportez-vous aux villes figurant dans le tableau.

Réseau Ville et Pays d'art et d'histoire

Le réseau des Villes et Pays d'art et d'histoire *(voir la rubrique « Visite guidée »)* propose des visites-découvertes et des ateliers du patrimoine aux enfants, les mercredi, samedi et pendant les vacances scolaires. Munis de livrets-jeux et d'outils pédagogiques adaptés à leur âge, ces derniers s'initient à l'histoire et à l'architecture, et participent activement à la découverte de la ville. En atelier, ils s'expriment à partir de multiples supports (maquettes, gravures, vidéos) et au contact d'intervenants de tous horizons : architectes, tailleurs de pierre, conteurs, comédiens, etc.
Ces activités sont également proposées pendant la visite des adultes - en juillet-août, dans le cadre de l'opération « LÉté des 6-12 ans ». Les Villes d'art et d'histoire citées dans ce guide sont Fréjus, Grasse et Menton.

☺ Villes	Zoos, parcs animaliers	Grottes	Musées	Loisirs
Antibes	Marineland			parc aquatique, parc d'attraction, mini-golf,
Bandol	zoo			bateau à vision sous-marine
Barjols	aquariums			
Brignoles			Musée du santon au Val	
Cabris		Grotte des Audides		
Cap Ferrat	zoo			
Îles des Embiez	aquariums			bateau à vision sous-marine
Fréjus	zoo			parc de loisirs, parc aquatique
Grasse		Grottes St-Cézaire		
Hyères	jardin d'acclimatation			
Îles d'Hyères				bateaux à vision sous-marine
Juan-les-Pins				bateau à vision sous-marine
Le Lavandou				bateau à vision sous-marine
Mandelieu				parc de loisirs
Maures	Jardin d'oiseaux tropicaux à Lalonde, Village de tortues à Gofaron			

☺ Villes	Zoos, parcs animaliers	Grottes	Musées	Loisirs
Menton				parc de loisirs
Monaco	Jardin animalier		Historial des Princes de Monaco, Musée national (automates et poupées), Musée océanographique	bateau à vision sous-marine
Nice			Musée Lou Ferrouil à Gilette	
Le Pradet			Musée de la Mine de Cap-Garonne	
Saint-Cyr				parc aquatique
Saint-Martin-Vésubie				parcours dans les arbres
Saint-Raphaël				École de cirque à Cap Esterel
Saint-Tropez	Maison des papillons			
Saint-Vallier-de-Thiey		Souterroscope de la Baume Obscure		
Sanary-sur-Mer				bateau à vision sous-marine
Tende			Musée des Merveilles	
Toulon	zoo			
Forêt de Turini				parcours dans les arbres

Sports et loisirs

baignade

Dans la mer

Avec plus de 300 km de littoral, des centaines de plages de galets et de sable fin dont la liste serait trop longue à dresser, une eau dont la qualité et la température ne peuvent que rassurer les plus frileux, la baignade est l'activité reine de la Côte d'Azur. De tous les loisirs que propose la région, c'est le moins cher. Peu de matériel est nécessaire, si ce n'est un maillot de bain, une serviette, de la crème et des lunettes de soleil, vos pelles, vos seaux, et une ou deux pièces pour le marchand de glaces...

Bien que les vagues de la Méditerranée ne soient pas très importantes, quelques consignes de sécurité sont à respecter. De même, si l'eau est presque toujours chaude, elle n'est pas toujours propre. Si vous désirez connaître le résultat des contrôles de qualité des eaux de baignade effectués chaque mois à partir de juin pour toutes les plages du littoral, vous pourrez consulter sur Internet **www.infosplage.com** et sur Minitel le **3615 infoplage**. Sachez que les plages sont classées en 4 catégories, de A (bonne qualité) à D...

Dans les lacs et plans d'eau

Pour ceux qui veulent se rincer de l'eau de mer, les lacs et plans d'eau aménagés de l'arrière-pays sont des lieux de baignade parfaits, où la sécurité fait bon ménage avec les joies du pédalo, de la planche voile et du pique-nique...

Parmi tous les lacs et les plans d'eau :

Lac de St-Cassien – Le plus vaste plan d'eau de l'Esterel, avec une superficie de 430 ha, joue un rôle très diversifié : énergétique par l'alimentation électrique et en eau de l'Est varois, sécuritaire par l'approvisionnement des canadairs (écopage) lors des incendies de forêts et réserve biologique sur la partie Ouest où une roselière accueille l'hivernage des oiseaux d'eau de passage (plus de 150 espèces y sont recensées). Les baigneurs pourront apprécier les joies de la planche à voile et du pédalo en s'équipant auprès des guinguettes qui bordent ses berges parfois abruptes. Une base nautique offre des stages d'initiation. Possibilité également de faire de l'aviron *(voir le « carnet pratique » de Fayence)*.

canoë-kayak

De nombreux cours d'eau des Alpes-Maritimes offrent d'intéressantes possibilités de descente en canoë-kayak, particulièrement au printemps. Les secteurs de la **Roya** et de la **Tinée** (classe III) disposent de structures d'encadrement et d'accueil permettant l'initiation à cette pratique. L'**Argens**, rivière sauvage, se prête également à ce sport *(voir le « carnet pratique » d'Entrecasteaux)*.

Fédération française de canoë-kayak – 87 quai de la Marne - BP 58 - 94344 Joinville-le-Pont - ☎ 01 45 11 08 50 - www.ffcanoe.asso.fr - la Fédération édite un livre « France canoë-kayak et sports d'eaux vives » et avec le concours de l'IGN une carte « Les rivières de France », avec tous les cours d'eau praticables.

Comité régional de canoë-kayak Côte d'Azur – 50 av. du 11-Novembre - BP 137 - 06603 Antibes Cedex - ☎ 04 92 91 45 40.

canyoning

La technique du canyoning emprunte à la fois à la spéléologie, à la plongée et à l'escalade. Il s'agit de descendre, en rappel ou en saut, depuis des parois abruptes jusqu'au lit de torrents dont on suivra le cours au fil de gorges étroites (clues) et de cascades.

Deux techniques de déplacement sont particulièrement utilisées : le **toboggan** (allongé sur le dos, bras croisés) et le **saut** (hauteur moyenne 8 à 10 m), plus délicat, où l'élan du départ conditionne la bonne réception dans la vasque. Il est impératif qu'un participant se « sacrifie » et descende effectuer un sondage de l'état et de la profondeur du plan d'eau avant tout saut. C'est le manquement à cette règle élémentaire qui constitue le cas le plus fréquent d'accident dans ce sport.

Il est bon de rappeler que de nombreuses clues (notamment des Alpes-Maritimes) peuvent en étiage estival masquer les risques inhérents à cette pratique ; malgré un bon équipement des parois, ces vallons étroits nécessitent un long engagement (de l'ordre de 5 km) sans échappatoire, avec des marmites et vasques souvent comblées ; dans ces conditions, les violents orages, fréquents dans la région,

transforment un paisible torrent en toboggan tumultueux d'une hauteur de plusieurs mètres emportant tout sur son passage. Plusieurs accidents récents ont sanctionné ces mauvaises appréciations des risques.
L'initiation débute par des parcours n'excédant pas 2 km, avec un encadrement de moniteurs. Ensuite, il demeure indispensable d'effectuer les sorties avec un moniteur sachant « lire » le cours d'eau emprunté et connaissant les particularités de la météo locale.

Les rivières des Alpes-Maritimes offrant les parcours les plus attrayants sont situées dans le périmètre du Parc national du Mercantour et de Saint-Martin-Vésubie. La **vallée de la haute Roya** dispose de deux sites exceptionnels près de Saorge : la **Maglia** (passage en grotte) et la **Bendola** (48h de randonnée aquatique pour ce dernier). La pratique du canyoning est strictement interdite dans la zone centrale du Parc national du Mercantour.
De St-Martin-Vésubie au confluent avec le Var, La **Vésubie** offre des canyons très variés : Duranus, le site plaisant de l'Imberguet, la Bollène et le canyon très technique de Gourgas. Sur la rive gauche du Var, un autre affluent, l'**Estéron**, propose des parcours classiques dans des sites exceptionnels s'étageant de Roquestéron à St-Auban.
Son réseau hydrographique accidenté fait du département du Var un haut lieu de canyoning. L'aménagement de onze sites correspondant à des niveaux d'aptitude différents permet de proposer à tous cette activité. Pour le niveau initiation et découverte, les gorges du **Destel**, du **Caramy** à Carcès, le cours inférieur du **Jabron** (en aval de Trigance) et les gorges de **Pennafort** sont parfaits. D'autres sites comme Seillans-la-Cascade, le Nartuby et le Desteou dans les Maures exigent de bonnes connaissances techniques.

Guide « Clues et Canyons » – Cette précieuse plaquette répertorie les principaux sites pratiquables et s'accompagne de judicieux conseils. Elle est diffusée par le Conseil général des Alpes-Maritimes (DEDD, service des randonnées, BP 3007, 06201 Nice Cedex 3) ; elle est également disponible dans les offices de tourisme du département.

cyclotourisme

La diversité du relief de l'arrière-pays et l'aménagement de sentiers pratiquables sur le littoral, ainsi que dans les massifs de l'Esterel et des Maures, dirigent la pratique du cyclisme vers le VTT. De nombreux organismes, associations et hôteliers proposent la location de ce type de vélo. La liste des loueurs est disponible auprès des Syndicats d'initiative et des Offices de tourisme.
L'épreuve de **VTT Roc'Azur** à Fréjus *(voir le chapitre « Calendrier festif »)* est une des plus réputées d'Europe avec un parcours de 50 km et une dénivelée de près de 200 m.

La réglementation spécifique d'accès au **Parc du Mercantour** s'applique également à ce type de déplacement. La zone centrale du parc est interdite aux VTT. Pour les autres secteurs du Mercantour, se renseigner au préalable auprès des Maisons du Parc.

Le **comité régional du Var** publie une brochure, disponible dans les Offices de tourisme, reprenant 22 itinéraires balisés pour les cyclotouristes. Parmi les principaux, aux noms évocateurs, « le toit du Var » (71 km), « la route de la bauxite » (80,5 km), « l'ubac des Maures » (82,5 km) ou « les châtaigneraies des Maures » (93 km).

Le **conseil général des Alpes-Maritimes** édite un guide « **Rando VTT** », disponible dans les Offices de tourisme, proposant 30 itinéraires. Vous pouvez aussi les consulter sur www.cg06.fr

Fédération française de cyclotourisme – 12 r. Louis-Bertrand - 94207 Ivry-sur-Seine Cedex - ☎ 01 56 20 88 87 - www.ffct.org

Comité départemental de cyclotourisme des Alpes-Maritimes – M. Bernage - 22 bis r. Trachel - 06000 Nice - ☎ 04 93 82 16 39.

Comité départemental de cyclotourisme du Var – L'Hélianthe - r. Émile-Ollivier - 83000 Toulon - ☎ 04 94 36 04 09 - www.cyclotourisme83-ffct.org

À vélo sur l'île de Porquerolles.

H. Le Gac/MICHELIN

escalade

L'escalade offre un large éventail de possibilités dans tout l'arrière-pays, depuis les Préalpes niçoises jusqu'aux contreforts du Verdon, en passant par les falaises escarpées des *baous* de la vallée du Var et le rocher de Roquebrune-sur-Argens.
Des sorties accompagnées par des moniteurs qualifiés sont organisées en escalade, mais aussi en alpinisme, randonnées pédestres, ski de randonnée, raquette, canyoning et spéléo par les sections du **Club alpin français** :

Var – 624 av. Meuniers - 83200 Toulon - ☎ 04 94 62 19 16 - http://clubalpin-toulon.online.fr - permanence merc. 18h30-20h. Des sorties accompagnées par des moniteurs qualifiés sont organisées en escalade, mais aussi en alpinisme, randonnées pédestres, ski de randonnée, raquette, canyoning, spéléo et V.T.T. par les sections du Club alpin français pour les adhérents.

Alpes-Maritimes – 14 av. Mirabeau - 06000 Nice - ☎ 04 93 62 59 99 - www.cafnice.org - tlj sf w.-end 16h-20h (siège). Des sorties accompagnées par des moniteurs qualifiés sont organisées en escalade, mais aussi en alpinisme, randonnées alpines, ski de randonnée, raquettes, canyoning et spéléo par les sections du Club alpin français.

Fédération française de la montagne et de l'escalade – 8-10 quai de la Marne - 75019 Paris - ☎ 01 40 18 75 50 - www.ffme.fr - consulter également le « Guide des sites naturels d'escalade en France », par D. Taupin (Éd. Cosiroc/FFME), pour connaître la localisation des sites d'escalade dans la France entière.

Comité régional Montagne et Escalade des Alpes méridionales – ☎ 04 92 60 47 82 - Maison Régionale des Sports - Immeuble Estérel Gallery - 809 bd des Écureuils - 06210 Mandelieu.

Comité départemental Montagne et Escalade du Var – Maison départementale des sports « L'Hélianthe » - r. Émile-Ollivier - 83000 Toulon - ☎ 04 94 46 27 61.

Association des guides et accompagnateurs des Alpes méridionales – Roquebillière - ☎ 04 93 03 44 30/51 60 ; St-Martin-Vésubie - ☎ 04 93 03 26 60.

Bureau des guides de la Côte d'Azur – 71 bd de la Rocade - 06250 Mougins - ☎ 04 93 75 27 39 ou 06 08 47 55 07. De l'arrière-pays niçois au contrefort du Verdon, la région offre un large éventail de parcours de canyoning, d'escalade et de via ferrata. Encadré par des professionnels diplômés d'état.

Bureau des guides du Mercantour – 75 r. du Dr-Cagnoli - 06450 St-Martin-Vésubie - ☎ 04 93 03 28 28 ; à Tende - ☎ 04 93 04 77 85.

VIA FERRATA

À mi-chemin entre l'escalade, l'alpinisme et la randonnée, la pratique de la *via ferrata* constitue une découverte du monde vertical de l'escalade sans l'astreinte d'un long entraînement que justifiera une pratique soutenue, ici absente. Mais les règles de sécurité prescrites doivent être néanmoins rigoureusement respectées.
Au col de la Colmiane, sur le parcours de la *via ferrata* du **baou de la Frema** *(voir Saint-Martin-Vésubie)*, le néophyte désireux de « tâter » de l'escalade dispose d'un étonnant ensemble d'équipements propre à susciter l'émotion : passerelle jetée entre deux pitons, pont de singe et passages vertigineux.
Le circuit *via ferrata* des « Comtes de Lascaris » compte deux sites : **Tende** et **Peille** *(voir ces noms)*. Dominant les villages, ces circuits offrent d'étonnantes sensations en toute sécurité.

jet-ski

La pratique du jet-ski, sur des portions du littoral peu accessibles par terre et judicieusement choisies, constitue une superbe expérience de navigation autonome. Ce sport est néanmoins régi par des règles strictes : 150 m entre deux appareils, navigation diurne entre 300 m à l'extérieur des chenaux et jusqu'à 1 mille nautique, et désormais nécessité pour le pilote d'être titulaire d'un titre de conduite « mer ». La plupart des grandes stations assurent la location des jet-skis à l'heure ou à la demi-journée. Il est possible également de louer des **kayaks de mer** à Salins-d'Hyères et dans certaines stations varoises.

parachute ascensionnel

Pour modifier l'habituelle vision de sa plage préférée, vous pourrez vous exercer sans crainte aux joies du **parachute ascensionnel**. Il s'agit de voler sur l'eau accroché à un parachute tracté par un hors-bord. L'intérêt consiste à rester en l'air le plus longtemps possible à la hauteur la plus élevée. Pratiquement toutes les plages aménagées et bien ventées disposent de prestataires proposant des baptêmes et des découvertes de cette activité.

pêche au gros

Possibilité de s'exercer à la pêche au gros en louant des embarcations avec pêcheurs professionnels ou de participer à des matinées de pêche au large (généralement en saison de 6h à 10h) organisées par des sociétés de promenades en mer à : **Sanary**, **Marine de Cogolin**, **Ste-Maxime**. Renseignez-vous dans les Offices de tourisme *(voir ces noms)*.

Fédération française des pêcheurs en mer – Résidence Alliance - centre Jorlis - 64600 Anglet - ☎ 05 59 31 00 73 - www.ffpm.org

H. Le Gac/MICHELIN

pêche en rivière

Pour la pêche en rivière (Gapeau, Real Martin, Argens, Roya, Bévera) et dans les lacs (Carcès, St-Cassien), il convient d'observer la réglementation nationale et locale et de s'affilier pour l'année en cours dans le département de son choix à l'association de pêche et de pisciculture agréée en acquittant les taxes afférentes au mode de pêche pratiqué ou, éventuellement, d'acheter une carte journalière auprès des vendeurs attitrés.

Quelques particularités de la nouvelle réglementation locale applicable depuis 1995 : la pêche à la truite est permise du 2e samedi de mars au 3e dimanche de septembre, celle au brochet n'est autorisée que du 31 janvier au 15 avril. Dans la Siagne, la pêche à l'ombre commun est interdite toute l'année.

Il est conseillé de s'adresser à la **fédération départementale de la pêche** pour obtenir les dernières modifications concernant la législation locale :

Var – r. des Déportés - 83170 Brignoles - ☎ 04 94 69 05 56 - www.fedepechevar.com

Centre d'information et de communication - Quartier Paradou - 83790 Pignans - ☎ 04 94 48 81 02.

Alpes-Maritimes – Immeuble « Le Quadra » - l'Arénas - 455 prom. des Anglais - 06299 Nice Cedex 03 - ☎ 04 93 72 06 04 - www.peche-cote-azur.com

Conseil supérieur de la pêche – Immeuble Le Péricentre - 16 av. Louison-Bobet - 94132 Fontenay-sous-Bois Cedex - ☎ 01 45 14 36 00.

pêche sous-marine

La pratique de ce sport, dont les multiples criques du littoral paraissent propres à satisfaire toutes les exigences, répond à une réglementation très stricte. Nous en rappelons les éléments essentiels :
- la capture et la pêche des mérous et des nacres sont interdites en permanence ;
- la pêche sous-marine des oursins est interdite de mai à septembre dans le Var, de novembre à février dans les Alpes-Maritimes ;
- la pêche sous-marine est interdite à moins de 100 m de tous les établissements de cultures marines ;
- la détention d'un fusil sous-marin armé est interdit à moins de 100 m d'une plage et à moins de 50 m d'un baigneur ;
- la pratique de la pêche sous-marine est interdite aux personnes âgées de moins de 16 ans ;
- il est interdit de poursuivre et capturer (même sans intention de les tuer) des mammifères marins (dauphins, marsouins) ;
- il existe une taille réglementaire des prises pour chaque espèce ;
- en toutes circonstances, il est interdit de détenir simultanément un fusil sous-marin et un équipement tel que scaphandre autonome ou non permettant la respiration en plongée.

D'autre part, pour pouvoir pêcher, le plongeur doit faire une déclaration aux affaires maritimes en présentant une pièce d'identité et une attestation d'assurance stipulant sa couverture pour la pratique de la pêche sous-marine.

Certaines zones sont totalement interdites de pêche sous-marine toute l'année : dans le Var, une partie de l'île de Porquerolles, l'île de Port-Cros et ses îlots, la réserve du Cap Roux (secteur de St-Raphaël), et l'intérieur de tous les ports. Dans les Alpes-Maritimes, les secteurs de Golfe-Juan, Beaulieu et

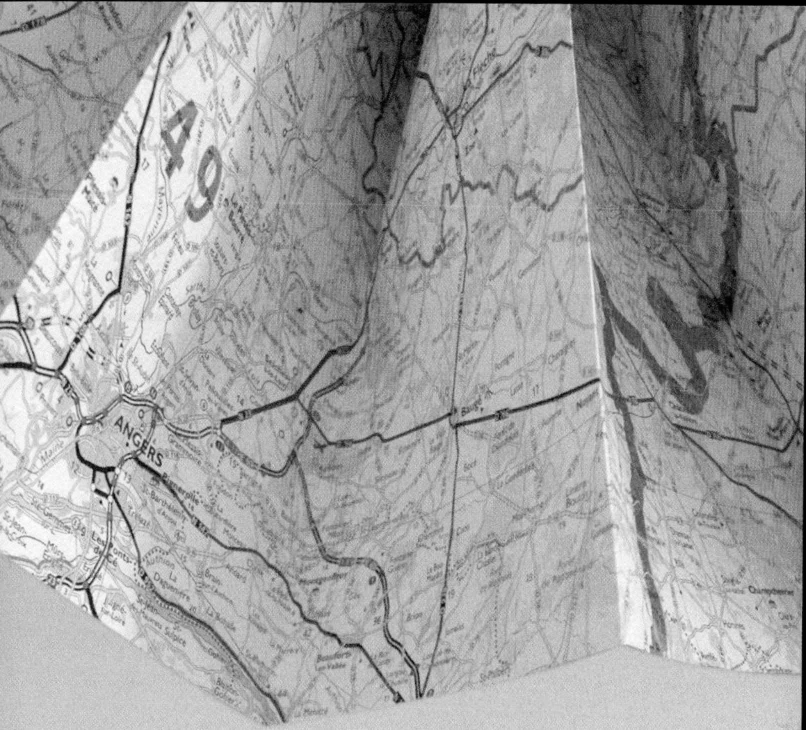
49
ANGERS

Roquebrune-Cap-Martin sont des réserves marines (balisées par des bouées). La rade de Villefranche-sur-Mer et du Cap Ferrat ainsi que l'aéroport de Nice sont classés zones de protection.
Il est indispensable de se renseigner au préalable auprès de la **direction départementale affaires maritimes** : **Var** – 244 av. de l'Infanterie-de-Marine - 83000 Toulon - ☎ 04 94 46 92 00. **Alpes-Maritimes** – 22 quai de Lunel - BP 4139 - 06303 Nice Cedex 04 - ☎ 04 92 00 41 50.

plaisance

L'engouement pour la navigation de plaisance a conduit à l'aménagement de gigantesques surfaces d'amarrage dont le confort satisfera les plaisanciers les plus exigeants. Parmi ces dernières, on retiendra les ports dont la capacité excède les 1 000 postes : Bandol, Toulon, Hyères (port St-Pierre), La Londe (port Miramar), Le Lavandou, St-Raphaël (Ste-Lucia), Cannes (Port-Canto et le vieux port), St-Laurent-du-Var et actuellement le plus vaste : port Vauban à Antibes. Le *Guide du plaisancier en Méditerranée*, Éd. France Yachting Service, répertorie tous les services disponibles dans chaque port.
Quelques règles à respecter – La vitesse est limitée à cinq nœuds sur toute la bande littorale à moins de 300 m du rivage et l'usage des scooters de mer est interdit à moins de 300 m du rivage (sauf dans les chenaux d'accès) et dans les secteurs des îles d'Hyères, de Lérins et dans la baie de Villefranche. Ne vous approchez à moins de 100 m d'un pavillon (blanc et bleu ou croix de St-André) signalant la présence de plongeurs.
La direction départementale des Affaires maritimes des Alpes-Maritimes *(voir ci-dessus)* diffuse une plaquette répertoriant les principales réglementations locales et les zones littorales réglementées.

La plupart des stations balnéaires possèdent une École française de voile qui propose des stages. Il est possible de louer des bateaux avec ou sans équipage, en saison. Renseignez-vous à la capitainerie de chaque port.

Fédération française de voile – 17 r. Henri-Bocquillon - 75015 Paris - ☎ 01 40 60 37 00 - www.ffvoile.org

France Stations Nautiques – 17 r. Henri-Bocquillon - 75015 Paris - ☎ 01 44 05 96 55 - www.france-nautisme.com - ce réseau regroupe sous le nom de « stations nautiques » des villages côtiers, des stations touristiques ou des ports de plaisance qui s'engagent à offrir les meilleures conditions pour pratiquer l'ensemble des activités nautiques.

planche à voile et funboard

Le littoral varois offre de longues étendues de plages aux coups de boutoir du mistral. C'est tout naturellement sur ses côtes que les adeptes des sports nautiques de vent (planche à voile, funboard, dont la planche plus courte autorise figures de saut et surf) ont trouvé un des meilleurs sites de la Méditerranée pour exercer leur passion. Sur la côte occidentale de la presqu'île de Giens, la **plage de l'Almanarre** est devenue un haut lieu du funboard et accueille les épreuves françaises du championnat du monde de cette spécialité. D'autres sites présentent un aspect plus technique : Six-Fours-les-Plages et les deux faces du cap Nègre.
Quelques règles à respecter – Les véliplanchistes doivent respecter les chenaux balisés, ne pas s'éloigner au-delà de la limite de 1 mille de la côte, s'abstenir de sortir lorsque le pavillon noir et blanc (vent de terre) est hissé et enfin ne jamais quitter leur flotteur en cas de difficulté.

S. Sauvignier/MICHELIN

plongée

De nombreux clubs nautiques proposent des forfaits d'initiation et de perfectionnement de plongée avec bouteilles, accompagnés de moniteurs. Les principaux centres d'activités subaquatiques se situent sur l'**île de Bendor** (ce Centre International de Plongée est l'un des plus importants d'Europe, ☎ 04 94 29 55 12 ou www.cipbendor.com), au Pradet (plage de la Garonne), à Giens (la Tour Fondue), Sanary, Cavalaire,

Ramatuelle (l'Escalet), St-Tropez, Ste-Maxime, St-Raphaël, La Napoule, Cannes et Villefranche.
Le **Centre du Rayol-Canadel** et le **Parc national de Port-Cros** *(voir ces noms)* proposent des découvertes initiatiques de la faune et de la flore méditerranéennes (sentier sous-marin).

Fédération française d'études et de sports sous-marins – 24 quai de Rive-Neuve - 13284 Marseille Cedex 07 - ☎ 04 91 33 99 31 ou 0 820 000 457 - www.ffessm.fr - regroupe un grand nombre de clubs nationaux et publie un ensemble de fiches présentant les activités subaquatiques de la fédération.

Comité régional des sports sous-marins de la Côte d'Azur – Sur le port - Cap Blanc - 83233 Bormes Cedex - ☎ 04 94 00 40 71 - www.ffessmcotedazur.com

La sécurité en milieu sous-marin – L'engouement croissant pour la découverte des superbes paysages sous-marins que propose la Côte d'Azur ne doit cependant pas faire oublier le respect par le plongeur occasionnel des règles élémentaires de sécurité qui éviteront des accidents aux conséquences souvent graves :
– ne jamais plonger seul, ni après un repas copieux ou arrosé, ou après avoir pris des boissons gazeuses, et en état de fatigue ;
– éviter impérativement les chenaux de passage des embarcations et les lieux d'évolution des véliplanchistes ;
– matérialiser correctement les points de plongée : pavillon alpha ou pavillon rouge à diagonale blanche ;
– signaler aux secours à terre la nature de l'accident afin qu'ils préparent des soins en milieu hyperbare, seul remède aux accidents de décompression même minime.

Plongée « archéologique »

Les anfractuosités du littoral varois des Maures et de l'Esterel, la limpidité des fonds aux îles d'Hyères sont autant d'invites à retrouver l'ambiance du *Grand Bleu* et du *Monde du silence*. La fréquence du trafic maritime au cours des siècles a transformé les fonds en véritable musée d'épaves ; une centaine de bateaux et près de vingt avions ont été dénombrés au large du littoral azuréen. La plupart reposent par des profondeurs supérieures à 20 m, accessibles uniquement à des plongeurs chevronnés participant à des stages de découverte. En revanche, certaines épaves, situées à moins de 20 m de profondeur, peuvent être aisément repérées et « visitées » par des débutants. La fédération des sports sous-marins à Marseille fournit les coordonnées des centres proches des épaves.

Réglementation sur les découvertes archéologiques sous-marines – Tous les biens culturels maritimes (amphores, sites, épaves, etc.) situés dans le domaine public appartiennent à l'État. La nouvelle réglementation édictée en 1996 stipule que toute personne qui découvre, au cours d'une plongée, un vestige archéologique, même isolé, est tenue de le laisser en place et de ne pas y porter atteinte.
Dans le cas où l'on a fortuitement effectué un enlèvement (dans les filets, par exemple), il est interdit de s'en séparer et obligatoire d'en avertir, dans les 48h, les Affaires maritimes les plus proches ou l'organisme de tutelle : la DRASSM à Marseille (département des Recherches archéologiques et sous-marines). Les contrevenants sont passibles du tribunal de grande instance.
Enfin, petite consolation, les plongeurs ayant déclaré la découverte d'épaves ou de vestiges archéologiques pourront bénéficier d'une récompense en espèces dont le montant, fixé par l'administration, est fonction de l'intérêt scientifique de la découverte.

randonnée équestre

Des circuits aménagés de tourisme équestre existent dans les Alpes-Maritimes et le Var. Renseignements et documentation auprès des comités départementaux de tourisme *(voir le chapitre « Avant le départ »)*.

Comité national de tourisme équestre – 9 bd Macdonald - 75019 Paris - ☎ 01 53 26 15 50 - cnte@ffe.com - le comité édite une brochure annuelle, *Cheval nature, l'officiel du tourisme équestre*, répertoriant les possibilités en équitation de loisir et les hébergements accueillant cavaliers et chevaux.

Comité régional de tourisme équestre Provence-Côte d'Azur – 33 chemin du Collet - 06650 Opio - ☎ 04 93 77 39 36 - www.find-your-horse.com

Itinéraire Équestre des Espaces Naturels Franco-Italiens (Itinerario Equestre degli Spazi Naturali Franco-Italiani) – Une forme originale de découverte du massif du Mercantour : des randonnées équestres de montagne sont pratiquables sur un itinéraire balisé reliant St-Martin-Vésubie à Certosa di Pesio au travers des parcs italiens delle Alpi Marittime et d'Alta Valle Pesio. Une dizaine de haltes sont aménagées pour les cavaliers et leur monture. Les renseignements pratiques sont fournis par les Maisons du Parc national du Mercantour et du parc delle Alpi Marittime.

Parc national du Mercantour – Il diffuse une brochure proposant divers itinéraires de randonnées équestres sur les massifs frontaliers de l'Argentera et du Mercantour avec les possibilités d'étapes.

Massif de l'Esterel – *Voir le « carnet pratique » à ce nom.*

S. Sauvignier/MICHELIN

randonnée pédestre

Sentiers du littoral

Le fameux sentier des douaniers qui longeait l'ensemble du littoral azuréen avant l'expansion immobilière a réussi à préserver plusieurs tronçons pittoresques de son parcours. Ces derniers ont fait l'objet d'un aménagement par le Conservatoire du littoral.

Parcs forestiers départementaux

Les fiches pratiques de ces parcs sont consultables sur www.cg06.fr, ainsi que le programme des animations (sorties de découverte ou thématiques et ateliers de sensibilisation) qui s'y déroulent. Vous pouvez également le demander au conseil régional des Alpes-Maritimes, Direction du Patrimoine, BP 3007, 06201 Nice Cedex 3.

Parc de la Grande Corniche à Èze – Accès depuis le col d'Èze sur la Grande Corniche *(voir corniches de la Riviera)*.

Parc de Vaugrenier – Accès par la N 7 entre Antibes et Marina-Baie-des-Anges *(voir Villeneuve-Loubet)*.

Parc de la vallée de la Brague – À la sortie Nord du village de Biot *(voir ce nom)*.

Parc du San Peyre – De La Napoule, prendre la direction de l'autoroute A 8, puis à gauche la route du cimetière *(voir Mandelieu-la-Napoule)*.

Parc de la pointe de l'Aiguille – Parking sur la N 98 à la sortie de Théoule *(voir massif de l'Esterel)*.

Balades dans l'arrière-pays

De nombreux sentiers balisés permettent de découvrir la région. Les sentiers de grande randonnée (GR) qui sillonnent l'arrière-pays niçois sont réservés aux randonneurs confirmés qui maîtrisent l'expérience de la montagne. Ils ne sont praticables dans leur ensemble que de fin juin à début octobre.

GR 5 – Le plus ancien et le plus majestueux, il aboutit à Nice après une traversée de l'Europe. En reprenant la dernière section de Nice à St-Dalmas-Valdeblore, on traversera Aspremont, Levens, les gorges de La Vésubie et la Madone d'Utelle.

GR 52 – De St-Dalmas-Valdeblore à Menton par le Boréon, la vallée des Merveilles, la forêt de Turini, Sospel. Il aboutit au jardin exotique de Val Rameh.

GR 52A – Il contourne par les cimes le Parc national du Mercantour dans sa partie orientale depuis le col de Tende.

D'autres sentiers sont praticables toute l'année par des randonneurs de tout niveau :

GR 4 – Au départ de Grasse, il rejoint les gorges du Verdon par Gréolières.

GR 51 – Surnommé « le balcon de la Méditerranée », il domine la côte depuis la première ligne de crêtes. Il permet de découvrir de remarquables panoramas entre le col de la Cadière (Esterel) et Castellar (à l'Est de Menton).

GR 510 – Entièrement dans les Alpes-Maritimes, il propose en 10 jours une intéressante variante transversale de vallée en vallée depuis Breil-sur-Roya jusqu'à St-Cézaire-sur-Siagne en passant par Sospel, Villars-sur-Var, Puget-Rostand, Roquestéron, St-Auban et Escragnolles, chaque étape permettant la découverte d'une nouvelle vallée ponctuée de villages perchés.

GR 9 – Il traverse le massif des Maures de Signes à St-Pons-les-Mûres.

GR 99 – Il relie Toulon aux gorges du Verdon en traversant le pays brignolais.

GR 90 – C'est le plus petit ! Il permet de traverser les Maures depuis Le Lavandou jusqu'à Notre-Dame-des-Anges d'où l'on peut reprendre le GR 9.

« Le sentier des villages perchés » – L'association touristique des vallées Roya-Bévéra édite ce livret qui propose un itinéraire de 6 jours de Tende à Menton. ☎ 04 93 04 92 05. www.royabevera.com

« **RandOxygène** » - Le conseil général des Alpes-Maritimes diffuse une série de guides, regroupant une foule de renseignements pratiques, intitulés « RandOxygène » consacrés aux randonnées pédestres, au VTT, au canyonisme, et à la raquette à neige dans l'ensemble du département. Ces brochures sont disponibles auprès des principaux offices de tourisme, des maisons du Parc national du Mercantour et des bureaux des guides. On peut également se les procurer gratuitement par courrier sur simple demande au Conseil général des Alpes-Maritimes, DEDD, Services des randonnées, BP 3007, 06201 Nice Cedex 3, ou les consulter sur www.cg06.fr

Fédération française de la randonnée pédestre - 14 r. Riquet - 75019 Paris - ☎ 01 44 89 93 93 - www.ffrp.asso.fr - la Fédération donne le tracé détaillé des GR, GRP et PR ainsi que d'utiles conseils.

Comité départemental de randonnée pédestre des Alpes-Maritimes - 4 av. de Verdun, 06800 Cagnes-sur-Mer, ☎ 04 93 20 74 73 ou www.cdrp06.org

Comité départemental de randonnée pédestre du Var - ☎ 04 94 42 15 01 - http://cdrp83.free.fr

« **Balades Nature accompagnées au cœur du massif des Maures** » - *Voir le « carnet pratique » du massif des Maures.*

Visites accompagnées du massif de l'Esterel - *Voir le « carnet pratique » du massif de l'Esterel.*

Conseils

Attention aux vipères ! - Dans les garrigues et sur les causses, les pierres, la rocaille et les broussailles sont autant d'abris pour les vipères. Lorsqu'elles se sentent menacées, elles peuvent mordre celui qui vient de les déranger. Quelques minutes après, une bulle portant une petite tache rouge apparaît sur la cheville puis se transforme en œdème. Pour éviter la diffusion du venin et les complications qui s'ensuivent, il faut tout d'abord calmer le blessé et l'allonger. Mieux vaut ne pas poser un garrot, inciser la plaie ou aspirer le venin par la bouche ; d'autre part, il faut savoir que l'*aspivenin* n'est pas efficace à 100 %. La meilleure chose à faire est de transporter le blessé à l'hôpital dans les plus brefs délais ; c'est là que le sérum antivenimeux sera administré. Pour éviter ce genre d'accident, il faut tout d'abord porter de bonnes chaussures de marche protégeant éventuellement la

R. Corbel/MICHELIN

cheville. Pour ne pas réveiller les vipères, évitez de soulever les pierres. Frapper le sol du pied, faire un peu de bruit fera fuir les vipères les plus audacieuses.

ski

Ski de piste

À moins de deux heures de route de la Côte, il est possible de goûter aux plaisirs des sports d'hiver dans des stations qui bénéficient d'une réputation régionale :

Colmiane-Valdeblore - ☎ 04 93 23 25 90.

Turini-Camp d'Argent - ☎ 04 93 03 01 02. Ski de fond également.

L'Audibergue - ☎ 04 93 60 78 41. Ski de fond également.

Gréolières-les-Neiges - *Voir le « carnet pratique » de la vallée du Loup.*

Dans la haute Roya, la station italienne de **Limone-Piemonte** est aisément accessible par navette ferroviaire *(voir le « carnet pratique » de Tende)*.

Ski de fond

Tende-Val Casterino - *Voir le « carnet pratique » de Tende.*

Boréon-St-Martin-Vésubie - *Voir le « carnet pratique » de Saint-Martin-Vésubie.*

spéléologie

L'ensemble des plateaux et des Préalpes calcaires renferme de multiples opportunités pour les spéléologues de tout niveau. Le Var présente des sites originaux de par leur configuration : le plateau de **Siou Blanc** est un véritable catalogue des variantes de gouffres et avens que l'amateur peut rencontrer. On y trouvera notamment l'aven le plus profond du département à -350 m. À proximité de Draguignan, la grotte de Mouret permettra à tous de s'entraîner.

Dans les Alpes-Maritimes, le pays grassois et le plateau de Caussols proposent de belles occasions de s'exercer pour les amateurs aguerris. De même, le légendaire massif de Marguareis (au Nord-Est de Tende),

qui vit les exploits « hors du temps » du spéléologue Michel Siffre dans les années 1960, reste le paradis de la spéléologie de haut niveau. Cet immense plateau calcaire truffé de dolines, de parois vertigineuses dominant le versant italien renferme des gouffres dépassant la profondeur de 900 m.
Adressez-vous aux sections « Spéléologie » du Club alpin français de Toulon et de Nice *(voir la rubrique « escalade »)* ou aux **Comités départementaux de spéléologie** :
Var – L'Hélianthe - r. Émile-Ollivier - 83000 Toulon - ☎ 04 94 31 29 43. Permanence mar. 17h-20h.
Alpes-Maritimes – Chez M. Madeleine - 10 chemin de Cambarnier-Nord - 06650 Opio - ☎ 06 77 14 75 20 ou 06 87 47 99 80 - http://cds06.ffspeleo.fr

Fédération française de spéléologie – 28 r. Delandine - 69002 Lyon - ☎ 04 72 56 09 63 - www.ffspeleo.fr

LES GROTTES AZURÉENNES

Le relief karstique du pays grassois (plateau de Caussols notamment) offre d'intéressantes possibilités de découverte de phénomènes géologiques à des étapes différentes de leur constitution : des grottes « mortes » à **St-Cézaire** *(voir Grasse)*, des avens au sein de gigantesques lapiaz comme la **grotte des Audides** *(voir Cabris)* ou des grottes originales constituées d'une succession de gours telle la **grotte de Baume Obscure** *(voir St-Vallier-de-Thiey)*. Près de Draguignan, les **grottes de Villecroze** *(voir ce nom)* sont constituées de tuf. Ces grottes sont aménagées pour la visite touristique, il n'est plus question, là, de spéléologie.

thalassothérapie et balnéothérapie

La Côte d'Azur voit apparaître ses premiers hivernants au 18ᵉ s. poussés vers la clémence de son climat par les médecins. Ces malades fortunés, tuberculeux ou phtisiques d'alors vont constituer la première vague du tourisme. Depuis, le tourisme a pris l'essor que l'on connaît, et la fatigue et le stress sont devenus les maux d'aujourd'hui. L'eau de mer et le climat maritime étant par ailleurs deux sources de jouvence indispensables pour une bonne cure, il n'y a rien d'étonnant à ce que la Côte se soit mise au goût du jour en proposant des cures de thalasso et de balnéothérapie. Parmi les nombreuses villes proposant des soins, citons : **Antibes** (remise en forme), **Bandol** (thalassothérapie), **Hyères** (remise en forme), **St-Raphaël** (« thalasports »), **Fréjus** (thalassothérapie), l'**île des Embiez** (balnéothérapie).

Fédération Mer et Santé – 8 r. de l'Isly - 75008 Paris - ☎ 01 44 70 07 57 - www.thalassofederation.com

thermalisme

Les Alpes-Maritimes ne prétendent pas rivaliser sur ce plan avec les régions alpines à la longue tradition thermale ; cependant, la petite station de **Berthemont-les-Bains** *(voir vallée de La Vésubie)*, par la source sulfureuse d'eau radioactive, traite avec succès les affections des voies respiratoires et les troubles articulaires (☎ 04 93 03 47 00).

Union Nationale des Établissements Thermaux – 1 r. Cels - 75014 Paris - ☎ 01 53 91 05 75 - www.france-thermale.org

Souvenirs

Que rapporter d'un séjour sur la « Côte » ? Les choix sont vastes et se limitent à la place disponible dans vos bagages, sauf si vous « craquez » pour une magnifique mais énorme jarre vernie qu'il ne vous restera plus qu'à tenter de caser dans le coffre de la voiture !
Ces quelques idées n'ont d'autre ambition que vous aider à faire votre choix en toute connaissance, car la production artisanale authentique peut côtoyer des articles manufacturés diffusés comme partout ailleurs... Nous avons sélectionné pour vous une série de boutiques proposant des produits artisanaux et du terroir : vous les trouverez dans le « **carnet pratique** » *(voir la partie « Villes et sites »)* des villes mentionnées ci-dessous.

marchés provençaux

Les marchés typiques, qui fleurent bon l'ail, la farigoulette et l'estragon, sont indissociables, au même titre que les cigales et la lavande, de l'image que l'on se fait de la

D. Pazery/MICHELIN

Marché de Lorgues.

Provence. En écho à la célèbre chanson de Gilbert Bécaud immortalisant le marché du cours Lafayette à Toulon, nous citons les principaux marchés, présentant les produits du terroir et qui mettront en éveil tous vos sens, dans le « **carnet pratique** » des villes.

À savoir – En saison estivale, le moindre village de l'arrière-pays accueille à l'ombre de ses platanes des maraîchers proposant le produit de leurs cultures ou de leur artisanat. Le marché ouvre en général le matin vers 8h ou 9h et se termine en début d'après-midi, vers 13h. Jusque vers 10h, l'ambiance est calme, les marchands s'installent, discutent. Le coup de feu ne démarre pas avant 10h ou 10h30.

L'**Association des métiers d'Art du Var** établit un programme annuel des « Marchés des Métiers d'Art et de Tradition » présentant l'artisanat du terroir varois. Calendrier sur demande : Association des Métiers d'Art du Var, BP 9, 83120 Plan de la Tour, ☏ 04 94 43 01 56.

Pour les papilles

Épicerie fine

Pour l'**huile d'olive** vierge, rendez-vous de préférence dans les moulins à huile encore en activité à Aups *(voir ce nom)*, Opio *(voir Grasse)*, Cadière-d'Azur *(voir Bandol)* ou encore à Flayosc *(voir Draguignan)*, haut lieu de l'oléiculture varoise. D'une part vous visiterez le lieu de fabrication, d'autre part vous dégusterez le produit avant l'achat. Ces sites proposent également une sélection de produits régionaux.

Vous rapporterez également des bocaux d'olives vertes ou noires de Nice, marinées aux piments ou aux herbes, de la **tapenade**, de l'**anchoïade**, idéale pour accompagner des légumes crus (chou-fleur, fenouil, tomates, radis, carottes... auxquels on peut rajouter un œuf dur), de l'**aïoli** en petits (ou en gros...) pots de verre, voire de la **rouille** pour accompagner les soupes de poisson. Vous trouverez tout cela sur les marchés bien sûr et dans les épiceries *(voir Cannes, Nice, Tourtour)*.

Gourmandises

Les gourmands sont particulièrement gâtés sur la Côte d'Azur ! Entre les **marrons** : marron glacé, crème de marron et marron au naturel, de Collobrières *(voir massif des Maures)*, la violette (violettes en sucre parfumées) de Tourrettes-sur-Loup, le **nougat** de Roquebrune-sur-Argens *(voir ce nom)*, les spécialités de **fruits confits** et de **pâtes de fruits** dans toutes les confiseries niçoises *(voir ce nom)* mais aussi au Pont-du-Loup *(voir vallée du Loup)*, ils n'auront que l'embarras du choix ! La région compte nombre d'apiculteurs, les amateurs de **miel** se rendront à Bandol, Cotignac, ou dans le massif du Tanneron *(voir ces noms)*.

En déambulant dans Toulon *(voir ce nom)*, vous vous régalerez de **chichi fregi** ! Quant aux pâtisseries, la fameuse **tarte de Saint-Tropez** (qui a en fait été créée à Cogolin !) sera aussi à consommer sur place... à Saint-Tropez ou Sainte-Maxime *(voir ces noms)*, tout comme la **fougasse mentonnaise** parfumée à la fleur d'oranger. Si vous passez dans le Var entre Noël et l'Épiphanie, pourquoi ne pas ramener une **couronne des rois** qui changera de la sempiternelle galette à la frangipane, d'autant que vous y trouverez encore des fèves faites de petits sujets en porcelaine.

Vins et liqueurs

Reportez-vous à la rubrique « Découvrir autrement » pour la présentation des vignobles. Voici les villes dans lesquelles vous trouverez une sélection de domaines :

Nice, marché aux fruits confits.

J.-L. Gallo/MICHELIN

Côtes-de-Provence - Les Arcs, Draguignan (vin bio), Fréjus, Gassin *(voir Ramatuelle)*, Le Luc (vin bio), l'île de Porquerolles (trois domaines), Lorgues.
Coteaux varois - Brignoles.
Vins de Bandol - Bandol.
Vins de Bellet - Nice.
Liqueur de Lérina - Aux îles de Lérins, les moines de l'abbaye St-Honorat élaborent et vendent la célèbre liqueur de Lérina.

Pour la maison

Parfums et fleurs

Toute la Côte d'Azur propose des variétés superbes de bouquets de fleurs dont les plus remarquables sont les **mimosas** (en février) et les **œillets**. À noter, outre Ollioules *(voir Sanary-sur-Mer)*, les marchés d'Antibes *(voir ce nom)* et du cours Saleya à Nice *(voir ce nom)* dont certains commerçants assurent l'expédition en paquets conditionnés.
Parfums à Grasse, évidemment, vous éviterez difficilement de tomber sur une parfumerie, mais aussi à Èze et Gourdon *(voir ces noms)*. À Menton, dans la rue Longue, de multiples boutiques d'artisanat proposent parfums et toutes sortes de savons, de produits pour le bain ou pour le massage, mais aussi sachets de lavande pour les armoires, bougies parfumées, parfums d'ambiance (également pour la voiture), etc.

Linge de maison

Nappes (toile cirée ou non) et sets de table, torchons, maniques et gants de cuisine en tissu provençal.
L'engouement pour les **tissus provençaux** se retrouve dans le large choix des boutiques spécialisées ; les marques *Souleiado* et *Mistral* ont acquis une solide réputation de qualité en ce domaine..., mais il existe encore quelques magasins où vous pourrez trouver des trésors.

Santons

Vous en trouverez notamment à Fréjus et Toulon *(voir ces noms)*, ainsi qu'au Val *(voir Brignoles)*, à côté du musée... du santon ! Ne manquez pas non plus les foires spécialisées.

Fréjus - La semaine qui précède Noël. Cette foire est animée par les membres d'un groupe folklorique « La Miougrano » qui présentent et vendent les productions des plus grands santonniers de Provence.
La Garde-Freinet - De la semaine qui précède Noël à début janvier. Cette foire est animée par des artisans santonniers qui vendent leurs productions.
Bormes-les-Mimosas - 1er week-end de décembre.

Poteries et verreries

S. Sauvignier/MICHELIN

Outre les innombrables artisans qui peuplent les villages perchés à forte fréquentation touristique et chez qui le pire côtoie allègrement le meilleur (mais il en faut pour tous les goûts !), les **poteries** sont incontournables à Vallauris. Salernes *(voir Aups)*, dans le haut Var, est réputé pour ses poteries, ses carreaux de faïence et surtout ses **tomettes**. Varages *(voir Barjols)* est connu pour ces **faïences**. Quant à Biot, qui pendant longtemps fabriqua des jarres, c'est le haut lieu de la **verrerie** depuis les années 1960.

Autres

Sandales - À Saint-Tropez *(voir ce nom)*.
Pipes et tapis - C'est la spécialité de Cogolin *(voir ce nom)*.
Objets en bois, en liège - L'arrière-pays niçois est plus spécialisé dans les objets tournés dans le bois d'olivier (couverts). À Gonfaron, objets manufacturés en liège.

Kiosque

ouvrages généraux – tourisme

Dictionnaire de la Provence et de la Côte d'Azur, Larousse, 2002.

Beauté de la Côte d'Azur, J. Mathe, Minerva, 2001.

La Côte d'Azur des jardins, S. Greggio, Ouest-France, 2002.

La Côte d'Azur des écrivains, C. Arthaud, Édisud, 1999.

La Côte varoise, A. Daries, Édisud, 1997.

Voyages en Provence, Alpes, Côte d'Azur, E. Temime, Gallimard, 1997.

histoire – art

Les **éditions Serre** à Nice publient de nombreux ouvrages traitant de l'histoire d'un village du comté ou d'une vallée.

Les Années Fitzgerald - La Côte d'Azur 1920-1930, X. Girard, Éd. Assouline, 2004.

L'Invention de la Côte d'Azur, M. Boyer, coll. Monde en cours essais, L'Aube, 2002.

Itinéraires niçois, Sylvie T., Serre, 2003.

Cannes, ses lointaines origines, P. Cesson, Serre, 2000.

Histoire de la Provence, M. Agulhon et N. Coulet, P.U.F., coll. « Que sais-je ? », 2001.

Promenades en Provence romane, J.-M. Rouquette, G. Barruo, Zodiaque, 2002.

Cannes Cinéma, Traverso, L'Étoile/Les Cahiers du Cinéma, 2003.

Lartigue sur la Côte d'Azur, K. Silver, Flammarion, 2001.

La Provence des peintres, P. Cros, Plume, 2000.

gastronomie

Cocotte d'Azur, recettes niçoises et de la côte, J. Roure, coll. Carrés Gourmands, équinoxe éditions, 2003.

Les Recettes de la Riviera, A. Ducasse, Albin Michel, 2000.

La Cuisine provençale et niçoise, M. Roubaud, éd. Jeanne Laffite, 1999.

Les Recettes de Réparate, C. Bourrier-Reynaud, Serre, 1995.

Vins de Provence, F. Millo, Éditions Féret, 2003.

Bandol - son terroir, sa dégustation, D. Cobbold, Flammarion, 2001.

nature – randonnées

Monde Méditerranéen, Nathan, 2003.

Promenades naturalistes sur la Côte d'Azur, C. Coutin, L. Coutin, B. Coutin, Nathan, 2003.

Parc National du Mercantour, C. Michiels, B. Dodin, L. Nucera, Milan Éditions, 1998.

Canyons méditerranéens, B. Barbier, B Ranc, GAP, 1996.

Les Lacs d'azur, R. Wacongne, Glénat, 1994.

littérature

Avenue des diables bleus ; Chemin de la lanterne ; Le Ruban rouge, L. Nucera, Grasset. Plusieurs quartiers populaires de Nice, pendant l'entre-deux-guerres, servent de cadre à une puissante fresque de la vie des Niçois et des émigrés italiens.

La Baie des anges ; Le Palais des fêtes ; La Promenade des Anglais, M. Gallo, Robert Laffont. Une trilogie sur Nice, de la Belle Époque à nos jours.

La Douceur de la vie (tome 3 de la série « *Les Hommes de bonne volonté* »), J. Romains, coll. Bouquins, Robert Laffont. L'action se passe à Nice et dans l'arrière-pays dans les années 1920.

Le Frère de la côte, J. Conrad, « Folio », Gallimard. Étude d'un vieux marin provençal.

Maurin des Maures, J. Aicard, Phébus. Histoire romancée d'un forestier, adaptée ensuite en série télévisée (1996).

Le Procès-Verbal, J.-M.-G. Le Clézio, « Folio », Gallimard. Plusieurs autres livres de l'écrivain niçois traitent de sa ville natale.

Le Parfum, P. Süskind, Le Livre de Poche.

Sept garçons, A. Wiazemsky, Gallimard.

Dimanches d'août, P. Modiano, « Folio », Gallimard.

Les Amants du paradis, R. Mille, Grasset.

Lettres de Cannes et de Nice (1856-1857), M. M. Brewster, Tac Motifs.

Pour les amateurs de romans policiers :

Super-Cannes, J.-G. Ballard, Fayard

Nice Baie d'aisance, S. Livrozet, série « Le Poulpe », La Baleine.

La Clé de Seize ; Nice 42e rue, P. Raynal, « Folio policier », Gallimard.

Escapade transalpine

L'Italie n'est pas loin : vous pouvez y aller en train en quelques heures ou même à pied, au cours d'une randonnée. Un petit air d'exotisme, l'occasion de faire des emplettes et de rencontrer nos voisins européens à portée de la main...

en train de Nice à Cuneo

La ligne SNCF à voie unique qui relie Nice, à travers le comté, à Cuneo est une des plus belles de toutes les Alpes et doit être parcourue pour elle-même *(voir le train des Merveilles dans la rubrique « Découvrir autrement »)*. Ses tracés hardis et tourmentés, créés à partir de 1920 au prix de remarquables ouvrages d'art (tel le viaduc de Scarassouï), révèlent d'admirables paysages et donnent du haut pays des aperçus originaux que la route ne peut pas toujours offrir, notamment entre Breil et Tende le long des gorges sauvages de la Roya, et entre l'Escarène et Sospel.
Longue de 119 km, la ligne s'élève sur 85 km du niveau de la mer à 1 279 m, à l'entrée du tunnel creusé sous le col de Tende. L'ensemble du tracé français, qui avait subi d'importantes destructions à la fin de la Seconde Guerre mondiale, a été remis en état seulement en 1980. Le versant italien, moins accentué, descend doucement vers Cueno par la pittoresque vallée de la Vermegnagna. La fréquence des allers et retours permet d'utiliser cet accès au massif du Mercantour pour profiter d'une journée à la station italienne de sports d'hiver de **Limone-Piemonte** *(voir Tende)*.

Horaires de trains – Renseignez-vous dans les gares ou à la SNCF *(voir la rubrique « Avant le départ »)*.

Office du tourisme (azienda di turismo) de Limone-Piemonte – Via Roma (CN), ☎ 0039-0171 92 101. Consultez aussi le site Internet www.royabevera.com
Entre Nice et Coni, viaduc de Scarassouï.

randonnée au-delà des crêtes

L'ancienne réserve de chasse royale de la monarchie sarde s'étendait jusqu'à la Seconde Guerre mondiale sur les deux versants du Mercantour et du Marguareis. La partie italienne a fait depuis l'objet d'une politique de

M. Braun/

Entre Nice et Coni, viaduc de Scarassouï.

préservation des espèces et des biotopes. Deux grands parcs naturels ont vu le jour : le **parco delle Alpi Marittime** (anciennement de l'Argentera), et celui de l'Alta Valle Pesio, plus à l'Est. Le Parc national du Mercantour et le parc delle Alpi Marittime qui partagent 33 km de frontière, s'associent sur de nombreux dossier *(voir vallée des Merveilles)*.
Dans le parc delle Alpi Marittime, de nombreux sentiers botaniques, dits royaux, ont été aménagés et sont aisément accessibles aux randonneurs depuis les cols frontaliers : le col de la Lombarde *(voir* Le Guide Vert Alpes du Sud*)* et celui de Tende. Du col de Tende, deux sentiers suivent les crêtes vers la Rocca dell'Abisso (2 755 m) vers l'Ouest et vers la Cima di Pepino (2 335 m) vers l'Est.

Parco naturale delle Alpi Marittime – Piazza Regina Elena 30 - 12010 Valdieri (CN) - ☎ (00-39) 0171
97 397 - www.parcoalpimarittime.it

Parc national du Mercantour – 23 r. d'Italie, 06000 Nice, ☎ 04 93 16 78 88. www.parc-mercantour.fr

idées de visite

Jardins Hanbury★★(Giardini Hanbury) – Le plaisir des sens vous attend juste de l'autre côté de la frontière en passant par le pont St-Louis à **Mortola Inferiore** (restez vigilant pour ne pas le manquer. En outre, il faudra vous garer en bord de route.). Créé à la fin du 19e s. par Sir Thomas Handury, ces jardins disposés en terrasses au-dessus de la mer, réunissent une végétation exotique très variée. La poésie que l'on découvre au long de ses allées entrecoupées de bassins et de bancs est en harmonie avec le paysage qui l'entoure et que l'on peut sans aucune exagération qualifier de paradisiaque. *De mi-juin à fin sept. : 9h-18h ; de déb. avr. à mi-juin. et oct. :*

10h-17h ; nov.-mars : 10h-16h (la billetterie ferme 1h avant). Fermé mer. (hiver). 6,50 €. ☏ *0184 22 92 92.*

Le marché de Vintimille – Un incontournable ! D'ailleurs, si vous souhaitez limiter votre escapade italienne à ce grand rassemblement du vendredi, venez plutôt en train (cela vous évitera de tourner en rond et en vain pour trouver à vous garer). Les lignes Nice-Breil ou Mandelieu-Vintimille du TER vous y mèneront tranquillement. À la sortie de la gare, suivez la troupe (c'est tout droit). Ce marché draine les produits de l'arrière-pays ligure mais surtout une foule cosmopolite où l'autochtone devient minoritaire. À noter l'intérêt du marché aux fleurs et des productions artisanales régionales de qualité (parfois inégales malgré tout). Nous conseillons au visiteur de rester vigilant sur les produits de grandes marques dont les contrefaçons sont couramment (on frôle même le harcèlement) proposées à la vente. La perspicacité des douaniers transformera la bonne affaire en cuisant souvenir.

Si ce marché vous déçoit ou si vous souhaitez plus de cachet et de tranquillité, passez de l'autre côté de la rive pour faire un tour dans la **ville haute médiévale** (Città Vecchia), constituée d'un lacis de ruelles étroites (prenez un plan à l'Office de tourisme, sinon vous risquez de vous perdre !) où s'élèvent un Dôme des 11e et 12e s., un baptistère octogonal du 11e s., l'église S. Michele (11e-12e s.) et l'oratoire des Neri (17e s.).

Bordighera☆☆ – *Après Vintimille, suivre la route côtière.* Célèbre station balnéaire aux nombreuses villas et hôtels disséminés parmi des jardins fleuris qu'ombragent de superbes palmiers. La vieille ville aux ruelles tortueuses possède encore ses portes d'enceinte.

L'arrière-pays – *Se munir de la carte Michelin Local n° 561.* Accessible par plusieurs routes étroites, il renferme de nombreux villages encore actifs, souvent nichés dans des oliveraies et qui semblent vivre au seul rythme des saisons : Pigna, Apricale, Castelvittorio... *(l'Office du tourisme de Vintimille propose une brochure des environs en français).* Plusieurs disposent de chambres d'hôte et d'une cuisine familiale chaleureuse.

Renseignez-vous à l'**Office du tourisme** (*aziende di turismo*) **de Vintimille**, Via Cavour 61 *(en sortant de la gare, première grande artère à gauche),* ☏ 0184 351 183.

Calendrier festif

fêtes traditionnelles

Janvier

Fête de la St-Marcel (mi-janvier).	**Barjols**
Fête de la Sainte-Dévote (le 27).	**Monaco**
Fête de la St-Blaise, du raisin et des produits du terroir (dernier week-end). ☏ 04 93 12 34 50.	**Valbonne**

Février

Corso du mimosa (3e dimanche).	**Bormes-les-Mimosas**
Combat naval fleuri : défilé de pointus, bataille de fleurs (lundi gras).	**Villefranche-sur-Mer**
Carnaval : corsos carnavalesques et batailles de fleurs (2 semaines autour de Mardi gras). www.nicecarnaval.com	**Nice**
Fête du Citron, corso des Fruits d'or (2 semaines autour de Mardi gras). ☏ 04 92 41 76 95.	**Menton**

Mars

Reconstitution historique du débarquement de Napoléon à Golfe-Juan (1er week-end).	**Golfe-Juan**
Festins des cougourdons (fin du mois, voire début avril).	**Nice**
Fête de l'âne (dernier week-end) : défilé du troupeau et bénédiction.	**Gonfaron**

Avril

Procession du Christ mort (le soir du vendredi saint).	**Roquebrune-Cap-Martin**
Fête du miel (dernier dimanche).	**Mouans-Sartoux**

Office de tourisme Vallauris-Golfe-Juan

Reconstitution du débarquement de Napoléon à Golfe-Juan.

Mai

Bravades (les 16, 17, 18).	**St-Tropez**
Bravade St-François (3e dimanche après Pâques).	**Fréjus**
Fête des Mais (tous les dimanches) : groupes folkloriques, vente de produits locaux au parc des Arènes de Cimiez. ☎ 04 71 13 21 21.	**Nice**
Fête de la transhumance. ☎ 04 94 43 67 41.	**La Garde-Freinet**

Juin

Bravade des Espagnols (le 15).	**St-Tropez**

Juillet

Fête de la St-Pierre (le 1er).	**St-Tropez**
Fêtes de Notre-Dame de Bon-Port (du 1er jeudi jusqu'au dimanche suivant) : fêtes mariales.	**Antibes**
Fête de la St-Éloi, patron des muletiers (2e week-end).☎ 04 93 04 73 71.	**Tende**
Les vignades (mi-juillet). ☎ 04 94 00 79 74.	**Hyères**

Août

Fête du raisin (début du mois). ☎ 04 94 51 83 83.	**Fréjus**
Procession de la Passion dans les rues du vieux village (le 5).	**Roquebrune-Cap-Martin**
Fête de la poterie (2e dimanche). ☎ 04 93 63 82 58.	**Vallauris**
Fête de la céramique (2e dimanche).	**Varages**
Principaux aïolis de l'été (15 août). ☎ 04 98 10 60 13. ☎ 04 94 76 72 66.	**Ampus**
Principaux aïolis de l'été (autour du 15). ☎ 04 94 48 08 00.	**Collobrières**
Principaux aïolis de l'été (avant-dernier dimanche du mois). ☎ 04 94 28 92 35.	**Solliès-Ville**

Septembre

Principaux aïolis de l'été (début du mois lors de la fête de Notre-Dame). ☎ 04 94 76 20 08.	**Fayence**

Octobre

Fête de l'olivier (1er week-end). ☎ 04 94 63 14 81.	**Ollioules**
Fête du Miel (1er week-end). ☎ 04 94 45 72 70.	**Roquebrune-sur-Argens**
Fête de la châtaigne (les 3 derniers dimanches). ☎ 04 94 48 08 00.	**Collobrières**
Fête de la châtaigne (3e et 4e dimanches). ☎ 04 94 43 67 41.	**La Garde-Freinet**
Fête de la châtaigne et foire artisanale (fin octobre). ☎ 04 94 78 30 05.	**Gonfaron**

Novembre

Fête nationale monégasque (le 19).	**Monaco**

Décembre

Fête du vin (1er dimanche). ☎ 04 94 90 29 59.	**Bandol**
Pastorale des bergers, circuit des crèches (début décembre à mi-janvier). ☎ 04 93 79 46 50.	**Lucéram**
La vallée des santons : crèches dans les villages (de mi-décembre à mi-janvier). ☎ 04 93 04 92 05.	**Vallée de la Roya**

Mi-janvier

Festival international du Cirque. **Monaco**

Avril

Printemps des arts. ☏ (00377) 93 25 58 04. www.printemps desarts.com **Monaco**

Mai

Festival international du film (réservé aux professionnels, mais l'ambiance qui règne autour du palais des Festivals vaut le déplacement). **Cannes**

Festival des Arts de la mode (1er week-end). ☏ 04 98 08 01 98. **Hyères**

Mi-juin-mi-juillet

Festival-Estival de musique. ☏ 04 94 93 55 45. **Toulon**

S. Sauvignier/MICHELIN

Au pays des palmiers et du festival de Cannes : d'or ou d'argent, des palmes pour les stars (porte du palais des Festivals).

Juillet

Les Baroquiales : festival d'art baroque en Roya-Bévéra (1er quinzaine). ☏ 04 93 04 15 80 ou 04 93 04 12 55. **Vallées de la Roya et de la Bévéra**

Moments musicaux de la citadelle (chaque jeudi). **Villefranche-sur-Mer**

Les Temps Musicaux : musique classique (2e quinzaine). ☏ 04 98 12 64 00. **Ramatuelle**

Festival international de jazz (2e quinzaine). ☏ 04 92 90 53 00. **Juan-les-Pins**

Festival de Jazz (2e quinzaine). ☏ 04 94 09 71 00. **Toulon**

Nuits d'été du Pont d'Olive (fin du mois ; à 3 km au Sud-Est de Brignoles, sur la route de Camps-la-Source). ☏ 04 94 69 27 51. **Brignoles**

Nice Jazz Festival (2e quinzaine). ☏ 0892 707 407. **Nice**

Les Voix du Gaou (2e quinzaine) : salsa, rock, soul, reggae, polyphonies corses, raï... (2e quinzaine). www.voixdugaou.com **Îles des Embiez**

Rencontres de musique médiévale (3e semaine). ☏ 04 94 60 10 94. **Abbaye du Thoronet**

Nuits musicales du Suquet (2e quinzaine). ☏ 04 92 99 33 83. **Cannes**

Juillet-août

Festival de théâtre du Rocher. ☏ 04 94 04 61 87. **Cotignac**

Festival international de feux d'artifice. **Monaco**

Musicalia, concerts gratuits de musiques du monde les mercredis et samedis au théâtre de verdure (mi-juillet à fin août). **Nice**

Les Nuits du Sud : festival de musiques du monde (mi-juillet à mi-août). ☏ 04 93 58 40 10. **Vence**

Juillet-octobre (années paires)

Biennale internationale de céramique contemporaine. **Vallauris**

Août

Festival Jazz (début août).	**Brignoles**
Festival de théâtre (1er quinzaine). ☎ 04 98 12 64 00.	**Ramatuelle**
Festival Jazz (2e quinzaine). ☎ 04 94 79 10 29.	**Ramatuelle**
Festival de la chanson française.	**Hyères**
Festival de musique de chambre sur le parvis de la basilique St-Michel. ☎ 04 92 41 76 95.	**Menton**

Octobre

Le Moyen Pays fête ses traditions : festival des métiers, musiques et danses du pays de Vence (début du mois).☎ 04 93 58 06 38.	**Vence**
Quatuors à cordes du pays de Fayence (fin du mois). Dans les villages du canton. ☎ 04 94 76 02 03.	**Fayence**

Novembre (années impaires)

Festival international de la danse.	**Cannes**

événements sportifs

Janvier

Rallye automobile de Monte-Carlo (fin du mois).	**Monaco et arrière-pays**

Mars

Paris-Nice : course cycliste. Arrivée sur la promenade des Anglais.	**Nice**

Mi-avril

Masters Series Monte-Carlo. ☎ 04 93 41 72 00.	**Monaco**

Mai

Grand Prix automobile de Formule 1 (3e week-end).	**Monaco**

Septembre

Régates royales (dernière semaine). ☎ 04 93 43 05 90.	**Cannes**

Octobre

Les voiles de St-Tropez, course de voiliers (début du mois).	**St-Tropez**
Roc'Azur : courses de VTT. ☎ 04 94 51 91 10.	**Fréjus**

Le village perché de Piène-Haute, dans la vallée de la Roya.

Invitation au voyage

S. Sauvignier/MICHELIN/

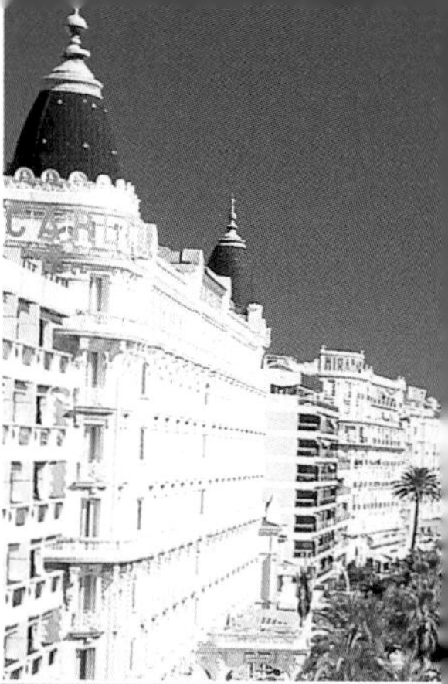

Lumières de la riviera

La Côte d'Azur est un bout de Provence tourné vers l'Italie. Cette mince frange coincée entre les montagnes et la mer est devenue, par la faveur de son climat protégé, le salon d'hiver de l'aristocratie européenne. De cette vogue du « grand tourisme » hivernal sont nés un rivage digne des Mille et Une Nuits, et un festival de villes qui s'égrènent en chapelet le long d'une côte enchanteresse, tout en avancées et en retraits, en îles, en rades, en caps et en baies.

Hôtel Carlton à Cannes.

Mille et une nuits

Sur cette côte sauvage qui fascina les artistes par ses couleurs et ses contrastes, surgirent des palaces somptueux, des villas de tous les styles, décors de roman ou de cinéma offrant une vue de leurs terrasses étagées, au milieu de parcs luxuriants où se mêlèrent, pour le plaisir d'hôtes fortunés, les essences exotiques.

Aujourd'hui, les princes ont cédé la place aux célébrités de la mode, du spectacle ou de la politique. La Côte d'Azur est un rivage éminemment médiatique, où le défilé des stars le dispute aux fêtes de Saint-Tropez. Mais les allées et venues d'une clientèle internationale fortunée, les palaces ruisselants de stucs, les yachts étincelants, les compétitions de prestige font partie de la légende d'une région qui conserve un formidable pouvoir d'attraction grâce à ses multiples atouts : soleil éclatant, ciel limpide, mer d'un bleu souverain.

Dans ce pays, les contrastes sont partout : les villes du littoral sont à moins de deux heures de route des sommets enneigés des Alpes. Elles ont accueilli et accueillent des résidents secondaires, des retraités, des artistes, des rapatriés d'Afrique du Nord et une immigration intense en provenance de toute la Méditerranée. Leur dynamisme culturel s'affiche sans limite. L'arrière-pays, lui, a souvent conservé son aspect authentiquement provençal : les villages perchés sont restaurés et on y retrouve la convivialité du mode de vie qui s'exprime à travers les foires, les marchés, les fêtes villageoises. Le tempérament méridional est fait de sensibilité. Sa relation avec les autres passe par la conversation, la fameuse « pastrouille », la partie de boules, la terrasse de café, le bal, les saveurs de la cuisine provençale et l'artisanat.

Sauf en plein été, l'atmosphère pure donne une grande netteté aux reliefs. Les silhouettes se découpent et prennent aisément un caractère architectural, les couleurs vibrent : bleu de la mer et du ciel, vert des forêts, gris argenté des oliviers, rouge des porphyres, blanc des calcaires, jaune des mimosas.... Le voyageur qui veut résumer cette prodigieuse multiplicité d'impressions trouve dans le climat méditerranéen le lien qui les unit. Il est partout présent dans cet « empire du soleil » que fêtait Mistral.

Cannes, la Croisette et ses paillettes.

La côte

La côte attire à elle toute la vie de la région, c'est là que se concentrent les villes les plus importantes, ainsi que les lieux de séjour les plus variés et les mieux équipés. Revers de la médaille, de très nombreuses constructions envahissent le littoral. Beaucoup de propriétés se sont établies sur la côte même, bien qu'en principe (selon la loi du littoral) l'accès à cette dernière reste libre partout. Le parcours du sentier des douaniers *(voir Saint-Tropez)* réserve de belles promenades.
Le littoral des Alpes-Maritimes regroupe, entre Cannes et Menton, les stations balnéaires les plus prestigieuses. Malheureusement, l'afflux touristique en été y masque la vie locale. Si c'est ce que vous recherchez, il faudra venir en-dehors de cette période ou préférer l'arrière-pays. Le reste de la côte varoise offre un espace plus vaste, parfois plus sauvage, et compose une contrée digne d'être célébrée par les écrivains et les peintres qui la découvrirent.
La plupart des villes et des villages de la côte sont devenus des stations balnéaires avec leurs plages aménagées (y compris Toulon avec la presqu'île de St-Mandrier), leurs ports de plaisance, leurs commerces et leurs services. Des marinas ont été bâties sur l'eau, telles Port-Grimaud, les Marines de Cogolin, la cité marine de Port-la-Galère. Il n'y a pas de grands ports de pêche, mais, disséminés le long de la côte, des petits ports : Sanary-sur-Mer, Bandol, St-Tropez, Le Lavandou, St-Raphaël, Villefranche-sur-Mer se sont équipés pour accueillir les bateaux de plaisance. Sainte-Maxime est une station très à la mode, protégée par le massif des Maures.
Mer ludique, la Méditerranée offre une panoplie étendue d'activités nautiques : voile, planche à voile, funboard, ski nautique et, bien sûr, baignade. Plages de sable ouvrant mollement le littoral, petites criques serrées entre les rochers de porphyre rouge : il y en a pour tous les goûts ! En effet, la Côte d'Azur, comprise au sens large de Saint-Cyr-sur-Mer à Menton, réunit une extraordinaire diversité de sites, due à la rencontre de la montagne et de la mer. De Menton au fort carré d'Antibes, le galet règne en maître ; le sable apparaît sur le littoral Ouest, à partir de Juan-les-Pins.

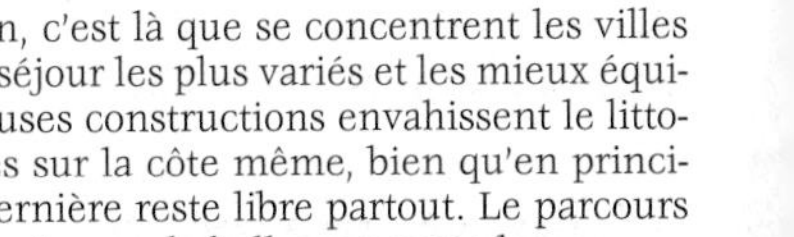

D. Pazery / MICHELIN

À moteur ou à voile.

L'arrière-pays

À cette côte si diverse correspond un arrière-pays étonnamment varié. Les massifs des **Maures** et de l'**Esterel** *(voir ces noms)* n'atteignent pas 800 m : le premier, vallonné, touffu et mystérieux, est tapissé de forêts de chênes-lièges, de pins maritimes et de châtaigniers ; il a par endroit été dévasté par les flammes en 2003. Les forêts du second se reconstituent lentement après les incendies à répétition qui les ont amoindries, cependant la beauté de son relief déchiqueté et ses panoramas d'une ampleur prodigieuse le rendent incomparable.

Dans la **Provence varoise**, les vallées fertiles, où dominent les cultures méditerranéennes, bordées de collines couvertes de garrigue, alternent avec les chaînons courts, arides et âpres, comme au Nord de Toulon. Sur les plateaux calcaires, les tons vert tendre de la vigne se mêlent au vert argenté des oliviers. Cette nature protégée, c'est aussi le pays des églises romanes, des campaniles en fer forgé, des places où la vie s'écoule dans le bruissement des fontaines, des parties de pétanque et des spécialités à base de miel et de châtaignes, de l'huile d'olive et du nougat des Maures que l'on trouve sur les marchés, des crus de côtes-de-Provence que l'on déguste aux Arcs ou à Brignoles (ceux de Bandol le seront à La Cadière-d'Azur ou au Castellet). Les possibilités de loisirs sont multiples avec le circuit du Castellet, les randonnées, l'escalade, les sports d'eau vive, le golf ou le VTT. Le lac de Saint-Cassien, rendez-vous des pêcheurs, est une base nautique d'où les moteurs sont bannis.

S. Sauvignier / MICHELIN

Fontaine du Peyra à Vence.

S. Sauvignier / MICHELIN

Vignoble aux alentours de Brignoles.

Dans le **haut pays varois**, certains villages sont des centres d'artisanat : Salernes est la capitale de la céramique et Varages s'enorgueillit de ses faïenceries. Plus à l'Est, Fayence abrite des céramistes, des santonniers, des verriers, des ferronniers, des tailleurs de pierre, des sculpteurs sur bois d'olivier. Mais elle est surtout la capitale du vol à voile, favorisé par une excellente visibilité.

D. Pazery / MICHELIN

D. Pazery / MICHELIN

Joueurs de boules, place des Lices à St-Tropez.

D. Pazery / MICHELIN

Boules de pétanque.

On aborde alors le **pays grassois**, le « balcon de la Côte d'Azur », la campagne des fleurs et des parfums qui inspira écrivains et peintres. Les croupes onduleuses de l'arrière-pays de Cannes et de Nice se propagent jusqu'au pied des Préalpes de Grasse, où les vallées entaillent les plateaux en gorges et coupent les chaînons montagneux en « clues ». La nature calcaire du terrain permet les découvertes spéléologiques, mais le pays de Grasse est surtout celui des randonnées équestres et pédestres, du vol libre et des golfeurs. Le **pays vencois** offre des villages ravissants, qui retiennent artistes et artisans (Saint-Paul, Tourrettes-sur-Loup, Gourdon), ses gorges (du Loup) et ses cascades (de Courmes, des Demoiselles, du Saut-du-Loup), l'escalade du baou de St-Jeannet qui domine tout le littoral azuréen. Des défilés et des villages perchés au bord d'à-pics impressionnants jalonnent la basse vallée du Var.

Enfin, derrière la Riviera s'élèvent, jusqu'à 2 000 m d'altitude, les **Préalpes de Nice**. Sur les versants des vallées et les pentes des collines, des murettes en terrasses (restanques) soutiennent d'étroites bandes de céréales, deux ou trois rangs de vigne et quelques oliviers et arbres fruitiers. On traverse de petites villes un peu endormies ou de vieux villages en nid d'aigle quelquefois désertés. L'arrière-pays propose d'étonnantes possibilités de randonnée pédestre (4 000 km d'itinéraires balisés dans les Alpes-Maritimes), de VTT, d'escalade, de pêche (97 % des 1 200 km de cours d'eau des Alpes-Maritimes sont classés en 1re catégorie).

Plus au Nord et au Nord-Est, c'est le domaine de la haute montagne. La douceur hivernale de la côte niçoise cède la place à l'air glacé des champs de ski, l'ardeur du soleil estival sur le littoral se substitue à la délicieuse fraîcheur des stations d'altitude. Les via ferrata, voies d'escalade équipées, offrent leurs parcours au cœur des parois rocheuses ; les sports d'eau vive se pratiquent dans la vallée de la Roya ; celle de la haute Tinée abrite les principales stations de ski du département (La Colmiane-Valdeblore). La vallée de la Vésubie, le massif de l'Authion, la forêt de Turini, aux hêtres et aux sapins centenaires, sont le domaine de la montagne « verte », des lacs et des pêcheurs. La vallée de la Gordolasque et le lac du Boréon, près de Saint-Martin-Vésubie, constituent le point de départ des randonneurs vers le Mercantour. La vallée des Merveilles et le val de Fontanalbe demandent au moins trois jours de randonnée pour découvrir les gravures stylisées datant en grande majorité du bronze ancien (entre 2800 et 1300 avant J.-C.). La nature est intacte, les paysages préservés : sommets sauvages et grandioses, multiples lacs, forêts et alpages. L'arrière-pays de l'ancien comté de Nice présente les derniers témoignages d'une vie rude et précaire, où les villages perchés comme Peillon, sur la route de l'Italie, possèdent des chapelles décorées de fresques merveilleuses.

Poteries de Vallauris.

Les villages perchés

H. Le Gac / MICHELIN

Peillon.

Du 11e au 15e s., les paysans regroupèrent leurs habitations et leur église sur une hauteur qui constituait un site défensif de premier ordre, mais qui les éloignait de leurs cultures. Ensoleillé et à l'abri des vents dominants, le village perché semble un vestige vivant d'une civilisation de la pierre : pierre sèche des terrasses, pierre taillée des maisons, pierre creusée des citernes. C'est sous sa protection que de nombreux artisans ont choisi aujourd'hui de développer leur savoir-faire...

Défense...

Semblable prudence n'était pas superflue aux temps des razzias des pirates et des méfaits des gens de guerre du Moyen Âge et de la Renaissance. Mais la sécurité recoupe la volonté des seigneurs féodaux de rassembler la population sous leur autorité et le souci des paysans de préserver les terroirs. La multiplication des villages perchés aux 12e et 13e s. est aussi la conséquence de la croissance démographique. Bâtis avec la pierre de la colline, parfois au bord d'un piton rocheux, ils se confondent presque avec elle. Le dédale des rues et des ruelles (calades) sinueuses, dallées ou caillouteuses, en pente et coupées d'escaliers tortueux (car elles suivent les courbes de niveau), ne peut être suivi qu'à pied. Des voûtes et des arcs les enjambent. Parfois, des arcades au rez-de-chaussée des maisons mettent le pas-

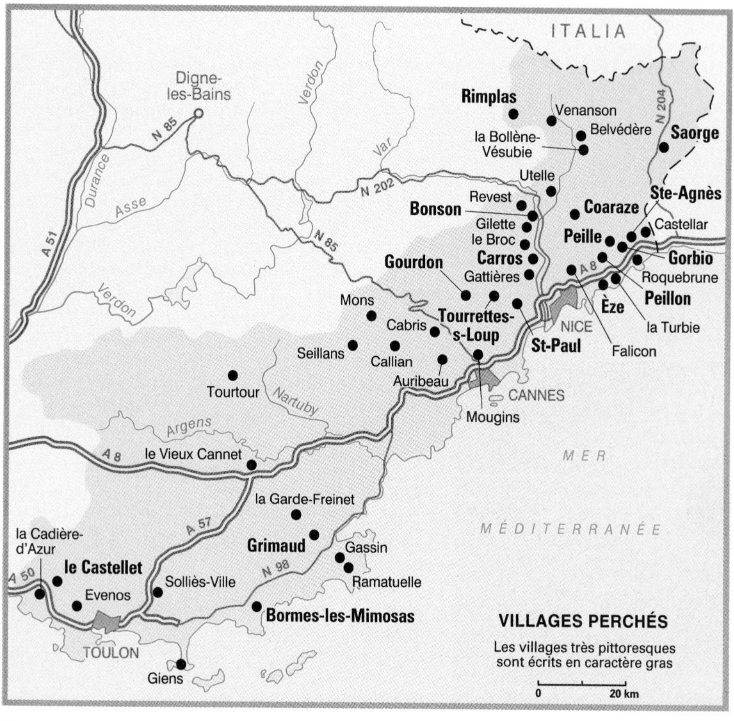

Tourtour.

sant à l'abri du soleil et de la pluie. De vieilles portes aux clous en pointes de diamant, des pentures de fer forgé, des heurtoirs de bronze signalent les habitations bourgeoises. Certains de ces petits bourgs sont ceints de remparts et on y pénètre par une porte fortifiée.
L'amélioration des communications et l'évolution agricole au 19e s. parvinrent à rompre l'isolement : les villages purent se développer en plaine, se dédoublant parfois. Le paysan vécut au milieu de ses terres et y bâtit sa maison. Gourdon, Èze, Utelle, Peille et bien d'autres bourgs témoignent encore de l'ancienne économie de type provençal.

Les hauts lieux de l'artisanat

Dans les villages de l'arrière-pays, de nombreux artisans se sont installés, permettant de faire revivre des métiers traditionnels parfois séculaires. Deux d'entre eux se distinguent : Ollioules (Var) rassemble 23 métiers d'art et Castillon (Alpes-Maritimes) compte 10 ateliers.

La céramique

La présence de bancs d'argile d'excellente qualité explique que la poterie ait été une activité importante. La fabrication de jarres à Biot remonte à l'époque des Phocéens et la céramique se développa à Vallauris dès le 11e s. La production fut relancée au 15e s. par l'arrivée de potiers italiens venus repeupler les deux villages décimés par la peste. Biot connut son apogée au 18e s. avec le développement de la poterie d'art ; le village comptait alors 32 fabriques ; mais, à la fin du siècle, les potiers de Vallauris ajoutèrent aux traditionnels ustensiles de cuisine en argile vernissée une fine vaisselle Louis XV, et l'emportèrent sur ceux de Biot au cours du 19e s. Vallauris connut une renommée internationale au lendemain de la Seconde Guerre mondiale, lorsque Picasso vint y travailler en 1946, attirant une foule d'amateurs, comme Fernand Léger qui s'installa à Biot à partir de 1951, ou encore Jean Cocteau.

Le verre soufflé

Depuis la fondation en 1956 de la Verrerie de Biot, la réputation du village s'est accrue grâce à ses objets artisanaux. Au cours de la visite, on suit la fabrication du verre bullé d'après les techniques anciennes. Remarquez les « calères » provençales et les « porrons », sortes de cruches à long bec pour boire à la régalade.

Les tissus

Après avoir été au Moyen Âge un centre important de tissage, Tourrettes-sur-Loup a retrouvé cette activité après la Seconde Guerre mondiale. Les tisserands exécutent à la main des étoffes de très belle qualité, mais en petite quantité. Plusieurs échoppes, installées dans des ruelles tortueuses, proposent une gamme très variée de tissus. Des reproductions d'anciennes étoffes provençales, des tissus aux couleurs chatoyantes destinés à la haute couture ou à l'ameublement, des cravates tissées retiennent l'attention.

J.-Ch. Gérard / PHOTONONSTOP

Une terre de contrastes

Contrastée, la Côte d'Azur l'est dans son climat, sa végétation et son animation. La tiédeur hivernale de la côte niçoise tranche avec l'air glacé des champs de ski de Valdeblore, les hêtres et les sapins de la forêt de Turini se distinguent des chênes-lièges et des pins typiquement méridionaux de l'Esterel, l'isolement des villages perchés rompt avec la cohue des stations balnéaires... Une multiplicité d'impressions qui se comprend au regard d'un relief pluriel.

Les Maures et l'Esterel

Deux systèmes montagneux ont constitué la Provence : l'un, très ancien : Maures et Esterel ; l'autre, beaucoup plus jeune : chaînons provençaux, d'origine pyrénéenne, Préalpes, d'origine alpine.
Les **Maures** sont un massif cristallin de faible altitude (point culminant : la Sauvette, 779 m), baignant dans la mer au Sud et limité au Nord par une longue dépression. La côte des Maures offre ses festons multiples entre Hyères et St-Raphaël. Le rivage dessine de grosses saillies (cap Bénat et presqu'île de St-Tropez), des caps effilés (cap Nègre, cap des Sardinaux), de larges baies (rade de Bormes ou golfe de St-Tropez). La presqu'île de Giens est rattachée à la terre ferme par deux isthmes de sable ; elle est voisine des îles d'Hyères, couvertes d'une magnifique végétation. La plaine de Fréjus est, quant à elle, un ancien golfe comblé par les alluvions de l'Argens.
L'**Esterel**, séparé des Maures par la vallée inférieure de l'Argens, est depuis très longtemps également raboté par l'érosion : le point culminant, le mont Vinaigre, n'atteint que 618 m. Des collines ? Les profonds ravins qui découpent le massif, ses crêtes déchiquetées chassent vite cette impression !
Abrupts et chaotiques, les porphyres rouges de la côte de l'Esterel contrastent avec la mer bleue. La montagne lance des promontoires puissants encadrant des **calanques** ou des baies minuscules. En avant de la côte pointent des milliers de rochers, d'îlots, que les lichens teintent parfois de vert ; des récifs transparaissent sous l'eau limpide dessinant sur la surface turquoise des tâches plus foncées qu'on appelle ici des « silaques ». Tout le long de cette côte de feu s'égrènent les stations et les points de vue qui font la réputation universelle de la **corniche d'Or**.

Les chaînons provençaux

Ils constituent un ensemble de courtes chaînes calcaires, hautes de 400 à 1 150 m, accidentées et arides. Les chaînons les plus méridionaux sont ceux du **Gros Cerveau** (429 m), entaillés par les gorges d'Ollioules, et du **mont Faron** (542 m), qui

Récolte des olives de Nice.

J.-Ch. Gérard / PHOTONONSTOP

L'Esterel.

N. Wheeler / PHOTONONSTOP

La Corniche de l'Esterel.

domine la ville de Toulon. Entre eux se nichent des bassins fertiles où s'associent les trois cultures classiques : le blé, la vigne, l'olivier.

La côte toulonnaise, très découpée, offre d'excellents abris pour les ports : baie de Bandol, baie de Sanary, et surtout la merveilleuse rade de Toulon. Elle n'est pas abrupte partout (cap Sicié) et d'excellentes plages y favorisent le tourisme balnéaire.

De Cannes à Nice, nouveau changement d'aspect. La côte d'Antibes n'est plus escarpée ni fouillée par la mer ; elle s'aplanit, s'ouvre en larges baies. C'est une côte calme et régulière, dont la presqu'île du cap d'Antibes est la seule saillie.

E. Valentin / HOA QUI

Mimosa.

Les plans de Provence

Du **plan de Canjuers** *(voir Fayence)* au col de Vence, les Préalpes sont ourlées d'un glacis de plateaux calcaires accidentés, véritables « causses », où les eaux s'infiltrent, disparaissent dans les avens et vont alimenter des résurgences comme celle de la Siagne. Le Loup y a découpé des gorges très pittoresques.

En contrebas s'étire une zone de dépression, le « pays d'en bas », que jalonnent Vence, Grasse, Draguignan. À partir de l'Argens, cette dépression s'étend vers Fréjus d'une part, Brignoles de l'autre, mais son axe principal s'oriente vers Toulon au pied du versant septentrional des Maures (bassin du Luc).

Grottes et avens

Le **plateau de Caussols** *(voir St-Vallier-de-Thiey)* déroule ses vastes solitudes pierreuses. Cette sécheresse du sol est due à la nature calcaire de la roche qui absorbe comme une éponge toutes les eaux de pluie. Chargées d'acide carbonique, celles-ci dissolvent le carbonate de chaux contenu dans le calcaire. Alors se forment des dépressions, généralement circulaires et de dimensions modestes, appelées **cloups** ou sotchs. Lorsque les cloups s'agrandissent, ils forment des dolines.

Si les eaux de pluie s'infiltrent plus profondément, la dissolution de la roche crée des puits ou abîmes naturels appelés **avens**. Peu à peu, les avens se ramifient, communiquent entre eux et s'élargissent en **grottes**.
Les eaux d'infiltration finissent par former des rivières souterraines à circulation plus ou moins rapide. Lorsqu'elles s'écoulent lentement, elles forment de petits lacs en amont des **gours**, barrages naturels édifiés peu à peu par dépôt du carbonate de chaux. Il arrive qu'au-dessus des nappes souterraines se poursuive la dissolution de la croûte calcaire : une coupole se forme, dont la partie supérieure se rapproche de la surface du sol. Lorsque la voûte de la coupole devient très mince, un éboulement découvre brusquement la cavité et ouvre un gouffre.

La Bollène-Vésubie.

Lac du Basto, dans la vallée des Merveilles.

Le Boréon.

E. Baret / MICHELIN

Les Préalpes

Entre le Verdon et le Var, une série de chaînons parallèles orientés Ouest-Est, et dont l'altitude varie entre 1 100 et 1 600 m, forment les **Préalpes de Grasse** ; ils sont parfois coupés par des gorges étroites et sauvages (gorges du Loup ou gorges de la Siagne), les « clues » (clue de Gréolières). Les **Préalpes de Nice**, du confluent de l'Esteron à la Roya, étagent, depuis la côte jusqu'à plus de 1 000 m d'altitude, les sites riches en contrastes de l'arrière-pays niçois et mentonnais. Les chaînons, d'origine alpine, s'orientent du Nord au Sud, puis brusquement se courbent parallèlement à la côte.

De Nice à Menton, les Préalpes plongent brusquement dans les eaux. Le front de mer, espalier merveilleusement exposé, ouvre la **Riviera**, terme passé dans le langage géographique, sur la Méditerranée, en l'éloignant de son arrière-pays. Les presqu'îles du cap Ferrat et du cap Martin forment les deux promontoires principaux du rivage. Une triple route s'agrippe en corniche aux versants raides que peuplent villas et immeubles.

Des crues dévastatrices

L'été réduit les rivières à leur lit caillouteux ; surviennent l'automne ou le printemps, les pluies s'abattant soudain avec violence, les moindres rivières deviennent en quelques heures des torrents dont le flot impétueux est lancé à la vitesse d'un cheval au galop. Aux grandes crues, le Var, dont le débit oscille entre 17 et 5 000 m^3, coule sur une largeur de 1 km et son flot limoneux se distingue sur la mer jusqu'à la hauteur de Villefranche.

Les cimes du Mercantour

Au Nord-Est du pays, l'horizon est barré par l'épaisse masse montagneuse des Alpes méditerranéennes (altitude : 1 500 à 2 900 m), compartimentée par les hautes vallées du Var, de la Tinée, de la Vésubie et de la Roya qui servent de difficiles régions de passage. Elle vient buter, à la frontière italienne, contre l'important massif cristallin du Mercantour-Argentera dont les sommets dépassent 3 000 m (cime du Gélas, 3 143 m).

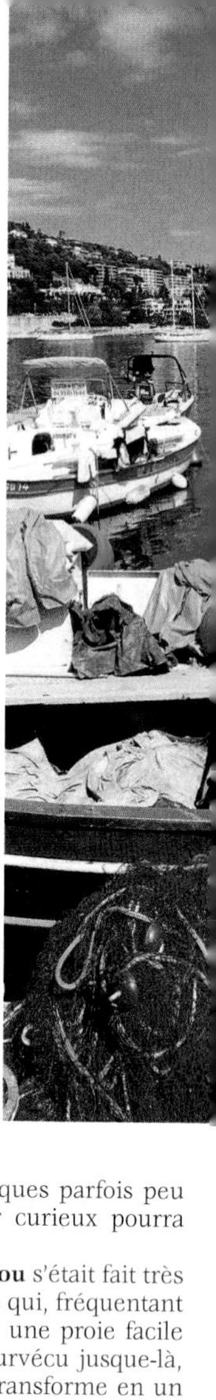

En direct de la mer

De Bandol à Menton, la mer baigne plus de 300 km de littoral d'une incomparable beauté. Sa couleur « bleu de cobalt » provient de la très grande limpidité de l'eau, une eau dont la température, variable en surface sous l'influence du soleil, est constante en profondeur : 13 °C de 200 m à 4 000 m de profondeur. Facteur important du climat puisque cette énorme masse liquide rafraîchit l'été et réchauffe l'hiver, la mer réjouit baigneurs et gastronomes, comme elle sait étonner ceux qui se lancent à la découverte de ses fonds.

Mérous et méduses...

La Méditerranée est la moins poissonneuse des mers bordant le littoral français, ce qu'explique l'étroitesse du plateau continental. Toutefois, les poissons de roche y pullulent et les bancs de sardines, anchois, daurades, loups et thons passent en nombre au large. La vie animale de la Méditerranée ressemble à une étrange cohabitation d'êtres dotés de caractéristiques parfois peu banales. Au fil de ses promenades sous-marines, le plongeur curieux pourra découvrir quelques-unes de ces étonnantes créatures.

Touché par le vedettariat après le film *Le Monde du silence*, le **mérou** s'était fait très rare en Méditerranée, car le jeune mérou est une candide femelle qui, fréquentant les fonds rocheux à faible profondeur (moins de 10 m), devient une proie facile pour les chasseurs sous-marins et autres prédateurs. Si elle a survécu jusque-là, vers l'âge de neuf ans, lorsque son poids atteint 10 kg, elle se transforme en un mâle taciturne. Pendant le reste de sa longue vie (environ 50 ans), le mérou habite des cavités rocheuses à plus de 50 m de profondeur. Ce redoutable carnivore, que sa position à l'extrémité de la chaîne alimentaire marine garantit contre les gêneurs, peut atteindre la taille de 1,20 m pour 30, voire 40 kilos. Un moratoire interdit la capture du mérou et l'animal bénéficie de surcroît d'un périmètre de protection autour de l'île de Port-Cros *(voir îles d'Hyères)*.

La présence saisonnière des **méduses** sur le littoral entraîne périodiquement des désagréments pour les vacanciers. L'espèce la plus fréquente, la pélagie, possède des cellules urticantes sur ses bras buccaux, ses tentacules et son ombrelle. La toxine, destinée à immobiliser les proies, provoque rougeurs et brûlures sur la peau des baigneurs : mais leur ballet est d'une beauté si étrange, lorsque, bien à l'abri dans un navire d'observation sous-marine, on les découvre flottant entre deux eaux, qu'on peut bien leur pardonner ce désagrément ! Leur prolifération suit un cycle d'environ 12 ans, conditionné par les modifications climatiques ; leur arrivée est généralement précédée d'un printemps très sec.

Rascasse.

H. Le Gac / MICHELIN

Trois zones marines protégées – Les côtes de Vallauris-Golfe-Juan, Beaulieu-sur-Mer et Roquebrune-Cap-Martin

H. Le Gac / MICHELIN

Faune aquatique.

font l'objet de mesures de protection (interdiction du mouillage, du dragage, de la plongée et de la pêche sous toutes ses formes), afin de permettre à la biodiversité de se reconstituer. Dans ces zones, herbiers de posidonie et gorgones sont surveillés, et des récifs artificiels sont mis en place.

S. Sauvignier / MICHELIN

Port de Villefranche-sur-Mer.

... et des prairies sous la mer

Les **herbiers de posidonies**, plantes à fleurs constituées de bouquets aux longues feuilles vert foncé, jouent un rôle primordial dans les biotopes méditerranéens. La croissance lente des rhizomes permet à la posidonie de fixer les sédiments du littoral et de créer un biotope riche en oxygène, favorable au développement de nombreuses espèces animales. Quand les posidonies meurent, les espèces animales qui y avaient trouvé domicile disparaissent ou migrent.

Une promenade au-dessus du monde bigarré des herbiers offrira au plongeur occasionnel la possibilité d'étonnantes rencontres. Le **concombre de mer**, ou holothurie, véritable éboueur des fonds sableux, se reproduit uniquement dans les herbiers. Une limace de mer, la **doris maculée**, endémique en Méditerranée, est un mollusque blanc tacheté de marron qui tranche sur le rouge des éponges. La **vive rayée** habite les fonds sableux proches des herbiers ; enfouie dans le sable, elle ne laisse dépasser que la tête. L'épine de sa nageoire dorsale est particulièrement venimeuse : la piqûre, très douloureuse, peut avoir des conséquences graves. Enfin, pour compléter ce tableau, l'**hippocampe** aime se nicher à proximité de son cousin le **poisson-aiguille**, ou syngnathe, dont l'étonnante morphologie filiforme, avec une bouche en trompette, lui permet de se dissimuler par mimétisme dans les feuilles de posidonie.

Un milieu menacé – Les constructions côtières et les travaux portuaires ont provoqué une importante sédimentation et une pollution mettant en péril ce fragile biotope. En outre, depuis 1989, l'une des six espèces d'algues caulerpes d'origine tropicale déjà signalées en Méditerranée, la **taxifolia** (non toxique pour l'homme), a rapidement proliféré sur le littoral azuréen. Elle présente un risque majeur pour les espèces de l'écosystème méditerranéen. Plongeurs, pêcheurs ou plaisanciers, si vous en voyez, contactez le Laboratoire Environnement Marin Littoral : ☎ 04 92 07 68 46 ou www.caulerpa.org

Retour de pêche.

S. Sauvignier / MICHELIN

Jardin d'Èze.

D. Pazery / MICHELIN

Le jardin de la Méditerranée

Palmiers et agaves, aloès et figuiers de Barbarie, oliviers, orangers et citronniers, mimosas et jasmins, roses et œillets : ils symbolisent l'exotisme et la luxuriance végétale de la Côte, comme ils sont les témoignages d'un climat exceptionnel. Effectivement, les fleurs poussent au printemps, repoussent en automne, restent épanouies en hiver, et ne se reposent qu'en été...

Le pays de l'olivier

M. Janvier / MICHELIN

Olivier.

La culture de l'olive marque traditionnellement la limite septentrionale du Midi : « Où l'olivier renonce finit la Méditerranée » écrivait Georges Duhamel. Importé en Provence par les **Grecs** il y a 2 500 ans, l'olivier compte plus de soixante variétés. On le trouve dans le fond des vallées comme sur les pentes jusqu'à 600 m d'altitude. On l'a appelé « l'arbre immortel », car, sauvages ou greffés sur des troncs sauvages, ils repartent indéfiniment de leur souche. La production oléicole régionale représente plus des deux tiers de celle du pays et demeure bien implantée dans le Var (secteurs de Draguignan et Brignoles) et dans les vallées de la Bévéra et de la Roya (Breil-sur-Roya). À la suite des gels de l'hiver 1956, les oliveraies ont été progressivement replantées avec deux espèces plus résistantes : l'**aglandau** et la **verdale**. De nombreuses autres variétés existent et la tradition veut que l'on en cultive plusieurs dans la même oliveraie. La récolte débute, selon les régions, à partir de la fin août ; les olives sont cueillies à la main lorsqu'elles sont destinées à la table, ou gaulées et ramassées dans des filets pour être envoyées au moulin. En pays niçois, le gaulage est l'unique technique employée.

Pins et cyprès...

M. Janvier / MICHELIN

Pin parasol.

Les trois types de pins rencontrés sur la Côte d'Azur se distinguent par leurs silhouettes : le **pin maritime**, au feuillage sombre et bleuté et à l'écorce rouge violacé ; le **pin parasol**, souvent isolé et à la forme facilement reconnaissable ; le **pin d'Alep**, au tronc souvent tordu et à l'écorce grise, qui se plaît sur le littoral.

Les **platanes** et les **micocouliers** ombragent les « cours » et les places des villages. La silhouette effilée du noir **cyprès** marque le paysage méditerranéen. L'**amandier** commun, très répandu, présente une superbe floraison blanche très précoce. Dans les Maures se trouvent de puissants **châtaigniers**, dans les Alpes, des sapins et des **mélèzes** de haute montagne.

Fleurs et primeurs

La culture des fleurs coupées et du mimosa s'est prodigieusement développée depuis 1865 grâce à l'irrigation, à l'utilisation de serres chauffées et aux débouchés commerciaux permis par le chemin de fer. Elle se concentre dans des noyaux agri-

coles aux exploitations modernes : plaine d'Ollioules, d'Hyères, de Fréjus et d'Antibes.
La plupart des fleurs coupées sont encore cueillies manuellement : les **œillets** dans la région niçoise (la moitié de la production française), les **roses** (20 % de la production nationale) à Antibes et dans la région de Grasse, le **mimosa** (75 % de la production nationale) sur le massif cristallin du Tanneron où il fleurit plusieurs fois par an (mais principalement en janvier-février). Les **violettes** poussent à l'ombre des oliviers à Tourrettes-sur-Loup.

La garrigue et le maquis

Il est des terrains calcaires si pierreux que les broussailles épineuses ou parfumées (thym, lavande, romarin) n'ont pu s'y installer que par endroits, laissant largement apparaître la roche nue : cette couverture végétale dégradée est la **garrigue** qui doit son nom au « garric », le chêne kermès qui en a fait son royaume, partagé avec plusieurs espèces de chênes à feuilles persistantes comme le chêne blanc, ou pubescent, le chêne vert (plus développé, trapu, à l'écorce gris-noir,). Propre aux sols siliceux, le **maquis** forme un tapis végétal dense, souvent impénétrable. En mai-juin, la floraison des cistes sur l'Esterel offrent un merveilleux spectacle. Le **chêne-liège** se reconnaît à son écorce crevassée. Le prélèvement, sur le tronc, de sa couche de liège laisse apparaître un bois de couleur brun-rouge ; cette opération, le « démasclage », se pratique tous les 8 à 12 ans. Parmi les autres arbustes, on observe le lentisque, le pistachier térébinthe, qui peut atteindre 4 ou 5 m de hauteur, et le chardon en boule.

M. Janvier / MICHELIN

Aloès.

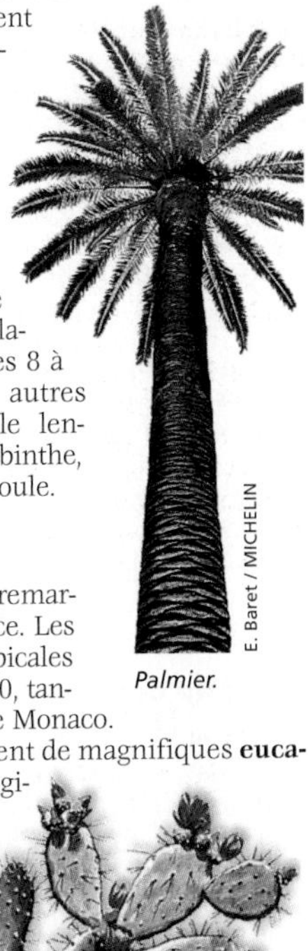
E. Baret / MICHELIN

Palmier.

Un « paysage importé »

Les falaises maritimes entre Nice et Menton constituent un remarquable coupe-vent qui en fait l'aire la plus chaude de France. Les Anglais l'ont bien compris en acclimatant des essences tropicales dans de superbes jardins à Menton et à Nice à partir de 1830, tandis que les cactées ont trouvé refuge dans la principauté de Monaco.
Le long des avenues, dans les parcs et les jardins se dressent de magnifiques **eucalyptus**, arbres robustes et de grandes dimensions, originaires d'Australie, qui se sont fort bien acclimatés dans le Midi. Le **palmier** règne sur la région d'Hyères ; deux espèces sont répandues sur la Côte d'Azur : le palmier-dattier au tronc lisse et élancé et le palmier des Canaries, plus rustique et au port majestueux. Enfin, **orangers** et **citronniers**, présents depuis la fin du Moyen Âge, apparaissent de Cannes à Antibes, de Monaco à Menton.
Quant aux **plantes grasses**, elles poussent en pleine terre, tels le cactus, l'aloès, le figuier de Barbarie, l'agave. Les ficoïdes, aux larges fleurs roses et blanches, envahissent les vieux murs.

M. Janvier / MICHELIN

Figuier de Barbarie.

Une histoire du Sud

Le Trophée des Alpes domine la Turbie.

Avant J.-C.

• **Paléolithique inférieur** – La Côte d'Azur a de bonne heure attiré l'homme, comme l'atteste, entre autres, le site de Terra Amata à Nice (400 000 avant J.-C.).
• **1800-1500** – Gravures de la vallée des Merveilles.
• **900-600** – Les Ligures occupent le littoral méditerranéen.
• **600** – Fondation de Marseille (Massalia) par les Phocéens. Ceux-ci importent l'olivier, le figuier, le noyer, le cerisier, la culture de la vigne et substituent, dans les échanges, la monnaie au troc.
• **5e-4e s.** – Les colons grecs de Marseille (Massaliotes) établissent des comptoirs commerciaux : Hyères, St-Tropez, Antibes, Nice, Monaco. Les Celtes envahissent la Provence et se mêlent aux Ligures.

La Provence gallo-romaine

• **2e s.** – Rome intervient pour protéger Marseille et ses comptoirs des Celtes – défaits en 124 –, des Cimbres et des Teutons – écrasés par Marius près d'Aix en 102. La province narbonnaise fait la jonction entre l'Espagne et l'Italie.
• **58-51** – Conquête de la Gaule par Jules César qui fonde Fréjus en 49.
• **6** – La pacification des peuples des Alpes est commémorée par le trophée d'Auguste à La Turbie.

Après J.-C.

• **1er-3e s.** – L'agriculture et les villes s'épanouissent sous l'Empire. Les Romains organisent le négoce du vin dans toute la Gaule. La voie aurélienne est l'artère du pays. Fréjus (colonie de vétérans), Cemenelum (Cimiez), la capitale des Alpes maritimes, et Antibes se parent de monuments.
• **4e-5e s.** – En 410, saint Honorat s'installe dans les îles de Lérins, centre rayonnant du monachisme. Le christianisme se diffuse des villes du littoral vers l'intérieur.
• **5e-6e s.** – Vandales, Wisigoths, Burgondes, Ostrogoths, Francs envahissent tour à tour la Provence qui avait été jusque-là relativement épargnée par les invasions.
• **8e s.** – La Provence est une province périphérique de l'empire carolingien.

Le comté de Provence

• **843** – Le traité de Verdun règle le partage de l'empire de Charlemagne. La Provence, qui échoit à Lothaire en même temps que la Bourgogne et la Lorraine, est érigée en royaume en 855.
• **883** – Les Sarrasins s'installent dans les Maures (Fraxinetum) et restent, un siècle durant, la terreur du pays.
• **974** – Le comte d'Arles, Guillaume « Le Libérateur », chasse les Sarrasins.
• **10e-11e s.** – La Provence, passant de main en main, est finalement rattachée au Saint Empire romain germanique, mais jouit d'une indépendance de fait.
• **12e s.** – Les comtes de Provence tiennent à Aix une cour raffinée, mais leur autorité est limitée par l'autonomie communale. Les villes, enrichies par le commerce, se dotent de consuls.
• **1229** – Raymond Bérenger V, de la dynastie catalane, s'inquiète de l'expansion génoise sur le littoral (fortification de Monaco en 1215). Nice est contraint de se soumettre.

E. Baret / MICHELIN

Mosaïque du musée du Tauroentum, à Saint-Cyr-sur-Mer.

E. Baret / MICHELIN

• **1246** – Charles d'Anjou, frère de Saint Louis, succède à Raymond Bérenger V, dont il est le gendre. Sous l'administration des Angevins, Nice est pleinement intégré à la Provence (le viguier est le représentant du comte).

• **1254** – Débarquement à Hyères de Saint Louis, de retour de la VIIe croisade.

• **1260-1265** – Les liens avec l'Italie du Nord sont renforcés par l'occupation d'une partie du Piémont et de Vintimille. En 1265, Charles Ier devient roi de Sicile. Les ambitions angevines dans le Sud de l'Italie favorisent les intérêts des marchands et des armateurs niçois, mais vont se réaliser aux dépens de la Provence.

• **1295** – Charles II fonde Villefranche dans une rade bien abritée.

• **1308** – La seigneurie de Monaco est achetée aux Génois par un membre de la famille Grimaldi.

• **1343-1382** – Règne de la reine Jeanne Ire. Celle-ci laisse un souvenir populaire, car, à court d'argent, elle est obligée de revendre des droits aux communautés urbaines. Les bandes armées dévastent la Provence atteinte par la peste (1347) et frappée par les mauvaises récoltes. À la fin de ce siècle difficile, la Provence a perdu la moitié de ses habitants.

• **1388** – Sédition de Nice qui est officiellement cédée au duc de Savoie en 1419.

• **1436-1480** – René d'Anjou, le « bon roi René », ne réside que les dix dernières années de son règne à Aix où il laisse le souvenir d'un mécène fastueux, dans un contexte de renouveau économique.

• **1481** – Charles du Maine, neveu de René d'Anjou, lègue la Provence à Louis XI. Floraison artistique en pays niçois.

• **1486** – La réunion de la Provence à la France est ratifiée par les « États de Provence » (assemblée des représentants des trois ordres). La Provence est rattachée au royaume, « comme un principal à un autre principal ».

• **1489** – L'indépendance de Monaco est reconnue, mais restera « protégée » par les puissances. Pour se repeupler, la Provence et le comté de Nice font appel à l'immigration (« actes d'habitation » conclus avec les seigneurs).

La Provence depuis la « réunion »

• **1501** – Institution du parlement d'Aix (ou parlement de Provence), cour souveraine de justice qui s'arroge par la suite certaines prérogatives politiques.

• **Début 16e s.** – Lors des guerres qui opposent François Ier (1515-1545) à Charles Quint, la Provence est envahie par les Impériaux, que commande le connétable de Bourbon en 1524, puis en 1536. La trêve de Villefranche met fin à ces déprédations en 1538.

• **1539** – Édit de Villers-Cotterêts : l'usage du français est imposé pour les actes administratifs.

• **1543** – Nice est assiégé par les Français alliés aux Turcs. La défense menée par Catherine Ségurane oblige ceux-ci à lever le siège.

• **1589-1610** – Les guerres de Religion prolongent l'insécurité. Sous le règne d'Henri IV, la première darse du port de guerre de Toulon est aménagée.

• **1639** – Richelieu crée une marine militaire, armée à Toulon pour la flotte du Levant.

Débarquement de Napoléon Ier à Golfe-Juan.

• **1643-1715** – L'avènement de Louis XIV marque la fin du particularisme provençal. Pendant les guerres qui marquèrent la fin du règne, Nice est occupé de 1691 à 1696, puis de 1707 à 1713. En 1707, la Provence est envahie par le prince Eugène de Savoie (siège de Toulon qui résiste victorieusement).
• **1718** – Le duché de Savoie, dont dépend le comté de Nice, devient le royaume de Sardaigne.
• **1720-21** – La dernière grande peste d'Occident décime les populations provençales.
• **1746** – L'offensive austro-sarde est brisée devant Antibes (guerre de succession d'Autriche).
• **1787** – Réunion des « États de Provence ».

La Révolution et l'Empire

• **1790** – La Provence forme trois départements : Bouches-du-Rhône, Var, Basses-Alpes. Les nobles émigrés affluent dans le comté de Nice.
• **1793** – Bonaparte se distingue au siège de Toulon, rebaptisé « Port-la-Montagne » pour s'être livré aux Anglais. Nice est réuni à la France. Les « barbets » ultra-royalistes sèment la terreur dans les hautes vallées.
• **1799-1814** – Revenant d'Égypte le 9 octobre, Bonaparte débarque à St-Raphaël. Les préfets nommés par Napoléon (Dubouchage à Nice) restaurent l'ordre en Provence, mais le blocus continental ruine son économie. La route de la Grande Corniche est réalisée jusqu'à Menton.
• **1814** – Napoléon abdique le 6 avril à Fontainebleau et s'embarque le 28 à St-Raphaël pour l'île d'Elbe. Le comté de Nice est rendu au roi de Sardaigne (traité de Paris).
• **1er mars 1815** – Débarquement de Napoléon à Golfe-Juan, début des « Cent-Jours ». Évitant Marseille et la vallée du Rhône, qu'il sait hostiles, Napoléon gagne Grenoble, où l'opinion lui est favorable, par un sentier étroit et difficile, parfois enneigé *(voir la route Napoléon)*. Il traverse les Alpes en un temps record et surprend la monarchie restaurée de Louis XVIII.
• **18 juin 1815** – Bataille de Waterloo.

19e siècle

• **1851-1852** – Troubles paysans dans le Var à la suite du coup d'État du 2 décembre 1851. La tradition républicaine se maintient sous le Second Empire.
• **1860** – Retour du comté de Nice à la France en échange de l'aide apportée aux débuts de l'unité italienne par Napoléon III (1852-1870). Le département du Var conserve sa dénomination, mais le territoire qui borde le fleuve, l'arrondissement de Grasse, qui forme, avec l'ancien comté de Nice, devient le département des Alpes-Maritimes.
• **1865** – Les droits sur les villes de Roquebrune et de Menton, qui avaient proclamé leur autonomie lors de la révolution de 1848, sont rachetés au prince de Monaco.
• **1878-1879** – Le casino de Monte-Carlo est rebâti par Charles Garnier. Développement du tourisme d'hiver sur la « Côte d'Azur ».

Garibaldi en 1870.

• **Fin 19e s.** – Paul Signac s'installe à Saint-Tropez et y attire un grand nombre de peintres.

20e siècle

• **1940** – Occupation de Menton par les Italiens. Le Midi, en zone libre, est relativement épargné.
• **1942** – Invasion de la zone libre par les Allemands. Sabordage de la flotte de Toulon (27 novembre).
• **1944-1945** – La 7e armée américaine du général Patch, composée principalement de la 1re armée française, débarque le 15 août 1944 sur la côte des Maures (opération « Dragon »). En moins de quinze jours, la Provence est libérée. Les Américains, épaulés par les forces de la Résistance, refoulent les Allemands vers les Alpes italiennes ; mais le massif de l'Authion, transformé en camp retranché, est conquis par la 1re division française libre après huit mois de très durs combats (13 avril). Tende n'est libéré que le 5 mai 1945, trois jours avant l'armistice.

LAUROS / GIRAUDON

Masséna, général de division an IV (1796).

• **Depuis 1946** – Reprise du festival de Cannes (créé en 1939). Développement du tourisme d'été sur la Côte d'Azur.
• **1947** – Rattachement à la France de la haute vallée de la Roya avec Tende.
• **1960-1963** – L'art moderne connaît un rayonnement international sur la Côte d'Azur avec le « nouveau réalisme » (Arman, César, Raysse, Klein) et l'École de Nice (Ben, Viallat).
• **1969** – L'université de Nice, ouverte en 1965, développe le centre de haute technologie de Sophia-Antipolis sur le plateau de Valbonne.
• **1980** – La région est désenclavée par l'autoroute « La Provençale » qui relie le réseau du Rhône au réseau italien.
• **1991-1998** – Nice, capitale historique de la Côte d'Azur et porte d'entrée du tourisme international, confirme son rôle culturel en inaugurant le musée d'Art moderne et d'Art contemporain et le musée des Arts asiatiques.
• **2005** – Mort de Rainier III et intronisation de son fils Albert II de Monaco.

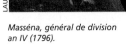

La côte des artistes

Creuset de rêves et de fantasmes, la Côte d'azur ne cesse d'attirer les artistes qui s'y sentent chez eux, dans le calme et le repos ou dans les plaisirs, la fête, les mondanités.

Rivage propice à l'inspiration, où le séjour se berce de l'indolence méditerranéenne, la Côte est, pour les cinéastes, les acteurs, les chanteurs à la fois un tremplin vers le succès et la marque de celui-ci, ainsi qu'un lieu où l'on se rencontre. Parler du cinéma sur la Côte d'Azur, c'est aller au-devant d'un mythe que l'on touche du doigt pendant le festival de Cannes et pendant la saison estivale, focalisé sur St-Tropez et ses fêtes et grossi par la presse à sensation. Depuis *La Côte d'Azur vue d'un train* (1903) des frères Lumière, la « Riviera » a joué un rôle déterminant dans l'industrie cinématographique et dans l'imaginaire français et mondial.

Rue des Archives / ©Sucession Picasso

Picasso et Brigitte Bardot à Vallauris.

Les premiers amoureux

Les écrivains sont, avec les peintres, ceux qui tombent les premiers amoureux de cette nouvelle Arcadie. **Maupassant** évoque dans *Sur l'eau* les beautés de la Côte ; Gaston Leroux s'en enthousiasme dans *Le Parfum de la dame en noir* ; Guillaume Apollinaire y est attaché depuis l'enfance. Les Anglo-Saxons, ensuite, viennent y respirer un air plus pur et frivole comme la Néo-Zélandaise Katherine Mansfield qui laisse dans son *Journal* une vision enchanteresse de Menton. Édith Warthon écrit à Hyères *Le Temps de l'innocence*, Aldous Huxley rédige *Le Meilleur des mondes* à Sanary en 1931, David-Herbert Lawrence, l'auteur de *L'Amant de lady Chatterley*, meurt à Vence en 1930. Les Américains de la « génération perdue », Miller, Fitzgerald, Hemingway, animent la plage de Juan-les-Pins et le cap d'Antibes qu'arpente **Jacques-Henri Lartigues**, familier de l'Hôtel du Cap avec sa femme « Bibi », auteur d'inoubliables clichés de la Côte d'Azur conçue comme un art de vivre. Installé à Opio, dans l'arrière-pays grassois, il y mourra en 1980.

Lumière sur le cinéma

L'omniprésence de la lumière était indispensable au cinéma à ses débuts et les **studios de la Victorine** à Nice ont activement participé à l'essor du 7e art sur la Côte. Très vite, celui-ci puise son inspiration dans la tradition locale. André Hugon, réalisateur du premier film parlant français, campe les personnages typiques de la Provence adaptés des romans de Jean Aicard : *Maurin des Maures* (1932), *L'Illustre Maurin et Gaspard de Besse* (1936). Le vieux village du Castellet

Rue des Archives

Gérard Philipe dans le film « Juliette ou la clé des songes » (1951).

sert de décor à *La Femme du boulanger* (1938). Yves Montand sera, plus tard, un excellent « Papet » dans *Jean de Florette* et *Manon des sources* (1985-1986) que Claude Berri choisit de tourner autour de Riboux, dans le Var.
Gide, Roger Martin du Gard (prix Nobel en 1937), les surréalistes, dont Paul Éluard, très lié à Picasso, s'y retrouvent. Tous deux sont photographiés par Man Ray qui tourne *Les Mystères du château de Dé* (1929) dans la villa de Noailles, à Hyères, tandis que Colette se retire dans sa villa de St-Tropez, entre 1925 et 1938. Mais les nuages s'amoncellent, avec le début de la guerre et Sanary-sur-Mer devient un refuge d'écrivains allemands fuyant le nazisme : Klaus Mann, qui se suicidera à Cannes en 1949, Heinrich Mann, qui se marie à Nice. Le repli pendant la guerre de toute une frange du cinéma français est à l'origine du dernier âge d'or : **Marcel Carné** tourne *Les Visiteurs du soir* (1942), puis *Les Enfants du Paradis* (1944), sur des textes de Prévert. Gérard Philipe fait ses débuts au cinéma. Hommage à une époque révolue, **Francois Truffaut** placera un tournage aux studios de la Victorine au cœur de *La Nuit américaine (1972).*

Après la guerre

Les années 1950 sonnent le glas d'une certaine image de la Côte d'Azur, dont **Jean Cocteau**, peintre, écrivain, cinéaste, est le dernier magicien. Villefranche-sur-Mer accueille, dans l'intimité de sa pittoresque « rue Obscure », son *Testament d'Orphée* (1960). **Jean Marais**, avant d'endosser ses rôles de cape et d'épée comme *Le Masque de fer* (1962) d'Henri Decoin, tourné dans le cadre médiéval de Sospel, avait choisi la peinture, puis laissant de côté le cinéma, il pratiqua la poterie à Vallauris, où il s'installa en 1980.
Avec le tournage mythique, en 1956, de *Et Dieu créa la femme*, **Roger Vadim** lance sur les écrans à la fois Brigitte Bardot (qui deviendra son épouse) et St-Tropez. La Nouvelle Vague déferle et J.-P. Belmondo incarne *Pierrot le Fou* (1965), de **Jean-Luc Godard**, dans l'île de Porquerolles. La carrière de **Johnny Hallyday** est lancée, durant l'été 1960, au cabaret *Le Vieux Colombier* de Juan-les-Pins. Spectacle permanent, la Côte est le rendez-vous de tous ceux dont la réussite se doit d'éblouir. Une pléiade d'acteurs et de vedettes de la chanson y élisent domicile : **Gérard Philipe** à Ramatuelle (avant que Johnny Hallyday y héberge sa collection de Harley-Davidson), Jean Marais à Cabris, puis Vallauris, Yves Montand à St-Paul, en grand amateur de parties de pétanque et de belote, Jean-Paul Belmondo à St-Jean-Cap-Ferrat, Eddy Barclay, producteur de disques et « dénicheur » de stars à St-Tropez, où il organise de fastueuses soirées. Entre notoriété et existence au quotidien, bien souvent, les artistes se fondent parmi les gens du village.

Yves Montand jouant aux boules.

RUE DES ARCHIVES

La principauté de Monaco est un gigantesque décor qui, depuis le passage de Max Linder *(Max à Monaco,* 1913), fascine les cinéastes. Le casino de Monte-Carlo et l'Hôtel de Paris ont même été reconstitués, pour un coût faramineux, à Hollywood, en 1924, pour le film d'Erich von Stroheim *Folies de femme,* mais les tables de jeux inspirent d'une façon plus profonde le *Roman d'un tricheur* (1936) à Sacha Guitry et *Vingt-quatre heures de la vie d'une femme* (1927) à Stefan Zweig. **Jacques Demy** mêle les passions et l'enfer du jeu sous les traits de Jeanne Moreau dans *La Baie des Anges* (1962). La Riviera dessine une frontière entre le bien et le mal qu'incarnent le personnage pudique de Grace Kelly ou celui d'Alain Delon dans *Les Félins,* de René Clément (1963), recueilli par un couple de jeunes femmes (dont Jane Fonda), elles-mêmes bien mystérieuses. Toute une tradition du film noir fait partie de l'image de la Côte d'Azur. Les amateurs de thrillers seront captivés par le tandem J. Gabin-A. Delon et par le dénouement inoubliable avec le casse du casino du Palm Beach, à Cannes, dans *Mélodie en sous-sol* (1962) d'Henri Verneuil. *Vivement*

RUE DES ARCHIVES

Johnny Hallyday et sa moto.

dimanche ! (1983), le dernier long métrage de François Truffaut (tourné à Hyères), est un hommage au film noir non dénué d'humour. La même année, James Bond, alias Sean Connery, revient dans *Jamais plus jamais* et affronte une redoutable (et ravissante) tueuse jusqu'aux abords de Monte-Carlo.

Grace Kelly (1928-1982) fascine par sa retenue, sa distinction. À contre-courant du cinéma américain des années 1950, elle incarne une aristocrate un peu lointaine qui évolue dans un monde de bienséance. Durant sa carrière cinématographique assez brève, elle travaillera avec les plus grands d'Hollywood (Hathaway, John Ford, Zinnemann) et aura comme partenaires les vedettes les plus en vue. Mais c'est sa collaboration avec le maître du suspense, Alfred Hitchcock, qui laissa d'elle l'image la plus marquante, celle d'une femme sur le fil du rasoir, plongée dans un univers inquiétant, comme une sorte de contrepoint qui met en valeur la duplicité, le soupçon, la machination. Il en reste une atmosphère inoubliable de mystère, d'angoisse et de charme que l'on retrouve dans *Le crime était presque parfait* (1954), *Fenêtre sur cour* (1954) et *La Main au collet* (1956). Dans ce dernier film, les aplombs de la Grande Corniche ont merveilleusement servi les scènes interprétées par Cary Grant. C'est en allant le promouvoir au festival de Cannes que l'actrice américaine rencontra le prince Rainier de Monaco, ouvrant ainsi un nouveau chapitre (et non des moindres) de la légende de la Côte.

Tourisme de masse et comique grand public vont de pair dans les six épisodes, tournés entre 1964 et 1982, de la série du *Gendarme de St-Tropez* de Jean Girault, avec Louis de Funès sous les ordres d'un Michel Galabru que l'on retrouve en père de famille rigoriste devant un Michel Serrault travesti dans *La Cage aux folles* (1978) d'Édouard Molinaro. Mais plusieurs films prennent le contre-pied d'une vision trop attendue : *La Collectionneuse* (1967) d'Éric Rohmer, *La Piscine* (1969) de Jacques Deray, image inoubliable du couple Alain Delon-Romy Schneider, *Les Biches* (1968) de Claude Chabrol, où Stéphane Audran évolue parmi la faune artificielle et fortunée d'un St-Tropez hivernal.

Aujourd'hui encore

Le galion *Neptune*, souvent amarré dans le vieux port de Cannes, rappelle les exploits des *Pirates* (1986) de Polanski, tandis que *La Cité de la peur* (1994) d'Alain Berbérian propose une parodie burlesque du festival de Cannes. Les extérieurs de *Un sac de billes* (1975) de Jacques Doillon ont été tournés à Sospel ; *Le Fils préféré*, peinture délicate d'un trio masculin par Nicole Garcia (1994), a pour cadre Nice, Menton et Grasse ; le casino de Monte-Carlo est au centre de *Vingt-quatre heures de la vie d'une femme* (2003) de Laurent Bounhik.

Jules Romains a rendu hommage à Nice en y poursuivant jusqu'en 1947 la rédaction des *Hommes de bonne volonté*. Chantée par Max Gallo et le délicieux **Louis Nucéra**, la ville continue d'enfanter des écrivains de talent comme Jean-Marie Gustave Le Clézio.

KEYSTONE

Mariage de Grace Kelly et du prince Rainier en 1956.

ABC d'architecture

Architecture antique

LA TURBIE – Trophée des Alpes (1er s. avant J.-C.)

Grandiose construction élevée à la gloire d'Auguste (27 av. J.-C.) vainqueur des campagnes des Alpes, ce monument est un des rares trophées hérités du monde romain. Il a connu mille vicissitudes avant d'être restauré par l'architecte Formigé dans les années 1930.

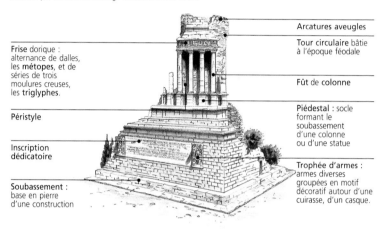

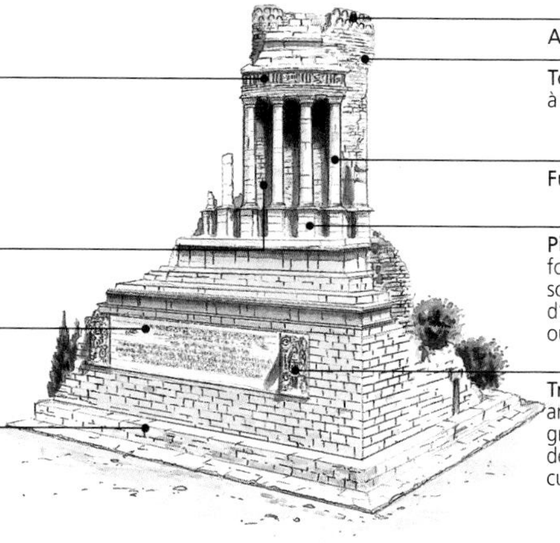

Architecture religieuse

FRÉJUS – Intérieur du baptistère (5e s.)

Cet édifice paléochrétien se présente sous l'aspect d'un bâtiment carré de 11 m environ de côté. À l'intérieur, s'inscrit un octogone dont les côtés comportent de petites niches séparées par des colonnes de granit noir. Certains éléments antiques proviennent de bâtiments romains. Une restauration, au début du 20e s., lui a rendu son aspect d'origine.

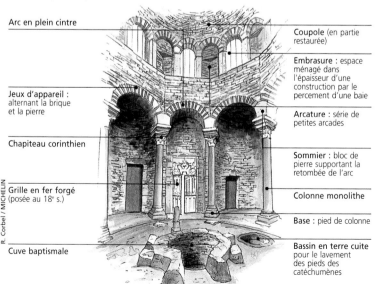

LE THORONET – Plan de l'église abbatiale (11e s.)

Le large transept et l'absence de décoration caractérisent les édifices élevés par les moines de l'ordre de Cîteaux. Ces derniers privilégiaient le chevet plat, mais la voûte en berceau brisé et l'abside semi-circulaire reflètent la manière de bâtir des maîtres d'œuvre locaux. N'ayant pas de vocation paroissiale, l'église ne possède pas de portail central.

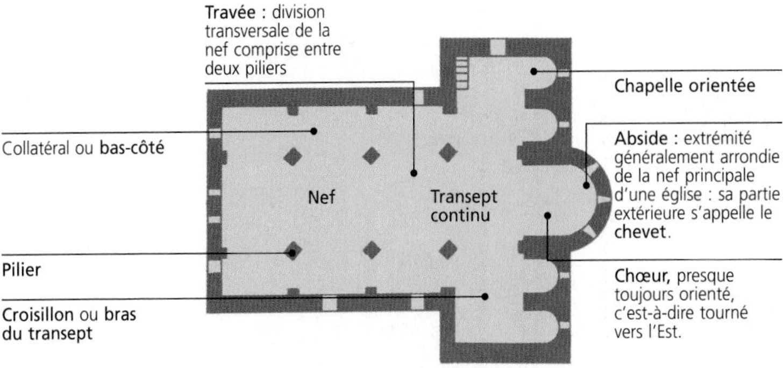

Coupe en élévation d'une église romane provençale

Nous proposons deux variantes de l'église romane provençale telle qu'on la rencontre le plus souvent.

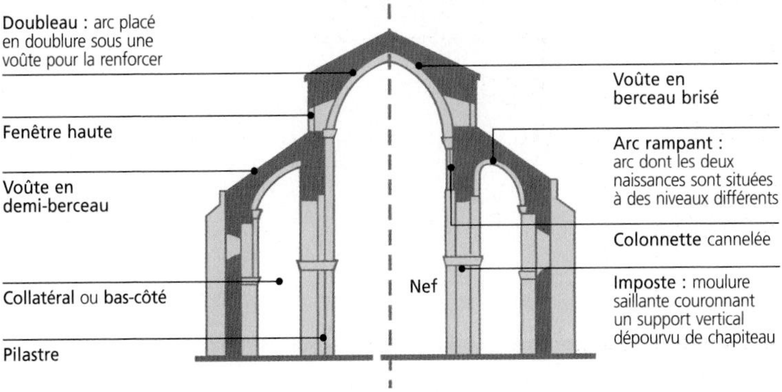

GRASSE – Portail de la chapelle de l'Oratoire (14e s.)

La porte ainsi que la fenêtre gothiques de cette chapelle ont été récupérées sur l'ancienne église des Franciscains. Elles furent intégrées en 1851 à la façade de l'Oratoire.

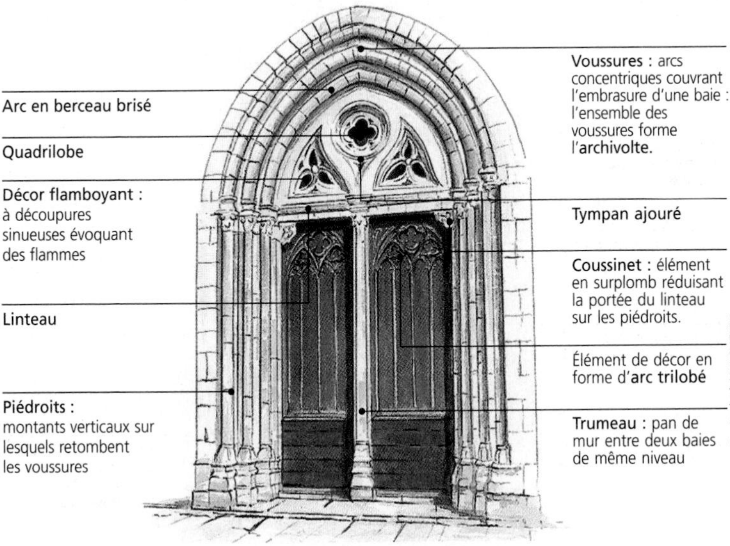

NICE – Cathédrale Sainte-Réparate (17e s.)

À l'origine, Sainte-Réparate était une chapelle, construite au 13e s. Sa façade et son plan actuels, de style baroque, sont l'œuvre de l'architecte niçois Jean-André Guibert. La façade répond à un schéma traditionnel : deux étages divisés en trois sections par des pilastres conduisent à une recherche sobre du mouvement. La composition reste claire et respecte une certaine rigueur des lignes.

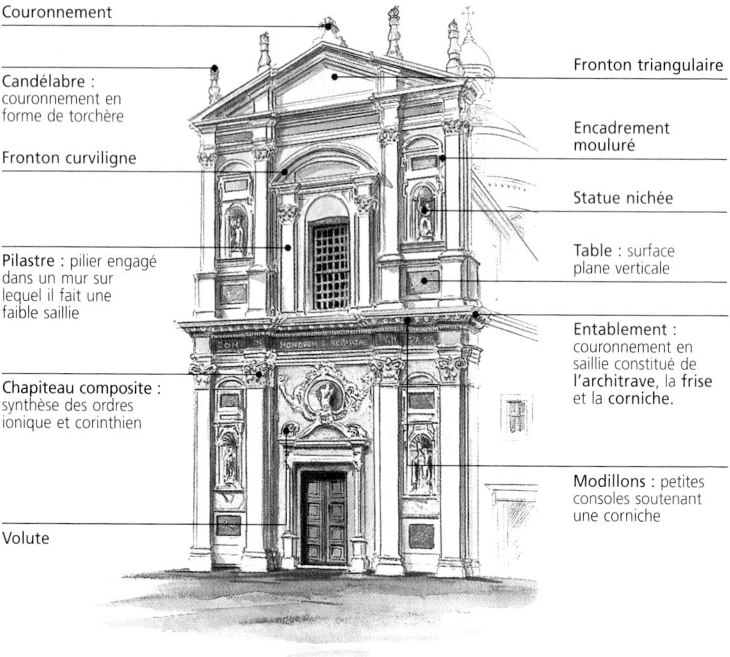

LES ARCS – Retable de la chapelle Sainte-Roseline (début du 16e s.)

En fait de retables baroques, Nice et sa région privilégient les marbres de couleur et les stucs ; le bois doré domine de l'autre côté du Var.

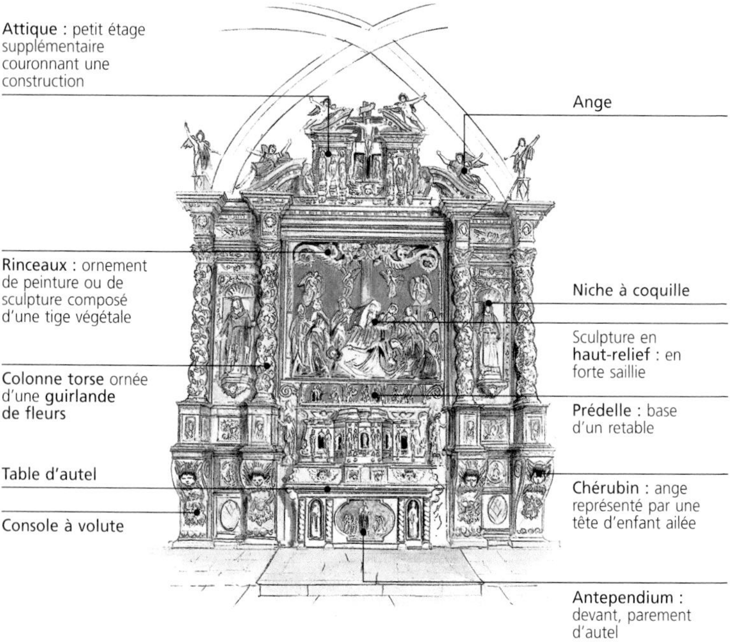

R. Corbel / MICHELIN

Architecture traditionnelle

SAINT-TROPEZ – Maisons sur le port

Étroites et hautes, les petites maisons serrées les unes contre les autres et les teintes vives des façades caractérisent les ports de la Côte d'Azur.

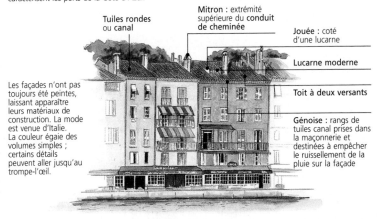

Les façades n'ont pas toujours été peintes, laissant apparaître leurs matériaux de construction. La mode est venue d'Italie. La couleur égaie des volumes simples ; certains détails peuvent aller jusqu'au trompe-l'œil.

LE VIEUX-CANNET – Campanile

Les campaniles apparurent au 16e s. au sommet des clochers et beffrois. Leur complexité et leurs dimensions sont très variables.

LORGUES – Fontaine de la Noix (1771)

Chaque ville ou village possède sa ou ses fontaines, du modeste filet d'eau au monument sculpté et souvent daté.

Architecture balnéaire

HYÈRES – Villa « tunisienne » (1884)

Les villas des stations balnéaires du 19e s., elles-mêmes créées de toutes pièces, sont un résumé des architectures du monde et un hymne à l'extravagance, bien que l'intérieur conserve une distribution conforme au mode de vie bourgeois. Cette architecture aujourd'hui réhabilitée est volontiers orientaliste. Chapoulart, architecte d'une villa « mauresque » à Hyères, construisit pour lui-même cette variante avec patio, dite « algérienne », puis « tunisienne ».

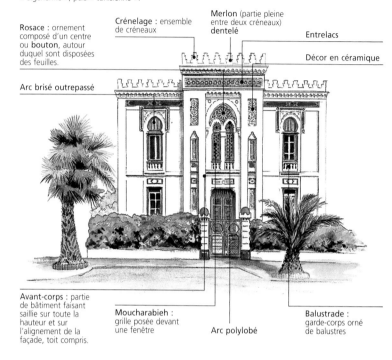

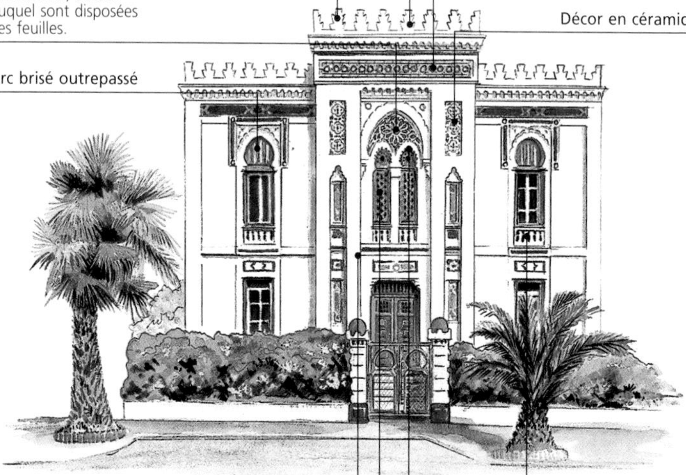

MONTE-CARLO – Salle du casino (2e moitié du 19e s.)

Monte-Carlo s'est construit autour du casino, caractéristique du style éclectique qui fleurit sur le littoral à la fin du 19e s. La luxueuse décoration intérieure fait écho à celle du dehors.

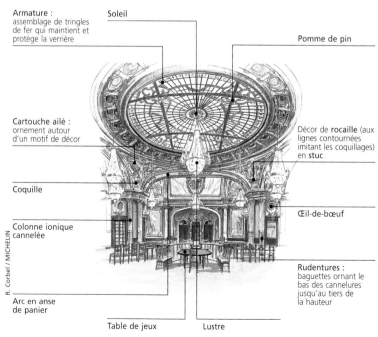

R. Corbel / MICHELIN

Architecture militaire

ANTIBES – Fort Carré (16e s.)

Les remparts d'Antibes ont été démolis en 1895. En subsiste ce fort, terminé en 1585 et dont le plan bastionné préfigure les étoiles du système défensif de Vauban au siècle suivant.

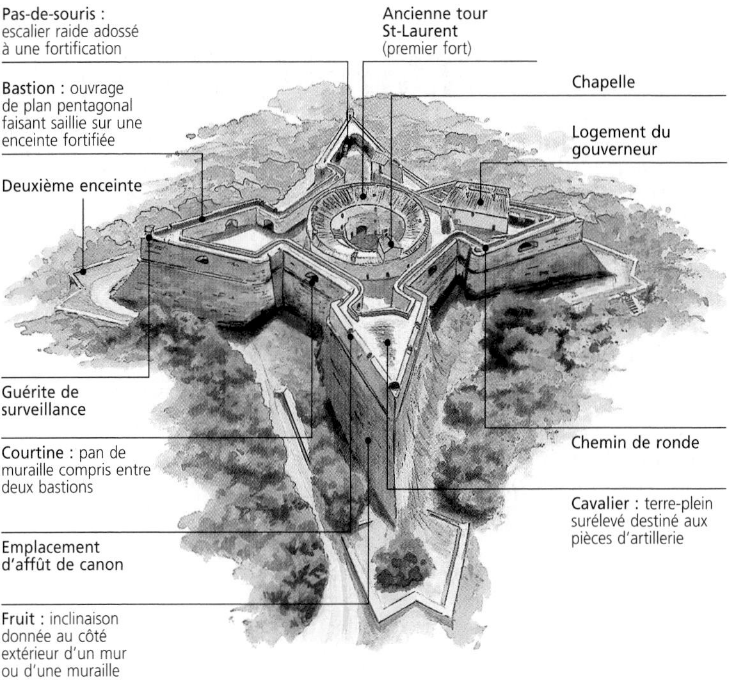

Architecture contemporaine

SOPHIA ANTIPOLIS – Bâtiment d'entreprise (1978)

Les bâtiments de la technopole de Valbonne ont été construits à partir du milieu des années 1970. La déclivité du terrain est utilisée pour éviter toute monotonie et intégrer discrètement le paysage à l'architecture. Les baies vitrées et les patios permettent un éclairage important. Le mélange des matériaux et la recherche de la transparence dessinent une structure légère et « high-tech » qui mêle prestige et modernité.

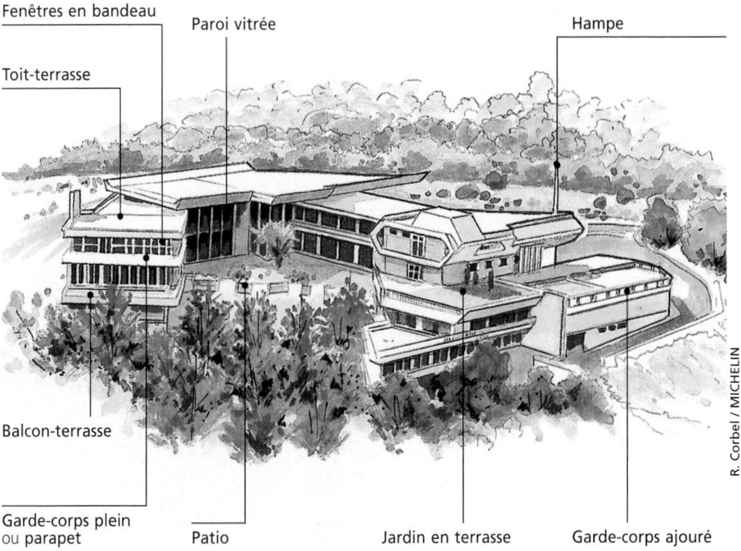

E. Baret / MICHELIN

L'art de l'azur

Est-ce cette lumière incomparable ou une ambiance particulière qui stimule la création ? Toujours est-il que la Côte d'Azur peut se flatter de posséder les expressions les plus anciennes et les plus modernes de l'art, des gravures de l'âge du bronze aux recherches contemporaines.

Âge du bronze

Les gravures rupestres qui ont donné leur nom à la **vallée des Merveilles** n'ont pas encore livré tous leurs secrets. Les représentations de bovidés, d'armes et d'outils, de figures anthropomorphes ou géométriques datent toutes du bronze ancien (1800-1500 avant J.-C.) et ont été dessinées par des bergers.

Antiquité gallo-romaine

La réutilisation ultérieure des matériaux n'a laissé que des traces fragmentaires de la prospérité que connut la Provence gallo-romaine. **Cimiez** *(voir Nice)* a conservé d'importantes ruines romaines, **la Turbie**, son trophée, témoignage presque unique de ce type de monument, **Fréjus**, ses arènes et des vestiges de ses installations portuaires. Dans les cantons de Fayence, Fréjus et St-Raphaël, les ouvrages d'adduction d'eau romains sont encore utilisés.

S. Sauvignier / MICHELIN

Peinture de Bréa, dans l'église Saint-Michel de Sospel.

Art roman

Des périodes mérovingienne et carolingienne subsistent d'intéressants monuments comme le baptistère de Fréjus, la chapelle N.-D.-de-Pépiole ou la Trinité de St-Honorat de Lérins.

Au 12e s., la Provence connaît une véritable renaissance architecturale qui conduit à l'éclosion d'églises, dont l'appareil de pierres régulièrement taillées et liées par un mince mortier est remarquable. La façade est souvent pauvre. De puissants contreforts rompent la monotonie des flancs. Le clocher carré et le chevet sont décorés d'arcatures plaquées, dites « bandes lombardes », qui témoignent de l'influence de l'Italie du Nord. Lorsqu'on pénètre à l'intérieur, on est frappé par la simplicité et l'austérité du vaisseau, qui comporte le plus souvent une nef unique et un transept peu saillant. Si l'édifice comprend des bas-côtés, l'abside se termine par un hémicycle flanqué de deux absidioles.

E. Baret / MICHELIN

« Outrage par les soldats de Pilate » par Canavésio, dans la chapelle N.-D.-des-Fontaines.

Maison baroque place de l'Île-de-Beauté à Nice.

Le « gothique provençal »

L'art gothique n'a laissé que peu d'édifices dans la région. Le « gothique provençal » est un art de transition, mal dégagé des traditions romanes, qui s'affirme avec les puissantes voûtes aux robustes ogives de Fréjus (le cloître est remarquable) ou de Grasse. Dès la fin du 15e s., le roi René attira en Provence de nombreux artisans italiens. Mais, fait curieux, si la Renaissance devait marquer de son influence la peinture provençale, elle eut peu de prise sur son architecture.

Les « primitifs niçois »

Du milieu du 15e s. au milieu du 16e s., une école de peinture d'abord toute gothique, puis inspirée de la Renaissance italienne, fleurit dans le comté de Nice. Elle est illustrée par la dynastie des **Bréa** (Louis, son frère Antoine et son neveu François) et Jacques Durandi. Ces peintres travaillent surtout pour les confréries de pénitents, ce qui explique la dissémination de leurs tableaux en de nombreuses églises et chapelles de pèlerinage. On en voit à Antibes, Bar-sur-Loup, La Brigue, Grasse, Lucéram, Nice, Monaco, Sospel.

La douceur du modelé de Louis Bréa (né à Nice vers 1450), habile à faire sentir l'humanité des sujets qu'il traite, trahit une influence flamande ; son style simple et ses tonalités sourdes s'accommodent du faste des retables.

Au même moment, dans l'arrière-pays niçois, des artistes souvent itinérants, d'origine piémontaise, ornent, du 14e au 16e s., les plus humbles sanctuaires de peintures murales très vivantes, aux coloris remarquablement préservés. Elles composent une sorte de catéchisme illustré, destiné aux fidèles illettrés. Les saints intercesseurs sont souvent représentés, en particulier saint Sébastien, des plus utiles en cas d'épidémie de peste. Ces chapelles ont essaimé dans les vallées de la Roya, du Paillon et de la basse Tinée : Coaraze, Lucéram, Peillon, Venanson, et surtout La Brigue, à la chapelle N.-D.-des-Fontaines, où **Jean Canavesio** (1420-début du 16e s.), à côté de **Jean Baleison**, son élève, a laissé une œuvre exceptionnelle.

À la frontière du baroque et du classicisme

Pierre Puget (1620-1694), né à Marseille, est l'un des plus grands sculpteurs français du 17e s. Les *Atlantes* soutenant le balcon d'honneur de l'ancien hôtel de ville de Toulon sont, avec *Milon de Crotone* exposé au musée

D. Paezery / MICHELIN

du Louvre à Paris, ses compositions les plus célèbres. Il sut allier, dans ses œuvres, la puissance, le mouvement et le sens du pathétique, expression de l'art baroque.
Les modèles romains, piémontais ou génois marquent surtout les édifices religieux du comté de Nice. Les façades d'église s'ornent de frontons, de niches, de statues, mais se distinguent par une ordonnance équilibrée. À l'intérieur, les innombrable retables, les lambris et les baldaquins sont d'une grande richesse. La façade du palais Lascaris (1648-1680) et l'ordre colossal (élévation des pilastres ou des colonnes sur plusieurs étages) de l'ancien Sénat de Nice exaltent le pouvoir, comme l'urbanisme régulier à portiques, qui fixe (place Garibaldi, 1782-1792), sur le modèle des voies de Turin, les grandes lignes de l'extension de Nice.
Aux 17e et 18e s., les Parrocel, les Van Loo, Joseph Vernet, Hubert Robert ont laissé de fort belles toiles, mais c'est surtout **Fragonard** (1732-1806) qui est l'orgueil de la région. Les paysages baignés de lumière et les jardins de Grasse, sa ville natale, sont les sources où il a souvent puisé le décor des scènes libertines, qu'il peignit dans un style exquis.

Le triomphe de l'éclectisme

L'édification à Cannes, en 1835, du château Éléonore par le promoteur de la station, lord Brougham, lance la mode de l'éclectisme. Chaque villégiature a son urbaniste : Chapoulard marque Hyères, Pierre Audié, St-Raphaël, où il introduit le romano-byzantin ; le Niçois Charles Delmas et le Danois Hans-Georg Tersling dressent les plans de nombreux palaces à Nice et à Menton (où œuvra également Charles Garnier) et de villas qui parsèment les caps.
Prolongeant l'intérêt des romantiques pour l'Orient, les architectes inventent des villas dites « mauresques », caractérisées par l'abondance de carreaux de faïence, d'arcs outrepassés et de tours-minarets. L'engouement pour le style néomédiéval ou troubadour fait fleurir merlons et créneaux (château Scott, Cannes, 1868-1872). Parfois, les styles se mélangent en une synthèse originale dans des villas habitées par d'anciens administrateurs des colonies françaises ou britanniques, telle la « folie » du colonel Smith à Nice, dit « château de l'Anglais » (1856-1858). Les nobles et industriels russes reconstituent des « petites Russies » dans les vastes domaines acquis, où l'influence méditerranéenne, en particulier dans le choix des matériaux, se mêle à l'art slave.
De nombreuses façades de Nice et Menton sont peintes pour masquer la pauvreté des matériaux. Cette mode, qui s'étend de 1850 à 1920, dénote l'influence des maçons piémontais, conséquence d'une forte immigration italienne. Le décor se réduit à des couleurs nuancées et à des motifs architecturaux en trompe l'œil. L'Art nouveau s'empare des frises, dont le dessin de fleurs stylisées est tracé à l'aide d'un pochoir.

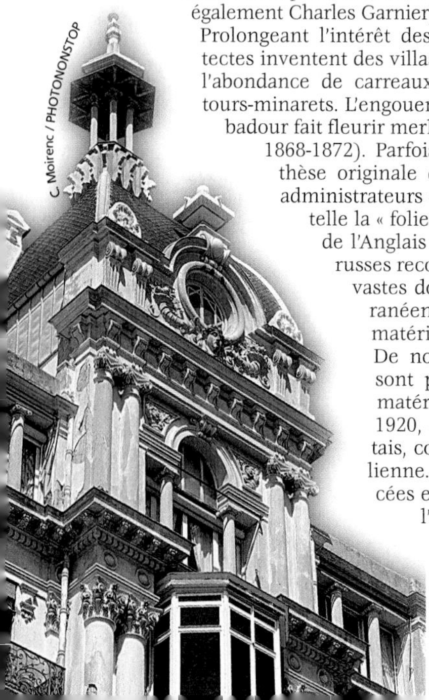
C. Moirenc / PHOTONONSTOP

Un hôtel très éclectique, l'ancien Excelsior Regina Palace (1895), sur les hauteurs de Cimiez, à Nice. Il fut fréquenté en son temps par la reine Victoria.

Hôtel de l'Ermitage, à Monte-Carlo.

Urbanisation et tourisme balnéaire (1920-1935)

L'**Art déco** soumet l'ornementation – mosaïques, vitraux, ferronnerie, dallages – aux lignes géométriques de l'architecture. Mais les bâtiments les plus intéressants des années 1920 et 1930 se caractérisent par la maîtrise du béton armé : l'église Ste-Jeanne-d'Arc, « Notre-Dame-des-Œufs » (1932), bâtie par Jacques Droz à Nice, en est le meilleur exemple. Les immeubles paquebots déploient la pureté et la blancheur de leurs volumes, parcourus de coursives, le long de la Méditerranée : l'Hôtel Latitude 43 (1931-1933, reconverti en copropriété), construit par Georges-Henri Pingusson à la sortie de Saint-Tropez, et les courbes dynamiques de l'escalier de l'immeuble Gloria Mansions (1930), à Nice, sont les chefs-d'œuvre de cette période. Par le jeu des lignes pures et son adaptation au site, l'**architecture fonctionnaliste** (Le Corbusier) trouve une application dans la réalisation de villas luxueuses. Le projet initial de la villa de Noailles (1924), construite par Mallet-Stevens à Hyères, a été modifié mais le vitrail compartimenté du plafond du grand salon donne une idée de l'inspiration originale.

L'évolution contemporaine

La reconstruction s'impose dans le paysage : Jean de Mailly œuvre à Toulon avec de grands ensembles. À la transformation brutale des sites, qui a laissé quelques exemples déplorables, succèdent la recherche de la transparence et la volonté de se fondre dans le paysage. Les ports de Bormes et de Monte-Carlo restent les témoins de l'intense spéculation immobilière, mais le laboratoire IBM de La Gaude (1963, Marcel Breuer), l'ensemble de Marina-Baie-des-Anges (1970, André Minagoy) à Villeneuve-Loubet, le village lacustre de Port-Grimaud (1966, François Spoerry), la marina de Cogolin témoignent d'une réflexion sur l'intégration de l'architecture au site. La lumière méditerranéenne rehausse la polychromie de la fondation Maeght à St-Paul (1963-1964, José Luis Sert) ; elle est ménagée dans le musée Chagall (1972, André Hermant). Les années 1980 sont encore marquées par le gigantisme (palais des Festivals et des Congrès de Cannes, surnommé le « bunker », 1982), et d'audacieux mélanges de matières – brique, acier, verre, béton clair – rendent la masse architecturale plus ludique, plus souple (musée d'Art moderne et d'Art contemporain à Nice, voire Forum Grimaldi à Monte-Carlo).

S. Sauvignier / MICHELIN

Fondation Maeght, à Saint-Paul.

Le zénith de l'art moderne

Autrefois isolée, mal desservie, la Côte d'Azur fut d'abord perçue comme une contrée pittoresque que l'on découvre par la mer mais où se révèle l'éblouissement de la lumière méditerranéenne. Source d'inspiration pour un Paul Huet, un Félix Ziem ou un Dunoyer de Segonzac, dessinateur inlassable du pays de St-Tropez, elle a conduit les peintres de la modernité à de nouvelles recherches picturales. En cela, et parce qu'elle a donné naissance à une génération d'artistes, la Côte d'Azur peut être considérée comme l'un des grands rivages civilisateurs du 20e s.

Impressionnisme, fauvisme...

Le retour de **Cézanne** en Provence (1881) est déterminant pour les impressionnistes, adeptes de la peinture de plein air. Monet et Renoir lui rendent visite et poussent plus loin le long du littoral azuréen. Les œuvres de **Monet** réalisées à Antibes marquent l'apparition de la Côte d'Azur dans la peinture : « Je m'escrime et lutte avec le soleil. » (lettre de Monet à Rodin, janvier 1888). Elles amorcent un tournant dans la carrière du peintre qui se consacre, à partir de cette période, aux « séries », enregistrant les variations de la lumière sur un même sujet. **Renoir** s'installe à Cagnes, où il passe les dernières années de sa vie, peignant sans cesse les oliviers de son domaine des Colettes.

Signac, continuateur de Seurat, s'établit à St-Tropez en 1892, où il attire quelques amis, dont Manguin, Bonnard, l'« ermite » du Cannet, et Matisse (*Luxe, calme et volupté*, 1904, musée d'Orsay, Paris) qui aborde la Côte d'Azur par des intérieurs épurés, ouverts sur la mer, puis suggère le rivage niçois à travers le tamis des fenêtres, des persiennes. À Nice, **Dufy** dépeint la scène côtière en spectateur après avoir acquis à Vence son style pictural original. Le passage de **Picasso** à Saint-Raphaël pendant l'été 1919 ouvre le cubisme sur le grand large et débouche sur les géométries lumineuses de Juan-les-Pins à partir de 1920.

Soutine, qui séjourne sur la Côte d'Azur entre 1918 et 1921, décèle, dans la lumière et le jeu des ombres, un « pathétique intense » qui se déploie dans des formes en torches.

Au mythe édénique de Matisse, Bonnard et Dufy succèdent le cycle du Minotaure (à partir de 1927-28), les faunes et les centaures de Picasso, repris dans les céramiques de Vallauris. Marcel Duchamp, Masson (tableaux de sable à Sanary en 1926, sable également employé par Kandinsky, hôte de La Napoule), Cocteau, Picabia qui s'installe à Mougins pratiquent le détournement de l'objet et les assemblages.

Installé à Antibes, **Nicolas de Staël** ne séjourna pas hélas très longtemps dans la région, mais son passage laissa des traces inoubliables dans sa peinture.

Sculpture de Dubuffet à la fondation Maeght.

S. Sauvignier / MICHELIN / ©Adagp, Paris, 2005

Sculpture de Mirò à la fondation Maeght.

Cubisme, surréalisme...

Pendant les années de guerre, Jean Arp, sa compagne Sophie Taeuber, et Sonia Delaunay, désemparée après la mort de son époux Robert Delaunay en 1941, trouvent refuge dans la villa qu'Alberto Magnelli possède à Grasse. Travaillant avec des matériaux de fortune, le « **groupe de Grasse** » débouche sur des œuvres d'une grande liberté d'inspiration. Arp et Taeuber rencontrent Max Ernst qui s'est enfui du camp des Milles, près d'Aix, où étaient internés tous les ressortissants allemands.

Alors que le monde de l'art s'internationalise et que les artistes européens sont revenus de leur exil américain, nombre de peintres s'installent dans l'arrière-pays : Picasso à Mougins, Braque au Cannet, **Fernand Léger** à Biot, Dubuffet à Vence. Il n'y aurait peut-être pas eu *La Guerre et la Paix* de Picasso à Vallauris sans la chapelle du Rosaire à Vence (1951), œuvre d'art totale de Matisse. Le rapport à l'architecture engendre une interpénétration des disciplines. **Marc Chagall**, établi à partir de 1950 à Vence, étend son art à de nombreuses techniques : lithographie, vitrail, sculpture, céramique et mosaïque (fondation Maeght). La nouvelle génération d'artistes peut donc compter sur un patrimoine important, à l'origine d'institutions comme la fondation Fernand Léger à Biot (1960) et la fondation Maeght à Saint-Paul (1964), qui en font le second lieu d'initiation à l'art moderne après Paris : « La modernité prenait un visage méridional. » (André Chastel).

Expression contemporaine de la Côte

Toute une génération d'artistes est née en Provence : César en 1921 à Marseille, Yves Klein et Arman en 1928 à Nice, Martial Raysse en 1936 à Golfe-Juan. Arman et Klein développent le concept d'« actions » ou « happenings » à partir de 1953. Le **Nouveau Réalisme**, qui regroupe Arman, César, Dufrêne, Hains, Klein, Raysse, Rotella, Spoerri, Tinguely et Villeglé, auxquels se joignirent ensuite Niki de Saint-Phalle, Deschamps et Christo, naît à Nice en 1960. Les nouveaux réalistes réagissent à l'abstraction dominante des années d'après-guerre et travaillent sur le « réel perçu en soi » du monde moderne, industriel et médiatique. À côté d'eux, l'**école de Nice** voit s'épanouir les recherches très différentes de Ben, qui acclimate à Nice le mouvement « Fluxus », Bernard Venet, Sacha Sosno ou encore Bernard Pagès et Claude Viallat, dont les travaux sur l'art conceptuel mèneront à la création du groupe « Supports/Surfaces » dans les années 1970.

Un bouquet de parfums

D. Paezry / MICHELIN

À Grasse, capitale de la parfumerie de renommée mondiale, les pétales de fleurs – roses de mai, jasmin, fleurs d'oranger et lilas – forment la matière première de précieuses essences et de somptueux parfums. Les bouquets fleurissent aussi à Bar-sur-Loup, Golfe-Juan, Le Cannet, Vallauris et Seillans, centres importants de fabrication de matières premières aromatiques naturelles.

Des gants aux parfums

Installée dans une plaine riche et fertile, Grasse tient peut-être son nom de Crassus, riche propriétaire terrien. L'arrière-pays était plutôt une région d'élevage et rien, dans la tannerie qui fit la fortune de la ville à l'origine, ne laissait supposer l'essor des parfums (du provençal *perfum* et du latin *fumare* : « fumer ») au 16e s. Or, le gant, signe de noblesse, va tout changer. La mode des gants parfumés vient d'Italie et Catherine de Médicis en est une adepte. Masquer l'odeur forte du cuir s'accorde bien au savoir-faire local et le microclimat dont bénéficie la ville permet de cultiver les fleurs les plus délicates : l'industrie du parfum est lancée. Les **gantiers-parfumeurs** grassois se constituent en un corps doté de statuts propres au début du 18e s., siècle au cours duquel apparaît l'art du flaconnage. Mais au début du 19e s., la concurrence des maisons parisiennes récemment créées oblige les parfumeurs grassois à abandonner le commerce des produits finis et à se tourner vers celui des matières premières. En 1850 apparaissent les essences de fleurs, dont Grasse devient le plus important producteur mondial avant l'apparition des parfums de synthèse. Cette industrie de luxe compte actuellement une trentaine d'usines (7 % du chiffre d'affaires mondial de l'industrie du parfum) et travaille beaucoup pour l'étranger, les principaux clients étant les États-Unis, le Japon, l'Allemagne et la Grande-Bretagne. Mais le secteur des fleurs à parfum est en nette régression, dépassé par l'industrie des parfums de synthèse et des arômes alimentaires.

Les fleurs de Grasse

Les deux cultures dominantes sont la rose et le jasmin. La **rose de mai** à fleurs simples est la même que celle qui se cultive en Orient, mais elle donne des produits plus fins. Le **jasmin** est la variété à grande fleur, greffée sur du jasmin officinal. C'est une culture très coûteuse (330 kg de fleurs sont nécessaires pour obtenir 1 kg d'essence absolue) et délicate. Puis vient l'**oranger**. C'est l'arbre à fruits amers, le « bigaradier », qui donne ses fleurs à la parfumerie. L'eau de fleur d'oranger provient directement de la distillation de la fleur. La feuille seule de la **violette** est utilisée pour la parfumerie ; Tourrettes-sur-Loup en est la capitale.
Le laurier-cerise, l'eucalyptus, le cyprès sont distillés pour l'essence ou pour l'eau. Les **mimosas** servent à faire des essences par extraction. Le basilic, la sauge scla-

Cueillette de roses
de mai à Grasse.

D. Paezry / MICHELIN

D. Paezry / MICHELIN

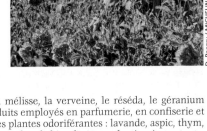

rée, l'estragon, la mélisse, la verveine, le réséda, le géranium donnent des produits employés en parfumerie, en confiserie et en pharmacie. Les plantes odoriférantes : lavande, aspic, thym, romarin, sauge, etc. font l'objet d'une production importante, ainsi que de nombreuses plantes médicinales.

L'alchimie du parfum

On connaissait bien le principe de la distillation en Provence au Moyen Âge, mais les huiles essentielles étaient considérées comme des sous-produits indésirables. Cette tradition des « eaux parfumées » étaya la théorie du médecin suisse Paracelse (1493-1541) qui fit de la *quinta essentia* (quintessence) la partie efficace de chaque drogue et le but de la pharmacopée.

La **distillation** est donc le plus ancien des procédés. L'eau et les fleurs sont portées à ébullition dans un alambic à vapeur. L'eau et l'essence condensée s'écoulent dans la bouteille dite « florentine », où leur différence de densité et leur insolubilité les séparent.

Au 18e s. fut inventé l'**enfleurage à froid**. Ce procédé utilise la propriété qu'ont les graisses de se charger en matières odoriférantes. On dispose, à plusieurs reprises, les pétales des fleurs fraîches les plus fragiles (jasmin, jacinthe) sur une couche de graisse, autrefois étalée sur un châssis de verre. Par un lavage à l'alcool éthylique, les matières odoriférantes sont séparées des graisses : on obtient l'« absolu de pommade ». Cet alcool est ensuite distillé sous vide. Peu de firmes utilisent aujourd'hui ce procédé qui nécessite une main-d'œuvre importante.

Le procédé le plus récent est l'**extraction**, qui permet de prélever le parfum des fleurs avec un maximum de concentration et de puissance. Les fleurs sont mises en contact avec un solvant qui est ensuite évaporé. On obtient l'essence de « concrète » qui renferme de la cire (inodore) et des constituants odorants. Il faut une tonne de fleurs de jasmin de Grasse pour obtenir 3 kg de « concrète ». Puis la cire est éliminée au moyen d'alcool éthylique et les 40 % restants constituent l'essence « absolue de concrète », le parfum concentré à l'état pur.

À l'ombre des platanes

Place aux Aires, à Grasse.

Dans ce pays, on vit hors de la maison, maintenue obscure, et on aime la vie de société, la conversation, la politique. Le cœur du village, c'est la petite place ou le « cours », ombragé de platanes et décoré d'une fontaine. C'est là que se tiennent les marchés et que l'on se réunit dans les cafés autour d'un verre de pastis ou d'une partie de cartes.

Jeu de boules et pétanque...

Le jeu de boules est la distraction populaire par excellence. Les parties se font par équipes de trois (triplettes) ou de quatre (quadrettes). Les « **pointeurs** » lancent leurs boules le plus près possible du cochonnet (ou bouchon), envoyé au bout du terrain de jeu ; les « **tireurs** » doivent déloger les boules de l'autre équipe en les frappant avec les leurs. Les plus adroits réussissent le coup en prenant exactement la place de la boule adverse : ils ont alors « fait un carreau ». Il y a deux types principaux de jeux de boules. La **pétanque**, du provençal « pieds tanqués » (c'est-à-dire pieds joints et immobiles), se joue sur des distances entre 6 m et 10 m. Les joueurs se placent dans un cercle tracé au sol qu'ils ne doivent pas franchir. Le jeu provençal, ou la **longue**, se joue sur un terrain d'au moins 25 m de long : les pointeurs font un pas hors du cercle, se tiennent en équilibre sur la jambe gauche (pour les droitiers) et lèvent le pied en appui à l'instant d'envoyer la boule ; les tireurs font trois pas sautés hors du cercle avant de lancer leur boule. Les désaccords dans l'appréciation des distances qui séparent les boules du cochonnet se traduisent par des polémiques bruyantes et passionnées, inséparables du jeu.

Avé l'accent

Aux cours des visites de vieux quartiers, la curiosité peut être attirée par les plaques indicatrices de rues et des inscriptions commémoratives écrites en français et en **provencal**. Les pays de la rive droite du Var possèdent une expression provençale commune. Il n'en est pas de même à l'intérieur du comté de Nice où l'extraordinaire complexité des parlers reste bien présente. Le **nissart**, dont les premiers écrits datent du 16e s., a été reconnu langue régionale de France en 2000 (un an auparavant, un département de langue et culture régionales s'est ouvert à l'université de Nice). Les travaux d'érudits (André Compan), le théâtre de Francis Gag (avec la figure légendaire de Tanta Viturina)

D. Paezry / MICHELIN

Socca.

S. Sauvignier / MICHELIN

ont accompagné son renouveau dans les années 1950, relayé par la presse d'expression niçoise (*Lou Sourgentin*). Depuis ce véhicule d'une identité est activement défendu. Les racines ligures, et particulièrement génoises, du **monégasque** enseigné comme langue nationale dans les écoles de la principauté, se retrouvent dans les termes relatifs à la mer et à la navigation, dans les expressions proverbiales et la gastronomie.

La table provençale

L'ail, la friture à l'huile d'olive et les aromates caractérisent la cuisine provençale. L'ail a trouvé ses poètes qui ont chanté cette « truffe de la Provence ». Quant à l'huile d'olive, elle remplace le beurre dans tous ses emplois septentrionaux : « Un poisson vit dans l'eau et meurt dans l'huile », dit un proverbe local.

Cultivées ou poussant naturellement sur les pentes ensoleillées, les plantes aromatiques, sous l'appellation générique d'« **herbes de Provence** », jouent, selon le génie culinaire de chacun, un rôle essentiel. Elles regroupent : la sarriette (ou pèbre d'ase – poivre d'âne – en provençal) qui parfume les fromages de chèvre et de brebis ; le thym (ou farigoule) qui se mêle à la plupart des légumes et relève les grillades ; le basilic, la sauge, le serpolet, le romarin (qui a des vertus digestives), l'estragon, le genièvre (pour accompagner les gibiers), la marjolaine et le fenouil, dont le goût anisé fait merveille avec un « loup » grillé.

A. Éli / MICHELIN

Parmi toutes les variétés d'**olives**, la tanche (ou olive de Nyons, noire) est la première variété à avoir bénéficié de l'appellation d'origine contrôlée (AOC). D'autres ont ensuite été reconnues : la grossane, olive noire charnue et la salonenque, verte, dites aussi « olives de la vallée des Baux de Provence ». Dans les Alpes-Maritimes, c'est la petite olive noire de Nice, qu'il faut goûter. Très savoureuse, la **cailletier** ou caillette, est laissée six mois en saumure avant d'être consommée. Toutes ces variétés sont destinées à la fois à la table et à la presse du moulin.

L'aïoli, mayonnaise à l'huile d'olive, fortement parfumée d'ail pilé, accompagne les hors-d'œuvre, la bourride, soupe aux poissons (baudroie, loup, merlan, etc.) et nombre de plats.

Salade niçoise.

Pigeons au Pernod.

La **bouillabaisse** classique doit comporter les « trois poissons » : rascasse (indispensable), grondin, congre. L'assaisonnement est tout aussi important : oignon, tomate, safran, ail, thym, laurier, sauge, fenouil, peau d'orange ; parfois un verre de vin blanc ou de cognac aromatise le bouillon qu'on verse finalement sur d'épaisses tranches de pain. Ce qui fait la qualité d'une bouillabaisse, c'est une véritable huile d'olive et de l'excellent safran.
L'un des meilleurs poissons de la Méditerranée est le **rouget** que Brillat-Savarin appelait la « bécasse de mer », sans doute parce que les gourmets le mettent à cuire non écaillé et non vidé. Le **loup** (nom local du bar), grillé au fenouil ou aux sarments de vigne, est un plat délicieux. La **brandade de morue** est une crème onctueuse de morue pilée préparée avec de l'huile d'olive, du lait, de l'ail et des truffes.
La tradition provençale du dessert de Noël consiste à présenter aux convives **treize desserts** représentant le Christ et les douze apôtres : raisins secs, figues sèches, noix, noisettes, amandes, raisins secs présentés en branches, pommes, poires, nougat noir (fabriqué à base de miel), fougasse, pruneaux farcis à la pâte d'amande, melons conservés dans la paille et gâteaux secs parfumés à la fleur d'oranger.
Pour l'Épiphanie, la galette des rois se présente sous la forme d'une couronne en brioche recouverte de grains de sucre, de fruits confits et renfermant un sujet en porcelaine.

Les spécialités du comté de Nice

La « **cuisine nissarde** », expression bien vivante du particularisme du comté de Nice, s'inspire à la fois des traditions culinaires de la Provence et de la Ligurie entre lesquelles elle assure la transition. Agglutinées au pied de la colline du château, les ruelles du vieux Nice regorgent d'occasions de découvrir ces préparations.
La **pissaladière**, tourte aux oignons garnie de pissala (sauce épaisse à base d'anchois) et d'olives noires niçoises, et la **salade nicoise**, savoureux mariage de petites tomates découpées en quartiers, de petits artichauts, de poivron vert, de thon, d'œufs durs en rondelles, d'olives niçoises, le tout nappé d'huile d'olive, recouvert de filets d'anchois et relevé de pointes de basilic, sont deux symboles de la cuisine niçoise. La **socca**, grande crêpe de farine de pois chiche, se déguste sur le pouce, débitée en portions, et arrosée d'un « pointu » (petit verre de vin de pays) dans les parages des rues et place St-François. À midi, un **pan bagna** (« pain mouillé » d'huile d'olive, de forme ronde, garni d'anchois, tomates...) permettra de poursuivre la découverte des vieilles ruelles. La *meranda* (petite faim d'après sieste) sera apaisée avec des tranches frites de **pannisse** (galette de farine de pois-chiche).
La **poutine** (marinade d'alevins pêchés par autorisation locale pendant le mois de février entre Antibes et Menton) se déguste en salade, en omelette ou en soupe. En dehors de cette période, le gourmet se consolera avec la **soupe aux poissons** de roche mélangée de *favouilles* (petits crabes), ou d'un plus familial pistou, soupe de légumes relevée d'une onctueuse pommade faite de basilic, d'ail, de tomates, et noyée d'huile d'olive. Le menu sera complété par une tranche de porchetta, cochon de lait farci, accompagnée de **mesclun** (« mélange » en niçois), association de quatorze variétés de jeunes plants de salades

J.-Ch. Gérard / PHOTONONSTOP

cueillis dans l'arrière-pays.

Parmi les autres préparations qui méritent d'être savourées dans les minuscules restaurants des villages de l'arrière-pays : les **fleurs de courgette farcies** (mais les autres farcis niçois sont aussi délicieux !), la **ratatouille** (ragoût de tomates, aubergines, poivrons et courgettes revenus doucement à l'huile), les **gnocchis** (coquilles de farine de blé et de pommes de terre assaisonnées d'une sauce de daube) ou les **raviolis** (ceux de Nice sont fourrés de daube de bœuf), les *barbajouans* (« oncle Jean » : beignets de pâte renfermant une farce à base de riz, courge, ail, oignon et fromage), l'estocaficada *(voir ci-dessous).*

La **tourte de blettes**, tarte sucrée garnie de feuilles de blettes hachées, de pignons de pin et de raisins de Corinthe, fera office de dessert. À la mi-Carême, les « ganses », oreillettes sucrées, monopolisent les devantures des pâtissiers. La **fougasse**, galette parfumée à la fleur d'oranger, se vend toute l'année ; à Monaco, elle est décorée de grains d'anis blanc et rouge *(fenuglieti)*, les couleurs nationales.

Enfin, on combattra les heures de canicule en dégustant à l'ombre un verre de « gratta queca », glace granulée arrosée de menthe.

Les vins

Le bandol, issu du cépage mourvèdre, est un vin de garde (10 à 15 ans) à la robe rouge sombre ; sa charpente et sa rondeur s'accompagnent d'arômes de framboise, de vanille, de sous-bois, d'épices. Les vins de l'appellation **côtes-de-Provence** (80 % du vignoble provençal) se sont améliorés par l'utilisation de cépages inconnus auparavant dans la région (cabernet sauvignon). Les collines de schiste des Maures donnent des vins blancs et des rosés subtils, tandis que les plateaux calcaires du haut pays varois produisent des blancs et des rouges remarquables. Le minuscule (35 ha) et très ancien (3e s. avant J.-C.) **vignoble du Bellet** s'étage en terrasses sur les pentes raides d'éboulis calcaires qui dominent la plaine du Var et donne des vins rouges, rosés et blancs (les meilleurs, aux arômes de tilleul et de miel, mais chers). Le **coteau varois**, cultivé essentiellement de façon biologique, affiche également les trois couleurs.

L'ESTOCAFICADA

Version niçoise du « stockfish » marseillais, que les vieux Niçois prononcent « estocafic », ce plat de fête s'accompagne d'un gouleyant vin du Bellet. les filets de stockfish (morue séchée), réduits en lambeaux, doucement rissolés et arrosés d'eau-de-vie (la brande), cuisent à l'étouffé pendant 3 à 4h au milieu des légumes (tomates pelées et épépinées, oignons, poivrons, pommes de terre nouvelles) et des bouquets d'aromates (fenouil, marjolaine, persil, thym, laurier, sarriette), pointés de petites olives noires de Nice.

S. Sauvignier / MICHELIN

Vin de Cotignac.

Façade du Négresco, à Nice. Le symbole de l'âge d'or de la Côte d'Azur...

Villes et sites

Antibes★★

De l'autre côté de la baie des Anges, Antibes est bâti entre deux anses, Salis et St-Roch, dans un site auquel ni les peintres, ni les clients de palaces légendaires comme l'Éden Roc, ni, hélas, les promoteurs n'ont su résister. Le port de plaisance, la vieille ville et son marché couvert, le cap d'Antibes en font l'un des passages obligés de la Côte d'Azur.

Des fleurs à foison
La région d'Antibes est un des grands centres européens de production industrielle de fleurs : roses, œillets, anémones et tulipes. Châssis et serres couvrent une superficie vitrée de près de 300 ha. On y cultive également des plantes vertes et des primeurs.

La situation

Carte Michelin Local 341 D6 – Alpes-Maritimes (06). Antibes est à 11 km à l'Est de Cannes et à 22 km à l'Ouest de Nice par la N 7. Trajet plus rapide par l'A 8 *(payante)*. La vieille ville se serre contre le rivage, au Sud du port. Le boulevard Wilson traverse l'agglomération jusqu'au cœur de Juan-les-Pins *(voir ce nom)*, de l'autre côté de la presqu'île. Se garer près du port *(parkings payants)*, inutile de chercher une place de stationnement gratuite !

11 pl. du Général-de-Gaulle, BP 37, 06200 Antibes, ☎ 04 92 90 53 00. www.antibes-juanlespins.com

Le nom

Les Grecs de Massalia (l'antique Marseille) fondent au 4e s. avant J.-C. une série de comptoirs le long de la côte. Une cité nouvelle s'élève en face de Nice. Le nom grec d'Antibes, *Antipolis*, qui signifie « la ville en face », rappelle précisément cette situation.

Les gens

72 412 Antibois. **Jacques Audiberti** (1899-1965), écrivain et homme de théâtre, est né à Antibes ; Nikos Kazantzakis y a écrit *Zorba le Grec* et *La Dernière Tentation du Christ* ; le peintre **Nicolas de Staël** (1914-1955) a choisi d'y mourir.

comprendre

Antibes, place frontière – À partir de la fin du 14e s., Antibes se trouve à la frontière franco-savoyarde, ce qui lui assigne un important potentiel militaire et stratégique. **Henri IV** ne s'y trompe pas et rachète la ville aux Grimaldi, propriétaires depuis 1386. Les rois suivants s'emploient à fortifier la cité, une œuvre achevée par Vauban. En 1860, le comté de Nice est rattaché à la France : les fortifications deviennent alors inutiles.

Bonaparte en famille – En 1794, Bonaparte, chargé de la défense du littoral, installe les siens à Antibes. Il a beau être général, la solde arrive rarement au jour dit et les temps sont durs : Mme Lætitia, sa mère, lave elle-même le linge dans le ruisseau voisin ; ses sœurs rendent de

B. Kaufmann/MICHELIN

Port Vauban : à Antibes, une forteresse massive veille sur une flottille des plus pacifiques.

carnet pratique

Transports

Bus – *Communauté d'agglomérations Sophia-Antipolis - 2229 rte des Crêtes - 06560 Sophia-Antipolis - ☎ 04 93 34 37 60 - www.envibus.fr* - réseau Envibus : quinze lignes dont 1A et 3A (dir. Juan-les-Pins), 2A (dir. cap d'Antibes), 2A bis (dir. tour du Cap d'Antibes de mi-juin à mi-sept.), 10A (dir. Biot), 2VB (dir. Sophia-Antipolis et Valbonne), 5V (dir. Vallauris) et les « Noctantibes » (dir. Juan-les-Pins, juil.-août 20h-24h). *1 € (1h), 3 € (1 journée).*

Visite

L'Office de tourisme propose un plan commenté comprenant Antibes, Juan-les-Pins et le cap d'Antibes.

Se restaurer

Appart Thé – *24 r. Lacan - ☎ 04 93 34 08 24 - fermé 1 sem. en déc. et dim. - 7/10 €.* Aux abords de la place où se tient le marché provençal, en face d'un parking public, petit établissement cumulant les fonctions de salon de thé, de saladerie-tarterie, de glacier et, accessoirement, de caviste. Une quinzaine de crus de thé est proposée. Décor « hype » dans les tons kakis. Petite terrasse sur le devant.

La Croustille – *4 cours Masséna - ☎ 04 93 34 84 83 - 7,62/15,24 €.* La jolie terrasse de cette crêperie est idéalement placée pour observer l'animation du marché. Sa minisalle est décorée de vieilles photos et de maquettes de voiliers. Accueil prévenant et cuisine privilégiant les produits frais : galettes de sarrasin au beurre salé de Guérande, salades provençales, etc.

La Bonne Table – *44 bd Albert-1er - ☎ 04 93 34 43 08 - fermé nov. ; ouv. midi et soir en sais. (à partir d'avr.) ; déjeuner seult en hiver - 15/26 €.* Pas loin du Musée d'Archéologie, sur un boulevard accédant au front de mer, petit restaurant familial où l'on vient faire des repas traditionnels en compagnie d'une clientèle souvent assez âgée, fidélisée de longue date par la sagesse des menus proposés. Salle à manger dans les tons jaunes, décorée de toiles évoquant la Provence.

Square Sud – *3 pl. du Gén.-de-Gaulle - ☎ 04 93 34 86 30 - fermé le dim. - 15/30 €.* Vous trouverez sans peine cet établissement cumulant les fonctions de brasserie, de restaurant et de glacier : il se situe en effet sur la place centrale d'Antibes, que contemple sa grande terrasse. Décor intérieur un rien « trendy », six formules de p'tit-déj, mise en place soignée sur les tables au dîner et service avenant. Réservation indispensable par mauvais temps.

Le Marquis – *4 r. de Sade - ☎ 04 93 34 23 00 - fermé 22-29 juin, 15 nov.-6 déc., mar. midi et lun. - 18/36 €.* On apprécie ce restaurant voisin du pittoresque marché Masséna pour sa toute petite salle rustique et son atmosphère conviviale. Cuisine traditionnelle.

Oscar's – *8 r. Rostan - ☎ 04 93 34 90 14 - fermé 1er-15 août, 20 déc.-5 janv., dim. et lun. - réserv. obligatoire - 25/49 €.* Laissez-vous surprendre par le décor original de composé de statues nichées et de paysages antiquisants. La goûteuse cuisine italo-provençale assure le succès de cette discrète maison située dans une ruelle du vieil Antibes.

Le Romantic – *5 r. du Dr-Rostan - ☎ 04 93 34 59 39 - brigittebocquet@yahoo.fr - fermé 14-20 mars, 13-27 juin, 14-28 nov., le midi du 15 juin au 16 sept., lun. midi hors sais. et dim. - 26/46 €.* Établissement situé dans une ruelle animée proche du musée Peynet et du dessin humoristique. Sous les poutres anciennes de la coquette salle à manger, le chef vous propose une cuisine traditionnelle enrichie d'une pincée de saveurs provençales.

Se loger

Bleu Marine – *2,5 km du centre-ville, chemin des 4-Chemins (près de l'hôpital) - ☎ 04 93 74 84 84 - hotel-bleu-marine@wanadoo.fr - P - 18 ch. 56/67 € - ☕ 6,50 €.* Dans le quartier de l'hôpital, établissement disposant de chambres d'ampleur moyenne, pratiques et bien entretenues. Celles des étages supérieurs bénéficient d'une échappée sur la mer. Le petit-déjeuner est servi uniquement dans les chambres.

Le Ponteil – *11 imp. Jean-Mensier - ☎ 04 93 34 67 92 - hoteleponteil@wanadoo.fr - fermé 14 nov.-26 déc. - P - 14 ch. 60/86 € - ☕ 8,50 €.* À deux pas des plages, une maison dont vous apprécierez l'ambiance « pension de famille » toute simple. Les chambres sont petites, mais accueillantes et calmes. Le restaurant est réservé aux résidents.

Hôtel La Jabotte – *13 av. Max-Maurey - 06160 Cap-d'Antibes - ☎ 04 93 61 45 89 - www.jabotte.com - 3 dernières sem. de nov. et sem. de Noël - P - 10 ch. 47/83 € - ☕ 7,50 €.* À 60 m la plage de la Salis, un petit hôtel de charme où vous séjournerez au calme dans d'adorables chambres personnalisées ordonnées autour d'un patio ravissant. Calligraphe à ses heures, l'un des propriétaires expose dans quelques chambres et dans l'accueillant salon où l'on sert aussi d'excellents petits-déjeuners.

Chambre d'hôte La Bastide du Bosquet – *14 chemin des Sables (Domaine des Muriers) - 06160 Cap-d'Antibes - ☎ 04 93 67 32 29 - www.lebosquet06.com - fermé de mi-nov. au 20 déc. - ≠ - 4 ch. 80/105 € ☕.* Jolie bastide du 18e s. au cœur d'un quartier résidentiel qui garantit la quiétude du séjour (trois nuits minimum). Les chambres provençales sont agréables, fraîches, d'ampleurs et de couleurs variées. Goûtez aux plaisirs du jardin et de la terrasse.

Faire une pause

« Le Glacier » Square Sud – *3 pl. du Gén.-de-Gaulle - ☎ 04 93 34 86 30 - fonctionnement de type salon de thé entre les repas ; fermé le dim.* Bonnes glaces ou pâtisseries faites maison à déguster en salle ou sur la grande terrasse d'où vous ne perdrez pas une miette de l'animation de la place du Gal.-de-Gaulle. Agencement intérieur un peu « mode ».

En soirée

Bon à savoir – C'est dans le Vieil Antibes et à Juan-les-Pins que se concentre toute l'animation antiboise. L'hiver, ce sont les bars et restaurants du cours Masséna, de la Place Nationale ou du Boulevard d'Aguillon qui attirent la plupart des Antibois. L'été, tout le monde se rue vers Juan-les-Pins, sa plage et ses glaciers, ses bars d'ambiance, son casino et ses nombreuses discothèques. Quant aux orques, dauphins et otaries du Marineland, ils coulent des jours heureux à l'écart de l'agitation.

Sports & Loisirs

Antibes est labellisé « **station nautique** » ce qui atteste de la diversité et de la qualité des activités proposées. *Renseignements à l'Office de tourisme ou www.france-nautisme.com.*

Marineland – *Voir « alentours ».*

Plages – La grande plage d'Antibes s'étend au delà du fort Carré.
La gravette (au sud du vieux port), l'Îlette, la Salis et la Garoupe, plus petites, sont de sable fin.

Piscine – *Hôtel du Cap-Eden Roc - ☎ 04 93 61 39 01 - www.edenroc-hotel.fr - 8h-19h - fermé de mi-oct. à fin avr.* La somptueuse piscine de l'hôtel du Cap Éden Roc, payante, est accessible aux non-résidents de l'hôtel.

Que rapporter

Marché Provençal – Il a lieu tous les matins (sauf le lundi hors saison) le long du cours Masséna. Les producteurs, souvent de la région, vendent fruits et légumes, confitures, épices, olives, fromages de chèvre, etc. Également, stands proposant spécialités corses et provençales, dont la fameuse socca niçoise, sans oublier les fleurs.

Marchés des Pêcheurs – *Pl. des Martyrs-de-la-Résistance – tlj sf lun. 7h-13h ; tlj en juil.-août.* Ce marché est assez récent et s'organise progressivement. Les marins, tous régionaux, installent leurs étals le matin et dévoilent aux chalands le butin de leur pêche quotidienne... Rougets, merlans, oursins, poissons de roche : les variétés – et les quantités - proposées changent quasiment chaque jour, mais la fraîcheur des produits est garantie.

Rue Sade – Cette rue étroite et pavée qui grimpe jusqu'au marché provençal est vraiment pittoresque et regorge de petites échoppes plus alléchantes les unes que les autres : poissonnerie (produits issus de la pêche locale), boucherie chevaline, traiteur, fromager (spécialités de France et d'Europe), boutique ne proposant que des pâtes... On y trouve de tout !

S. Sauvignier/MICHELIN

furtives visites aux artichauts et aux figues du propriétaire ; le bonhomme les pourchasse, mais les futures princesses sont plus agiles que lui. Bonaparte reviendra à Antibes après la chute de Robespierre, en tant que détenu au fort Carré.

se promener

LA VIEILLE VILLE★

Compter 2h.

Le long de l'anse St-Roch, depuis l'**avenue de Verdun**, belle vue sur le port de plaisance dominé par le fort Carré *(voir « visiter »)* ; au-delà et sur la droite, on distingue Cagnes et les hauteurs qui couronnent Nice.

Port Vauban

C'est l'un des premiers ports de plaisance de la Méditerranée. De somptueux navires de croisière y font escale. Et c'est ici que Maupassant faisait mouiller son yacht, le *Bel Ami*.

Franchir la vieille porte marine et, par la montée des Saleurs, longer les remparts jusqu'à la promenade Amiral-de-Grasse.

Promenade Amiral-de-Grasse

Anciennement promenade du Front-de-Mer, elle se déroule sur la seule partie des remparts restée intacte depuis le 17e s., et longe en contrebas l'ancienne cathédrale et le château Grimaldi *(musée Picasso, voir « visiter).*

Depuis la promenade
Belle **vue★** sur le littoral vers Nice, et sur les Alpes qui constituent un fond de décor, neigeux une grande partie de l'année.

Place du Safranier

C'est le centre de la commune libre du Safranier, créée après la Seconde Guerre mondiale. Au n° 8 de la rue du Bas-Castellet vécut l'écrivain grec Kazantzakis. La plaque rappelle sa philosophie : « Je ne crains rien. Je n'espère rien. Je suis libre. »

Continuer par la rue de la Tourraque.

À droite et à gauche, entrelacs de **vieilles rues** colorées et fleuries à quelques pas de la mer.

Rejoindre le cours Masséna (incontournable marché le matin) et prendre à droite la rue de l'Orme puis la rue du Bateau.

Église de l'Immaculée-Conception

Sa façade, ocre et classique, aux **vantaux** de bois sculptés (1710), transforme l'édifice qui fut cathédrale au Moyen Âge. Seul le chevet est roman. Le clocher carré est une ancienne tour de guet (12e s.). ☎ *04 93 34 06 29 - 9h-12h, 15h-18h.*

À l'intérieur, dans le chœur, Christ en croix de 1447 ; dans l'absidiole de droite, autel monolithe probablement sculpté dans un autel païen ; à droite du retable de Bréa se trouve un beau **Christ gisant** du 16e s., sculpté dans un tilleul.

Une œuvre de Louis Bréa
Le retable de la *Vierge au rosaire* (1515), au panneau central largement retouché, est entouré de 13 compartiments, traités comme des miniatures.

Les rues de l'Horloge et du Revely, à gauche, rejoignent la rue Aubernon qui ramène au port.

visiter

Musée Picasso

☎ *04 92 90 54 20 - fermé pour travaux - se renseigner.*

Le musée est situé dans le **château Grimaldi**, élevé au 12e s. sur une terrasse dominant la mer, sur les structures d'un *castrum* romain lui-même bâti sur l'acropole d'Antipolis. Reconstruit au 16e s., le château a gardé de l'édifice primitif la tour romaine carrée, un chemin de ronde crénelé et plusieurs fenêtres géminées. Résidence des évêques au Moyen Âge, il fut habité jusqu'au 17e s. par les Grimaldi.

Donation Picasso★ – À l'automne 1946, Pablo Picasso (1881-1973), établi depuis peu sur la Côte d'Azur, cherche un atelier capable d'abriter la création de grandes compositions. Une partie du château Grimaldi est mise à sa disposition : l'artiste va alors produire en une seule saison la plupart des tableaux, dessins et esquisses exposés, qu'il offrira à la ville en partant.

La grande composition sur fibrociment (l'un des matériaux disponibles avec le contreplaqué dans la pénurie de l'après-guerre) intitulée *La Joie de vivre ou Antipolis* est une pastorale souriante, où une femme-plante danse parmi des satyres et des chevreaux exubérants. Les autres **peintures**, souvent joyeuses, tirent leur inspiration méditerranéenne de sujets marins ou mythologiques : *Ulysse et les Sirènes, Le Chêne, Satyre, faune et centaure au trident* (triptyque). La *Nature morte au poisson*, l'extraordinaire *Nature morte à la pastèque* sont d'une rigoureuse géométrie. Une imposante collection de **céramiques** est également présentée. La beauté et l'originalité des formes, la variété des décors s'y déploient en une débauche d'imagination et d'ingéniosité. Silhouettes de femme, hibou, taureau ou cabri,

ANTIBES

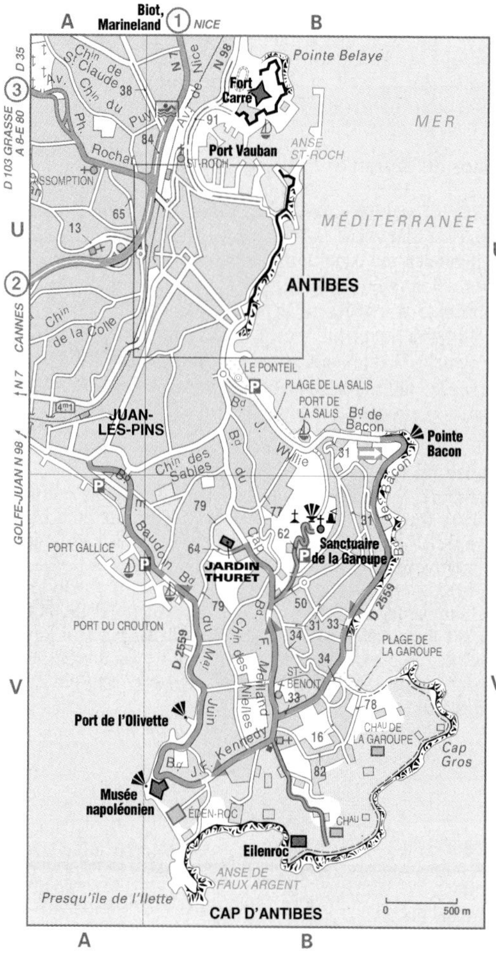

Aguillon (Bd d') . . . . DX
Albert Ier (Bd) . . . . CDY
Albert Ier (Square) . . . . DY
Alger (R. d') . . . . CX 3
Arazy (R.) . . . . DXY 4
Arène (Av. Paul) . . . . DX
Bacon (Bd de) . . . . BUV
Barnaud (Pl. Amiral) . . . . . DY 6
Barquier (Av.) . . . . DY 8
Bas-Castelet (R. du) . . . . . DY 9
Bateau (R. du) . . . . DX 10
Baudoin (Bd Edouard) . . . BV
Bourgeois (Av. Gaston) . . . CY
Briand (Av. Aristide) CX
Chancel (Bd Gustave) . . . . CY
Châtaignier (Av. du) . . . . . AU 13
Clemenceau (R. G.) . . . . . . DX 14
Close (R. James) . . . . DX
Contrebandiers (Ch. des) . BV 16
Dames-Blanches (Av. des) . . . . CY 19
Directeur Chaudon (R.) . . . CY 20
Docteur Rostan (R. du) . . . DX 24
Dugommier (Bd) CX
Fersen (R. de) . . . . DXY
Foch (Bd Maréchal) . . . . . CDY
Frères Roustan (Av. de) . . CY
Gambetta (Av.) . . . . CX 30
Gardiole-Bacon (Bd) . . . . . BUV 31
Garoupe (Bd de la) . . . . . . BV 33
Garoupe (Ch. de la) . . . . . . BV 34
Gaulle (Pl. du Gén. de) . . . CXY
Grand (Cavalier (Av. du) . . CX 37
Grasse (Promenade Amiral de) . . . . DXY
Grec (Av. Jules) . . . . ABU 38
Guynemer (Pl.) . . . . CX 40
Haut-Castelet (R. du) . . . . . DY 42
Horloge (R. de l') . . . . DX 43
Juin (Bd du Maréchal) . . . BV
Kennedy (Bd J. F.) . . . . . . BV
Lacan (R.) . . . . DX
Leclerc (Bd Maréchal) . . . DY
Lemeray (Av.) . . . . CY
Libération (Av. de la) CX
Maizière (Av. Gén.) . . . . . . DY
Malespine (Av.) . . . . BV 50
Martyrs de la Résistance (Pl. des) . . . CDX 51
Masséna (Cours) . . . . DX 52
Meilland (Bd Francis) . . . . BV
Meissonnier (Av.) . . . . CY 54
Mistral (Av. Frédéric) CX
Moulin (Espl. Jean) . . . . . . DX
Nationale (Pl.) . . . . DX 55
Nice (Av. de) . . . . BU
Nielle (Ch. des) . . . . BV
Orme (R. de l') . . . . DX 57
Pasteur (Av.) CX
Phare (Route du) . . . . BV 62
Président Wilson (Av. du) . CY
Provence (Av. de) . . . . CY
Puy (Ch. du) . . . . AU
Rambaud (Q. Henri) . . . . . DX
Raymond (Ch. G.) . . . . BV 64
Reibaud (Av.) . . . . AU 65
République (R. de la) . . . . CDX 67
Revely (R. du) . . . . DX 68
Revennes (R. des) . . . . . . DY 69
Rochat (Av. Philippe) . . . . AU
Sables (Ch. des) . . . . BU
Sade (R.) . . . . DX
Sadi Carnot (R.) CX
St-Claude (Ch. de) . . . . . . AU
St-Roch (Av.) . . . . CX 72
Safranier (Pl. du) . . . . DY
Saleurs (Rampe des) . . . . DX 75
Salis (Av. de la) . . . . BV 77
Sella (Av. André) . . . . BV 78
Soleau (Av. Robert) CX
Tamisier (Ch. du) . . . . BV 79
Thiers (Av.) CX
Thuret (R.) . . . . DX
Tour-Gandolphe (Av. de la) BV 82
Tourraque (R. de la) . . . . . DY 83
Vandenberg (R. Gén.) . . . . DY
Vauban (R.) CX
Vautrin (Av. Gén.) . . . . . BU, CX 84
Verdin (Av. de) . . . . CDX
Weiss (Square L.) CX
Wyllie (Bd James) . . . . BU
8 Mai 1945 (Square du) . . DX 90
11 Novembre (Av. du) . . . . BU 91
24 août (Av. du) . . . . CY 92

ces céramiques ont été réalisées à Vallauris en 1948 et 1949. Les dessins et estampes de la suite Vollard, regroupés autour des sculptures monumentales, datent des années 1930.

Dans l'ex-atelier de Picasso, des œuvres de Nicolas de Staël (*Nature morte au chandelier*, *Le Fort Carré* et *Le Grand Concert*) évoquent son passage à Antibes. Dans l'escalier sont présentées des œuvres d'Arp, Magnelli, Ernst.

> **Antibes en peinture**
> Dans la chapelle située dans la cour se trouve une très belle **Déposition de croix★** (1539) d'Antoine Aundi. Antibes est représenté à l'arrière-plan du tableau : c'est la première représentation connue de la ville.

◄ **Cour intérieure et terrasse** – Dans la cour intérieure, les guitares de la sculpture d'Arman rendent hommage à une peinture de Picasso, *À ma jolie*. Sur la terrasse, les plantes aromatiques alternent avec les sculptures de Germaine Richier, Miró, Pagès, Amado, Spoerri et Poirier.

Archéologie – Stèles, urnes funéraires, frises et inscriptions romaines sont disséminées dans les salles du musée Picasso et sur la terrasse.

Musée Peynet et du dessin humoristique★

☎ 04 92 90 54 30 - ♿ - 10h-12h, 14h-18h - fermé lun., 1er janv., 1er Mai, 1er nov. et 25 déc. - 3 € (-18 ans gratuit).

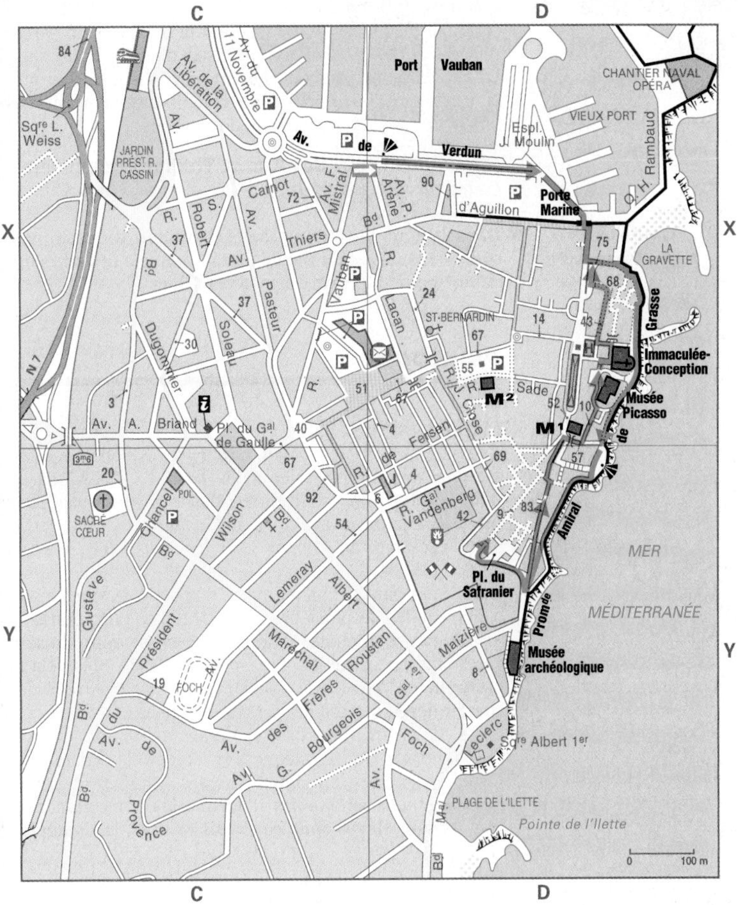

Biot . . . . . . AU
Église de l'Immaculée-Conception . . . . . . DX
Eilenroc . . . . . . BV
Fort Carré . . . . . . BU
Jardin Thuret . . . . . . BV
Marineland . . . . . . AU
Musée archéologique . . . . . . DY
Musée de la tour des Arts et Traditions populaires . . . . . . DX M¹
Musée napoléonien . . . . . . ABV
Musée Peynet et du dessin humoristique . . . . . . DX M²
Musée Picasso . . . . . . DX
Pointe Bacon . . . . . . BV
Port de l'Olivette . . . . . . ABV
Porte marine . . . . . . DX
Port Vauban . . . . . . DX
Sanctuaire de la Garoupe . . . . . . BV

Les « amoureux » de Peynet sont seuls au monde, tendres et souriants, sur lithographies, dessins à la plume, aquarelles, gouaches, en sculptures ou en poupées, présentés dans cette ancienne école du 19e s. Dessinateur, illustrateur de livres et décorateur de théâtre, Peynet (1908-1999) s'installa à Antibes en 1950.

Fort Carré

☎ 04 92 90 53 00 - visite guidée (30mn) juin-sept. : tlj sf lun. 10h-17h30 ; reste de l'année : tlj sf lun. 10h-16h - fermé 1er janv., 1er Mai, 1er nov. et 25 déc. - 3 € (enf. gratuit).

Construite en 1550 sur un rocher isolé, la tour centrale St-Laurent est entourée quinze ans après des 4 bastions « Antibes », « Nice », « France » et « Corse ». Perfectionné par Vauban, le fort a résisté à presque tout le monde, sauf au duc d'Épernon et aux adversaires de Napoléon.

Dans les fossés du fort repose le **général Championnet**, héros des campagnes d'Allemagne et d'Italie, mort à Antibes en 1800, à 38 ans. Son buste orne le cours Masséna.

Musée d'Archéologie

☎ 04 93 34 00 39 - ♿ - juil.-août : 10h-12h, 14h-18h (merc. et vend. 20h) ; reste de l'année : 10h-12h, 14h-18h - possibilité de visite guidée (1h) : vend. 15h - fermé lun., 1er janv., 1er Mai, 1er nov. et 25 déc. - 3 €.

Installé dans le bastion St-André, fortification de Vauban, il rassemble les témoins de 4 000 ans d'histoire, retrouvés sur terre et en mer, à Antibes et dans les environs, notamment la copie de la tête de Silène en bronze (original au Musée archéologique de Nice) et un sarcophage en plomb décoré. Au fond d'une grande salle voûtée, bâtie sur une citerne, un four à pain et, à droite, la reconstitution d'un navire romain transportant des amphores. Belles collections de poteries.

Musée de la tour des Arts et Traditions populaires
Cours Masséna. ☎ 04 92 90 54 20 - fermeture provisoire, se renseigner.

Originaux
Le musée présente les skis nautiques de Léo Roman, qui lança ce sport à Juan-les-Pins à partir de 1921.

Dans la tour de l'Orme, bel échantillon de costumes, d'objets usuels et de meubles traditionnels de la région, datant pour la plupart des 18e et 19e s.

alentours

Marineland★

En direction de Nice, 4 km au Nord. Forfait un ou deux jours. Parking. Restaurants, snacks. ☎ 04 93 33 49 49 - www.marineland.fr - ♿ - ouverture : 10h - se renseigner pour horaires de fermeture (nocturne juil.-août et vac. scol.) - fermé janv. - saison 33 € (3-12 ans 24 €), hors sais. 28 € (3-12 ans 19 €).

Premier parc animalier marin d'Europe, le Marineland s'enorgueillit de plusieurs naissances : orques, otaries à crinière et manchots royaux, espèces se reproduisant rarement en captivité. Les spécialistes de Marineland assurent en outre une assistance médicale auprès des mammifères marins de la Méditerranée.

Sensations
« Sharks !! », ou les **requins** comme vous ne les avez jamais vus, à travers un tunnel vitré au fond du bassin. Également, le bassin des **raies**, pour voir de plus près ces étranges animaux, et des **aquariums tropicaux**. Enfin, l'immense bassin des **orques**, vitré : pour un face à face inoubliable !

Dans de grands bassins évoluent dauphins, orques, éléphants de mer, phoques et otaries à crinière de Californie. Les animaux dressés exécutent régulièrement des **spectacles d'acrobaties**. Des manchots royaux sont élevés dans un enclos réservé, la « manchotière ».

Le **musée de la marine** présente une belle collection de maquettes, instruments et objets marins, le **musée du Débarquement** présente des maquettes reconstituant le débarquement des alliés en Provence en 1944.

B. Kaufmann/MICHELIN

Entre pitreries et savantes évolutions, les dauphins sont assurés de faire le plein de spectateurs, par leur capital de sympathie...

Parc Aqua-Splash – *Même accès que Marineland. ☎ 04 93 33 49 49 - www.marineland.fr - 10h-19h - fermé de déb. janv. à déb. fév. - 19 € (3-12 ans 16 €).* Éclaboussures garanties, comme son nom l'indique, dans ce parc aquatique : piscine géante, toboggans, piscine d'eau de mer à vagues, et piscine tranquille pour les tout-petits.

L'île magique aux oiseaux – *Entrée par le parking de Marineland. ☎ 04 93 33 49 49 - www.marineland.fr - ♿ -10h-19h15 - fermé de déb. janv. à déb. fév. - saison 10 € (enf. 9 €), hors sais. 9 € (enf. 6 €).* Ici vous verrez des oiseaux de toutes les couleurs en liberté. Le jardin exotique sous serre est peuplé de toutes sortes de papillons diurnes, adultes et chrysalides (un papillon vit en moyenne 3 semaines). Des crocodiles, des iguanes et de nombreux insectes attendent également les amateurs de frissons.

Conseil
La Jungle des papillons est à voir un jour de grand soleil. Portez des vêtements de couleurs vives, voire un parfum citronné, les papillons adorent !

La Petite Ferme du Far West – *Mêmes conditions de visite que L'Île magique aux oiseaux - saison 12 € (enf. 10 €), hors sais. 10 € (enf. 8 €).* Les enfants pourront jouer aux cow-boys ou aux indiens : animation (prise d'un fortin, attaque d'un train...), activités (tour de poney, funambulo, etc.). Les plus petits découvriront la basse cour.

Adventure Golf - *Mêmes conditions de visite que L'Île magique - saison 10 € (enf. 8 €), hors sais. 7 € (enf. 6 €).* Trois parcours pour les mordus du golf miniature.

circuit

LE CAP D'ANTIBES

10 km – environ 2h.

L'usage a étendu à toute la presqu'île, qui s'avance au Sud d'Antibes et de Juan-les-Pins, le nom de sa pointe extrême : le cap d'Antibes. Le tour de cette presqu'île est une promenade délicieuse, dans un site où de somptueux hôtels et villas se nichent dans la verdure et les fleurs.

De la pointe Bacon, **vue★** étendue sur Antibes et le fort Carré, l'ensemble de la baie des Anges, Nice et les presqu'îles du cap Ferrat et du cap Martin, et enfin l'arrière-pays niçois.

L'ÉDEN-ROC : UN PARADIS DE LA BELLE ÉPOQUE

Le majestueux palace, trônant au cœur d'un domaine de 8 ha, occupe un promontoire du cap d'Antibes. Au printemps 1870, une somptueuse fête donnée par des princes russes annonçait le lancement du Grand Hôtel du Cap. Après une période d'assoupissement, le Grand Hôtel fut relancé grâce au mécénat de l'Américain Gordon Bennett. En 1914 fut créée son annexe, l'Éden-Roc (nom qui a désigné ensuite l'ensemble du palace) et sa plage privée, préfigurant les séjours balnéaires d'été sur la Côte.

Sanctuaire de la Garoupe

04 93 67 36 01 - ♿ - 10h-12h, 14h-17h.

Les grilles en fer forgé donnent accès à deux chapelles contiguës, unies par deux larges arcades. L'une, décorée d'une fresque moderne de J. Clergues, présente une intéressante **collection d'ex-voto** (le plus ancien remonte à 1779). De part et d'autre du maître-autel, l'icône de Sébastopol, magnifique œuvre russo-byzantine, peut-être du 14e s., et la *plachzanitza* des Woronzoff, splendide soierie peinte, provenant également de Sébastopol. Dans l'autre nef, outre des fresques d'E. Colin, on peut voir des ex-voto navals et des souvenirs maritimes, ainsi que la statue en bois doré de **N.-D.-de-Bon-Port**. Attenant au sanctuaire, curieux oratoire de Ste-Hélène dont le culte, substitué à un culte païen, remonterait au 5e s.

Phare de la Garoupe

L'un des plus puissants de la côte méditerranéenne. Par temps clair, sa portée nominale est de 52 km pour la marine et de plus de 100 km pour l'aviation. Son radiophare porte à 185 km.

Jardin Thuret★

04 97 21 25 00 - juin-oct. : tlj sf w.-end 8h-18h ; nov.-mai : tlj sf w.-end 8h-17h30 - fermé j. fériés - gratuit.

Géré par l'Institut national de recherche agronomique (INRA), ce jardin botanique de 4 ha présente une magnifique collection de plantes et arbres exotiques. Palmiers, mimosas, eucalyptus, cyprès sont particuliè-

GUSTAVE EN SON JARDIN

Le botaniste Gustave Thuret crée le jardin en 1857 dans le but d'acclimater plantes et arbres des pays chauds, dont les premiers eucalyptus venus d'Australie. « Ce fada de Parisien, qui plante des espèces bizarres qui ne servent à rien », disait-on alors, a ainsi fortement contribué à transformer le paysage azuréen.

Le jardin Thuret : quand Gustave acclimatait les paysages des tropiques.

rement bien représentés parmi 3 000 espèces de plein air. La villa Thuret abrite le service de botanique et plusieurs laboratoires de recherche scientifique.

Villa Eilenroc

☏ 04 92 90 53 00 - sept.-juin : mar. et merc. 9h-17h, sam. 9h-12h, 13h-17h - gratuit.

Elle fut construite (1860-1867) sur les plans de Charles Garnier à la demande d'un Hollandais. Les propriétaires se succédèrent jusqu'en 1927 où elle fut rachetée par la famille Beaumont qui la légua ensuite à la ville. La villa accueille des réceptions et « Musiques au Cœur d'Antibes », festival d'art lyrique *(déb. juil., renseignements à l'Office de tourisme)*. L'intérieur est meublé 1930. On doit aussi à cette famille le **jardin** luxuriant qui comprend également une roseraie et un conservatoire d'oliviers.

1h. En contournant le jardin par la route, vous pourrez rejoindre le **sentier du littoral** qui rejoint la plage de la Garoupe.

Musée napoléonien

☏ 04 93 61 45 32 - de mi-juin à mi-sept. : tlj sf dim. et lun. 10h-18h ; de mi-sept. à mi-juin : 10h-16h30 - fermé j. fériés -3 € (-18 ans gratuit).

L'ancienne batterie du Grillon a été transformée en un musée où deux répliques d'un canon de bronze d'époque Louis XIV accueillent le visiteur. À l'intérieur, souvenirs napoléoniens (buste de l'empereur par Canova, figurines de soldats et officiers de la Grande Armée, autographes de Bonaparte, imagerie populaire).

De la plate-forme qui couronne le bastion, belle **vue★** sur l'extrémité boisée du Cap, la côte jusqu'aux îles de Lérins et sur les Alpes.

Les Arcs

En pleine zone viticole, ce gros bourg dispute à Brignoles le titre envié de capitale des côtes-de-Provence : ses environs produisent en effet d'excellents crus. Dominant le village, le vieux quartier du Parage et les ruines du château de Villeneuve, qui constitue le kilomètre zéro de la route des vins, vous attendent.

Une grande famille

Le Catalan Giraud de Villeneuve reçut au 13e s., en échange de ses loyaux services au comte de Provence, de nombreux fiefs, parmi lesquels les Arcs, que la famille conserva jusqu'au milieu du 17e s.

La situation

Carte Michelin Local 340 N5 – Schéma p. 247 – Var (83).

25 km à l'Ouest de Fréjus par la N 7 et la D 57. La ville moderne est en contrebas du vieux bourg. La tour de l'Horloge les sépare.

Place du Gén.-de-Gaulle, 83460 Les Arcs, ☏ 04 94 73 37 30.

Le nom

Les Arcs ou Arcs-sur-Argens : quoi qu'il en soit, c'est une histoire de pont, *arcus* désignant en latin l'arche d'un pont. Mais ce dernier enjambe un affluent et non pas l'Argens, situé à 3 km au Sud. Ainsi, l'origine du nom provient peut-être du pont romain situé à 300 m de Pont-sur-Argens.

Les gens

5 334 Arcois. Le château de Villeneuve vit naître **sainte Roseline** (1263-1329), fille du seigneur Arnaud de Villeneuve et de Sybille de Sabran. Enfant déjà, Roseline réservait en cachette de la nourriture qu'elle donnait aux pauvres. Un jour qu'on lui demanda ce qu'elle transportait, elle répondit : « des roses ». Ce qui fut le cas quand elle ouvrit son tablier !

carnet pratique

Se loger

Aurélia – *N 7, le Pont-d'Argens - ☎ 04 94 47 49 69 - hotel.aurelia@wanadoo.fr - hôtel fermé en janv. ; rest. fermé j. fériés, dim. soir et lun. hors sais. - P - 20 ch. 53/63 € - ☕ 7,50 € - restaurant 15/32 €.* Hôtel pelotonné aux portes du village, entre la nationale 7, une station-service, une rivière et un camping. Chambres fonctionnelles de tailles satisfaisantes, isolées des bruits de la route par un couloir et souvent dotées d'un balcon. Restaurant traditionnel agrémenté d'une cheminée ; terrasse au bord de l'Argens.

Logis du Guetteur – *Au village médiéval - ☎ 04 94 99 51 10 - le.logis.du.guetteur@wanadoo.fr - fermé 15 janv.-8 mars - P - 13 ch. 170 € - ☕ 15 € - restaurant 32/75 €.* Dans un fort du 11e s. au cœur du village, cet hôtel-restaurant a installé ses salons et ses salles à manger au sous-sol, dans de superbes salles voûtées aux pierres apparentes. Les chambres, climatisées et confortables, sont dispersées dans plusieurs bâtisses. Piscine.

Se restaurer

Le Bacchus Gourmand *– N 7 - ☎ 04 94 47 48 47 - lebacchusgourmand@wanadoo.fr - fermé 2-19 janv. - 37/49 €.* Au 1er étage de la Maison des vins, salle à manger moderne soigneusement décorée. En été, repas servis dans le patio. Cuisine classique arrosée de côtes de provence.

Que rapporter

Maison des Vins côtes-de-Provence – *N 7 - ☎ 04 94 99 50 20 - www.caveaucp.fr - tlj d'avr. à sept. - fermé dim. d'oct. à fin mars.* Siège de l'appellation des vins côtes-de-Provence, cette grande bâtisse présente quelque 700 références classées en cinq terroirs. Espace de dégustation moderne (16 vins différents sont proposés chaque semaine en dégustation gratuite), conseils avertis et vente de spécialités régionales. Restaurant à l'étage.

Château Sainte-Roseline – *☎ 04 94 99 50 30 - www.sainte-roseline.com - 9h-12h30, 14h-18h30 ; w.-end 10h-12h, 14h-18h - fermé 25 déc. et 1er janv.* Ce superbe domaine viticole occupe les murs d'une ancienne abbaye (11e s.) et abrite la chapelle Ste-Roseline ornée d'œuvres de Diego Giacometti, Chagall, Bazaine et Ubac. Visite (payante) des caves en semaine ou sur rendez-vous pour les groupes d'au moins 15 personnes. Vente et dégustation de vins - dont plusieurs crus classés - tous les jours.

se promener

Le Parage

Monter jusqu'au donjon par la rue de la Paix qui s'amorce sur la place de l'Église.

Ce vieux quartier, bien restauré, mérite quelques minutes de flânerie dans ses ruelles tortueuses, coupées d'escaliers et de voûtes ; il est blotti autour du donjon de l'ancien château médiéval, d'où son nom occitan de *paratge* désignant la partie castrale située sur les hauteurs d'une cité.

Église

Elle est très visitée pour sa curieuse **crèche animée** *(à gauche en entrant)* dont le décor reconstitue le vieux village des Arcs. Les chapelles latérales sont peintes à fresque : dans celle de gauche, une peinture de Baboulaine évoque le miracle des roses de sainte Roseline. Sur le côté droit, un admirable **polyptyque★** à 16 compartiments de 1501 de Louis Bréa.

alentours

Chapelle Ste-Roseline★

4 km à l'Est des Arcs par la D 91. ☎ 04 94 73 30 13 ou 04 94 47 56 10 - juin-sept. : 14h30-18h30 ; mars-mai : 14h-18h ; oct.-fév. : 14h-17h - fermé lun. - gratuit.

Dans les paisibles vignobles environnant les Arcs *(voir « carnet pratique »)*, la chapelle Ste-Roseline appartient à l'ancienne abbaye de la Celle-Roubaud fondée au 11e s. et occupée par les chartreuses dès le 13e s., puis les

Chapelle Ste-Roseline : le superbe maître-autel baroque du 17e s. rappelle la puissance dont disposaient les franciscains commanditaires de cette œuvre.

franciscains à partir de 1504. De cette abbaye ne subsistent que le cloître du 12e s. et la chapelle, de style roman provençal.

Corps saint
La châsse de sainte Roseline – dont le corps est étonnamment conservé – fait l'objet de pèlerinages (pour guérison d'enfants) qui ont lieu cinq fois par an, les plus fréquentés se situant le dimanche de la Trinité et le 1er dimanche d'août.

À l'**intérieur**★, nombreux trésors : un maître-autel baroque (1635) encadre un superbe retable en bois, la Descente de croix (1514) ; un rare jubé provençal (1638), surmonté d'une statue polychrome de sainte Catherine d'Alexandrie, se termine en clôture de chœur avec des stalles finement sculptées (17e s.). En bas de la nef, un autel baroque porte un autre très beau retable Renaissance : la Nativité ; à gauche du chœur est accrochée une précieuse prédelle (fin 15e s.), œuvre de la famille Bréa.

On doit à Marguerite Maeght l'illustration de la légende de la sainte par des artistes contemporains : une grande mosaïque de **Chagall**, *Le Repas des anges (ogive du bas-côté droit)* ; un bas-relief en bronze et un lutrin en forme d'arbuste de **Diego Giacometti** ; un grand vitrail de **Bazaine** aux tons chatoyants, et quatre de **Raoul Ubac**, qui éclairent la chapelle.

Draguignan
13 km au Nord par la D 555, puis la N 555. Voir ce nom.

Lorgues
17 km au Nord-Ouest par la D 57, puis la D 10. Voir ce nom.

Aups

Avec son cours ombragé de platanes, le paisible et secret Aups s'anime les jours de marché en un festival de couleurs et d'odeurs de la haute Provence : olives, truffes, fromages de chèvre, thym, miel, vins. Ses placettes, les ruines de son château fort et ses vieilles rues, comme la rue de l'Horloge avec son campanile de fer forgé, sont une invitation permanente à la flânerie et à la douceur de vivre.

L'autre or noir
La truffe (*rabasse* en provençal) est un champignon qui se développe sur les sécrétions s'écoulant des chênes malades. Il existe deux catégories de truffes : la blanche, peu comestible, et la noire, qui arrive à maturité à l'automne et qui est identifiable à son odeur particulière. La récolte s'effectue de novembre à février.

La situation
Carte Michelin Local 340 M4 – Var (83). Aux portes du pays du Verdon, Aups est bâti entre la montagne des Espiguières et une plaine fertile, arrosée de sources qui coulent dans les fontaines du village. Parking sur la place où un monument rappelle que Aups fut un haut lieu de la résistance républicaine en 1851, comme elle le fut lors de la résistance de 1939-1945.

Pl. F.-Mistral, 83630 Aups, ☎ 04 94 84 00 69.

Le nom
C'était autrefois Almis devenu Alms, puis Aus au fil des siècles. Quant au p final, il est né d'une confusion avec le mot « alpe »...

carnet pratique

Se loger

Le Provençal – *Pl. Martin-Bidouré - ☎ 04 94 70 00 24 - fermé 1er-20 janv. et 15-25 juin - P - 10 ch. 37/60 € - ☕ 5 € - restaurant 10,50/35 €.* Cet établissement traditionnel officiant au centre d'Aups tombe à point nommé pour faire étape dans « le » village de la truffe varoise. Chambres d'un niveau de confort correct, distribuées à l'étage et dotées du double vitrage. Salle de restaurant provençale déclinant le thème du coquelicot et terrasse agrémentée d'un mûrier remarquable. Cuisine régionale.

La Bastide Rose – *Haut Gaudran - 83690 Salernes - 3 km de Salernes par un petit chemin en pierre, prendre le pont bleu, puis directement à gauche et suivre le chemin de pierre sur env. 1 km - ☎ 04 94 70 63 30 - labastiderose@wanadoo.fr - fermé de fin oct. à mi mars - 6 ch. 60/68 € ☕ - repas 23 €.* Un chemin cahoteux grimpe vers cette jolie ferme alanguie en pleine campagne salernoise, entre vignes, arbres fruitiers et massifs de résineux. Séjour au grand calme dans des chambres personnalisées, dont les salles de bains se parent de pavés locaux. Accueil charmant par le couple d'agriculteurs d'origine batave ; table d'hôte utilisant les denrées produites sur place.

Alegria – *59 chemin du Stade - 500 m du centre d'Aups - ☎ 06 32 20 15 37 - alegria-aups@wanadoo.fr - fermé janv. - 5 ch. 95/150 € ☕.* Cette exquise maison d'hôte tenue par un jeune couple sympathique d'origine flamande se prête véritablement à un « séjour-cocooning ». Ses amples chambres sont toutes personnalisées avec un sens esthétique des plus raffinés, et son grand jardin, planté d'oliviers, s'agrémente aussi d'une belle piscine panoramique.

Se restaurer

Les Gourmets – *5 r. Voltaire - ☎ 04 94 70 14 97 - lesgourmetsaups@aol.com - fermé 26 juin-12 juil., 15-30 nov., mar. d'oct. à fin juin et lun. - 13,50/30 €.* Pas loin du cours ombragé de platanes, petit restaurant tout simple où l'on peut s'attabler en toute confiance. Préparations régionales déclinées en plusieurs formules et menus à prix sages. Il vous faudra toutefois froisser une coupure un peu plus grosse pour savourer un plat à la truffe !

Que rapporter

Marchés – Mercredi, samedi, pl. Fredéric-Mistral ; marché aux truffes jeudi (de fin nov. à mi-mars) ; marchés artisanaux nocturnes (juillet-août).

Spécialités – Dans les épinards, les salades, les omelettes... la **truffe** est partout. Sa foire a lieu le quatrième dimanche de janvier. Autres valeurs sûres : le miel et le savoureux chèvre fermier de la région du haut Var.

Moulin à huile Gervasoni – *91 montée des Moulins - ☎ 04 94 70 04 66 - avr.-sept. : 10h-12h, 14h30-19h ; juil.-août : 9h30-12h30, 14h-19h - fermé lun. sf juil.-août.* Moulin du 18e s. où l'on fabrique de l'huile d'olive vierge extra - plusieurs fois primée lors de concours agricoles - et une sélection de produits régionaux (tapenade, anchoïade, savons à l'ancienne, tissus provençaux, etc.). Dégustations et visite guidée avec vidéo sur la fabrication de l'huile.

Atelier « La Grange » – *2 r. Gourguette - 83690 Salernes - ☎ 04 94 70 62 94.* Mireille Verdenet est une fée. Elle vous accueille et, suivant son intuition, vous conseille pour l'élaboration d'un carrelage personnalisé adapté à votre coin de maison. Poteries d'art et peintures de Lucien Vernet.

Sports & Loisirs

Office du tourisme de Sillans – *83690 Sillans-la-Cascade - ☎ 04 94 04 78 05.* Randonnées, équitation et VTT dans la campagne verdoyante de Sillans.

Les gens

1 903 Aupsois. Professionnels et amateurs de truffes se retrouvent tous les jeudis matin, de novembre à février, pour le plus important marché spécialisé du Var. De très sérieuses transactions autour de l'or noir animent fébrilement ces rendez-vous incontournables.

visiter

Collégiale St-Pancrace

9h-12h, 14h-18h.

De style gothique provençal, elle est dotée d'un portail ▶ Renaissance. Outre d'intéressantes toiles, l'église renferme de belles pièces d'orfèvrerie du 15e s. au 18e s. dans son trésor.

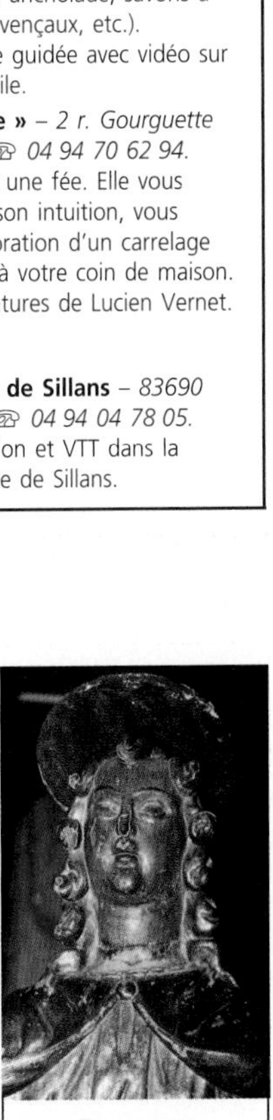

S. Sauvignier/MICHELIN

Procession

Pendant trois jours, à la mi-mai, les habitants d'Aups fêtent la St-Pancrace.

Musée Simon-Segal

☎ 04 94 70 00 07 - possibilité de visite sur demande auprès de la mairie de mi-juin à mi-sept. : tlj sf mar. 10h-12h, 16h-19h - 2,50 €.

Installé dans l'ancienne chapelle du couvent des Ursulines, ce musée d'art moderne expose 280 toiles dont 175 de l'école de Paris.

Musée de Faykod

À 3,5 km sur la Route de Tourtour (D 77). Flèchage sur la droite, 1 km de piste carrossable. ☎ 04 94 70 03 94 - www.musee-de-faykod.com - juil.-août : tlj sf mar. 10h-12h, 15h-19h ; sept.-mai : tlj sf mar. 14h-18h (19h en juin) - 6 € (enf. 2 €).

Collection de sculptures en marbre blanc de Maria de Faykod dans un parc retiré dans la garrigue.

circuit

LE HAUT VAR★

53 km – environ 5h. Sortir d'Aups à l'Est par la D 77.

Très belle route qui serpente le long des flancs assez abrupts de la montagne des Espiguières, puis s'enfonce dans la forêt. Peu après le château de la Beaume, prendre la D 51 à gauche vers Tourtour. Perchés ou blottis au pied des falaises, les villages se découvrent au détour de petites routes bordées d'oliviers, de pins, de chênes et de vignes.

Tourtour★ *(voir ce nom)*

Quitter le village par le Nord (D 51).

Villecroze *(voir ce nom)*

Poursuivre la D 51, puis prendre à droite la D 560.

Tomettes

Dure à briquer, mais si chaleureuse avec sa couleur rouge, telle est la tomette hexagonale des intérieurs provençaux. L'eau de la Bresque et une terre riche en argile ferrugineuse ont permis cette production dès le 18e s. Fleurissante dans les années 1850, l'activité déclina avant de connaître un nouvel essor dans les années 1950, les céramistes s'adaptant au goût du jour. Outre les traditionnelles tomettes, ils proposent carreaux en terre cuite ou en lave émaillée décorés de motifs variés. À Salernes, une vingtaine d'artisans perpétue ce savoir-faire *(Le Guide des Artisans « Terres de Salernes » sur demande au 04 94 67 57 41. www.terresdesalernes.asso.fr).*

Afin de promouvoir cette production, le projet « Terra Rossa, Maison de la tomette et de la Céramique » est en cours de réalisation. Cet ensemble architectural comprendra une ancienne usine réhabilitée et des bâtiments modernes qui abriteront la Maison du Tourisme, une exposition permanente de céramiques, un musée et un centre de formation.

Balades

Un dépliant comprenant 6 circuits de randonnées à pied et VTT est disponible à l'Office de tourisme. *Pl. Gabriel-Péri, 83690 Salernes, ☎ 04 94 70 69 02. www.ville-salernes.fr*

Salernes

Ce gros bourg agricole et industriel est connu comme centre de fabrication des **tomettes** et pour ses poteries. Originale, l'église est dotée d'un clocher à chaque extrémité. Autour, les ruelles comptent des maisons du 17e s. Nombreuses fontaines et immense cours ombragé qu'un marché anime le mercredi et le dimanche.

Prendre au Sud de la ville la D 31 qui descend la vallée de la Bresque.

Brutes aux tons chaleureux ou vernissées à la mode andalouse : du sol aux murs, les indispensables tomettes de Salernes.

D. Pazery/MICHELIN

Entrecasteaux *(voir ce nom)*
Sortir d'Entrecasteaux par le Sud, D 31, puis prendre à droite la D 50.

Cotignac *(voir ce nom)*
En remontant vers Aups par la D 22, on a une superbe vue sur le site de Cotignac. Plus loin, on aperçoit à droite, entre les arbres, la cascade de Sillans.

Cascade de Sillans★
Prendre, juste avant l'entrée du village à droite, un chemin signalisé. *30mn AR.* Dans un beau site verdoyant, la Bresque bondit d'une hauteur de 42 m dans un petit lac couleur émeraude ; elle est très abondante en dehors de l'été.

Sillans-la-Cascade
Entouré de forêts et perché sur la Bresque, adorable village avec ses remparts et ses ruelles authentiques. La poste est surmontée d'un clocheton. Le château du 18e s. accueille des expositions d'art et d'artisanat *(avr.-déc. : tlj sf lun. et mar., entrée libre).*
Poursuivre la D 22 pour rentrer à Aups.

Bandol

Bandol attire chaque année les amateurs de plage et de voile. Un engouement qui ne date pas d'hier : parmi les premiers touristes venus grâce au chemin de fer du littoral, on a compté des écrivains comme Thomas Mann ou Katherine Mansfield et des comédiens comme Raimu et Fernandel qui, il est vrai, venaient, eux, de moins loin !

La situation
Carte Michelin Local 340 J7 - Var (83). Accessible par l'A 50, Bandol est à 18 km à l'Ouest de Toulon. La station est abritée des vents du Nord par de hautes pentes boisées.
Allée Alfred-Vivien, 83150 Bandol, ☎ 04 94 29 41 35. www.bandol.fr

Le nom
Au Moyen Âge, on citait l'île de Bendor : la racine *ban* ou *ben*, « hauteur », « pointe », est une allusion claire au rocher qui la caractérise !

Les gens
7 905 Bandolais. Comme l'industriel **Paul Ricard** *(voir îles des Embiez)* naguère, Napoléon Bistagne, l'un des personnages de l'opérette de R. Bentazky, *L'Auberge du cheval blanc*, ne jurait que par Bandol !

B. Kaufmann/MICHELIN

Ambiance de village provençal à l'écart de la foule.

carnet pratique

Transports

Atlantide 1 – *Quai d'honneur - ☎ 04 94 32 51 41 - www.atlantide1.com -* liaisons et excursions assurées vers les calanques de Cassis, îles des Embiez et de Porquerolles. De Pâques à fin sept.

Se loger

Les Galets – *49 montée Voisin - ☎ 04 94 29 43 46 - fermé 11 nov.-28 fév. - P - 20 ch. 45/65 € - 6,60 € - restaurant 23 €.* Bâti à flanc de colline, hôtel offrant une splendide vue sur la mer. Les chambres, plutôt simples, disposent en majorité d'un balcon invitant à la contemplation maritime. Salle à manger rustique (poutres et cuivres) et terrasse panoramique ; cuisine régionale.

Auberge La Cauquière – *Puits d'Isnard - 83330 Le Beausset - ☎ 04 94 98 42 75 - lacauquiere@tiscali.fr - fermé janv. - P - 10 ch. 50/70 € - 6 € - restaurant 18/32 €.* L'auberge, avec son jardin et sa piscine, se situe en plein centre du Beausset. Vous n'êtes qu'à dix minutes en voiture des plages et sur la route des vins de Bandol. Les chambres agréables s'organisent autour d'un patio chaleureux. Laissez-vous tenter par sa cuisine de Provence accompagnée des vins de pays.

Chambre d'hôte Les Cancades – *1195 chemin de la Fontaine-de-Cinq-Sous - 83330 Le Beausset - 3 km à l'E du Castellet, puis face au supermarché sur la N 8, prendre chemin de la Fontaine-de-Cinq-Sous - ☎ 04 94 98 76 93 - www.les-cancades.com - - 4 ch. 60/75 €.* Un chemin, étroit et escarpé, s'étire jusqu'au quartier résidentiel et boisé où un architecte à la retraite a implanté son mas provençal. Les belles chambres aménagées avec soin, l'appartement, le parc, la piscine et sa cuisine d'été bénéficient de la même quiétude.

Bel Ombra – *R. La Fontaine - ☎ 04 94 29 40 90 - hotel.bel.ombra@wanadoo.fr - fermé 16 oct.-31 mars - 20 ch. 61/66 € - 7,20 €.* En retrait de la foule des estivants, villa offrant aux familles des chambres avec mezzanine, dans un environnement résidentiel.

Golf Hôtel – *10 corniche Bonaparte, sur plage Rénecros par bd Louis-Lumière - ☎ 04 94 29 45 83 - golfhotel.surplage@wanadoo.fr - fermé 4-29 janv. et 1er-23 déc. - P - 24 ch. 72/110 € - 8 € - restaurant 20/23 €.* Au bord de l'eau, cet hôtel installe ses matelas et son restaurant sur la plage en saison. La majorité des chambres, toutes simples, ouvrent leurs fenêtres sur la mer. Certaines ont un balcon. Service du dîner assuré en juillet et août uniquement. Menu enfant.

Se restaurer

L'Oulivo – *19 r. des Tonneliers - ☎ 04 94 29 81 79 - fermé hiver : dim. soir, lun., mar. ; été : fermé lun., juil-août le midi - 10/24,50 €.* Ce sympathique restaurant de quartier fleure bon la Provence : décor tout simple agrémenté de vieilles affiches de cinéma rendant hommage à Raimu et Fernandel, plaisante terrasse sur rue et petits plats embaumant l'huile d'olive, l'ail et les aromates.

Snack Bar La Sauco – *1 r. de la Poste - 83330 Le Castellet - ☎ 04 94 32 67 94 - - 6/16 €.* Ce petit établissement ouvert toute l'année - normal, c'est le café-brasserie des villageois – est doté d'une terrasse de chaque côté – rue Droite et rue de la Poste : on peut s'y installer au gré du soleil. L'hiver, on se réchauffera au coin de la cheminée de la salle à manger.

L'Oasis – *15 r. des Écoles - ☎ 04 94 29 41 69 - reservation@oasisbandol.com - fermé déc. et dim. soir hors sais. - 22/49 € - 13 ch. 46/74 € - 8 €.* La salle à manger, repeinte dans les chaudes couleurs du Midi, est des plus plaisantes. L'été, agréable terrasse ouverte sur le jardin. La partie hôtel rénove progressivement ses chambres, peu spacieuses mais méticuleusement tenues.

Le Clocher – *1 r. Paroisse - ☎ 04 94 32 47 65 - le.clocher@wanadoo.fr - fermé 10-24 janv., 10-30 nov., merc. et le midi juin à sept. - 26/36 €.* En terrasse ou dans la salle à manger aux allures de café provençal de ce sympathique petit restaurant du vieux Bandol, vous goûterez une délicieuse cuisine du cru retravaillée au goût du jour. De quoi oublier l'animation du quartier piétionnier !

En soirée

Tchin Tchin – *11 allée Jean-Moulin - ☎ 04 94 29 41 04 - 8h-3h.* Ce bar de standing créé en 1962 emprunte son nom à une chanson de Richard Antony. Bon choix de cocktails, ambiance feutrée, musique jazzy et cave à cigares caractérisent l'adresse.

Casino de Bandol – *2 pl. Lucien-Artaud - ☎ 04 94 29 31 31 - 10h-4h.* Doté de 120 machines à sous, d'une salle de jeux traditionnels et d'un piano-bar, ce casino est également réputé dans la région pour ses soirées et sa discothèque.

Que rapporter

Marché du Beausset – Vendredi et dimanche en centre-ville : alimentation, primeurs, artisanat local, vêtements, etc.

Miellerie de l'Oratoire – *Rte des Oratoires, 987 quartier de l'Estagnol - 83330 Ste-Anne-du-Castelet - ☎ 04 94 32 65 78 - www.miel2lor.com - 10h30-12h30, 15h30-18h30.* Virginie et Olivier, apiculteurs, vous parleront des abeilles, du miel et de ses dérivés. La « transhumance » des ruches suit les floraisons afin de vous proposer une sélection des meilleurs miels et de pollen frais. Ne manquez pas de goûter à leurs pains d'épice ainsi qu'à leurs croquants et cookies au miel.

Le Tonneau de Bacchus – *296 av. du 11-Novembre - ☎ 04 94 29 01 01 - www.letonneaudebacchus.com - juil.-août : 9h30-12h30, 16h-20h ; le reste de l'année : tlj sf lun. et dim. apr.-midi.* Ce caviste passionné propose bien évidemment un grand choix de vins de Bandol, mais aussi des grands crus de bordeaux et des vieux millésimes. N'hésitez pas à demander le programme des cours d'œnologie et des soirées à thèmes organisés au restaurant la Table de Bacchus. Dégustations de vin ou d'huile d'olive.

Domaine de Souviou – *N 8 - à 4 km du Beausset par RN 8 dir. Castellet, Aubagne - 83330 Le Beausset - ☎ 04 94 90 57 63 - www.souviou.com - visite groupe sur demande préalable : de Pâques à fin sept. : 9h30-12h, 15h-19h ; reste de l'année : tlj sf dim. 9h30-12h, 14h-18h - fermé j. fériés.* À la fois producteur de vins (côtes-de-provence et bandol) et d'huile d'olive, ce domaine vous propose également de découvrir son intéressant patrimoine agricole (fours à cade, ruchers anciens, aires de battage, etc.). Dégustation et vente sur place.

D. Pazery/MICHELIN

Domaine de l'Hermitage – *Chemin de Rouve - 83330 Le Beausset - ☎ 04 94 98 71 31 - www.domainesduffort.com - hiver : tlj sf w.-end 9h-12h, 14h-18h ; été : tlj sf dim. 9h-12h, 15h-19h - fermé j. fériés.* Cette affaire familiale possède 70 ha de vignes faisant l'objet de tous les soins : taille courte, traitement raisonné... La moitié du vignoble produit un bandol AOC, vieilli au minimum 18 mois dans des foudres de chêne. L'autre partie du domaine donne des côtes-de-provence. En vedette : le rosé médaillé d'or.

Moulin de St-Côme – *D 266, quartier St-Côme - par D 266 entre St-Cyr et Bandol - 83740 La Cadière-d'Azur - ☎ 04 94 90 11 51 - www.moulinstcome.com - tlj sf dim. : 9h-12h, 14h30-19h (18h en hiver) - fermé l'apr.-midi j. fériés.* Visite gratuite du moulin et dégustation-vente d'huiles d'olives de France et d'ailleurs. La maison propose également savons, fragrances, objets décoratifs artisanaux (poteries, tissus...) et quelques spécialités provençales.

SPORTS & LOISIRS

Bandol est labellisé « **station nautique** » ce qui atteste de la diversité et de la qualité des activités proposées (centre de plongée notamment sur l'île de Bendor). *Renseignements à l'Office de tourisme ou www.france-nautisme.com.*

Aquascope – *608 chemin du Grand-If - ☎ 06 03 44 59 63 - tlj sf lun. 10h-12h, 14h-19h - fermé oct.-avr.* Bateau à vision sous-marine (10 places à bord).

CALENDRIER

Fête du Millésime – 1er dim. de déc.

séjourner

Port de plaisance

Aménagé dans une anse, il est bordé par les **allées Jean-Moulin★** et Alfred-Vivien, plantées de pins, de palmiers et de fleurs.

Plages

Quatre principales plages de sable : les plages Centrale et du Casino, celle du Lido à l'Est, l'anse de Rènecros bien abritée à l'Ouest. Sur le sentier du littoral *(en direction de St-Cyr-sur-Mer, voir ce nom)* alternent petites plages de graviers et zones rocheuses.

PROMENADE

Le chemin de la Corniche fait le tour de la presqu'île qui pointe vers l'île de Bendor. Vue étendue, du cap de l'Aigle au cap Sicié.

visiter

Jardin exotique et zoo de Sanary-Bandol

3 km au NE, direction A 50. Au rond-point d'accès à l'autoroute, laisser à droite la bretelle d'accès. 500 m plus loin, prendre à droite la route du « zoo-jardin exotique ». ☎ 04 94 29 40 38 - ♿ - juin-sept. : 8h-12h, 14h-19h, dim. et j. fériés 10h-12h, 14h-19h ; oct.-mai : 8h-12h, 14h-18h, dim. et j. fériés 14h-18h - 8,50 € (enf. 6 €).

Au jardin exotique : des coussins pour belle-maman ? C'est en tout cas le nom qu'un botaniste peu amène donna à ces cactées...

Parc planté de cactées et d'espèces tropicales (certaines sous serre). Un parcours fléché permet de rencontrer des animaux aussi exotiques que les plantes : singes (ouistitis, saïmiris capucins, gibbons et leur progéniture), lémuriens, coatis, fennecs, kinkajous, et d'autres plus familiers (daims, poneys, ânes, etc.). Des paons en liberté toisent perroquets et flamants roses.

Île de Bendor

Dép. toutes les 30mn en sais. Traversée 7mn. 7€ AR. ☏ 04 94 29 44 34.

C'est un agréable lieu de promenade pour les estivants : plages, port de plaisance, village provençal avec boutiques artisanales. C'est Paul Ricard, le roi du pastis, qui a commencé à aménager l'île dans les années 1950. La curieuse **exposition des vins et spiritueux** présente 8 000 bouteilles de vins, apéritifs et liqueurs de 52 pays, sans compter les verres et carafes de cristal. *☏ 04 94 29 44 34 - juil.-août : se renseigner - gratuit.*

circuit

SITES PERCHÉS DU PAYS DE BANDOL★

55 km. Compter 1/2 journée. Quitter Bandol au Nord-Est par la D 559 et prendre à gauche la route du Beausset (D 559B). Passer sous le viaduc du chemin de fer.

1 km après **Le Beausset** (où vous pourrez vous arrêter les jours de marché, *voir « carnet pratique »*), sur la N 8, à droite, une petite route serpente parmi les vignobles, les oliviers, les cyprès, les genêts et les arbres fruitiers.

Chapelle N.-D. du Beausset-Vieux

Laisser la voiture en contrebas de la chapelle. ☏ 04 94 98 61 53 - avr.-sept. : 14h-18h ; oct.-mars : 14h-17h.

Chapelle très dépouillée, de style roman provençal, (restaurée par des bénévoles) qui présente une nef en berceau et une abside en cul-de-four. Dans le chœur, Vierge à l'Enfant provenant de l'atelier de Pierre Puget. À gauche, dans une niche, des **santons**, vieux de quatre siècles, figurent la Fuite en Égypte. Le bas-côté comporte

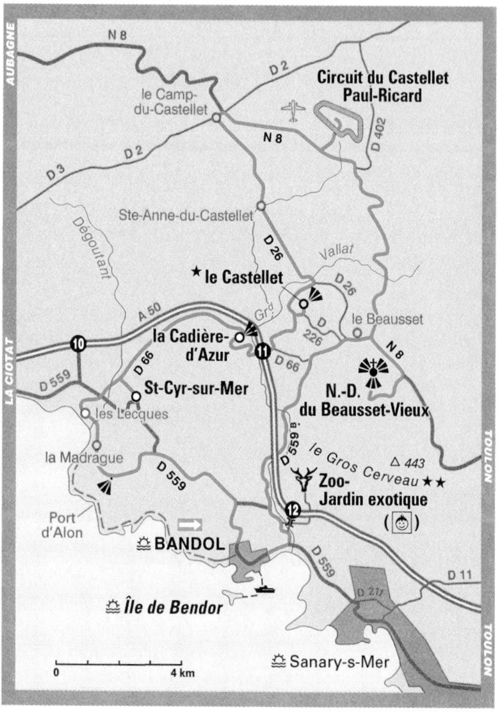

Bandol

Le vignoble de Bandol, une des premières AOC de France depuis 1941, est cultivé sur près de 1 400 ha entre grosso modo St-Cyr-sur-Mer, Le Castellet et Ollioules. Il doit son appellation particulière au microclimat singulier de la région : un fort ensoleillement (3000h par an), une bonne pluviométrie, principalement en automne et en hiver, et un sol calcaire orienté vers le Sud bénéficiant de l'air doux marin. Bien qu'existant en rosés et, blancs, ce sont les rouges qui ont fait la réputation de Bandol. Leur cépage majoritaire, le **Mourvèdre**, qui est habituellement peu planté en France, fait ici des merveilles. Ne reste plus qu'à leur faire passer 18 mois en fût de chêne et cinq ans ou plus de vieillissement pour révéler une personnalité généreuse.

Procurez-vous la brochure Bandol, Domaines, Caves et Châteaux *dans un des Offices de tourisme de la région et faites un petit tour des caves.*

aussi une collection d'ex-voto, dont certains datent du 18e s. De la terrasse qui surplombe la chapelle, **vue★** circulaire sur Le Castellet, la Ste-Baume, le Gros Cerveau et la côte de Bandol à La Ciotat.

Revenir à la N 8 et retraverser Le Beausset. Poursuivre au Nord en direction d'Aubagne.

Circuit du Castellet Paul-Ricard

Inauguré en 1970 avec le premier Grand Prix de France, le **circuit**, long de 5,8 km, est bien connu des pilotes de F1 et F3, dont plusieurs ont fréquenté son école de pilotage (Alain Prost, en 1976). Les compétitions se sont multipliées, sur piste et dans les airs, grâce à l'aérodrome du Castellet.

À la sortie du circuit, prendre à droite la N 8 vers Aubagne jusqu'au carrefour du Camp-du-Castellet. Prendre à gauche la D 26, puis encore à gauche la D 226 vers le village du Castellet.

Rendez-vous

Avril – Grand Prix historique de Provence et les Deux Tours d'Horloge (voitures historiques).

Mai – Grand Prix international de camions.

Le Castellet★

Plusieurs films ont été tournés dans ce très joli village, juché sur un piton boisé, ancienne place forte pourvue de remparts bien conservés, d'une église du 12e s. soigneusement restaurée et d'un château (11e s., pour les parties les plus anciennes). Nombreuses maisons datant des 17e et 18e s. Au bout de la place de la mairie, franchissez une poterne : jolie **vue** sur l'arrière-pays vers la Sainte-Baume.

Descendre vers la D 66 pour atteindre la Cadière-d'Azur.

D. Pazery/MICHELIN

Escargot de tuiles romaines lové sur lui-même, le village du Castellet ne se livre qu'à celui qui prend le temps de le mériter !

La Cadière-d'Azur

La porte du Peï (13e s.), devant la mairie, donne accès aux vieilles ruelles qui font le charme du village, une très vieille cité (vestiges de remparts) qui compta 4 000 habitants sous la Révolution. À l'extrémité Est, belle **vue★** sur l'arrière-pays avec Le Castellet au premier plan et sur la Sainte-Baume.

Poursuivre la D 66 en direction de St-Cyr-sur-Mer.

St-Cyr-sur-Mer *(voir ce nom)*

Des Lecques, on empruntera au Sud de la Madrague la petite route qui offre de jolies **vues** sur la côte et son arrière-pays.

La D 559 ramène à Bandol.

Barjols

La magie de Barjols tient en un mot : l'eau. Elle est la musique de la ville, sa fraîcheur, son passé. Elle jaillit de trente fontaines depuis les trois rivières qui forment cascade autour de la ville et irriguent ses vertes collines. Barjols exploita très tôt ce trésor pour tanner le cuir qui fit sa renommée au 19e s. Son âme provençale se renouvelle chaque année lors de la fête, originale, de Saint-Marcel.

E. Baret/MICHELIN

Les sources jaillissantes de la ville, qui porte bien son surnom de « cité aux trente fontaines », dispensent leurs bienfaits depuis l'Antiquité.

La situation

Carte Michelin Local 340 L4 – Var (83). À 22 km au Nord de Brignoles (voir ce nom) par la D 554. Parkings à l'Ouest de la ville, près de l'Office de tourisme.

Bd. de Grisolle, 83670 Barjols, ☎ 04 94 77 20 01. www.ville-barjols.fr

Le nom

Barjols ou « Bariòu » au 11e s. La racine celtique *barr* signifie « sommet », « escarpement », « hauteur » ; *riu* signifie « ruisseau » (*rivus* en latin) : tout est dit.

Les gens

2 414 Barjolais. Marius Fabre (1909-1999) fut un fabricant réputé de tambourins et galoubets (petites flûtes) qui animent les fêtes villageoises. D'autres artisans sont à découvrir dans l'ancienne tannerie à l'Est du bourg.

comprendre

La fête de Saint-Marcel ou des Tripettes – Le 17 janvier 1350, les reliques de Saint-Marcel (évêque du 5e s.) furent enlevées de l'abbaye en ruines de Montmeyan pour être transportées à Barjols. Le cortège rencontra des gens en train de laver les tripes d'un bœuf, commémorant une famine enrayée grâce à la présence d'un bœuf dans une ville assiégée. Joignant le profane au sacré, les Barjolais entrèrent tous allègrement dans l'église et chantèrent pour la première fois leur fameux refrain « Saint Marcel, saint Marcel, les tripettes, les tripettes ». Depuis, chaque **17 janvier**, devant la statue du saint patron de Barjols, un bœuf décoré, entouré des bouchers et des charcutiers, est solennellement béni puis, après un tour de ville, conduit à l'abattoir. Le lendemain, après la messe, la procession gagne la place Rougière, où le bœuf est rôti sur un gigantesque tourne-broche. La fête peut commencer. Le bœuf, une fois grillé, est distribué à la population.

carnet pratique

Se loger

Le Pont d'Or – *R. Eugène-Payan - route de St-Maximin - ☎ 04 94 77 05 23 - www.hotel-pontdor.com - fermé de déb. déc. à mi-janv. - P - 15 ch. 44/56 € - ☕ 6,80 € - restaurant 10,50/36,50 €.* Cet ancien relais de poste a été rénové avec lenteur et bonheur. Chaque chambre est unique et décorée dans un style « classique moderne ». Ambiance douce et feutrée. On y sert une cuisine traditionnelle agrémentée de spécialités provençales.

Le Rouge Gorge – *Les Costes - 83670 Pontevès - ☎ 04 94 77 03 97 - crrougegorge@aol.com - fermé 2 janv.-15 mars - 11 ch. 52/60 € - ☕ 9 € - restaurant 20/32 €.* Le village de Pontevès, blotti au pied du Bessilon et entouré de collines et de vergers abrite ce petit hôtel au nom champêtre. Chambres coquettes, jardin et piscine.

Le Resto – *5 r. Boeuf - ☎ 04 94 77 29 87 - fermé 2 sem. en janv., merc. en hiver et jeu. - 9/31 €.* La petite salle rustique et intime est entourée de reproductions de tableaux de Gauguin tandis que la terrasse ombragée et fleurie regarde du côté de la fontaine-champignon accolée au fameux platane. On y mange une cuisine traditionnelle française avec une petite teinte régionale. Tout est fait maison.

Que rapporter

Marché – Samedi plus important marché et jeudi petit marché aux fleurs, pl. de la Mairie.

Foire aux cuirs – Août, durant un week-end.

se promener

LE VIEUX BOURG

Circuit des fontaines disponible à l'Office de tourisme.

Parmi les douze lavoirs et trente **fontaines** du village, on remarque près de l'hôtel de ville la bien-nommée « Champignon », formée d'un dépôt de calcaire recouvert de mousse. Le majestueux **platane** de la place de la mairie passe pour être le plus gros de Provence avec ses 12 m de circonférence. Le bas du bourg abrite l'ancien **hôtel des Pontevès**, vieille famille provençale originaire d'un village voisin, qui possède une belle porte Renaissance.
Le plus ancien quartier de Barjols, le **Réal**★ est installé sur le flanc de la colline juste au-dessus de l'église. Habité dès le 12e s. et occupé principalement par des tanneurs pour qui l'eau était un outil de travail primordial, il s'étage sur trois niveaux de bassins de trempage et de rinçage partiellement troglodytiques. Près des chutes du Réal, une voûte de l'ancien moulin à huile abrite le texte intégral de la Déclaration des droits de l'homme et du citoyen.

L'ancien quartier du Réal a été joliment restauré.

Église

Fondée au 11e s., c'est l'une des plus anciennes églises de la région. À droite en entrant, derrière de superbes fonts baptismaux du 12e s., se trouve l'ancien tympan roman du portail, illustrant le Christ en majesté entouré d'anges et des symboles des évangélistes. La belle nef gothique date du 16e s. On pourra admirer les boiseries et les stalles aux miséricordes sculptées (17e s.) dans le chœur et le buffet d'orgue (16e s.).

Maison Régionale de l'Eau

☎ 04 94 77 15 83 - tlj sf w.-end 9h-12h, 14h-18h - fermé j. fériés et vac. de Noël - gratuit.

Installée dans l'ancien hospice du 18e s., outre une information sur la gestion de l'eau et les milieux aquatiques dans le département, elle présente dans ses **aquariums** les poissons des rivières de la région.

circuit

LES PLATEAUX DU HAUT VAR

52 km – 1/2 journée. Quitter Barjols peu avant la piscine, par une petite route qui conduit à Varages, par le Nord-Ouest.

Varages

L'eau fait aussi la richesse de ce village. L'abondante source de la Foux a sculpté la falaise qui porte le village ; elle vivifie ses gigantesques platanes et modèle les céramiques de ce rival de Moustiers.

À Varages, l'art de la faïence est une affaire de famille depuis maintenant trois siècles.

Église – ☏ *04 94 72 85 14 - possibilité de visite sur demande préalable auprès de l'Office de tourisme.*
Bâtie au 17e s. en style gothique provençal, elle possède un beau clocher couvert de tuiles polychromes vernissées. À l'intérieur, l'autel de St-Claude, orné de médaillons et de croix, témoigne de la reconnaissance de faïenciers prospères envers leur saint patron.

Musée des Faïences – *Pl. de la Libération.* ☏ *04 94 77 60 39 - juil.-août : 10h-12h, 15h-19h, lun. 15h-19h ; sept.-juin : tlj sf lun. et mar. 14h-18h - fermé de mi-déc. à fin janv. - 2,50 €.*
Installé dans la maison du général d'Empire Gassendi, le musée présente la belle production faïencière locale depuis la fin du 17e s. Intéressante présentation des techniques mises au point par les dynasties de faïenciers tels Armand, Clérissy et Niel : décoration à la main, au tampon, émaillage... À l'étage, remarquable fontaine en faïence du 19e s. du peintre Mazières.

Vivante
D'une décoration souvent similaire aux créations moustériennes (les artisans décorateurs exerçaient parfois dans plusieurs centres), la faïence de Varages continue à être produite sur place de façon artisanale ou industrielle. Une grande partie est exportée.

◀ La **Faïencerie Belle Époque** maintient la tradition provençale. ☏ *04 94 77 64 95 - juin-sept. : 9h30-19h30, oct.-mai : tlj sf mar. 9h30-19h30 - gratuit.* Vous pourrez également découvrir les **ateliers des artisans** qui ouvrent leur porte aux visiteurs.

Au Nord de Varages, la D 554 traverse des collines où des terrasses de vignes et d'oliviers le disputent aux chênes verts et aux pins.

La Verdière

Le village, dominé par son église et son château, descend sur une colline. La forteresse, construite au 10e s. par les Castellane, passe au 17e s. à la riche famille des Forbin d'Oppède par mariage. Le vaste et austère château semble n'avoir pas changé depuis les aménagements de Louis-Roch de Forbin au 18e s.

Prendre à l'Est de La Verdière la D 30 en direction de Montmeyan.

Montmeyan

Le Causse
Vers Montmeyan, le plateau calcaire désertique est recouvert d'une maigre végétation. Outre les genévriers, chênes verts et buissons d'aubépine, les pins matérialisent la progression vers le Nord. Cette forêt rabougrie est parsemée de tas de pierres, vestiges des tentatives de mise en valeur de ces terres lors de l'extension rurale du 19e s.

◀ Dressé sur une hauteur, ce bourg médiéval domine l'entrée des gorges du Verdon. Belle vue au seuil du village, côté Sud, sur la barre rocheuse des Préalpes de Castellane vers l'Est. Panorama sur le plateau à contempler depuis le belvédère situé après la tour Charlemagne, vestige du château du 14e s.

De Montmeyan, prendre au Sud la D 13, puis la D 71 jusqu'à Tavernes.

Tavernes

Entre oliviers, vignes et collines, cet agréable village conserve de beaux restes de son passé : un beffroi carré coiffé d'un campanile très ouvragé du 18e s., des vestiges d'enceintes médiévales.
2h. Au Nord du village, au point culminant se dresse la **chapelle N.-D.-de-Bellevue**.

La D 554 qui ramène à Barjols traverse puis longe le ruisseau des Écrevisses.

Le Bar-sur-Loup★

Randonnées
4 itinéraires balisés pour découvrir les alentours de Bar-sur-Loup.
Dépliant disponible à l'Office de tourisme.

Regardant la vallée du Loup du haut de sa colline, ce vieux bourg est entouré de terrasses d'orangers, de jasmins et de violettes. Fief du comté de Grasse, il conserve de son passé prestigieux le donjon de son château et des trésors d'art religieux. Ici, point de tourisme, mais la douceur de vivre dans un site qui invite à se rafraîchir le long du torrent ou à gravir les abrupts sommets.

carnet pratique

SE RESTAURER

⊖⊖ **La Jarrerie** – *8 av. Amiral-de-Grasse - ☎ 04 93 42 92 92 - fermé 2-31 janv., merc. midi et mar. - 28/49 €.* Cette bâtisse du 17e s. abritait un monastère, une huilerie, puis une parfumerie avant d'accueillir le restaurant de la Jarrerie. La grande salle à manger ne manque pas de caractère avec son imposante cheminée, ses pierres et ses poutres apparentes. Terrasse ombragée.

CALENDRIER

Fête de l'Oranger – Chaque lundi de Pâques, les villageois perpétuent la tradition de la fête qui autrefois clôturait la cueillette de la fleur d'oranger (la culture de l'orange amère était la principale activité de Bar-sur-Loup). L'occasion de goûter au Vin d'Orange.

La situation

Carte Michelin Local 341 C5 – Alpes-Maritimes (06). Bar se situe à la sortie des gorges (rive droite) sur la vallée inférieure du Loup *(voir vallée du Loup).*

ℹ *Pl. F.-Paulet, 06600 Le Bar-sur-Loup, ☎ 04 93 42 72 21. www.bar-sur-loup.com*

Le nom

Bar en celtique signifie « hauteur », et *loup*, « rivière ». Tout concorde !

se promener

LE BOURG

Les rues étroites du vieux village s'enroulent autour du **château des comtes de Grasse** (16e s.), massivement cantonné de tours rondes et portant les restes d'un donjon.

Église St-Jacques

☎ 04 93 42 72 21 - avr.-août : 10h-13h, 15h-18h, (juil.-août 19h) ; reste de l'année : 9h30-12h, 15h-17h.

Encastrée au pied du clocher se trouve une pierre funéraire venant d'un tombeau romain et sur laquelle une inscription latine rend hommage à deux jeunes Romaines. Remarquez en entrant les magnifiques **vantaux** du portail gothique, sculptés, pense-t-on, par Jacques Bellot, l'auteur des stalles de Vence *(voir ce nom).* Au maître-autel se déploie un grand **retable★** de Louis Bréa : très bel ensemble composé de 14 tableaux peints sur fond d'or, traité en 3 registres avec 12 saints autour de l'apôtre Jacques le Majeur et la Vierge à l'Enfant ; le fronton figure la Trinité et les symboles des évangélistes.

Détail de la « Danse macabre » : la Mort armée des flèches du temps exécute les danseurs du Carême. Les petits lutins s'agitant autours des personnages figurent les âmes s'échappant des pêcheurs.

« Folla dansa »
Selon la légende, un comte de Bar aurait donné un bal en plein carême. Crime impardonnable, s'il en est ; rien de plus normal si les invités sont morts au cours de leurs ébats. La Danse macabre aurait été peinte pour commémorer ce juste châtiment céleste.

La tribune abrite une étonnante peinture sur bois du 15e s., la **Danse macabre★** : dix hommes et femmes gambadent gaiement au son du tambourin et du galoubet, leur âme de pêcheur veillant sur eux. Mais le mal est fait et déjà la mort décoche sa flèche sur deux d'entre eux. Le diable enfourne un mort dans la gueule béante de l'enfer, après que saint Michel eut pesé son âme dans sa balance. Dessous, un poème de 33 vers en provençal à lettres gothiques tire la morale de l'histoire.

Place de l'église, la **vue★** porte en enfilade sur les gorges du Loup et les collines du pays de Vence.

Beaulieu-sur-Mer

Bien à l'abri au pied de sa ceinture de collines, cette station balnéaire est appréciée depuis l'Antiquité comme l'un des endroits les plus chauds de la Côte d'Azur, été comme hiver. Le charme de Beaulieu se concentre autour de la baie des Fourmis★, verte et fleurie, et du boulevard Alsace-Lorraine, dans le quartier que sa végétation exotique a fait surnommer la « Petite Afrique ».

La situation

Carte Michelin Local 341 F5 – Schéma p. 324 – Alpes-Maritimes (06). Le meilleur accès à Beaulieu-sur-Mer, commune indépendante de Villefranche *(voir ce nom)* depuis 1891, se fait par la Basse Corniche *(voir corniches de la Riviera)*. Les parkings les plus commodes sont en direction du port de plaisance, derrière l'hôtel de ville. Et pour aborder la promenade Maurice-Rouvier, il est conseillé de laisser sa voiture le long de l'avenue Blundell-Maple.

Pl. G.-Clemenceau, 06310 Beaulieu-sur-Mer, ☎ 04 93 01 02 21. www.ot-beaulieu-sur-mer.fr

Le nom

Il parle de lui-même, non ? Déjà, au 12e s., Beaulieu s'appelait Bello Loco.

Les gens

3 675 Berlugans. L'hiver à Beaulieu, déjà fort apprécié par Gustave Eiffel ou l'Américain **Gordon Bennett**, est une oasis de calme et de douceur. Nous avons bien dit l'hiver !

Fantasque de la Côte
Gordon Benett, grand patron de presse américain, découvrit en 1891 le petit port de Beaulieu, alors dépourvu d'embarcadère. Il propose d'en financer un, mais les pêcheurs du cru refusent. À défaut, la **route en corniche** reliant Beaulieu à Villefranche est tracée à ses frais. Elle porte aujourd'hui son nom.

carnet pratique

Se loger

Le Sélect – *1 r. André-Cane et 1 pl. du Gén.-de-Gaulle - sortie Nice, prom. des Anglais - ☎ 04 93 01 05 42 - selectbeaulieu@wanadoo.fr - fermé 3 premières sem. de déc. - 19 ch. 51/75 €.* Un bel immeuble ancien abrite cet hôtel décoré aux couleurs provençales. Chambres refaites à neuf, dotées de grands lits, de salles de bains bien équipées et de la climatisation. L'été, les clients apprécient de prendre le petit-déjeuner sur la place située juste en face.

Se restaurer

Le Petit Paris – *Bd Marinoni - ☎ 04 93 01 69 91 - 14/20 €.* Tables nappées, chaises en rotin et affiches publicitaires glanées dans les galeries d'art régionales donnent un petit air de bistrot à cette salle de restaurant agrandie d'une mezzanine. Terrasse d'été ; plats de type brasserie.

Le Marco Polo – *Au port de plaisance - ☎ 04 93 01 06 50 - fermé 3 sem. de fin nov. à mi-déc., mar., merc. d'oct. à mai et merc. midi de juin à sept. – 25/40 €.* Pâtes, poissons et suggestions saisonnières : cuisine vouée à la Méditerranée, servie dans une salle à manger-véranda lumineuse ou sur la terrasse face au port de plaisance et à ses yachts. Attrayant menu du jour à prix sage pour la région.

Loisirs-Détente

Plages – Petites plages de galets bien protégées des vents du Nord avec ensoleillement garanti. On les trouve de chaque côté de l'immense port de plaisance : plage de la baie des Fourmis et plage de la Petite Afrique au Nord.

visiter

Villa grecque Kérylos★★

Visite audioguidée. ☎ 04 93 01 01 44 - www.villa-kerylos-.com - juil.-août : 10h-19h ; fév.-juin et sept.-oct. : 10h-18h ; nov.-janv. : 14h-18h., w.-end et vac. scol. 10h-18h - 7,80 € (-7 ans gratuit, 7-17 ans 5,5 €).

Dans un **site★** qui rappelle les rivages de la mer Égée, cette villa est un pastiche d'une maison de la Grèce antique, conçue par et pour un archéologue fou amoureux de cette civilisation, **Théodore Reinach**. Édifiée en 1902 par l'architecte Pontremoli, elle a été léguée en 1928 à l'Institut de France.

Elle est décorée au détail près d'éléments qui faisaient le confort grec, complétés discrètement de ceux qui faisaient, cette fois, le confort Belle Époque de son auteur, qui ne dédaignait pas d'y évoluer revêtu d'une toge, et, peut-on supposer, en déclamant des tirades de ses auteurs préférés ! Des pièces authentiques – mosaïques, amphores, vases, lampes, statuettes de Tanagra – côtoient des meubles réalisés d'après les illustrations des vases et des mosaïques anciennes. Les fresques sont des reproductions. Partout, les fenêtres offrent des vues merveilleuses sur la mer, la baie des Fourmis et le cap Ferrat, Èze et le cap d'Ail.

FOLIE !
Les matériaux les plus précieux ont été utilisés : marbre de Carrare, albâtre, bois exotiques et citronnier. Les meubles en bois sont incrustés d'ivoire, de bronze et de cuir.

Dans les soubassements de la villa, sur trois côtés, a été aménagée dans une **galerie des Antiques** ouvrant directement sur les flots. Vous y retrouverez l'Apollon du Belvédère et la Vénus de Milo... Des copies certes, mais qui, dans ce cadre, ont un charme fou.

B. Kaufmann/MICHELIN

Pour voyager en Grèce antique, point besoin d'un long périple : la villa Kérylos offre une reconstitution fidèle et unique, avec un mobilier extrêmement riche.

randonnées

Sentier du plateau St-Michel★★

Environ 2h AR ; forte montée. Au Nord du boulevard Édouard-VII, le sentier gravit l'escarpement de la Riviera jusqu'au plateau St-Michel où, à la table d'orientation, une très belle vue vous attend, de la pointe du cap d'Ail à l'Esterel.

Promenade Maurice-Rouvier★

1h AR. Cette remarquable promenade se déroule le long du rivage, de Beaulieu à St-Jean-Cap-Ferrat *(voir ce nom)*, entre les villas ceintes de beaux jardins et la mer. Belles vues sur la Riviera et la presqu'île de la pointe St-Hospice.

Biot★

Sur sa colline, le vieux village de Biot est au cœur d'un magnifique bouquet de fleurs : roses, œillets, mimosas et anémones cultivés pour être expédiés en fleurs coupées. Depuis l'Antiquité, ses artisans produisent de belles céramiques et, plus récemment, le fameux verre soufflé à bulles. Enfin, le musée Fernand Léger fait de la petite cité un centre d'art réputé.

La situation

Carte Michelin Local 341 D6 – Alpes-Maritimes (06). À 7,5 km au Nord d'Antibes par la N 7, puis la D 4. Parkings gratuits et payants côté Nord de la ville où se trouvent en contrebas la Verrerie de Biot et le musée Fernand-Léger.

46 r. St-Sébastien, 06410 Biot, ☎ 04 93 65 78 00. www.biot-coteazur.com

Le nom

Prononcez toutes les lettres si vous ne voulez pas passer pour un « Parisien » ! Anciennement *Buzot*, puis *Bisot* de la racine *Büd* désignant une éminence. Au musée d'histoire locale, toutes les dérivations du nom sont affichées.

Les gens

7 385 Biotois. La ville compta parmi ses habitants le cinéaste Claude Autant-Lara, la styliste Chacock et le dessinateur des amoureux, **Peynet**. Un petit espace lui est consacré à l'Office de tourisme.

comprendre

2 500 ans d'histoire – De nombreux vestiges découverts dans les environs de Biot et dans la plaine de la Brague attestent le passage des Celto-Ligures, des Grecs et des Romains. En 1209, une commanderie de templiers créa l'unité territoriale du village en rassemblant les fractions

carnet pratique

Visite

Visite gratuite du vieux village le jeudi à 15h (rendez-vous devant l'Office de tourisme).
Un plan commenté du circuit fléché dans le village et un plan « Chemin des verriers » réunissant les ateliers sont disponibles à l'Office de tourisme.
Pour les balades alentours, une brochure des sentiers piétonniers est en vente. À proximité, le **parc départemental de la Brague** *(voir Valbonne)* compte 11 sentiers balisés.

Se restaurer

Le Café de la Poste – *24 r. St-Sébastien - ☎ 04 93 65 19 32 - fermé 11 nov.-11 déc. - 14,50/29 €.* Une immense fresque peinte sur faïence, un joli comptoir en bois et quelques peintures humoristiques composent le décor de ce sympathique restaurant aux airs de bistrot fondé en 1885. Ambiance décontractée, service efficace, cuisine traditionnelle et du monde.

Que rapporter

La Verrerie de Biot – *Chemin des Combes - Au pied du village. Suivre les panneaux roses - ☎ 04 93 65 03 00 - www.verreriebiot.com - été : 9h30-20h, dim. et j. fériés 10h30-13h, 14h30-19h30 ; hiver : 9h30-18h, dim. et j. fériés 10h30-13h, 14h30-18h30 - fermé 25 déc.* Suivez les différentes étapes de la fabrication artisanale du verre soufflé et bullé dans cette fabrique implantée à Biot depuis 1956. Également sur place : deux boutiques, un écomusée et une galerie internationale du verre.

éparses des seigneuries foncières. Puis, en 1312, les biens furent transférés aux hospitaliers de St-Jean-de-Jérusalem qui firent régner le bon ordre. Au 14e s., Biot fut décimé par la peste noire et des factions rivales. Ce n'est qu'à la suite d'un édit du roi René en 1470, autorisant l'implantation de 40 familles venant d'Oneglia et de Porto Maurizio, que le bourg retrouva son essor.

Poterie, céramique et verrerie – Sur une terre riche en argile, sable, manganèse et cinérite (pierre à four), la poterie biotoise a trouvé depuis longtemps les conditions favorables à son expansion. Jusqu'au milieu du 18e s., les jarres de Biot jouirent d'une grande renommée et étaient largement exportées par les ports d'Antibes et de Marseille. Depuis 1956, la réputation de Biot s'est accrue grâce à ses verreries et à leur célèbre verre à bulles *(visite de la Verrerie de Biot, voir le « carnet pratique »).*

BULLES
Le gaz carbonique qui se dégage, quand on saupoudre le verre chaud de carbonate de soude, forme les petites bulles.

se promener

LE VIEUX VILLAGE

Il a gardé beaucoup d'authenticité. Vous en aurez un bon aperçu en suivant le parcours fléché dans la ville : celui-ci part de l'Office de tourisme, passe sous la porte des Migraniers (grenadiers) et la porte de Tines, toutes deux du 16e s., et suit une série de ruelles anciennes. L'itinéraire débouche sur la belle **place des Arcades** dont les galeries s'ouvrent en plein cintre ou en ogive. Vous pourrez compléter la promenade par le tour des remparts.

Église

Le campanile et un joli pavage polychrome vous conduisent à cette église qui semble se cacher au bout de la place des Arcades. Reconstruite au 15e s., elle était décorée de peintures murales que l'évêque de Grasse fit effacer en 1699 pour indécence ! Mais vous ne serez pas déçu car vous verrez un chef-d'œuvre attribué à Louis Bréa : le **retable du Rosaire★**. Précieusement rehaussée d'or, la Vierge de Miséricorde protège les clercs et les laïques de son manteau tenu par de ravissants anges. Un autre beau retable attribué à Canavesio (qui avait épousé une Biotoise) représente le **Christ aux plaies**, entouré des instruments de la Passion. Au-dessus du panneau figurent la Flagellation, les Outrages et la Résurrection.

S. Sauvignier/MICHELIN

Observez les visages du retable du Rosaire : celui de la Vierge est empreint de noblesse et de dignité ; remarquez la richesse des détails dans une composition équilibrée, dominée de rouge et d'or.

visiter

Musée national Fernand-Léger★★

Au SE du village, un peu à l'écart de la D 4 (fléchage). ☎ *04 92 91 50 30 - www.musee-fernandleger.fr -* ♿ *- fermé pour travaux jusqu'en juin 2006 - se renseigner.*

Ce sobre édifice a été conçu en 1960 par Andreï Svetchine dans la propriété du Mas Saint-André que Fernand Léger (1881-1955) avait achetée peu avant sa mort. Il contient les 348 œuvres léguées à l'État par l'épouse du peintre, Nadia Léger. Celles du parc, en céramique et en bronze, illustrent la variété des modes d'expression de l'artiste.

La façade principale est recouverte d'une immense **mosaïque** (près de 500 m^2) aux couleurs vives, conçue pour décorer le stade de Hanovre et qui célèbre les sports. Un épais vitrail en dalle de verre éclaire l'entrée. Des céramiques originales illustrent ensuite la création de F. Léger durant les années 1950-1955 dans l'atelier Brice à Biot.

ARCHITECTURE
L'architecte **Andreï Svetchine**, fils d'un général russe et élève aux Arts décoratifs de Nice, exerça ses talents dans la création de demeures de la Côte : la villa de Marc Chagall, le musée Fernand-Léger... Il remania la Colombe d'Or à St-Paul et, à la fin de sa carrière (en 1984) présida à la restauration de la cathédrale orthodoxe de Nice.

Un grand nombre de **tableaux** permettent de saisir l'évolution du peintre de 1905 à sa mort. Après des débuts impressionnistes (*Portrait de l'oncle* et *Le Jardin de ma mère*), Cézanne l'influence de façon déterminante *(Étude pour la femme en bleu* [1912] et *14 juillet*). Entre les deux guerres, il cultive les constructions géométriques (*Le Grand Remorqueur*, 1923) et les oppositions d'à-plats de couleurs pures, comme dans l'insolite *Joconde aux clés* (1930). L'*Étude pour Adam et Ève* (vers 1934) affirme désormais son indifférence pour les traits des personnages, soumis aux seules exigences de l'ensemble de la composition. Par une nouvelle mutation (1942), Léger libère la couleur du dessin qui la cernait jusqu'alors dans un décalage qui contribue à la rigoureuse composition (*Plongeurs polychromes*). Après 1945, les œuvres de F. Léger expriment, par leur composition, sa formation d'architecte et, par leurs sujets, ses préoccupations sociales : il dépeint la guerre qui l'a blessé, la civilisation industrielle, la ville, la modernité, la vie (*Campeur, Grande Parade sur fond rouge*). Son œuvre la plus significative à ce titre est *Les Constructeurs* en 1950.

Les grandes mosaïques extérieures ont été réalisées d'après des dessins originaux de l'artiste, dont un projet prévu pour la Triennale de Milan et une reprise des *Oiseaux sur fond jaune*.

Musée d'histoire locale et des céramiques biotoises

☎ 04 93 65 54 54 - juil.-sept. : 10h-18h ; oct.-juin : 14h-18h - fermé nov., lun., mar., 1er janv., Pâques, 15 août, 1er nov. et 25 déc. - 2 €, gratuit 1er dim. du mois.

Aménagé dans les vestiges de la chapelle des Pénitents-Blancs, encore dominée par un clocheton à trois pans, il évoque les épisodes les plus importants de l'histoire de Biot depuis l'Antiquité. Une cuisine biotoise reconstituée, quelques costumes et objets rappellent la vie d'autrefois. Concernant la céramique, belle collection de **fontaines d'appartement** du 19e s., caractérisées par leur émail jaune marbré de vert et de brun, une série de jarres frappées des marques des anciens maîtres potiers. Une galerie expose des œuvres contemporaines.

Céramique biotoise

La fabrication de jarres à Biot remonte à l'époque des Phocéens. Au Moyen Âge, Biot se rendit célèbre par sa production de grandes jarres vernissées qui servaient au transport et à la conservation de l'huile. De nos jours, quelques ateliers en produisent encore, ainsi que des poteries et des grès d'ornement.

Bonsaï arboretum

Chemin du Val-de-Pôme, 100 m au Sud du musée Fernand-Léger. ☎ 04 93 65 63 99 - www.museedubonsai.fr.st - ♿ - tlj sf mar. 10h-12h, 14h-18h - fermé janv. et 25 déc. - 4 € (enf. 2 €).

Vous découvrirez une impressionnante quantité et variété de ces arbres miniatures au cours d'une promenade dans un univers japonais de 3 000 m², qui pourra se prolonger par une tasse de thé. Également d'autres plantes exotiques, à voir... et à acheter.

Bormes-les-Mimosas★

S. Detchemendy/MICHELIN

Jaune sur fond bleu : ce sont les couleurs de Matisse, et le bel apparat du mimosa.

Dans un site enchanteur, proche de la mer, à l'entrée de la forêt du Dom, Bormes-les-Mimosas est la station dédiée au farniente et au plaisir des sens. Eucalyptus, cyprès, lauriers-roses, anthémis et surtout mimosas exhalent leurs effluves dans ce vieux village étagé sur le flanc des Maures. La Provence y est en fête, comme en février avec le corso fleuri de mimosas.

La situation

Carte Michelin Local 340 N7 – Schéma p. 246 – Var (83).

Amateurs de baignades : la commune possède 17 km de plages qui s'étendent du Lavandou (*voir ce nom*) à l'anse de Brégançon : La Favière avec son port de plaisance, baie du Gaou, cap Bénat (*privée*), Cabasson, Léoube... et des criques à découvrir par le sentier du littoral. Les randonneurs trouveront leur bonheur dans le massif des Maures (*voir ce nom*).

ℹ Pl. Gambetta, 83230 Bormes-les-Mimosas, ☎ 04 94 01 38 38. www.bormeslesmimosas.com

Le nom

Bormo désignait pour les Gaulois une divinité des eaux chaudes, mais il n'y a pas d'eaux thermales ici... et pas de Gaulois non plus. Or, en ligure, *bor* signifie « hauteur », ce qui convient mieux à la topographie comme à l'histoire des lieux. On accola « les-Mimosas » à Bormes au début du siècle, et on officialisa l'appellation en 1968 pour attester de la culture florale de la ville.

DISTINCTION
En 2003, Bormes-les-Mimosas s'est vu décerner la médaille d'or au Concours Européen des Villes et Villages Fleuris.

Les gens

6 324 Borméens. Bormes, terre de gauchos ? En tout cas, deux Borméens jouèrent un rôle au 19e s. lors des guerres d'indépendance en Amérique du Sud : il s'agit de **H. Mourdeille** (1758-1807), qui chassa les Espagnols de Montevideo, et de **H. Bouchard** (1780-1837), qui organisa la marine de guerre argentine. En leur mémoire, Bormes célèbre chaque année, le 9 juillet, la fête nationale argentine.

D. Pazery/MICHELIN

Bormes... pour une fois sans mimosas. Mais ceux-ci ne sont pas loin et illuminent de leurs tâches d'or la cité de Jean Aicard.

se promener

Vieilles rues★

En contrebas de l'**église** s'étend le vieux Bormes qui a conservé son caractère merveilleusement provençal. Plusieurs passages couverts (appelés ici *cuberts*) où se tenaient, abritées du soleil, les réunions de voisinage ponctuent la promenade. De nombreuses ruelles en pente dévalent depuis la hauteur du **château**.

« CASSE-COU ? »
Telles sont les ruelles raides de Bormes, notamment celle du Rompi-Cuo (en provençal « casse-... derrière »), revêtues de dalles lisses séparées par une rigole centrale.

Chapelle St-François

Entourée de noirs cyprès, elle fut érigée au 16e s. en l'honneur de saint François de Paule, moine calabrais qui aurait délivré le village de la peste en 1481. À droite de la chapelle, le vieux cimetière est envahi par une végétation exotique : parmi des tombes du 18e s. s'élève un monument à la mémoire du peintre **Jean-Charles Cazin** *(voir le musée Arts et Histoire)*, qui affectionnait particulièrement ce site.

Place St-François

Située devant la chapelle, c'est ici que se déroule le marché et que se jouent les parties de boules. À l'extrémité, se trouve la tour ronde d'un vieux moulin. De là, belle **vue** sur la rade de Bormes et le cap Bénat.

Église St-Trophyme

Elle s'élève à 200 m de l'hôtel de ville. C'est un robuste édifice du 18e s. à 3 nefs, d'inspiration romane. À l'intérieur, les piliers portent 6 bustes reliquaires en bois doré, de la même époque et le chœur abrite des fresques. Chemin de croix : 14 peintures à l'huile d'Alain Nonn (1980).

DE L'HEURE DU JOUR À L'HEURE DE DIEU
Telle est la traduction de la devise du cadran solaire sur la façade de l'église : « Ab hora diei ad horam Dei ».

carnet pratique

Visite

Documentation – Il met à votre disposition un plan du vieux village présentant les principales curiosités. Si vous voulez en savoir plus sur la flore très variée qui embellit le village, un « Guide des Fleurs » est en vente (5 €).

Si vous souhaitez simplement vous balader aux alentours, un « Topo Guide » réunissant 9 circuits de randonnées est en vente (5 €).

Visite guidée - S'adresser à l'Office de tourisme - avr.-sept. : visite historique (1h30) jeu. 17h ; visite botanique (1h30) mar. 9h - 5 €.

Se loger

⊖ **Le Grand Hôtel** – *167 rte du Baguier - sortie N de Bormes, dir. Collobrières - ☎ 04 94 71 23 72 - www.augrandhotel.com - fermé nov.-fév. - P - 50 ch. 38/115 € - ☕ 8 €.* Il règne une ambiance délicieusement surannée en ce grand hôtel de 1903 bâti à flanc de colline, sur les hauteurs de la ville. Les chambres, d'ampleur variée, possèdent pour la plupart un balcon d'où l'on peut contempler à loisir le littoral varois.

⊖⊖⊖ **Hôtel Les Palmiers** – *Chemin du Petit-Fort - 8 km au S de Bormes - ☎ 04 94 64 81 94 - les.palmiers@wanadoo.fr - fermé 15 nov.-31 janv. - P - 17 ch. 110/170 € - ☕ 14 €.* Dans une zone résidentielle, non loin de la plage et du fort de Brégançon, cet hôtel jouit d'une grande tranquillité. Ses chambres ont pour la plupart de grands balcons. Le restaurant ouvre sur une verdoyante terrasse d'été. Demi-pension obligatoire en saison.

Se restaurer

⊖⊖ **La Ferme des Janets** – *378 chemin des Janets, RN 98 - ☎ 04 94 71 45 11 - www.fermedesjanets.fr - fermé 2 janv.-15 fév. - 20/38 €.* Un petit chemin longe les vignes, passe sous les chênes-lièges, les cyprès, les lauriers et rejoint ce mas où vous profiterez de la belle terrasse verdoyante et du jeux de boules après un repas aux accents campagnards.

⊖⊖⊖ **Lou Portaou** – *R. Cubert-des-Poètes - ☎ 04 94 64 86 37 - fermé 15 nov.-20 déc., lun. soir et mar. hors sais. et le midi en sais. - réserv. obligatoire - 38 €.* Installé dans une tour de guet du 12e s. veillant sur le village, ce restaurant joue la carte de l'authenticité. Dans ses salles en pierres apparentes décorées d'objets et de meubles anciens ou sur sa terrasse, le patron sert une cuisine aux accents du pays.

Que rapporter

Marché – Mercredi au vieux village, samedi (saison) à la Favière ; marché provençal « Santo Coupo » (dernier week-end de septembre) au Pin-de-Bormes.

Calendrier

Corso – Entre fin janvier et début mars, la Côte d'Azur est animée par une multitude de défilés de chars, les corsos, dans les rues de Cannes, Menton, Nice, Tourettes-sur-Loup et bien sûr Bormes-les-Mimosas. Corso du mimosa : 3e dimanche de février.

Mimosalia – Dernier week-end de janvier : expo-vente de plantes de collection.

Foire aux santons – 1er week-end de déc.

Château

Près de l'église, on longe les vestiges – partiellement restaurés et habités – du vieux château (13e-14e s.) des seigneurs de Fos, qui domine le village. Une terrasse offre un superbe point de **vue★** sur Bormes, sa rade, le cap Bénat, les îles de Port-Cros et du Levant.

Espaces verts

Outre les ruelles verdoyantes, au bas de la vieille ville se trouvent le **parc du Cigalou** pour se reposer à l'ombre des cèdres et des eucalyptus, et en face le **parc Gonzalez** pour admirer l'exceptionnelle collection de plantes australiennes.

visiter

Musée Arts et Histoire

65 r. Carnot. ☎ 04 94 71 56 60 - juil.-août : tlj sf lun. 10h-12h, 15h30-18h30, dim. 10h-12h ; reste de l'année : tlj sf lun. 10h-12h, 14h30-17h, dim. 10h-12h - fermé 1er janv., 1er Mai et 25 déc. - gratuit.

Créé par le peintre **Charles Bénézit** qui s'installa dans le village en 1915, ce musée rassemble, dans le cadre d'une maison du 18e s., des peintures et sculptures (19e-20e s.), dont des œuvres de Cazin (1841-1901), peintre paysagiste et décorateur. Les expositions temporaires traitent du patrimoine régional.

S. Sauvignier/MICHELIN

L'île trapue du fort de Brégançon ne se laisse pas aisément approcher : idéal pour des vacances présidentielles !

alentours

Cap de Brégançon

À l'extrémité orientale de la rade d'Hyères s'avance un îlot rocheux dominé par une forteresse : c'est le fort de Brégançon *(ne se visite pas)*, rattaché par une passerelle au rivage du cap Bénat. Laissé à l'abandon au 18e s., il reçut un début de restauration de la part du jeune général Bonaparte avant d'être complètement restauré dans l'entre-deux-guerres. Ses parties les plus anciennes datent du 16e s. Depuis la plage jouxtant la clôture, on aperçoit le pont-levis et les deux tours crénelées.

Présidentiel
Le fort est depuis 1968 la résidence estivale du président de la République. Si Georges Pompidou y vint, ce fut avec moins d'assiduité que Jacques Chirac, à qui le lieu doit rappeler ses vacances d'enfant, au domaine du Rayol.

Breil-sur-Roya

Blotti entre le sommet de l'Arpette (1 610 m) et la rivière, ce joli bourg n'est qu'à deux sauts de cabri de l'Italie, dont il a la couleur, le parfum et l'animation. Les amoureux de la nature et du sport pourront s'y ressourcer avant de descendre des gorges sauvages ou de gravir les montagnes qui l'environnent.

Balades
L'Office de tourisme propose un dépliant descriptif pour la visite du village et 3 « promenades ludiques et panoramiques » au départ de Breil.

La situation

Carte Michelin Local 341 G4 - Schéma p. 309 - Alpes-Maritimes (06). Entre Sospel *(à 23 km, voir ce nom)* et Saorge *(à 11,5 km, voir ce nom)*, Breil s'étend sur les deux rives de la Roya, élargie par un petit barrage. La vieille ville se presse sur la rive gauche.

Pl. Bianchéri, 06540 Breil-sur-Roya, ☎ 04 93 04 99 76. www.breil-sur-roya.fr

Vallées Roya-Bévéra, ☎ 04 93 04 92 05. www.royabevera.com

Le nom

Issu du gaulois *brogilus*, il signifie « champ, enclos ». Allusion aux milliers d'oliviers qui entouraient jadis le village ou au méandre de la Roya qui semble enserrer le promontoire au pied duquel s'étend la bourgade d'aujourd'hui ?

E. Baret/MICHELIN

La magnificence du décor du buffet d'orgue (17e s.) est représentative du luxe affiché par la bourgeoisie locale dans les églises à cette époque.

se promener

LE VIEUX VILLAGE

Ses charmantes ruelles serrées de demeures anciennes, colorées parfois de fresques en trompe l'œil, sa place à arcades, le clocher polychrome de l'église paroissiale et

carnet pratique

TRANSPORTS

Accès en train – Les lignes française (TER) et italienne (FS) de Nice/Breil-sur-Roya et Breil-sur-Roya/Cuneo/Torino suivent les anciennes routes du sel et desservent les gares de Peille, Sospel, Saorge, La Brigue et Tende *(voir ces noms)*. Le voyage est particulièrement pittoresque.

☺ En été, prenez « **le train des merveilles** » car le parcours est commenté par un guide *(voir « Découvrir autrement » dans les Informations pratiques)*.

SE LOGER

⊖ **Le Roya** – *3 pl. Biancheri - ☎ 04 93 04 48 10 - hotelraya@mode.fr - réserv. obligatoire en hiver - 13 ch. 44/52 € -* ☕ *6 €.* Dressée sur la rive gauche de la Roya, façade colorée abritant des chambres récemment rénovées, bien tenues et équipées de vastes salles de bains ; celles avec vue sur la montagne et la rivière sont les plus plaisantes.

SPORTS & LOISIRS

A.E.T. Nature – *392 chemin du Foussa - ☎ 04 93 04 47 64 - www.aetcanyonnig.com - tte l'année sur réserv.* Canyoning, randonnées pédestres, via ferrata, rafting et gîte d'étape d'une capacité de 20 places en chambres de 2 à 6 personnes.

Roya Evasion – *1 r. Pasteur - ☎ 04 93 04 91 46 - www.royaevasion.com - tlj sf w.-end 9h-12h, 14h-19h et tlj en juil.-août - fermé nov.* Roya Evasion propose tous types d'activités de sports et loisirs : kayak, canyoning, rafting, randonnées pédestres, VTT, raquettes, via ferrata, etc. Accompagnement assuré par des guides et moniteurs diplômés d'état ; location de matériel.

CALENDRIER

« A Stacada » – Cette manifestation se déroule tous les 4 ans (la dernière a eu lieu en 2001) pour commémorer l'abolition du droit de cuissage par la révolte des habitants de Breil soumis à un tyran local au 14e s. Une partie de la population, parée de costumes médiévaux, traverse la cité. L'arrivée à l'improviste du seigneur permet à la population de demander réparation. Après de nombreuses courses poursuites dans les ruelles entre la garde turque du seigneur et les notables, ces derniers sont définitivement capturés et enchaînés, c'est-à-dire a stacada.

la façade Renaissance de la chapelle Ste-Catherine (qui accueille des expositions temporaires) dénotent l'ancienne appartenance italienne de la ville, autrefois étape de la route Vintimille-Turin. À voir également, les vestiges de remparts et la porte de Gênes.

Église Sancta-Maria-in-Albis

Ce magnifique édifice baroque du 18e s. s'ouvre par de beaux vantaux sculptés. On peut y admirer les fresques qui ornent les voûtes (Assomption de la Vierge), un magnifique **buffet d'orgue** en bois sculpté et doré et, à gauche du chœur, un **retable** primitif (1500) consacré à saint Pierre, représenté en pape coiffé d'une triple tiare.

Blotties sous la montagne de l'Arpette, les vieilles maisons de Breil n'ont d'autre choix que de s'étaler sur la mince bande de terre longeant la retenue de la Roya.

Brignoles

Ruelles et traverses, étroites et tortueuses, montantes ou descendantes dessinent le labyrinthe du vieux Brignoles, aujourd'hui quartier central d'une ville animée qui, prospère grâce à son importante foire et à l'exploitation de la bauxite jusqu'à la fin des années 1980, a depuis longtemps débordé le vieux tracé des remparts.

La situation

Carte Michelin Local 340 L5 – Var (83). Situé dans le bassin de la vallée du Carami, le vieux Brignoles occupe le versant Nord d'une petite colline surmontée de l'ancien château des comtes de Provence. La ville nouvelle (zone industrielle à l'Ouest, lotissements partout ailleurs) se développe dans la plaine. Venant du Sud *(Toulon est à 50 km, voir ce nom)* ou du Nord *(Barjols est à 22 km, voir ce nom)*, on finit toujours par aboutir au grand parking, place des Augustins.

10 r. du Palais, 83170 Brignoles, ☎ 04 94 69 27 51.

Office intercommunal de tourisme de la Provence Verte, carrefour de l'Europe, 83170 Brignoles, ☎ 04 94 72 04 21. www.la-provence-verte.org

Le nom

Brin et *on* (« prune bonne ») : ces deux mots d'origine celte ou ligure auraient donné Brignoles. Il pourrait aussi dériver du toponyme celtique « briga » qui signifie « hauteur », « forteresse ».

Les gens

12 487 Brignolais. Le duc de Guise n'y a sans doute jamais mis les pieds... mais il aurait grignoté quelques prunes de Brignoles avant d'être assassiné à Blois (sans qu'il y ait le moindre rapport de cause à effet). Réputées alors dans toutes la France, les prunes de Brignoles viennent aujourd'hui... de Digne !

se promener

Balades

3h30 (8 km). Le circuit de la **Font de Bardel** traverse les collines : table d'orientation découvrant le pays brignolais.

3 km au Nord de Brignoles. Un sentier mène au **dolmen des Adrets**.

LE VIEUX BRIGNOLES

Plan de découverte de la cité médiévale disponible au syndicat d'initiative ou à l'office intercommunal de tourisme de la Provence Verte.

Au Sud de la place Carami, la rue du Grand-Escalier et ses voûtes, la rue St-Esprit, la rue des Lanciers, où se trouve une **maison romane** à fenêtres géminées, pénètrent dans le vieux Brignoles.

BRIGNOLES

Carami (Pl.)	3
Cavaillon (Traverse)	4
Comtes de Provence (Pl. des)	6
Dr-Barbaroux (R. du)	8
Dréo (Av.)	9
Ferry (R. Jules)	12
Foch (Av. Mar.)	14
Grand Escalier (R. du)	15
Lanciers (R. des)	19
Liberté (Cours de la)	21
Mistral (Av. Frédéric)	22
Ottaviani (R. Louis)	25
Palais (R. du)	2
Parrocel (Pl.)	26
République (R. de la)	28
St-Esprit (R.)	30
St-Louis (Bd)	32
St-Pierre (Pl.)	34
8 Mai 1945 (R. du)	38

Maison romane	E
Musée du Pays brignolais	M

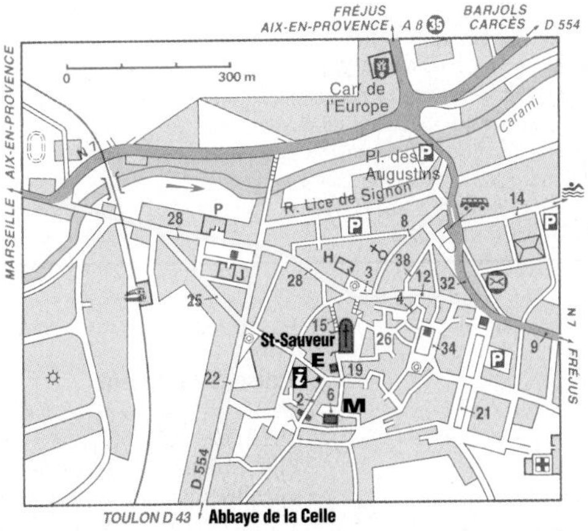

carnet pratique

Informations

L'office intercommunal de tourisme de la Provence Verte – Il regroupe 29 communes entre le Verdon, la Sainte-Baume et la Sainte-Victoire, dont Barjols (voir ce nom) ; Tavernes, Varages (voir Barjols) ; Brignoles ; Carcès, Correns, La Celle, Le Val, Montfort-sur-Argens (voir Brignoles) ; Entrecasteaux (voir ce nom), décrits dans ce guide.
Vous y trouverez le programme des visites « Balades nature » à pied ou à VTT, ainsi que différentes documentations : brochure « Rando VTT » (21 circuits, 6 €), « Guide Promenades » (39 circuits, 5 €), « Chemins du Patrimoine » (3 thèmes : l'eau, le sacré et les châteaux, 3 €).

Se loger

La Cabro d'Or – *5 av. Giraud-Florentin - 83570 Carcès - ☎ 04 94 04 50 26 - fermé vac. de fév. - 27 ch. 40 € - ☕ 6 € - restaurant 18/36 €.* À deux pas du centre-ville, un petit établissement rénové et propre, sans prétention. Cuisine provençale au restaurant.

Chambre d'hôte Château de Vins – *83170 Vins-sur-Caramy - 9 km de Brignoles par D 24, rte du Thoronet - ☎ 04 94 72 50 40 - http://perso.wanadoo.fr/chateaudevins/ - fermé nov.-avr. - ⊭ - 5 ch. 50/70 € ☕.* Ce bel édifice du 16e s. cantonné de quatre tours abrite des chambres sobrement aménagées ; toutes portent des noms de musiciens. Rénové avec passion par un dynamique propriétaire, il accueille activités culturelles, stages de musique, expositions, concerts estivaux et séminaires.

La Cordeline – *14 r. des Cordeliers - ☎ 04 94 59 18 66 ou 06 12 99 20 02 - www.lacordeline.com - réserv. obligatoire - 5 ch. 70/105 € ☕ - repas 30 €.* Havre de bien-être en plein centre-ville, cette ravissante maison de notable du 17e s. abrite d'immenses chambres garnies de beaux meubles de famille. Dès les premiers rayons du soleil, les petits-déjeuners, assortis de confitures maison, sont servis sur la terrasse, à l'ombre de la treille.

Se restaurer

Les Chineurs – *18 r. Hoche - 83570 Carcès - ☎ 04 94 04 31 99 - fermé dim. et lun. - ⊭ - 7/17 €.* Le restaurant propose des pizzas et des spécialités de moules. Les pizzas sont cuites devant vous au feu de bois. Rassurez-vous, la salle est climatisée. Cadre rustique : vieilles poutres et murs blanchis à la chaux.

La Remise – *4 av. de la Libération - 83890 Besse-sur-Issole - 15 km au SE de Brignoles par N 7 dir. le Luc et à droite sur D 13 - ☎ 04 94 59 66 93 - fermé 1 sem. vac. de la Toussaint, 1 sem. vac. de printemps, lun. en juil.-août - 13 € déj. - 15/20 €.* Petite adresse sans prétention derrière une discrète façade postée à l'entrée du village. Décor empreint de sobriété : murs blancs égayés de quelques photos et tableaux. Cour-terrasse ombragée. En cuisine, visible de la salle, on prépare des plats simples à tendance régionale.

Que rapporter

Marchés – Mercredi, pl. Caramy, samedi, pl. du Gén.-de-Gaulle et pl. du 8-Mai.

Foire de l'Agriculture – Cette foire-exposition, créée en 1921, est consacrée aux vins du Var et de la Provence, au miel, aux olives et à l'huile d'olive, etc. Elle a lieu pendant une dizaine de jours au mois d'avril.

Foires à la saucisse au Val – Foire à la saucisse, le 1er week-end de septembre.

Spécialités – On trouve encore des bonbons et des confitures aux prunes dans de nombreuses boutiques de la ville.

Maison des Vins des Côteaux Varois – *Abbaye-de-la-Celle - 83170 La Celle - ☎ 04 94 69 33 18 - cotvarois@aol.com - hiver : tlj sf dim. 10h-12h, 14h-18h ; été : 10h-12h, 15h-19h, dim. et j. fériés 15h-19h.* Cette boutique est située dans l'enceinte même de l'abbaye de la Celle, magnifique édifice du 12e s. dont une partie a été superbement aménagée pour la présentation des produits du terroir. 80 vignerons y font la promotion de leurs vins rouges, blancs, rosés, auxquels s'ajoute la petite production de l'abbaye.

Atelier Debuisson-Cetani – *Rte du Lac - sortie Brignoles, dir. Carcès - 83570 Carcès - ☎ 04 94 04 37 33 - valerie.debuisson@libertysurf.fr - tlj 9h-19h, dim. sur RV.* Jean Debuisson, l'un des derniers potiers d'étain, a transmis son art à sa fille Valérie. Elle utilise deux techniques traditionnelles de coulée, l'une avec des moules déjà existants, l'autre avec des moules de sables argileux pour reproduire un modèle par empreinte. Visite gratuite et commentée. Vaisselle, timbale ou plat gravé à vos initiales, louches, soupières...

Église St-Sauveur

☎ 04 94 69 10 69 - possibilité de visite sur demande préalable.
Elle présente à l'extérieur un beau portail du 12e s. encadré de colonnes ioniennes. À l'intérieur, nef de style gothique provençal et jolie porte de sacristie (16e s.). Le

maître-autel est entouré de bois doré du 15e s. (sacrifice d'Abraham et distribution de la manne). Dans la chapelle de droite, **Descente de croix** de Barthélemy Parrocel, peintre mort à Brignoles en 1660.

E. Baret/MICHELIN

Détail de la porte de l'église St-Sauveur : panneau finement ciselé.

Musée du Pays brignolais

☎ 04 94 69 45 18 - www.museebrignolais.com - 9h-12h, 14h30-18h, dim. 9h-12h, 15h-18h - fermé lun., mar., 1er janv., dim. de Pâques, 1er Mai, 1er nov. et 25 déc. - 4 €.

Il est établi dans l'ancien **palais des comtes de Provence** (en partie du 12e s.) dont la tour domine la ville *(table d'orientation)*.

Dans la salle des Gardes, le **sarcophage de la Gayole★** (2e s.) serait le plus ancien monument chrétien de Gaule, mais l'iconographie (pêcheur, ancre, berger ramenant une brebis, arbres du jardin céleste, soleil personnifié) est encore marquée par la tradition polythéiste gréco-romaine. À l'opposé, la barque en ciment est due à Joseph Lambot, inventeur du ciment armé ! Art religieux (dans l'ancienne chapelle), reconstitutions d'une cuisine provençale du 19e s. et d'une galerie de mine de bauxite ; **crèche animée** (1952) fabriquée selon la tradition provençale ; peinture religieuse et profane des peintres brignolais Barthélemy et Joseph **Parrocel**, et de **Montenard** (1849-1926)...

alentours

Abbaye de La Celle

Quitter Brignoles par la D 554, au Sud, puis prendre à droite la D 405. ☎ 04 94 59 19 05 - www.la-celle.fr - visite guidée (30mn) avr.-sept. : 9h-12h30, 14h-18h30, w.-end 9h-13h, 14h30-18h30 ; oct.-mars : 9h-12h, 14h-17h, sam. 9h-12h, 14h-17h30, dim. 10h-12h, 14h-17h30 - fermé 1er janv., 1er Mai, 1er et 11 Nov., 25 déc. - 2,30 € (-12 ans gratuit).

Cet édifice roman (11e-12e s.) fut vendu à la Révolution et transformé en exploitation agricole, puis en hôtellerie de luxe. Il est aujourd'hui propriété du Conseil Général du Var et fait l'objet d'une restauration. On visite l'église abbatiale, le cloître et son jardinet, la salle capitulaire et le cellier aménagé en sacristie. Avec sa nef unique en cul-de-four, l'austère chapelle Sainte-Perpétue a une allure de forteresse. Elle abrite un Christ d'origine catalane d'un réalisme saisissant, deux retables baroques ainsi que le sarcophage de Garsende de Sabran.

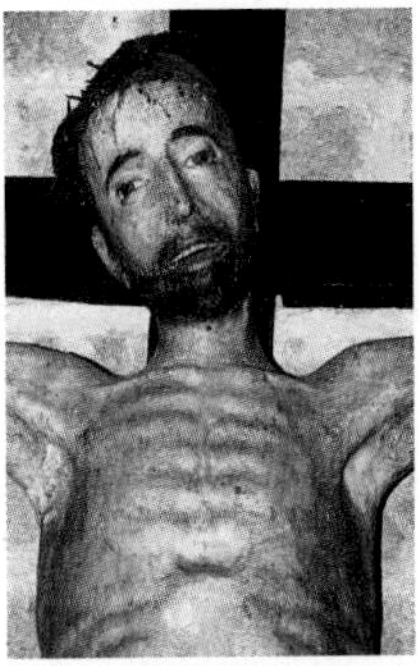

S. Sauvignier/MICHELIN

Le réalisme saisissant de cette sculpture du Christ dans l'église paroissiale est d'autant plus étonnant que l'œuvre date du début du 14e s. !

SCANDALE AU COUVENT

Monastère fondé au 6e s., érigé en abbaye au 11e s., ce couvent de bénédictines attire les filles de la haute noblesse provençale. Aux 16e et 17e s., sa réputation change de nature : les religieuses se distinguent « par la couleur de leur jupon et le nombre de leurs galants » ; le scandale cause en 1657 le transfert à Aix de la communauté, sur ordre de Mazarin, abbé commendataire. Le couvent déclinera jusqu'en 1770.

circuits

PAYS BRIGNOLAIS★ 1

56 km – environ 3h. Quitter Brignoles au Nord par la D 554.

Le Val

En bordure de l'ancienne voie Aurélienne, Le Val regroupe ses maisons étroites au caractère provençal préservé, autour du délicat campanile en fer forgé (18e s.) de la **Tour de l'Horloge**. Rue Niel, remarquez la belle façade romane de la « Maison de Ville ». Poursuivant cette rue, vous arrivez à l'ancien moulin à huile et à la **Maison de l'Olivier**. *☎ 04 94 37 02 21/31 95 - 9h-12h, 14h-18h - fermé 1 w.-end sur 2, 1er janv. et 25 déc. - 2 € (6-12 ans 1 €).*

À VOIR AU VAL

Dans l'église romane du Val, belles **fresques** du 18e s.
Peintures *(façade de l'Hôtel des Vins)* et sculpture *(mur de scène du jardin-théâtre)* de **Le Couëdic**, élève de Dali.

Musée du Santon – ☎ *04 94 86 48 78 - ♿ - 9h-12h, 14h-18h - fermé 1er janv. et 25 déc. - 2 € (6-12 ans 1 €).* La longue pièce voûtée de l'ancien four banal (12e s.) abrite des santons de Provence et d'ailleurs, en verre filé de Venise, en mie de pain de Quito, etc. Crèche provençale animée.

Musée d'Art sacré – *Au N du village. Mêmes conditions de visite que le musée du Santon.* Dans la chapelle des Pénitents Noirs (16e s.) sont exposées des ex-voto, statues et vêtements sacerdotaux brodés.

Le **musée de la Figurine historique** – *Au SE du village. ☎ 04 94 86 32 95 - juil.-août : tlj sf lun. 15h30-18h ; reste de l'année : tlj sf lun. 15h-17h - possibilité de visite à d'autres horaires sur demande - 2 € (6-12 ans 1 €).* Il présente des jouets anciens (certains datent de 1850), des figurines historiques et quelques uniformes militaires anciens.

Prendre la D 562 au Nord-Est.

Carcès

Ses maisons aux longs toits plats couvrent une petite colline dominée au loin par le sommet du Gros Bessillon. Certaines façades sont couvertes d'écailles en faïence de Salernes, une rareté très varoise. Carcès produit de l'huile et du miel et possède de grandes caves de vinification.

E. Baret/MICHELIN

Les façades de tuiles vernissées qui donnent un charme si particulier aux rues de Carcès servent à protéger les maisons du vent d'Est apportant la pluie et dégradant les façades.

Chutes du Carami
2h30. Se garer près du pont de Carami. Un sentier balisé (8 km) mène à cette fraîche cascade qui franchit deux fois 7 m.

À la sortie de Carcès, la D 13 *(direction Cabasse)* longe la rive du Carami qui court sous les arbres.

Lac de Carcès

Rendez-vous des pêcheurs *(baignade interdite)* et de la fraîcheur, ce plan d'eau de 60 ha, créé en 1936, retient 8 millions de m³ destinés à alimenter en eau potable Toulon et d'autres communes de la côte. Abords boisés (pins). À l'extrémité Sud, **vue** sur les collines avoisinantes.

Après le lac de Carcès, un détour par la D 79 conduit à l'**abbaye du Thoronet**★★ *(voir ce nom).*

Revenir à la D 13 et à la vallée de l'Issole à gauche.

Cabasse

Sur la route des vins des côtes-de-Provence, menhirs et dolmens avoisinent ce village *(à l'Ouest accès par la D 79)* à la place ombragée, dotée d'une fontaine en forme de vasque. La nef latérale de l'**église St-Pons** (16e s.) présente des culs-de-lampe en forme de visages grotesques ou empreints de douceur. Le **maître-autel**★ en bois doré est d'inspiration Renaissance espagnole. *☎ 04 94 80 22 36 - possibilité de visite sur demande auprès de M. Berard.*

Continuer sur la D 13, puis tourner à droite dans la N 7 qui ramène à Brignoles.

VALLON SOURN 2

39 km – environ 1h. Quitter Brignoles par le Nord (D 554). Au Val, prendre à droite la D 562, puis à gauche, la D 22.

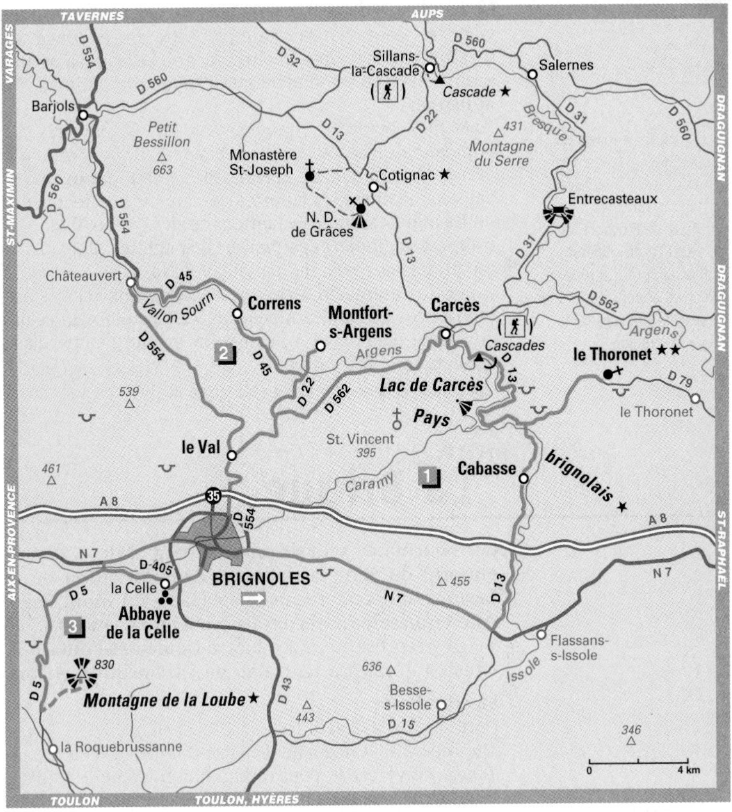

Montfort-sur-Argens

Ancienne commanderie de templiers, le village a gardé ses remparts et les ruines d'un château féodal d'aspect farouche : deux tours carrées percées de fenêtres à meneaux et un bel escalier à vis (15e s.). Le terroir produit d'excellentes pêches et du raisin.

Rebrousser chemin jusqu'au carrefour de la D 45 et remonter la vallée de l'Argens (à droite).

Correns

Ce charmant village à cheval sur l'Argens compte de nombreuses fontaines et un vieux château dont le donjon a conservé ses gargouilles. On y produit et on y boit un bon **vin blanc**.

Vallon Sourn

Sourn signifie « obscur » en provençal. La haute vallée de l'Argens s'encaisse entre de belles falaises : ombragée et fraîche en été, elle est sombre en hiver. Les grottes servirent de refuge durant les guerres de Religion. Aujourd'hui, la nature particulièrement généreuse de ce milieu n'ayant de sombre que l'appellation en fait un lieu idéal de repos, de promenade et de baignade. Vous pouvez aussi y faire du canoë et de l'escalade. Les falaises du vallon sont devenues un site de référence pour les adeptes de la varappe.

À Châteauvert, la D 554 (à gauche) ramène à Brignoles.

> **Bio**
> La plupart des viticulteurs de Correns ont opté pour l'agriculture biologique. Retrouvez-les lors de la **Foire de la bio et du naturel** le 3e w.-end d'août. *Renseignements à l'Office de tourisme,* ☎ *04 94 37 21 91.*

randonnée

Montagne de la Loube★ 3

14 km au Sud-Ouest – environ 3h. Quitter Brignoles par la D 554. À La Celle, la D 405 conduit à la D 5 qu'on descend vers le Sud. 1 km avant la Roquebrussanne, laisser la voiture sur la gauche.

La bauxite
Les environs du Thoronet et de la montagne de la Loube sont rougis par l'oxyde de fer de nombreuses mines de bauxite. L'extraction de cette roche, baptisée d'après les Baux-de-Provence et source du minerai d'aluminium, fut jusque dans les années 1970 une activité majeure de la région.

2h AR, par la petite route interdite aux véhicules. Très verte et fleurie au printemps, cette route longe ou surplombe des roches dolomitiques où l'érosion a parfois sculpté d'étranges silhouettes d'apparence animale ou humaine.

Pour finir l'excursion, grimper sur les rochers près des installations d'un relais de télécommunication (escalade facile). Au sommet (alt. 830 m), intéressant **panorama★** : dans les plaines, les cultures découpent des rectangles multicolores sertis de chaînons arides, et au flanc des collines, au milieu des pins et des chênes, apparaît le rouge des carrières de bauxite. Au Nord, au-delà de la vallée du Carami, on découvre les collines de la Provence intérieure ; à l'Est, les Alpes ; au Sud, les montagnes qui dominent Toulon et à l'Ouest, la longue chaîne de la Ste-Baume.

Rentrer à Brignoles par la D 5 et la N 7.

La Brigue

Ce charmant village montagnard (alt. 770 m) entouré de vergers s'allonge dans le vallon de la Levense qui s'ouvre sur le spectacle du mont Bégo. Ancienne seigneurie des Lascaris du 14e au 18e s., La Brigue représente, avec Notre-Dame-des-Fontaines, située à 4 km, un haut lieu de l'art primitif niçois.

La situation

Carte Michelin Local 341 G3 - Schéma p. 309 - Alpes-Maritimes (06). En venant de Saint-Dalmas-de-Tende *(voir Tende)*, traversez le pont roman qui enjambe le torrent. Vous arrivez dans La Brigue et bénéficiez alors de la plus belle vue sur le **mont Bégo**.

Place Saint-Martin, 06430 La Brigue, ☎ 04 93 04 60 04. www.labrigue-tourisme.com

Vallées Roya-Bévéra, ☎ 04 93 04 92 05. www.royabevera.com

Le nom

Du ligure *brik*, il signifie, à juste titre ici, « hauteur fortifiée ».

Les gens

595 Brigasques redevenus français en 1947. Tout ce que l'on sait d'eux, c'est qu'ils mangent bien et apprécient tout particulièrement la truite de leur rivière !

Balades
1h. Chemin des oratoires entre la Brigue et St-Dalmas-de-Tende
1h30. Sentier d'interprétation entre la Brigue et N.-D.-des-Fontaines.
Dépliant disponible à l'Office de tourisme.

se promener

Vieux village

Au pied des ruines du château (14e s.) et de la tour, de nombreuses maisons médiévales en pierre verte ou schiste noir de la Roya présentent de remarquables **linteaux** armoriés ou historiés *(notamment rue de la République)*. Sous les arcades de la place Vieille se déroulaient

carnet pratique

Visite

Chapelles de l'Assomption et de l'Annonciation – ☎ *04 93 04 60 04* - possibilité de visite guidée sur demande préalable à l'Office de tourisme juil.-août : 15h-18h.

Se loger

Le Pra-Réound – *Chemin St-Jean - sur D 43 sortie du village après la maison Adapeï - ☎ 04 93 04 65 67 - fermé 20 nov.-1er mars - ✗ - 6 ch. 29/36 € -* ☕ *5 €.* Les randonneurs apprécient cette petite adresse postée aux portes d'un charmant village montagnard. Chambres de style motel, bénéficiant toutes d'une terrasse avec vue sur les cimes enneigées. Cuisine équipée à disposition, pour préparer petits-déjeuners et en-cas.

B. Kaufmann/MICHELIN

Des arcades, de hautes parois : déjà alpine, toujours méridionale, l'austérité secrète du haut pays nissart à La Brigue.

autrefois foires et marchés. De part et d'autre de l'église paroissiale, deux chapelles de pénitents du 18e s. : à droite, la **chapelle de l'Assomption** dresse une façade baroque flanquée d'un gracile clocher génois. Elle abrite le trésor de la collégiale. À gauche, la **chapelle de l'Annonciation**, de plan hexagonal, abrite un musée d'art religieux.

Collégiale St-Martin★

Cette église paroissiale, ornée de bandes lombardes, est dominée par un beau clocher carré de la fin du 15e s. Le portail, surmonté d'un encadrement et d'un linteau du 16e s., ouvre sur une nef somptueusement décorée d'or à l'italienne. Outre le buffet d'orgue du 17e s. (réhabilité au 19e s. par des facteurs d'orgues italiens) et les fonts baptismaux de marbre blanc, on est ébloui par le très bel ensemble de **peintures de primitifs niçois★**. En entrant dans le bas-côté droit : une Crucifixion dans le style de celle de Louis Bréa à Cimiez ; le retable de Ste-Marthe : s'il présente quelques maladresses, la prédelle amuse par l'interprétation provençale de la vie de la sainte ; le Martyre de saint Érasme est d'un réalisme cruel ; un peu plus loin le beau retable de Louis Bréa l'**Adoration de l'Enfant**, et enfin le panneau central d'un triptyque de la même école représentant l'Assomption de la Vierge, entourée d'anges ravissants. Dans la première chapelle de gauche, admirez le triptyque de 1507 de l'Italien Fuseri, **Notre-Dame-des-Neiges**, inséré dans une superbe boiserie baroque du 18e s.

Remarquer
La barque qui transporte sainte Marthe à Marseille est devenue ici un vaisseau de haut bord *(prédelle du retable)* !

E. Baret/MICHELIN

Détail de la « Passion du Christ », par Jean Canavesio.

alentours

Chapelle Notre-Dame-des-Fontaines★★

4 km à l'Est par la D 43. ☏ 04 93 04 60 04 - possibilité de visite sur demande préalable à l'Office du tourisme de La Brigue mai-sept. : lun., vend. et w.-end 10h-11h, 14h-17h (dernière entrée 30mn av. fermeture) ; avr. 10h-12h, 13h30-15h ; nov.-mars : tlj sf dim. et lun. 13h30- 15h ; oct. 10h-12h, 13h30-15h - 1,50 €.

N.-D.-des-Fontaines est isolée dans le vallon du Mont-Noir, non loin du fascinant mont Bégo, et domine l'un des nombreux torrents de la région. En montant au mont Saccarel (2 200 m), on voit la frontière avec l'Italie.
Ce lieu miraculeux était déjà fréquenté au 2e ou au 3e s. comme l'atteste un premier sanctuaire des eaux, remplacé par une chapelle (dont il reste le chœur du 12e s.), à laquelle succéda celle de N.-D.-des-Fontaines (14e s.). Elle matérialise la réalisation du vœu des Brigasques de voir les sources, alors taries, couler à nouveau. Elle fait toujours l'objet d'un pèlerinage très suivi dans la région. Avant sa surélévation au 18e s. qui la dota de sept fenêtres hautes, elle fut agrandie au 15e s. pour recevoir en 1492 une extraordinaire décoration picturale : on a en effet le souffle coupé devant la beauté et la profusion des fresques qui ornent entièrement la chapelle. Ces images devaient raviver la foi dans ces contrées excentrées, d'où le style burlesque, macabre ou poétique de ces scènes pleines de vie et d'anecdotes précieuses sur l'époque.

Les fresques★★★ – **Jean Baleison**, meilleur artiste représentatif du gothique dans cette région des Alpes, a peint le chœur, consacré à la gloire de la Vierge. La voûte est revêtue des quatre évangélistes. Son style se reconnaît à la délicatesse, la légèreté et la grâce de ses personnages, comparables à ceux des fresques de Venanson *(voir Saint-Martin-Vésubie)*.

À travers la Passion *(nef)* et le Jugement dernier *(revers de la façade)*, le grand talent du primitif renaissant **Jean Canavesio** s'exprime d'une manière tout autre : dramatique, sombre et réaliste. Son art exubérant, s'il est encore d'inspiration gothique, s'affirme dans un dessin plus nerveux et un meilleur sens de l'espace.

◀ Une certaine interprétation du texte biblique semble être proposée à travers les détails ponctuels de ses compositions complexes. Ces anomalies peuvent dissimuler une critique pré-réformiste de la papauté (représentée par Pierre), alors avide de pouvoir politique et temporel (le couteau), attachée à son confort physique et peu soucieuse de purification (symbolisée par l'eau).

Observer
Infidélités au texte biblique dans les scènes de la Passion : Simon-Pierre, représenté brandissant un grand couteau lors de la Cène et un cimeterre, ou sabre oriental, lors de l'arrestation de Jésus ! Au jardin des Oliviers, il dort allongé (et non assis) et, lors du reniement, il est surpris en train de se réchauffer la plante des pieds ! Lorsque Jésus s'apprête à les lui laver, ceux-ci restent curieusement à la surface de l'eau.

Cabris

Ce charmant village perché du haut pays grassois s'inscrit dans un admirable site★ : sur le rebord de la haute Provence naissante, il regarde le bleu du lac de St-Cassien et celui de la mer à 20 km. Vous aimerez y lézarder, comme le firent naguère des écrivains et aujourd'hui les artisans, avant la saison touristique. Pour la fraîcheur, la grotte des Audides voisine sera idéale.

La situation

Carte Michelin Local 341 C6 – Alpes-Maritimes (06). À 6 km à l'Ouest de Grasse par la D 4.
🅸 *9 r. Frédéric-Mistral, 06530 Cabris,* ☎ *04 93 60 55 63.*

carnet pratique

Se loger

⊖ Chambre d'hôte Mme Faraut – *14 r. de l'Agachon* - ☎ *04 93 60 52 36* - *fermé 15 oct.-1er avr.* - ⊭ - *5 ch. 50/60 €* ☐. Empruntez les ruelles du village et faites étape dans cette maison ancienne à la façade jaune. Vous y trouverez des chambres blanches, sobres, au calme. Certaines d'entre elles ainsi que le salon disposent d'une jolie vue sur le massif de l'Esterel et le lac de St-Cassien.

⊖⊖ Chambre d'hôte Villa Loubéa – *970 chemin Daou-Riba - 06530 Spéracèdes - 1,5 km au SO de Cabris* - ☎ *04 93 60 63 80/06 08 03 70 76* - *tilmant.louis@wanadoo.fr - ouv. d'oct. à avr.* - ⊭ - *5 ch. 76,22/85 €* ☐ - *repas 15/25 €.* On ne peut rêver panorama plus exceptionnel sur la côte, de cap Martin à S-Tropez, que depuis cette villa plantée sur un coteau au milieu des pins. Les chambres, aménagées avec goût, profitent toutes de la vue. Joli jardin en terrasses.

Le nom

Cabris est dérivé du latin *capra* qui signifie « chèvre ».

Les gens

1 472 Cabriencs. La mère de **Saint-Exupéry** vécut à Cabris, raison pour laquelle la place centrale du village porte le nom de l'aviateur-écrivain, dont le souvenir est commémoré chaque année le 1er dimanche d'août.

> **TURBULENTE**
> Cabris évoque le nom de sa marquise, la sœur de Mirabeau. La Révolution fut pour elle l'occasion de renforcer ses droits seigneuriaux, ce qui provoqua, quatre ans plus tard, la destruction du château par les habitants révoltés.

se promener

Église

Située tout en haut du village, elle date du 17e s. comme sa chaire sculptée en bois polychrome et, sous la tribune, son retable rustique. Derrière l'autel se trouve un tableau de Murillo... mais ne vous y trompez pas, c'est une copie.

Ruines du château

Il en reste un mur d'enceinte et une plate-forme, d'où la **vue★★** est sublime *(table d'orientation)* : à gauche sur Mougins et les collines qui se prolongent jusqu'au Cannet, le golfe de la Napoule et les îles de Lérins ; en face, sur Peymeinade, les croupes du Tanneron et de l'Esterel ; plus à droite, sur le lac de St-Cassien avec les Maures au loin.

> **VOIR AUSSI**
> Les chapelles St-Jean-Baptiste dans le village et Ste-Marguerite sur la route de Grasse, qui accueille des expositions temporaires *(mai-sept.)*.

alentours

Grottes des Audides

À la sortie de Cabris, prendre la D 4 en direction de St-Vallier-de-Thiey sur 4 km. L'entrée se situe en contrebas à gauche. Il est conseillé d'être chaussé contre la pluie. ☎ 04 93 42 64 15 - www.grottesdesaudides.free.fr - juil.-août : tlj sf lun. mat. 11h-18h ; reste de l'année : sur demande préalable (à partir de 2 pers.) - fermé nov.-janv. - 5 € (enf. 3 €).

Six gouffres ont été découverts en 1988. Sur 60 m de profondeur (le tiers de ce qui a été exploré), on découvre le beau paysage géologique d'un aven en pleine activité de concrétion, avec son cours d'eau souterrain. Belles concrétions, « méduses géantes » et stalagmites, lapiaz géants, calcaires ruiniformes, etc. Un courant d'air permanent maintient une agréable aération.

> **PRÉHISTORIQUE**
> Les grottes étaient habitées dès l'aube de l'humanité comme l'attestent les outils taillés, fossiles et ossements retrouvés. On pourra les découvrir dans le parc aménagé à l'extérieur où des scènes reconstituent la vie des premiers hommes *(visite audioguidée 30mn)*.

Cagnes-sur-Mer★

Cagnes est bâti dans un paysage de collines, que couvrent oliviers, cyprès, palmiers, agrumes et cultures florales (œillets, roses, mimosas). La ville haute est la terre d'élection des peintres, attirés par le charme du site et la luminosité de l'atmosphère.

La situation

Carte Michelin Local 341 D6 – Schéma p. 308 – Alpes-Maritimes (06). Trois villes en une : le Haut-de-Cagnes médiéval, Cagnes-Ville, moderne et commerçante, et le Cros-de-Cagnes, station balnéaire et village de pêcheurs, coupé du reste de la ville par les voies à grande circulation reliant Nice à Cannes.

6 bd Mar.-Juin, 06800 Cagnes-Sur-Mer, ☎ 04 93 20 61 64 - 20 av. des Oliviers, Cagnes-Sur-Mer, ☎ 04 93 07 67 08. www.cagnes-tourisme.com

> **CÔTÉ MER**
> 3,5 km de plage de galets et de multiples activités : voile, ski nautique, plongée, pêche.

Le nom

Du celte *kan*, « lieu habité sur une colline arrondie ». Au 18e s., une interprétation d'après le latin *canis* (*canh* en occitan) fit placer un chien sur le blason de la ville !

Les gens

43 942 Cagnois. Le peintre impressionniste **Renoir** adopta la ville où il vécut de 1903 à sa mort en 1919.

Dès les beaux jours, turfistes et amateurs se pressent dans les tribunes de l'hippodrome de Cagnes où se disputent des courses de niveau national.

G. Pillon/Société des Courses de la Côte d'Azur

comprendre

Les Grimaldi de Cagnes – Le château fort de Cagnes est élevé en 1310 par Rainier Grimaldi, souverain de Monaco, amiral de France et seigneur de Cagnes. En 1620, le bâtiment est transformé par Henri Grimaldi en une demeure magnifiquement décorée. Henri décide son cousin, Honoré II de Monaco, à renoncer au protectorat espagnol et à se mettre sous la protection française (traité de Péronne, 1641). Choyé par Louis XIII et Richelieu, Henri mène à Cagnes une vie fastueuse. Mais à la Révolution, le Grimaldi en place est chassé par les habitants et doit se réfugier à Nice.

se promener

HAUT-DE-CAGNES★

Navette gratuite (7/7 j.) au départ de la gare routière, ou accès à pied, par la montée de la Bourgade (ça grimpe !).

Le bourg★

Près de la tour de l'Église s'ouvre une porte ogivale, dite **porte de Nice**, datant du 13e s. Entouré de remparts et dominé par le château médiéval, le bourg invite à flâner dans les rues en calades, les escaliers et passages sous voûtes. Nombreuses maisons datées du 15e au 17e s. (notamment, près du château, maisons à arcades de la Renaissance).

Église St-Pierre

14h-19h. Fermé j. de pluie. ☎ 04 93 20 67 14.

On y entre curieusement par la tribune. La petite nef, de style gothique primitif, abrite les tombeaux des Grimaldi de Cagnes. Dans l'autre nef plus vaste, ajoutée au 18e s., le maître-autel possède un retable (18e s.) de l'école espagnole : *Saint Pierre recevant les clés du paradis* ; à droite du chœur, jolie statue de Vierge à l'Enfant (même époque). Les habitants du village ont posé pour les 15 tableaux du chemin de croix réalisés à l'occasion du Jubilé 2000.

carnet pratique

VISITE

Visites guidées – Promenades urbaines commentées. *S'adresser à l'Office de tourisme. Demandez aussi : visite guidée du Haut-de-Cagnes (1h30) mar. et dim. 16h30 (mar. 15h en hiver) - 3 € ; juil.-août : visite guidée à la lanterne vend. 22h - gratuit. Visite guidée du port du Cros-de-Cagnes (2h) mar. 9h - 3 €.*

SE LOGER

⊖ **Hôtel Le Mas d'Azur** – *42 av. de Nice - ☎ 04 93 20 19 19 - P - 15 ch. 40/60 € - ☕ 7 €.* Au bord d'une route assez passante, demeure bâtie au 18e s. aux abords joliment fleuris. Chambres de tailles variées mais nettes, toutes (sauf trois) tournées sur l'arrière et bénéficiant d'un double vitrage efficace. Terrasse sous les parasols pour les petits-déjeuners. Jardin ombragé et parking intérieur.

⊖ **Hôtel Chantilly** – *31 r. de la Minoterie - ☎ 04 93 20 25 50 - hotel.chantilly.cagnes@wanadoo.fr - P - 20 ch. 56/72 € - ☕ 8 €.* Accueillante villa fleurie en saison et située derrière le célèbre hippodrome. Chambres sans luxe, mais environnement verdoyant, propreté et atmosphère familiale attirent de nombreux habitués dans cette adresse qui pratique des prix plutôt sages pour la région.

⊖ **Les Jardins Fragonard** – *12 r. Fragonard - ☎ 04 93 20 07 72 - jardinsfragonard@hotmail.com - ⊄ - 4 ch. + 1 suite 55/85 € ☕.* Une douce quiétude règne dans cette belle villa de 1925 juchée sur les hauteurs de Cagnes, au milieu d'un parc d'essences méridionales. Chambres égayées de couleurs provençales, vastes et souvent meublées en rotin. Selon la saison, le petit-déjeuner est servi en terrasse ou à l'intérieur, sur la grande table d'hôte.

⊖⊖⊖⊖ **Villa Estelle** – *5 montée de la Bourgade - ☎ 04 92 02 89 83 - info@villa-estelle.com - fermé 23-27 déc. - ⊄ - 5 ch. 145/185 € - ☕ 12 €.* Le lieu est magique. De la superbe terrasse en dalles de terre cuite, vous surplombez la ville et, au loin, la mer. À l'intérieur, tout est synonyme d'un véritable art de vivre : chambres décorées à ravir, salles de bains luxueuses et, un peu partout, tableaux et objets d'art.

SE RESTAURER

⊖ **La Goutte d'Eau** – *108 montée de la Bourgade, Le Haut-de-Cagnes - ☎ 04 93 20 81 23 - fermé 10 j. en oct. et lun. - 15/21 €.* L'étape, trouvée après avoir gravi les ruelles pentues de la vieille ville, se mérite. Vous y dégusterez une cuisine simple concoctée sous vos yeux par le patron qui assure également le service. Aux beaux jours, la terrasse est toujours appréciée.

⊖ **L'Auberge du Palmier** – *34 av. de Nice (RN 7) - ☎ 04 92 02 86 05 - fermé dim. soir et lun. - 15/42 €.* Le général de Gaulle avait naguère son rond de serviette dans cette maison dont les volets arborent encore des croix de Lorraine. C'est désormais surtout pour le couscous que l'on s'y attable, dans un décor de circonstance. Accueil gentil et installation confortable, avec un coin salon à l'orientale.

⊖⊖ **Fleur de Sel** – *85 montée Bourgade - ☎ 04 93 20 33 33 - fermé 4-18 janv., 8-15 juin, vac. de la Toussaint, jeu. midi et merc. - 21/52 €.* Sympathique petit restaurant voisin de l'église. Cuisine visible de tous dans la salle mi-rustique, mi-provençale décorée de cuivres et tableaux. Carte au goût du jour.

⊖⊖ **La Villa du Cros** – *Port du Cros - 06800 Cros-de-Cagnes - SE : 2 km - ☎ 04 93 07 57 83 - fermé déc.-janv., dim. soir et lun. soir hors sais. et dim. midi en juil.-août - 25/39 €.* Accueil charmant dans ce restaurant ancré sur le port du Cros. Meubles de style, toiles accrochées aux murs et tables soigneusement dressées rendent attrayante la salle à manger. Recettes provençales et produits de la pêche locale.

SPORTS & LOISIRS

Hippodrome de la Côte d'Azur – *Bd Kennedy - sortie autoroute N° 47, dir. Nice - ☎ 04 92 02 44 44 - scca.cl@libertysurf.fr - de mi-déc. à mi-mars et juil.-août : ouv. 2h av. des opérations - fermé juil.-août et déc.-15 mars - 4,5 P.* La saison des courses bat son plein de décembre à mars ainsi qu'au mois de juillet et août.

Côté mer – 3,5 km de plage de galets et de multiples activités : voile, ski nautique, plongée, pêche.

CALENDRIER

Fête de la Saint-Pierre et de la mer – 1er week-end de juillet.

Nocturnes piétonnes en bord de mer – 13 et 14 juillet.

Fête médiévale dans le Haut-de-Cagnes – 1 er week-end d'août.

visiter

Château-Musée★

☎ 04 92 02 47 30 - mai-sept. : tlj sf mar. 10h-12h, 14h-18h ; oct.-avr. : tlj sf mar. 10h-12h, 14h-17h (dernière entrée 30mn av. fermeture) - fermé de mi-nov. à fin nov., 1er janv., 1er Mai et 25 déc. - 3 €, gratuit 1er dim. du mois.

Un escalier à double rampe et un portail Louis XIII donnent accès à cette altière forteresse couronnée de mâchicoulis. Au rez-de-chaussée, les salles basses et

CAGNES-SUR-MER/VILLENEUVE-LOUBET

CAGNES-VILLE

Béranger (R. Gén.) .... BZ 3
Chevalier-Martin (R.) ... BZ 6
Gaulle (Pl. Gén. de) .... BZ 15
Giacosa (R. J.-R.) ..... BZ 17
Hôtel-des-Postes (Av. de l') BZ 19
Hôtel-de-Ville (Av. de l') . BZ 20
Mistral (Av. F.) .... BZ 24
Renoir (Av. A.) .... BZ

CROS-DE-CAGNES

Jaurès (Av. Jean) ..... BX 22
Leclerc (Av. Gén.) ..... BX 23
Nice (Av. de) .... BX 25
Oliviers (Av. des) ...... BX 26
Serre (Av. de la) ...... BX 36

HAUT-DE-CAGNES

Château (Montée du) .. AZ 4
Clergue (R. Denis J.) ... AZ 7
Dr-Maurel (Pl. du) ..... AZ 8
Dr-Provencal (R. du) ... AZ 10
Geniaux (R. Ch.) ...... AZ 16
Grimaldi (Pl.) .... AZ 18
Paissoubran (R.) ...... AZ 27
Piolet (R. du) .... AZ 28
Planastel (R. du) ...... AZ 29
Pontis-Long (R. du) .... AZ 30
St-Sébastian (R.) ...... AZ 33
Sous-Baous (Montée) AZ 37

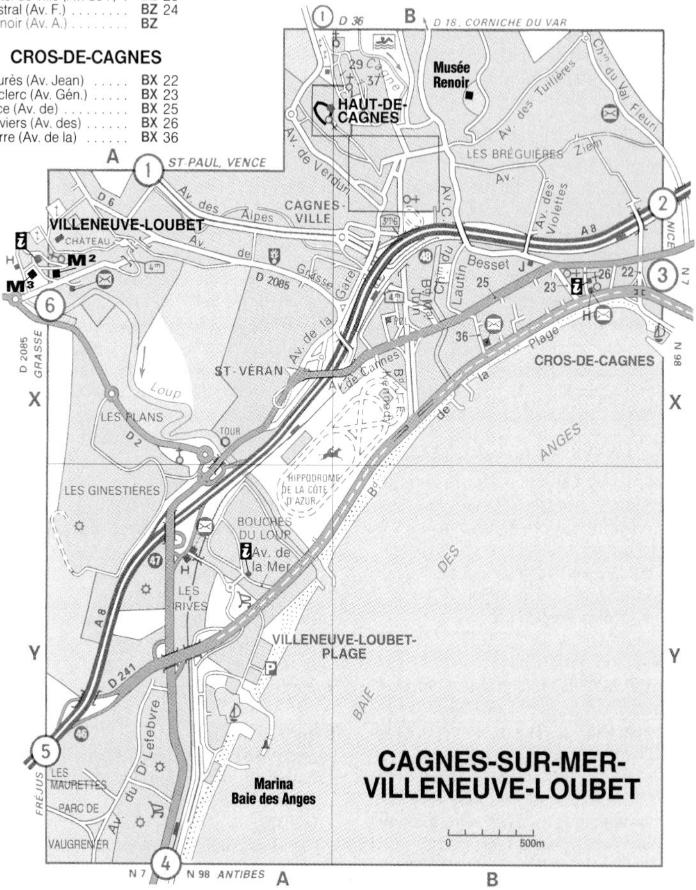

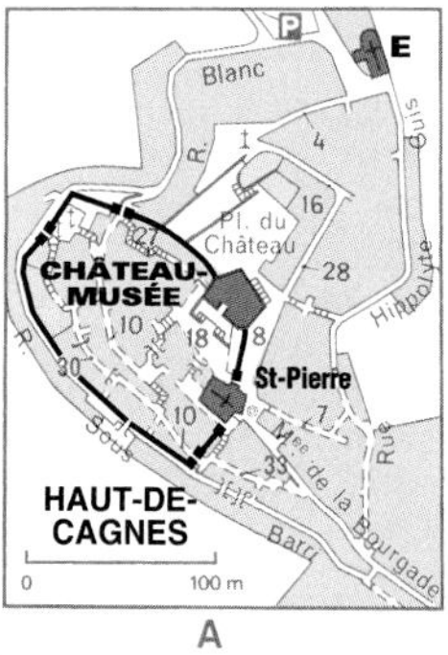

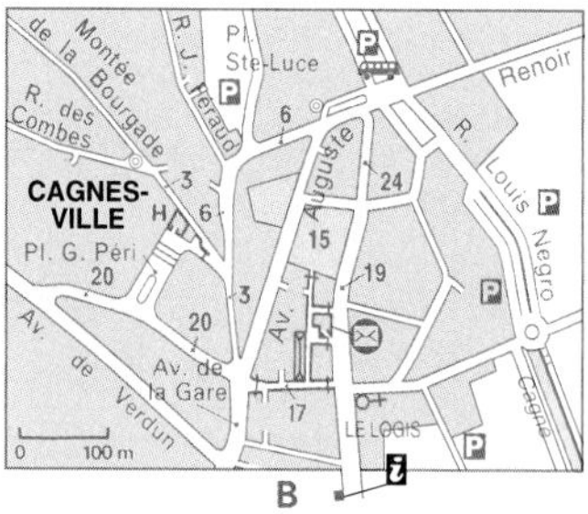

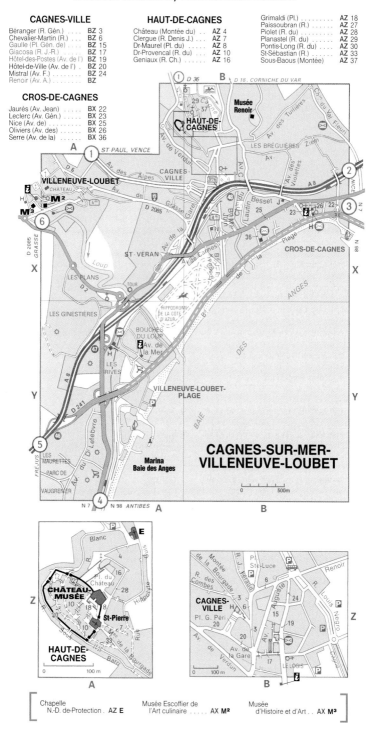

Chapelle N.-D. de-Protection . AZ **E**
Musée Escoffier de l'Art culinaire ..... AX **M²**
Musée d'Histoire et d'Art . . AX **M³**

voûtées du Moyen Âge donnent sur l'élégant **patio★★** Renaissance, une cour entourée de deux étages de galeries ornées d'arabesques et portées par des colonnettes de marbre. Au premier étage, salles de réception (17e s.). En haut de la tour, beau **panorama★** sur les toits du vieux Cagnes, la mer (du cap Ferrat au cap d'Antibes) et les Alpes.

Histoire – *Rez-de-chaussée.* Les salles 1 et 2, où l'on peut voir une belle cheminée monumentale Renaissance, sont affectées à une rétrospective médiévale. Le **musée de l'Olivier** *(salles 3, 4 et 5)* traite de l'histoire et de la culture de l'olivier, l'utilisation de son bois, les moulins et la fabrication de l'huile.

Donation Suzy Solidor★ – *1er étage. Ancien boudoir de la marquise de Grimaldi.* Quarante portraits de la célèbre chanteuse, signés par les plus prestigieux peintres du 20e s. Un oratoire voisin possède un plafond décoré de gypseries Louis XIII et un antiphonaire (recueils de chants liturgiques) de 1757.

Musée d'Art moderne méditerranéen – *2e étage.* Les anciens appartements privés présentent par roulement, sauf en cas d'expositions temporaires, des toiles de peintres du 20e s. originaires des bords de la Méditerranée ou qui y ont résidé, de Dufy à Vasarely.

Prémonition

Au plafond de la salle des Fêtes *(1er étage)*, **La Chute de Phaéton★** (1621-1624) fut peinte par le Génois Carlone. L'œuvre terminée, il ne pouvait s'en arracher : « Ma belle chute, soupirait-il, je ne te verrai plus. » Il mourut six semaines après son départ de Cagnes.

Renoir à Cagnes

Né à Limoges en 1841, Pierre-Auguste Renoir découvre à partir de 1882, chez Cézanne, la lumière de la Provence et les paysages méditerranéens. Pour tenter de soigner des rhumatismes articulaires, il gagne le Midi en 1900 avec sa femme et son fils Jean, le futur cinéaste.

En 1907, il achète Les Collettes, séduit par la vue sur la mer et le vieux village. Aidé de Richard Guino, un élève de Maillol, il se met à la sculpture en 1913, dans un atelier vitré construit dans le jardin. Il peint, encore et toujours, jusqu'à sa mort, en 1919.

Musée Renoir

☎ 04 92 20 61 07 - mai-sept. : tlj sf mar. 10h-12h, 14h-18h ; oct.-avr. : tlj sf mar. 10h-12h, 14h-17h (dernière entrée 30mn av. fermeture) - fermé de déb. nov. à mi-nov., 1er janv., 1er Mai et 25 déc. - 3 €, gratuit 1er dim. du mois.

Les Collettes, une oliveraie où vécurent le peintre et sa famille, a été transformée en musée du souvenir : mobilier d'origine, objets familiers dans les deux ateliers de l'étage. Les **toiles** présentées sont de la dernière période de Renoir, celle particulièrement sensuelle des formes pleines et nacrées, expression des beautés de la nature.

Dans le merveilleux jardin du musée, planté d'oliviers, d'orangers et de citronniers, vous verrez des sculptures de l'artiste dont la grande **Vénus Victrix★** en bronze.

B. Kaufmann/MICHELIN

Malgré le fauteuil roulant et l'arthrose qui paralyse sa main, Renoir poursuit son travail de création en déclarant : « Je commence à savoir peindre. »

Chapelle N.-D.-de-Protection

Accès par la montée du Château. ☏ 04 93 20 61 64 - w.-end : 15h-17h - possibilité de visite guidée mai-sept. : dim. et mar. 16h30-18h ; reste de l'année : dim. et mar. 15h-16h30 (dans le cadre de la visite du bourg médiéval, dép. devant la Maison des Artistes) - gratuit ; 6 € visite guidée.

Cette chapelle à porche et clocher italianisants a inspiré Renoir. L'abside est couverte de **fresques** (16e s.) attribuées à Andrea de Cella : sur la voûte, les évangélistes, Isaïe, la sibylle ; sur les murs, enfance de Jésus et vie de la Vierge ; au centre N.-D.-de-Protection, Vierge de miséricorde. Dans la chapelle de gauche, La Vierge au rosaire, retable du 17e s.

circuit

BAOUS ET CORNICHE DU VAR★

32 km – environ 1h15 (sans l'ascension du baou *de St-Jeannet). Quitter Cagnes par l'avenue Auguste-Renoir et la D 18 vers la Gaude.*

Outre des vues sur Vence *(voir ce nom)*, les *baous* et la Gaude, la route donne un aperçu du charme des collines cagnoises : oliviers, cultures de fleurs et de primeurs, belles propriétés.

La Gaude

Sur la crête dominant la rivière Cagne, le village abrite des centres de recherche en informatique *(voir ci-dessous)*, agronomie, horticulture. Il vivait jadis de la vigne et de la culture des fleurs. Le château de la Gaude (14e s.), sur la commune de St-Jeannet, est attribué aux templiers. Vue sur la vallée et la baie des Anges.

Au Peyron, la D 18 s'élève entre vignes et arbres fruitiers.

Impérial sur la plaine du Var, le baou de St-Jeannet, haut lieu d'escalade, se laisse conquérir aisément pour savourer du sommet, à 810 m, l'inoubliable panorama.

S. Sauvignier/MICHELIN

St-Jeannet

Dans un **site★** remarquable, ce charmant village est construit sur une terrasse d'éboulis au pied du *baou*, au milieu des vignes (ses vins sont réputés), des orangers et des cultures florales. Derrière l'église, à gauche, la plaque « panorama » indique une petite terrasse avec **vue★** étendue (*baous*, cap d'Antibes, vallée du Var, montagnes alentour).

Baou de St-Jeannet – *Départ pl. Ste-Barbe (chemin fléché).* 🚶 *2h AR.* Du sommet *(table d'orientation)*, vaste **panorama★★**, de l'Esterel aux Alpes françaises et italiennes.

Reprendre la D 18 en direction de la Gaude, puis tourner à gauche dans la D 118.

Centre d'études et de recherches IBM

Bel exemple d'architecture contemporaine intégrée au paysage, l'œuvre de l'architecte Breuer s'élève sur la gauche : vastes bâtiments en Y opposés, construits sur des pilotis de béton adaptés aux dénivellations du terrain, volumes agencés en jouant sur les contrastes d'ombre et de lumière.

Corniche du Var★

La route, par endroits installée sur les crêtes, s'accroche à la rive droite du Var. Beaux aperçus sur la vallée et les collines de l'arrière-pays niçois. Les versants escarpés, couverts de cultures florales et d'oliviers, encadrent la vallée.

St-Laurent-du-Var

Jusqu'en 1860 (date du rattachement du comté de Nice à la France), ce gros bourg commandait le passage du Var, alors frontière franco-sarde. On traversait le plus souvent à gué, à dos d'homme. En 1864, un pont permanent fut construit en aval du village.

Regagner Cagnes par la N 7.

Petit bateau

À proximité de l'embouchure du Var, vaste plan d'eau protégé par une digue, aménagé en port de plaisance. *Informations à la capitainerie : ☏ 04 93 07 12 70 ou www.port-saint-laurent.com*

Cannes☼☼☼

Star de la Côte, la Croisette place Cannes en haut de l'affiche. À l'Ouest, l'Esterel découpe ses roches rouges ; en face, les îles de Lérins invitent à prendre le large. Depuis 1834 se succèdent dans ce site★★ enchanteur les noms prestigieux qui contribuent à sa renommée : hier, ceux de l'aristocratie qui en firent une douce villégiature d'hiver, aujourd'hui, des célébrités du cinéma dont Cannes est une des capitales.

La situation

Carte Michelin Local 341 D6 - Schéma p. 177 - Alpes-Maritimes (06). Depuis la colline du Cannet, la ville s'étend en terrasses jusqu'à la mer. De l'A 8, la N 285 vous y mène par le boulevard Carnot, interrompu par la voie rapide. Aux extrémités de la Croisette vous trouverez les ports de plaisance parmi les plus animés de la Côte et de nombreux parkings pour vous garer.

Palais des Festivals, 1 bd de la Croisette, 06400 Cannes, ☏ 04 93 39 24 53 - Aile Est de la gare SNCF, Cannes, ☏ 04 93 99 19 77. www.cannes-on-line.com

Le nom

S'agit-il des roseaux *(canas)* des marais avoisinants ? Ou d'une racine *can-* signifiant « hauteur » ? Il n'y a qu'à voir la vieille ville bâtie sur le promontoire du Suquet (de *suc*, « sommet ») pour pencher pour cette seconde hypothèse.

Les gens

67 304 Cannois. La ville qui vit naître l'acteur **Gérard Philipe** en 1922 avait été adoptée auparavant par les écrivains Prosper Mérimée, Guy de Maupassant et ▶ Stephen Liégard, qui y formula l'expression « Côte d'Azur » en 1887.

Prosper Mérimée

En 1870, depuis sa maison au n° 5 du square qui porte aujourd'hui son nom, il décrivait ainsi l'hiver cannois : « Prenez des turquoises, des émeraudes et des lapis-lazulis : voilà pour le fond du ciel. Mettez-moi dessus de la poudre de diamant avec des feux de Bengale : ce sera pour deux ou trois nuages au-dessus de notre montagne. Quant à la mer..., ne prenez autre chose que le train pour venir la voir. »

comprendre

Cannes, vigie du littoral - Vieux site ligure puis comptoir romain, Cannes est au 11e s. un petit port abrité par un rocher, le mont Chevalier ou « Suquet ».

Les abbés de Lérins, qui occupent les deux îles depuis le 5e s., en deviennent les seigneurs et construisent au sommet une tour, un château et une enceinte destinés à protéger les pêcheurs des Sarrasins. Ce sont des ordres religieux qui assument la direction de cette défense : les templiers d'abord, les chevaliers de Malte ensuite.

Ambiance festivalière sur la Croisette.

Une villa de Lord
Le château Éleonore, du nom de la fille de lord Brougham, se trouve toujours avenue du Dr-Picaud, à la Croix des Gardes.

Naissance d'une station (1834) – Cannes était encore un village de pêcheurs lorsqu'en 1834, un chancelier d'Angleterre, **lord Brougham**, s'y arrêta, refoulé dans son périple vers Nice par les douaniers de l'État sarde qui tentait ainsi de contenir le choléra sévissant en Provence. Charmé par l'accueil et la bouillabaisse de son aubergiste, et surtout par le site, il choisit d'y passer tous ses hivers, ce qu'il fit durant trente-quatre ans jusqu'à sa mort. Son exemple sera suivi par l'aristocratie anglaise, puis russe, qui fera de Cannes l'une des reines balnéaires de la Côte à l'aube du 20e s.

Le Festival international du film – Créé à la veille de la guerre par **Jean Zay**, ministre des Beaux-Arts du Front Populaire, le Festival international du film est véritablement lancé en 1946. Sa notoriété se confirme au fil des ans par le prestige de son jury que président J. Romains, M. Pagnol, J. Cocteau, J. Giono ou R. Clair, et qui a su couronner (non sans polémique, parfois) la plupart des talents du 7e art, de Bergman à Nani Moretti, en passant par Antonioni, Coppola et Almodovar.

S. Sauvignier/MICHELIN

Plus d'un rêve de pousser cette porte...

Vous voulez postuler ?
Votre film doit avoir été réalisé dans les 12 derniers mois et concourir pour la première fois. Sa diffusion jusqu'à la sélection doit être limitée à son pays d'origine. Lauréate ou simplement présentée, votre œuvre bénéficiera d'un tremplin unique grâce à la grande médiatisation du festival. Vous pourrez alors monter avec émotion les marches de la gloire sous les feux des projecteurs.

se promener

LE FRONT DE MER★★ 1

Visite : 1h30.

Boulevard de la Croisette★★

Qu'il fait bon flâner entre les architectures élégantes, les palmiers exotiques et les plages de sable fin, bigarrées de parasols. Vous y croiserez des têtes argentées, retraités dans leurs quartiers d'hiver, ou des stars, plus ou moins avérées, en attente de leur palme. Entre le palais des Festivals et la pointe de la Croisette, vous serez transporté dans un monde irréel, celui des restaurants et des boutiques de luxe, des belles voitures garées au pied d'hôtels au nom prestigieux. Jusqu'à la rue d'Antibes, parallèle, vous êtes dans le « ghetto » de la jet-set internationale, à fréquenter pour ses prestigieuses boîtes de nuit, ses bars branchés et sa cuisine gastronomique. À l'Est du vieux port s'élève le **palais des Festivals et des Congrès** qui intègre le casino municipal. Construit en 1983 par Sir Hubert Bennet, Pierre Braslawsky et François Druet, ce vaisseau doté d'équipements ultramodernes s'étend jusqu'à la mer.

carnet pratique

Transports

TAM – Réseau de cars qui assure les liaisons interurbaines, la ligne 200 relie Cannes à Nice et la ligne 210 relie Cannes à l'aéroport Nice-Côte d'Azur. *Renseignements à la gare routière, pl. de l'Hôtel-de-Ville, ☎ 04 93 39 11 39. www.rca.tm.fr*

TER – La ligne Mandelieu-La-Napoule/Vintimille dessert la gare de Cannes. *☎ 0 892 35 35 35. www.ter-sncf.com/paca*

Trans Côte d'Azur – *Quai des Îles - ☎ 04 92 98 71 30 - www.trans-cote-azur.com - juil-août : 8h-19h, reste de l'année : 8h30-12h, 13h30-18h - 10 € à 48 €.* Promenades en mer à destination de l'île de Porquerolles, Monaco, Saint-Tropez, San Remo, la Corniche d'Or, etc.

Se loger

Hôtel National – *8 r. du Mar.-Joffre - ☎ 04 93 39 91 92 - hotelnationalcannes@wanadoo.fr - 17 ch. 30/60 €* . L'avantage de ce modeste hôtel est sa situation à deux pas du palais des Festivals et de la mer. Chambres (climatisées) en beige et blanc, privilégiant avant tout le côté pratique ; salles de bains entièrement carrelées, légèrement exiguës mais bien tenues.

Le Chanteclair – *12 r. Forville - ☎ 04 93 39 68 88 - chanteclairhotel@aol.com - fermé 19 déc.-9 janv. - - 15 ch. 32/56 € - 5 €.* Il vous faudra traverser un premier immeuble avant d'accéder à cet hôtel tourné sur une agréable courette intérieure où, dès les beaux jours, vous sont servis les petits-déjeuners. Chambres de différents niveaux de confort, et donc de prix. Ambiance sympathique.

Beverly – *14 r. Hoche - ☎ 04 93 39 10 66 - contact@hotel-beverly.com - 19 ch. 40/69 € - 6 €.* Haute façade située dans une rue semi-piétonne proche de la gare et de la Croisette. À l'intérieur, chambres avant tout pratiques, de petite taille, mais régulièrement entretenues et climatisées. Celles orientées côté Sud disposent d'un balcon. Les prix restent raisonnables pour la station.

Hôtel Lutetia – *6 r. Michel-Ange - ☎ 04 93 39 35 74 - www.hotellutetiacannes.com - 8 ch. 40/65 € - 5,50 €.* Cette maison accueillante et sans prétention située dans une ruelle bien calme la nuit est vite adoptée. Les chambres, toutes rénovées, sont meublées avec simplicité.

Hôtel Appia – *6 r. Marceau - ☎ 04 93 06 59 59 - www.appia-hotel.com - fermé 20 nov.-28 déc. - 31 ch. 42/80 € - 6,50 €.* Niché dans une impasse du centre-ville, établissement avant tout fonctionnel dont les chambres, peut-être un peu exiguës, sont bien aménagées, climatisées et insonorisées ; salles de bains impeccables.

Hôtel Albert 1er – *68 av. de Grasse - ☎ 04 93 39 24 04 - hotel.albert1er@wanadoo.fr - fermé 1er-15 déc. - P - 11 ch. 65/75 € - 6,50 €.* Accueil aimable en cette villa des années 1930 située au calme d'un quartier résidentiel légèrement excentré. Le décor des chambres, petites et sobres, s'inspire des couleurs méditerranéennes. Petit-déjeuner servi, au gré du climat, sur une terrasse arborée ou dans un salon bourgeois.

Hôtel Bellevue – *47 av. de Grasse - ☎ 04 93 39 17 13 - www.ifrance/residencehotelbellevue - 12 ch. 70/90 € - 9 €.* Cet établissement situé sur les hauteurs de la ville possède un atout majeur : toutes ses chambres disposent d'un balcon ou d'une terrasse. Décor aux tons rouge et saumon et mobilier en rotin blanc. Salle des petits-déjeuners climatisée, solarium.

Chambre d'hôte Villa L'Églantier – *14 r. Campestra - ☎ 04 93 68 22 43 - - 4 ch. 75/100 €* . Sur les hauts de Cannes, grande villa blanche de 1920 paressant au milieu d'un jardin planté de palmiers et autres essences exotiques. Les chambres, spacieuses et calmes, sont toutes prolongées par un balcon ou une terrasse.

D. Pazery/MICHELIN

Se restaurer

Le Comptoir des Vins – *13 bd de la République - ☎ 04 93 68 13 26 - lheukem@wanadoo.fr - fermé fév., merc. soir, dim., lun., mar. et j. fériés - 9/27 €.* Petit restaurant au sympathique décor de bistrot où l'on déguste qui un tartare de bœuf, qui une salade de saumon fumé. Chaque plat peut s'accompagner d'un verre de vin ou d'une bouteille (à prix sage) choisie directement sur les étagères de la cave à vins attenante (250 références). Également, petit espace bar à vins.

Restaurant Côte d'Azur – *3 r. Jean-Daumas - ☎ 04 93 38 60 02 - fermé le soir et dim. - 10/16 €.* Ce vénérable restaurant de quartier séduit toujours : accueillante salle à manger habillée d'affiches en tous genres, mobilier ancien, accueil bon enfant, cuisine traditionnelle et surtout prix défiant toute concurrence.

Au Poisson Grillé – *8 quai St-Pierre - au vieux port - ☎ 04 93 39 44 68 - www.poissongrille.com - 15/25 €.* Bien placée sur le vieux port, cette petite adresse régale, depuis 1949, ses hôtes de poissons grillés et autres plats méditerranéens. Chaleureux décor de bois verni, façon intérieur de bateau. Service diligent et prix raisonnables.

Bistrot des Artisans – *67 bd de la République - ☎ 04 93 68 33 88 - bistrot-des-artisans@wanadoo.fr - fermé 15 juil.-15 août et dim. - 17/25,15 €.* « À boire et à manger » est la seconde enseigne de ce restaurant au décor surprenant. De vieux outils d'artisans, des casques de chantiers, des fresques murales naïves, un mobilier rudimentaire composent ce mélange hétéroclite. Cuisine bistrot copieuse et soignée.

Aux Bons Enfants – *80 r. Meynadier - fermé août, 24 déc.-2 janv., sam. soir d'oct. à avr. et dim. - ☎ - réserv. conseillée - 19 €.* Ce restaurant s'applique à cultiver son côté simple, familial et convivial. La cuisine a le bel accent méridional. Particularités de la maison : elle n'a pas le téléphone et on paie son repas en liquide.

Le Caveau 30 – *45 r. Felix-Faure - ☎ 04 93 39 06 33 - lecaveau30@wanadoo.fr - 21/29 €.* Vaste restaurant disposant de deux salles à manger de style brasserie des années 1930. La terrasse donne sur une grande place ombragée où galèjent les boulistes. Au programme des saveurs : produits de la mer.

Fred L'Écailler – *7 pl. de l'Étang - ☎ 04 93 43 15 85 - www.fredlecailler.com - 21/45 €.* On ne peut rater cette large enseigne lumineuse dressée sur une charmante placette à l'ambiance villageoise. Intérieur rustique décoré de filets de pêche. La terrasse offre le spectacle des parties animées des joueurs de pétanque. Beau choix de produits de la mer.

D. Pazery/MICHELIN

En soirée

Bon à savoir – Rien de tel, pour découvrir la cité des stars, que de se rendre dans ses palaces : allez boire un verre sur la terrasse du Carlton ou sur la plage du Majestic, allez écouter le pianiste du Martinez...

L'Amiral – *73 bd de la Croisette - ☎ 04 92 98 73 00 - www.hotel-martinez.com - 10h-2h.* Très fréquenté, c'est le bar de palace qui réalise le plus gros chiffre d'affaires de la Côte. Sa réputation repose sur le savoir-faire de ses barmen et de son pianiste américain Jimmy. Animation musicale chaque soir, à partir de 20h.

Pavillon Croisette - Havana Room – *42 bd de la Croisette - ☎ 04 92 59 06 90/04 93 38 58 68 - mai-nov. : 9h-2h ; déc.-avr. : 12h-0h - fermé déc. et janv.* Ce bar est digne des meilleurs clubs londoniens. Plus de 300 alcools à la carte et l'une des plus belles caves à cigares de France : 150 tailles de cigares au choix ! Animation musicale chaque soir.

Palais des Festivals et des Congrès – *Espl. Georges-Pompidou - bd de la Croisette - ☎ 04 93 39 01 01 - www.cannes-on-line.com - 9h-19h.* Inauguré en 1982, il couvre 60 000 m^2 de surface sur 8 niveaux. **Le Grand Auditorium** (2 300 places) et **le Théâtre Debussy** (1 000 places pour une acoustique travaillée) sont équipés en traduction simultanée. Les 26 petits auditoriums et salles de réunion et de presse sont couronnés par le salon des Ambassadeurs (1 200 m^2 pour 3 000 personnes debout), espace de réception avec vue imprenable sur Cannes.

Que rapporter

Marché Forville – *tlj sf lun. hors sais.* Beaux étals de primeurs régionaux. Allées de la Liberté : tlj le matin marché aux fleurs ; sam. : brocante très fréquentée.

Rues commerçantes – Rue Meynadier : vitrines alléchantes d'alimentation et d'artisanat dans une ambiance piétonne méridionale. Rue d'Antibes : commerces de luxe style faubourg

Cannolive – *16-20 r. Venizelos - ☎ 04 93 39 08 19 - tlj sf dim. 8h-12h, 14h15-19h, lun. 14h30-19h - fermé de déb. à mi-janv. et j. fériés.* Un des plus grand choix de spécialités provençales, et pour ceux qui souffrent du mal de mer, la liqueur de Lérina (sans prendre le bateau !).

Boutique du festival – Au rez-de-chaussée du palais des festivals. Le paradis des fans de cinéma.

Sports & Loisirs

Cannes est labellisé « **station nautique** » ce qui atteste de la diversité et de la qualité des activités proposées. *Renseignements à l'Office de tourisme ou www.france-nautisme.com*

Et si vous préférez le calme, embarquez pour les **îles de Lérins** *(voir ce nom)*, un havre de bonheur avec leurs sentiers ombragés de pins et d'eucalyptus.

Ponton Majestic Ski Nautique – *Bd de la Croisette - face à l'hôtel Majestic. - ☎ 04 92 98 77 47/06 11 50 77 53 – http://majesticskiclub.online.fr - avr.-oct. : tlj 8h jusqu'à la nuit.* Pour échapper à la foule et au sable brûlant, laissez-vous tenter par une sortie en ski nautique ou un envol en parachute ascensionnel... Également, possibilité de promenades en bateau (taxi de mer) vers les îles de Lérins.

Plages – Les plages de la Croisette ne sont pas toutes payantes (prestations affichées à l'entrée des escaliers), ou privées (hôtels situés en regard). Il y en a trois publiques dont une située derrière le palais du Festival. Les autres plages publiques se trouvent à l'Ouest du vieux port, sur les bds Jean-Hibert et du Midi, au port Canto et, après la pointe, bd Gazagnaire.

Calendrier

Festival international du film – Mai. Le Festival de Cannes, réservé aux professionnels du cinéma, présente une sélection Officielle comprenant les films (longs et courts métrages) en compétition et hors compétition et, depuis 1978, la sélection officielle « Un Certain Regard » ainsi que la Cinéfondation, sélection lancée en 1998. Le Festival de Cannes est l'une des plus importantes manifestations médiatiques annuelles au monde et un jury international décerne tous les ans la Palme d'Or. Par ailleurs, il existe deux sections parallèles, la « Semaine de la critique », qui débuta en 1962 et la « Quinzaine des réalisateurs », dont la 1re édition eut lieu en 1969.

Nuits musicales du Suquet – Fin juillet. Concerts classiques sur le parvis de l'église du Suquet les jours pairs. *Renseignements, ☏ 04 92 99 33 83.*

À lire et à voir

Sur l'eau, de Guy de Maupassant, impressions enthousiastes de l'auteur sur la Côte, à bord de son bateau (1884-1888). Sa maison, le chalet de l'Isère, se trouve avenue de Grasse.

Depuis le palais, vous marcherez sur les dalles de l'**allée des Stars**, moulées des empreintes de main des grandes vedettes, et bordées des magnifiques palmiers de l'esplanade G.-Pompidou. Suivez-les, ils vous conduiront jusqu'à la Pointe, contemplant d'un côté la divine grande bleue, de l'autre les témoins grandioses de l'essor de la station aux 19e et 20e s. : le Majestic ; la **Malmaison**, qui accueille des expositions d'art moderne et contemporain *☏ 04 97 06 44 90 - www.cannes.fr - ♿ - de fin juin à fin sept. : tlj sf lun. 11h-20h (vend. 22h) ; de fin sept. à fin juin : tlj sf lun. 10h-13h, 14h30-18h30 - fermé 1er Mai et 25 déc. - 3 €* ; le Noga-Hilton, ex-palais des Festivals de 1949 à 1983 ; le **Carlton**, Belle Époque ; le Miramar qui abrite un espace culturel ; le **Martinez**, Art déco.

Vous parviendrez au très moderne **port Canto** en passant par un parc de jeux et de manèges qui fera la joie de vos enfants et une belle roseraie.

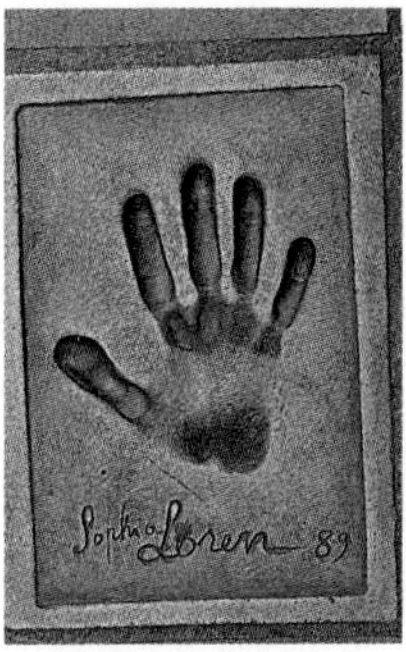

D. Pazery/MICHELIN

L'allée des Stars conserve l'empreinte de la main et la signature de toutes les stars qui ont fait Cannes, comme ici, celles de Sophia Loren.

Pointe de la Croisette★

Elle doit son nom à une petite croix qui s'y dressait autrefois. Jusqu'au célèbre casino Palm Beach construit en 1929, vous aurez un panorama idéal sur Cannes, le golfe de la Napoule et l'Esterel, derrière lequel se couche somptueusement le soleil. De l'autre côté de la Pointe, d'où l'île Ste-Marguerite semble si proche, vous découvrirez une **vue★** sur le golfe Juan, le cap d'Antibes et les Préalpes.

Si vous êtes venu à pied, le bus nº 8 vous ramènera au port. En voiture, revenez par l'avenue du Mar.-Juin qui se prolonge par la rue d'Antibes.

Quartier de la Californie

Si vous avez l'âme d'un Prosper Mérimée, courez à l'Est de la ville : de luxueuses villas enchâssées dans des magnifiques jardins témoignent du Cannes noble et ▶

Demeures de rêve

Avenue du Roi-Albert-Ier : **villa Kazbeck** du grand-duc de Russie et **villa Champfleuri**, célèbre pour ses jardins exotiques (que l'on voit dans *Macao, l'enfer du jeu*, de J. Delannoy). Avenue du Mar.-Juin : le **château Scott**, néogothique flamboyant (*Le Mystère de la chambre jaune*, de M. L'Herbier, y fut tourné en 1930).

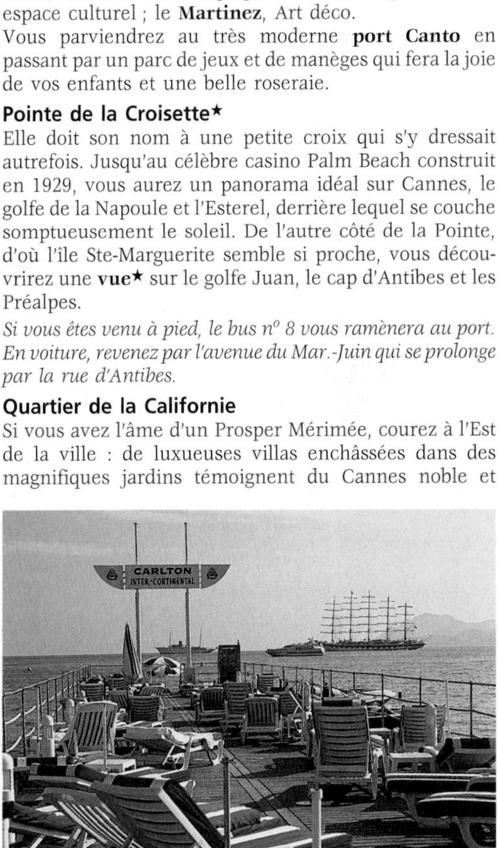

D. Pazery/MICHELIN

Du ponton, observez les deux célèbres coupoles du Carlton : elles représenteraient les seins de la belle Otéro, demi-mondaine qui fascinait l'architecte de l'hôtel, Marcellin Mayère.

CANNES

Albert-Édouart (Jetée) .... BZ
Alexandre-III (Bd) .... X 2
Alsace (Bd) .... BDY
Anc. Combattants d'Afrique du Nord (Av.) .... AYZ 4
André (R. du Cdt) .... CZ
Antibes (R. d') .... BCY
Bachaga Saïd Boualam (Av.) AY 5
Beauséjour (Av.) .... DYZ
Beau-Soleil (Bd) .... X 10
Belges (R. des) .... BZ 12
Blanc (R. Louis) .... AYZ
Broussailles (Av. des) .... V 16
Buttura (R.) .... BZ 17
Canada (R. du) .... DZ
Carnot (Bd) X
Carnot (Square) .... V 20
Castre (Pl. de la) .... AZ 21
Chabaud (R.) .... CY 22
Clemenceau (R. G.) ..... AZ
Coteaux (Av. des) V
Croisette (Bd de la) ...... BDZ
Croix-des-Gardes (Bd) ... VX 29
Delaup (Bd) .... AY 30
Dollfus (R. Jean) .... AZ 33
Dr-Pierre Gazagnaire (R.) . AZ 32
Dr-R. Picaud (Av.) X
du Nord (Av.) .... AYZ 4
du Nord (Av.) .... AYZ 4
États-Unis (R. des) ...... CZ 35
Faure (R. Félix) .... ABZ
Favorite (Av. de la) ...... X 38
Félix-Faure (R.) .... ABZ
Ferrage (Bd de la) .... ABY 40
Fiesole (Av.) .... X 43
Foch (R. du Mar.) .... BY 44
Gallieni (R. du Mar.) ..... BY 48
Gaulle (Pl. Gén.-de) ...... BZ 51
Gazagnaire (Bd Eugène) . X
Grasse (Av. de) .... VX 53
Guynemer (Bd) .... AY
Hespérides (Av. des) ..... X 55
Hibert (Bd Jean) .... AZ
Hibert (R.) .... AZ
Isola-Bella (Av. d') X
Jaurès (R. Jean) .... BCY
Joffre (R. du Mar.) .... BY 60
Juin (Av. Mar.) .... DZ
Koenig (AV. Gén.) .... DY
Lacour (Bd Alexandre) ... X 62
Latour-Maubourg (R.) .... DZ
Lattre-de-T. (Av. de) ...... AY
Leader (Bd) .... VX 64
Lérins (Av. de) .... X 65
Lorraine (Bd de) .... CDY
Macé (R.) .... CZ 66
Madrid (Av. de) .... DZ
Meynadier (R.) .... ABY
Midi (Bd du) X
Mimont (R. de) .... BY
Mont-Chevalier (R. du) ... AZ 72
Montfleury (Bd) .... CDY 74
Monti (R. Marius) .... AY 75
Noailles (Av. J.-de) X
Observatoire (Bd de l') ... X 84
Oxford (Bd d') .... V 87
Pantiero (la) .... ABZ
Paradis-Terrestre (Corniches du) .... V 88
Pasteur (R.) .... DZ
Pastour (R. Louis) .... AY 90
Perier (Bd du) .... V 91
Perrissol (R. Louis) ...... AZ 92
Petit-Juas (Av. du) VX
Pins (Bd des) .... X 95
Pompidou (Espl. G.) ..... BZ
Prince-de-Galles (Av. du) .. X 97
République (Bd de la) X
Riou (Bd du) VX
Riouffe (R. Jean de) ..... BY 98
Roi-Albert Ier (Av.) .... X 99
Rouguière (R.) .... BY 100
St-Antoine (R.) .... AZ 102
St-Nicolas (Av.) .... BY 105
St-Pierre (Quai) .... AZ
Sardou (R. Léandre) ..... X 108
Serbes (R. des) .... BZ 110
Source (Bd de la) .... X 112
Stanislas (Pl.) .... AY
Strasbourg (Bd de) ...... CDY
Teisseire (R.) .... CY 114
Tuby (Bd Victor) .... AYZ 115
Vallauris (Av. de) .... VX 116
Vallombrosa (Bd) .... AY 118
Vautrin (Bd Gén.) .... DZ
Vidal (R. du Cdt) .... CY 120
Wemyss (Av. Amiral Wester) .... CY 122

LE CANNET

Aubarède (Ch. de l') ..... V 8
Bellevue (Pl.) .... V 13
Bréguière (Ch. des) ..... V 14
Cannes (R. de) .... V 19
Carnot (R. de) V
Cheval (Av. Maurice) ..... V 23
Collines (Ch. des) V
Doumer (Bd Paul) V
Écolles (R. des) .... V 34
Four-à-Chaux (Bd du) .... V 45
Gambetta (Bd) .... V 50
Gaulle (Av. Gén.-de) V
Jeanpierre (Av. Maurice) .. V 58
Mermoz (Av. Jean) ...... V 67
Monod (Bd Jacques) .... V 68
Mont-Joli (Av. du) .... V 73
N.-D.-des-Anges (Av.) .... V 79
Olivet (Ch. de l') .... V 85
Olivetum (Av. d') .... V 86
Paris (R. de) .... V 89
Pinède (Av. de la) .... V 94
Pompidou (A. Georges) .. V 96
République (Bd de la) V
Roosevelt (Av. Franklin) .. V 99
St-Sauveur (R.) .... V 106
Victor-Hugo (R.) .... V 119
Victoria (Av.) V

VALLAURIS

Cannes (Av. de) .... V 18
Clemenceau (Av. G.) ..... V 25
Golfe (Av. du) .... V 52
Isnard (Pl. Paul) .... V 56
Picasso (Av. P.) .... V 93
Rouvier (Bd Maurice) .... V 102
Tapis-Vert (Av. du) .... V 113

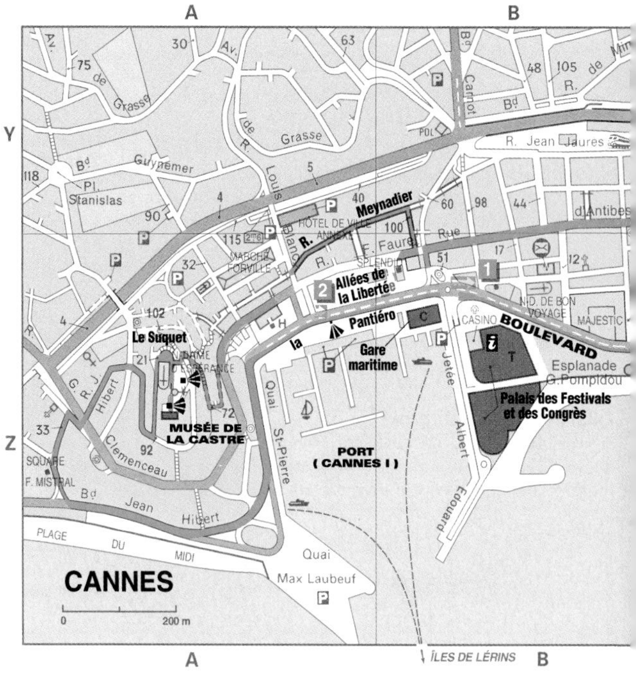

Chapelle Bellini .... X B
Chapelle St-Sauveur (Musée Tobiasse) .... V B¹
Château : musée national « La Guerre et la Paix » musée Magnelli et musée de la Céramique .. V D
Croix des Gardes X
Église orthodoxe St-Michel-Archange .... X E
Gare maritime .... BZ

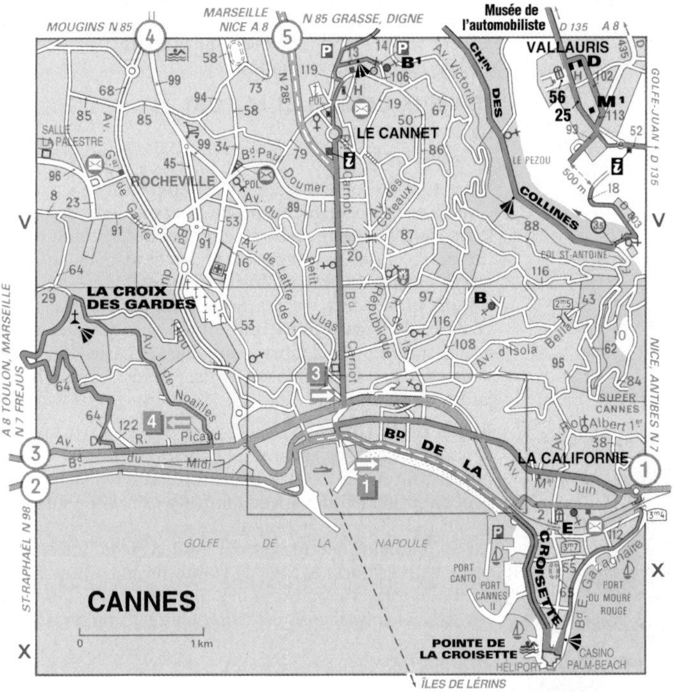

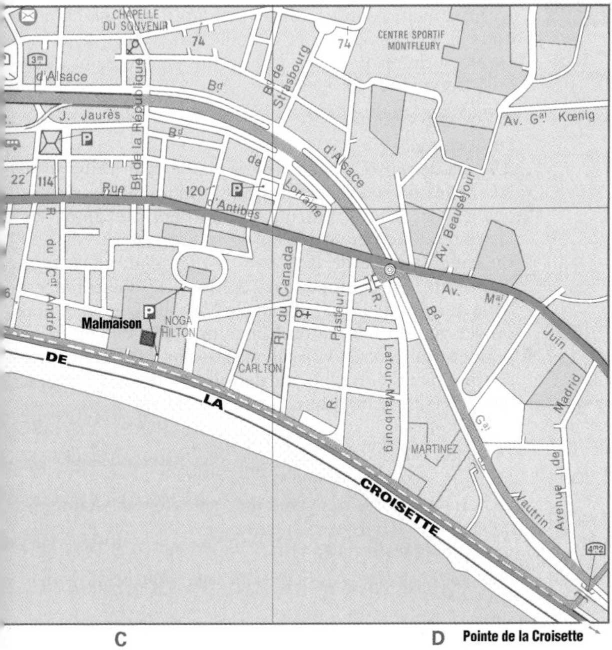

Malmaison	CZ	Palais des Festivals et des Congrès	BZ
Musée de la Castre	AZ	Pointe de la Croisette	X
Musée de l'Automobiliste	V	Port (Cannes I)	ABZ
Musée de la Poterie	V M1	Suquet (Le)	AZ

exotique du 19e s. Cocteau résume leur architecture par ses mots : « À Cannes, l'excentrique, c'est banal ». Les aristocrates étrangers ou les voyageurs affichent sur leurs façades leur goût pour le style « néo » ou oriental. Sans vouloir vous décourager, toutes sont des résidences privées et de l'extérieur, vous risquez fort de n'apercevoir qu'une luxuriante végétation.

LE VIEUX CANNES ET LE PORT 2

Compter 1h30.

Le port

Entre le Palais et le Suquet, il est l'épicentre de l'activité cannoise. Les bateaux de pêche vendent leurs loups et leurs rougets aux restaurants du quai St-Pierre ou de la rue Félix-Faure. En rangs serrés, les deux-mâts anciens ou les yachts les plus sophistiqués attendent le touriste fortuné qui les fera voguer. Si tel n'est pas votre cas, les vedettes de la **gare maritime**, située quai des Îles, vous emmèneront pour la journée aux îles de Lérins, où vous pourrez jouer les Robinson Crusoé dans le plus beau jardin de Cannes.

Allées de la Liberté

D. Pazery/MICHELIN

Bateaux de pêche et de plaisance se côtoient au port.

Ombragée par de beaux platanes, cette place très provençale accueille des boulistes soutenus dans leur concentration par des spectateurs attentifs et un kiosque à musique. Le marché aux fleurs qui s'y tient le matin est un bonheur, notamment en février quand les mimosas sont en fleurs. À côté, la statue de lord Brougham, particulièrement appréciée des pigeons, trône dans son square. Le soir, l'hôtel de ville éclaire sa belle façade, rivalisant avec le Splendid voisin ou les autres hôtels de la Croisette.

Rejoindre la rue Meynadier par la rue Rouguière.

Rue Meynadier

Extrêmement populaire et sympathique, ce trait d'union entre la ville moderne et le Suquet était déjà au 18e s. l'artère principale de la cité, comme le prouvent quelques demeures aux vieilles portes.

Monter au Suquet par la rue du Mont-Chevalier.

Le Suquet

Ancien *castrum* ou « citadelle », la vieille ville groupée sur les pentes de son rocher attire les amoureux de pierres chargées d'histoire, en quête d'authenticité après les fastes quelque peu artificiels de la Croisette.

En haut, la place de la Castre, bordée d'un vieux mur d'enceinte, est dominée par l'église N.-D.-d'Espérance : bâtie aux 16e et 17e s., elle appartient au style gothique provençal. Après le vieux clocher, une terrasse ombragée permet d'admirer la **vue** plongeante sur la baie. Au bout se trouve l'**ancien château de Cannes** des 11e et 12e s. qui accueille aujourd'hui le musée de la Castre *(voir « visiter »).*

VUE IMPRENABLE
Depuis le sommet de la tour carrée du Suquet, ancienne tour de guet du château, **panorama★** sur la Croisette, le golfe de la Napoule et les îles de Lérins, l'Esterel et les collines au Nord de Cannes.

Descendre la rue Perrissol, puis par les rues J.-Hibert et J.-Dolfus, rejoindre le square F.-Mistral.

Les amoureux de la langue d'oc salueront la statue du créateur du félibrige, inaugurée en 1930 pour le centenaire de sa naissance.

Prendre le boulevard J.-Hibert qui vous ramène au port.

visiter

Musée de la Castre★★

☎ 04 93 38 55 26 - www.cannes.fr - juin-août : 10h-13h, 15h-19h ; avr.-mai et sept. : 10h-13h, 14h-18h ; oct.-mars : 10h-13h, 14h-17h - fermé lun., 1er janv., 1er Mai, 1er et 11 Nov., 25 déc. - 3 €, gratuit 1er dim. du mois.

L'ancien château de Cannes au Suquet abrite d'importantes collections d'archéologie et d'ethnographie. Ce

musée de l'homme, ouvert en 1877, précède d'un an celui du Trocadéro. Fruit des expéditions d'érudits du 19e s., il s'enticha par la suite d'art africain et asiatique. Vous traverserez l'Himalaya, l'Arctique, l'Amérique précolombienne, l'Océanie, avant d'arriver dans la salle d'Égypte et civilisations antiques. Ce voyage inattendu dans les cinq continents sera distrait par quelques peintures orientalistes, puis un bel ensemble de marines et de paysages méditerranéens vous remettra dans l'ambiance de votre séjour. Enfin, dans la chapelle cistercienne Ste-Anne, vous serez saisi par la fabuleuse collection d'**instruments de musique du monde★**.

Église orthodoxe St-Michel-Archange

30 bd Alexandre-III, voir le plan d'agglomération. Ensemble choral réputé. La crypte n'est pas accessible au public. ☏ *04 93 43 35 35 - possibilité de visite guidée sur demande préalable à M. Wsevolojsky.*

Construite par l'architecte cannois Nouveau, l'église date de 1894 et son clocher lui est postérieur. Elle était destinée à l'impératrice Maria Alexandrovna, épouse du tsar Alexandre III, qui passait régulièrement l'hiver à Cannes avec sa cour. L'intérieur est décoré de bannières et d'**icônes** remarquables, notamment celle représentant saint Michel archistratège de Dieu.

En face de l'église se trouve la **chapelle Tripet-Skryptine** qui fut le premier édifice orthodoxe à Cannes.

D. Laurent/MICHELIN

Le bulbe bleu de l'église St-Michel-Archange rappelle la présence russe à Cannes dès 1848, lorsque Eugène Tripet, consul de France à Moscou, épousa une princesse russe.

Chapelle Bellini

Depuis l'avenue Poralto, tourner à gauche dans le chemin du Parc-Fiorentina, voir le plan d'agglomération. ☏ *04 93 38 61 80 - ♿ - 14h-17h, w.-end : sur demande préalable - possibilité de visite guidée (20mn) - fermé j. fériés - gratuit.*

Cette chapelle néobaroque, plus haute que large, faisait partie de la « villa Fiorentina » construite en 1880 pour le comte Vitali. Il reste les somptueux arbres du parc, les armoiries du comte sur la face Ouest et, à l'intérieur, l'atelier du peintre cannois Bellini (1904-1989), le tout dans une atmosphère paisible.

circuits

LE CANNET 3

Voir plan d'agglomération. Quitter Cannes par le boulevard Carnot qui y mène. Les deux villes sont contiguës.

À 110 m d'altitude, l'amphithéâtre de collines boisées qui protège Le Cannet du vent est un panorama à lui tout seul.

Peintres

Le peintre **Bonnard** a rendu le site célèbre par ses peintures réalisées depuis la villa **Le Bosquet**, avenue Victoria, où il passa les dernières années de sa vie (certaines de ses toiles sont au musée de l'Annonciade à St-Tropez). Renoir y vécut également.

Le vieux Cannet

On y pénètre par la rue St-Sauveur (en grande partie piétonne) où l'on admire d'intéressantes façades de maisons du 18e s. ainsi que d'agréables placettes ombragées de platanes et reliées par des calades. Au n° 19, à l'intersection d'une rue en montée sur la gauche, une façade aveugle a été recouverte d'une peinture murale de **Peynet** représentant *Les Amoureux*.

Plus loin à gauche, abritée derrière un gros tilleul, la petite **chapelle St-Sauveur** du 15e s. est ornée sur le fronton d'une mosaïque polychrome. À l'intérieur, vous serez accueilli par les couleurs vives des vitraux dessinés par **Tobiasse**, ainsi que par des mosaïques, des panneaux de bois historiés *(à lire de droite à gauche)* et différents objets. ☏ *04 93 45 34 27 - ♿ - possibilité de visite guidée sur demande à l'Office de tourisme juil.-août : mar. et vend. 18h, sam. 10h30 ; reste de l'année : sam. 15h (pdt la visite de la ville) - possibilité de visite à d'autres horaires sur demande 48h à l'avance - gratuit.*

De la **place Bellevue**, vous dominerez la tour carrée de l'église Ste-Philomène, et un peu plus loin, vous pourrez admirer la baie de Cannes et les îles de Lérins. Tout près, subsistent la vieille tour des Calvys (12e s.), et, non loin,

Détail

Place de Bellevue, notez une amusante fresque dédiée aux familles fondatrices du Cannet.

Chapelle Saint-Sauveur du Cannet : la mosaïque d'un lieu consacré au peintre Tobiasse.

celle des Danys (14e s.), plus haute. Toutes deux présentent de belles façades coiffées de mâchicoulis. Depuis l'hôtel de ville, par la rue piétonne Cavasse, vous accéderez aux **jardins de Tivoli**. Remarquez les somptueuses villas 1900.

Chemin des collines★

Il est particulièrement agréable d'emprunter cette route tracée au flanc des hauteurs dominant Cannes. Les multiples vues admirables qu'elle procure sur l'agglomération, le golfe de La Napoule et les îles de Lérins vous feront oublier les très nombreux virages.

Nid d'amour
À gauche dans l'avenue Victoria, au sommet d'une allée de peupliers, trône la **villa Yakimour** *(propriété privée, ne se visite pas)*. Cette demeure orientale fut offerte par l'Aga Khan à son épouse Yvette Labrousse.

En poursuivant vers l'Est, on atteint le col de St-Antoine. Possibilité de rejoindre Cannes par l'avenue Victoria. Pour poursuivre vers Vallauris, au col de St-Antoine, prendre à gauche la D 803.

Vallauris *(voir ce nom)*

Golfe-Juan ≙≙ *(voir Vallauris)*

De retour vers Cannes, la N 7 contourne les collines de Super-Cannes tandis qu'à l'horizon se détachent les îles de Lérins et la barrière rouge du massif de l'Esterel : la **vue★** prend évidemment toute sa valeur au coucher du soleil.

Revenir à Cannes par le bord de mer.

LA CROIX DES GARDES★ 4

8 km (forte montée). Quitter Cannes par l'avenue du Dr-Picaud. À un feu de signalisation, tourner à droite boulevard Leader. 100 m après l'entrée du pavillon de la Croix-des-Gardes, tourner à droite dans l'avenue J.-de-Noailles. Laisser la voiture 100 m plus loin au parking aménagé.

15mn AR. Prendre à droite un sentier qui mène au sommet (alt. 164 m) de la colline surmontée d'une grande croix de 12 m de haut. Ce lieu stratégique était depuis le 16e s. un poste permanent d'observation qui donna à la colline le nom de Croix des Gardes. Au pied de la croix, superbe **panorama★** sur le site de Cannes, les îles de Lérins, l'Esterel, et par temps clair la presqu'île de St-Tropez.

Au passage
Au n° 2 de l'av. J.-de-Noailles, la **villa Rotschild** abrite la médiathèque municipale au sein d'un agréable parc.

L'avenue J.-de-Noailles ramène à Cannes.

ÎLES DE LÉRINS★★

Promenade d' 1/2 journée. Voir ce nom.

Cap Ferrat★★

Entre Villefranche et Beaulieu, une splendide végétation recouvre la presqu'île la plus prestigieuse de la Côte, parsemée de luxueuses résidences parmi lesquelles, la ravissante villa Ephrussi. Masquées par les frondaisons de ces maisons, les vues sur la côte se contemplent depuis le sentier du littoral, les rues de St-Jean et la pointe St-Hospice à l'Est.

La situation

Carte Michelin Local 341 E5 - Schéma p. 324 - Alpes-Maritimes (06). Accessible par la corniche inférieure *(voir corniches de la Riviera)*, le cap Ferrat est presque une île, tant la route qui sépare le cap de la côte est étroite. Et à l'intérieur, c'est un autre monde, très privilégié.

59 av. Denis-Semeria, 06230 St-Jean-Cap-Ferrat, ☎ 04 93 76 08 90.

Le nom

Une tête (sens du mot provençal *cap*) au corps ferrugineux (sens de *ferrum* ou *ferraria* en latin).

Les gens

1 895 St-Jeannois, aussi huppés qu'invisibles, à l'abri dans leurs quartiers dorés. Parmi les anciens propriétaires du cap : le roi belge Léopold II, Scott Fitzgerald, Gregory Peck et Somerset Maugham, qui habita à partir de 1927 la villa « la Mauresque ». Et parmi les visiteurs assidus actuels : Raymond Barre.

Plages de galets

À l'Ouest, face à Villefranche, **plage de Passable**.
À l'Est, face à Beaulieu, **plage Paloma**.
Près du port, **plage du Cro des Pins**.
Enfin, **plage de la pointe St-Hospice**.
Au gré de la promenade de bord de mer, des petites criques pour les bons nageurs.

découvrir

Villa Ephrussi-de-Rothschild★★

☎ 04 93 01 33 09 - www.villa-ephrussi.com - de déb. fév. à déb. nov. : 10h-18h ; reste de l'année : 14h-18h, w.-end 10h-18h - 9 €.

Dans un **site**★★★ incomparable, ce palais à l'italienne fut conçu par la baronne Béatrice Ephrussi de Rothschild, en 1905, pour abriter ses collections : plus de 5 000 œuvres d'art. Elle légua la villa en 1935 à l'Institut de France pour l'Académie des beaux-arts. Encadrée de magnifiques jardins, la villa domine la mer et, de part et d'autre, les rades de Villefranche et de Beaulieu.

Les caprices de Béatrice

Nombre des panneaux peints au 18e s. qui ornent les murs de la villa proviennent d'hôtels particuliers parisiens détruits lors des travaux d'Haussmann... et les architectes ont dû sans cesse adapter leur construction aux dimensions des panneaux... et aux exigences de la baronne. Celles-ci étaient telles que pas moins de 15 architectes se succédèrent en sept ans sur le chantier !

carnet pratique

Se loger

Hôtel Frégate – *11 av. Denis-Séméria - 06230 St-Jean-Cap-Ferrat - ☎ 04 93 76 04 51 - fermé 15 déc.-3 janv. - 10 ch. 45/75 € - ☕ 7 €.* Une adresse simple dans une rue commerçante proche du port. Les chambres, petites mais rénovées, sont bien tenues ; certaines possèdent un balcon. Au restaurant, on ne sert que les résidents. Accueil familial.

Hôtel Brise Marine – *58 av. Jean-Mermoz - 06230 St-Jean-Cap-Ferrat - ☎ 04 93 76 04 36 - info@hotel-brisemarine.com - fermé nov.-janv. - P - 16 ch. 135/150 € - ☕ 12 €.* Un beau jardin fleuri et arboré entoure cette jolie demeure bâtie en 1878. Les chambres, sobrement aménagées, ouvrent leurs fenêtres sur le cap, le golfe ou un petit patio. Agréable terrasse où l'on sert les petits-déjeuners.

Se restaurer

Capitaine Cook – *11 av. Jean-Mermoz - 06230 St-Jean-Cap-Ferrat - ☎ 04 93 76 02 66 - fermé 8 nov.-26 déc., jeu. midi et merc. - 23/28 €.* Discrètement situé entre le port de plaisance et la plage de la Paloma, restaurant familial où l'on mange au coude à coude une cuisine traditionnelle privilégiant les produits de la mer.

Plage de Passable – *Chemin de Passable - 06230 St-Jean-Cap-Ferrat - ☎ 04 93 76 06 17 - fermé de mi-oct. à mars - 25/60 €.* Nichée dans la rade de Villefranche-sur-Mer, à l'entrée de la presqu'île de Saint-Jean-Cap-Ferrat, ce restaurant de plage propose poissons, salades, pâtes et (uniquement le midi) pizzas dans un environnement enchanteur sous les pins et les palmiers.

B. Kaufmann/MICHELIN

Palais italien offrant tous les raffinements de la Renaissance, la villa Ephrussi expose une des plus riches collections d'objets d'art de France.

Dès l'entrée, un patio couvert, au parterre en mosaïques entouré de colonnes de marbre rose provenant d'un palais de Vérone, présente des meubles et des peintures du Moyen Âge et de la Renaissance, dont un retable du 15e s. (sainte Brigitte d'Irlande) et un tableau de Carpaccio (condottiere vénitien). De là se découvrent deux salons : Louis XVI avec son immense tapis de la Savonnerie du 18e s. et Louis XV avec ses tapisseries des Gobelins. La chambre de Mme Ephrussi, son cabinet de toilette et son boudoir permettent de découvrir les appartements privés de la baronne. Enfin, la salle à manger de Sèvres rassemble des porcelaines rares.

Musée Île-de-France★★ – *Visite guidée uniquement, supplément tarifaire.* Au premier étage, les exceptionnelles collections de porcelaine de Vincennes, de Sèvres et de Saxe ajoutent à l'éclat de l'ensemble. Le curieux « salon des Singes » évoque le thème animalier cher à la baronne Ephrussi avec un étonnant orchestre de singes en porcelaine de Meissen. Dans un curieux décor gothique, le salon d'art d'Extrême-Orient s'ouvre par deux vantaux de laque chinois : grands paravents en laque de Coromandel, vases et tapis chinois et, dans un cabinet annexe, costumes de mandarin.

En pont de navire

Tel est le jardin principal, étiré sur la partie la plus étroite du cap, terminé par la proue qu'est le temple de l'Amour. Installée sur sa loggia, la baronne pouvait ainsi s'imaginer à bord du paquebot *Île-de-France* sur lequel elle fit une croisière mémorable au point d'en baptiser sa villa... pour parfaire l'illusion, elle exigeait des jardiniers qu'ils soient vêtus en matelots !

◀ **Jardins★★** – 7 ha de jardins thématiques paradisiaques entourent la villa. Au centre, le **jardin à la française** et ses jeux d'eau musicaux, mène dans une belle perspective à un escalier d'eau, une rocaille et un petit temple de l'Amour, réplique de celui du Trianon. En bas des grandes marches, le **jardin espagnol**, d'allure très andalouse, est fraîchement ombré d'arums, de papyrus, de grenadiers et de daturas. Plus loin, le **jardin florentin** est habité d'un gracieux éphèbe de marbre parmi les cyprès. Fontaines, chapiteaux, gargouilles et bas-reliefs (Moyen Âge et Renaissance) ornent un **jardin lapidaire** des plus romantiques. Auprès d'un délicieux **jardin japonais**, un **jardin exotique** offre sa végétation étonnante. Enfin, la **roseraie** rassemble une grande variété d'espèces de la fleur de prédilection de la baronne Ephrussi.

circuit

LE TOUR DU CAP★★

10 km – environ 3h. Ce circuit permet de découvrir le cap de l'intérieur.

Plage de Passable

Plage de galets en pente douce face à la rade de Villefranche.

Zoo

☎ 04 93 76 07 60 - www.zoocapferrat.com - ♿ - juil.-août : 9h30-19h ; reste de l'année : 9h30-18h - 13 € (enf. 9 €, -3 ans gratuit).

☺ Dans l'ancienne propriété du roi Léopold II de Belgique, un lac asséché a été transformé en 1950 en **parc d'acclimatation**. De beaux spécimens d'animaux et

Randonnée

🚶 *6 km, départ du port.* Pour ceux qui préfèrent la marche à la voiture, un sentier permet de faire le tour du cap entre criques, falaises et végétation aux essences enivrantes. Exceptionnel !

ST-JEAN CAP-FERRAT

Albert Ier (Av.) 2
Centrale (Av.) 3
États-Unis (Av. des) 5
Gaulle (Bd Gén.-de) 6
Grasseuil (Av.) 7
Libération (Bd de la) 9
Mermoz (Av. Jean) 12
Passable (Chemin de) 13
Phare (Av. du 14
St-Jean (Pont) 16
Sauvan (Bd Honoré) 17
Semeria (Av. Denis) 18
Verdun (Av. de) 20
Vignon (Av. Claude) 21

Villa Ephrussi-de-Rotschild . . . . . . M

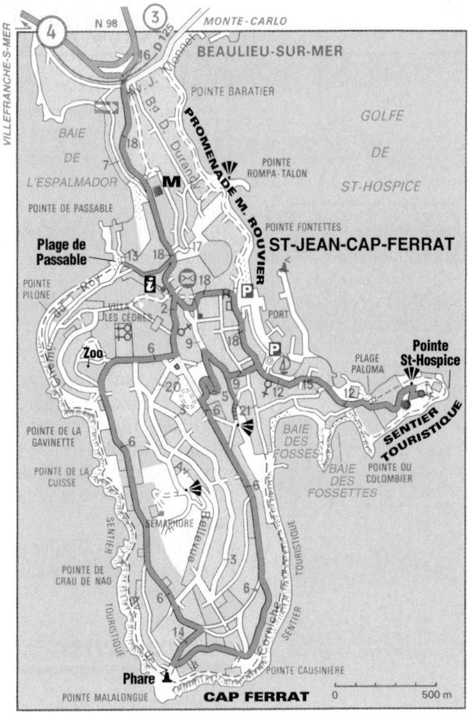

d'oiseaux exotiques s'épanouissent à l'ombre d'une végétation tropicale (3 ha). Plusieurs fois par jour, une « École de chimpanzés » présente un divertissement original.

Phare

La portée de ce phare construit en 1949 atteint 46 km.

St-Jean-Cap-Ferrat★

Cet ancien village de pêcheurs est devenu une station balnéaire et hivernale privilégiée, recherchée pour son calme. Quelques vieilles maisons entourent le **port**, largement aménagé pour la plaisance.

Depuis la rue en escalier au Sud du boulevard de la Libération, belle **vue**★ sur la montagne de la Tête de Chien, Èze, le mont Agel et les Alpes franco-italiennes au loin.

Pointe St-Hospice

La montée à la pointe St-Hospice, entre les propriétés, offre de jolies vues sur Beaulieu et la côte vers le cap d'Ail. Elle longe une tour, construite au 18e s. pour servir de prison, aboutit à la chapelle du 19e s. remplaçant un ancien oratoire qui était dédié à l'ermite niçois saint Hospice. Des abords de cette chapelle, on a une bonne **vue**★ sur la côte et l'arrière-pays, de Beaulieu au cap Martin.

3,5 km. Un **sentier**★ fait le tour de la pointe St-Hospice. Il commence à la plage Paloma et finit à la baie des Fossettes.

VUE SUR TERRE

1h AR, départ du port. La belle **promenade Maurice-Rouvier**★ vous conduit à la baie de Beaulieu *(voir ce nom)* avec vue sur Èze et la Tête de Chien.

Coaraze★

En montant vers le col St-Roch (990 m), la ravissante « route du soleil » passe, entre montagnes et rivière, par une colline d'oliviers. Un vieux village restauré avec goût, la couronne.

Idées rando

Une brochure explique en détail les balades et randonnées à faire. *Renseignements auprès de l'Office de tourisme, ☎ 04 93 79 37 47.*

La situation

Carte Michelin Local 341 E4 - Schémas p. 64 et 308 - Alpes-Maritimes (06). Depuis la D 2204 de Nice, la D 15 y mène entre la chaîne de Férion et la vallée du Paillon de Contes.

Pl. Ste-Catherine, 06390 Coaraze, ☎ 04 93 79 37 47.

Le nom

Une légende explique ce nom étrange : les habitants auraient réussi à capturer le diable et l'auraient attaché par la queue. Mais le malin l'aurait coupée, d'où le nom de *coa* (« queue ») *rasa* (« coupée »). Pour d'autres, le site évoquerait un lézard à la queue coupée. Quant aux scientifiques, insensibles à toute poésie, ils y voient une racine pré-indo-européenne évoquant un caillou ou un rocher.

Les gens

654 Coaraziens. Repeuplé d'artistes (Jean Cocteau) et d'artisans dans les années 1950, ce chaleureux village aime faire la fête !

se promener

Le bourg médiéval

Le charmant bourg médiéval, avec ses **vieilles rues★**, ses longs passages voûtés et ses placettes, invite à la flânerie, au doux bruit des fontaines. Parmi ses cyprès, le jardin en terrasse surplombe une belle vue sur le fond de la vallée et la cime de Rocca Seira.

Sur la mairie et la place de l'Église, on découvrira un bel ensemble de cadrans solaires en céramique, dessinés par Cocteau, Goetz, Ponce de Léon et d'autres artistes. On accède à l'**église** par le vieux cimetière. À l'intérieur, décor baroque avec notamment, au fond, un saint Sébastien percé de flèches.

H. Le Gac/MICHELIN

Sur la route du soleil.

Notre-Dame-de-la-Pitié

Rejoindre la D 15 vers le Nord et, aussitôt, prendre une petite route à gauche.

N.-D.-de-la-Pitié s'appelle aussi N.-D. « des-Sept-Douleurs », ou encore « chapelle bleue » car la vie du Christ y est peinte en camaïeu bleu (Ponce de Léon, 1962). De la terrasse, jolie vue sur le village.

Chapelle St-Sébastien

Prendre la D 15 vers le Sud, à 2 km tourner à droite vers la Gardiola.

Nichée dans la campagne, elle est dédiée au saint protecteur des épidémies de peste. Des fresques (de 1530 avec repeints au 19e s.) d'une grande élégance la décorent : saint Sébastien, criblé de flèches, et ses archers sont gracieusement déhanchés dans un maniérisme qui rappelle Le Pérugin. La douceur des couleurs et des contours a le raffinement de la Renaissance.

carnet pratique

Se loger

L'Auberge du Soleil – *8 chemin Camin-de-la-Beguda - ☎ 04 93 79 08 11 - auberge.du.soleil@wanadoo.fr - fermé nov.-15 fév. - 8 ch. 56/84 € - ☕ 9 € - restaurant 23/28 €.* Une atmosphère d'une douce sérénité règne en cette belle maison de maître de 1863, que l'on rejoint uniquement à pied. Savant mélange d'ancien et de moderne dans les chambres, et accueillante salle à manger prolongée d'une terrasse grande ouverte sur la vallée.

Calendrier

Fêtes – Fête de la Saint-Jean, fin juin ; de l'olivier, le 15 août ; différents concerts durant l'été. *☎ 04 93 79 37 47.*

Cogolin

Ce village des Maures, situé au cœur du golfe de Saint-Tropez, a su garder le charme authentique des bourgs de Provence grâce à ses activités artisanales. L'avenue principale vous accueille par des enseignes de fabriques de pipes et vous conduit au vieux village que domine un moulin en ruine.

La situation

Carte Michelin Local 340 O6 - Schéma p. 247 - Var (83). À 3,5 km au Sud de Grimaud *(voir ce nom)* par la D 558 et à 8,5 km à l'Ouest de St-Topez *(voir ce nom)* par la N 98. Entre Cogolin et ses marines situées à 5 km, il y a le carrefour de la Foux. Vous aurez, à la belle saison, tout votre temps pour le contempler !

Pl. de la République, 83310 Cogolin, ☎ 04 94 55 01 10. www.cogolin-provence.com

Le nom

Du latin *Cucullus*, « capuchon ». Mais à la métaphore géographique, vous pouvez préférer la légende : le **coq** qui accompagnait le corps du chevalier Torpès (mieux connu aujourd'hui sous le nom de saint Tropez) aurait volé sur un champ de lin d'où serait né Cogolin.

Les gens

9 079 Cogolinois. Né des ressources locales (chêne-liège, roseau, bois de bruyère), l'artisanat traditionnel cogolinois s'est spécialisé dans la fabrication de pipes, taillées dans des souches de bruyère des Maures, et la confection d'anches d'instruments à vent.

VENDÉENS

Les deux citoyens d'honneur de la ville sont natifs du même village de Mouilleron-en-Pareds en Vendée. Le premier est **Clemenceau** ; le deuxième, le **général de Lattre de Tassigny**, installe à Cogolin son premier poste de commandement, du 17 au 20 août 1944 durant la bataille de Provence.

D. Pazery/MICHELIN

Les pipes de Cogolin, une cité où le bois fait le bonheur des fumeurs... comme des artisans.

se promener

LE VIEUX VILLAGE

La partie haute du village, avec ses nombreuses placettes et ruelles communiquant par des passages voûtés, a conservé son caractère médiéval.

De l'Office de tourisme, rejoignez l'hôtel de ville et prenez à gauche la rue du 11-Novembre 1918 pour arriver à l'**église St-Sauveur-St-Étienne**. Elle conserve des parties du 11e s. et un joli portail Renaissance en serpentine. À l'intérieur, une chapelle latérale abrite un beau retable de Hurlupin (1540) représentant saint Antoine accompagné de saint Éloi et de saint Pons, ainsi qu'un buste baroque du 17e s. En sortant, remarquez sur la place Abbé-Toti l'originale fontaine. **Rue Nationale**, admirez les remarquables encadrements de porte en serpentine, dont certains datent du 12e s., et, au n° 46, la très belle demeure bourgeoise dite **château Sellier** du

DES MARINES ET UN PORT

Accès par la N 98 puis la D 98^A. Navette de bus régulière en été. À 5 km au Nord-Est du bourg, belle plage de sable et port de plaisance, composé de quatre bassins pouvant accueillir 1 500 bateaux et entourés d'un ensemble de résidences. Plus intime, Port-Cogolin ne dispose que de 150 anneaux.

carnet pratique

Se loger

Le Coq'Hôtel – *Pl. de la Mairie - ☎ 04 94 54 13 71 - www.coqhotel.com - fermé 1er-15 janv. - P - 24 ch. 48/95 € - ☕ 8 € - restaurant 15/34,50 €.* Enseigne à la gloire du roi de la basse-cour que l'on retrouve sur la jolie devanture aux volets bleus et sous forme de figurine dans le salon. Les chambres, diversement meublées, sont dotées du double vitrage côté place ou donnent sur une cour tranquille à l'arrière, où l'on sert le café et les croissants en été.

Se restaurer

Côté Jardin – *R. Pasteur, face à la pl. du Marché, aussi nommée pl. des boules - Accès également possible par un passage à hauteur du 1 r. Gambetta - ☎ 04 94 54 10 36 - cotejardin@neuf.fr - fermé oct.-mars - 10,90/30 €.* Cet établissement est une oasis de fraîcheur un peu cachée au centre du village, entre la place des boules et la place de la mairie. Grillades, petite restauration, glaces et autres douceurs servies dans un jardin ombragé de résineux et de beaux palmiers. Fonctionnement de type salon de thé entre les repas.

Que rapporter

Marché – Mercredi, samedi.

Fabrique de M. Rigotti – *5 r. François-Arago - ☎ 04 94 54 62 05 - rigotti@wanadoo.fr - 8h-12h, 13h30-17h30 - fermé août et j. fériés.* Fabrique d'anches et de pièces détachées pour instruments de musique à vent. L'atelier se visite.

Les pipes de Cogolin - Courrieu Fils – *58 av. Clemenceau - ☎ 04 94 54 63 82 - www.courrieupipes.fr - atelier : 9h-11h30, 14h-18h, dim. et j. fériés : sur demande. Boutique : 9h-12h, 14h-19h en été ; jusqu'à 17h30 en basse saison.* La proximité de la forêt des Maures fournit les racines de bruyère pour la confection des pipes. La vitalité de cet artisanat pluriséculaire s'exprime dans les nombreux ateliers de l'avenue Clemenceau exposant de belles collections de leur production ainsi que dans les techniques de fabrication. La maison Courrieu y est installée depuis plus de deux siècles et se visite. Elle a d'ailleurs approvisionné des célébrités telles que Simenon, Brassens, Vanel, Bernard Blier ou Raymond Devos.

Manufacture de tapis de Cogolin – *6 bd Louis-Blanc - ☎ 04 94 55 70 65 - www.tapis-cogolin.com - visite salon d'exposition : tlj sf w.-end 8h30-12h, 14h-17h30 (vend. 17h) - fermé 2 sem. en août, 25 déc. et 1er janv.* Au début des années 1920 s'installèrent à Cogolin des tisserands arméniens réfugiés en France, et en 1928 fut créée la Manufacture, qui effectua le transfert des métiers de « haute lisse » d'Aubusson. Actuellement, la fabrication a recours à deux méthodes : les ouvrages tissés main à la demande (la basse lisse), et la technique du tufté main qui a recours à une technologie permettant toutes les fantaisies dans la décoration.

Calendrier

Fête provençale – Dernier week-end d'août.

17e s. *(voir « visiter »)*. Poursuivez jusqu'à la place Bellevue où se trouve la **chapelle St-Roch**, décorée d'œuvres contemporaines. Au sommet de la butte, par la montée Aloes, se dresse la **tour de l'Horloge** (14e s.), unique vestige du château fort.

visiter

Demeure-Musée Sellier

☎ 04 94 54 63 28 - juin-sept. : tlj sf dim. et lun. 10h-13h, 15h-18h30 ; oct.-mai : tlj sf dim. et lun. 10h-12h30, 14h30-17h30 - fermé j. fériés - 2,30 € (-16 ans gratuit).

Outre des expositions artistiques temporaires, elle abrite le **musée de Coq**, animal emblématique du village *(voir « le nom »)*. La collection qui compte des oiseaux gallinacés en bois, en laiton, en céramique, en verre... et deux beaux spécimens naturalisés (dont l'un à quatre pattes !), s'enrichit continuellement. Dans une assiette, sur une planche anatomique ou en tire-bouchon, de quoi régaler le visiteur !

Plus classique (là, il vous faudra retrouver votre sérieux), le **musée médiéval et Templier**, rassemble documents, maquettes, costumes illustrant l'histoire de cet ordre (Cogolin était le siège d'une commanderie) qui influença le mode de vie du 11e s. au début du 14e s.

Espace Raimu

Av. Georges-Clemenceau. ☎ 04 94 54 18 00 - www.musee-raimu.com - ♿ - juil.-août : 10h-13h, 16h-19h, dim. 16h-19h ; sept-juin : 10h-12h, 15h-18h, dim. 15h-18h - fermé dernière quinz. de nov., mar. (hors vac. scol.), 1er janv., 11 Nov. et 25 déc. - 3,50 € (-11 ans gratuit), gratuit 18 déc.

Le musée se trouve dans le cinéma municipal *(rez-de-chaussée)*, on le doit à la petite-fille de Raimu, sa première admiratrice. **Jules Auguste César Muraire** de son vrai nom (1883-1946) s'illustra au théâtre *(Le Blanc et le Noir)* et au cinéma *(La Femme du boulanger, La Fille du puisatier, César, Fanny...)*. La carrière légendaire de cet enfant de Toulon nous est remémorée à travers des affiches, photos, lettres (importante correspondance avec Marcel Pagnol), costumes et effets personnels mis en scène. Voilà qui donne envie de (re)découvrir cet acteur hors norme.

Cotignac★

Ce paisible village provençal contient tous les ingrédients du bonheur. Dans un site impressionnant, Cotignac semble « s'écouler » d'une longue falaise de tuf aux couleurs changeantes. Le doux murmure des fontaines vous attend au détour des calades ; quant au marché provençal le mardi, il invite au péché de gourmandise.

Insolite

Haute de 80 m, la falaise a été façonnée par le cours de la Cassole et creusée de multiples grottes qui ont servi d'abris *(voir « se promener »)*. Certains gouffres plongent à plus de 50 m de profondeur. Deux tours du 14e s. coiffent le sommet, vestiges du château des Castellane.

La situation

Carte Michelin Local 340 L4 – Var (83). À 15 km au Sud d'Aups *(voir ce nom)* par la D 22 qui offre un superbe point de vue sur le site. Parking près du cours et à la sortie du village (en direction de Carcès).

ℹ *R. Bonnaventure, 83570 Cotignac, ☎ 04 94 04 61 87.*

Le nom

Une étymologie gourmande ? Le cotignac est la confiture ou la pâte de coing. *Codonh* (« coing » en provençal) a donné *codonat*, puis *coudoignac*. Historique ? Le nom viendrait d'un certain Cottinius... mais qui dit que ce Cottinius n'est pas l'inventeur de la gelée en question ?

Les gens

2 026 Cotignacéens, accueillants et pas rompus aux excès du tourisme.

S. Sauvignier/MICHELIN

Place du Marché, vous êtes au cœur de Cotignac.

carnet pratique

Se loger

Chambre d'hôte Domaine de Nestuby – *Rte de Montfort - 5 km au S de Cotignac dir. Brignoles - ☎ 04 94 04 60 02 - nestuby@wanadoo.fr - fermé 15 nov.-1er mars - - réserv. obligatoire - 6 ch. 65/80 € - repas 23 €.* Au cœur d'un domaine viticole, cette avenante bastide provençale dispose de belles chambres rénovées aux meubles chinés dans les brocantes, complétées d'un petit centre de remise en forme (sauna, spa, équipement sportif). Vous dégusterez le vin du propriétaire à la table d'hôte installée dans l'ancienne écurie.

Se restaurer

Restaurant Le Clos des Vignes – *Rte de Montfort - 5 km au S de Cotignac dir. Brignoles - ☎ 04 94 04 72 19 - fermé dim. soir et mar. d'oct. à juin et lun. - réserv. conseillée - 25/35 €.* Une ancienne bergerie restaurée entourée de vignes, une salle en véranda, une jolie terrasse et un patron à la forte personnalité : tout incite à passer un agréable moment. La cuisine réalisée à partir de produits frais explique la bonne cote locale de ce restaurant.

Que rapporter

Marché – *mar. 9h-13h marché provençal ; mi-juin à mi-sept. : vend. 9h-13h marché paysan.* Le mardi matin cours Gambetta et pl. Joseph-Sigaud (marché provençal) ; le vendredi matin (de mi-juin à mi-septembre) marché paysan pl. Joseph-Sigaud.

Spécialités – Le village est réputé pour son vin, son huile et son miel. Dans les boulangeries, on déguste de délicieux croissants aux pignons

Les Ruchers du Bessillon – *5 r. de la Victoire - centre du village - ☎ 04 94 04 60 39 - www.sejour-en-provence.com - été : tlj sf dim. apr.-midi 10h-12h30, 15h30-19h ; hiver : tlj sf dim. apr.-midi et lun. 10h-12h et tte l'année quartier Camp d'Andriou - fermé apr.-midi des j. fériés.* Miels d'acacia, de montagne, de châtaignier, de sapin, de tilleul, de romarin, de lavande, de bruyère, de thym. Les miels toutes fleurs de Provence portent le Label Rouge. Également, vente de gelée royale, pollen, cire, confiseries au miel...

se promener

Village

Plan commenté disponible à l'Office de tourisme.

Sous les platanes et les belles façades 16e-18e s., le **cours central** invite à vivre à l'heure provençale, en sirotant un pastis et en écoutant la jolie **fontaine des quatre saisons**.

L'**église**, bâtie au 13e s., a été très remaniée depuis, jusqu'à la façade, du 18e s. Par la Grande-Rue, levez les yeux pour apercevoir trois cariatides au no 7, vous arrivez à la **place de la Mairie**, charmante avec sa fontaine, son hôtel de ville (18e s.) et son beffroi (15e s.). Traversez-le pour rejoindre le **théâtre de verdure**, où se déroule chaque été un festival de musique et de théâtre. Suivez le chemin en direction du rocher qui domine le pays et permet d'atteindre une **grotte** à deux étages Ce sont d'anciens habitats troglodytes, pigeonniers et greniers où les habitants cachaient leurs vivres en prévision des attaques. La jolie **vue** vaut l'effort *(déconseillé aux personnes sujettes au vertige). Juil.-août : 10h-12h, 14h-18h ; de mi-avr. à fin juin et sept. : 14h-17h. 2 €.*

Redescendant vers la place de la Mairie, vous passez devant l'ancien **moulin à huile**.

Vallon Gué

Au Sud du village, après le pont. *30mn AR.* Le chemin sous bois qui longe la Cassole conduit à une **cascade**. Certes, celle-ci n'est pas comparable à Sillans *(voir Aups)*, mais le lieu est paisible et la promenade rafraîchissante.

N.-D.-de-Grâces

1 km au Sud par la D 13, puis une petite route à droite. ☎ 04 94 69 64 92 - possibilité de visite guidée sur demande préalable : 8h-19h.

Pour être aussi beau, ce lieu ne pouvait être que sacré et miraculeux ! La Vierge y serait apparue au 16e s. Une chapelle a été élevée ensuite, sur ce mont Verdaille qui domine au Sud la vallée de l'Argens, Carcès et la région de Brignoles. Détruite par la Révolution et reconstruite en 1810, N.-D.-de-Grâces est aujourd'hui occupée par les moines de la communauté de St-Jean. Fraîchement restaurée, son intérieur est dépouillé.

50mn. Une belle allée boisée conduit à un autre monastère, celui de **St-Joseph**. Il ne se visite pas mais la chapelle est accessible.

Miracle

Désespérant d'avoir un héritier, Louis XIII et Anne d'Autriche auraient envoyé frère Fiacre jusqu'ici dire des prières. Exaucée, la reine y revint avec son fils, le jeune Louis XIV, pour rendre grâce en 1660, comme le rappelle l'**ex-voto** en marbre noir.

Draguignan

En dépit d'un nom aux inquiétantes résonances reptiliennes, Draguignan est une ville paisible, qu'animent fêtes et marchés. Tout a commencé autour d'une forteresse ligure, puis romaine, remplacée aujourd'hui par la tour de l'Horloge. Centre d'une région viticole, l'ancien chef-lieu du Var est un bon point de départ pour découvrir les paysages et petits villages du haut Var.

La situation

Carte Michelin Local 340 N4 - Var (83). Le parking le plus commode, proche de la vieille ville et de l'office de tourisme, est celui des allées d'Azémar *(payant, première heure gratuite)*, avec des platanes centenaires et un buste de Clemenceau (sénateur du Var, dont Draguignan fut la préfecture) par Rodin.

2 av. Carnot, 83300 Draguignan, ☎ 04 98 10 51 05. www.ot-draguignan.fr

Le nom

Draguignan, selon Mistral, dériverait du latin *draco* (« dragon »). Au 5e s., un dragon hantait les marécages (aujourd'hui, zone baignée par le Nartuby), mais saint Hermentaire vint à bout de l'horrible bête. Légende ? Pas si sûr !

Les gens

32 829 Dracénois. La cantatrice **Lily Pons** (1898-1976), Américaine d'origine française, est née à Draguignan.

comprendre

Prospère et provençale - Mis à part les attaques (duc de Savoie au 18e s.) auxquelles sa prospérité l'a exposé, Draguignan a connu un développement constant, de ville comtale en ville royale, qui en a fait au 15e s. la quatrième ville de Provence. De l'enceinte élevée au 13e s. subsistent encore deux portes sur trois. Louis XIV fit raser le donjon à l'issue de la lutte qui opposa en 1649 les Sabreurs aux Canivets.

Être et ne plus être préfecture - Draguignan obtint le titre de « préfecture » de Bonaparte en 1797 et le conserva jusqu'en 1974, avant qu'il ne revienne à Toulon. Au 19e s., les préfets Azémar et, brièvement, Haussmann, conjuguèrent constructions de prestige (comme le théâtre, hélas « modernisé » en 1974) et urbanisme moderne : promenades ombragées et boulevards rectilignes. En 1860, toutefois, la ville, lasse de tant de modernité, refusa le passage d'une grande ligne de chemin de fer ; aujourd'hui, le train venant de Marseille s'arrête aux Arcs.

se promener

VIEILLE VILLE

Parcours au départ de la place du Marché.

Au bout de la rue des Marchands, la **porte Romaine** (14e s.) ouvre sur le vieux Draguignan, ensemble de petites maisons serrées, dressées de guingois sous leur toit de tuiles canal. Poursuivez dans la rue de l'Observance, l'une des plus anciennes. Les maisons abritèrent aux 15e et 16e s. nobles et bourgeois, mais ont souffert de la modernisation.

Par la montée de l'Horloge *(à gauche)*, vous accédez à la **Tour de l'Horloge**. Du sommet, **vue** sur toute la ville et la vallée du Nartuby, avec les Maures à l'horizon. Le tour

D. Pazery/MICHELIN

Tour à échauguettes surmontée d'un campanile en fer forgé, la tour de l'Horloge remplace le donjon détruit en 1660.

carnet pratique

Transports

Bus – Le réseau Transport en Dracénie dessert Draguignan et ses communes alentours. *Renseignements et réservation au ☎ 0 800 651 220. Ticket à l'unité vendu par le conducteur ; abonnements en vente au Point Infos, Boulevard des Martyrs-de-la-Résistance (tlj sf dim. 8h-12h, 14h-18h, sam. 8h-12h).*

Cars – *Gare routière - ☎ 04 94 68 15 34.* Des cars assurent la liaison avec Fréjus (50mn), St-Raphaël (60mn), Les Arcs SNCF (25mn), Toulon (120mn).

Visite

Visite guidée de la ville – S'adresser à l'Office de tourisme - *juil.-août : visite guidée (2h30) 1j./sem. (se renseigner) 9h30 - 3 € (enf. gratuit).*

Se loger

Hôtel Les Oliviers – *815 chemin Baguier - 4 km à l'O de Draguignan par D 557 (rte de Flaysoc) - ☎ 04 94 68 25 74 - hotel-les-oliviers@club-internet.fr - fermé 5-25 janv. - P - 12 ch. 54/65 € - 8 €.* Aucune difficulté pour trouver cet hôtel situé sur la route de Flayosc. Ses chambres, aménagées en rez-de-jardin, sont claires et fraîches ; signalons également que la circulation baisse avec la tombée du jour. Une bonne petite adresse utile.

Chambre d'hôte St-Amour – *986 rte de la Motte - 83720 Trans-en-Provence - 5 km au S de Draguignan, rte du Muy - ☎ 04 94 70 88 92 - saint.amour83@wanadoo.fr - - 3 ch. 71/79 €.* Bâtisse du 18e s. entourée d'un parc de deux hectares agrémenté d'une étonnante piscine et d'un étang. L'appartement et les chambres sont superbement personnalisés : Provence, Afrique... Autre possibilité dans une maison plus récente : un ravissant petit studio décoré à la façon d'une cabine de bateau.

Se restaurer

L'Accomedia – *13 r. des Endronnes - ☎ 04 94 50 72 72 - fermé 14 juil.-7 août, 18 déc.-2 janv., lun. soir et dim. - 16/28 €.* Enseigne doublement explicite : ce restaurant italien est situé juste en face du théâtre ! Le four à pizza assure le spectacle dans un décor moderne et clair agrémenté d'une fresque évoquant le carnaval. Préparations culinaires joliment présentées et ambiance sympathique.

Restaurant du Parc – *21 bd de la Liberté - ☎ 04 94 50 66 44 - fermé vac. de fév., de Toussaint, dim. et lun. en hiver, sam. midi, dim. midi et lun. midi en été - 19/35 €.* À la belle saison, un platane centenaire offre son délicieux ombrage aux convives installés en terrasse. Côté salle, vous profiterez d'un cadre rénové. Saveurs provençales dans les assiettes.

Que rapporter

Marché – Mercredi matin, samedi matin, pl. du marché.

Moulin du Flayosquet – *Rte d'Ampus - Le Bastidon - 83780 Flayosc - ☎ 04 94 70 41 45 - juin-août : tlj sf dim. et lun. 9h-12h30, 14h-19h ; tlj sf dim. et lun. 9h-12h, 14h-18h30 - fermé 2 sem. en mars, 2 sem. en nov. et j. fériés.* Ce superbe moulin du 13e s. fonctionne encore en partie avec sa vieille roue à augets d'origine. L'huile d'olive élaborée ici selon des méthodes artisanales et ancestrales est aujourd'hui réputée et connue pour ses qualités gustatives... À découvrir dans la boutique ainsi qu'une sélection de spécialités régionales.

Moulin Traditionnel « Lou Calen » – *1 r. de l'Observance - ☎ 04 94 47 21 87 - sam. 9h-12h30.* Dans ce moulin du début du 20e s. situé sur les hauteurs de Draguignan, les olives provenant de petits récoltants locaux sont aujourd'hui encore pressées avec la vieille roue en pierre traditionnelle. Pas de boutique, mais possibilité d'acheter l'huile d'olive directement sur place.

Domaine Rabiega – *Rte de Lorgues - ☎ 04 94 68 44 22 - www.rabiega.com - tlj sf dim. 9h-12h, 14h-17h - fermé j. fériés.* Belle propriété au milieu des vignes et des oliviers exploitée depuis 1986 par des Suédois. On y propose un vin « bio » majoritairement rouge à partir des 10 ha du domaine (environ 20 000 bouteilles par an) ainsi que des crus élaborés avec des vignerons de la région. Caveau de vente et dégustation ; accueil charmant.

Calendrier

Le **8 septembre**, pèlerinage à l'église N.-D.-du-Peuple, construite au 16e s. et consacrée à la Vierge pour avoir préservé la ville de la peste.

du **théâtre de verdure** est l'occasion d'une vue plus rapprochée sur les toits de la vieille ville. ☎ *04 98 10 51 05 - www-ot-draguignan.fr - visite guidée (1h) : se renseigner pour les périodes et horaires - gratuit.*

Revenez sur vos pas et continuez rue des Tanneurs pour atteindre la **porte de Portaiguières**, percée dans une tour carrée du 15e s. Dans la rue Juiverie, façade murée d'une synagogue du 13e s. Au bout de la rue, prenez à droite pour arriver à l'église et rejoindre la place du Marché.

DRAGUIGNAN

Cisson (R.)	YZ 3	Gay (Pl. C.)	Y 6	Marché (Pl. du)	Y 16
Clemenceau	Z	Grasse (Av. de)	Y B	Martyrs-de-la-R. (Bd des)	Z 17
Clément (R. P.)	Z 4	Joffre (Bd Mar.)	Z 9	Marx-Dormoy (Bd)	Z 18
Droits de l'Homme (Parvis des)	Z 5	Juiverie (R. de la)	Y 12	Mireur (R. F.)	Y 19
		kennedy (Bd John)	Z 13	Observance (R. de l')	Y 20
		Leclerc (Bd Gén.)	Z 14	République (R. de la)	Z 23
		Marchands (R. des)	Y 15	Rosso (Av. P.)	Z 24

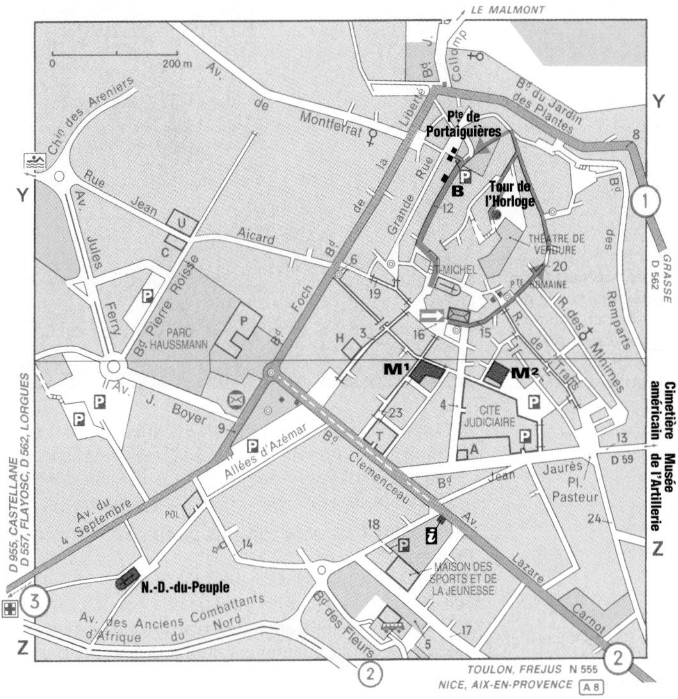

Façade d'une ancienne synagogue	Y B	Musée des Arts et Traditions populaires de moyenne Provence	Z M²
Musée municipal	Z M¹		

Cimetière américain et mémorial du Rhône

Bd John-F.-Kennedy. ☎ 04 94 68 03 62 - 9h-17h - fermé 1er janv. et 25 déc. - gratuit.

De durs combats se déroulèrent en 1944 dans la région, notamment autour du Muy *(voir Roquebrune-sur-Argens)*. Sur près de 5 ha de pelouse partagés par un jet d'eau sont regroupées les sépultures de 861 soldats américains de la 7e armée du général Patch. Sur le mur de soutènement du mémorial sont inscrits les noms des disparus. L'Américain Austin Purve est l'auteur des mosaïques de la chapelle.

> **A**u pied du mémorial, une carte de bronze retrace les mouvements des troupes durant la campagne lancée le 15 août 1944 pour appuyer les opérations de Normandie.

Église N.-D.-du-Peuple

Au Sud-Ouest, voir plan. Cette chapelle construite au 16e s. dans le style gothique flamboyant fut agrandie par la suite et reçut sa façade au 19e s. Dédiée à la Vierge, qui aurait préservé la ville de la peste (pèlerinage le 8 septembre), elle renferme de nombreux ex-voto et le panneau central d'un retable de l'école niçoise des Bréa (16e s.) représentant une Vierge au rosaire *(mur de gauche)*.

visiter

Musée municipal

☎ 04 98 10 26 85 - www.ville-draguignan.fr - ♿ - 9h-12h, 14h-18h - Fermé dim. et j. fériés - gratuit.

Œuvres d'art et archéologie dans ce bâtiment qui fut un couvent d'ursulines (17e s.), puis la résidence d'été de l'évêque de Fréjus, Mgr du Bellay (18e s.). Meubles anciens, sculptures, collection de céramiques (Vallauris, Moustiers, Sèvres, Chine), peintures hollandaises et françaises (Téniers, Rembrandt, Rubens, Greuze, Panini, J.-B. Van Loo, F. Ziem, Hals). Certaines œuvres proviennent de la région : buste et statue du tombeau du comte

> **À VOIR**
> Pour le plaisir, *Rêve au coin du feu*, sculpture de Camille Claudel (1903). Pour le contraste, *Tête de Christ* de Ph. de Champaigne et *Enfant au béguin* de Renoir.

SAEP INGERSHEIM/Musée des Arts et Traditions de moyenne Provence, Draguignan

Les « chivaus frus » exposés au musée des Arts et Traditions populaires sont un témoignage essentiel des festivités dracénoises.

de Valbelle par Houdon (Tourves, près de St-Maximin), belle armure du 16e s. (Le Luc) et bien sûr objets archéologiques, gallo-romains et médiévaux découverts à Vidauban, St-Hermentaire et Draguignan.

Musée des Arts et Traditions populaires de moyenne Provence★

☎ 04 94 47 05 72 - tlj sf lun. 9h-12h, 14h-18h, dim. et j. fériés 14h-18h - fermé 1er janv., 1er Mai et 25 déc. - 3,50 €.
Les poutres et les dalles des grandes salles mettent en valeur les outils, maquettes et objets anciens qui dépeignent les activités traditionnelles du haut pays varois, des plans de Provence, des Maures et de l'Esterel : le vin et les céréales, la fabrication de l'huile d'olive, l'exploitation du liège (atelier de bouchonnier), mais aussi la chasse, l'apiculture, l'élevage des moutons et des vers à soie. L'artisanat (atelier de cordonnier, tomettes de Salernes), la vie quotidienne (vaisselle, vêtements) et les fêtes *(chivaus frus)* sont aussi évoqués. Une galerie rassemble des machines agricoles (batteuses, presse à foin...).

Musée de l'Artillerie

Bd John-F.-Kennedy, puis 3 km à l'Est sur la D 59. Entrée principale de l'école d'application de l'artillerie. Parking à l'extérieur de l'enceinte. ☎ 04 98 10 83 86/85 - http://musee-artillerie.chez.tiscali.fr -lun., mar., merc. et dim. 8h30-12h, 13h30-17h - fermé de mi-déc. à mi-janv. - gratuit.

Sous la tente
La mezzanine est aménagée en camp militaire du Second Empire. Chaque tente abrite une période de l'histoire de l'artillerie, de la naissance du canon à la guerre du Golfe.

◄ Indispensable pour tous ceux que passionne l'évolution de l'artillerie ! Le rez-de-chaussée est défendu par une impressionnante série de canons variés (de marine, de place, de siège, de tranchée, antichars, antiaérien, etc.), tirés par des chevaux ou montés sur pneus. Des dioramas grandeur nature mettent en scène le canon de 75 de la bataille de la Marne (1914) et le rôle de l'artillerie dans la campagne d'Italie (bataille du Garigliano, 1944).

alentours

Table d'orientation du Malmont★

6 km au Nord. Sortir de Draguignan par le boulevard Joseph-Collomp. Arrivé à un col, prendre à gauche une petite route menant 300 m plus loin à une table d'orientation. La **vue★** très étendue embrasse le mont Vinaigre (Esterel), la rade d'Agay, la dépression de l'Argens, le massif des Maures, les environs de Toulon.

Entre deux ponts
De la place de la Mairie, descendre vers les gorges du Nartuby qui cascade sur des roches arrondies et trouées. On contemple le **site★** entre le pont Vieux et le pont Bertrand.

Trans-en-Provence

◄ *5 km au Sud. Quitter Draguignan par la N 555.* Village réputé, jusqu'à la dernière guerre mondiale, pour ses filatures de soie qui tiraient leur énergie de la vingtaine de moulins installés sur le Nartuby. Hôtel de ville avec **façade** en trompe l'œil (1779), rare exemple d'architecture civile du 18e s. L'église St-Victor (14e s.) abrite un beau retable.

Le **puits aérien** *(suivre les panneaux, à gauche en entrant dans le village ; le chemin passe par-dessus la N 555)* est l'œuvre d'un ingénieur belge, Knapen, en 1930. Il devait permettre de récupérer l'humidité nocturne par condensation pour irriguer les cultures. Mais, conçu pour l'Afrique, il ne fonctionna jamais à Trans.

Flayosc

7 km au Sud-Ouest. Quitter Draguignan par la D 557. Village varois typique, perché au-dessus de vignes, oliveraies et vergers. Portes fortifiées du 14e s., **église** romane à l'origine, au massif clocher carré à campanile, et place on ne peut plus provençale : platanes, fontaine moussue et petit lavoir. Réputé pour sa production oléicole, le village possède encore un ancien **moulin à huile** en activité *(voir « carnet pratique »).*

Chapelle Ste-Roseline★

10 km au Sud. Quitter Draguignan par la N 555 et tourner à droite dans la D 91. Voir Les Arcs, « alentours ».

B. Kaufmann/MICHELIN

Formidables murailles de calcaire creusées par le Nartuby, les gorges de Châteaudouble demeurent un havre de quiétude.

circuit

GORGES DE CHÂTEAUDOUBLE★

41 km - environ 1h. Quitter Draguignan par l'avenue de Montferrat, puis la D 955.

Gorges★

Profondes, très sinueuses et verdoyantes, elles sont creusées par le Nartuby, affluent de l'Argens.

Faire demi-tour avant le village de Montferrat, puis tourner à droite dans la D 51, qui atteint Châteaudouble, sur l'autre rive du Nartuby.

Châteaudouble

Ce village au charme médiéval et aux nombreuses calades entrecoupées de placettes à fontaine occupe un **site★** exceptionnel au sommet d'une falaise surplombant d'une centaine de mètres les gorges du Nartuby. L'église N.-D.-de-l'Assomption (16e s.) présente un clocher-tour roman et un portail clouté. De la tour sarrasine, point de **vue★** sur l'ensemble du village et le relief tourmenté des gorges.

Quitter Châteaudouble par le Nord, direction Ampus.

La D 51 traverse un plateau occupé par le bois des Prannes.

Ampus

Passée la porte sarrasine, vous monterez à la petite église romane bien restaurée. Derrière part un sentier qui s'élève sur un piton rocheux (ruines de l'ancien château) : **chemin de croix** en céramique.

Rentrer à Draguignan par la D 49. Belles **vues** sur la ville et son site.

B. Kaufmann/MICHELIN

À 1 km au Nord-Ouest de Draguignan, au bout d'un petit chemin (à gauche), la pierre de la Fée, un beau dolmen de 40 t, étale ses 6 m de long sur trois pierres levées de plus de 2 m.

Combien d'îles ?
La plus grande : l'**île des Embiez** (ou de la Tour Fondue). La 2e par sa taille : le **Grand Gaou**, aménagée en parc et reliée à la terre par une passerelle *(voir circuit 3 à Sanary-sur-Mer)*. Le **Petit Gaou** est devenu une presqu'île du Brusc. L'île du **Grand Rouveau**, qui appartient au Conservatoire du Littoral, possède un phare automatique. Celle du **Petit Rouveau** est réservée à un domaine de reproduction d'oiseaux.

◀ Séparé du Brusc par une lagune, l'archipel des Embiez, planté sur des hauts-fonds très poissonneux, ravit les amateurs de pêche et de plongée. Avec ses statues et ses maisons kitsch, son musée océanographique, ses criques et ses plages, l'île des Embiez, propriété de la fondation Paul-Ricard remplit agréablement une journée de vacances.

La situation

Carte Michelin Local 340 J7 - Schéma p. 364 - Var (86). L'accès à l'île des Embiez est payant, même par le chemin à gué. Il est interdit d'accéder aux îles à la nage sous peine d'amende. L'île est réservée aux piétons (*tour de l'île : 4,5 km)* et aux cyclistes, ceux qui n'aiment pas trop marcher opteront pour le petit train touristique.

Le nom

Il dérive d'*embo*, qui signifie en latin « deux » : origine qui décrit parfaitement l'archipel, composé principalement de deux îles.

Les gens

Paul Ricard *(voir aussi l'île de Bendor à Bandol)* a acheté les Embiez en 1958 à la société des Salins d'Hyères. Le fondateur de Pernod-Ricard bâtit son empire en commercialisant le célèbre pastis qui porte son nom. Mais le petit jaune n'était pas la seule corde à l'arc de ce personnage haut en couleurs, peintre à ses heures, dont les œuvres sont exposées dans un petit musée.

D. Pazery/MICHELIN

Vision paradisiaque des îles, les Embiez comme rarement le visiteur aura l'occasion de les apercevoir.

visiter

L'île des Embiez s'étend sur 95 ha et présente une diversité étonnante : plages de fin gravier, côtes sauvages ponctuées de criques, marais salants, forêts de pins maritimes, et un vignoble qui donne un rosé réputé.
Elle est dotée d'un vaste **port de plaisance** très fréquenté, dominé par les ruines médiévales du château de Sabran. L'ensemble immobilier de style provençal et les statues façon Grèce antique des jardins nous font partager la passion de Paul Ricard pour les civilisations méditerranéennes.

Institut océanographique Paul-Ricard★

☎ 04 94 34 02 49 - www.institut-paul-ricard.org - juil.-août : 10h-12h30, 13h30-17h30 ; avr.-juin : tlj sf sam. mat. 10h-12h30, 13h30-17h30 ; sept.-mars : 10h-12h30, 13h30-17h30, w.-end 13h30-17h30 - fermé 1er janv., 25 et 31 déc. - 4 € (enf. 2 €).

carnet pratique

Transports

Accès aux îles – 14 à 18 traversées par j. (8mn) de l'embarcadère du Brusc à Six-Fours. *10 € AR (3-12 ans 6 € AR). S'adresser à la société Paul Ricard,* ☎ *04 94 10 65 20. www.île-des-embiez.com*

Loisirs

Centre de plongée des Embiez – *Île des Embiez, le Brusc - 83140 Six-Fours-les-Plages -* ☎ *04 94 34 12 78 - cpie83@wanadoo.fr - 9h-18h - fermé 15 sept.-15 avr. sf sur RV.* Les amateurs de plongée sous-marine pourront découvrir des fonds à la faune exceptionnellement riche à travers stages et baptêmes.

Aquascope – *Île des Embiez - Le Brusc - 83140 Six-Fours-les-Plages -* ☎ *04 94 34 17 85 - avr.-juin : 14h30-17h ; juil.-août : 9h-18h ; sept.-oct. : à partir de 14h30 - fermé nov.-mars - adulte 16 € (enf. 8 €).* Approche originale du monde sous-marin par une promenade en bateau semi-submersible.

Plages – Elles se trouvent à l'Est de l'île, autour du port ou le long des bassins expérimentaux. Criques à l'Ouest.

Le **musée** présentent les principaux biotopes ▶ méditerranéens et les espèces qui y vivent, dont une grande variété de mollusques (certains géants). À l'étage, une trentaine de grands **aquariums** permettent d'observer dans leur environnement naturel une centaine d'espèces méditerranéennes aux couleurs souvent somptueuses. On remarque principalement des gorgones, des bernard-l'ermite, des mérous, des langoustes, des araignées de mer, des poulpes, des rascasses qui se dissimulent en faisant du mimétisme, de petites murènes et la girelle-paon qui rivalise de couleurs avec les poissons tropicaux.

L'Observatoire

Il est installé dans l'ancienne batterie de marine de la pointe St-Pierre et est équipé de laboratoires où des chercheurs étudient la biologie marine, l'aquaculture (élevage des poissons et des coquillages), ainsi que les problèmes de la pollution des mers.

Entrecasteaux

Surplombant la vallée verdoyante de la Bresque, le château protège de sa haute façade ce village qui s'enorgueillit d'un jardin public attribué à Le Nôtre. L'avenue principale, ombragée par des platanes centenaires, concentre l'animation du village.

La situation

Carte Michelin Local 340 M4 - Var (83). À 24 km au Sud d'Aups *(voir ce nom)* par la D 31. Sur la place à côté du jardin, se trouve un plan d'information et sur chaque bâtiment intéressant est apposée une plaque explicative.
Cours Gabriel-Péri, 83570 Entrecasteaux, ☎ *04 94 04 40 50.*

Le nom

Entrecasteaux ou « entre châteaux ». Et ils sont nombreux dans la région !

Les gens

863 Entrecastellains. Parmi les illustres seigneurs de ces lieux, on compte François Monteil, comte de Grignan, qui épousa Françoise de Sévigné (1646-1705), fille de la célèbre marquise.

B. Kaufmann/MICHELIN

Ordonnance classique du jardin à la française au pied du château.

se promener

On parcourt avec plaisir ses vieilles rues blotties autour d'une petite **église fortifiée** dont un contrefort enjambe une rue.
Du parvis, descendez vers le **pont St-Pierre** et le **lavoir**, remarquez au passage la glacière en rotonde du château. Contournez celui-ci pour voir sa partie la plus étroite et

carnet pratique

Se restaurer

⊖⊖ La Fourchette – *Le Courtil, près du château - ☎ 04 94 04 42 78 - fermé déc.-mars, dim. soir, lun. et mar. - 17/26 €.* Cuisine légère et raffinée avec les produits frais du marché. Belle terrasse avec vue panoramique sur la vallée de la Bresque et petite salle intime pour l'hiver avec une cheminée, une fresque du village et un sol de vieux carrelage.

⊖⊖ Lou Picatéou – *Pl. du Souvenir - ☎ 04 94 04 47 97 - fermé oct.-mars - 12 € déj. - 17/23,70 €.* Au pied du château, ce petit restaurant aux murs colorés et au nappage provençal vous accueille sous ses poutres et propose deux menus de cuisine simple dont le choix est volontairement restreint. Terrasse d'été sous les arbres de la petite place.

Que rapporter

Marchés – *Pl. du Souvenir.* Marché alimentaire : vendredi matin. Marché des antiquaires : 1er dimanche du mois.

Foire à la brocante – 3e dimanche de juillet.

Sports & Loisirs

Provence Canoë - New Évasion – *Sur la D 562 entre Lorgues et Carcès – Entrecasteaux - ☎ 04 94 29 52 48 ou 06 82 57 17 34 - www.new-evasion.fr - tlj d'avr. à fin nov.* Partez à la découverte de l'Argens, rivière encore sauvage, quel que soit votre niveau en canoë ou en kayak. La demi-journée à partir de 18 €.

Calendrier

Floralies – Fin avril : foire aux plants et fleurs.

Fêtes patronales - Fête de la Ste-Anne le 26 juillet et fête de la St-Sauveur le 1er week-end d'août.

Fête du terroir et de l'artisanat – dernier dimanche d'août.

Foire à la brocante – 3e dimanche de juillet.

l'ancienne porte d'entrée. Traversez ensuite le **jardin** et ressortez par le bel escalier en fer à cheval pour rejoindre la chapelle des Pénitents *(actuelle mairie)*, puis suivre l'agréable sentier qui grimpe à la **chapelle Ste-Anne** d'où s'ouvre un point de vue sur le village.

visiter

Château

☎ 04 94 04 43 95 - visite guidée (1h30) de Pâques à oct. : tlj sf sam. 16h - 7 € (enf. 4 €).

Cette austère bâtisse du 17e s., édifiée sur les fondations d'une forteresse du 11e s., a pour unique décor un toit en génoise à double rangée de tuiles et des balustrades en fer forgé. Illuminé le soir, il prend un caractère très théâtral, que l'on ressent également en découvrant l'intérieur.

Héros des mers

La famille Bruni comptait parmi ses membres l'amiral Bruni d'Entrecasteaux (1737-1793) : brillant navigateur, il périt au cours de l'expédition lancée à la recherche de l'explorateur La Pérouse disparu cinq ans plus tôt.

Le château fut le fief des Castellane puis des Grignan, avant d'être reçu par la famille des Bruni. Après plusieurs décennies d'abandon, le château fut restauré par le peintre britannique Ian Mc Garvie-Munn qui, jusqu'à son décès en 1981, le transforma en partie en musée. L'actuel propriétaire, collectionneur passionné qui se charge de réaménager les pièces selon son goût, vous fait partager l'histoire mouvementée du lieu. Dans la présentation actuelle, on visite l'ancienne cuisine monumentale et ses dépendances, les salles de garde *(au sous-sol)*, les salons au rez-de-chaussée, puis une suite orientale, un salon de musique baroque et une bibliothèque *(à l'étage)*.

Massif de l'Esterel★★★

Entre St-Raphaël et La Napoule, le décor rouge de l'Esterel frappe d'admiration. Cette région, l'une des plus belles de Provence, est ouverte au grand tourisme depuis 1903 grâce à la création par le Touring Club de la route de corniche ou « corniche d'Or ». Saisissant, le contraste entre la côte grouillante d'adeptes de la vie balnéaire et les solitudes de l'intérieur ne fait que rendre celles-ci plus extraordinaires.

La situation

Carte Michelin Local 340 P/Q5 – Var (83). En 1993, la forêt domaniale se compose du maquis (plus de 60 %), de chênes-lièges (18 %) et de pins maritimes (13 %). Autres espèces visibles : pin d'Alep, pin parasol et chêne vert. Des arbrisseaux fixent les sols et ralentissent l'érosion : bruyères, arbousiers, lentisques, cistes, genêts épineux et lavandes ; floraison multicolore et parfumée au printemps et au début de l'automne.

Alerte au feu !
L'Esterel était autrefois couvert de pins et de chênes-lièges. Les ravages des incendies (quatre d'entre eux, en 1818, 1918, 1943 et 1964 ont parcouru la totalité du massif) exigent un énorme effort de reconstitution de la forêt pour faire reculer le maquis, trop inflammable. Dans ce but, l'ONF replante, introduit de nouvelles essences, taille les rejets des chênes-lièges et réalise des travaux de protection (tranchées pare-feux, retenues d'eau, pistes de défense, citernes...).

Le nom

La fée Esterelle porte le nom du massif qu'elle habite depuis (au moins) le 12e s. ; bonne fille, elle porte assistance aux femmes stériles, comme la terre du lieu, si difficile à cultiver que les Romains la qualifiaient de *sterilis* !

Les gens

Sous le regard bienveillant de cinq forestiers, vivant à longueur d'année dans les maisons forestières du Dramont, du Gratadis, du Trayas, des Trois-Termes et de la Louve, une faune discrète fréquente l'Esterel : sangliers, cerfs, perdreaux, faisans, lièvres, et chevreuils réintroduits avec succès.

Les pins de la Côte d'Azur

Pin maritime – Peuplement d'origine et autrefois dense du littoral méditerranéen (aujourd'hui, 60 % des essences forestières). Très combustible, il se régénère vite, mais depuis 1958 un insecte parasite bloque sa maturité, d'où son aspect « mité ».

Pin parasol – Apprécié pour son allure et son ombrage, il permet de repeupler les maquis.

Pin d'Alep – Amateur de sols secs, fréquent dans l'arrière-pays jusqu'à 500 m d'altitude, dans les restanques en friche et les versants isolés à l'adret. Écorce brun-rouge et tronc sinueux.

Pin sylvestre – En altitude, sur les plateaux du haut Var et les reliefs du Nord des Alpes-Maritimes, sapins et pins sylvestres forment de superbes forêts.

comprendre

Massif en technicolor – L'Esterel est un massif bas (618 m au mont Vinaigre), raboté par l'érosion mais profondément raviné, si bien qu'on a parfois l'impression d'être en haute montagne. Sa physionomie caractéristique – relief heurté, déchiqueté, de couleur rouge feu – apparaît dans toute sa beauté au massif du **cap Roux**, en contraste saisissant avec le bleu indigo de la mer. Dans la région d'Agay pointent les porphyres bleus dont les Romains ont tiré les colonnes de leurs monuments de Provence. Par endroits, la couleur devient verte, jaune, violette ou grise.

Le voisin
La vallée de l'Argens sépare l'Esterel du **massif des Maures** *(voir ce nom)*. Les deux massifs, nés des plissements hercyniens, ont le même âge, mais sont constitués de roches différentes : schistes cristallins pour les Maures, roches éruptives (porphyres durs) pour l'Esterel.

La terre et l'eau – Le massif et la mer s'interpénètrent : promontoires et pointes escarpées alternent avec des baies minuscules, d'étroites grèves, de petites plages ombragées, des calanques aux murailles verticales. En

carnet pratique

Mode d'emploi

Circulation - Sur la carte, les routes portant la mention « RF » (routes forestières) sont ouvertes à la circulation motorisée avec, toutefois, les restrictions suivantes :
– circulation interdite de 21h à 6h ;
– la route du Col Notre-Dame au Col des Trois-Termes de mi-juin à mi-septembre. la route du Pic de l'Ours fermée aux véhicules automobiles ;
– vitesse limitée à 40 km/h ;
– circulation interdite aux véhicules de plus de 3,5 t.
Les autres routes (pointillés rouges) sont strictement interdites à la circulation motorisée, sous peine d'amende.

Feu - Interdit de faire du feu toute l'année, de fumer en forêt et sur les voies la traversant, de mi-mars à mi-octobre. En cas de risques sévères d'incendie, le massif peut être fermé à toute circulation. En toute période, se renseigner sur la fermeture éventuelle du massif : ☎ **04 98 10 55 41.**

Animaux – Tenir son chien en laisse. Ne pas déranger les animaux sauvages.

Camping sauvage – Interdit à l'intérieur du massif et à moins de 200 m de toute forêt.

Cueillette – Ne pas ramasser d'espèces protégées.

Détritus – Utiliser les poubelles prévues à cet effet ou remporter ses déchets avec soi.

VTT – Respecter les itinéraires et balisages prévus.

Visite

Visites guidées du massif – En partenariat avec les Offices du tourisme de St-Raphaël-Agay, Fréjus, Mandelieu et Le Muy, l'Office national des forêts organise toute l'année des visites guidées pédestres en forêt. Renseignements aux offices de tourisme concernés.

Office National des Forêts

Se loger

⊜⊜ **France-Soleil** – *206 av. Pléiades - 83530 Agay - ☎ 04 94 82 01 93 - fermé nov.-Pâques - P - 18 ch. 75/130 € - ☕ 8,50 €.* En léger retrait du rivage, hôtel modeste, familial. Les chambres, simples, réparties dans trois petits bâtiments, donnent majoritairement sur la mer.

⊜⊜ **Provençal** – *195 r. Garonne - 83700 St-Raphaël - ☎ 04 98 11 80 00 - reception@hotel-provencal.com - 24 ch. 75 € - ☕ 6,50 €.* En retrait du port et de son animation, établissement entièrement rénové abritant des chambres actuelles et fonctionnelles, dotées d'une bonne isolation phonique.

⊜⊜ **La Potinière** – *169 av. de la Gare, Boulouris - 83700 St-Raphaël - ☎ 04 94 19 81 71 - hotel@la-potiniere.com - fermé 7-30 janv. - P - 30 ch. 86/158 € - ☕ 11 € - restaurant 25/42 €.* Au cœur d'une pinède, établissement disposant de chambres fonctionnelles, toutes pourvues d'un balcon ou d'une terrasse. Solarium, saunan, boulodrome, VTT. L'été, on dresse les tables sous les arbres, près de la piscine, le temps d'un « snack ».

Sports & Loisirs

Evolution 2 – *Cap Esterel, rte des Calanques - 83530 Agay - ☎ 04 94 82 79 02.* (tir à l'arc, escalade, parcours d'orientation)

Les Trois Fers - L'Estérel à Cheval – *6001 Près des lacs - le Dramont - 83700 St-Raphaël - ☎ 06 85 42 51 50 - 06 09 96 25 52 - www.les3fers.com - tte l'année sur réserv.* Dépaysement assuré avec ce club (labellisé école française d'équitation) qui vous propose des randonnées équestres à travers les plus beaux sites de l'Esterel, dont une très belle vers l'île d'Or et le cap Dramont. Également, poney-club pour les enfants à partir de 4 ans et pour les « bébés cavaliers » de 2 à 4 ans.

JDC Loisirs et Découverte de l'Esterel – *281 r. du 11-Novembre-1943 - 83530 Agay - ☎ 06 09 09 73 90 - www.decouvertedelesterel.com - fév.-déc. : tlj sur demande préalable.* Joseph, partenaire de l'ONF, propose une découverte originale de la forêt de l'Esterel à bord d'un véhicule décapotable. La visite s'achève par une dégustation, à volonté, de produits locaux. Pensez à réserver par téléphone.

Ranch de l'Esterel – *Av. des Golfs - 83700 St-Raphaël - ☎ 04 94 82 89 47 - www.esterel-caravaning.fr - juil.-août : 9h-12h, 16h-19h ; reste de l'année : 9h-12h, 15h-18h - fermé oct.-mars et sam. - 20 €/h.* Randonnée à l'heure ou à la demi-journée. Balades en poney pour les enfants.

Le royaume d'Auguste Ier

Au large de la plage du Dramont située à l'Est de Boulouris se trouve un minuscule îlot de porphyre rouge, **l'île d'Or**, dont l'histoire appartient à la mythologie de la Côte d'Azur. En 1897, un médecin parisien, Auguste Lutaud, l'acheta aux enchères. L'excentrique docteur y fit construire une tour pseudo-médiévale de quatre étages en pierre rouge de l'Esterel, avant de s'autoproclamer roi de l'île sous le nom d'Auguste Ier. Ses réceptions fastueuses attirèrent la société mondaine de la Côte, dont des célébrités de la Belle Époque (le général Gallieni, l'académicien Jean Aicard). Décédé en 1925, le monarque repose dans son royaume qui, toujours privé, a, depuis, changé plusieurs fois de propriétaire.

L'endroit le plus dangereux se trouvait près du mont Vinaigre, sur le chemin qui, partant de la N 7 au carrefour du Logis-de-Paris, passe devant la maison forestière du Malpey qui signifie en provençal « mauvaise montagne ». En 1787, il fallait encore du courage au naturaliste de Saussure pour parcourir la région à pied. Jusqu'à la fin du 19e s., l'Esterel fut un excellent refuge pour les forçats évadés du bagne de Toulon.

S. Sauvignier/MICHELIN

Hergé s'inspira de l'île d'Or pour illustrer « Tintin et l'île Noire ».

séjourner

Sur plus de 30 km, entre St-Raphaël et La Napoule, la corniche de l'Esterel présente un paysage magnifique, plongeant abruptement dans la mer et parsemé d'agréables petites stations balnéaires.

Boulouris *(voir St-Raphaël)*

Agay *(voir St-Raphaël)*

Anthéor *(voir St-Raphaël)*

Le Trayas★ *(voir St-Raphaël)*

Miramar
Station élégante avec port privé dans l'**anse de la Figueirette**.

La Galère
Station boisée sur les pentes de l'Esterel qui ferment de ce côté le golfe de La Napoule. En contrebas de la route, l'étonnante cité marine de **Port-la-Galère** *(port privé)*, conçue par l'architecte Jacques Couelle, se fond dans l'environnement rocheux. Maisons aux façades curieusement creusées comme des alvéoles.

Théoule-sur-Mer
Cette station, abritée par le promontoire du rocher de Théoule, possède trois petites plages. Au bord de la mer, un bâtiment crénelé et flanqué de tourelles est une ancienne savonnerie (18e s.) transformée en château.

RÉSISTANCE
En janvier 1942, le Special Operations Executive des Anglais y débarqua son premier officier, Peter Churchill, pour y prendre contact, notamment avec le réseau « Carte ».

circuits

CORNICHE DE L'ESTEREL★★★ 1

40 km au départ de St-Raphaël (voir ce nom) - environ 5h. Quitter le centre de St-Raphaël par le Sud, N 98.

La route longe le port de plaisance de St-Raphaël. Sur une esplanade en front de mer, une haute stèle commémore les combats de l'armée française en Afrique.

Après avoir dépassé Boulouris, poursuivre sur la N 98.

Plage du Dramont *(voir St-Raphaël)*
Longeant la belle plage de Camp-Long, la route atteint les stations d'Agay et d'Anthéor, de part et d'autre de la rade d'Agay. Peu avant la pointe de l'Observatoire, **vue** à gauche sur les roches rouges de St-Barthélemy et du cap Roux.

S. Sauvignier/MICHELIN

Plongeant directement dans la « grande bleue », les reliefs tourmentés de l'Esterel laissent peu d'espace aux communications. Ici le viaduc d'Anthéor.

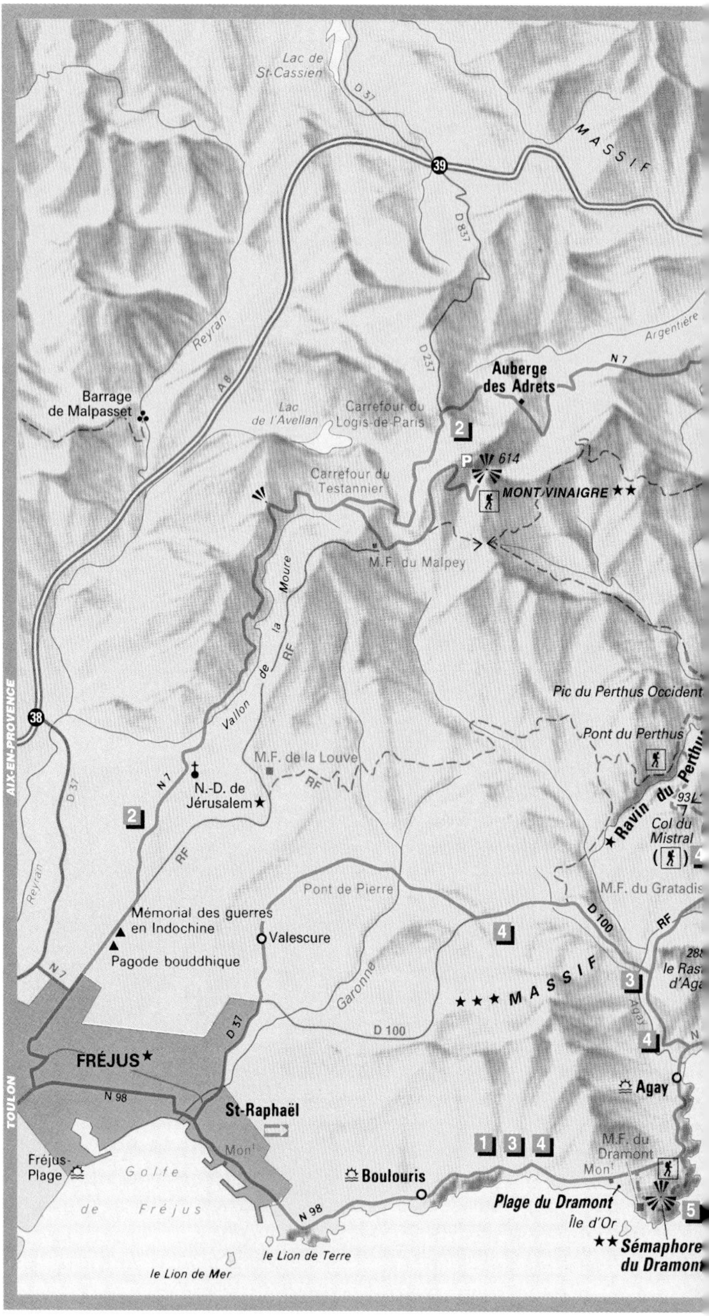

Pointe de l'Observatoire★

Des vestiges d'un blockhaus formant belvédère, belle **vue★** sur les rochers rouges et la mer bleue. On distingue Anthéor, la pointe du Cap-Roux, la pointe de l'Esquillon et le golfe de La Napoule. Le massif de l'Esterel se jette brutalement dans la mer par des escarpements grandioses de roches rouges.

Dépasser Le Trayas. Dans un virage à hauteur de l'hôtel Tour de l'Esquillon à Miramar, quitter la route et laisser la voiture au parking.

Pointe de l'Esquillon★★

15mn AR, par un sentier balisé. Très belle **vue★★** sur l'Esterel, sur la côte, du cap Roux au cap d'Antibes, et sur les îles de Lérins *(table d'orientation).*

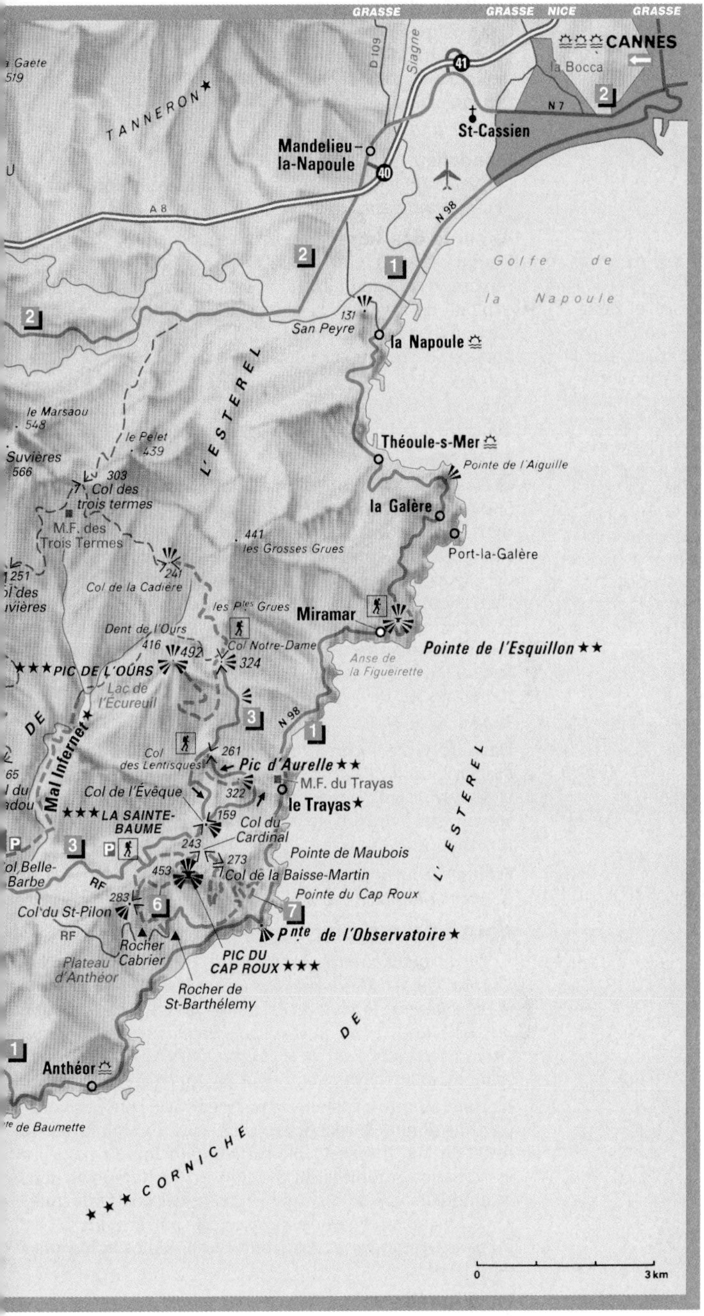

Dépassant La Galère, la route contourne la **pointe de l'Aiguille** : belle **vue★** sur le golfe de La Napoule, le site de Cannes, les îles de Lérins, le cap d'Antibes.
À **La Napoule** *(voir Mandelieu-la-Napoule)*, la N 98 franchit la Siagne puis longe le golfe jusqu'à **Cannes** *(voir ce nom)*.

VOIE AURÉLIENNE★ 2

De Cannes à St-Raphaël (voir ces noms). 46 km – environ 6h. Cet itinéraire s'effectue en grande partie à travers la forêt de l'Esterel. Quitter Cannes par le Sud-Ouest, N 7.

Après le quartier industriel de la Bocca, la route traverse la plaine alluvionnaire de la Siagne.

Prendre à gauche la route d'accès à l'aérodrome de Cannes-Mandelieu, puis tourner à droite.

▶

De Rome à Arles

L'ancienne voie Aurélienne, l'une des plus importantes de l'Empire romain, contournait l'Esterel au Nord. Une borne marquait chaque mille (1 478 m) et servait de marche-pied aux cavaliers. Des relais permettaient aux courriers impériaux de dormir, changer de cheval ou effectuer une réparation.

Ermitage de St-Cassien

Cette chapelle (14e s.), lieu de pèlerinage, s'élève sur une petite butte, à l'abri d'une magnifique chênaie mêlée de quelques cyprès ; la tradition veut qu'un temple romain l'ait précédée.

Revenir à la N 7.

Mandelieu *(voir ce nom)*

La N 7 s'engage ensuite dans la dépression qui sépare l'Esterel du Tanneron.

Auberge des Adrets

Datant de 1653, cet ancien relais de poste fut l'un des repaires d'un bandit du 18e s., Gaspard de Besse, dont les exploits défrayèrent la chronique locale. Il fréquentait aussi une grotte du mont Vinaigre, que serre la route après le carrefour du Logis-de-Paris.

Gaspard de Besse

À la fin du 18e s., ce brigand coquet, vêtu de rouge et boutonné d'argent, détroussait avec sa bande diligences et cavaliers. Il termina sa carrière roué vif sur la place d'Aix en 1781, à 24 ans. Sa tête fut clouée à un arbre de la grand-route, théâtre de ses exploits.

Au carrefour du Testannier, prendre à gauche la route signalée « forêt domaniale de l'Esterel ». À la maison forestière du Malpey, prendre la direction « mont Vinaigre ».

Mont Vinaigre★★

30mn AR. Un sentier conduit au sommet (alt. 618 m). Splendide **panorama★★** : de gauche à droite, face à la mer, le cap d'Antibes, la pointe de la Croisette, Cannes, une partie du golfe de La Napoule ; devant vous, le pic de l'Ours, coiffé de sa tour et de son antenne de télévision, le pic du Cap-Roux, le golfe de Fréjus ; vers l'intérieur, les Maures, la plaine du bas Argens, les hauteurs calcaires de la Provence intérieure, l'extrémité Sud du lac de St-Cassien. Par temps clair, on voit les Alpes italiennes et, de l'autre côté, la Ste-Baume.

Revenir à la N 7.

Dans un virage, **vue** à droite sur les Plans de Provence de la région de Fayence, tandis qu'on longe le vallon de la Moure. Dans ce secteur, l'antique voie Aurélienne suivait, sur l'autre rive, le tracé approximatif de la route forestière.

Fréjus★ *(voir ce nom)*

Gagner St-Raphaël par le boulevard S.-Decuers.

ROUTE DU PIC DE L'OURS★★ 3

57 km de routes étroites, pas toujours revêtues – compter une journée. Quitter St-Raphaël par le Sud-Est, N 98. À la sortie d'Agay, prendre la route de Valescure, puis à droite, direction pic de l'Ours. Passer le gué après la maison forestière du Gratadis. Laisser à droite le plateau d'Anthéor et prendre la route du pic de l'Ours (carrefour de Mourrefrey).

La route monte à travers un paysage varié : chênes verts, terrains dénudés, rochers colorés, vues lointaines sur le ravin du Mal Infernet. Elle serpente en contournant par le Nord les sommets du St-Pilon et du Cap-Roux pour atteindre le col de l'Évêque, puis le col des Lentisques *(sens unique entre ces deux cols : aller par la route à l'Est du pic et retour par la route intérieure).* Belles **échappées** vers la mer.

Pic d'Aurelle★★

1h AR. Le chemin balisé part du col des Lentisques. C'est un des sommets importants (alt. 323 m) de la chaîne littorale de l'Esterel. Large **vue★★** du cap d'Antibes à la pointe de l'Observatoire.

Rejoindre en voiture le col Notre-Dame (alt. 324 m) : **vue** remarquable sur Cannes, les îles de Lérins et le golfe de la Napoule.

Le parcours en corniche du col des Lentisques au col Notre-Dame est l'un des plus beaux de l'Esterel : saisissantes **vues★** plongeantes sur la corniche de l'Esterel et splendides perspectives sur le rivage vers le cap d'Antibes.

Pic de l'Ours★★★

1h30 AR. Parking au col Notre-Dame. La route en lacet *(interdite à tout véhicule privé)* propose de belles vues renouvelées sur le massif boisé de l'Esterel et les indentations du littoral ; elle domine de plusieurs centaines de mètres la mer où affleurent d'immenses rochers. Aux abords du sommet (alt. 492 m), où se dresse un émetteur de télévision, **panorama★★★** exceptionnel sur la côte des Maures aux Alpes, sur le massif de l'Esterel dominé par le mont Vinaigre et sur une partie du pays varois.

À partir du col Notre-Dame, la route qui rejoint le col des Trois-Termes est interdite à la circulation automobile.

On peut pousser à pied jusqu'au col de la Cadière : **vue★** vers le Nord, La Napoule et le Tanneron.

Faire demi-tour pour regagner St-Raphaël.

ROUTE DU PERTHUS★ 4

20 km – environ 3h. Quitter St-Raphaël par la N 98, au Sud, jusqu'à la maison forestière de Gratadis, puis tourner à gauche vers le col de Belle-Barbe. Parking au col. Au-delà, piste interdite aux véhicules privés.

Ourlés de brume, les villages de l'Esterel s'illuminent au soleil couchant.

Ravin du Mal Infernet★

2h AR. Le chemin s'engage dans le ravin boisé, site grandiose dominé par des rochers hérissés, et aboutit au petit lac de l'Écureuil.

Revenir au col de Belle-Barbe, poursuivre au Nord-Ouest. Laisser la voiture au parking du col du Mistral et prendre à pied à gauche.

Ravin du Perthus★

1h30 AR. La route contourne par le Sud les pics du Perthus. Au Pont du Perthus, un sentier non balisé s'engage au Nord dans le joli ravin du Perthus, cadre de promenades faciles. À droite se profile le **pic du Perthus occidental** (266 m), dressant ses porphyres écarlates à l'extrémité Sud de la forêt domaniale de l'Esterel.

Revenir au parking du col du Mistral par le même chemin et se diriger en voiture vers Valescure et Saint-Raphaël par le col de Belle-Barbe, puis la D 100 et la D 37.

CONSEIL

Ce circuit comporte deux longs parcours à pied. Emporter de bonnes chaussures et de l'eau. Arrivés au lac, les marcheurs courageux continueront vers le col Notre-Dame *(environ 3 km de plus)* en contournant par le Nord le pic et la dent de l'Ours.

randonnées

Cette rubrique regroupe quelques promenades, idéales pour se dégourdir les jambes après une balade en voiture. Faites-en au moins une : vous ne le regretterez pas, car les vues sont magnifiques.

Sémaphore du Dramont★★ 5

Le sémaphore du Dramont se situe entre Boulouris et Agay. Depuis la N 98, en venant de Dramont, tourner à droite aussitôt après le camping international du Dramont. Laisser la voiture 100 m plus loin, près du chemin qui, à gauche, monte au sémaphore.

1h AR par un sentier balisé et revêtu. En contrebas du belvédère aménagé, **panorama★★** sur les Maures, le Lion de Mer et le Lion de Terre (deux rochers de porphyre à l'entrée du golfe de Fréjus), l'île d'Or ; en face, le mont Vinaigre ; légèrement à droite, derrière le Rastel d'Agay, les rochers du massif du Cap-Roux et le pic de l'Ours ; à droite, la rade d'Agay.

EN PROMENADE AVEC L'ONF

L'ONF édite un plan guide des randonnées, en vente dans les Offices de tourisme uniquement.

Redescendre par le sentier balisé *(à droite)* qui aboutit au **petit port** : jolies vues sur les criques dont les eaux transparentes raviront les baigneurs.

Pic du Cap-Roux★★★ 6

Au départ du parking de la Sainte-Baume. Pour atteindre ce parking au départ de St-Raphaël, suivre le circuit 3 *par la N 98 et la route forestière.*

2h AR. Le sentier pédestre balisé mène au col du Cap-Roux. Du sommet (alt. 453 m), merveilleux **panorama★★★** *(table d'orientation).* Poursuivez tout droit : vue sur col de l'Evêque et, au large, sur les îles de Lérins. Le chemin descend jusqu'à la **source de la Sainte-Baume**, dont la fraîcheur semble alors paradisiaque !

Petite halte

À la **pointe Maubois**, le sentier traverse la voie ferrée et la route *(RN 98)* : une halte rêvée pour un pique-nique en bord de mer, dans la calanque du même nom !

La Sainte-Baume★★★ 7

Au départ du parking de la Sainte-Baume.

5h30 AR. Un peu plus longue et, parfois plus escarpée, cette variante de la promenade précédente vous permettra d'atteindre le **col du Saint-Pilon** (vue sur le cap du Dramont), puis, parmi les romarins, de parcourir un sentier en corniche d'où vous apercevrez, à droite, le rocher Cabrier (bien nommé car nul sinon une chèvre ne pourrait l'escalader !), en contrebas, le rocher de Saint-Barthélemy. Vous suivrez la mer, empruntant parfois une route goudronnée, puis un sentier en corniche dont le faux plat est une torture pour des mollets non entraînés ! Après le tunnel sous lequel s'engouffre la voie ferrée, vous arriverez au col de la Baisse-Martin, puis au **col du Cardinal**. Vient alors la récompense : la descente et, tout en bas, la source bienfaisante !

Èze★★

Étrangement isolé sur un piton rocheux dominant la mer (427 m) et faisant corps avec lui, ce village forme un **site★★** extraordinaire. En dépit d'une solide forteresse médiévale, Èze n'a pas résisté au tourisme qui remplace dorénavant la culture de l'œillet et de la mandarine !

Envoûté

1h. Nietzsche, inspiré par le lieu, y écrivit une partie du lyrique *Ainsi parlait Zarathoustra* et laissa son nom au **sentier★** qui conduit, entre pins et oliviers, à la station d'**Èze-Bord-de-Mer** où se trouvent la gare et la plage.

La situation

Carte Michelin Local 341 F5 - Schémas p. 64 et 324 - Alpes-Maritimes (06). Entre Nice et Monaco, accès par la moyenne corniche *(voir corniches de la Riviera).* Deux parkings où on laisse la voiture avant de grimper. Celui de la place A.-Fighiera est gratuit, mais souvent complet... En saison, venir tôt le matin.

Pl. du Gén.-de-Gaulle, 06360 Èze, ☎ 04 93 41 26 00. www.eze-riviera.com

D. Pazery/MICHELIN

Au pays des villages perchés : Èze, spectaculaire balcon donnant sur la mer : vue garantie imprenable depuis le jardin exotique !

carnet pratique

VISITES

Visite guidée du village – *S'adresser à l'Office de tourisme - visite guidée (1h) :* découverte du village médiéval, visite du jardin exotique... - *se renseigner pour les horaires - 6 €.*

SE LOGER

⊖ **Hermitage du Col d'Èze** – *Grande Corniche - ☎ 04 93 41 00 68 - ezehermitage@wanadoo.fr - fermé 15 janv.-15 fév. - P - 16 ch. 59/99 € - ☕ 7 € - restaurant pour résidents 15 €.* Cet hôtel posté à l'entrée du parc naturel départemental de la Grande Corniche jouit d'un point de vue agréable, d'un côté sur la mer, de l'autre sur les Alpes du Sud. Petites chambres et salle à manger d'esprit provençal. Veillez à réserver assez tôt et demandez-en une sur l'arrière. Jardin, terrasses et piscine à débordement.

QUE RAPPORTER

Parfumerie Fragonard – *Village - ☎ 04 93 36 44 65 - www.fragonard.com - visite guidée tte l'année 8h30-18h30 ; de nov. à janv. : 8h30-12h, 14h-18h. Gratuit.* La visite de cette annexe de la parfumerie de Grasse donne un aperçu des procédés employés pour la fabrication des huiles essentielles et des cosmétiques.

Parfumerie Galimard – *Pl. du Gén.-de-Gaulle - par la moyenne Corniche - ☎ 04 93 41 10 70 - www.galimard.com - 9h-18h30 - fermé 25 déc.* Cette maison fondée en 1747 propose des visites guidées et gratuites du musée de la Parfumerie et de la fabrique de savons. Parfums, produits cosmétiques, savons, etc. sont en vente – à prix d'usine – à la boutique attenante.

Le nom

Il dériverait de Isis, la déesse égyptienne des Phéniciens, qui passèrent ici avant les Ligures, les Romains et les Sarrasins... à moins qu'il ne s'agisse de la racine *av-* désignant une hauteur : en effet, le village s'appellait Avisione avant de devenir Isia.

Les gens

2 741 Ézasques, sans doute tous pourvus de mollets d'acier tellement l'accès est escarpé ! **Francis Blanche**, connu pour son duo de choc avec Pierre Dac, notamment dans *Signé Furax*, en faisait partie. Il repose dans le cimetière.

se promener

VIEUX VILLAGE*

Une double porte fortifiée du 14e s. avec mâchicoulis et chemin de ronde vous introduit d'emblée dans une ambiance de conte de fées où maisons et roches se confondent dans une même couleur de pierre ancienne. Les venelles étroites, couvertes de voûtes ou coupées d'escaliers, abritent des maisons bien restaurées, animées de feuillage et de fleurs quand ce ne sont pas de boutiques d'artisanat ou de souvenirs. De belles échappées lumineuses éclairent la montagne ou la mer.

B. Kaufmann/MICHELIN

Un lacis de calades et de passages sous voûte compose le vieil Èze.

Église

☎ 04 93 41 26 00 - 9h-18h - possibilité de visite guidée dans le cadre de la visite de la ville : se renseigner à l'Office de tourisme.

Reconstruite au 18e s., elle présente une façade classique et un clocher carré à deux étages. L'intérieur, de style baroque, renferme une remarquable statue de l'Assomption (18e s.), attribuée à Muerto, et des fonts baptismaux armoriés.

Chapelle des Pénitents-Blancs

☎ 04 93 41 26 00 - 9h-18h - possibilité de visite guidée dans le cadre de la visite de la ville : se renseigner à l'Office de tourisme.

D'un extérieur modeste avec ses panneaux émaillés, cet édifice du 14e s. est richement décoré. À l'intérieur, une *Crucifixion* attribuée à l'atelier de Ludovic Bréa et un curieux crucifix catalan de 1258 à la tête droite et souriante. Ce crucifix est entouré d'un ciborium du 16e s en acajou et d'une *Madone des forêts* du 14e s., ainsi appelée car Jésus tient une pomme de pin dans sa main. Sur un pilastre de la tribune, crucifix en bois du 16e s.

ÈZE

Brec (R. du) 2
Centenaire (Pl. du) 3
Château (R. du) 4
Colette (Pl. de la) 5
Église (Pl. de l') 6
Paix (R. de la) 7
Pise (R. de la) 8
Planet (Pl. du) 9

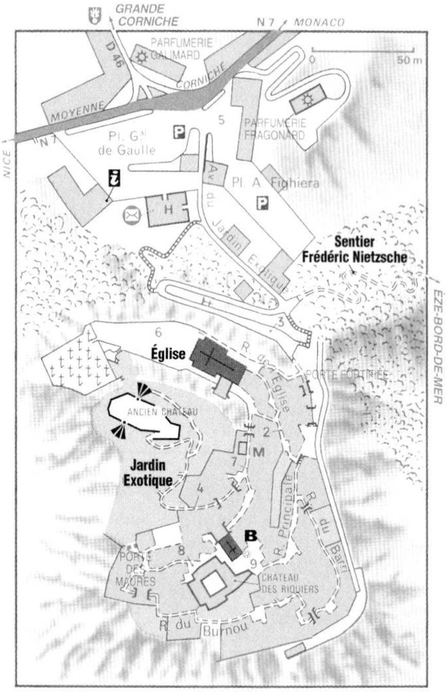

Chapelle des Pénitents Blancs .... B

Jardin d'Èze

☏ 04 93 41 26 00 - www.eze-riviera.com - juil.-août : 9h-20h ; fév.-mai : 9h-18h ; juin et sept.-oct. : 9h-19h ; nov.-janv. : 9h-17h (dernière entrée 30mn av. fermeture) - fermé 25 déc. - 4 € (enf. 2 €, -11 ans gratuit).
Il propose d'abord le plus beau **panorama★★★** qui soit, sur la mer, la Riviera et même la Corse, depuis sa terrasse couronnée des vestiges du château *(table d'orientation)*. C'est aussi un éden luxuriant de **plantes succulentes** que vous découvrirez en parcourant un lacis d'allées d'où surgissent des sculptures de femmes de Jean-Philippe Richard. Miroirs d'eau et brumisateurs ajoutent un brun de fraîcheur. Piquez-y donc votre curiosité !

Fayence

Avec la montagne toute proche, le lac de St-Cassien à 10 km, d'autres charmants villages aux alentours, Fayence séduit (l'été notamment) les amoureux de la Provence. Les artisans le savent, colorant les vieilles ruelles pentues de leurs poteries, sculptures et tissus.

La situation

Carte Michelin Local 340 P4 - Var (83). Entre Draguignan et Grasse. Limitrophe, le joli village de Tourrettes *(voir dans la rubrique « circuits »)*. Pour une vue du ciel : rendez-vous au centre de vol à voile très réputé, pour un baptême de l'air !
Pl. Léon-Roux, 83440 Fayence, ☏ 04 94 76 20 08.

carnet pratique

Se loger

⊖ **La Sousto** – *Pl. du Paty - sur la montée du village ; à hauteur du panneau de l'hôtel, prendre les escaliers sur la droite et suivre la signalétique - ☎ 04 94 76 02 16 - hotel.sousto@wanadoo.fr - fermé 1 sem. mi-juin et vac. de Toussaint - ⊠ - 6 ch. 44/59 €* ☕. Pas loin de la porte sarrasine, devant une fontaine, petit hôtel familial mettant à profit une belle maison de pays accessible par plusieurs volées d'escaliers. Vous y serez logés dans des chambres sommairement aménagées mais toutes dotées d'une cuisinette car aucun service petit-déjeuner n'est prévu. Notez que la vue est tout simplement extraordinaire depuis la terrasse-belvédère de la chambre 5.

⊖⊖⊖ **Moulin de la Camandoule** – *2 km à l'O de Fayence par D 19 rte de Seillans et rte secondaire - ☎ 04 94 76 00 84 - moulin.camandoule@wanadoo.fr - P - 12 ch. 95/115 € - ☕ 12 € - restaurant 40/60 €.* Cet ancien moulin à huile est une jolie étape provençale. Au pied du village, il vous accueillera dans ses chambres aux couleurs du Sud et vous ouvrira son parc traversé par un aqueduc gallo-romain, sa piscine et sa terrasse.

Que rapporter

Marché de Bargemon – Place St-Étienne : marché (le jeudi) ; vide-greniers et brocante (1er dimanche de mai).

Marché de Callas – Grand marché le samedi matin.

Marchés – Mardi, jeudi et samedi, pl. de l'église.

Sports & Loisirs

Aviron St-Cassien-Club Intercommunal du pays de Fayence – *Lieu-dit Biançon - par la D 37 - 83440 Montauroux - ☎ 04 94 39 88 64/04 93 42 20 91 - aviron.saint-cassien@wanadoo.fr - 9h-12h.* Pour s'initier et s'entraîner à l'aviron sur le lac de St-Cassien.

Le nom

Tout comme la ville italienne *Faenza,* le nom est issu du latin *faventia*, qui signifie « bienveillance, bonne disposition ». Les Romains attribuaient souvent une qualité humaine à une localité associée à une route.

Les gens

4 253 Fayençois. Sous la protection de saint Christophe, patron des artisans, ceux-ci vivaient jusqu'au 19e s. de la confection de chapeaux. Aujourd'hui, ils vivent essentiellement du tourisme.

se promener

Vieux quartier

En contrebas de la place de l'Église. Au détour de rues escarpées, on admirera un portail 17e s., de belles portes de maisons, et celles de l'enceinte dont la porte sarrasine a conservé ses mâchicoulis.

Église

Elle fut construite au milieu du 18e s. pour accueillir une population toujours plus importante que ne pouvait plus contenir l'ancienne église. Intérieur très classique avec ses hauts pilastres montant jusqu'à une tribune qui fait le tour de la nef. Maître-autel d'inspiration baroque du marbrier provençal Dominique Fossatti (1757).

De la terrasse à droite de l'église, belle **vue★** sur le terrain de vol à voile et, plus loin, les Maures et l'Esterel.

Lourde mission

Un beau retable en bois doré (16e s.) représente le géant saint Christophe portant l'Enfant Jésus et le poids de sa mission. Au-dessus, le Christ est entouré des principales scènes du mystère pascal *(nef latérale droite).*

Panorama de l'ancien château

Du sommet de la colline où était érigé l'ancien château, on contemplera, vers le Nord, les plans de Provence, les Préalpes de Castellane et de Grasse.

alentours

Bagnols-en-Forêt

À 14 km au Sud par la D 563 et D 4. Une place ombragée de platanes et des ruelles fortement pentues, parfois couvertes, composent cette localité d'allure très provençale qui, après avoir été abandonnée par ses habitants au 14e s., fut repeuplée en 1447 par des familles italiennes

PASSÉ RETROUVÉ
2h. D'anciennes tailleries de meules sont visibles au Sud du village (après la chapelle Notre-Dame). *Dépliant explicatif en vente à l'Office de tourisme et visite commentée en saison.*

originaires de Ligurie. Autrefois, le village était spécialisé dans la taille de meules à huile ou à grains. Vous pourrez en voir quelques exemples dans le petit **musée archéologique** installé dans les locaux de l'Office de tourisme, place de la Mairie (*☎ 04 94 40 64 68*).
Si l'**église Saint-Antonin** (18e s.), située presque au sommet du village sur une place ombragée de marronniers, ne présente, comme intérêt principal, qu'une Pietà en bois polychrome (1659), sculptée dirait-on par un précurseur de Botero, ne manquez pas la **chapelle romane Saint-Denis** *(au bas du village par la route de Draguignan, puis, après la cave coopérative, à droite dans le chemin des Combes et, enfin, encore à droite dans le chemin de Saint-Denis)*, qui conserve dans le chœur des fresques du 11e s. Enfin, Bagnols-en-Forêt est un point de départ de randonnées pédestres, en particulier dans la **forêt domaniale de Saint-Paul★** où abondent les chênes-lièges.

D. Pazery/MICHELIN

L'humble chapelle romane de N.-D.-des-Cyprès, ceinte d'une couronne végétale, compose un tableau empreint de sérénité.

circuits

LE COL DU BEL-HOMME

64 km – environ 4h. Quitter Fayence par la D 563.
On trouve aussitôt à droite, puis à gauche *(itinéraire fléché)* la route de N.-D.-des-Cyprès, perdue dans les vignes.

N.-D.-des-Cyprès

☎ 04 94 76 20 08 - demander la clef à la cave vinicole, à côté de la chapelle.
De superbes cyprès situent l'emplacement de cette jolie chapelle romane du 12e s. De là, vue agréable sur Fayence et Tourrettes. On pourra admirer l'assemblage parfait des pierres.

FÊTE MARIALE
Le 8 septembre à N.-D.-des-Cyprès : grande procession, bravade et tambourinaires.

Revenir à la D 563 qui longe l'aérodrome de Fayence et prendre à droite la D 562 dont les lacets, coupant de nombreux ruisseaux, se déroulent au milieu des bois.
À droite, accrochés aux plans de Provence, se détachent les villages de Fayence, Tourrettes, Montauroux.
Aux 4-Chemins, prendre vers Callas.

Callas

Au flanc d'une colline couverte d'oliviers, de chênes et de pins, serré autour des ruines de son château, ce village typique du haut Var a gardé beaucoup de caractère : beffroi à campanile du 17e s., porches, pigeonnier... Sa **chapelle** romane, remaniée au 19e s., possède un grand retable du 17e s., sous lequel on voit neuf pénitents en cagoule agenouillés. *☎ 04 94 39 06 77 - possibilité de visite guidée sur demande auprès de l'Office de tourisme : tlj sf dim. 10h-11h30, 14h30-16h30.*
Par le col de Boussague, poursuivre la D 25 en corniche au-dessus d'une agréable petite vallée.
Laissant derrière lui les Maures et l'Esterel, Bargemon se profile joliment à l'avant.

Bargemon

Nichée parmi les oliviers, les mimosas et les orangers, Bargemon respire un doux climat ; l'été, on appréciera ses vastes places ombragées, rafraîchies par des fontaines à l'eau pure. Cette ancienne place forte recèle des vieilles rues, des vestiges de remparts, les ruines d'un château seigneurial et des portes fortifiées du 12e s. (porte dite « romaine », place de la Mairie).

Église – Du 15e s., elle est insérée dans le système défensif de la ville. Son clocher-tour carré date du 17e s. On entre par un beau portail flamboyant. Têtes d'anges attribuées à Pierre Puget. Superbe triptyque du 16e s. : saint Antoine entre saint Raphaël et saint Honorat.

Chapelle N.-D.-de-Montaigu – Son clocher à flèche domine le village. Cette chapelle du 17e s. contient trois beaux retables à colonnes torses et une miraculeuse statuette de la Vierge.

Pèlerinage

Lors des fêtes de Notre-Dame, une statuette de 10 cm est exposée aux fidèles. Elle est taillée dans un arbre provenant de la forêt de Montaigu en Belgique, où serait apparue la Vierge. Un moine de Bargemon la rapporta au 17e s.

Musée-Galerie Honoré Camos – ☎ *04 94 76 72 88 -juil.-août : 10h-12h30, 15h30-19h15, w.-end 10h30-12h30, 15h30-19h15 ; reste de l'année : 10h-12h30, 14h30-18h15, w.-end 10h30-12h30, 14h30-18h15 - gratuit.* Situé dans la chapelle Saint-Étienne, il évoque l'histoire locale et les activités traditionnelles. La vie du peintre Honoré Camos (1906-1991) et quelques-unes de ses toiles sont présentées dans l'abside. Le musée accueille également des expositions temporaires.

Quitter Bargemon à l'Ouest par la D 25.

La route s'élève rapidement, donnant de beaux aperçus sur Bargemon et ses environs. C'est l'ancien chemin de transhumance.

Col du Bel-Homme★

Alt. 915 m. Un chemin, à gauche, s'élève vers le sommet de la montagne garnie de chênes verts. Un magnifique **panorama★** *(table d'orientation)* s'étend au Sud vers la côte, au Nord-Est sur les Préalpes de Grasse, au Nord sur le plateau de Canjuers et les montagnes de Castellane.

Canjuers

Le plus vaste camp militaire d'Europe (35 000 ha) est, selon Giono, un superbe « désert de pierres grises ». N'y sont autorisées que les activités pastorales qui entretiennent la nature sévère. Seules deux routes le traversent, la D 955 et la D 25.

Revenir à Bargemon où prendre la D 19 en direction de Fayence.

Après avoir surplombé quelque temps Bargemon dans un paysage aride, la route serpente dans un couvert de pins, de chênes verts et de genêts. À l'horizon, les Maures et l'Esterel.

Seillans★ *(voir ce nom)*

N.-D.-de-l'Ormeau *(voir Seillans)*

Continuer par la D 19 qui ramène à Fayence par de beaux points de vue.

LAC DE ST-CASSIEN

Circuit de 29 km – environ 2h. Sortir de Fayence au Sud-Est par la route de Tourrettes.

Tourrettes

Les jolies maisons fleuries bordent les ruelles pentues de ce village dont le calme sera apprécié de tous. Son **château** *(ne se visite pas)*, copie de l'école des Cadets de St-Pétersbourg qu'un natif de Tourrettes, Alexandre Fabre, avait réalisé vers 1830 en tant que général d'Empire de Napoléon, domine la plaine.

Rejoindre la D 19 et, par les D 562 et D 56, prendre la direction de Callian.

Callian

Ravissant village coiffant une colline et dont les rues, bordées de vieilles demeures, s'enroulent en spirale autour du noble château. Sur la place ombragée, on contemplera, au doux murmure d'une fontaine, la vue qui s'étend sur la campagne (cultures florales), le Tanneron, l'Esterel et les Maures. Au cimetière se

B. Kaufmann/MICHELIN

Callian fait forte impression.

trouvent les tombes de **Christian Dior**, du peintre **Édouard Goerg** et de la femme de lettres Juliette Adams.

Au Nord du village, rejoindre la D 37 pour Montauroux.

La route offre des vues agréables sur Callian et Montauroux.

Montauroux

Artisans d'art et maisons des 17e et 18e s. *(rue de la Rouguière)* animent ce village, patrie de **Christian Dior** qui y habitait une belle maison bourgeoise. De la place, on a une jolie **vue** sur le Tanneron, une partie de l'Esterel et des Maures.

Restaurée grâce à Christian Dior, la **chapelle St-Barthélemy** a été construite au 17e s. par les pénitents blancs qui la tapissèrent de panneaux peints : apôtres, instruments de musique, mystères du Rosaire.

Reprendre la D 37, traverser la D 562 et se diriger vers le lac de St-Cassien.

Lac de St-Cassien

Creusé au pied du Tanneron *(voir massif du Tanneron)*, il est entouré de beaux rivages boisés et découpés. Ses eaux poissonneuses et ses abords giboyeux attirent pêcheurs et chasseurs. Le **pont de Pré-Claou** procure une vue d'ensemble sur ce lac de retenue (60 millions de m^3) destiné principalement à l'irrigation. Avec 430 ha de superficie, le plus vaste plan d'eau de l'Esterel joue un rôle très diversifié : énergétique, sécuritaire et réserve naturelle de Fondurane à l'Ouest (une roselière accueille 150 espèces d'oiseaux d'eau de passage).

Revenir à Fayence par la D 37, la D 562 à gauche et la D 19 à droite.

Fréjus★

Aujourd'hui site touristique et plage réputée, Fréjus en a vu de toutes les couleurs : port antique, ville médiévale prospère puis ruinée, base militaire exotique. Chaque époque a laissé sa marque ; des ruines romaines côtoient une pagode bouddhique et une mosquée africaine : tableau cosmopolite accroché entre les Maures et l'Esterel.

La situation

Carte Michelin Local 340 P5 – Schémas p. 176 et 247 – Var (83). La voie ferrée partage la ville en deux. De larges avenues relient le Nord (centre-ville) au Sud (plages et port) ; entre les deux, des pavillons HLM et une zone maraîchère qui dessine l'emplacement du port antique envasé.

325 r. Jean-Jaurès, 83600 Fréjus, ☎ 04 94 51 83 83 - bd de la Libération, Fréjus, ☎ 04 94 51 48 42. www.ville-frejus.fr

Le nom
Dérivé du latin *Forum Julii*, « forum de Jules », César bien entendu !

Les gens
47 897 Fréjusiens. Le Jules en toge de bronze des cartes postales n'est pas César mais Agricola, conquérant de la Grande-Bretagne et natif de Fréjus.

comprendre

Il y a 2 000 ans - Le Fréjus romain était avant tout un port (22 ha, plus de la moitié de la superficie de la ville), au bassin creusé dans une lagune approfondie pour l'occasion. Bordé de 2 km de quais, il communiquait avec la mer par un canal large de 30 m et long de 500 m, protégé du mistral par un mur. Deux tours symétriques marquaient l'entrée. La nuit, une chaîne tendue barrait l'accès au port. Une autre tour, des chantiers navals, des ateliers de foulons complétaient l'ensemble, avec la palestre et l'hôpital *(vestiges à la ferme de Villeneuve, au Sud-Ouest de la ville).*

Quand les Fréjusiens allaient au charbon - Dès la Révolution, on exploite un gisement carbonifère pour l'éclairage et le chauffage. Au 19e s., on découvre comment extraire le pétrole du bitume contenu dans le schiste. La raffinerie installée sur place produit, à la fin du siècle, une essence joliment nommée Estereline. Mais Fréjus a des concurrents : Autun (qui produit une meilleure qualité à moindre coût) et bientôt les importations de pétrole « naturel » américain et russe. L'exploitation prend fin en 1914. La vague de Malpasset emporte le peu qui reste. Quant aux mineurs, des Piémontais, ils se sont intégrés à la population.

Le drame de Malpasset - 2 décembre 1959 : il pleut depuis un mois, comme il sait pleuvoir dans la région. La cote d'alerte du barrage de 49 millions de m^3 construit sur le Reyran, torrent dont les Fréjusiens se méfient depuis toujours, est atteinte. Soudain, un craquement, terrible : les points d'ancrage de la voûte cèdent ; en 20mn, une vague haute de 55 m déferle sur Fréjus, emportant cultures, maisons, routes et voies ferrées. Bilan : 400 morts.

séjourner

Port-Fréjus
Depuis 1989, Fréjus a retrouvé la Méditerranée, en inaugurant un port de plaisance aux allures de palais romain... plus vrai que nature ! Une passerelle enjambe les eaux bleues entre les quais Cléopâtre et Agrippa et on se promène d'une placette à l'autre, chacune baptisée à la provençale. Tout ceci laisse une impression d'artifice, de pastiche... mais il n'est pas interdit d'apprécier !

Plages
Fréjus-Plage, c'est plus d'un kilomètre d'une belle et large plage de sable fin, entre le pont du Pédégal et Port-Fréjus, le long de la promenade du bord de mer. Plus à l'Ouest, la **plage de l'Aviation** est une longue plage de sable fin. Entre deux baignades, vous pourrez vous intéresser à la flore : précieux et rares lis de mer en juillet, saladelles (lavande de mer) en septembre.

carnet pratique

Transports

Parking – Le centre-ville est entouré de parkings payants (pl. Agricola, pl. Paul-Vernet) et gratuits (Clos de la Tour, r. Gustave-Bret ; Porte d'Orée, av. Aristide-Briant ; Aubenas, r. Aubenas).

Bus – *Information et billeterie : pl. Paul-Vernet, ☏ 04 94 53 78 46.* 9 lignes Esterel Cars desservent la Communauté d'Agglomération Fréjus/St Raphaël et sa région (Draguignan, Roquebrune, St-Aygulf, etc.).

Visite

Visites guidées – *S'adresser à l'Office de tourisme ou www.vpah.culture.fr* -visites-découvertes (2h) dans le centre ancien et découverte des ruines romaines, animées par des guides-conférenciers agréés par le ministère de la Culture et de la Communication (juin-sept. : six circuits ; janv.-mai et oct.-déc. : deux circuits) - 5 €. L'Office de tourisme organise également la visite (1h) d'un site insolite ou remarquable, différent chaque mois (« Un mois, un monument »), *jeu. 14h en janv.-mai et oct.-déc. (3 €).*
Renseignements à l'Office de tourisme ou sur www.ville-frejus.fr

Balade en forêt domaniale dans le massif de l'Esterel – Circuits à thème selon la saison en partenariat avec l'ONF. *Renseignement et réservation à l'Office de tourisme.*

Se loger

L'Oasis – *Imp. Charcot - ☏ 04 94 51 50 44 - info@hotel-oasis.net - fermé 11 nov.-31 janv. - P - 27 ch. 52/65 € - 6,50 €.* Cet établissement tranquille situé dans une impasse résidentielle en retrait du port de plaisance invite au farniente, à l'ombre des pins qui l'entourent ou de sa pergola. Accueil familial d'une gentillesse toute naturelle, chambres bien tenues et petits-déjeuners également servis à l'extérieur par beau temps.

Les Vergers de Montourey – *- Vallée du Reyran, quartier Montourey - à 1 km du péage de l'A 8 (sortie 38) - ☏ 04 94 40 85 76 - http://perso.wanadoo.fr/vergers.montourey - ouv. Pâques-1er nov. - 6 ch. 47/58 € - repas 20 €.* Cette maison d'hôte des plus charmantes met à profit une belle bâtisse ancienne surveillant les vergers de la vallée du Reyran. Ses ravissantes chambres personnalisées, bien amples et d'une tenue exemplaire, portent les noms et affichent les couleurs des principaux fruits cultivés sur place. Petit-déjeuner et dîner servis au jardin ou dans l'agreste salle à manger. Accueil soigné ; enfants bienvenus.

Hôtel L'Aréna – *145 bd du Gén.-de-Gaulle - ☏ 04 94 17 09 40 - info@arena-hotel.com - fermé 15 déc.-15 janv. - P - 36 ch. 98/160 € - 10 € - restaurant 23/55 €.* Cet ancien relais de poste à la façade colorée est un lieu de séjour très plaisant. Au bord de la piscine ou attablé sur la terrasse, vous pourrez déguster paisiblement votre cocktail. Décor provençal soigné dans la salle à manger et les chambres.

Se restaurer

Pizza-Beignets chez Jo – *Pl. de la République - ☏ 06 83 61 27 34 - ouv. tlj 15h30-20h30 - 2 septembre,50 € – fermé jeu. hors sais.* Les meilleures pizzas de Fréjus sortent de ce petit kiosque balnéaire situé à côté du boulodrome, à l'angle du boulevard de la Libération et de la rue Roland. Mention spéciale, également, pour les délicieux beignets sucrés.

Les Micocouliers – *34 pl. Paul-Albert-Février - ☏ 04 94 52 16 52 - fermé 20 déc.-5 janv. - 10/26,50 €.* Ce restaurant situé sur la place, face au groupe épiscopal, est décoré dans un esprit rustique s'accordant bien avec la cuisine provençale du patron. Agréables terrasses d'été et d'hiver (couverte et chauffée).

Grand Café de l'Estérel – *14 pl. Agricola - ☏ 04 94 51 50 50 - fermé dim. - 12,50 €.* Une formule menu unique à prix plancher, énoncée sur un écriteau et chaque jour renouvelée, histoire de ne jamais tomber dans la routine, s'emploie à satisfaire votre appétit à l'heure du déjeuner dans cette brasserie aussi sympathique que populaire. Atmosphère animée, confort simple et galéjades en perspective...

La Brasserie du Port – *491 bd d'Alger - ☏ 04 94 53 81 32 - 14/44 €.* Brasserie parisienne ancrée sur la promenade, près du port. Carte typique du genre enrichie d'une ardoise de suggestions du jour, parfois plus élaborées et, le dimanche midi, d'un menu à bon prix. Service aimable et professionnel, orchestré par Richard Wagner en personne, un patron qui connaît ses classiques !

Le Mérou Ardent – *157 bd de la Libération - ☏ 04 94 17 30 58 - fermé 6-16 juin, 14 nov.-15 déc., sam. midi, lun. midi et jeu. midi en sais., merc. et jeu. hors sais. - 14,50/36 €.* Petit restaurant au décor marin aménagé sur le boulevard longeant la plage. Accueil remarquable et spécialités de poisson : une bonne prise !

Chez Jo – *47 bd de la Libération - ☏ 04 94 51 32 47 - jo.munoz@wanadoo.fr - fermé mar. et merc. et basse-sais. - 15/42 €.* L'une des valeurs sûres de la promenade du front de mer pour s'offrir un repas gorgé d'iode. Poissons, crustacés et coquillages de première fraîcheur, menus courtisés et ambiance balnéaire sympathique. Réservez une table près des baies de la pimpante salle à manger, ou en terrasse, si le temps s'y prête.

Le Poivrier – *52 pl. Paul-Albert-Février - ☏ 04 94 52 28 50 - marielocary@aol.com - fermé nov., lun. de sept. à mai et dim. - 15/50 €.* La cuisinière mitonne des petits plats d'inspiration méditerranéenne et autres recettes plus exotiques, à savourer dans l'intimité d'une cave voûtée de l'époque romaine. En été, profitez de la terrasse sur la place ou du patio ombragé par les cannisses.

☺☺ **Les Potiers** – *135 r. des Potiers - ☏ 04 94 51 33 74 - fermé 1er-20 déc., le midi en juil.-août, merc. midi et mar. de sept. à juin - réserv. obligatoire - 23/32,50 €.* Dans une ruelle proche de l'église St-François et de la place Agricola, sympathique petite table tenue en famille, où le jeune chef façonne non pas l'argile mais une bonne cuisine traditionnelle relevée de notes méditerranéennes. Décor intérieur d'esprit rustique et ambiance chaleureuse. Nombre de couverts limité : mieux vaut réserver.

Faire une pause

Chez Angelo – *493 bd de la Libération - ☏ 04 94 51 29 74 - juil.-août : tlj 10h-4h ; sept.-juin : tlj 10h-23h – fermé nov.-janv.* Les glaces maison d'Angelo ont des parfums variés et inhabituels : réglisse, chewing-gum, menthe-coco, limoncello,... Après la glace, marchez jusqu'au numéro 473 du même boulevard : vous découvrirez un autre talent du glacier puisqu'Angelo joue aussi de la guitare !

Que rapporter

Marchés – Mercredi, samedi, dans le centre historique ; dimanche bd d'Alger et bd de la Libération ; mardi et vendredi pl. de la République ; mardi et vendredi pl. de la Poste à St-Aygulf ; jeudi pl. des Pyracanthas à la Tour de Mare.

Les Celliers de Ramatuelle – *168 r. Henri-Vadon - ☏ 04 94 51 01 81 - www.frejusienne.com - juil.-août : tlj sf dim. 9h-12h30, 15h-18h30 ; sept.-juin : tlj sf dim. 8h30-12h, 14h30-18h - fermé j. fériés.* Dégustation et vente au détail de vins de côtes-de-Provence et de vins de pays du Var. Tapenade, anchoïade, huile d'olive ou de pépins de raisin, champagne, apéritifs régionaux, etc. sont également commercialisés sur place.

Cave des Cariatides – *53 r. Sieyès - ☏ 04 94 53 99 67 - juil.-août : dim. 8h-19h30, dim. 8h-12h30, lun. 14h-19h ; sept.-juin : tlj sf lun. 8h-12h30, 14h-19h - fermé oct. et j. fériés apr.-midi.* Cette cave à vin doit son nom aux deux cariatides de pierre qui entourent une porte du 17e s. et soutiennent le portique de ce qui fut la demeure de l'abbé Sieyes, l'instigateur du coup d'État du 18 brumaire 1799. Elle est classée monument historique.

Forum Julii – *Pl. de la Mairie - ☏ 04 94 17 03 00 et 04 94 17 18 98 - monique.rouvier@wanadoo.fr - juil.-août : tlj sf dim. 9h-12h et 15h-19h, lun. 15h-19h ; sept.-juin : tlj sf dim. et lun. - fermé j. fériés apr.-midi.* Parmi les Rois Mages, la sainte Famille, les bergers et leurs moutons, le rémouleur, le tambourinaire et la marchande de poisson, choisissez votre santon provençal préféré dans cette boutique pittoresque spécialisée dans la vente de ces célèbres petites poupées d'argile.

Sports & Loisirs

Luna Park – *N 98 - ☏ 04 94 51 00 31.* 40 attractions (manèges, toboggans, etc.), restaurants sur place. Entrée et parking gratuits.

Parc Aquatica – *RN 98 - Le Capou - ☏ 04 94 51 82 51 - www.parc-aquatica.com - juil.-août : 10h-19h ; reste de l'année : 10h-18h - fermé d'oct. à fin mai.* Une fois dans ce parc de loisirs, élu meilleur parc aquatique de France en 2004, impossible de s'ennuyer : plus de trente activités (aquagym, spectacles, toboggans, piscines, jeux, lac, minigolf, etc.), bars et restaurant.

Base nature – *Bd de la Mer - ☏ 04 94 51 91 10 - base-nature-frejus@wanadoo.fr - 8h30-12h30, 13h30-17h15 ; w.-end 15h-19h (13h-17h hors sais.).* Elle accueille les promeneurs à pied, à vélo (80 ha), ainsi que les baigneurs sur 2 km de plage protégée. Autres équipements disponibles : skate park, piste de roller, terrain de foot synthétique, prairie sportive, jeux d'enfants, etc.

CIP Port Fréjus – *Aire de Carénage - port Fréjus Est - ☏ 04 94 52 34 99 - cip@cip-frejus.com - juin-sept. : 8h-12h, 14h-19h ; oct.-mai : 9h-12h, 14h-17h.* Centre de plongée accessible à tous : baptême, initiation, formation et exploration. Vous pourrez découvrir, entre autres, le saisissant spectacle des célèbres épaves du littoral varois. Boutique.

Navigation de plaisance – *Capitainerie - ☏ 04 94 82 63 00 - www.portfrejus.fr - hors sais. 8h-12h, 14h-18h ; sais. 8h-12h, 14h-20h.* La jetée brise-lames longue de 220 m peut accueillir plus de 750 bateaux.

se promener

DANS LA VILLE ROMAINE★

La visite à pied prend facilement 1h30 à 2h, les ruines étant très dispersées. Partir de la place Agricola.

De la place, on aperçoit la tour (il y en avait deux) de la **porte des Gaules**, vestige en forme de demi-lune des remparts romains.

Descendre la rue H.-Vadon.

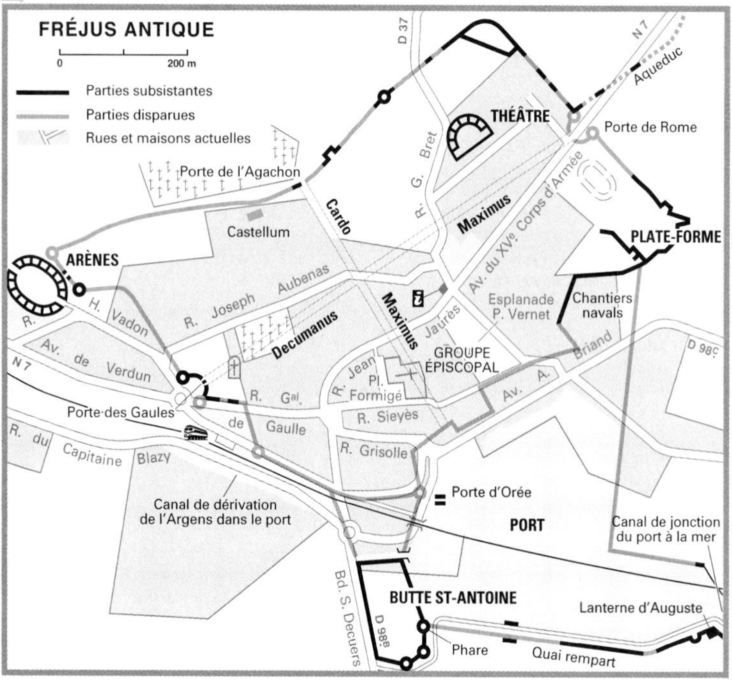

Arènes★

R. Henri-Vadon. ☎ 04 94 51 83 83 - www.ville-frejus.fr -mai-oct. : tlj sf lun. 9h30-12h30, 14h-18h ; nov.-avr. : tlj sf lun. 9h30-12h30, 14h-17h - fermé j. fériés - 2 €. (-12 ans gratuit).

Sur l'esplanade des arènes, la sculpture *Le Gisant* commémore le drame de Malpasset qui tua plus de 400 personnes.

◀ Un peu plus petites que les arènes de Nîmes ou d'Arles, elles accueillaient au 2e s. environ 10 000 spectateurs sur les gradins aujourd'hui écroulés. Au début du 20e s., les mariés venaient s'y faire photographier. Actuellement, les arènes sont utilisées en été pour des spectacles et des corridas où Picasso vint en spectateur... utilisation qui fait de Fréjus le point oriental extrême de la « planète des taureaux ».

Revenir au niveau de la place Agricola et suivre la rue Joseph-Aubenas (vestiges des remparts du Moyen Âge au Clos de la tour). Prendre à gauche la rue Gustave-Bret, puis à droite avenue du Théâtre Romain.

Théâtre

☎ 04 94 53 58 75 ou 04 94 51 83 83 - mai-oct. : tlj sf lun. 9h30-12h30, 14h-18h ; nov.-avr. : tlj sf lun. 9h30-12h30, 14h-17h (dernière entrée 15mn av. fermeture) - fermé j. fériés - 2 € (-12 ans gratuit). Possibilité d'un « Fréjus'Pass » hebdomadaire incluant la visite du théâtre, de l'amphithéâtre, du Musée archéologique, du Musée d'histoire locale et de la Chapelle Jean Cocteau : 4,60 €.

À l'échelle des arènes, il est relativement modeste. On distingue encore des murs rayonnants, jadis voûtés et portant les gradins, et, devant, l'emplacement de l'orchestre et de la fosse dans laquelle glissait le rideau.

Depuis le théâtre, remonter la rue et prendre à droite, puis à gauche.

Aqueduc

E. Baret/MICHELIN

Impérissable témoignage des bâtisseurs romains, cette arche de l'aqueduc de Fréjus dont la longueur totale atteignait 40 km.

L'eau de Fréjus était captée à Mons *(voir ce nom)*, distant de 40 km. Parvenu au niveau des remparts, l'aqueduc contournait la ville jusqu'au château d'eau *(castellum)*, d'où partait le réseau de distribution. Quelques piliers et arcades sont toujours debout.

Non loin de l'aqueduc se trouve la **plate-forme**. Ce *Prætorium*, ou QG romain, était équipé de greniers, bureaux, habitations et thermes.

Redescendre l'avenue du Quinzième-Corps-d'Armée jusqu'à la place Paul-Vernet, qui domine le site de l'ancien port. Au bout de la place, prendre à droite la rue Raynaude, puis à gauche. Place Castelli, aller en face dans le passage voûté de la rue du Portalet pour gagner la porte d'Orée en descendant la rue des Moulins.

Port

La **porte d'Orée**, belle arcade solitaire revêtue de verdure romantique, est sans doute un vestige des thermes portuaires. Après le pont de la voie ferrée, un chemin fléché sur la droite mène à la **lanterne d'Auguste**. Elle fut construite au Moyen Âge sur les ruines de la tour romaine pour servir d'amer aux navigateurs cherchant l'entrée du bassin. On distingue encore, vers le Sud-Est, le mur du canal.

UNE VIE DE RUINE

Les ruines romaines de Fréjus reviennent de loin. Pendant des siècles, on y a puisé « antiquailles » et matériaux de construction, notamment pour la ville médiévale de l'évêque Riculphe. Par la suite, ruinée et ne pouvant dépenser un sou, la ville les utilisa pour construire routes et bâtiments publics. Les objets antiques découverts ici et là disparaissaient, vendus ou offerts : vers 1860, un confiseur refuse les pièces romaines que ses jeunes clients venaient de ramasser sur le chantier du chemin de fer. Les fouilles sérieuses n'ont commencé qu'à la fin du 19e et au 20e s

DANS LA VIEILLE VILLE

45mn à pied, à partir de la place Formigé.

Faites un tour côté rue du Beausset, l'**ancien palais épiscopal** (devenu hôtel de ville) présente toujours une façade du 14e s. en grès rose de l'Esterel.

Revenir place Formigé, prendre au Nord la rue de Fleury.

Au no 58, la **maison du Prévôt** (aussi appelée Capitou, « chapitre ») possède une façade en bossage et une porte percée dans une tour fortifiée. Elle abrite le point d'accueil du groupe épiscopal *(voir « visiter »)*. Au no 92, belle porte en serpentine verte des Maures.

Tourner à gauche dans la rue Jean-Jaurès qui suit le parcours extérieur des remparts médiévaux.

Le no 112 est l'**ancien hôtel de ville** du 18e s. : jolie façade au balcon surmonté d'une loggia à colonnes. Au niveau du no 66, rejoignez à droite la place du Couvent où se trouve un **vieil olivier**.

Par la droite, accès à la rue Sieyès. De la place de la Liberté, sur la droite, s'engager dans la rue Grisolle. ▶

À PLAINDRE

Au no 53, rue Sieyès, deux atlantes en pierre, affligés d'une solide migraine, encadrent un portail : c'est tout ce qu'il reste de l'hôtel (17e s.) de l'abbé Sieyès.

Celle-ci dessine l'emplacement de l'**enceinte médiévale** ; au no 71, belle tour ronde. Au bout de la rue, le passage du Portalet conduit à une succession de placettes à traverser pour rejoindre la place Formigé.

visiter

GROUPE ÉPISCOPAL★★ (11e-14e s.)

1h. Entrée de la cathédrale, pl. Formigé. En bas des marches : à gauche le baptistère, à droite la cathédrale, en face le cloître. *☎ 04 94 51 26 30 - juin-sept. : 9h-18h30 ; oct.-mai : tlj sf lun. 9h-12h, 14h-17h - fermé 1er janv., 1er Mai, 1er et 11 Nov., 25 déc. - 4,60 € (-17 ans gratuit), gratuit 1er dim. du mois (oct.-mai).*

Portail

Visite guidée uniquement. Sous un arc en accolade s'ouvrent les deux **vantaux★**, sculptés au 16e s.

E. Baret/MICHELIN

Les vantaux du portail en noyer représentent des scènes de la vie de la Vierge, des images de saint Pierre et saint Paul et des armoiries.

Baptistère★★

Visite guidée uniquement. L'un des plus anciens de France, il date du fin 4e-début 5e s. Sa coupole a été reconstruite au 19e s. On y pénètre par une grille en fer forgé, encadrée de deux portes. À l'origine, le catéchumène entrait humblement par la petite porte ; puis, nouveau

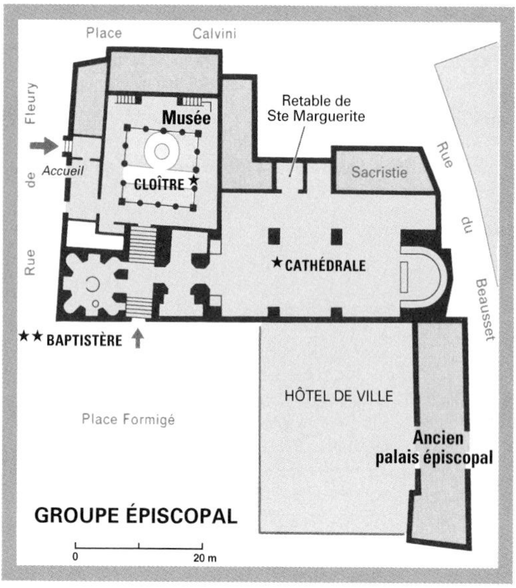

baptisé, il sortait triomphalement par la grande et n'avait plus qu'un couloir à traverser pour suivre la messe et communier.

D'extérieur carré, le baptistère est octogonal à l'intérieur ; colonnes et chapiteaux seraient des réemplois des arènes romaines. Les fouilles ont restitué le sol en marbre. Dans le bassin en terre cuite *(dolium)*, l'évêque lavait, croit-on, les pieds du candidat au baptême avant l'immersion dans la cuve centrale (pudiquement dissimulée par un rideau).

Cathédrale★

Intérieur inhabituel avec deux nefs accolées, reliées au 13e s. par trois arcades : au Sud, la nef Notre-Dame, et au Nord, la nef Saint-Étienne dont certaines parties remonteraient à la basilique primitive. Le clocher roman (achevé au 16e s.) surmonte le narthex. L'abside est coiffée de la tour crénelée qui servait de défense fortifiée au palais épiscopal. L'ensemble, largement reconstruit et remanié, conserve un côté austère. Remarquez le retable de sainte Marguerite, par le Niçois Durandi.

Cloître★

C'était en fait un chapitre. Construit aux 12e et 13e s., il est surmonté d'un étage dont ne restent que les arcs en plein cintre de la galerie Nord. Le plafond en bois est décoré de curieux petits **panneaux peints★** du 14e s. (animaux, saints, chimères, etc.). Sur les 1200 répertoriés, 400 sont encore lisibles *(film de 8mn)*.

Quand profondeur et sérénité vont de pair : pour la première, le puits ; pour la seconde, le jardin du cloître.

E. Baret/MICHELIN

Musée archéologique

Place Calvini (1er étage du cloître). ☎ *04 94 52 15 78 - mai-oct. : tlj sf lun. 9h30-12h30, 14h-18h ; nov.-avr. : tlj sf lun. 9h30-12h30, 14h-17h (dernière entrée 15mn av. fermeture) -fermé j. fériés - 2 €.*

Il rassemble le produit des fouilles menées à Fréjus depuis le début du 20e s. : buste bicéphale en marbre représentant un faune et Hermès ou Bacchus, belle ▶ mosaïque de sol (l'une des rares conservées en totalité), céramiques, statuettes en bronze, etc.

En vedette
L'**Hermès de Fréjus** est devenu l'emblème de la ville, qui le reproduit jusque sur le courrier.

découvrir

LE PASSÉ MILITAIRE DE FRÉJUS

Au 19e s., Fréjus souhaite devenir ville de garnison, mais le ministère de la Guerre fait la sourde oreille. Tout change au 20e s. Pendant la guerre de 1914-1918, pour accueillir les troupes coloniales, on organise à Fréjus des camps de transition, entre les chaleurs de l'Afrique et de l'Indochine et les pluies hivernales du Nord de la France. Hier, plaque tournante des troupes de marine, Fréjus en est aujourd'hui la mémoire.

Mosquée Missiri

3 km au Nord, voir schéma p. 247. Quitter Fréjus par l'avenue de Verdun, puis direction Fayence par la D 4.

En restauration. Réplique en béton rose foncé de la mosquée malienne de Djenné, elle fut construite dans les années 1920 pour les tirailleurs sénégalais. Au premier étage, une galerie fait le tour du patio central. À proximité, deux fausses termitières, pour la couleur locale...

E. Baret/MICHELIN

La mosquée de Missiri, nostalgie des tirailleurs sénégalais, est devenue une vision d'un exotisme... insolite !

Musée des Troupes de marine

Même direction, 1 km après le pont sur l'autoroute A 8. ☎ *04 94 40 81 75 - de mi-juin à mi-sept. : 10h-12h, 15h-19h ; de mi-fév. à mi-juin et de mi-sept à mi-nov. : 14h-18h ; de mi-nov. à mi-fév. : 14h-17h - fermé 24 déc.-2 janv., mar. et sam. - gratuit.*

Tout sur le rôle des troupes de marine depuis 1622, et ▶ notamment pendant les expéditions coloniales du Second Empire à 1914 : uniformes, armes, décorations, affiches, dessins, photos, maquettes, dioramas. Au rez-de-chaussée, tout au fond, crypte où reposent des soldats français tombés dans les Ardennes en 1870.

À dénicher
Des objets insolites : liste d'esclaves rachetés à Alger en 1719, brevet de danse délivré par l'infanterie de marine, voiture de Gallieni.

Mémorial des Guerres en Indochine

Voir schéma p. 176. Direction Nice par l'avenue du Quinzième-Corps-d'Armée, puis l'avenue du Gén.-Callies. À droite après le rond-point. Parking. ☎ *04 94 44 42 90 - 10h-17h30 - fermé mar. (salle historique), 1er janv., 1er Mai et 25 déc. - gratuit.*

Depuis 1987, les dépouilles des militaires et civils morts ▶ en service commandé dans l'ancienne Indochine sont rapatriées dans cette grande nécropole semi-circulaire, symboliquement tournée vers la mer. Le soleil seul en allège l'atmosphère pesante.

À méditer
Les citations des livres saints chrétiens, musulmans et bouddhiques, affichées sous un petit kiosque.

Pagode bouddhique Hông Hiên

Tout près du mémorial. Parking. ☏ 04 94 53 25 29 - mars-déc. : 9h-12h, 14h-18h ; reste de l'année : 9h-12h, 14h-17h - 2 €.
Édifiée en 1917 par les soldats indochinois de l'armée française, elle se dresse au cœur d'un petit parc aménagé en jardin asiatique. Les constructions sont inspirées de l'architecture traditionnelle vietnamienne et la disposition des statues dans le jardin respecte les préceptes du bouddhisme. À l'ombre des pins, Bouddha naît, reçoit l'éveil, prêche et enfin rejoint le nirvana. Une promenade exotique et inattendue, sereine et apaisante pour qui sort du mémorial.

alentours

Chapelle Notre-Dame-de-Jérusalem★

5 km au Nord de Fréjus par la N 7, voir schéma p. 176. Parking puis 5mn à pied. ☏ 04 94 53 27 06 - mai-oct. : tlj sf lun. 9h30-12h30, 14h-18h ; nov.-avr. : tlj sf lun. 9h30-12h30, 14h-17h - fermé j. fériés.
À la fin des années 1950, un banquier niçois pensait édifier à la Tour de Mare une petite cité d'artistes. Le projet traîna, mais **Cocteau** dessina la chapelle, dédiée aux chevaliers du St-Sépulcre et achevée, après sa mort en 1963, par son fils adoptif Édouard Dermit. Fresques à la craie grasse *(fragile, ne pas s'appuyer aux murs)* restaurées en 1990 ; mosaïques extérieures exécutées en 1992. L'autel est une pierre de meule, le sol est du céramiste Roger Pellissier. Superbes vitraux.

Parc zoologique★

Au Capitou, 5 km au Nord de Fréjus par l'avenue de Verdun, puis direction Fayence par la D 4. ☏ 04 98 11 37 37 - www.zoo-frejus.com - ♿ - juin-août : 10h-18h ; mars-mai et sept.-oct. : 10h-17h ; nov.-fév. : 10h30-16h30 - 12 € (3-9 ans 8 €).
☺ Sur 20 ha d'une colline plantée de pins parasols, oliviers et chênes-lièges, le zoo de Fréjus se visite à pied et en voiture. Grande variété d'oiseaux (flamants roses, vautours, perroquets), très nombreux fauves, éléphants, zèbres, lémuriens, etc. Spectacles de dressage.

Étangs de Villepey

À 5 km au Sud de Fréjus par la N 98, direction St-Tropez, voir schéma p. 247. Parking obligatoire payant (contribution à l'entretien du site). Ces 255 ha d'étangs, de bois et de prairies constituent, avec les salins d'Hyères, une des rares lagunes entre Marseille et Nice. Les étangs se sont développés sur des bras morts de l'Argens et du Reyran. Faune et flore (dont 200 espèces d'oiseaux, surtout migrateurs, et 21 variétés d'orchidées) y sont caractéristiques des zones d'échange entre eaux douces et eaux salées.

À SURVEILLER
Au printemps, envols de flamants roses, aigrettes et hérons cendrés. En été, efflorescences salines des sansouires. En toutes saisons, pinèdes et roselières.

St-Aygulf

Après les étangs de Villepey. Station ombragée de bois de pins, d'eucalyptus, de chênes verts et chênes-lièges. De la plage de sable fin, entourée de rochers, belle vue sur les Issambres et le golfe de Fréjus. La dune, détruite en 1959 lors du drame de Malpasset, est en cours de reconstitution *(ne pas piétiner la flore).* Quatre calanques sont accessibles par le chemin des Douaniers.

Vestiges du barrage de Malpasset

10 km au Nord. Depuis Fréjus, direction Nice par l'A 8. Au dernier rond-point avant l'accès à l'autoroute, suivre la D 7 fléchée « barrage de Malpasset » sur 5 km.
1h AR. Le décor : des collines plantées de touffes de thym, où brillent les éclats de mica ; le Reyran paresse entre d'étranges blocs de béton hérissés de ferraille. Dans cette nature redevenue paisible apparaît soudain, au détour du chemin ou en haut du belvédère *(chemin en montée à gauche du sentier principal)*, ce qui reste du barrage : une brèche monstrueuse, témoin de la colère du torrent, ce jour de décembre 1959.

D. Pazery/MICHELIN
Impressionnant.

La Garde-Freinet

Maisons colorées, fontaines vénérables et calme souverain, l'ancienne position stratégique entre la plaine d'Argens et le golfe de St-Tropez est devenue un centre de randonnées à pied, à cheval et en VTT, qui permettent de découvrir les forêts avoisinantes ▶ de chênes-lièges et de châtaigniers.

À SAVOIR

L'exploitation du chêne-liège, qui fit la prospérité du village du 17e s. à la fin du 19e s., connaît aujourd'hui un petit renouveau. Les châtaigniers, eux, produisent les « marrons de Luc » *(voir ce nom)*.

La situation

Carte Michelin Local 340 N6 – Schémas p. 64 et 247 – Var (83).
À 10 km au Nord de Grimaud *(voir ce nom)* par la D 558.
1 pl. Neuve, 83680 La Garde-Freinet, ☎ 04 94 43 67 41. www.lagardefreinet-tourisme.com

Le nom

Le latin *Fraxinetum* a donné Freinet et se rapporterait aux frênes locaux.

Les gens

1 619 Fraxinois. On a toujours raconté que les Sarrasins avaient été les premiers occupants du fort Freinet. Aucune fouille ne l'a confirmé. En contrepartie, si les Sarrasins ont pillé les Provençaux, ils leurs ont enseigné la médecine, leur ont appris à utiliser l'écorce du chêne-liège et à extraire la résine du pin.

découvrir

Encore un village perché aux rues pentues et bien nommées : l'une d'elle est appelée *rompi cuou* que l'on traduira sagement par « casse-cou ». Suivez le circuit fléché proposé par l'Office de tourisme, où vous trouverez un plan commenté. Une bien agréable mise en jambe d'une heure.

randonnées

Ruines du fort Freinet

1 km. Suivre la route de Grimaud, juste avant la sortie du village (après le terrain de boule), prendre à droite la montée en direction de la Croix. Laisser la voiture sur le terre-plein et suivre la flèche peinte sur un rocher. Le sentier, encombré de roches et de branches, ne présente pas de difficultés insurmontables, mais il est déconseillé aux tout-petits et aux personnes âgées.

1h AR. De la croix des Maures, belle vue sur les toits de La Garde-Freinet. Une montée assez raide conduit aux ruines entourées de douves taillées dans la roche : un village fortifié (12e -16e s.) avec chapelle, citerne, four et logis seigneurial *(plan disponible à l'Office de tourisme)*.

De retour au terre-plein, poursuivre à pied la route forestière sur 5 km jusqu'au panneau des Roches Blanches.

S. Sauvignier/MICHELIN

Pour la marche, c'est ici !

Panorama des Roches Blanches★

Une nature encore presque reine vous attend : à gauche, forêt de La Garde-Freinet et dépression de l'Argens ; à droite, maquis des pentes Nord des Maures ; à l'avant, golfe de St-Tropez. Bref, du haut de ces 638 m, le panorama coupe le souffle.

carnet pratique

SPORTS & LOISIRS

Un guide de circuits de **randonnées** (pédestres ou VTT) est en vente à l'Office de tourisme.
Si vous souhaitez marcher en vous instruisant, 5 thèmes de « **Balades Nature Accompagnées au cœur du Massif des Maures** » sont proposés autour de La Garde-Freinet.
Renseignements et réservation à l'Office de tourisme.

ACHATS

Marchés – Mercredi et dimanche.

Gourdon★

Dans un **site★★** exceptionnel, Gourdon « la Sarrasine » est perchée sur son rocher contre l'abrupt plan de Caussols qui surplombe de plus de 500 m le cours du Loup. Ce village farouche est fort plaisant avec ses vieilles maisons restaurées et l'animation qu'y font régner divers ateliers d'artisans et boutiques.

Point de vue

Depuis la petite place de Gourdon, au chevet de l'église, **vue★★** magnifique sur les 50 km de côte, de l'embouchure du Var au cap Roux, et sur l'intérieur, du pic de Courmettes à l'Esterel (mont Vinaigre à l'extrême droite), avec en bas à gauche, le Loup qui serpente à la sortie des gorges !

La situation

Carte Michelin Local 341 C5 - Alpes-Maritimes (06). À 14 km au Nord-Est de Grasse par la D 2085, puis la D 3. Possibilité de rejoindre également Gourdon en suivant le circuit des gorges du Loup *(voir vallée du Loup)* au départ de Vence. Toutes les routes mènent aux parkings situés en bas de Gourdon, où l'on accède à pied.

Mairie, pl. de l'Église, 06620 Gourdon, ☎ 04 93 09 68 25.

Le nom

Une même racine sans doute ligure, *gord*, signifiant « montagne », « hauteur », a au fil des siècles transformé le nom du village en Gordone, Gordo, Gourdoun, etc.

Les gens

379 Gourdonnais, sans compter les vénérables tilleuls qui ombragent la **terrasse d'honneur du château** dessinée par André Le Nôtre, le jardinier de Versailles.

Surplombant l'à-pic vertigineux, ifs et buis dans le jardin suspendu du château de Gourdon.

B. Kaufmann/MICHELIN

visiter

LE CHÂTEAU★

Le château a été bâti au 12e s. sur les soubassements d'une étonnante forteresse sarrasine. Restauré au 17e s., cet édifice massif est ceint de tours d'angle, plus basses que le corps du logis ; il présente des éléments d'architecture sarrasine (salles voûtées), du 14e s. toscan et de la Renaissance.

Musée historique

☎ 04 93 09 68 02 - juin-sept. : 11h-13h, 14h-19h ; reste de l'année : tlj sf mar. 14h-18h - 4 €.

Au rez-de-chaussée. Intéressant par ses œuvres d'art médiévales et sa collection d'armures et d'armes anciennes *(vestibule)* dont certaines, orientales, des 16e et 17e s. *(salle des gardes)*. Mobilier 16e et 17e s. dans la salle à manger à la cheminée monumentale du 14e s. et le salon. Parmi les peintures, on admirera surtout un beau panneau de 1500 : **sainte Ursule** (école de Cologne) ; dans la chapelle, un triptyque du 16e s., une *Descente de croix* de l'atelier de Rubens, un Golgotha de l'école flamande, un saint Sébastien du **Greco** en bois polychrome. Archives royales dans la tour Henri IV. Le sol de la tour, partiellement ouvert, laisse voir l'ancienne prison.

carnet pratique

SE RESTAURER

⊖⊖ **Taverne Provençale** – *Pl. de l'Église - ☎ 04 93 09 68 22 - fermé 3-28 janv., 12 nov.-17 déc. et merc. sf de juil. à sept. - 17/20 €.* Attablez-vous en terrasse, votre regard ne se lassera pas des sommets de l'arrière-pays niçois, ni de la Méditerranée. Dans ce bistrot provençal redécouvrez les spécialités de la maison : truite, coq au vin, pintade aux cèpes, tarte au miel et aux amandes.

QUE RAPPORTER

Sainte-Catherine – *R. de l'École - ☎ 04 93 09 68 89 - www.sainte-catherine.com - tlj hors sais. 10h-19h ; été 9h30-20h.* Les gourmands - mais pas seulement eux - trouveront leur bonheur dans cette odorante boutique aux allures d'épicerie de village : confitures, fruits confits, herbes de Provence, objets en bois ainsi que 35 vinaigres et 49 moutardes différents et aromatisés (herbes de Provence, miel, violette, olive...).

La Source parfumée – *R. Principale - ☎ 04 93 09 20 00 - www.galimard.com - 9h30-19h.* Visite de la vieille distillerie et des champs de fleurs sur rendez-vous.

Musée des Arts décoratifs et de la Modernité

☎ 04 93 09 68 02 - visite guidée (1h) juil.-août : 11h-13h, 14h-19h ; reste de l'année : possibilité de visite sur demande -10 €.

Premier et second étages. Cette collection rassemble les créations mobilières des plus grands noms des années 1920-1930, comprenant notamment une importante sélection de chefs-d'œuvre de l'Union des Artistes Modernes (UAM). Outre la qualité de l'exposition, l'originalité de la présentation, dans le cadre d'appartements autrefois privatifs, rend vivante la visite. Vous passerez de l'appartement Art nouveau aux salons Art déco avant de pénétrer dans une succession de chambres (Eileen Gray, Mallet-Stevens...).

Jardins

☎ 04 93 09 68 02 - visite guidée (1h) juil.-août : 15h - 4 €.

Ses buis taillés en fer à cheval sur la terrasse d'honneur, en ogives ou en boules dans le jardin à l'italienne lui valent le surnom, digne d'un conte de fée, de « château aux buis dormants ». Vous apprécierez également les jardins des simples et de rocailles.

Grasse★

Capitale du parfum, adossée au plateau qui lui ménage une vue imprenable sur la côte cannoise, Grasse réchauffe le visiteur hivernal. En été, elle ravit les touristes qui grimpent au sommet de la ville pour profiter des jardins et chercher les champs de fleurs du regard, avant de parcourir, à l'ombre si possible, et en butinant, d'une parfumerie à l'autre, les ruelles de la vieille ville.

La situation

Carte Michelin Local 341 C6 – Alpes-Maritimes (06). À 17 km au Nord-Ouest de Cannes par la N 85 qui conduit au cœur de Grasse *(cours Honoré-Cresp et boulevard du Jeu-de-Ballon)*, en traversant au passage les faubourgs, les zones résidentielles et industrielles de la route de Cannes. Pour ne pas perdre votre temps et patience, stationnez dans l'un des parkings *(voir le « carnet pratique » et le plan).*

ℹ *Palais des Congrès, 22 cours H.-Cresp, 06130 Grasse, ☎ 04 93 36 66 66. www.grasse-riviera.com*

B. Kaufmann/MICHELIN

Ruelle ombragée de la vieille ville.

carnet pratique

Transports

Parking – ☎ *04 92 60 91 17.* Cinq parcs de stationnement payants dans le centre *(1h : selon parking 1,10 € à 1,40 €, 24h/24h). Abonnements possibles (3 j., 1 sem., 1 mois).*

Bus – *Gare routière au parking Notre-Dame-des-Fleurs, pl. de la Buanderie,* ☎ *04 93 36 37 37.* Dix-sept lignes urbaines et interurbaines Sillages desservent l'agglomération.

Visite

Visites guidées – *S'adresser au Service animation du patrimoine -* ☎ *04 93 36 96 33 ou www.vpah.culture.fr - juil.-sept. : visites-découvertes (1h30) (thèmes divers : histoire, parfumerie...) animées par des guides-conférenciers agréés par le ministère de la Culture et de la Communication.*

Petit train – ☎ *04 93 36 66 66 - se* renseigner.

Se loger

Hôtel Victoria – *7 av. Riou-Blanquet -* ☎ *04 93 40 30 30 - www.le-victoria-hotel.com - fermé 3 janv.-9 fév. - P - restaurant seult juil.-août - 49 ch. 52/87 € - 8 € - restaurant 18/23 €.* Cette belle demeure 1900 jouit d'une vue imprenable sur la ville et la mer. Les salons spacieux, les grandes chambres, la salle à manger aux couleurs vives, la jolie terrasse panoramique et la piscine composent l'ensemble. Animations et soirées sont parfois organisées.

Hôtel Ste-Thérèse – *39 av. Yves-Emmanuel-Baudoin -* ☎ *04 93 36 10 29 - hotelstetherese@wanadoo.fr - fermé nov. - P - rest. réservé à la clientèle - 31 ch. 55/70 € - 7 € - restaurant 15 €.* Atout majeur de cet hôtel entièrement rénové : son emplacement dominant la ville de Grasse. Les chambres offrent calme et confort ; toutes bénéficient d'une superbe vue jusqu'à la mer. En été, petits-déjeuners servis sur l'agréable terrasse panoramique.

Chambre d'hôte Mas de Clairefontaine – *3196 rte de Draguignan - 06530 Val-du-Tignet - 9 km au SO de Grasse par RD 2562 -* ☎ *04 93 66 39 69 - http://masdeclairefontaine.online.fr - - 3 ch. 80/110 €.* Endroit charmant que ce mas en pierre et son jardin planté de pins parasols et de roseaux. Les chambres, décorées avec goût, bénéficient d'un accès indépendant et d'une terrasse. Table du petit-déjeuner dressée à l'ombre d'un chêne centenaire et d'un palmier ; piscine bienvenue en été.

Se restaurer

Le Gazan – *3 r. Gazan (centre ville) -* ☎ *04 93 36 22 88 - fermé 15 déc.-31 janv., lun. soir, mar. soir, merc. soir, jeu. soir hors sais. et dim. - 19,50/44 €.* Cette petite adresse du vieux Grasse vous accueille dans deux ravissantes salles de style rustique reliées par un escalier en colimaçon. Accueil convivial, service efficace et cuisine embaumant l'huile d'olive et les herbes, avec notamment un original menu « parfums ».

En soirée

Casino de Grasse – *Bd du Jeu-de-Ballon -* ☎ *04 93 36 91 00.* Roulette anglaise, black-jack, boule. Café ouvert de 20h30 à 2h du matin, ambiance musicale pendant le week-end. Possibilité de soirée forfaitaire (avec dîner et transport).

Que rapporter

Palais des Olives – *1 bd du Jeu-de-Ballon -* ☎ *04 93 36 57 73 - www.palais-des-olives.com - tlj sf dim. 10h-13h, 14h30-19h30 ; tlj sf dim. apr.-midi en juil.-août - fermé janv.* Cette grande boutique à la décoration provençale attire les regards avec ses larges baies vitrées. On aperçoit de l'extérieur des rayons entiers d'huiles d'olive, dont les nuances délicates composent un tableau lumineux. Que les produits soient français ou étrangers, la sélection met bien entendu l'accent sur la qualité. Trois huiles de Grasse et des alentours sont davantage mises en valeur, dont une « bio » et une autre vendue en vrac. Sur la table, un bel échantillon d'olives salées, piquantes, noires ou vertes, fait de l'œil aux clients.

S. Sauvignier/MICHELIN

Des savons aux fragrances variées.

Le Moulin de la Brague – *2 r. de Châteauneuf - 06650 Opio -* ☎ *04 93 77 23 03 - moulinopio@wanadoo.fr – tlj sf dim. 9h-12h, 14h-18h30 - fermé 15-30 oct. et j. fériés.* Depuis six générations, la famille Michel s'attache à préserver le passé de ce moulin (une partie du matériel date du 15e s.), tout en le modernisant progressivement. Huile d'olive, produits dérivés et spécialités régionales (miel, confiture, tapenades, poteries, savons, etc.) en vente dans la jolie boutique.

Galimard - Studio des Fragrances – *5 rte de Pégomas - rd-pt des 4-Chemins -* ☎ *04 93 09 20 00 - www.galimard.com - tlj sur RV. Séances 10h, 14h, 16h - fermé j. fériés et 25 déc.-1er janv., dim. d'oct. à mars - 35 €.* Stages de création de parfums organisés par le célèbre parfumeur grassois : durant deux heures vous aurez le plaisir de composer vous-même votre parfum (dont la formule sera ensuite conservée en vue d'une nouvelle commande) et de repartir avec l'odorant flacon et un diplôme signé du maître-parfumeur. Séduisant !

Parfumerie Molinard – *60 bd Victor-Hugo - ☎ 04 92 42 33 11 - www.molinard.com - mai-sept. : tlj visite guidée 9h-18h - fermé 25 déc. et 1er janv.* Cette parfumerie provençale fondée en 1849 propose, en plus de la traditionnelle visite, divers ateliers de découverte (payants et sur réservation) : création de parfum (« tarinologie »), « de la fleur au parfum », « ambiance parfumée », « parfums et œnologie »...

Fragonard - La Fabrique des Fleurs – *Rte de Cannes - carr. des Quatre-Chemins - ☎ 04 93 77 94 30 - www.fragonard.com - 9h-18h30 ; nov.-janv. : 9h-12h30, 14h-18h30. Mêmes conditions de visite que l'usine du centre-ville.* Cette usine récente vous convie à une visite des distilleries, laboratoires et ateliers. Ne manquez pas le jardin de plantes à parfum et la boutique.

Fragonard - Usine Historique – *20 bd Fragonard - ☎ 04 93 36 44 65 - www.fragonard.com - 9h-18h30 ; nov.-janv. : 9h-12h30, 14h-18h30.* Après une visite guidée et gratuite de cette parfumerie fondée en 1926, laissez-vous tenter par les parfums, objets provençaux, linge et bijoux en vente à la boutique.

Usine Galimard – *73 rte de Cannes - ☎ 04 93 09 20 00 - www.galimard.com - avr.-oct. : visite guidée (1h) 9h-18h30 ; nov.-mars : 9h-12h, 14h-18h - gratuit.* Musée, laboratoire, atelier de conditionnement et boutique sont au programme de la visite, guidée et gratuite, de cette parfumerie créée en 1747.

Le nom

Il viendrait du nom latin que portait la colline de tuf sur laquelle s'est érigé le centre urbain : *podium grossum* ou *grassum*, ainsi nommé en mémoire d'un certain Grassus ou Crassus.

Les gens

43 874 Grassois et quelques ombres célèbres, artistiques comme le peintre Honoré Fragonard (1732-1806), ou maritimes comme le comte de Grasse (1722-1788) qui s'illustra lors de la guerre d'indépendance des États-Unis... même s'il est né au Bar-sur-Loup.

comprendre

Alambics et florentines – Au 18e s., Grasse inventa l'**enfleurage à froid**, technique plus coûteuse que le procédé plus classique de la distillation, mais plus adaptée aux arômes délicats détruits par le traitement à chaud, comme le jasmin. Les fleurs sont disposées sur une couche de graisse qui capte les matières odorantes. Un lavage à l'alcool de la graisse les isolent : c'est « l'absolue de pommade ». On préfère aujourd'hui l'**extraction**, qui augmente la concentration et la puissance du parfum, mais use de substances instables, à manier avec prudence *(voir « Un bouquet de parfums » dans l'Invitation au voyage).*

Choisir son parfum – Le parfum est vivant, c'est son charme et c'est un piège, car la senteur est évolutive. La demi-heure de la note de tête (25 à 30 %) donne une première impression. Lui succède pendant quelques heures la note de cœur ; mais la véritable personnalité du parfum se cache dans la note de fond (40 à 50 %), qui accompagne le porteur durant quelques jours.

Les nez de Grasse

Environ 40 personnes au monde sont capables de composer un parfum inédit. La plupart sont ou ont été à Grasse. Leur don naturel a été exercé dans l'une des deux écoles spécialisées (Grasse ou Versailles). Les « jus » que leur commandent parfumeurs ou marques de luxe correspondent à un public, une mode, une tranche d'âge, une humeur ; le bon mélange demande souvent des dizaines, voire des centaines d'essais.

B. Kaufmann/MICHELIN

Très bien payés, les nez travaillent peu d'heures par jour et observent une rigoureuse hygiène de vie afin de ne pas fausser la finesse de leur odorat.

En contact avec la peau, le parfum réagit encore, toujours imprévisible. Un parfum ne se choisit pas en cinq minutes, sur un coup de tête. L'essayer, le laisser vivre et l'apprivoiser avant de se décider pour ou contre n'est jamais du temps perdu. Il arrive qu'un parfum se bonifie avec le temps, mais en général, sa durée de vie n'excède pas trois ans. Il gardera tout son pouvoir conservé à l'abri de la lumière et à température constante, donc pas dans une salle de bains...

découvrir

L'ART DU PARFUM

Musée international de la Parfumerie★

☎ 04 93 36 80 20 ou 04 97 05 58 00 - www.museedegrasse.com - fermé pour travaux, réouverture prévue début 2007.
Très varié, il intéressera les poètes comme les cartésiens. Au rez-de-chaussée, décor d'usine (machines, panneaux lumineux, vidéo). On préfère les étages, pour la superbe collection de flacons et la serre de plantes utilisées en parfumerie. Un écran interactif propose un choix, par thème ou par année, de publicités de parfums. On peut s'asseoir et prendre une boisson fraîche sur une micro-terrasse.

Champs de fleurs

Renseignements : accueil des usines et Office de tourisme.
En saison, Fragonard et Molinard font visiter les champs de fleurs. Le domaine de Manon ouvre aux touristes sa roseraie *(mai-juin)* et son champ de jasmin *(juillet-novembre)*.

Parfumeries

Parkings visiteurs. Voir les conditions de visite dans le « carnet pratique ». Fragonard, Galimard et Molinard sont ouverts à la visite, gratuite et guidée, dans une atmosphère saturée d'odeurs chaudes et fleuries. Mieux vaut s'y rendre en semaine pour voir de près la fabrication et le conditionnement des eaux de toilette, parfums et savons, en plus des collections de flacons et ustensiles anciens.

Étagées sur les contreforts des Préalpes, les habitations de Grasse font face à la mer.

B. Kaufmann/MICHELIN

se promener

LA VIEILLE VILLE★

Les maisons du vieux Grasse ont la couleur du soleil couchant. Ocre rouge, orange, jaune... et parfois gris, car les habitants aisés l'ont déserté au profit de la banlieue et des hauteurs grassoises de la vieille ville.

Environ 1h. Partir de la place du Cours, pénétrer dans la rue Jean-Ossola, prolongée par la rue Marcel-Journet. Tourner à droite dans la rue Gazan, jusqu'à la place du Puy.

Cathédrale Notre-Dame-du-Puy

☏ 04 93 36 11 03 - tlj sf dim. 9h30-11h30, 15h-18h. Curieux mélange de Moyen Âge mâtiné d'Italie du Nord (arcatures lombardes) et de rococo 18e s. (escalier extérieur et angelots joufflus de la voûte du bas-côté droit). À l'intérieur, orgue de 1855 dû au facteur Junk de Toulouse. Dans le collatéral droit : beau triptyque attribué à Louis Bréa, représentant saint Honorat entre saint Clément et saint Lambert. Enfin, un Grassois offrit à sa cathédrale **3 toiles★ de Rubens** : *Le Couronnement d'épines, La Crucifixion, L'Invention de la croix par sainte Hélène.* Remarquez également *Le Lavement des pieds,* rare peinture religieuse de Fragonard.

Regardez la **tour de guet** de l'hôtel de ville (12e s.) avant d'aller apprécier la **vue**, place du 24-Août.

Tourner à gauche dans la rue de l'Évêché.

Le vrai visage du passé

La toponymie du vieux Grasse ouvre grand les portes du passé. La « rue de la Rève-Vieille » évoque une taxe municipale, la rève, prélevée sur le blé et les légumes secs ; la « rue du Miel » serait un doux euphémisme pour la boue collante qui salissait les rues du Moyen Âge ; la « place des Hugenots » recouvre un ancien cimetière protestant. Plus aimable, la « rue du Four-de-l'Oratoire » se rapporte sans doute à un four à pain. Enfin, que la « rue Droite » soit une des plus sinueuses n'est un paradoxe qu'apparent : c'est la « rue *direita* », celle qui conduit directement à la sortie de la ville.

Place de l'Évêché, une **fontaine** est aménagée devant les voûtes d'anciennes caves. Parvenu à la petite place de la Poissonnerie, empruntez la rue du même nom qui mène à la **place aux Herbes**, lieu d'un grand marché grassois.

Enchaîner par la rue Courte, puis tourner à gauche dans la rue Droite, que l'on remonte. Tourner à droite dans la rue Am.-de-Grasse.

Elle débouche sur la **place aux Aires**, autrefois réservée aux tanneurs. Au no 33 de la place se trouve l'**hôtel Isnard** qui date de 1781. Quittant la place par la gauche, on sort de la vieille ville par le boulevard du Jeu-de-Ballon. On redescend vers la place du Cours, agréable promenade en terrasse qui procure une charmante **vue★** sur la campagne.

LES ESPACES VERTS

Jardin de la Princesse-Pauline

Accès par l'avenue Thiers, le boulevard Alice-de-Rothschild et celui de la Reine-Jeanne. Serrer à gauche et guetter le panneau indicateur. Fâchée avec son frère Napoléon Ier, Pauline passa l'hiver 1807-1808 à Grasse. Le bosquet de chênes verts qu'elle affectionnait est devenu un grand jardin d'agrément d'où la **vue★** s'étend sur le Tanneron, l'Esterel et le littoral.

Parc communal de la Corniche

Depuis le premier jardin, boulevard Bellevue, puis boulevard du Prés.-Kennedy. 🚶 30mn AR. Le **panorama★★** y est superbe, depuis le *baou* de St-Jeannet jusqu'aux crêtes de l'Esterel. À l'horizon, La Napoule, Golfe-Juan et les îles de Lérins.

visiter

Musée d'Art et d'Histoire de Provence

☏ 04 93 36 80 20 - www.museesdegrasse.com - juin-sept. : 10h-18h30 ; oct.-mai : tlj sf mar. 10h-12h30, 14h-17h30 (dernière entrée 30mn av. fermeture) - fermé nov. et j. fériés - 3 €, gratuit 1er dim. du mois en oct-mai.

Paisible musée établi dans l'ancien hôtel (18e s.) de Clapier-Cabris, famille du beau-frère de Mirabeau. Depuis le jardin à la française, vous pourrez en apprécier

GRASSE

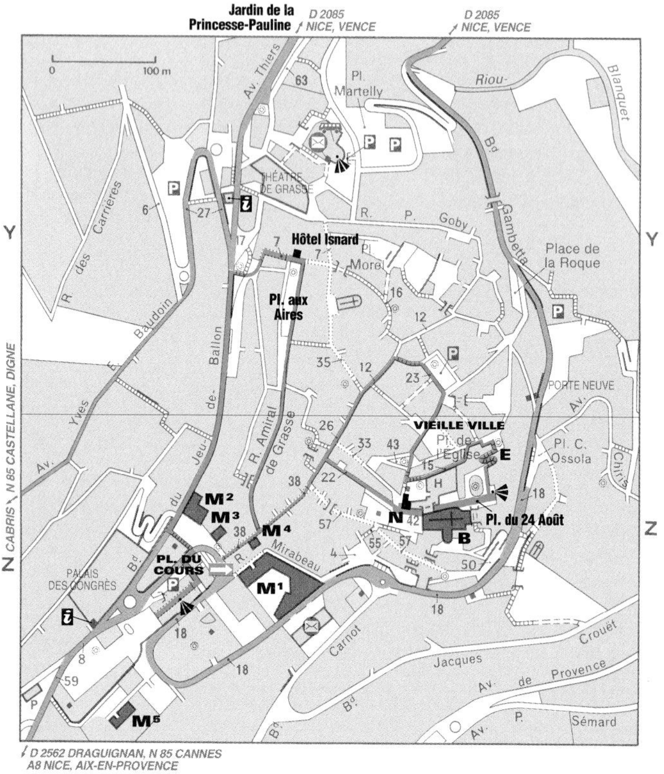

Cathédrale Notre-Dame-du-Puy	Z B
Fontaine	Z E
Musée d'Art et d'Histoire de Provence	Z M1
Musée de la Marine	Z M2
Musée international de la Parfumerie	Z M3
Musée provençal du Costume et du Bijou	Z M4
Tour de Guet	Z N
Villa-musée Fragonard	Z M5

> **Colorée**
> La très belle collection de **céramiques régionales**, depuis les faïences jaspées d'Apt jusqu'aux créations Art nouveau des potiers de Vallauris.

la façade à l'italienne. On y trouve un peu de tout, y compris les portraits de famille des châteaux de la région. Plusieurs salles reconstituent l'ambiance des pièces d'habitation (grand salon, chambre, salle de bains, cuisine avec fourneau et four à pain). Archéologie locale, vie religieuse, peintures de paysages, costumes et fabrication de l'huile d'olive sont aussi de la partie.

Villa-musée Fragonard

Mêmes conditions de visite que le musée d'Art et d'Histoire de Provence.

La bastide Maubert, nom de l'ancien propriétaire gantier-parfumeur, accueille un petit panorama de la peinture française entre 1750 et 1850 environ, à travers les œuvres de trois générations de Fragonard : le père, Jean-Honoré, sa belle-sœur, Marguerite Gérard, son fils, Alexandre-Évariste et son petit-fils, Théophile. Les panneaux décrivant *Les Progrès de l'amour dans le cœur d'une jeune fille* sont de belles copies des originaux de Jean-Honoré Fragonard, vendus à un Américain (Frick Collection, New York).

> **Camaïeu**
> La cage d'escalier, où des allégories républicaines et maçonniques témoignent du talent précoce (à 14 ans) de Fragonard fils.

Musée de la Marine

☎ 04 93 40 11 11 - juil.-sept. : 10h-18h (dernière entrée 17h) ; oct.-juin : tlj sf w.-end 10h-12h30, 13h30-17h - fermé nov. et j. fériés - 3 € (-12 ans gratuit).

La marine à Grasse ? Oui, car les parfumeurs, tributaires de matières premières importées, devinrent aussi armateurs à Marseille et à Nice. Le musée évoque les

S. Sauvignier/MICHELIN

Détail des « Progrès de l'amour », œuvre de Fragonard, commandée puis refusée par la duchesse du Barry.

grands marins de la région (la famille de Jonquières, l'amiral de Grasse) et présente un ensemble de maquettes et documents ayant trait aux navires et à la vie à bord.

Musée provençal du Costume et du Bijou

☎ 04 93 36 44 65 - www.fragonard.com - fév.-oct. : 10h-18h ; nov.-janv. : 10h-12h, 14h-18h - gratuit.

De vitrine coffre-fort en mannequin sous cloche, cette collection privée *(dépendance de la parfumerie Fragonard)* visite l'univers délicat du costume féminin au 18e s. Croix provençales « badines », « dévotes » ou « Maintenon », vêtements de paysannes, artisanes ou bastidanes (épouses de propriétaires). C'est élégant, coloré et en excellent état ; seuls les tabliers ne sont pas d'époque. Attention, boutique irrésistible à la sortie.

Traditionnels

Les « Étoiles de Digne », fossiles marins transformés en bijoux, et le « clavier », cadeau traditionnel de la belle-mère à sa bru, qui y suspendait ses ciseaux et autres menus objets indispensables.

circuits

PRÉALPES DE GRASSE★★

104 km. Prévoir une journée. Quitter Grasse par le boulevard Clemenceau, direction Cabris.

Cabris★ *(voir ce nom)*

Vers **St-Cézaire**, une petite route en boucle *(à droite)* passe près des **9 puits de la Vierge** (sans doute romains).

Grottes de St-Cézaire★

☎ 04 93 60 22 35 - www.lesgrottesdesaintcezaire.fr - visite guidée (40mn) juil.-août : 10h30-18h30 ; de déb. vac. de fév. à fin mai : 14h30-17h30 ; juin et sept. : 10h30-12h, 14h30-18h ; oct. : 14h30-17h - fermé de fin vac. de la Toussaint au déb. vac. de fév. - 6 € (enf. 3 €).

Ces grottes ont été découvertes par hasard en 1888. Rougies par l'oxyde de fer, elles descendent à 40 m sous terre *(le gouffre qui suit, très étroit, ne se visite pas)*. Les eaux d'écoulement ont sculpté des formes étranges, parfois spectaculaires, que vous découvrirez tout au long des 200 m de parcours.

St-Cézaire-sur-Siagne

Posé sur le rebord d'un plateau, St-Cézaire domine les gorges de la Siagne, que l'on contemple depuis la **place du Point de Vue**.

En quittant St-Cézaire, prendre à gauche la D 105, direction Mons. Attention, route très étroite.

Gorges de la Siagne

La route descend au fond des gorges, franchit la Siagne (du pont, **vue** en enfilade sur le canyon) et remonte sur l'autre versant, plus boisé, par la raide D 656. Arrivé sur le plateau, le parcours devient nettement plus facile dans un décor de murets de pierres sèches, figuiers, oliviers et chênes verts.

Au croisement, tourner à gauche dans la D 56.

Routes...

...en corniche avec vues sur la campagne entre Grasse et St-Cézaire, assez plates dans les environs des grottes, étroites et vertigineuses dans les gorges. À partir de Mons, une petite route un peu forestière rejoint une majestueuse nationale à flanc de montagne, qui redescend vers Grasse.

Après le pont sur la rivière, un sentier gagne les **sources de la Siagnole** (*30mn AR*). Un peu plus loin à gauche, un panneau signale l'aqueduc de **Roche Taillée**. **Vue★** vers Grasse.

Rejoindre Mons par la D 37, puis la D 563. Magnifique **vue★★** jusqu'à l'Esterel.

S. Sauvignier/MICHELIN

Gorges de la Siagne.

Mons★ *(voir ce nom)*

Quitter Mons par le Nord (D 563), direction Castellane. On monte, on descend, on remonte de plus belle, dans un cadre boisé puis dans un paysage de causses blancs et arides.

Au col de Valferrière (alt. 1 169 m), prendre à droite la route Napoléon (dite aussi N 85) jusqu'à Grasse.

LE PLATEAU DE GRASSE

38 km – compter 2h. Quitter Grasse par le Nord-Est, en prenant la D 2085.

Magagnosc

Juste après le restaurant La Petite Auberge, prendre à droite la route signalisée « église St-Laurent ». C'est l'un des deux sanctuaires de l'endroit, décorés par le peintre contemporain **R. Savary** : à l'église St-Laurent, vitraux et copie de fresque byzantine ; à la chapelle St-Michel (dite des Pénitents-Blancs), peintures sur les murs et la voûte romane.
Du cimetière derrière l'église, **vue★** sur la mer autour de Cannes et sur l'Esterel.

Revenir sur la D 2085. À Pré-du-Lac, première route à droite (D 203), direction Châteauneuf-Grasse.

Châteauneuf-Grasse

Village perché, typique de la région. Vieilles maisons regroupées le long d'étroites ruelles, église à campanile abritant un retable du 18e s. À la sortie Est en direction d'Opio, belle vue sur la plaine.

Au carrefour de la D 3, prendre à gauche jusqu'à Pré-du-Lac et continuer sur la D 2210. **Bar-sur-Loup★** *(voir ce nom)* apparaît devant vous.

Retour par Opio où se trouve le Moulin de la Brague (voir « carnet pratique »), puis par la D 7, sur Grasse.

Grimaud★

Grimaud est le village perché tel qu'on en rêve : pimpant, fleuri, ensoleillé. On y trouve d'anciennes maisons provençales, de charmantes placettes, des ruelles entrelacées, ponctuées par une volée de marches, une fontaine ou un micocoulier. Port-Grimaud, lui, est artificiel. Né de l'imagination d'un architecte au milieu des années 1960, s'il n'est pas du goût de tous il n'en attire pas moins la foule en été... une autre ambiance !

S. Sauvignier/MICHELIN

Le moulin de Grimaud est le symbole de la cité.

La situation

Carte Michelin Local 340 O6 – Schéma p. 247 – Var (83). Le vieux village est à 10 km à l'Ouest de St-Tropez par la N 98A, puis la D 61. En saison, laisser la voiture près du cimetière *(parking du Château)* au Nord, vers le pont des Fées et l'ancien aqueduc.

Bd des Aliziers, 83310 Grimaud, ☎ 04 94 55 43 83. www.grimaud-provence.com

Le nom

Est-il issu de Grimaldi, seigneur du fief au 10e s. après l'expulsion des Sarrasins ? Le symbole de la ville est le moulin de Grimaud, frère jumeau du moulin de Fontvieille, célébré par Daudet.

carnet pratique

Visite

Coches d'eau de Port-Grimaud – *12 pl. du Marché - ☎ 04 94 56 21 13 - de mi-juin à mi-sept. : 9h-22h ; de mi-sept. à mi-nov. et de mi-déc. à mi-juin : 10h-12h, 14h-18h (téléphoner avant).* Promenade en bateau sur les canaux de Port-Grimaud (20mn). Possibilité de louer des barques électriques.

Petit train touristique – *Avr.-oct. :* il circule dans les deux sens entre Grimaud (dép. pl. Neuve) et Port-Grimaud (dép. à l'entrée Port-Grimaud Nord, à côté du parking des cars).

Se loger

Chambre d'hôte La Toscane – *Rte départementale, villa la Toscane - 4 km de Grimaud-village - ☎ 04 94 43 24 11 - www.la-toscane.com - - 4 ch. 55/78 €* . Villa surélevée dont les murs ocre-orange et le petit patio agrémenté d'un puits rappellent la Toscane. Chambres égayées de meubles provençaux cérusés, de parures de lits en coton piqué, de laves et de pavés de Salernes. Pergolas et terrasses privatives aménagées (chaise longue en bois, mobilier en fer forgé), jardin paysager et piscine entourée de transats en teck. Produits d'accueil de qualité ; petits-déjeuners de même.

La Bastide de l'Avelan – *Quartier Robert - 2 km de Grimaud-village par D 94 - ☎ 04 94 43 25 79 - www.bastideavelan.com - fermé de déb. nov. à Pâques - - 5 ch. 68/105 €* . Maison typique où vous serez hébergés dans des chambres simples mais mignonnes, toutes dotées d'une literie de qualité et distribuées en rez-de-jardin. Accueil avenant par la propriétaire communicative, bons conseils touristiques personnalisés, tranquillité d'un quartier résidentiel et piscine environnée de platanes et de pins.

Se restaurer

Lou Faitou – *Camping la Pinède D 14 - ☎ 04 94 56 50 27 - pinede-grimaud@wanadoo.fr - fermé vac. de Toussaint, 15-31 déc. et le soir hors sais. - 12/14 €.* Ce restaurant posté à l'entrée du camping de la Pinède joue la carte provençale : salle à manger aux couleurs chatoyantes et terrasse ombragée où vous siroterez le pastis avant d'apprécier les petits plats de la région. Prix sages.

Auberge La Cousteline – *SE : 2,5 km sur D 14 - ☎ 04 94 43 29 47 - aubergelacousteline@wanadoo.fr - fermé 10 nov.-15 déc., mar. de sept. à juin, lun. d'oct. à mai et midi en juil.-août - 30,50 €.* Cette ancienne ferme isolée est délicieusement enfouie sous la verdure. À l'intérieur, vous apprécierez le style « campagne et Provence » et, à la belle saison, la jolie terrasse saura vous séduire. Les préparations sont concoctées en fonction du marché.

Que rapporter

Marchés – Jeudi, pl. Vieille à Grimaud ; jeudi et dimanche à Port-Grimaud.

Foires thématiques à Grimaud – Foire de la Chandeleur, en février. Foire de la laine, le jeudi de l'Ascension.

Calendrier

Fête du moulin – Juin.

Les Grimaldines – Festival de musiques du Monde, tous les mardis soir de la mi-juillet à la mi-août.

Fêtes de la St-Michel – Septembre.

Les gens

3 780 Grimaudois en chair et en os, et quelques-uns en peinture : les trompe-l'œil sur les murs figurent une femme à sa fenêtre, une boutique d'apothicaire, etc.

se promener

Vieux village★

Circuit fléché (compter 1h) dans le village et plan commenté disponible à l'Office de tourisme.

L'**église St-Michel** est un petit édifice roman (11e s.) en croix latine et aux fresques intérieures (19e s.) restaurées *(minuterie à gauche en entrant)*. De là rejoignez le **château**. À l'origine (début du 11e s.), il comprenait trois enceintes encadrées de quatre tours d'angle à trois étages. Depuis son démantèlement ordonné par Mazarin en 1655 et sa destruction lors de la Révolution, il reste des ruines imposantes, où l'on distingue encore quelques pans de murs et d'escaliers. De là, vue sur le moulin restauré de Grimaud.

Sur les remparts, **vues★** sur les Maures, le golfe de St-Tropez et les eaux bleues de Port-Grimaud.

Descendez à la **chapelle des Pénitents** *(à l'Est)* qui abrite les reliques de saint Théodore, puis rejoignez la route départementale où se trouve le **Musée d'art et traditions populaires** *(voir « visiter »)*. Passant devant l'Office de tourisme, remontez vers la place Neuve, où une

fontaine commémore l'installation de l'eau courante à Grimaud en 1886. Dans la **rue des Templiers** *(qui mène à l'église)* admirez, sur la maison du même nom, les arcades en basalte et les portails en serpentine.

Port-Grimaud★

À 5 km. Parking visiteurs obligatoire.
L'architecte **François Spoerry** (1912-1999) créa en 1966, sur une zone marécageuse, cette petite Venise, pastiche de cité lacustre. Son humour est à l'époque aussi discuté que le modernisme de Marina-Baie-des-Anges *(voir Villeneuve-Loubet)*. Les maisons imitent les villages de pêcheurs méditerranéens, et les portes de la cité ont des allures fortifiées. Du haut de la tour de l'**église St-François d'Assise** (moderne et sobre, vitraux de Vasarely), belle **vue**★ sur la cité, le golfe de St-Tropez et les Maures.

Aujourd'hui, la patine des années aidant, Port-Grimaud semble là depuis la nuit des temps.

visiter

Musée des arts et traditions populaires

☎ 04 94 55 43 83 - mai-sept. : tlj sf dim. 14h30-18h ; oct.-avr. : tlj sf dim. 14h-17h30 - fermé j. fériés - gratuit.
Installé dans un ancien moulin à huile, il retrace l'histoire du village au 19e s., photos à l'appui. Une collection d'outils illustre les activités traditionnelles : la bouchonnerie, la viticulture, la sériculture. Enfin, la reconstitution d'un intérieur évoque la vie quotidienne (vaisselle, costumes...). Un intéressant parcours dans le passé qui complète la promenade dans le village.

Hyères★

Who's who
La « serre chaude de la France », comme disait l'impératrice Eugénie, vit Talleyrand à six reprises, Mme de Staël, Lamartine, La Rochefoucauld, Maupassant, Victor Hugo, les historiens Augustin Thierry et Jules Michelet (qui s'installa à Hyères et y mourut en 1874), le romancier Paul Bourget et l'écrivain russe Tolstoï !

◀ Les palmiers le prouvent : le climat d'Hyères est aussi agréable aujourd'hui qu'il y a un siècle, quand la ville servait de refuge hivernal aux frileux de la haute société. Aujourd'hui, le tourisme d'été a pris le relais. Amateurs de plus ou moins vieilles pierres, de jardins ou de bains de soleil, chacun y trouvera de quoi agrémenter son séjour.

La situation

Carte Michelin Local 340 L7 – Schéma p. 246 – Var (83). La commune couvre environ 30 km, des Borelles à Giens. La voie rapide Olbia traverse la ville, laissant au Nord les Borelles et Sauvebonne, la vieille ville, le centre-ville du 19e s., les quartiers de Costebelle et Chateaubriand. L'aéroport est au Sud. Sur le rivage, on trouve à l'Ouest l'Almanarre, à l'Est le port d'Hyères et Ayguade-le-Ceinturon. Entre les deux, Hyères-Plage, les salins et l'étang des Pesquiers, la presqu'île de Giens s'élancent dans la mer à la rencontre des îles d'Hyères.
ℹ 3 av. Ambroise-Thomas, BP 721, 83400 Hyères, ☎ 04 94 01 84 50. www.ot-hyeres.fr

Le nom

Il pourrait dériver du latin *areae*, « tables saunantes », qui donna *Ièri* en provençal, devenu Hyères par la grâce d'une orthographe faussement savante. Quant aux commerçants locaux, si l'on en croit leurs enseignes (Salad'Hyères, Patis'Hyères, Charcut'Hyères...), ce sont de redoutables disciples de l'almanach Vermot.

Les gens

51 417 Hyérois. Leur cadre de vie doit beaucoup à **Alexis Godillot**, qui fit fortune dans le... godillot en fournissant les armées du Second Empire. Il construisit à Hyères des demeures luxueuses et excentriques.

comprendre

Vacances anglaises – Au milieu du 19e s., les anglophones (Anglais, Irlandais et Américains) formaient le quart des hivernants de Hyères. La communauté anglo-saxonne y recréa peu à peu un confort « very british » : vice-consulat britannique, bien sûr, mais aussi banques, boutiques, églises et... dentiste à l'anglaise. Mrs Stewart, une Écossaise, fit même élever, au grand étonnement des autochtones, une fontaine destinée aux animaux. Installés en majorité dans le quartier des Îles-d'Or, les Anglais émigrèrent sur la colline de Costebelle à la fin du siècle pour suivre la reine Victoria, descendue à l'hôtel d'Albion, « of course ».

séjourner

Plages

Hyères propose 20 km de plages, toutes surveillées en saison, sauf celles, plus sauvages, de la presqu'île de Giens *(voir la rubrique « découvrir »)*.

L'Almanarre – Le long des salins de l'étang des Pesquiers, non loin du site de la ville antique d'Olbia *(voir « visiter »)*, c'est une longue plage de sable, familiale, du moins lorsque le vent n'est pas de la partie. Écoles de planche à voile.

Tout en glissant...
Les jours de grand vent, les planches à voile fleurissent à l'Almanarre, le site étant un « spot » de rêve pour les adeptes de la glisse. En 1996, l'Almanarre a vu se dérouler la coupe du monde de funboard.

Hyères-Plage – La station, en bordure d'une petite forêt de pins parasols, regroupe les plages de l'Hippodrome, de la Capte et de la Bergerie jusqu'à la presqu'île de Giens. Eau peu profonde (on a pied jusqu'à 60 m du rivage). Embarquement pour les îles d'Hyères depuis le port de plaisance.

Ayguade-le-Ceinturon – L'ancien port d'Hyères, aujourd'hui station balnéaire, sépare deux plages de sable, l'une sur le boulevard du Front-de-Mer, devant les campings, l'autre avenue des Girelles.

Les salins – La plage a remplacé les salines depuis longtemps déjà. L'endroit est parfois désigné comme Port-Pothuaud, du nom du port de pêche.

Jardins Olbius-Riquier

Av. Ambroise-Thomas. ☎ 04 94 00 78 65 - ♿ - juin-sept. : 7h30-20h ; reste de l'année : 7h30-17h - gratuit.

Le jardin d'acclimatation d'Hyères a été créé en 1872. Ses 6,5 ha rassemblent aujourd'hui, en extérieur ou dans des **serres** pour les espèces fragiles, un échantillonnage luxuriant de la flore méditerranéenne dont les inévitables palmiers, cactées en tous genres, bananiers, ficus, etc. Enclos aménagés pour les animaux (daims, émeus, singes) et lac permettant de voir évoluer les oiseaux aquatiques.

B. Kaufmann/MICHELIN

Dans les jardins Olbius-Riquier, un morceau d'Afrique sur la Côte avec une variété de majestueux palmiers, dont on peut voir d'autres spécimens avenue Godillot, dans les jardins du Casino, le jardin du Roy et le jardin Denis.

Parc St-Bernard (jardin de Noailles)

À côté de la villa de Noailles (voir « visiter »).

Le parc s'étend au pied des ruines du château *(voir circuit 1)*. Y pousse une grande variété de fleurs méditerranéennes sur des restanques. À travers les ouvertures

carnet pratique

Transports

Parkings – Gratuits sur le port et pl. Louis-Versin. Payants, certains souterrains, devant le casino, au centre commercial Olbia, dans les jardins Denis, pl. du Mar.-Joffre et pl. Clemenceau.

Bus – *Gare routière - pl. du Mar.-Joffre - ☎ 0 825 000 650.* Hyères et sa presqu'île sont desservis par plusieurs lignes, en particulier à destination des plages (Almanarre, Ayguade) et en correspondance avec les bateaux ralliant les îles d'Or.

Visite

S'adresser à la Maison du tourisme de la Provence d'azur - *☎ 04 94 01 84 40* - visites guidées sur différents thèmes : « Hyères médiéval » dans la vieille ville, « Villa Noailles », « Histoire du Sel » dans le site du double tombolo, « Le Château » dans les hauteurs de Hyères, « Hyères au 19e siècle » et « Hyères nocturne » dans le centre-ville, ainsi que des « balades nature ».

Se loger

⊖ **Les Orangers** – *64 av. des Îles-d'Or - ☎ 04 94 00 55 11 - www.provence-azur.com - 16 ch. 35/69 €* ☕. Cet hôtel familial occupe une maison en pierre égayée de volets rouges. Les chambres, simples et bien tenues, bénéficient d'une insonorisation efficace. En été, possibilité de prendre le petit-déjeuner dans la cour plantée d'orangers. Bon rapport qualité-prix.

⊖ **Hôtel Port Hélène** – *D 559 - l'Almanarre - ☎ 04 94 57 72 01 - www.hotel-port-helene.fr - 12 ch. 45/100 € - ☕ 7 €.* Petit hôtel à la façade rosée au milieu des pins parasols et des palmiers. Les chambres, très bien tenues et dotées d'un balcon, profitent toutes de la vue sur la mer ; certaines sont équipées d'une cuisinette. Atmosphère conviviale et bon rapport qualité-prix pour la région.

⊖ **Yacht Club** – *Av. du Dr-Robin, port St-Pierre - ☎ 04 94 38 39 24 - yachtclubhyeres@aol.com - 36 ch. 45/67 € - ☕ 5,50 € - restaurant 12/20 €.* Idéales pour les plaisanciers dans l'attente d'un bateau, les doubles standard d'un bon rapport qualité-prix sauront aussi contenter les terriens. Les plus chères ont vue sur le port. Le petit déj' est pris au restaurant attenant, dans un beau décor marin. Plats du jour moins convaincants.

⊖ **Chambre d'hôte L'Aumônerie** – *620 av. de Fontbrun - 83320 Carqueiranne - ☎ 04 94 58 53 56 - guidesdecharme.com - ⊭ - réserv. conseillée - 4 ch. 65/110 €* ☕. L'adresse, jadis propriété d'un aumônier de marine, veut rester confidentielle afin de préserver sa douce quiétude. Les chambres y sont d'une grande sobriété. Les petits-déjeuners se prennent au lit ou sur la terrasse ombragée de pins maritimes, le « must » demeurant le jardin qui mène à la plage privée et à la mer.

⊖⊖ **Hôtel La Rose des Mers** – *3 allée Emile-Gérard - 5 km au SE de Hyères - ☎ 04 94 58 02 73 - rosemer@club-internet.fr - fermé 16 nov.-14 mars - P - 20 ch. 70/80 € - ☕ 8 €.* « Les pieds dans l'eau », ce petit hôtel à la façade avenante ne se contente pas d'ouvrir ses jolies fenêtres aux volets blancs sur la mer et les îles d'Hyères : il vous fournit en plus votre matelas de plage... sans supplément ! Chambres simples avec balcon.

Se restaurer

⊖ **Cabanons de plage** – *Ouvertures saisonnières, en général de déb. mai à fin sept.* Sur les plages de Hyères et La Londe-les-Maures, un nombre impressionnant de guinguettes proposent rafraîchissements, petite restauration (sandwiches, salades, frites) ou poissons grillés, pieds dans le sable et yeux dans l'eau.

⊖ **L'Eau à la Bouche** – *Pl. Massillon (vieux Hyères) - ☎ 04 94 35 33 85 - tlj 10h-19h, juin-sept. jusqu'à 22h - 7,50/13 €.* Sur une place où abondent les pièges à touristes, cette adresse sort du lot : restauration non-stop avec salades et assiettes composées (foie gras, saumon, foie de morue), présentation soignée, service attentif et jolie terrasse. Le décor intérieur, original, mixe boudoir anglais et palais de maharadjah.

⊖ **Le Poisson rouge** – *Port du Niel, presqu'île de Giens - ☎ 04 94 58 92 33 - fermé vac. scol. - 15/35 €.* L'été, le site est enchanteur : une belle bâtisse en pierre avec une terrasse ombragée d'oliviers, ouverte sur le port du Niel. Régalez-vous d'une carte faisant la part belle aux poissons, avec en toile de fond, la pinède, les berges rocheuses et le bruit des vagues.

⊖ **L'Abri-Côtier** – *Pl. Davidi, plage de l'Ayguade - ☎ 04 94 66 42 58 - fermé oct.-mars - ⊭ - 15,50/26 €.* Dans un cabanon du port de l'Ayguade, face à la plage, couleurs gaies dans la salle et produits méditerranéens en cuisine tissent une ambiance à mi-chemin entre tropiques et Provence. Petits plats gourmands (bavette de bœuf au chèvre et pistou), boissons en terrasse et beach-volley (2 terrains) pour les sportifs.

⊖⊖ **Le P'tit Clos** – *27 av. Riondet - ☎ 04 94 35 75 29 - fermé merc., lun. midi et dim. soir - ⊭ - 17/35 €.* Coup de cœur pour ce minuscule resto (7 tables), où le chef Frédéric Chiron concocte de petites merveilles : asperges aux truffes d'été et compote de tomate au basilic, magret de canard au jus de sarriette et purée de fèves, poires au thym et sorbet au cacao... L'accueil est délicieux, la déco bucolique, avec des roses trémières au mur et de la fausse pelouse en guise de set de table.

⊖⊖ **Les Santonniers** – *18 r. Jean-Jaurès (centre-ville) - 83320 Carqueiranne - ☎ 04 94 58 62 33 - fermé lun. hors sais. - 18/28 €.* Installé dans une maison de pays du centre-ville, ce modeste restaurant aux couleurs provençales possède deux atouts : une jolie terrasse ombragée d'un platane et un menu-carte à prix sage. Deux bonnes raisons de s'y attabler !

La Colombe – *663 rte de Toulon, à La Bayorre - 2,5 km à l'O de Hyères par rte de Toulon - ☎ 04 94 35 35 16 - restaurant.lacolombe@libertysurf.fr - fermé dim. soir hors sais., mar. midi en juil.-août, sam. midi et lun. - 24/32 €.* Derrière sa façade pimpante, ce restaurant cache une terrasse spacieuse où il fait bon s'installer à la belle saison. C'est là ou dans la salle à manger aux couleurs provençales que vous pourrez savourer une cuisine régionale plaisante et bien menée.

Faire une pause

Claude Ré – *10 r. de Limans (vieux Hyères) - ☎ 04 94 65 28 41 - tlj sf dim. apr.-midi et lun. 8h15-13h, 15h-19h15 - fermé 1 sem. en fév., 1 sem. en nov. et mat. des j. fériés.* Plus d'une quinzaine de variétés de biscuits à emporter, tous travaillés au beurre, fourrés aux amandes de Provence, noisettes ou raisins... En prime, M. Ré fait aussi glaces et sorbets artisanaux : figue, lavande, melon, nougat etc. Une étape gourmande au pied des ruelles du vieux Hyères.

Le Jardin du Café – *9 r. Massillon (vieux Hyères) - ☎ 04 94 65 97 19 - jardincaféhyeres@wanadoo.fr - tlj sf lun. mat. hors sais. et dim. 8h30-13h, 14h30-19h30.* Derrière la vitrine verte à l'ancienne, ça embaume le café torréfié (la machine est à côté de la caisse) et le thé parfumé (50 au choix). À l'étage, cette minuscule épicerie fine spécialisée dans les saveurs de Provence se déguise en glacier (ah ! la coupe cacao cannelle...) et en salon de thé (tartes aux fruits maison). Deux tables en terrasse permettent de savourer les produits maison et l'animation de la rue, très passante.

Pastor – *86 av. Gambetta - ☎ 04 94 01 46 46 - www.jlpastor.fr - tlj sf lun. 6h45-13h, 15h-19h30, dim. 6h45-13h - fermé 2 sem. en fév., 2 sem. en oct. et apr.-midi j. fériés.* L'une des boulangeries-pâtisseries les plus réputées de Hyères : Noix des îles (confiserie), fougasses olives ou lardons, pain à la lavande en été, pompe à l'anis à Noël. Sorbets (figue, figue sèche et fenouil, vin chaud de Provence, mandarine confite) vendus au demi-litre. Pour les petits pots, appeler la veille.

En soirée

Casino des Palmiers – *1 av. Ambroise-Thomas - ☎ 04 94 12 80 80 - mpbonaldi@9-partouche.fr - 10h-4h.* 170 machines à sous, roulettes (françaises et anglaises), stud poker, black-jack, boule. Hôtel, restaurant et discothèque.

Que rapporter

Marchés – Marché paysan mardi matin pl. de la République et samedi matin av. Gambetta ; marché traditionnel samedi matin dans le centre-ville ; marché « bio » mardi, jeudi et samedi matin pl. Vicomtesse de Noailles ; foire à la brocante et aux antiquités 1er dimanche du mois pl. Clémenceau et République.

Sports & Loisirs

Hyères est labellisé « **station nautique** » ce qui atteste de la diversité et de la qualité des activités proposées. *Renseignements à l'Office de tourisme ou www.france-nautisme.com.*

Hippodrome de la plage d'Hyères – *Rte de Giens - ☎ 04 94 57 36 22 - lun.-merc. 8h-12h, 13h-17h, jeu.-vend. 9h-12h, 13h-17h.* 20 réunions de courses par an. Meeting de printemps tous les lundis (dernier lundi de février à mai) et meeting d'automne à partir du dernier lundi de septembre jusqu'au 19 novembre. Restaurant panoramique et snack.

Hyères-Port Saint-Pierre – *Capitainerie - ☎ 04 94 12 54 40 - www.ville-hyeres.fr - 8h-12h, 14h-17h30.* (Hyères), 04 94 58 02 30 (La capte, 125 places), 04 94 66 33 98 (L'Ayguade, 500 places). Quatre bassins et 1 350 places à quai dont 120 pour les bateaux de passage.

Plongée – Superbes tombants et nombreuses épaves à découvrir. Plusieurs clubs à Hyères et à la Londe ; à Porquerolles, Porquerolles Plongée ; à Port-Cros, Sun Plongée, au Levant, Levant-Plongée.

Plongée et Voile – Plongée : superbes tombants et nombreuses épaves à découvrir. Plusieurs clubs à Hyères et à la Londe ; à Porquerolles, Porquerolles Plongée ; à Port-Cros, Sun Plongée, au Levant, Levant-Plongée. Voile : la course à la voile autour de Porquerolles, au dép. du port, a lieu le dimanche de Pentecôte.

Var Voltige – *Aérodrome de Cuers-Pierrefeu - 83390 Cuers - ☎ 04 94 33 51 70 ou 06 21 54 00 98 - sur RV.* Sensations assurées dans ce club qui organise des baptêmes de voltige pour 46 € par personne. Tout près, d'autres clubs proposent des baptêmes d'avion et d'hélicopère.

de l'enceinte du 13e s., on profite d'une **vue★** agréable sur les Maures (*à gauche*) et surtout sur le pic des Oiseaux et la colline de Costebelle, la vieille ville et la collégiale St-Paul, la presqu'île de Giens et les îles d'Hyères.

Parc du château Ste-Claire

Av. Edith-Warthon. Été : 8h-19h ; hiver : 8h-17h - gratuit. Charmant et touffu labyrinthe végétal semé de petits escaliers, de bancs et de terrasses, aménagé sur le domaine d'un ancien couvent de clarisses. Au sommet, des ruines entourent le tombeau du colonel Voutier, ancien propriétaire du parc (au 19e s.) et accessoirement découvreur de la *Vénus de Milo*.

En savoir plus

La grande villa du parc de Ste-Claire abrite les services du **Parc national de Port-Cros**. C'est l'occasion de vous renseigner, avant de vous lancer dans la traversée.

se promener

DANS LA VIEILLE VILLE 1

Compter 1h30. Au départ de la place G.-Clemenceau.

Passée la **porte Massillon**, à l'arche ornée d'une horloge, on remonte la rue Massillon, ponctuée de portes Renaissance et surtout très animée par les nombreux étalages aux effluves mêlées qui débordent dans l'ancienne grand'rue.

Place Massillon

On y respire plus à l'aise, sauf à l'heure du marché. La **tour des Templiers** (12e s.), ancienne abside fortifiée et classée d'une commanderie templière, accueille des expositions temporaires. ☏ *04 94 35 22 36 - avr.-oct. : tlj sf mar. 10h-12h, 16h-19h ; nov.-mars : tlj sf lun. et mar. : 10h-12h, 14h-17h30. Fermé j. fériés. Gratuit.*

Monter les escaliers et suivre la rue Ste-Catherine.

Place St-Paul

Cette jolie petite place en terrasse occupe l'emplacement de l'ancien cloître de la collégiale St-Paul. Beau **point de vue★** sur la ville et la presqu'île *(table d'orientation)*.

Ancienne collégiale St-Paul

☏ *04 94 65 83 30 - tlj sf mar. 10h-18h.*

Les parties les plus anciennes (clocher) remontent au 12e s. L'escalier monumental et la porte Renaissance introduisent dans le narthex (ancienne nef plafonnée de l'édifice roman). À gauche, la nef gothique est perpendiculaire à l'église primitive.

> **À VOIR**
> La **crèche** de santons provençaux *(en période de Noël)* et une belle collection d'ex-voto naïfs et colorés, du 17e s. à nos jours.

Vieilles rues

La porte St-Paul, percée dans une jolie **maison Renaissance** avec tour d'angle en échauguette, ouvre sur le dédale des rues et traverses de la ville haute, un régal si on aime monter (surtout) et descendre entre de petites maisons claires aux murs parfois un peu bombés. L'ambiance est calme et le sol imprévisible (bitume, cailloux, escaliers).

Ne pas manquer, rue Ste-Claire *(poursuivre rue St-Paul, puis à gauche)*, l'ogive de la « **porte des Princes** » *(au bout de la rue, accès au parc du château Ste-Claire, voir « séjourner »)* et rue de Paradis *(à droite après la porte St-Paul)*, au n° 6, une belle **maison romane** restaurée.

Par la rue St-Bernard, monter au sommet de la vieille ville jusqu'à la villa Noailles (voir « visiter »). Un large sentier à gauche mène aux ruines.

> **CONSEIL**
> Fatigué par la montée ? Les ruines sont aussi accessibles en voiture par la montée de Noailles *(parking)*.

Ruines du château des Aires

Absent dans les rues de la ville, le vent se rattrape sur les hauteurs, atmosphère rêvée pour des ruines isolées, où l'on distingue pans de muraille et tours rondes ou carrées à créneaux (13e-15e s.). Le côté Nord est le plus

À l'écart des villas des « riches hivernants », l'enchevêtrement des toits du vieil Hyères : une invitation à la flânerie.

H. Le Gac/MICHELIN

HYÈRES GIENS

Aéroport (Av. de l') VX
Aicard (Av. J.) .... Z
Almanarre (Route de l') ... X 2
Arène (Av. F.) .... Z
Barbacane (R.) .... Y 3
Barruc (R.) .... Y 4
Basch (R. Victor) .... Y
Beauregard (Av. de D.) ... Z
Belgique (Av. de) .... Y 5
Bourgneuf (R.) .... Y 6
Chateaubriand (Bd) ..... Y 7
Clemenceau (Pl.) .... Y 9
Clotis (Av. J.) .... V, Z 10
Costebelle (Montée) ..... V 12
Decugis (Av. A.) V
Degioanni (Rue R.) ...... X 13
Denis (Av. A.) .... Y
Dr. Perron (Av.) .... Z 14
Foch (Av. Mar.) .... Z 15
Galliéni (R.) .... Z
Gambetta (Av.) .... Z
Gaulle (Av. de) .... Y 16
Geoffroy St-Hilaire (Av.) ... V 17
Giens (Rte de) X
Godillot (Av. A.) .... V 18
Herriot (Bd. E.) .... X 20
Iles d'Or (Av. des) .... Z
Jean-Jaurès (Av.) .... Z
Lattre-de-Tassigny (Av. de) . V 22
Lefebvre (Pl. Th.) .... Z 23
Long (Av. Paul) .... Y
Macri (Ch. Soldat) .... V 25
Madrague (Route de la) .. X 26
Mangin (Av. Gén.) .... Y 28
Marais (Rte des) X
Marine (Bd de la) V
Massillon (Pl. et R.) ...... Y 29
Matignon (Bd) .... Y
Millet (Av. E.) .... Z 32
Moulin-Premier (Chemin du) .... V 33
Noailles (Montée de) ..... Y 34
Nocard (Bd) .... Y 35
Olbia (Voie) V
Orient (Bd d') .... Y
Paix (Av. de la) .... Z
Palyvestre (Ch. du) ...... V 36
Paradis (R. de) .... Y 37
Pasteur (Bd) .... Z
Plaine-de-Bouisson (Ch.) .. X 38
Porte St-Jean (Ch. de la) .. Y
Provence (R. de) .... V, Z 40
Rabaton (R.) .... Y 41
République (Pl. et R. de la) .... Y 42
Riondet (Av.) .... YZ 43
Riquier (Av. O.) .... V 44
Roubaud (Ch.) .... V 45
Sel (Rte du) X

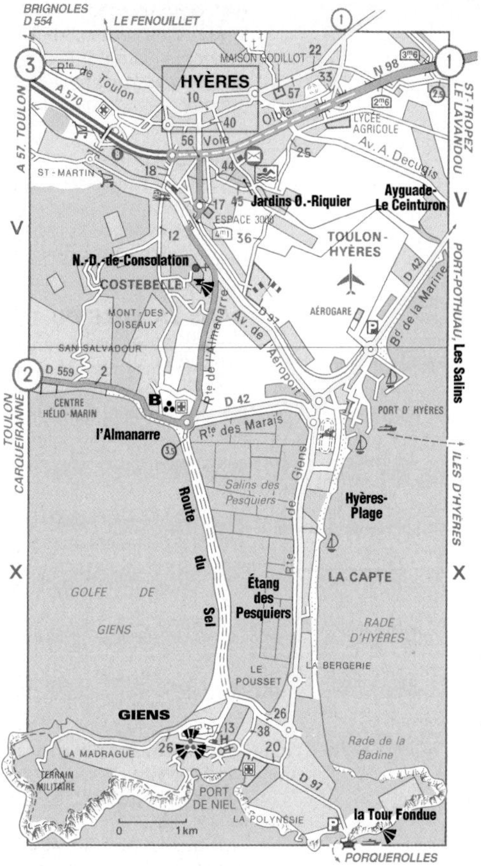

St-Bernard (R.) .... Y 46
St-Esprit (R.) .... Y 47
St-Paul (Pl. et R.) .... Y 49
Ste-Catherine (R.) .... Y 50
Ste-Claire (R.) .... Y 51
Soldat-Ferrari (R.) .... Z
Strasbourg (Cours) ...... Y 52

Thomas (Av. A.) .... Z
Toulon (Rte de) V
Versin (Pl. L.) .... Z 53
Victoria (Av.) .... Z 54
Wharton (R. Édith) ...... YZ
11-Novembre (Pl.) .... V 56
15e-corps-d'Armée (Av. du) . . V 57

l'Almanarre X
Aygade-Le Ceinturon V
Chapelle N.-D.-de-Consolation V
Château des Aires .... Y
Collégiale St-Paul .... Y
Église St-Louis .... Y
Étand des Pesquiers X
Hôtel des Ambassadeurs . . . YZ D

Hyères-Plage X
Les Salins X
Maison Renaissance ...... Y E
Maison romane .... Y F
Maison St-Hubert .... Z G
Musée municipal .... Z
Jardins Olbius-Riquier V
Parc du Château Ste-Claire . . Y
Parc St-Bernard .... Y

Porte Massillon .... Y K
Porte des Princes .... Y
Site archéologique d'Olbia .... X B
Tour Fondue X
Villa mauresque .... Z
Villa de Noailles .... Y L
Villa Tholozan .... Y S
Villa tunisienne .... Z

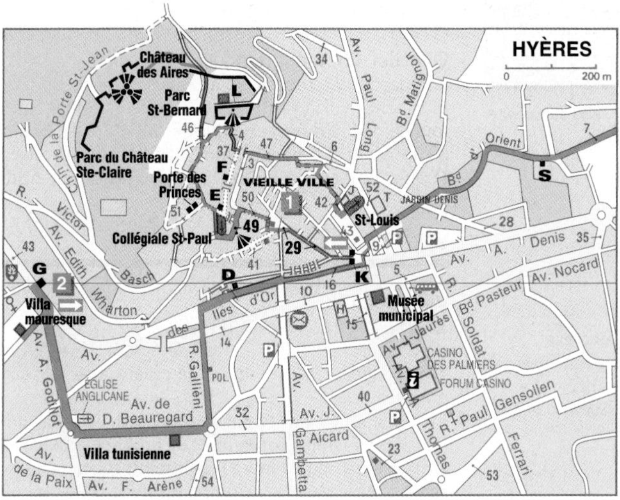

spectaculaire. Au sommet, vaste **panorama★** sur la côte et l'intérieur *(table d'orientation).*

Revenir par la rue St-Bernard, prendre à droite la rue Barbuc (passer sous la porte), descendre rue Bourgneuf, avant son extrémité, prendre à droite pour arriver à la place Bourgneuf, puis à gauche la rue St-Louis.

Église St-Louis

Il s'agit de l'ancienne église du couvent des Cordeliers. La façade à trois portes surmontées d'une rose et d'une corniche évoque l'art romain italien. L'ensemble illustre le passage du roman au gothique provençal.

Regagner la place G.-Clemenceau.

DANS LA VILLE DU 19e SIÈCLE 2

VISITE
L'Office de tourisme diffuse à partir de mars-avril le programme annuel des **visites guidées des anciens hôtels et des villas.** Pour ne pas rester tout triste à la grille...

Entre 1850 et 1880 furent construits hôtels et villas pour accueillir les riches hivernants. Aujourd'hui, le tourisme a changé de visage. Les luxueux hôtels ont fermé dans les années 1930, mais on peut encore en voir quelques-uns, ainsi que plusieurs villas très « balnéaires », en centre-ville.

HYÈRES-LES-PALMIERS

La ville prit ce nom en 1881, cinquante ans après l'arrivée des premiers plants de palmiers. En 1835, un visiteur ébahi notait, en arrivant à Hyères : « Là, les bosquets d'orangers qui, couverts de plusieurs millions de fruits dorés, remplissent la vallée et du sein desquels des palmiers de trente à quarante pieds de haut élancent noblement leurs têtes. » Dès 1867, les jardiniers hyérois acclimatèrent avec succès le palmier des Canaries et d'autres variétés rapportées des colonies. Au début du 20e s., la ville comptait une vingtaine de pépiniéristes producteurs de palmiers. Ils ne sont plus que trois aujourd'hui, et la neige de 1985 a tué beaucoup d'arbres (même si l'on vous affirmera qu'il en reste 15 000 sur le territoire de la commune). Mais leur réputation est intacte : les émirats du golfe Persique, l'Irak et l'Arabie Saoudite sont plantés de palmiers hyérois.

Quartier « Godillot »

Appellation officieuse de la partie Ouest du centre-ville, remodelée par Alexis Godillot, commanditaire de la **maison St-Hubert** *(70 av. des Îles-d'Or).*

Descendre l'avenue Godillot et tourner à gauche dans l'avenue de Beauregard.

S. Sauvignier/MICHELIN

Villa tunisienne.

À l'église anglicane St Paul's Church répond à l'autre bout de la rue la **villa tunisienne**, de style mauresque, ancienne propriété de l'architecte de Godillot, Chapoulart.

Prendre à gauche.

Rue Gallieni se dresse l'ex-hôtel des Palmiers (1884) ; dans l'avenue des Îles-d'Or, l'**hôtel des Ambassadeurs** élève une entrée majestueuse avec cariatides en gaine.

Place G.-Clemenceau, poursuivre dans la rue Dr-de-Seignoret.

Quartier Chateaubriand

Le quartier d'Orient a été aménagé à partir de 1850. Les plus belles villas y affichent un style classique, avec une touche de fantaisie. En remontant les boulevards d'Orient et Chateaubriand, on découvrira les villas Léon-Antoinette, **Tholozan**, La Favorite, Ker-André...

visiter

Villa Noailles

☎ 04 94 01 84 50 - www.provence-azur.com - juil.-août : tlj sf mar. 10h-12h, 16h-20h ; reste de l'année : tlj. sf lun. et mar. 10h-12h, 16h-20h - possibilité de visite guidée sur demande préalable - fermé j. fériés - 6 € (-10 ans gratuit).

AU CARRÉ
Curieux petit jardin cubiste dessiné par **Gabriel Guévrékian.** Les amateurs de jardins à l'anglaise et même à la française seront étonnés.

En 1923, un jeune couple de mécènes, Charles et Marie-Laure de Noailles, commande à l'architecte belge **Mallet-Stevens** une villa d'hiver résolument moderne, en opposition avec le pastiche triomphant sur la Côte. Achevée en

1933, la villa compte une soixantaine de pièces dont une piscine et une salle de gymnastique et devient rapidement le rendez-vous de l'avant-garde artistique : Giacometti, Cocteau, Picasso, Dali, Buñuel (les Noailles produisirent son *Âge d'Or*, qui fit scandale en 1930) et Man Ray qui y tourne *Les Mystères du château du Dé*.

Cédée à la ville d'Hyères en 1973, la villa a été restaurée et accueille au premier niveau des expositions temporaires.

Musée municipal

Rotonde Jean Salusse. ☎ 04 94 00 78 42 - ♿ - avr.-oct. : tlj sf mar. 10h-12h, 16h-19h ; nov.-mars : tlj sf lun. et mar. 10h-12h, 14h-17h30 - fermé j. fériés - gratuit.

Vestiges d'archéologie préhistorique, grecque et romaine provenant en grande partie du **site d'Olbia** ; histoire naturelle (minéraux, fossiles, coquillages, poissons, oiseaux), galerie de peintres locaux, mobilier Louis XV et Louis XVI.

Site archéologique d'Olbia

Accès depuis Hyères par la D 559, direction Carqueiranne. Avr.-sept. : visite guidée 9h30-12h30, 15h-19h - fermé en cas de pluie - 4,60 €.

Ville défensive et comptoir maritime, Olbia « la bienheureuse » fut fondée au 4e s. av. J.-C. par les Phocéens de Marseille pour assurer des relais à leurs navires marchands. C'est l'unique site de ce type conservé sur le littoral méditerranéen. Dans le carré parfait (165 m de côté) de son enceinte fortifiée, de nombreux vestiges grecs et romains ont été mis au jour : thermes, sanctuaires, puits, éléments d'habitations... Également des vestiges de l'abbaye cistercienne St-Pierre de l'Almanarre (style roman tardif provençal), fondée vers 1220.

Chapelle N.-D.-de-Consolation

Accès depuis Hyères par la D 559, direction Carqueiranne. Au sommet de la colline de Costebelle.

La chapelle du Moyen Âge a été détruite en 1944. L'édifice actuel date de 1955. Les sculptures sont de Lambert-Rucki : adossée à la croix formant l'axe du clocher, grande statue polychrome de Vierge consolatrice sur la façade en ciment et pierre, scènes de la vie de la Vierge.

De l'esplanade, **vue★** de la rade d'Hyères à celle de Toulon *(table d'orientation)*.

Bleu et or

Les immenses **verrières★** et vitraux en dalles de verre de Gabriel Loire, inspirés du culte marial et de l'histoire de la chapelle, illuminent l'intérieur.

découvrir

LA PRESQU'ÎLE DE GIENS★★

À l'origine, l'île de Giens était semblable à ses voisines, les îles d'Hyères *(voir ce nom)*. Jusqu'au jour où, il y a plusieurs milliers d'années, s'opéra lentement un phénomène naturel appelé « **tombolo** » : un cordon de sable ou de galets relia une île au littoral (Quiberon en est un autre). À Giens, la proximité des deux embouchures du Gapeau et de la Roubaud et la présence de courants marins favorables ont permis la formation de, non pas un, mais deux dépôts de sédiments entre le littoral et l'île : le rarissime double tombolo.

Le tombolo Ouest diminue régulièrement depuis trente ans, conséquence de l'érosion éolienne et des tempêtes d'équinoxe qui emportent les digues et dispersent le sable. Le Conservatoire du littoral travaille à la préservation du site (entre autres, repiquage d'herbiers de posidonies).

À SAVOIR

La **route du sel**, qui longe le tombolo Ouest, les marais et l'étang des Pesquiers, est fermée de la Toussaint à Pâques. Stationnement permis aux extrémités du tombolo.

À pied, n'emprunter que les passages aménagés. Ne rien faire sécher sur la végétation.

Étang des Pesquiers

Avr.-sept. : sorties d'observation ornithologique avec la Ligue protectrice des oiseaux (rd-pt Beauregard, Hyères, ☎ 04 94 12 79 52). 5 €.

Visite commentée des salins sur réservation à l'Office du tourisme d'Hyères.

La lagune entre les deux tombolos est le rendez-vous d'une riche faune ailée, dont flamants roses et avocettes. On peut observer les plus beaux rassemblements de flamants (jusqu'à 1 500 individus) à la mi-septembre. La végétation présente des espèces originales, voire uniques : salicorne, réséda blanc, calikier maritime, jonc piquant, panicaut maritime, plantain corne-de-cerf et 20 variétés d'orchidées.

L'OR BLANC

Le Conservatoire du Littoral a acquis les Pesquiers en 2001. Mais de 1848 à 1995, la lagune formée entre les deux tombolos a été en partie exploitée comme **marais salant**, produisant jusqu'à 30 000 tonnes de sel par an. Comment ? Le sel de l'eau de mer se dépose sur les tables saunantes ; le vent y accélère l'évaporation tandis que la concentration est activée par des mouvements mécaniques giratoires. Dans la dernière semaine d'août, le détoureur arrache la croûte de sel qui s'est formée sur les tables ; c'est le sel gris avec lequel on sale les routes enneigées. Dessous est le sel blanc, propre à la consommation, bientôt entassé en camelles, ces montagnes blanches qui signalent de loin un marais salant. *Pour en savoir plus sur le Conservatoire du Littoral : www.conservatoire-du-littoral.fr*

Giens

Modeste station balnéaire à la jolie petite église, au centre de la presqu'île. Le poète **Saint-John Perse** y séjourna et repose désormais au cimetière. Au milieu du square, un tertre intitulé « ruines du château des Pontevès » donne à voir un magnifique **panorama★★** *(table d'orientation)*. Au Sud, le petit port de Niel est entouré d'une pinède.

Quitter le village par l'Est pour gagner La Tour Fondue.

La Tour Fondue

Construite vers 1634 puis remaniée, elle couronne un rocher en saillie sur le littoral et contrôlait, avec les forts des îlots du Grand et du Petit Ribaud *(propriétés privées)*, le goulet de la Petite Passe. Point d'embarquement courant pour Porquerolles : gare maritime et vaste parking... Belle vue sur les îles d'Hyères et la presqu'île.

Tour de la presqu'île

18 km. Le trajet, en partie balisé, relie le port de la Madrague à la plage de la Badine.

Giens ressemble beaucoup aux îles d'Hyères. Le paysage est assez montagneux, boisé (chênes verts, pins d'Alep, myrtes, lentisques) et la côte très découpée devient même sauvage à la pointe des Chevaliers. Cette longue promenade est l'occasion de découvrir des calanques et de petites plages : l'Aygade, le Pontillon, les Darboussières, la Baume.

S. Sauvignier/MICHELIN

Tour fondue ou fendue ? À la pointe de la presqu'île de Giens, embarquement pour les îles d'Or.

alentours

Sommet du Fenouillet

À 4 km à l'Est. Quitter Hyères par l'avenue de Toulon, puis suivre à droite la route signalisée Fenouillet.

30mn AR. Au départ d'une chapelle néogothique, un sentier jalonné conduit aux 291 m d'altitude du Fenouillet, modeste point culminant du massif des Maurettes. De là, **panorama★** sur les Maures, la rade d'Hyères et celle de Toulon entourée de montagnes.

Jardin d'oiseaux tropicaux

13 km à l'Est par la N 98, à la Londe-les-Maures. Voir le massif des Maures.

Îles d'Hyères★★★

La petite traversée et les promenades dans ces îles préservées laissent des souvenirs qui illuminent un voyage sur la Côte d'Azur. Les îles d'Hyères sont trois coins de paradis, chacune dans son genre : le Levant est la plus minérale, Port-Cros, la plus montagneuse, et Porquerolles, la plus grande. La plus belle ? C'est affaire du goût de chacun, mais avouons ici un gros faible pour Port-Cros.

La situation

Carte Michelin Local 340 M/N 7/8 - Schéma p. 246-247 - Var (83). Prévoir le ravitaillement en boissons avant d'embarquer pour Porquerolles et surtout Port-Cros, où les points d'eau potable sont rares et privés. Vous ne pourrez pas embarquer de vélos à destination de Port-Cros où ils sont interdits. La plupart des calanques ne sont accessibles qu'en bateau.

Bureau d'information, sur le port - Porquerolles - ☎ 04 94 58 33 76 - www.porquerolles.com

Parc national de Port-Cros — Castel Ste-Claire - 83418 Hyères Cedex - ☎ 04 94 12 82 30 - www.portcrosparcnational.fr

Les noms

Le village de **Porquerolles** a donné son nom à l'île entière que les Grecs avaient appelée *Protè* (« première »). **Port-Cros**, la *Mesè* (« Île du milieu ») des Grecs, doit son nom actuel à la forme en creux de son petit port.

Les îles d'Or

C'est l'autre nom, donné depuis la Renaissance, à ce trio détaché des Maures qui ferme au Sud la rade d'Hyères. Pourquoi d'or ? Sans doute parce que les micaschistes (composés de mica et de quartz) contenus dans leurs roches se teintent parfois de reflets dorés.

Les gens

Peu d'habitants, beaucoup de touristes en saison à Port-Cros et Porquerolles ; au Levant cohabitent marins et naturistes, reconnaissables à leurs uniformes respectifs.

B. Kaufmann/MICHELIN

Port-Cros : des paysages paradisiaques dans un lieu miraculeusement préservé.

comprendre

Des îles mal famées... – Les pirates ont apprécié ces îles idéalement proches des côtes. Autant pour les protéger que pour les faire cultiver, François Ier érige Port-Cros et le Levant en marquisat. Comme la main-d'œuvre, même exemptée d'impôts, manque, on a recours au « droit d'asile » : assurés de l'impunité, délinquants et criminels affluent, se font pirates et attaquent un navire du roi à Toulon... C'est sous Louis XIV que les îles seront purgées de leurs mauvais garçons.

... militaires... – L'armée aussi reconnut la valeur stratégique des îles d'Hyères où s'élèvent encore de nombreux forts. À Porquerolles, le fort Ste-Agathe, construit en 1532, détruit par les Anglais en 1793, fut reconstruit en 1810. En août 1944, les Américains devront neutraliser les batteries allemandes de Port-Cros et du Levant pour protéger le débarquement allié.

Oublié

En 1793, le commandant du fort Ste-Agathe, oublié sur son île, et peu au fait des événements, se rendit sans méfiance à bord d'un navire anglais mouillé à Porquerolles... Le pauvre homme fut aussitôt fait prisonnier tandis que les marins anglais prenaient le fort pour le faire sauter.

carnet pratique

Transports

Les îles d'Hyères sont accessibles depuis plusieurs ports. La plupart des compagnies de transport proposent des formules à la journée ou à la demi-journée : circuits, promenades côtières, excursions. Attention au retour : n'attendez pas le dernier moment pour embarquer.

Au départ de Cavalaire – Vedettes Îles d'Or - *Quai d'embarquement - 83240 Cavalaire - ☎ 04 94 71 01 02. De mi-avr. à fin sept. Pour Port-Cros (45mn) : vend. 9h15, retour 17h30 (plus lun., merc. et jeu. 11h20, retour 18h55 en juil.-août) ; pour Porquerolles (1h30), se renseigner pour les horaires (possibilité de dép. de la Croix-Valmer en juil.-août) ; pour le Levant : vend. 9h15, retour 17h50 ; pour St-Tropez : mar. et sam. à partir du 1er juin.*

Au départ d'Hyères – TLV - *Port Saint-Pierre - 83400 Hyères - ☎ 04 94 57 44 07 - www.tlv-tvm.com - se renseigner pour les horaires et les tarifs. Durée de la traversée vers Port-Cros : 1h ; vers le Levant : 1h30. Circuit des deux îles (Port-Cros et Levant) : tous les jours en juillet-août.*

Au départ de la presqu'île de Giens – TLV - *Port de la Tour-Fondue - 83400 Giens - ☎ 04 94 58 21 81. 15 € AR. Services réguliers toute l'année vers Porquerolles, Port-Cros et Le Levant. Circuit des deux îles (Porquerolles et Port-Cros) en juil.-août : lun., mar. et vend. Fermé j. fériés.*

Mode d'emploi

Règlement – À Porquerolles et à Port-Cros, il est interdit de faire du feu, de fumer (en dehors des villages), de camper, de cueillir des espèces végétales, de quitter les sentiers tracés, d'abandonner ses détritus ; de promener les animaux en dehors du village, de pêcher, ramasser des coquilles et faire du vélo (à Port-Cros).

Incendie – En cas de risque majeur, le plan ALARME, signalé à l'embarquement, interdit l'accès aux massifs forestiers, mais pas aux villages et aux plages. Pour vous renseigner, vous pouvez aussi appeler tous les jours à partir de 19h le répondeur de la direction départementale de l'agriculture et des forêts, ☎ 04 98 10 55 41.

Se loger

€€€€ L'Auberge des Glycines – *22 pl. d'Armes - 83400 Porquerolles (île de) - ☎ 04 94 58 30 36 - www.aubergedesglycines.com - fermé 1er janv. à midi - 11 ch., demi-pension 138/338 € - ☕ 7 € - restaurant 10,90/21,90 €.* Cette délicieuse auberge aux volets bleu lavande justifie à elle seule une escapade à Porquerolles. Chambres très agréables à vivre, ouvrant sur le patio ombragé d'un figuier ou sur la place du village. Au restaurant, décor et cuisine célèbrent la Provence.

€€€€ Hôtel Manoir – *83400 Port-Cros (île de) - ☎ 04 94 05 90 52 - lemanoir.portcros@wanadoo.fr - fermé 4 oct.-9 avr. - 17 ch., demi-pension 155/195 € - ☕ 15 € - restaurant 45/55 €.* Une adresse de charme dans un cadre exceptionnel : à quelques centaines de mètres du port, cette jolie villa de 1830 au milieu d'un grand parc jouit d'un calme remarquable. Chambres crépies sobres, piscine et jardin très agréables. Cuisine régionale, grillades et pièces rôties à la broche en été au restaurant.

€€€€ Mas du Langoustier – *3,5 km à l'O du port - 83400 Porquerolles (île de) - ☎ 04 94 58 30 09 - langoustier@wanadoo.fr - fermé de déb. oct. à fin avr. - 44 ch., demi-pension 195/297 € - ☕ 19 € - restaurant 52/85 €.* À Porquerolles, les prix s'envolent mais dans ce très chic hôtel-restaurant, on est sûr au moins que la qualité suit : dans une salle ouverte sur la mer et le fort du Langoustier, cuisine méditerranéenne revisitée, où le foie gras chaud vient avec une confiture de tomates vertes et un sorbet à la tomate rouge, le filet de daurade avec un coulis de pommes, le mœlleux chocolat avec un cœur coulant au thé. Pour revenir vers le port, belle promenade digestive ou prendre la navette de l'hôtel du même nom.

Se restaurer

• ***Pique-nique***

À Porquerolles – Points d'eau relativement rares (surtout en haute saison) ; s'approvisionner, au plus tard, à la fontaine de la place d'Armes.

Boucher-traiteur – Pl. d'Armes. Charcuteries, mais aussi confitures et huile d'olive « Saveurs du Verger » (fabriquées à partir des fruits du Conservatoire botanique).

Boulangerie – Ouv. 7h30-12h30 et 16h-18h en hiver, 7h-13h et 15h-19h30 de Pâques à la Toussaint, journée continue en juil.-août. **Supérette** – Pl. d'Armes - ouv. 8h-20h en juil.-août, 8h30-12h45 et 16h-19h30 de Pâques à Toussaint, le matin hors sais.

À Port-Cros – Apporter son propre ravitaillement en boissons. L'eau potable est très rare à Port-Cros et il n'y a pas de point d'eau ouvert au public. Plusieurs débits de boissons dans le village.
Une seule **épicerie**, un peu en retrait du quai principal (fléché). Avr.-nov. : ouv. 8h-20h.

Au Levant – En dehors des guinguettes du débarcadère, les seuls points de restauration sont à Héliopolis, au-dessus du port.

€ La Trinquette – *Au port - 83400 Port-Cros (île de) - ☎ 04 94 05 93 75 - réserv. hors sais. - fermé de mi-oct. à mars - 15 € déj. - 10/20 €.* Lieu de rendez-vous privilégié des îliens, ce bar-restaurant sans prétention est le seul établissement ouvert à l'année sur l'île. Cuisine familiale et pizzas, à déguster face au port.

⊖ **Sun Bistrot** – *Au port - 83400 Port-Cros (île de) - ☎ 04 94 05 90 16 – fermé de mi-nov. à Pâques - 15/22 €.* Ambiance jeune et plats de petite brasserie (salades, pizzas, pâtes, poissons). Ce bar-restaurant est aussi le QG des plongeurs en stage à Port-Cros. Son propriétaire s'occupe du club « Sun Plongée » ainsi que de la Maison du Port, où logent ses stagiaires.

⊖⊖ **Villa Sainte Anne** – *Pl. d'Armes - 83400 Porquerolles (île de) - ☎ 04 98 04 63 00 - courrier@sainteanne.com - fermé 1er nov.-25 déc. et du 3 janv. à fin fév. - 18 € déj. - 20/45 €.* Il fait bon s'attarder sur cette terrasse ombragée, proche de l'église, pour déguster une cuisine de la mer et observer l'animation de la place du village. Atmosphère provençale dans les chambres rénovées ; cadre plus récent à l'annexe.

B. Kaufmann/MICHELIN

Que rapporter

Domaine de la Courtade – *83400 Porquerolles (île de) - ☎ 04 94 58 31 44 - www.lacourtade.com - tlj sf w.-end 10h-12h, 13h30-16h30.* En plus de ses 800 oliviers, Richard Auther développe depuis 1983 un vignoble provençal de renom en plein cœur de l'île de Porquerolles. Son Domaine de la Courtade compte 30 ha de vignes plantées en mourvèdre et en rolle, produisant rouges, blancs ou rosés. Achat sur rendez-vous.

Le Domaine de l'Île – *83400 Porquerolles (île de).* Le Domaine de l'Île vend ses vins uniquement dans son magasin de la pl. d'Armes (9h-20h).

Le Domaine Perzinsky – *83400 Porquerolles (île de).* Ce domaine créé en 1989 est le plus proche du village. Vins rouges, rosés et blancs ; vente et dégustation sur place (☎ : 04 94 58 34 32).

Sports & Loisirs

Voile – *83400 Porquerolles (île de).* La course à la voile autour de Porquerolles, au dép. du port, a lieu le dim. de Pentecôte.

Bateau à vision sous-marine Aquascope – ☺ - *83400 Port-Cros - ☎ 04 94 05 92 22. Durée 30mn. Départ toutes les 40mn. 15 € (4-12 ans 10 €). 10 places assises.*

Bateau à vision sous-marine TMV – ☺ *- Port de la Tour-Fondue - 83400 Giens - ☎ 04 94 58 95 14 - www.tlv-tvm.com - mai-sept. : dép. 9h30, 10h30, 11h30, 14h45, 15h45 (possibilité 12h30 et 16h45, se renseigner) - 15 € (4-10 ans 13,50 €).* Visite des fonds marins jusqu'à Porquerolles en bateau à fond transparent (35mn).

Plongée – Superbes tombants et nombreuses épaves à découvrir. Plusieurs clubs à Hyères et à La Londe ; à Porquerolles, Porquerolles Plongée ; à Port-Cros, Sun Plongée ; au Levant, Levant Plongée.

... mais si belles ! – Les moines de Lérins, arrivés au 5e s., firent du Levant le jardin d'abondance et le grenier de leur abbaye. Porquerolles fut la plus cultivée (vergers et vignobles). Les propriétaires privés de Port-Cros y cultivèrent plutôt les belles lettres, en invitant des écrivains, avant de léguer l'île à l'État en 1963. Aujourd'hui, les îles d'Hyères symbolisent la préservation de la nature, face à des côtes hélas bien bétonnées.

se promener

PORQUEROLLES★★★

C'est la plus occidentale et la plus importante des îles d'Hyères : 1 254 ha répartis sur 7 km de long et 2,5 km de large. Le vélo est le meilleur moyen pour la découvrir *(loueurs au village)*.

La côte Nord est festonnée de plages de sable bordées de pins, bruyères, arbousiers et myrtes odoriférants. La côte Sud est abrupte, avec cependant quelques criques d'accès facile. À l'intérieur, peu d'habitations, mais une forêt de pins et de chênes verts, des vignobles, et une abondante végétation méditerranéenne.

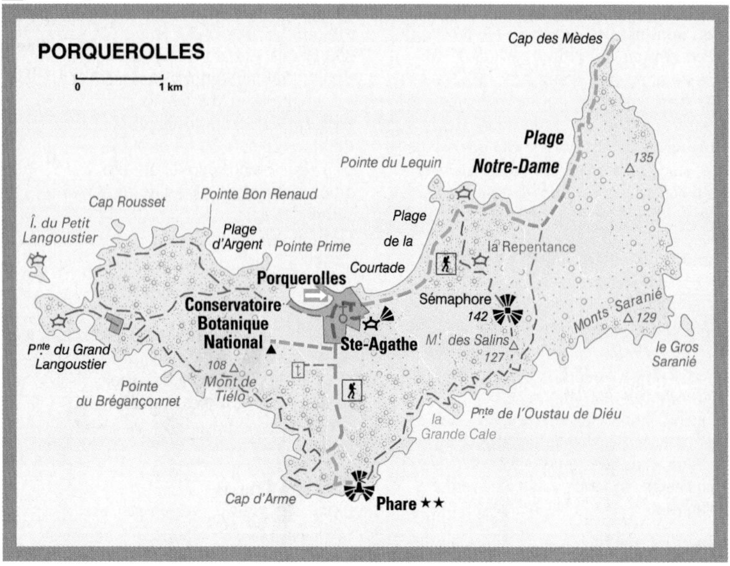

Village

Bâti au milieu du 19e s. par l'administration militaire au fond d'une rade minuscule *(port de plaisance)*, il évoque plus un petit centre colonial d'Afrique du Nord qu'un village provençal. Le noyau, entouré d'hôtels, de villas et d'une petite résidence, comprend la **place d'Armes**, une humble église avec chemin de croix exécuté au couteau par un soldat en convalescence, et quelques maisons de pêcheurs.

Fort Ste-Agathe

☎ 04 94 12 30 40 - mai-sept. : 10h-12h, 14h-17h30 - 3 € (enf. 1,50 €).

De la terrasse du fort, superbe **vue★** : à l'Est, sur les plages de la Courtade et Notre-Dame, le sémaphore (point culminant à 142 m) ; à l'Ouest, sur les massifs boisés.

C'est le premier bâtiment que l'on aperçoit du large. Sur une butte dominant le port, position stratégique, son enceinte en trapèze est surmontée d'une grosse tour d'angle (20 m de diamètre, 15 m de haut, murs épais de 4 m), vestige de la première construction. À l'intérieur, le Parc national de Port-Cros présente l'histoire et l'archéologie sous-marine des îles et de la rade d'Hyères. Grande salle circulaire haute de 6 m sous une belle charpente.

Mexico-sur-Mer

Porquerolles fut durant soixante ans une propriété privée. En 1911, l'ingénieur belge F.-Joseph Fournier rentre du Mexique, fortune faite. Il offre à sa femme l'île de Porquerolles et s'y installe en famille. Aidé d'une armée de jardiniers, il va recréer la végétation d'une hacienda sud-américaine, en important des espèces exotiques, tel le bellombra aux énormes racines, toujours présent aujourd'hui, et sera le premier à cultiver pamplemousses et kumquats, alors inconnus en France. Le **vignoble** de Porquerolles date de la même époque. Ce fut le premier vignoble AOC côtes-de-Provence. Trois domaines viticoles (de l'Île, Perzinsky et Courtade) proposent des dégustations-ventes.

Conservatoire botanique national méditerranéen

Au Hameau agricole. À la sortie du village de Porquerolles, prendre la direction de la route du Phare, puis tourner à droite au carrefour des Oliviers. Visite libre des jardins et des vergers de collection. Exposition permanente en plein air. Renseignements au ☎ 04 94 12 82 30.

Depuis 1985, la plus grande partie de l'île est gérée par le parc national de Port-Cros qui en est propriétaire. Créé en 1979, le conservatoire botanique national méditerranéen a pour but l'étude botanique et la conservation de la flore du bassin méditerranéen :

inventaire des espèces, évaluation des risques de disparition, constitution d'une banque de gènes (stock de graines), restauration de cultures traditionnelles (vergers-conservatoires : figuiers, oliviers, pêchers et mûriers). Le « Hameau agricole » en est la vitrine.

Promenade du phare★★

1h30 AR. À faire absolument. De l'esplanade du phare, à l'extrême pointe Sud, beau **panorama★★** sur la presque totalité de l'île : les collines du Langoustier, le fort Ste-Agathe, le sémaphore et les falaises du Sud, sans compter la rade d'Hyères et les Maures. Le **phare** a une portée de 54 km. ☎ *04 94 58 33 76 - 10h-12h, 14h-16h - gratuit. Le phare peut être fermé pour travaux d'entretien (information auprès de l'Office de tourisme).*

B. Kaufmann/MICHELIN

Bretagne ou Méditerranée ? Ces falaises sauvages, battues par les vagues de la côte Sud de Porquerolles, sont à l'écart de toute civilisation.

Promenade des plages★★

2h AR. On marche presque tout le temps à l'ombre sur des chemins sablonneux tracés dans la forêt de pins. Le chemin longe la plage de sable fin de la Courtade, puis, après la pointe du Lequin, pique vers la mer et la très belle **plage Notre-Dame** (sable fin), vaste, très isolée, et bordée d'une pinède.

Le **sémaphore**, la plage d'Argent, la **pointe du Grand Langoustier** et le **cap des Mèdes** sont d'autres excellents buts de promenade.

PORT-CROS★★★

L'île, véritable éden, est plus accidentée, plus escarpée, plus haute sur l'eau que ses voisines, mais sa parure de verdure est sans rivale. Longue de 4 km et large de 2,5 km, Port-Cros culmine au mont Vinaigre (alt. 194 m). Quelques commerces et maisons de pêcheurs, une petite église garnissent le pourtour de la baie que

UN PARC NATIONAL ET 410 MÉROUS

Créé en 1963 après celui de la Vanoise, c'est l'un des sept parcs nationaux français. Il regroupe Port-Cros, l'île de Bagaud, les îlots du Rascas et de la Gabinière et une zone de 650 m autour des rivages, soit une surface terrestre de 700 ha et marine de 1 800 ha. La mission du premier parc marin d'Europe est de préserver la faune et la flore des îles d'Hyères, lutter contre la dégradation du milieu sous-marin en Méditerranée, sensibiliser le public, étudier et protéger les espèces menacées. Port-Cros est un site de plongée renommé, où se régalent les amateurs et les scientifiques. Ces derniers ont entrepris des opérations de comptage annuel des mérous : 410 ont été recensés en 2002, ainsi qu'un foisonnement d'autres espèces (barracudas, liches, sars, dentis, daurades de grande taille...). En mer, la rade abrite l'un des plus beaux herbiers de posidonies de la région. Cette plante à fleurs n'est pas une algue mais forme sous la surface une vraie prairie sous-marine, abritant plus de 70 espèces de poissons. Sur terre, la faune est aussi protégée, avec entre autre, le puffin de Méditerranée, un oiseau marin nicheur. Mal connu, son comportement est actuellement étudié par les scientifiques. Depuis 2002, Port-Cros, les deux îles voisines, les salins d'Hyères et la presqu'île de Giens font partie du programme européen environnemental « Natura 2000 ».

Parc National de Port-Cros

Logo du Parc national de Port-Cros.

domine le fort du Moulin (dit « le château »). Et la mer, oscillant entre l'émeraude et la turquoise, y est étrangement belle !

Face à l'embarcadère, des panneaux directionnels indiquent les principaux itinéraires de promenade de l'île.

Plage de la Palud★

1h15 AR (sentiers balisés). Monter d'abord au château : belle vue sur l'île de Bagaud. Un **sentier botanique** planté d'espèces méditerranéennes surplombe l'anse de la Palud avant d'arriver à la plage. Il contourne le **fort de l'Estissac**, construit sous Richelieu, qui abrite une exposition présentée par le parc national. ☎ *04 94 01 40 70 - juin-sept. - gratuit.*

Sentier sous-marin★

Des bouées signalent les principaux points d'observation ; plus leur numéro est élevé, plus vous devrez être attentifs. Accompagnement de mi-juin à mi-septembre, tous les jours sauf mauvaise météo. Renseignements au ☎ *04 94 05 90 17.* Promenade originale et mouillée, entre l'îlot du Rascas et la plage de la Palud, dans une zone balisée de bouées jaunes, à 10 m de profondeur au plus. Inutile de pratiquer la plongée, il suffit de savoir nager avec palmes, masque et tuba pour découvrir une grande variété de biotopes typiques de la Méditerranée à ces profondeurs, notamment l'évolution d'un herbier de posidonies *(voir l'Invitation au voyage, chapitre « En direct de la mer »)* et la faune qu'il abrite.

Revenir vers le village en passant entre les forts de l'Éminence et de l'Estissac.

Visite en solo
C'est chose possible, si vous possédez palmes, masque et tuba. La Maison du Parc vend des aquaguides plastifiés, que l'on attache au poignet. Très utile pour reconnaître plantes et animaux.

Vallon de la Solitude★

2h (sentiers balisés). C'est la promenade classique, à faire si l'on dispose d'un peu de temps. À l'entrée du vallon, contourner le « manoir d'Hélène », devenu hôtel. Une ombre épaisse règne sur presque tout le parcours. Le silence et la fraîcheur vous enveloppent alors, tandis qu'un sentiment de plénitude vous envahit...En vue du fort de la Vigie, revenir par le sentier des crêtes (**vues** plongeantes sur la mer) en passant par le mont Vinaigre.

Port-Man★

10 km (route et sentiers balisés, ombragés et peu accidentés). Agréable excursion avec, au col de Port-Man, une jolie **vue** sur l'île du Levant et la côte des Maures. Elle aboutit à la **baie de Port-Man**, magnifique amphithéâtre de verdure. Retour par la pointe de la Galère, la bordure du plateau de la Marma et la plage de la Palud.

Fortin érigé contre les barbaresques, le fort du Petit Langoustier ne sert aujourd'hui qu'à nous faire rêver.

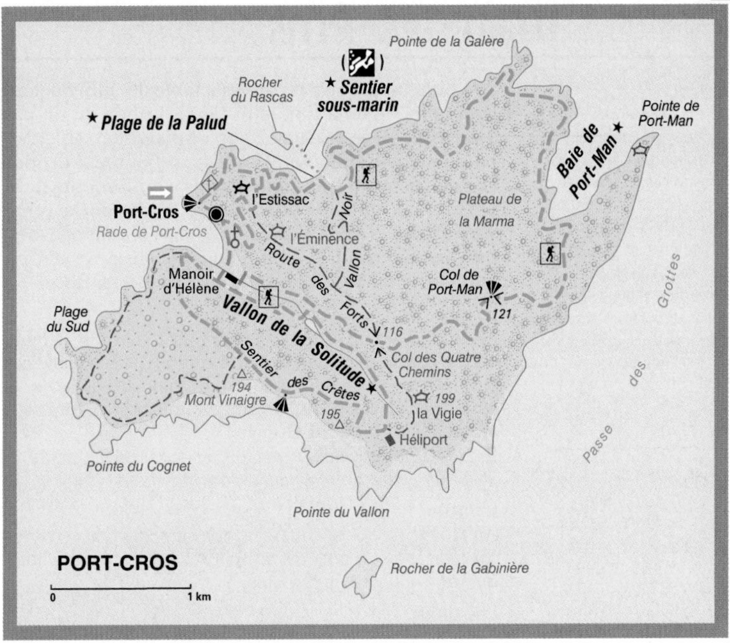

Autres promenades possibles

En pointillé orange sur le schéma. La plage du Sud (sable) et ses impressionnantes falaises, la route des Forts, le Vallon Noir et le col des Quatre Chemins.

LE LEVANT

Voir schéma au massif des Maures. C'est une étroite arête rocheuse (8 km de long sur 1,2 km de large), entourée de falaises inaccessibles avec de prodigieux à-pics, sauf en deux points : les calanques de l'Avis et de l'Estable. On aborde habituellement à l'Ouest, au débarcadère de l'Ayguade, en bas du chemin d'Héliopolis.

Héliopolis

Le village d'Héliopolis et le secteur des Grottes attirent chaque saison estivale une importante clientèle de naturistes *(domaine privé)*. C'est l'un des premiers sites où ont été mis en pratique, en 1931, les principes naturistes des docteurs Durville.

IMPORTANT À SAVOIR
La Marine nationale occupe 90 % de l'île *(zone interdite)*.
Les plages des Grottes et du port de l'Ayguade sont accessibles aux non-naturistes.
Au Nord, chenal réservé aux sports nautiques et zone pour planches à voile.

J. Malburet/MICHELIN

Baie de Port-Man.

Juan-les-Pins

Magique
Les majestueux **pins** parasols participent à la féerie des nuits étoilées du festival et offrent la plus belle scène qui soit. Une foule internationale de connaisseurs se retrouve chaque année pour savourer les rythmes des meilleurs jazzmen du moment.

Son nom est désormais indissociable de celui du jazz. De la pinède où a lieu le festival, il n'y a qu'un pas à faire pour se prélasser sur la plage de sable fin, paradisiaque. Dans cette ambiance fiévreuse de jour comme de nuit, les Anglo-Saxons sont toujours de la partie, eux qui ont créé Juan : le fils de la reine Victoria, puis des Américains, riches Blancs ou Noirs musiciens, firent le renom de cette élégante station balnéaire, entre Golfe-Juan et le cap d'Antibes.

La situation
Carte Michelin Local 341 D6 – Alpes Maritimes (06). Sur une même commune, Juan a rejoint Antibes *(voir ce nom)* par son urbanisme, ainsi que Golfe-Juan, rattaché à la commune de Vallauris. Parkings autour de la gare et sur le boulevard du bord de mer.
51 bd Charles-Guillaumont, 06160 Juan-les-Pins, ☏ 04 92 90 53 05. www.antibes-juanlespins.com

Le nom
Au Moyen Âge, le site marécageux entre ses deux rivières fut appelé *Gou Juan Pourri*. Au 19e s., il n'y avait à Juan que du sable fin et des pins.

Les gens
Les grands du jazz sont tous passés par Juan-les-Pins, qui propulsa certains sur le devant de la scène. Quelques noms de virtuoses parmi tant d'autres : Al Jarreau, Chick Corea, Lionel Hampton, Stan Getz, Ray Charles, Ella Fitzgerald... Aujourd'hui, le festival s'ouvre au rock (Chuck Berry), à la musique brésilienne (Gilberto Gil) et aux musiques afrocubaines, en faisant appel aux fondateurs du fameux *Buena Vista Social Club.*

En juillet 1964, Lionel Hampton fait swinguer le festival de jazz d'Antibes-Juan-les-Pins.

Gonot/PPCM/INA

comprendre

Hot
Directement importés de New York ou de la Nouvelle-Orléans, be-bop, hot, boogie-woogie, free-jazz, ragtime, blues firent leurs premiers adeptes européens à Juan-les-Pins. Tout aussi « hot », le ski nautique que Léo Ramon popularisera en 1925, et la mode des bikinis et des monokinis que lança la station.

La fureur du swing – La grande aventure nocturne et musicale de Juan-les-Pins débute dans les années 1920, lors de l'arrivée des premiers touristes américains. Par leur exubérance, ils révolutionnent les valeurs du séjour balnéaire : on bronze sur les plages, on fait du ski nautique et on écoute une étrange musique composée par les Noirs américains, le jazz. Un magnat, Frank Jay Gould, fonde le premier casino d'été et la jeunesse dorée passe des nuits blanches à danser sur les airs endiablés de Cole Porter, en compagnie de Douglas Fairbanks, Mary Pickford et Mistinguett.

Dès la Libération, les fêtes musicales reprennent grâce à la clientèle de l'US Navy basée sur la Côte. **Sydney Bechet** choisit la station pour y célébrer son mariage, en 1951, dans une ambiance digne du carnaval de La

TRANSPORTS

L'île Sainte-Marguerite – *Bd Charles-Guillaumont - Ponton-Courbet - face à l'Office de tourisme - ☎ 04 93 61 78 84 - www.ilesdelerins.com - avr.-sept : 6 liaisons en saison, 4 en hors saison (traversée 30mn) - 10 € (enf. 5 €). Voir îles de Lérins.*

SE LOGER

Hôtel Les Charmettes – *25 Vieux Chemin de la Colle - ☎ 04 93 61 47 41 - fermé 1er nov.-15 déc. - P - 16 ch. 40/65 € - ☕ 5,80 €.* Ce petit hôtel tranquille s'adresse à tous ceux qui redoutent l'ambiance fiévreuse de la station balnéaire. Chambres un rien étroites, sobres et à l'entretien rigoureux. Plaisante terrasse abritée par des canisses et fleurie de mimosas.

Hôtel La Marjolaine – *15 av. du Dr-Fabre - ☎ 04 93 61 06 60 - hotel marjolaine@hotmail.com - fermé 15 j. en mars et nov. - P - 17 ch. 41,50/72 € - ☕ 4 €.* Une belle promesse de séjour que cette demeure du début du 20e s. aux abords agréablement fleuris. Les chambres climatisées, souvent agrémentées de poutres, ont adopté de chauds coloris ; celle baptisée « Manoir », avec son mobilier provençal d'époque, est la plus réussie.

Hôtel Cécil – *R. Jonnard - ☎ 04 93 61 05 12 - hotelcecil@yahoo.fr - fermé 3 nov. -30 janv. - 21 ch., demi-pension 45/80 € - ☕ 6,20 €.* Cette belle bâtisse régionale, convertie en hôtel depuis 1920, vaut par sa situation au cœur de la ville et à proximité du littoral. Chambres pas très grandes, mais bien tenues et presque toutes climatisées. L'été, les dîners sont servis en terrasse.

Hôtel Ste-Valérie – *R. de l'Oratoire - ☎ 04 93 61 07 15 - saintevalerie@juanlespins.net - fermé 16 oct.-8 avr. - P - 28 ch. 155/350 € - ☕ 20 €.* Au détour d'une rue calme, cet hôtel au coquet jardin jouit d'une agréable quiétude. Toutes ses chambres, rénovées, ont des terrasses ou des balcons qui donnent sur la verdure. En été, petit-déjeuner dans le jardin. Agréable piscine.

SE RESTAURER

Le Capitole – *26 av. de l'Amiral-Courbet - ☎ 04 93 61 22 44 - alainfont@free.com - fermé 15 nov.-15 déc., lun. soir et mar. - 10,80/19 €.* Cette ancienne épicerie a été transformée en une salle de restaurant pimpante et spacieuse ; seules la large vitrine et les étagères d'origine rappellent son passé « commercial ». Carte traditionnelle.

Bijou Plage – *Bd du Littoral - ☎ 04 93 61 39 07 - bijou.plage@free.fr - fermé mar. soir et merc. du 1er nov. au 1er mars - 20/45 €.* Sur la route de Golfe-Juan, ce restaurant de plage tourne à plein régime pendant l'été. Ses prix sont plutôt raisonnables pour la station et sa cuisine, qui met à l'honneur bouillabaisse et produits de la mer, est appétissante. Plage privée et activités nautiques.

L'Amiral – *7 av. de l'Amiral-Courbet - ☎ 04 93 67 34 61 - fermé 8-15 mars, 1er-19 juil., 29 nov.-6 déc. et lun. - 25/35 €.* Voici une petite affaire familiale tout ce qu'il y a de plus sympathique. Décor moderne couleur soleil, tables joliment dressées, service décontracté et surtout honorable cuisine traditionnelle. Le jeudi, jour du couscous, pensez à réserver car l'endroit est bondé. Restaurant exclusivement non-fumeur.

Nounou – *À la plage - 06220 Golfe-Juan - ☎ 04 93 63 71 73 - fermé 12 nov.-25 déc., dim. soir hors sais., mar. en hiver et lun. - 35/58 €.* Pour manger poissons et cuisine régionale en profitant de la vue sur la belle plage de sable fin et la mer, attablez-vous dans l'une des salles ou sur la terrasse de ce restaurant familial. Préférez ses menus, plus intéressants que la carte.

EN SOIRÉE

Le Crystal – *Av. Gallice, carr. de la Joie - ☎ 04 93 61 02 51 - le.crystal@wanadoo.fr - avr.-sept. : tlj sf lun. 8h-4h ; oct.-mars : 8h-2h30 - fermé 15 nov.-20 déc. et lun. sf avr.-sept.* Crée en 1936, cette brasserie familiale fut d'abord une cabane posée au milieu des palmiers. Aujourd'hui entouré de discothèques, du casino et de bars, elle demeure une adresse incontournable de Juan-les-Pins.

SPORTS & LOISIRS

Le Visiobulle – *Bd Charles-Guillaumont -Ponton-Courbet - au centre des plages de Juan-les-Pins, face à l'Office de Tourisme - ☎ 04 93 74 85 42 ou 04 93 67 02 11 - www.visiobulle.com - dép. avr.-juin, sept. : 11h-13h30, 15h-16h30 ; juil.-août : 9h-10h25, 11h50-14h-15h25-16h50-18h15 - fermé oct.-mars.* Grâce à sa coque de verre, ce bateau vous permettra d'observer la faune et la flore (notamment les herbiers de posidonies) des fonds marins du cap d'Antibes. Sur le pont, très belle vue sur la côte, les îles, les phares et les villas cossues dissimulées dans la pinède...

Sports – Parachute ascensionnel, hydravion, ULM, ski nautique, plongée, pêche en mer et planche à voile : se renseigner à l'Office de tourisme.

Nouvelle-Orléans. Ensuite, chaque été, il transformera, accompagné de Claude Luter, Juan-les-Pins en capitale européenne du jazz.

Après sa disparition en 1959, le premier festival de jazz voit le jour, organisé par Jacques Hebey et Jacques Souplet ; la venue d'Amstrong, Count Basie, Duke Ellington, Dizzy Gillespie et Miles Davis lui assure la consécration. Désormais, jazz et Juan ne font plus qu'un.

séjourner

Côté mer, la **Promenade au Soleil** a des allures de Croisette. À l'Est, le **port Gallice** accueille de prestigieux bateaux de plaisance. Côté terre, le haut-lieu de la vie nocturne de Juan se situe entre la **pinède** et le **casino** (baccara et roulette) : du soir au petit matin, l'intensité ne faiblit pas dans ses restaurants, cafés en plein air et boîtes de nuit. Le jour, vous pourrez apprécier l'architecture des villas et hôtels des années 1920-1930 *(dépliant à l'Office de tourisme)*.

SPORTS
Parachute ascensionnel, hydravion, ULM, ski nautique, plongée, pêche en mer et planche à voile : se renseigner à l'Office de tourisme pour les adresses ou les plages privées qui les proposent.

Plages

Celle de Juan n'est qu'une seule et même plage qui s'étend sur 3 km de sable fin, en pente douce et abritée des vents. Plages privées ou publiques s'éparpillent entre le port de Golfe-Juan *(voir Vallauris)* et celui de Juan, la Gallice.

La plus grande étendue de sable fin des Alpes-Maritimes se pare de taches multicolores dès les beaux jours.

D. Pazery/MICHELIN

Parc Exflora

Accès par la N 7 en direction de Golfe-Juan. Autour d'une oliveraie sont déclinés les jardins méditerranéens de l'Antiquité au 19e s. Sur 5 ha vous traverserez notamment une voie romaine, une palmeraie, un labyrinthe, un jardin d'hiver et vous apprécierez l'étang-oasis au pied du belvédère qui réserve un agréable point de vue sur la mer.

circuits

Cap d'Antibes

10 km - environ 2h. Voir Antibes.

Massif de l'Esterel★★★

96 km - 1/2 journée. Voir ce nom.

Massif du Tanneron★

56 km - environ 1h30. Voir ce nom.

Le Lavandou

À l'abri du cap Bénat, c'est une station balnéaire familiale, dite « aux douze sables » : une brochette de plages de toutes tailles, situées au Lavandou ou sur les communes voisines (Pramousquier, Cavalière). Le port, premier du Var pour la pêche jusque dans les années 1930, accueille aujourd'hui les plaisanciers.

La situation

Carte Michelin Local 340 N7 - Schéma p. 246 - Var (83). Sur la corniche des Maures *(voir massif des Maures)*, à l'Est de Bormes-les-Mimosas *(voir ce nom)*. Le centre-ville donne sur le port, mais les résidences de vacances, presque

TRANSPORT

Vedettes Îles d'Or – *Vedettes Îles d'Or – Gare maritime* - ☎ 04 94 71 01 02 - *www.vedettesilesdor.com* - Cap sur les îles : ces vedettes desservent Port-Cros et le Levant toute l'année, et Porquerolles d'avril à septembre. Des minicroisières sont également proposées.

S. Sauvignier/MICHELIN

SE LOGER

◎◎◎ **Hôtel Les Alcyons** – *À Aiguebelle* - *4,5 km du Lavandou* - ☎ 04 94 05 84 18 - *alcyons@beausoleil-alcyons.com* - *fermé 16 oct.-2 avr.* - ⊡ - 24 ch. 92/135 € - ⊆ 7,50 €. Sympathique hôtel familial situé au bord de la route, mais à 20 m de la plage. Cet emplacement vous permettra de profiter des plaisirs de la mer. Sobres chambres égayées de chaleureuses couleurs ; toutes bénéficient d'une terrasse et de la climatisation.

◎◎◎ **Roc Hôtel** – *À St-Clair - 2 km du Lavandou* - ☎ 04 94 01 33 66 - *roc_hotel@wanadoo.fr* - *fermé 24 oct.-26 mars* - ⊡ - 29 ch. 99/152 € - ⊆ 7,50 €. Sur la plage de sable fin de Saint-Clair, cet hôtel ocre a vraiment les pieds dans l'eau. Ses chambres claires et de bon confort ouvrent pour la plupart sur la mer ; toutes possèdent un balcon ou une terrasse. Petit-déjeuner servi sur la terrasse en été.

SE RESTAURER

◎ **Hélios Plage** – *Av. du Gén.-Bouvet, puis accès piéton par passerelle* - ☎ 04 94 71 49 79 - *fermé de mi-nov. au 1ᵉʳ avr. et le soir sf mar. du 15 juin au 15 sept.* - ⊭ - 15/40 €. Pour profiter de la plage, de la vue sur la grande bleue et l'île du Levant, installez-vous sur le sable ou dans ce joli cabanon aux boiseries blanches et bleues. Vous aurez le choix entre les salades, les pâtes ou le plat du jour avant de vous consacrer à la sieste...

◎ **Chez Zète** – *41 av. du Gén.-de-Gaulle* - ☎ 04 94 71 09 11 - *fermé déc., dim. soir (sf juil.-août) et lun.* - 15,50/21 €. Dans la rue commerçante de la station, ce restaurant connaît un vrai succès toute l'année avec des habitués qui apprécient la simplicité du lieu, la cuisine provençale et la terrasse ombragée sur l'arrière de la maison. Toutes les salles sont climatisées.

◎◎ **L'Auberge Provençale** – *11 r. Patron-Ravello* - ☎ 04 94 71 00 44 – *aubergeproven83@aol.com* - *fermé 10 janv.-1ᵉʳ fév., 25 nov.-15 déc.* – 22/35 € - 12 ch. 30/70 € - ⊆ 6 €. Dans une ruelle piétonne de la station balnéaire, auberge entièrement vouée à la Provence : cuisine régionale, à l'instar du cadre agrémenté d'une vis de pressoir à huile d'olive et de nappes aux couleurs du Midi.

EN SOIRÉE

Théâtre de Verdure-Cinéma plein air – *Av. du Grand-Jardin* - ☎ 04 94 00 41 71 - *juil.-août : selon calendrier des spectacles - fermé sept.-juin.* Situé en extérieur, ce théâtre de plein air présente des spectacles de variétés, des concerts de musique classique, des pièces de théâtre.

QUE RAPPORTER

Marchés – Marchés provençaux : jeudi matin (toute l'année) av. du Prés.-Vincent-Auriol et lundi matin (juin-sept.) à Cavalière. Marché aux puces : dimanche toute la journée (toute l'année).

Domaine de l'Anglade – *Av. du Prés.-Vincent-Auriol* - ☎ 04 94 71 10 89 - *www.domainedelanglade.fr* - *juil.-août : tlj sf dim. apr.-midi en juil.-août 9h-12h30, 16h30-19h30 ; sept.-juin : tlj sf dim. et lun. 9h-12h, 17h-19h.* Ce beau domaine viticole est situé dans la ville même du Lavandou. Il produit des vins rouges, blancs, rosés et du vinaigre. Vente et dégustation sur place.

SPORTS & LOISIRS

Hoëdic – *Port du Lavandou* - ☎ 06 09 37 30 62 - *bateauhœdic@clubinternet.fr* - *juin-sept.* Excursion à bord du *Hoëdic*, charmant voilier quinquagénaire. Canoë, simple baignade ou évasion sous-marine en apnée sont au programme... sans oublier le buffet froid pour rassasier les marins d'un jour.

Seascope – *Gare maritime* - ☎ 04 94 71 01 02 - *www.vedettesilesdor.fr* - *tte l'année suivant visibilité* - 11,70 € (enf. 9,20 €). Grâce à la coque transparente du Seascope, vous pourrez explorer les fonds marins, la faune rocheuse, les dorades, les loups, les mulets et autres poissons de Méditerranée.

C. I. P. du Lavandou – *Quai Gabriel-Péri* - ☎ 04 94 15 13 09 - *www.cip-lavandou.com*. Plongée sur « Le Grec » ou sur « Le Donator », deux épaves à découvrir entre Le Lavandou et Port-Cros grâce à ce club de plongée où règne une ambiance conviviale.

Lavandou Plongée – *Aire de carénage - nouveau port* - ☎ 04 94 71 83 65 - *www.lavandou-plongee.com* - *déc. à mars uniquement sur réserv., tlj 8h15-12h30, 14h15-18h30.* Outre des stages de tous niveaux (du baptême au brevet), ce club de plongée convie les participants à la découverte des superbes sites du Parc national de Port-Cros ou à l'exploration d'épaves.

École de voile de Cavalière – *Av. du Cap-Nègre, plage de la Cavalière - ☎ 04 94 05 86 78 - raid22@free.fr - avr.-oct. : 9h-18h.* Cette école organise des stages de voile et loue des bateaux (optimist, catamaran, dériveur, quillard) et des planches à voile. Sur la même plage, vous pouvez aussi vous essayer au ski nautique, au surf, au parachute ascensionnel ou encore aux bouées tamponneuses.

Capitainerie du port international du Lavandou – *☎ 04 94 00 41 10 - secretariat@capitainerie-lelavandou.fr - été : 7h30-20h30 ; hiver : 8h-12h, 14h-18h.* Port de plaisance et de pêche au gros, il compte 1 060 places ; les 3/4 d'entre elles sont louées en permanence. 100 places disponibles en juillet-août pour les bateaux de passage.

toutes rassemblées au Sud-Ouest de l'agglomération, ouvrent sur les équipements sportifs et de loisirs, ainsi que sur les plages.

Quai Gabriel-Péri, 83980 Le Lavandou, ☎ 04 94 00 40 50. À Cavalière : La Rotonde, av. du Golf, ☎ 04 94 05 80 50, 83980 Le Lavandou. www.lelavandou.com

Le nom
Rien à voir avec la lavande. Il viendrait du provençal *lavadou*, un « lavoir » utilisé au 18e s. sur la rivière du Batailler.

Les gens
5 449 Lavandourains. Un compositeur oublié, **Ernest Reyer**, a lancé la station où il s'est éteint en 1909. Son buste trône sur la place Reyer et snobe les joueurs de boules.

Les lavandières ont disparu, mais le port a gardé tout son caractère provençal.

B. Kaufmann/MICHELIN

séjourner

À SAVOIR
Bronzage intégral à la plage du Rossignol ; naturisme au Layet.

Plages
Toutes de sable, parfois de belle qualité, surveillées et équipées de bornes d'appel d'urgence. Activités sportives et confort *(sanitaires et douches)* varient selon les sites : Lavandou-centre ; Saint-Clair (planche à voile), la Fossette (canoë-kayak) et Aiguebelle, entre des côtes rocheuses ; Jean-Blanc, l'Éléphant et Cap-Nègre, petites criques sauvages d'accès moins aisé.

Îles d'Hyères★★★
Accès : voir la rubrique « Transports » dans le carnet pratique. À la découverte des îles de Porquerolles, de Port-Cros et du Levant. *Voir ce nom.*

Îles de Lérins★★

Quoi de plus agréable que de s'échapper de la Côte agitée pour se ressourcer délicieusement dans des îlots de verdure ? La courte traversée offre une place de choix pour admirer la vue, du cap Roux au cap d'Antibes. L'île boisée de Ste-Marguerite procure un vrai dépaysement. Son fort ainsi que le monastère de l'île St-Honorat témoignent d'une histoire déterminante pour la destinée de Cannes.

La situation

Carte Michelin Local 341 D6 – Alpes-Maritimes (06). Vous pouvez vous y rendre en vedette depuis Cannes *(voir « carnet pratique »)* ou depuis Juan-les-Pins *(voir ce nom)*, ou en voilier, et jeter l'ancre dans une crique.

Palais des Festivals, 1 bd de la Croisette, 06400 Cannes, ☎ 04 93 39 24 53 - Aile Est de la gare SNCF, Cannes, ☎ 04 93 99 19 77. www.cannes-on-line.com

Le nom

Selon le géographe Strabon, Lero serait un dieu ligure vénéré sur l'île Ste-Marguerite. Et Lérina, sa petite sœur ? ▶ Saint Honorat étant passé par là, elle est devenue la liqueur des moines.

AMOUR FRATERNEL

Quand Honorat fonda son monastère, l'île fut interdite aux femmes. Sa sœur Marguerite, voulant rester proche de lui, aurait fondé son propre couvent dans l'île voisine... mais n'y interdit pas les hommes ! Elle put ainsi voir son frère régulièrement.

Les gens

Les heureux résidents de l'île Ste-Marguerite sont le garde-forestier, le propriétaire du domaine privé du « Grand Jardin » et l'équipe du Centre d'animation du Fort-Royal. Quant à la communauté religieuse de l'île St-Honorat, elle compte une trentaine de moines.

carnet pratique

TRANSPORTS

Pour l'île Ste-Marguerite – *Cie Estérel Côte d'Azur - Quai St-Pierre - Quai des Îles - ☎ 04 93 68 60 94. Service régulier de navettes au départ de Cannes 10 € (5 - 10 ans 5 €). Tous les jours, toutes les heures, île Sainte Marguerite 10 €. Corniche d'Or le long des calanques de l'Estérel 15 €. Excursions à St-Tropez et Monaco, avr.-oct., plusieurs fois par semaine 30 € (5-10 ans 15 €).*

Cie Trans Côte d'Azur – *Quai des Îles - Cannes - ☎ 04 92 98 71 30 - www.trans-cote-azur.com - tlj île Ste-Marguerite 4 à 8 dép. selon sais. Juin-sept. : excursions Corniche d'Or, St-Tropez (Monaco, San Remo et Porquerolles en juil.-août).*

Pour l'île St-Honorat – *Société Planaria - Abbaye de Lérins - Île St-Honorat - ☎ 04 92 98 71 38. Navette au dép. de Cannes (Quai Laubœuf) ttes les h. : 8h-12h, 14h-16h30 (mai-sept. : ttes les h. sf 13h, retour 18h ; hiver : pas de bateau à 11h). 10 € AR (-10 ans 5 €).*

VISITE

Île Ste-Marguerite – Pas d'hôtels mais seulement des restaurants et cafés. Dans l'île, le visiteur trouvera de nombreux points d'eau mais en haute sais., il est conseillé d'apporter ses provisions et ses boissons pour la journée. Les vélos sont interdits.

Île St-Honorat – Entièrement occupée par un monastère cistercien, elle ne dispose pas de restaurants *(sandwichs à l'embarcadère d'avr. à oct.)*. Les points d'eau sont rares et la distribution peut être réglementée en été. Une tenue correcte est demandée. Les vélos sont interdits.

SE RESTAURER

⊖⊖ **L'Escale** – *06400 Ste-Marguerite (île) - ☎ 04 93 43 49 25 - fermé déc. et le soir de sept. à juin - 27 €.* La baie de Cannes, le cap d'Antibes et les sommets alpins en toile de fond, une longue terrasse qui s'étale agréablement au bord de l'eau. Voilà un site enchanteur pour se restaurer lors de la visite de l'île. Formule buffet et retour de pêche à la carte.

FAIRE UNE PAUSE

Boutique de l'Abbaye de Lérins – *Île St-Honorat - À la gare maritime - 06400 St-Honorat (île) - ☎ 04 92 99 54 30 - www.abbayedelerins.com - tlj 10h10-12h15, 14h-17h - fermé 8 nov.-8 déc.* Dans cette boutique, vous pourrez acheter des livres et de nombreux produits fabriqués sur place ou provenant d'autres abbayes : vin, lavandin, miel, ainsi que la célèbre liqueur Lérina concoctée à partir de 45 plantes aromatiques...

comprendre

Ste-Marguerite, l'île antique – L'île est mentionnée dès l'Antiquité par les historiens. Pline parlait d'une cité romaine comprenant un port. De fait, les fouilles entreprises autour du fort Royal ont révélé d'importants vestiges : maisons, peintures murales, mosaïques, céramiques datées du 3e s. avant J.-C. au 1er s. de notre ère. En outre, les fondations d'un port et les épaves découvertes à l'Ouest de l'île semblent prouver que les navires romains faisaient escale à Lero.

St-Honorat, l'île religieuse – À la fin du 4e s., saint Honorat se fixe dans la plus petite des deux îles, Lérina, mais sa retraite est vite connue et les disciples accourent. Se résignant à ne pas vivre seul, le saint fonde un monastère qui comptera parmi les plus illustres de la chrétienté. Les pèlerins s'y rendent en foule ; ils font, pieds nus, le tour de l'île. De nombreux fidèles de France et d'Italie se font enterrer dans le monastère qui anime 60 prieurés. En 660, saint Aygulph y introduit la règle bénédictine.
Les incursions des Sarrasins, des corsaires génois, les attaques espagnoles, les garnisons placées dans l'île ne sont guère favorables à la vie monastique. En 1788, il ne reste plus que 4 religieux et le couvent est fermé. Confisqué pendant la Révolution, il est vendu.

Résurrection
Le monastère, racheté par l'évêché de Grasse, est rendu au culte en 1859. Depuis 1869, il appartient aux moines de la congrégation cistercienne de l'Immaculée Conception.

L'énigme du « Masque de Fer » : serait-ce le frère adultérin de Louis XIV, ou un secrétaire du duc de Mantoue qui aurait trompé le Roi-Soleil, ou encore un dévoyé de la haute noblesse impliqué dans l'affaire des Poisons ? Ou enfin, le gendre du médecin d'Anne d'Autriche qui aurait ébruité un secret d'État : la stérilité de Louis XIII !

ROGER VIOLLET

découvrir

ÎLE SAINTE-MARGUERITE★★

Visite : 2h. La plus proche et la plus étendue des deux îles avec ses 3 km de long et 900 m de large. L'île (réserve biologique) est en majeure partie boisée d'admirables bois d'eucalyptus et de pins qui parfument de grandes allées.

Forêt

Partout, la forêt est un enchantement. Depuis l'embarcadère, le **chemin botanique** dans les sous-bois vous conduit jusqu'au fort, d'espèce en espèce méditerranéennes. Ensuite, l'allée des Eucalyptus – ils sont géants – traverse l'île du Nord au Sud. Là, vous pourrez contempler l'île St-Honorat aux allures plus civilisées avec son clocher et son abbaye. L'allée Ste-Marguerite vous ramène à l'embarcadère.

2h environ. Il est possible de faire le tour complet de l'île par le chemin de ceinture. La côte est souvent assez abrupte, mais plusieurs criques autorisent la baignade.

Fort Royal

☏ 04 93 38 55 26 - avr.-sept. : tlj sf lun. 10h30-13h15, 14h15-17h45 ; reste de l'année : tlj sf lun. 10h30-13h15, 14h15-16h45 - fermé 1er janv., 1er Mai, 1er et 11 Nov., 25 déc. - 3 €, gratuit 1er dim. du mois.

Visiteurs malgré eux

En 1687, le château fort de Ste-Marguerite est prison d'État quand un mystérieux personnage y est enfermé. Son identité n'a toujours pas été établie. Ce dont on est sûr, c'est qu'il meurt en 1703 à la Bastille. Mais le feuilleton continue : d'une compagne du **Masque de Fer** serait né un fils, aussitôt éloigné en Corse. Remis de bonne part (*di buona parte*, en italien) à des gens de confiance, cet enfant sans nom aurait logiquement été appelé Buonaparte. Ce serait l'ancêtre de Napoléon !
Le **maréchal Bazaine** (1811-1888), accusé de trahison pendant la guerre franco-allemande de 1870, est le second illustre prisonnier. Il est célèbre pour s'être s'évadé un an après sa détention au moyen d'une corde le long des rochers. Le doute plane sur l'évasion sportive de Bazaine, alors âgé de 63 ans et obèse. Selon une version officieuse, il serait sorti par la grande porte en achetant ses gardiens et en se faisant passer pour une forte commère. Toujours est-il qu'il a fini tranquillement ses jours en Espagne.

Bâti par Richelieu, il a été renforcé par Vauban en 1712. On entre par une porte monumentale, à l'Ouest. Par la gauche, on arrive au bâtiment, plutôt confortable, occupé par Bazaine pendant sa détention ; depuis la terrasse, la **vue★** s'étend largement sur la côte toute proche. En passant derrière le logement de Bazaine, on aboutit aux bâtiments mitoyens des prisons et de l'ancien château qui abrite à présent le musée de la Mer.

Prisons – Jusqu'au 19e s., le couloir desservant les cellules ouvrait directement sur la cour ; à présent, une porte située dans la salle d'entrée de l'ancien château permet d'y accéder. À droite se trouve la cellule du Masque de Fer. Divers documents sur la Réforme ▶ protestante, les guerres de Religion, l'édit de Nantes et sa révocation sont présentés dans la salle du mémorial.

Histoire
Le **mémorial huguenot** rappelle que six pasteurs protestants, condamnés au secret absolu, furent incarcérés ici *(cellules de gauche)* après la révocation de l'édit de Nantes (1685).

Musée de la Mer – Dans la citerne romaine restée intacte sont exposées les découvertes archéologiques faites dans le fort et autour de l'île : épave romaine du 1er s. avant J.-C., épave sarrasine du 10e s. À l'étage, les riches cargaisons que transportaient les navires échoués attirent l'œil : belle collection d'amphores, verres et céramiques romaines, céramiques arabes au décor raffiné... Présentation de fragments de peintures murales retrouvées lors des fouilles sur l'île.

ÎLE SAINT-HONORAT★★

Moitié plus petite que Ste-Marguerite, sa popularité est également moins grande. L'île est un domaine privé appartenant au monastère. Une partie est cultivée par les moines. Le reste est couvert par une belle forêt de pins, d'eucalyptus et de cyprès. On peut toutefois se promener et se baigner librement, notamment entre les deux îles, dans l'étroit chenal dit « plateau du Milieu ».

Tour de l'île★★

Partant de l'embarcadère, un joli chemin ombragé permet de faire le tour de l'île. Tantôt se rapprochant de la mer, tantôt s'en éloignant, il donne des aperçus très

Un imbroglio juridique

Les moines de Saint-Honorat, propriétaires du monastère, se sont vus accorder en 1989 une concession du domaine public, à charge pour eux d'entretenir les pontons permettant aux navires d'accéder à l'île. Or, jugeant que l'accès de nombreux visiteurs en été troublait la spiritualité des lieux, et arguant d'un édit signé en 1178 par le comte de Provence Raymond Béranger, ils n'ont laissé en état de marche qu'un seul des pontons, celui desservi par leur propre compagnie maritime, au grand dam de la concurrence. Depuis lors, juristes et avocats se plongent dans les vieux grimoires à la recherche du texte qui confirmerait ou infirmerait la position des moines, selon qui, du fait du legs de la Provence à Louis XI, l'État français est tenu, en tant qu'héritier, de respecter les dispositions testamentaires de Charles d'Anjou.

C. Moirenc/PHOTONONSTOP

Le monastère de l'Île St-Honorat occupe la partie Sud de l'île, le reste est cultivé par les moines.

variés sur l'île elle-même, ses cultures, ses nombreuses essences, ses belles allées boisées, ainsi que sur l'île Ste-Marguerite et le continent.

Ancien monastère fortifié★

☎ 04 92 99 54 00 - www.abbayedelerins.com - 1er juil.-20 sept. : 10h30-12h30, 14h30-17h, dim. 14h30-17h (les 11 juil., 15 et 20 août : h. du dim.) ; reste de l'année : 9h-17h - fermé 3 mardis en juil. et août (« Mardis de Lérins ») - saison 2,50 € ; gratuit reste de l'année.

ADMIRER
La **vue★★** depuis le sommet du vieux donjon garni de créneaux et de mâchicoulis du 15e s. : elle s'étend sur les îles de Lérins et la côte avec, à l'arrière-plan, les cimes souvent enneigées de la chaîne alpine.

Ce remarquable édifice, dont les murs baignent dans la mer sur trois côtés et dont la silhouette altière s'aperçoit de loin, est situé sur une pointe avancée de la côte Sud. On l'appelle aussi « donjon » ou « château ». Il fut élevé en 1073 par Aldebert, abbé de Lérins, sur des soubassements gallo-romains, pour mettre les moines à l'abri des pirates.

Un escalier de pierre remplace l'échelle qui donnait accès à la porte, à 4 m du sol. En face de l'entrée, un escalier mène au cellier. À gauche, quelques marches conduisent au 1er étage où se trouve le **cloître** dont les arcades ogivales et les voûtes datent des 14e et 17e s. (l'une des colonnes est une borne milliaire romaine).

Il entoure une cour carrée recouvrant une citerne d'origine romaine, dallée de marbre, destinée à recevoir les eaux de pluie. La galerie supérieure, à colonnettes de marbre blanc, conduit à la chapelle de la Ste-Croix, haute salle voûtée d'ogives appelée encore « le saint des saints » en raison des nombreuses reliques qu'elle renfermait.

B. Kaufmann/MICHELIN

L'ancien monastère fortifié de St-Honorat : idéal pour protéger les moines des convoitises des pirates.

Monastère moderne

On accède uniquement à l'église. ☎ 04 92 99 54 00 - www.abbayedelerins.com - 8h45-11h15, 14h-17h30, dim. et j. fériés 8h45-9h30, 11h30-12h25, 14h-14h30, 15h-17h30 - gratuit.

Les constructions du 19e s. encadrent les anciens bâtiments occupés par les moines (certaines parties remontent aux 11e et 12e s.).

Église – L'église abbatiale fut construite au 19e s. en style néoroman. Dans le croisillon gauche subsiste une chapelle des morts datant du 11e s. Les **offices religieux**, ouverts au public, offrent une très belle liturgie, chantée en français sur des modes byzantins. *11h25, j. de fête 11h, dim. et solennités 9h50.*

Chapelles

Sept chapelles réparties dans l'île complétaient le monastère ; elles étaient destinées aux anachorètes. Deux d'entre elles ont gardé leur physionomie ancienne.

La Trinité – À la pointe Est de l'île, la chapelle de la Trinité, restaurée par J. Formigé, est antérieure au 11e s. D'inspiration byzantine (ce qui la fait dater par certains du 5e s.), elle est bâtie sur un plan tréflé avec une coupole ovale sur pendentifs.

St-Sauveur – Située au Nord-Ouest de l'île, la chapelle St-Sauveur est aussi ancienne que la précédente mais de plan octogonal. Elle a été restaurée au 17e s. et de nos jours.

Levens

Perchées à environ 600 m d'altitude, les ruelles du village médiéval de Levens invitent à une promenade scandée de vieilles maisons (dont celle de la famille Masséna, de 1722) et de fontaines murmurantes. Une halte agréable au milieu des terrasses.

La situation

Carte Michelin Local 341 E4 - Schéma p. 308 - Alpes-Maritimes (06). À 19 km au Nord de Nice par la D 19. Pour se garer, suivre la direction Levens-centre, toujours à gauche en montant ; parking municipal étagé sur trois niveaux. Un escalier conduit au centre-ville. Pour les jours de canicule : piscine à ciel ouvert au sommet du village...

3, placette Paul-Olivier, 06670 Levens, ☎ 04 93 79 71 00.

Le nom

Il serait issu d'un terme celtique : *vens*, « cours d'eau », ou *ven*, « montagne ».

Les gens

3 700 Levençois. En 1621, leurs ancêtres, fatigués de payer l'impôt au seigneur Grimaldi, détruisirent le château. Depuis, à la St-Antonin, tout le village saute par-dessus le **« boutau »**, une pierre symbole du pouvoir féodal défait. On trouve cette pierre enchâssée sur la place de la Liberté.

J.-P. Augier/

Les enseignes de Levens sont l'œuvre du sculpteur Jean-Pierre Augier.

se promener

Village

Sur la place de la République s'ouvre la **chapelle des Pénitents-Blancs** : façade baroque incurvée et intérieur ovale, coloré par les marbres en trompe l'œil de l'autel. La **chapelle des Pénitents-Noirs**, rue du Dr-Faraud, mérite qu'on s'y attarde pour ses belles œuvres d'art, notamment dans la crypte.

Remonter la rue Masséna.

Adossée à l'une des portes médiévales, la **maison du Portal** expose les sculptures de Jean-Pierre Augier et accueille des expositions temporaires ainsi que des animations culturelles. *☎ 04 93 79 85 84 - de déb. juil. à déb. sept. : 10h-12h, 14h30-18h30 ; reste de l'année : w.-end et j. fériés 14h30-17h30 - fermé 1er janv. et 25 déc. - gratuit.*

On atteint la place de la Liberté. Un passage voûté mène à l'église, très restaurée à l'extérieur et à l'intérieur. À gauche, un chemin contourne le village jusqu'au sommet. De là, **vue★** sereine et grandiose sur le cadre de montagnes, du Cheiron au Mercantour, et, en bas, sur le confluent du Var et de la Vésubie.

alentours

Duranus

8 km au Nord de Levens par la D 19.

La route en corniche regarde de haut les gorges de la Vésubie *(voir vallée de la Vésubie)*, mais est elle-même dominée, au loin, par la Madone d'Utelle *(à gauche)*. Le village, dispersé parmi les vignes et les vergers, a été fondé au 17e s. par les habitants du village de Rocca-Sparviéro dont il ne subsiste que des ruines au col St-Michel.

INFORMATIONS

Pour découvrir le canton de Levens, rendez-vous à la Maison du Tourisme du « Canton aux 10 Sourires ». *RN 202, La Manda, 06670 Colomars,* ☎ 04 93 08 76 31. *www.canton-de-levens.com*

Saut des Français★★

Peu après la sortie de Duranus. Point d'information : documentation et vente de produits artisanaux (juil.-août 10h30-18h30).

À-pic d'une profondeur vertigineuse, d'autant plus impressionnant que, dit-on, des « barbets » (sorte de chouans du comté de Nice) y précipitèrent des soldats républicains en 1793. C'est de cette triste histoire que vient le nom du belvédère !

Lorgues

Lorgues est une jolie cité médiévale, au cœur d'une région de vignes et d'oliviers. La ville a toujours bénéficié d'une atmosphère paisible : température clémente, relative autonomie au Moyen Âge, modération politique au 19e s. Rien d'étonnant alors si « à Lorgues, on vit vieux et content », comme l'affirme le dicton.

Chers platanes
Ceux de Lorgues ont été plantés en 1835. Dans tout le Midi, ces témoins immobiles des parties de pétanque, parfois bruissants lors d'une saute de vent, sont hélas abattus et remplacés par micocouliers, acacias, arbres de Judée et marronniers. La faute au chancre coloré, épidémie venue des États-Unis en 1944 avec les caisses de munitions fabriquées en platane.

La situation

Carte Michelin Local 340 N5 - Var (83). À 13 km au Sud-Ouest de Draguignan *(voir ce nom)* par la D 557, puis la D 562. Au centre, la cité médiévale, que longe la principale rue commerçante. Le quartier Sud, autour de la collégiale, apparut entre Renaissance et Révolution. Les nombreuses écoles (tradition héritée des ordres enseignants) occupent l'Ouest, bâti au début du 20e s.

Pl. d'Antrechaux, 83510 Lorgues, ☎ 04 94 73 92 37.

Le nom

Dérivé du domaine gallo-romain d'un certain *Lonicus*, cité sur des documents de 986.

Les gens

7 319 Lorguais. La ville eut deux co-seigneurs, le comte de Provence et l'abbé du Thoronet. Leur rivalité faisait le bonheur des Lorguais.

La place Clemenceau et sa fontaine de la Noix, centre animé de Lorgues, conserve son caractère provençal.

D. Pazery/MICHELIN

se promener

Vieille ville

Demander à l'Office de tourisme le circuit balisé du vieux Lorgues. Plaques sur les monuments intéressants.

Plaisante promenade dans un dédale de ruelles, ponctué de fontaines, beffroi, tours et portes fortifiées (12e s.), le tout en terrain (presque) plat.

Glouglou
La rue de la Bourgade conduit à la **Font-Couverte**, du 13e s. qui recueille les eaux de la nappe phréatique.

carnet pratique

Se loger

Les Pins – 3630 rte de St-Antonin - ☎ 04 94 73 91 97 - fermé 15 nov.-15 mars - (dîner seul.) - 5 ch. 42/58 € . Cette grande villa ombragée de pins plagie un peu l'architecture d'un mas et jouxte une parcelle de vigne. Trois suites dotées d'une terrasse côtoyant la piscine ont pris place dans l'annexe. Les deux autres chambres, plus simples mais tout aussi bien tenues, occupent le corps de logis et adoptent le même « look » provençal. Une attention particulière est réservée aux enfants.

La Bergerie du Moulin – *Chemin du Vieux-Moulin - 83460 Taradeau - 6 km des Arcs-sur-Argens par la D 10 - ☎ 04 94 99 91 51 - www.bergeriedumoulin.com - 2 sem. en janv. - - réserv. obligatoire - 6 ch. dont une suite 70/105 € - repas 35/40 €.* Bâtisse campagnarde embusquée dans un petit village tranquille. Ravissante façade tapissée de végétation, belles chambres personnalisées d'esprit provençal, adorable salon extérieur côtoyant la tonnelle, sous laquelle il fait bon s'attabler en été. Piscine et spa-jacuzzi. Accueil charmant.

Se restaurer

Le Chrissandier – *18 cours de la République - ☎ 04 94 67 67 15 - christophechabredier@wanadoo.fr - fermé mar. soir et merc. - 15/45 €.* Situé au centre de la jolie cité médiévale, restaurant fréquenté par une clientèle d'habitués à midi, davantage par les touristes le soir, en période estivale. Cadre d'esprit rustique flambant neuf. Le menu, élaboré en fonction du marché, change quotidiennement.

La Main à la Pâte – *R. Vieille-Commune - ☎ 04 94 73 73 73 - fermé du 15 janv. à fin fév., merc. et le soir en sem. - 12 € déj. - 15 €.* Un ancien moulin à huile (1770) prête ses murs à ce petit restaurant italien que vous débusquerez dans le centre de Lorgues. Charmante salle voûtée dont les murs s'égayent de patines d'esprit toscan ; mobilier et mise en place simples. Carte succincte, plats du jour inscrits à l'ardoise et menu à bon prix servi le midi.

Que rapporter

Marché – Mardi

Foires thématiques à Taradeau – 3e dimanche de novembre.

Domaine de l'Estello – *Rte de Carcès - ☎ 04 94 73 22 22 - www.lestello.com - tlj sf dim. 9h-12h30, 14h-18h, sam. 10h-12h30, 15h-18h (19h en été) ; dim. en été - fermé j. fériés.* Ce petit domaine (22 ha de vignes) élabore d'excellents Côtes de Provence rouges, rosés et blancs AOC. La cuvée Sextant d'or 2004 rosé a ainsi reçu la médaille de bronze au Concours général agricole 2005 et la cuvée Sextant d'or 2002 rouge la médaille d'argent au Concours général européen 2004. Caveau de dégustation.

Vin – Une bonne douzaine de domaines viticoles gravitent autour de Lorgues : vente directe et dégustation de côtes-de-Provence et vins de pays du Var et d'Argens. Certains domaines se visitent ou proposent des chambres d'hôte. *Se renseigner à l'office de tourisme.*

Sports & Loisirs

Appaloosa Ranch – *28 Hameau de Châteaurenard - ☎ 04 94 73 74 92.* Randonnées équestres.

Par la rue de l'église, on arrive devant la **collégiale St-Martin**, imposante église en pierre blanche, construite au 18e s. par Fleury, évêque de Fréjus et futur ministre de Louis XV. Remarquable orgue. *☎ 04 94 73 92 37 - 9h-18h - possibilité de visite guidée sur demande à l'Office de tourisme.*

alentours

Ermitage de St-Ferréol

1 km. Accès par une petite route signalée au Nord-Est de la ville, à l'angle de la chapelle St-François. Mêmes conditions de visite que la Chapelle Notre-Dame de Benva. Chapelle au sommet d'une petite éminence dans une agréable forêt. Vestiges d'oppidum antique.

Chapelle Notre-Dame-de-Benva

3 km au Nord-Ouest, route de St-Antonin. ☎ 04 94 73 92 37 - juil.-sept. : jeu. 10h-12h, 15h-17h ; hors sais. : sur demande préalable à l'Office de tourisme.

Le porche de la chapelle, dont le nom dérive du provençal *ben vaï* (« bon voyage »), est construit à cheval sur l'ancienne route d'Entrecasteaux, une façon comme une autre de s'imposer aux passants. Sur le porche et à l'intérieur, fresques naïves du 15e s.

LÀ-HAUT
Poursuivez sur la D 73 (environ 1 km) jusqu'au chemin caillouteux à droite signalant « table d'orientation 800 m ».
Ça grimpe un peu en début de parcours, mais le coup d'œil vaut l'effort : **vue★** circulaire sur Lorgues, la trouée des Arcs, les plans de Provence et les Préalpes de Grasse, l'Esterel et les Maures.

Monastère orthodoxe St-Michel

8 km au Nord par la D 10. ☎ 04 94 73 75 75 ou 04 94 67 64 64 - 10h-17h.

Communauté dépendant de l'église orthodoxe française. Bâtiments récents en pierre de taille, d'inspiration byzantine. L'église, la crypte et le réfectoire sont ornés de fresques dans les styles roman et byzantin. La chapelle en bois est la réplique miniature de la cathédrale de Souzdal (Russie).

Taradeau

9 km au Sud-Est par la D 10. Arrivé dans ce paisible village, prenez la direction de Flayosc (D 73). Au sommet de la butte qui domine le village, se trouvent la tour « sarrasine » de Taradel et une chapelle romane restaurée.

Abbaye du Thoronet★★

13 km au Sud-Ouest. Quitter Lorgues par la route de Carcès (D 562), puis, à gauche, la D 17. Celle-ci débouche sur la D 79 qu'on prend à droite. Voir ce nom.

Vallée du Loup★★

Le Loup naît vers 1 300 m d'altitude dans les Préalpes calcaires de Grasse (montagne de l'Audibergue). Dans son court trajet jusqu'à la Méditerranée, le torrent a taillé dans la montagne l'une des plus belles gorges de la haute Provence, parsemée de jolis bourgs perchés.

La situation

Carte Michelin Local 341 C/D 5/6 – Alpes-Maritimes (06). En remontant le cours, on traverse le pays de l'olivier puis celui de la neige, en passant par celui de l'oranger. Nous décrivons ici les circuits au départ de **Vence** *(voir ce nom)* vers les vallées supérieures et inférieures du Loup.

Le nom

Loup dérive de *luva* en latin qui signifie « rivière », à moins qu'il ne dérive de *lupa*, « loup » ?

circuits

B. Kaufmann/MICHELIN

Chaos de rochers et gorges vertigineuses : une vision peu courante des gorges du Loup.

LES GORGES DU LOUP★★

56 km au départ de Vence (voir ce nom) - compter la journée. Quitter Vence par la D 2210 au Nord-Ouest du plan. À 2 km, tourner à droite, direction galerie Beaubourg-château N.-D.-des-Fleurs.

Dans un site verdoyant, la route longe de jolies maisons adossées aux *baous* sur des terrasses d'oliviers tandis que surgit, saisissant, Tourrettes-sur-Loup.

Tourrettes-sur-Loup★ *(voir ce nom)*

La route permet d'apprécier d'étonnantes vues sur Tourrettes, en surplomb sur son vallon. Puis elle court en corniche sur la vallée du Loup, agrippée à des calcaires fissurés. On aperçoit le village perché du **Bar-sur-Loup★** *(voir ce nom)*, puis le nid d'aigle de Gourdon.

Pont-du-Loup

La ligne de chemin de fer Draguignan-Nice traversait ici l'entrée des gorges du Loup, sur un viaduc détruit en 1944, dont subsistent quelques ruines.

À l'entrée du village, prendre à droite la D 6.

La route s'engage dans les très belles **gorges du Loup★★**, taillées verticalement dans les montagnes de Grasse et creusées d'énormes « marmites ».

carnet pratique

SE LOGER ET SE RESTAURER

⊜ **Auberge de Courmes** – *3 r. des Platanes - 06620 Courmes - ☎ 04 93 77 64 70 - regad@aol.com - fermé 5-29 janv., dim. soir et lun. - 6 ch. + 1 studio pour 5 pers. 38/49 € - ☕ 5,50 € - restaurant 20/23 €.* L'auberge communale, située à l'entrée d'un charmant village niché au-dessus des gorges du Loup, dispose de six petites chambres rénovées et d'une accueillante salle à manger. Grand calme et belle vue assurés. Possibilité de randonnées pédestres.

⊜ **La Cascade SARL** – *635 chemin de la Cascade - 06620 Courmes - ☎ 04 93 09 65 85 - www.gitedelacascade.com - ⊭ - 6 ch. 55 € ☕ - repas 17 €.* Près de la cascade de Courmes, au milieu d'un terrain de 4 ha, maison ancienne agrandie et restaurée. Chambres simples et propres, toutes conçues sur le même modèle, donnant de plain-pied sur le jardin.

QUE RAPPORTER

Confiserie des Gorges du Loup (Florian) – *Pont-du-Loup - 06140 Tourrettes-sur-Loup - ☎ 04 93 59 32 91 - www.confiserieflorian.com - 9h-12h, 14h-18h30 ; de mars à fin oct. : 9h-18h30 - fermé 25 déc.* Cette confiserie artisanale, fondée en 1949, propose la visite guidée de ses ateliers où s'élaborent fruits confits, confitures d'agrumes, fleurs cristallisées, confits de fleurs (rose, jasmin, violette), chocolats et bonbons. Boutique ornée de meubles provençaux anciens.

Dans un renforcement hémisphérique, avant le 2e tunnel, la **cascade de Courmes★**, légère, tombe entre deux blocs rocheux de 40 m sur un lit de mousse.

Plus loin, au milieu d'une abondante végétation, une énorme pierre mégalithique signale l'entrée du site privé du « **saut du Loup** ». On peut y admirer la « grande marmite », magnifique excavation résultant d'érosions marines et glaciaires du tertiaire et du quaternaire, où tournoient furieusement les eaux du Loup au printemps ; également, les **cascades des Demoiselles**, dont les embruns fortement imprégnés de carbonate de chaux calcifient les mousses et les végétaux avoisinants.

SAUT DU LOUP

Pour le voir, laisser la voiture à la sortie du 3e tunnel.

☎ 04 93 09 68 88 - mai-sept. : 9h30-19h - 0,70 €.

Peu avant le pont de **Bramafan**, prendre à gauche à angle aigu la D 3 qui, jusqu'à Gourdon, offre des **vues★** remarquables sur le fond des gorges. À mesure que l'on s'élève, on s'approche du plan de Caussols et la végétation se raréfie.

Du surplomb aménagé dans un lacet à droite *(signalé par un panneau)*, la **vue★★** sur les gorges encaissées est de toute beauté ; un peu plus loin, elle s'élargit jusqu'à la mer.

Gourdon★ *(voir ce nom)*

Descente surprenante sur le flanc du plan de Caussols par la D 3 vers le **Pré-du-Lac** où l'on tourne à gauche dans la D 2085.

St-Pons

Le village s'étage au milieu des oliviers, des vignes et des jasmins.

Après le Collet, prendre à gauche la D 7 qui rejoint la vallée du Loup en longeant une vallée affluente, joliment boisée, qui s'encaisse peu à peu. En atteignant les gorges

Gourdon : charmant village perché.

inférieures du Loup, beau **point de vue** sur la rivière qui décrit un méandre encaissé et sur l'abrupt des Préalpes de Grasse se profilant au dernier plan.
Après un passage en corniche, la route descend au fond de la vallée et traverse la rivière.

La Colle-sur-Loup

Agréable villégiature dans une plaine consacrée à la culture des fleurs et aux vergers, au pied des collines de St-Paul. L'église présente un portail Renaissance et une tour carrée à campanile.

COLLE !
Le nom du village est tout simplement issu du latin *collis*, « colline ». Celle-ci fut peuplée par les « banlieusards » de St-Paul lors du resserrement de la ville dans ses remparts par François 1er. Depuis, ils sont devenus antiquaires *(rue principale Y.-Klein)*.

St-Paul★★ *(voir ce nom)*

Entre St-Paul et Vence, on retrouve les parois abruptes des *baous*, laissant à l'Ouest les Préalpes de Grasse.
Par la D 2, puis la D 236, rentrer à Vence.

LA HAUTE VALLÉE DU LOUP★

47 km au départ de Vence – environ 1h30. Quitter par la D 2, au Nord-Ouest. Ce circuit peut se faire dans le prolongement des gorges décrites ci-dessus.

Depuis le pont de Bramafan, la D 3 remonte la **haute vallée du Loup★** dans un parcours splendide, avec de superbes perspectives sur Gréolières *(D 2 à gauche)*.

Gréolières

Village perché au pied des barres du Cheiron ; au Nord se voient les ruines importantes de Haut-Gréolières, tandis qu'au Sud des pans de murs sont les restes d'un important château fort.
L'**église**, à la façade romane et au clocher trapu, renferme une croix processionnelle plaquée or et argent du 15e s., un fragment de retable du 16e s. (saint Jean-Baptiste), et une Vierge à l'Enfant, en bois, du 14e s. La plus belle pièce est le retable de **St-Étienne★** (15e s.) : le rouge colore la joue du saint, sa dalmatique et le damier. Belle prédelle également.

La route regarde un moment le village, puis, en corniche sinueuse, remonte la vallée taillée en gorge et traverse, sous de courts tunnels, de fantastiques rochers : elle surplombe alors le Loup de plus de 400 m.
Depuis la **clue de Gréolières★**, la route débouche sur le Plan-du-Peyron, large plateau alluvionnaire.

IMPRESSIONNANTE
La clue de Gréolières a été ouverte par un torrent affluent du Loup : sur ses versants arides et troués de marmites de géants, se dressent de curieux rochers dolomitiques.

À Plan-du-Peyron, prendre à droite la D 802, bonne route qui escalade les flancs de la montagne du Cheiron. Superbes **vues** vers l'Ouest et le Nord.

Gréolières-les-Neiges

Remontées mécaniques - 06620 Gréolières-les-Neiges - ☎ 04 93 59 70 02.

Alt. 1 450 m. Facilement accessible, c'est la plus méridionale des stations alpines de sports d'hiver. Très bien équipée (avec 14 remontées, 25 pistes et 30 km de pistes de fond), ses pentes au Nord du Cheiron attirent de nombreux skieurs de la région.
Redescendre par le col de Vence (voir ce nom) ou par les gorges du Loup.

S. Sauvignier/MICHELIN

Au Sud de Gréolières, les vestiges imposants du château fort attestent de l'intérêt stratégique du site à l'entrée des gorges du Loup.

Le Luc

Le vieux Luc a des airs de bande dessinée réaliste : ambiance mi-délabrée, mi-romantique, petites ruelles au dessin imprévu, arches s'ouvrant sous l'étage d'une maison, filets d'eau au parcours mystérieux, fontaines moussues et chats baladeurs. Au soleil, le campanile reluit et la place du marché fleurit.

La situation

Carte Michelin Local 340 M5 - Schéma p. 246 - Var (83). Entre Brignoles et Draguignan, un peu coincé entre l'A 8 (le viaduc domine de très haut le village) et la N 7, Le Luc tient son rôle de carrefour routier.

Château des Vintimille, pl. de la Liberté, 83340 Le Luc, ☎ 04 94 60 74 51.

Le nom

Le Luc vient du latin *lucus*, « bois sacré » pour les Romains, qui appréciaient déjà l'eau minérale de Pioule, que l'on met toujours en bouteille au Luc.

Les gens

7 282 Lucois. Né au Luc en 1797, l'ingénieur Lebas dirigea en 1836 le transport et la mise en place de l'obélisque de la Concorde à Paris.

Mystère

Qu'est devenue la malle du maréchal Brune ? En 1815, le héros d'Arcole fuit Toulon royaliste et confie son bagage à un ami du Luc, avant de mourir assassiné à Avignon. L'ami ne souffle mot de la malle, mais ses descendants deviennent riches sans qu'on sache comment...

carnet pratique

Se loger

Chambre d'hôte Le Hameau de Charles-Auguste – *R. de Baraouque - ☎ 04 94 60 79 45 - www.provenceweb.fr/83/charles-auguste - ⊭ - 4 ch. 42/84 € ☕ - repas 25 €.* Pas véritablement un hameau, mais plutôt la réunion de bâtisses construites au fil des ans autour de la ferme d'origine (18e s.). L'intérieur a été rénové avec beaucoup de goût et les chambres ne manquent pas de cachet avec leurs meubles familiaux ou chinés. Jolie cour intérieure et accueil charmant.

La Haute Verrerie – *La Haute-Verrerie, rte de St-Tropez - 83340 Le Cannet-des-Maures - 6 km à l'E du Luc par D 558, dir. St-Tropez - ☎ 04 94 47 95 51 - lahauteverrerie@skymail.fr - ⊭ - 4 ch. 40/55 € ☕.* Un ruisseau coule au pied de cette charmante demeure provençale de 1839, où jadis on travaillait le verre. Chambres personnalisées, logées dans diverses dépendances ; la plus réussie, aménagée dans l'ancien grenier mansardé, possède un solarium privé.

Domaine de la Fouquette – *83340 Les Mayons - 10 km du Luc - ☎ 04 94 60 00 69 - domaine.fouquette@wanadoo.fr - fermé de fin oct. à fév. - ⊭ - 4 ch. 55/60 € ☕ - repas 20 €.* Sur le contrefort du massif des Maures, au bout d'un chemin de terre, ferme de séjour tenue par une accueillante famille de vignerons mettant à votre disposition de calmes chambres au décor provençal et une agreste salle des repas dont la terrasse procure une vue splendide. De bons petits vins bénéficiant de l'AOC Côtes de Provence sont produits sur place, et la table d'hôte privilégie le terroir. Village peuplé de tortues à quelques kilomètres.

Se restaurer

Le Gourmandin – *Pl. Louis-Brunet - ☎ 04 94 60 85 92 - gourmandin@wanadoo.fr - fermé 23 août-23 sept., 20 fév.-10 mars, dim. soir, jeu. soir et lun. - 22/45 €.* Depuis une quinzaine d'années, la famille Schwartz s'est taillée une bonne réputation auprès des gastronomes du Luc. Sa cuisine classique, au fréquent accent méridional, vous séduira avec ses fleurs de courgettes farcies, son panaché de poissons sur coulis d'oursins ou son petit chapon façon bouillabaisse.

Grillade au Feu de Bois – *4 km par N 7 - ☎ 04 94 69 71 20 - contact@lagrillade.com - fermé 11 nov.-22 déc. - 34 €.* L'enseigne vous dit l'essentiel ! Les grillades tiennent le haut de l'affiche sur la carte de cette ancienne ferme viticole. Elles sont à déguster dans un cadre provençal ou, dès les premiers beaux jours, sur la terrasse ombragée. Chambres spacieuses et bien équipées. Boutique d'antiquaire.

Que rapporter

Marché – Marché provençal le vendredi matin au centre-ville.

Domaine de la Lauzade – *RN 97 - ☎ 04 94 60 72 51 - www.lauzade.com - tlj sf dim. 8h-12h, 14h-17h30, sam. 8h-12h - fermé j. fériés.* Les 70 ha de vignes du domaine sont cultivés en agriculture raisonnée et ne produisent qu'une seule cuvée par couleur (un blanc, un rouge, un rosé) de Côtes de Provence. Visites, dégustation et vente sur place. Des expositions de peinture sont régulièrement organisées dans la propriété.

Domaine de la Pardiguière – *Rte des Mayons - ☎ 04 94 60 75 37 - tlj sf dim. 9h-12h et 14h-18h.* Superbe vue sur le massif des Maures depuis cette propriété familiale entourée de vignes (33 ha) et de champs d'oliviers exploités en agriculture biologique. Vente d'huiles d'olive et d'olives ainsi que de vins - Côtes de Provence rouge, rosé et blanc AOC - produits sur le domaine.

se promener

Village

Le village est dominé par une tour hexagonale (début 16e s.), haute de 27 m. Édifiée à la mode des campaniles italiens, elle servit de clocher. L'autre monument de la ville, autrefois important, le château des Mascs, a été détruit lors de la construction de l'autoroute en 1971 !

Point de vue de l'oppidum de Fouirette★

Direction quartier du Vergeiras, puis itinéraire balisé. 1h30 AR. Au sommet de la butte (alt. 300 m), vaste **panorama★** sur le massif des Maures, de Gonfaron au rocher de Roquebrune. Quant à l'oppidum, c'est l'un des plus beaux du Var.

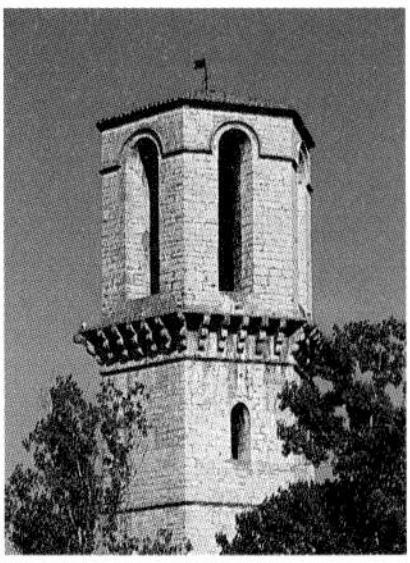

E. Baret/MICHELIN

Du haut de ses 27 m, la tour hexagonale, du 16e s., fut longtemps l'unique clocher du village.

visiter

Musée historique du Centre-Var

☎ 04 94 60 70 12 - ♿ - de mi-juil. à mi-sept. : tlj sf dim. 15h-18h ; de mi-juin à mi-juil. et de mi-sept. à mi-oct. : tlj sf dim. 14h-17h ; reste de l'année : sur demande - fermé j. fériés - gratuit.

Collections d'histoire locale, de l'œuf de dinosaure aux Lucois célèbres, installées dans la chapelle Ste-Anne à la charmante façade vert et blanc.

Musée régional du Timbre

☎ 04 94 47 96 16 - www.lemuseedutimbre.com - juin-août : tlj sf lun. et mar. 10h-12h, 14h30-18h, merc. et jeu. 14h30-18h ; oct.-mai : tlj sf lun. et mar. 10h-12h, 14h30-17h30, merc. et jeu. 14h30-17h30 - fermé sept., 1er janv., 1er Mai et 25 déc. - 2 €.

Fabrication du timbre-poste, naissance et essor de la philatélie, art du graveur : on saura tout sur la vignette postale au 2e étage du château des Vintimille dont la façade est oblitérée par un tampon postal géant...

Graveur de timbres
Le cabinet d'**Albert Decaris**, graveur créateur de nombreux timbres, est reconstitué.

Lucéram★

Ce très joli village aux trois clochers de tuiles colorées est niché au creux d'un ravin. En descendant depuis Peïra-Cava, le hasard des tournants propose de splendides vues. C'est le petit bijou du comté de Nice tant pour la beauté du **site★★** que pour le charme de ses ruelles et la richesse de son patrimoine d'art religieux.

La situation

Carte Michelin Local 341 F4 – Schéma p. 309 – Alpes-Maritimes (06). Parking aux deux extrémités du village. Venant de Nice : 2 parkings, à gauche après la caserne des pompiers, ou plus loin sur la droite, juste avant la poste. Venant de Peïra-Cava, à droite au niveau des premières rues.

Maison de pays de Lucéram et du Haut-Paillon, pl. Adrien-Barralis, 06440 Lucéram, ☎ 04 93 79 46 50.

Le nom

Peut-être issu du latin *lucus eram*, « j'étais le bois sacré »... De fait si *luc* signifie bien « bois » (sacré ou non), on se perd en conjectures sur l'*eram*...

Les gens

1 035 Lucéramois, auxquels viennent se joindre les pâtres des environs venus offrir agneaux et fruits au son des fifres et des tambourins lors du **Noël des bergers★**, ainsi que d'innombrables visiteurs participant en décembre et en janvier au **circuit des crèches** *(pour tout renseignement, s'adresser à la maison de pays de Lucéram).*

Hébergement
Chambre d'hôte La Villa St-Benoit – *61 chemin de la Roche-Argent - 06390 Berre-les-Alpes - 14 km au S de Lucéram par D 2566 puis D 215 - ☎ 04 93 91 81 07 - villastbenoit@wanadoo.fr - fermé 15 oct. au 15 janv. - 5 ch. : 38/57 € - repas 20 €.* Ce lieu pour le moins atypique abritait jadis un des plus importants studios d'enregistrement de musique. Il vous propose aujourd'hui cinq agréables chambres meublées d'ancien et une salle à manger brillant de mille et un objets chinés ici et là.

B. Kaufmann/MICHELIN

Prenant appui sur leurs voisines, les maisons de Lucéram s'étagent, tel un amphithéâtre médiéval.

se promener

VIEUX VILLAGE★

Départ place Adrien-Barralis. Suivre les panneaux indiquant le chemin de l'église.

Arches et passages voûtés, fenêtres en ogives, petits escaliers inattendus, portes basses coincées dans un creux de la chaussée : un véritable petit labyrinthe médiéval ! Des fontaines, souvent agrémentées d'un petit lavoir, coule une fraîche eau de source.

Église Ste-Marguerite

☎ 04 93 79 46 50 ou 04 93 91 60 56 - mar., merc., jeu. et dim. apr.-midi 10h-12h, 14h-17h ; possibilité de visite guidée sur demande à l'Office de tourisme vend., sam. et dim. mat. -fermé lun.

Remanié au 18e s., l'édifice n'a plus grand-chose de médiéval : façade classicisante, gracieux clocher et, à l'intérieur, stucs rococo. Vous y découvrirez le plus important ensemble de **retables**★★ niçois, à fond d'or ou de paysage : au-dessus du maître-autel, le **retable de Ste-Marguerite**, chef-d'œuvre de Louis Bréa, (remarquez la beauté des visages !) ; dans le bras droit du transept, le **retable de St-Antoine** par Jean Canavesio, encadré d'une boiserie gothique flamboyant.

▶ **D**ans le **trésor**★ de l'église, belle statuette en or et argent de sainte Marguerite au dragon (1500). La patronne des femmes en couches émerge du corps d'un dragon.

En sortant, descendre l'escalier à droite et gagner la montée du Terron. Elle conduit aux remparts, dont il reste un angle et une tour qui fait face à la gorge.

alentours

Chapelle St-Grat

1 km au Sud par la D 2566, sur la gauche en sortant du village, avant le tunnel. Y descendre à pied. ☎ 04 93 79 46 50 - intérieur de la chapelle visible à travers les grilles.

Fresques attribuées à **Jean Baleison**. La Vierge et l'Enfant sont assis sous un triple baldaquin gothique. Saint Grat porte la tête de saint Jean-Baptiste qu'il aurait découverte en Palestine près d'un puits. Saint Sébastien, patron des archers, tient une flèche à la main.

Chapelle N.-D.-de-Bon-Cœur

2 km à l'Ouest par la D 2566. Se garer (à gauche) quand apparaît un terre-plein des deux côtés de la route. Un petit sentier conduit à la chapelle. ☎ 04 93 79 46 50 - mêmes conditions de visite que la Chapelle St-Grat.

Fresques (restaurées) également attribuées à Baleison, avec quelques repeints. Sous le porche, *La Bonne et la Mauvaise Prière* (inscription latine : « Si ce n'est pas le cœur qui prie, la langue travaille en vain »), et à nouveau saint Sébastien, en martyr. Au fond, scènes du Nouveau Testament (Vie de la Vierge, Nativité).

E. Baret/MICHELIN

Fresque attribuée à Baleison, dans la chapelle N.-D.-de-Bon-Cœur.

L'Escarène

À 6,5 km au Sud par la D 2566. Voir le circuit 4 *à Nice.*

Peïra-Cava

À 12,5 km au Nord par la D 21, puis la D 2566. Voir le circuit 7 *dans la forêt de Turini.*

Mandelieu-la-Napoule

À SAVOIR
L'Office de tourisme propose des visites guidées dans les massifs de l'Esterel et du Tanneron *(pendant la période de floraison).*

Au pied des massifs de l'Esterel et du Tanneron, la commune de Mandelieu-la-Napoule plonge dans la mer, depuis ses cultures de mimosa qui en font une capitale dans ce domaine. Entre les deux, un superbe golf et la Siagne, bordée d'espaces verts et de plages à son estuaire, rendent cette station très agréable été comme hiver.

La situation

Carte Michelin Local 341 C6 - Schéma p. 177 - Alpes-Maritimes (06). La Napoule est 8 km à l'Est de Cannes par la N 98. Nombreux parkings gratuits : près du casino, le long du bord de mer.

340 r. Jean-Monnet, 06210 Mandelieu-la-Napoule, ☎ 04 92 97 99 27. www.ot-mandelieu.fr

Le nom

De *Mandans locus* au 10e s., le mot préceltique *manda* signifiant « limite ». La Napoule était un petit port de pêche du nom d'Epulia, sans doute dérivé du mot *oppidum*.

Labyrinthe de verdure, entre nénuphars et bassins recouverts : la somptuosité des jardins du château Clews.

D. Pazery/MICHELIN

séjourner

DESCENDRE LA SIAGNE
Un sentier longe ses rives du centre de Mandelieu *(derrière la salle Olympie)* à la mer.

À **La Napoule**, trois plages de sable s'étendent au fond d'un golfe d'où la vue est fort belle. Victoria et le Sweet sont des plages privées. À l'important port de plaisance de La Napoule (1 140 postes) s'ajoute celui de la Rague (688 postes). Un sentier côtier (*1 km*) relie les deux.

Balade panoramique★

Accès au départ de la Poste par la rue des Hautes-Roches. 45mn AR par chemin fléché. Cette promenade à l'ascension de la colline de **San Peyre** permet d'apprécier un superbe point de vue sur le Tanneron, le golfe de La Napoule, Cannes et le cap d'Antibes *(table d'orientation).*

visiter

Château-musée

À La Napoule. ☎ 04 93 49 95 05 - www.chateau-lanapoule.com - fév.-oct. : 10h-18h ; nov.-janv. : 14h-17h, w.-end et vac. scol. 10h-17h -visite guidée (45mn) : 11h30 et 14h30-16h30 ; nov.-janv. : 14h30-15h30, w.-end et j. fériés 11h30 et 14h30-15h30 - fermé 25 déc. - 6 € (-7 ans 4 €), 3,5 € parc et jardins seuls.

Seules deux tours subsistent du château fort du 14e s., transformé par le sculpteur américain **Henry Clews** (1876-1937). Ce curieux mélange de roman, gothique et motifs orientalisants s'inscrit dans un **site★** admirable donnant sur la mer, au départ de la corniche de l'Esterel.

LES NUITS DU CHÂTEAU
En juillet-août, la cour d'honneur sert de cadre à un festival : concerts ; danse, théâtre.

carnet pratique

Se loger

Corniche d'Or – *Pl. de la Fontaine - ☎ 04 93 49 92 51 - info@cornichedor.com - fermé 29 nov.-16 déc. - 12 ch. 39/74 € - ☕ 7,50 €.* Sur une placette voisine de la gare, hôtel proposant des chambres récemment refaites (mobilier en pin, literie neuve et décor plus gai). Presque toutes sont dotées d'un balcon et deux d'entre elles possèdent une grande terrasse.

Hôtel Villa Parisiana – *R. Argentière - ☎ 04 93 49 93 02 - villa.parisiana@wanadoo.fr - fermé 19-27 déc. - 13 ch. 47/63 € - ☕ 7 €.* Villa de style 1900 située dans un quartier résidentiel. Les chambres, presque toutes rénovées et parfois dotées de balcons, l'atmosphère familiale et la jolie treille de la terrasse en font une bonne adresse malgré la proximité de la voie ferrée.

Se restaurer

La Pomme d'Amour – *209 av. du 23-août - ☎ 04 93 49 95 19 - jacky006@wanadoo.fr - fermé 15 nov.-15 déc., sam. midi de juil. à sept., mar. sf le soir de juil. à sept. et merc. midi - 29/35 €.* Escale culinaire discrète au centre de La Napoule, tout près de la gare. Plaisante salle à manger rustique avec mise en place soignée. Cuisine traditionnelle et régionale.

Le Marco Polo – *Av. de Lérins - 06590 Théoule-sur-Mer - à 8 km de Cannes dir. St-Raphaël - ☎ 04 93 49 96 59 - fermé de mi-nov. à mi-déc., lun. sf juil.-août - 30 €.* Restaurant idéalement situé au bord de la plage. La salle à manger est meublée en rotin. De la terrasse, la vue s'étend jusqu'à la baie de Cannes. Salades à midi et menu plus consistant en soirée. Service décontracté.

En soirée

Sofitel Royal Casino – *605 av. du Gén.-de-Gaulle - ☎ 04 92 97 70 00 - www.sofitel.com - bar Blue-wave : 9h-2h ; pianiste : 19h30-22h30 ; discothèque : vend. et sam. 22h30-3h.* Ce palace, dont la terrasse et la piscine donnent sur la baie de Cannes, possède également un casino, deux restaurants, un piano-bar ainsi qu'un night-club (ouvert le vendredi et samedi soir).

Que rapporter

Marchés – À Mandelieu, pl. du Mail, les mercredis et vendredis matin. À La Napoule, pl. St-Fainéant, le jeudi matin et pl. Jeanne-d'Arc le samedi matin. Le 1er samedi et le 3e dimanche du mois vide-grenier brocante pl. du Mail à Mandelieu.

Sports & Loisirs

Mandelieu est labellisé « **station nautique** » ce qui atteste de la diversité et de la qualité des activités proposées. *Renseignements à l'Office de tourisme ou www.france-nautisme.com.*

Domaine de Barbossi – *3300 av. Paul-Ricard - San Estello - ☎ 04 93 49 64 74 - vac. scol. : tlj 10h-12h, 14h-20h30 ; reste de l'année : merc., sam., dim. 10h-12h et 13h30-19h.* Dans ce domaine appartenant à Paul Ricard, vous trouverez un club de tennis, des jardins d'enfants, un poney club, des VTT, un trampoline et un minigolf... Idéal pour les familles. Vente de vins rouges et rosés de la propriété.

Guy-Durante Organisation – *Av. du Gén.-de-Gaulle - plage de Robinson - ☎ 04 93 49 44 19 ou 06 80 64 03 50 - www.a-m-skinautique.com - de mi-mai à mi-oct. : tlj - 18 à 23 €.* C'est de ce ponton que décollent les mordus de ski nautique, de *wake-board* et de parachute ascensionnel.

Sant'Estello Country Club – *3300 av. Paul-Ricard - ☎ 04 93 49 44 00 - patfouqs@aol.com - tlj 8h-12h, 14h-20h, juil.-août : nocturnes sf j. fériés 8h-12h, 17h-20h.* Club de tennis situé sur le merveilleux domaine de Sant'Estello, propriété du groupe Paul Ricard. Il dispose de dix courts, dont quatre en terre battue, utilisables toute l'année, et de deux courts de padel, savant mélange de squash et de tennis.

Golf de Cannes-Mandelieu Riviera – *Av. des Amazones - ☎ 04 92 97 49 49 - golriviera@wanadoo.fr - 8h-18h30.* Au pied de l'Esterel, parcours de 18 trous avec compact (3 trous), putting green et practice ; club-house (restaurant).

Calendrier

La Fête du Mimosa – Début février. Dix jours d'animation : corsos fleuris, groupes folkloriques, excursions dans la forêt.

On vous guidera dans le salon, la salle à manger, l'atelier de l'artiste et la crypte. D'un romantisme fantastique à la Viollet-le-Duc, les personnages ou animaux fabuleux du sculpteur animent l'architecture. Grâce, spiritualité, satire ou réalisme les caractérisent. Les beaux **jardins**, dessinés par Mme Clews, et la **galerie**, qui accueille des expositions temporaires, se visitent librement.

Massif des Maures★★★

Dramatiques incendies
En juillet 2003, deux incendies successifs ont ravagé 13 000 ha dans le massif des Maures, malgré l'important dispositif d'intervention déployé. Cette tragédie a rappelé la nécessité d'une politique de prévention au niveau des collectivités (mise en œuvre du débroussaillement) et surtout de sensibilisation des promeneurs qui doivent respecter toutes les consignes de sécurité *(voir le « mode d'emploi du massif » dans le « carnet pratique »).*

Cette parure végétale couleur émeraude s'étend entre la mer et les vallées du Gapeau et de l'Argens, d'Hyères à St-Raphaël. De nombreuses stations sont nées sur le littoral, dans des creux ou indentations qui multiplient points de vue et paysages de charme. La « corniche des Maures », magnifique route touristique, permet de les découvrir. L'intérieur, longtemps isolé et peu fréquenté, demeure sauvage.

La situation

Carte Michelin Local 340 M/P 5/7 – Var (83). Pins sur la côte, chênes, arbousiers, châtaigniers et cistes à l'intérieur composent cette végétation sauvage souvent dévastée, hélas, par le feu. L'exploitation des chênes-lièges alimente encore une petite industrie (bouchons et articles en liège).
Maison du Tourisme Golfe de St-Tropez/Pays des Maures, Carrefour de la Foux, 83580 Gassin, ☎ 04 94 55 22 00. www.golfe-infos.com

Le nom

Le provençal *maouro*, s'applique à des bois sombres et a donné le francisé « Maures ».

Les gens

Si la tradition veut cependant voir dans le nom du massif une allusion aux pirates maures venus d'Espagne au 8e s., c'est le populaire *Maurin des Maures* de **Jean Aicard** qui a apporté sa renommée au massif.

Au bord de l'eau
Entre les saillants trapus du cap Bénat et de la presqu'île de St-Tropez, les pointes effilées du cap Nègre et du cap des Sardinaux ou les rentrants de la rade de Bormes, de la baie de Cavalaire et du golfe de St-Tropez, le rivage est tout sauf monotone.

comprendre

Les plus vieilles terres de Provence – Les Maures, constitués surtout de schistes cristallins, et l'Esterel, deux contemporains de l'Auvergne volcanique, ont tout deux émergé du plissement hercynien en un seul vaste massif, la Tyrrhénide, qui englobait la Corse et la Sardaigne.
Des poussées successives, pyrénéenne et alpine, ont morcelé le tout, partageant les Maures en quatre chaînes parallèles : les îles d'Hyères, crête en partie immergée ; une seconde chaîne culminant aux Pradels (alt. 528 m) ; la chaîne de la Verne ; et la chaîne de la Sauvette, qui porte les plus hauts sommets des Maures (la Sauvette, alt. 779 m, et N.-D.-des-Anges, alt. 780 m).

Vogue balnéaire
La région doit la fin de son isolement à la vogue balnéaire du 20e s., limitée d'abord à une clientèle aristocratique. Après l'épisode militaire du débarquement en 1944, les plages des Maures ont retrouvé leur vocation touristique, dont **St-Tropez** est un symbole encore très médiatique.

séjourner

Les stations balnéaires s'égrènent de part et d'autre de la presqu'île de St-Tropez, idéales pour séjourner au bord de la mer ou pour une balade en forêt le long de la grande bleue.

Le paradis des randonneurs.

D. Pazery/MICHELIN

Mode d'emploi du massif

Circulation – Les voies de DFCI (Défense forestière contre l'incendie) sont assimilées à des voies privées et interdites en permanence à la circulation publique motorisée :
– ne pas y pénétrer avec un véhicule, même si la barrière est ouverte ;
– ne pas stationner devant ces barrières ;
– sur les chaussées étroites, bien se ranger sur les bas-côtés afin de ne pas gêner les véhicules d'intervention.
L'accès pédestre est toujours permis, sauf en cas de plan ALARME.

Animaux – Tenir son chien en laisse. Ne pas déranger les animaux sauvages.

Camping sauvage – Interdit à l'intérieur du massif et à moins de 200 m de toute forêt.

Châtaignes – Dans l'ensemble des Maures, le ramassage non autorisé de châtaignes est assimilable au vol et passible d'une amende proportionnelle au poids de fruits. En général, ne pas cueillir d'espèces protégées, rester sur les sentiers.

Détritus – Utiliser les poubelles prévues à cet effet ou remporter ses déchets avec soi.
Feu - Interdit de faire du feu et de fumer de mi-mars à mi-octobre. En cas de risques sévères, le plan ALARME est appliqué : les voies publiques classées risques majeurs d'incendie peuvent être fermées à la circulation des véhicules ; lourdes amendes pour les contrevenants ; pénétration à pied évidemment très déconseillée.

VTT – Respecter les itinéraires et balisages prévus. État de fermeture des massifs forestiers, Massif des Maures, ☎ **04 98 10 55 41**.

Visite

Balades Nature Accompagnées au cœur du Massif des Maures – 10 communes proposent des sorties de 1 à 2h30 sur des thèmes différents (faune-flore, forêt, patrimoine, paysages et balades nocturnes). Calendrier disponible auprès du Comité Départemental du Tourisme du Var (www.tourismevar.com ou www.webvds.com/sorties). *Renseignements et inscriptions (payant, -10 ans gratuit) auprès des Offices de tourisme : Bormes-les-Mimosas : ☎ 04 94 43 67 41 ; Hyères : ☎ 04 94 01 84 50 ; la Londe-les-Maures : ☎ 04 94 01 53 10 ; Le Muy : ☎ 04 94 45 12 79 ; le Pradet : ☎ 04 94 21 71 69 ; Pierrefeu-du-Var : ☎ 04 94 28 27 30 ; Ramatuelle : ☎ 04 98 12 64 00 ; Roquebrune-sur-Argens : ☎ 04 94 45 72 70.*

S. Sauvignier/MICHELIN

Se loger

Chambre d'hôte L'Amandari – *Vallat d'Emponse - 83120 Plan-de-la-Tour - ☎ 04 94 43 79 20 - amandari-chambredhote@wanadoo.fr - 6 ch. 55/115 € - ☕ 8 € - repas 25 €.* De cette ancienne bergerie, cachée au bord d'un ruisseau, se dégage une atmosphère de calme et de convivialité. Les petites chambres coquettes et personnalisées se répartissent autour d'un patio. La piscine, le jardin et les terrasses incitent à la paresse.

Chambre d'hôte Le Mas des Oliviers – *Chemin les Ferrières - 83390 Puget-Ville - 2,5 km par N 97 rte de Cuers - ☎ 04 94 48 30 89 - www.masdesoliviers.sup.fr - ⊠ - 3 ch. 56/67 € ☕ - repas 24 €.* Agréable étape que ce joli mas provençal planté au milieu de trois hectares de vignes et d'oliviers. Chambres spacieuses et bien tenues, décorées aux couleurs du Midi. Salle de musculation et sauna ; possibilités de promenades à cheval ou à vélo.

Golfe Bleu – *Rte de la Croix-Valmer - 83240 Cavalaire-sur-Mer - 1 km de Cavalaire sur D 559 rte de La Croix-Valmer - ☎ 04 94 00 42 81 - le.golfe-bleu@wanadoo.fr - fermé 2 nov.-31 janv. - P -15 ch. 72/80 € - ☕ 246,50 €.* Cet hôtel familial est situé en bordure de route, légèrement à l'écart de la ville. Ses chambres, simples, propres et insonorisées en façade, sont parfois climatisées. Cuisine traditionnelle et produits de la mer servis dans une salle à manger sobrement décorée ou sur une petite terrasse.

Se restaurer

Restaurant des Maures – *19 bd Lazare-Carnot - 83610 Collobrières - ☎ 04 94 48 07 10 - 10/40 €.* Cette auberge de village connaît un vrai succès tout au long de l'année. Il faut dire que le très bon rapport qualité-prix du menu et la chaleur de l'accueil entretiennent les fidélités. Service sur la terrasse ombragée de platanes en été.

Alizés – *Prom. de la Mer - 83240 Cavalaire-sur-Mer - ☎ 04 94 64 09 32 - 12/35 € - 18 ch. 54/125 € - ☕ 8,50 €.* L'ambiance animée et la gouaille des patronnes sont dignes de Pagnol et de Raimu... Dans un cadre actuel, offrant une échappée sur la « grande bleue », cuisine familiale avec mention spéciale pour les poissons et les desserts maison. Chambres rénovées et climatisées.

Chante-Mer – *Au village - 83380 Les Issambres - ☎ 04 94 96 93 23 - fermé 15 déc.-31 janv., dim. soir de sept. à Pâques, mar. midi et lun. - 22/35 €.* Sympathique adresse familiale où la patronne et ses deux filles assurent l'accueil et le service, tandis que le patron mitonne une goûteuse cuisine traditionnelle. Vous vous attablerez avec plaisir en terrasse ou dans la coquette salle à manger. Le restaurant est très prisé.

QUE RAPPORTER

Marché de la Croix Valmer – Dimanche matin.

SPORTS & LOISIRS

Smash Club – *Av. du Golf - 83980 Cavalière - ☎ 04 94 05 84 31 - juil.-août : 8h-2h ; avr.-juin, sept.-oct. : 9h-21h ; nov.-mars : 14h30-19h.* Il y en a pour tous les goûts dans ce complexe sportif : six courts de tennis, un practice de golf, une salle de musculation, un pas de tir à l'arc, un sauna, des VTT à louer. L'été, des tournois de tennis, badminton, beach-volley, football et pétanque sont organisés. Une nouveauté : un parcours « Indiana River ».

CORNICHE DES MAURES★★

Entre Le Lavandou et St-Tropez (voir ces noms) sur la D 559.

St-Clair

Station dotée d'une belle et vaste plage, un peu à l'écart de la route.

Aiguebelle

Station aimable et tranquille, au fond d'une petite anse.

Cavalière

Très belle plage de sable fin, bien abritée du mistral. Vue sur le cap Nègre et la rade de Bormes jusqu'aux îles du Levant et de Port-Cros.

Pramousquier

Petite station balnéaire avec plage de sable fin abritée et jolies villas.

Canadel-sur-Mer

La plage de Canadel est l'une des mieux abritées de la côte des Maures, au pied des dernières pentes de la chaîne des Pradels. Elle est bordée de superbes pinèdes. *Voir le domaine du Rayol.*

POUR MÉMOIRE

C'est sur la plage de Canadel qu'eut lieu le Débarquement de Provence le 14 août 1944 à minuit. Une stèle le rappelle.

Cavalaire-sur-Mer

Station familiale. Superbe plage de 4 km de sable fin, clubs de plongée (le site est réputé) et port de plaisance de plus de 1 200 places.

La Croix-Valmer

Station climatique, comme en témoignent ses villas 1900, où l'on peut boire un appréciable côtes-de-Provence.

Le village de La Croix tire son nom de la vision de Constantin : en route pour l'Italie, le futur empereur romain vit apparaître dans le ciel une croix avec la phrase : *In hoc signo vinces*, « par ce signe, tu vaincras », annonce de son prochain triomphe et de celui du christianisme ; d'où la croix en pierre, érigée au col de la Croix. Notez que la tradition la plus connue place l'épisode de la vision à la veille de sa victoire sur Maxence, au pont Milvius, aux portes de Rome...

Retour sur Saint-Tropez par la D 93 très sinueuse.

COL DE COLLEBASSE

Alt. 129 m. **Vue★** sur l'anse de Pampelonne, la baie de Cavalaire et les îles d'Hyères.

ENTRE ST-TROPEZ ET FRÉJUS★★

De l'autre côté de la presqu'île, les pentes des Maures arrivent très adoucies sur la mer. Sur la côte peu ombragée, le long de la N 98, les stations offrent de nombreuses plages, avec quelques rochers à fleur d'eau. *Voir aussi le circuit* 3.

Beauvallon

Station fort bien située, ombragée par des bois de pins et de chênes-lièges.

Sainte-Maxime *(voir ce nom)*

La Nartelle

La belle plage de cette petite station fut l'un des points de débarquement des troupes alliées en août 1944.

Très découpée entre la Nartelle et St-Aygulf, la côte dessine plusieurs calanques avec petites plages et rochers en mer.

D. Pazery/MICHELIN

La gamme infinie de verts des majestueux pins parasols.

Les Issambres

Le nom des Issambres vient sans doute de sa situation à l'entrée du golfe de St-Tropez, autrefois *sinus Sambracitanus* ou « golfe des Cimbres », nom de la tribu qui occupait la région. Cette jolie station forme avec Val d'Esquières, San Peïre et Les Calanques un ensemble touristique largement développé. Villas et maisons provençales, disséminées dans les collines, respectent le site.

L'industrie du chêne-liège

Exigeant chaleur et humidité, on retrouve le chêne-liège au bord de la mer jusqu'à 500 m d'altitude environ. Il résiste particulièrement bien au feu. On le reconnaît aisément à son écorce crevassée et à son feuillage persistant. Le prélèvement de l'écorce, le **démasclage**, s'effectue la première fois lorsque l'arbre atteint l'âge de 25 ans. Le temps de reconstituer une nouvelle assise de liège (tous les 9 à 10 ans), et on le découpe à nouveau, toujours en juillet et août, quand l'arbre est en sève. C'est alors l'écorce femelle, la plus prisée par l'industrie (fabrication d'agglomérés au Muy) et l'artisanat (plats, objets d'ornement et articles pour céramistes), qui est prélevée. La récolte est surtout exportée, notamment vers la Sardaigne. La production de liège des Maures est passé de 5 000 tonnes par an en 1965 à 500 tonnes en 1994. La profession de bouchonnier (une centaine à l'époque) a aujourd'hui pratiquement disparu.

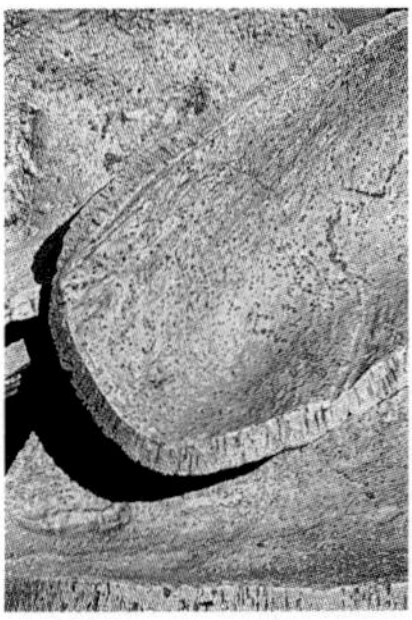
S. Sauvignier/MICHELIN

Écorces de chêne-liège.

circuits

SUR LES TERRES DE MAURIN 1

70 km au départ d'Hyères (voir ce nom) – une journée. Quitter Hyères au Nord-Est, par la N 98.

La route franchit le Gapeau et traverse la plaine d'Hyères, le long des marais salants. **Vues** sur le cap Bénat et Port-Cros.

Jardin d'oiseaux tropicaux

À la Londe-les-Maures. Visite exclusivement pour non-fumeurs. ☎ 04 94 35 02 15 - www.jotropico.org - ♿ - juin-sept. : 9h-19h ; oct. et fév.-mai : 14h-18h ; nov.-janv. : merc. et w.-end 14h-18h - fermé 1er janv. et 25 déc. - 8 € (enf. 5 €).

☺ Dans un grand parc naturel de 6 ha, qui compte une palmeraie et trois jardins (austral, mexicain et asiatique), des volières abritent toute une population criante et caquetante (dont certaines espèces en voie de disparition) : perroquets, toucans, calaos, casoars, émeus ; des plumes et des becs de toutes les couleurs et de tous les continents.

Après la verrerie, prendre à droite la D 559 qui, à partir du Lavandou, suit la côte jusqu'à Canadel-sur-Mer, puis tourner à gauche dans la D 27.

Col du Canadel★

Alt. 269 m. Superbe **vue★★** sur Canadel-sur-Mer, la plage de Pramousquier, le cap Nègre, la rade de Bormes, le cap Bénat, et, à l'horizon, l'île de Porquerolles.

Balade

Laisser votre voiture sur le parking du col du Canadel. Prenez la route forestière à l'Ouest du col de Caguo-Ven. Une marche d'une heure donne droit à une restauration (en saison) au lieu dit du Vieux-Sauvaire avant de redescendre vers le col de Barral (372 m). Si vous n'êtes pas fatigués, vous pouvez gagner le col de Caguo-Ven en marchant encore deux heures.

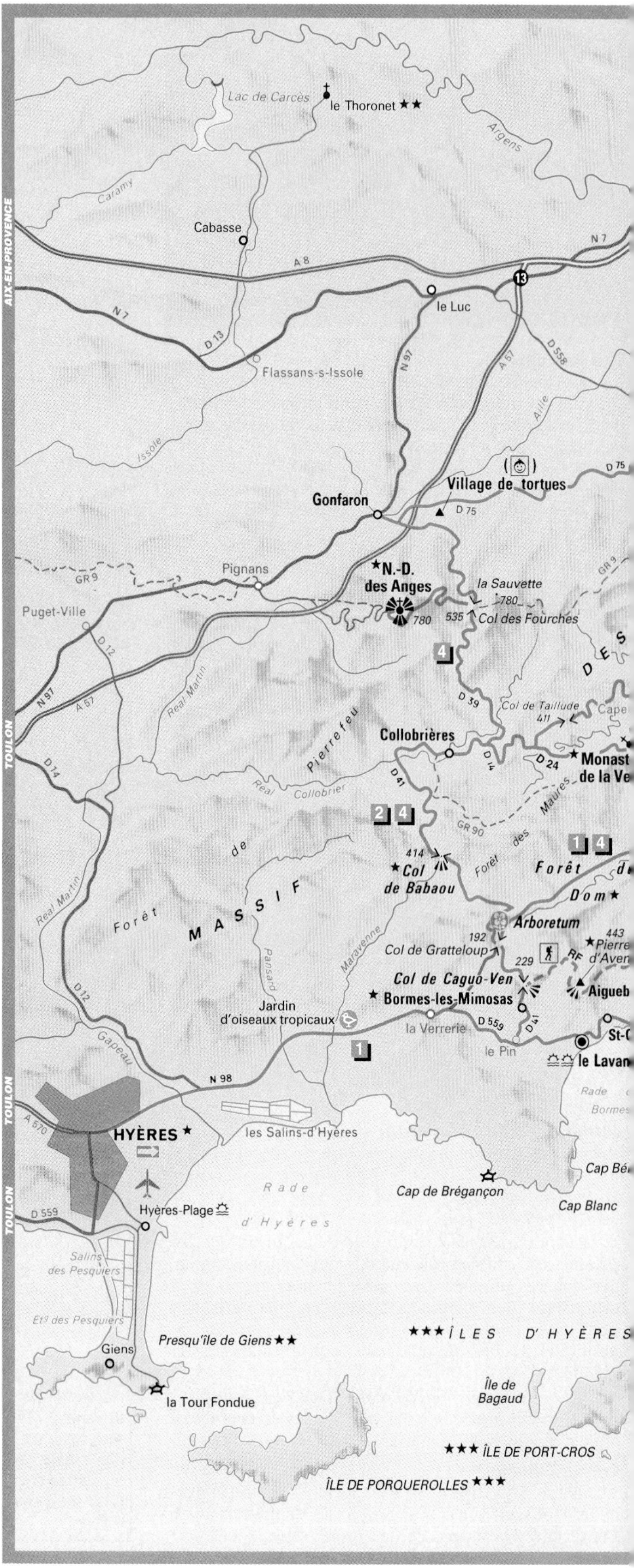
Lac de Carcès
le Thoronet ★★
Argens
Caramy
AIX-EN-PROVENCE
Cabasse
N 7
A 8
13
le Luc
N 7
D 13
Flassans-s-Issole
N 97
A 57
D 558
Aille
Issole
Village de tortues
D 75
Gonfaron
D 75
★N.-D. des Anges
la Sauvette
780
780
535
Col des Fourches
GR 9
Pignans
GR 9
Puget-Ville
D 12
4
N 97
A 57
Real Martin
TOULON
D 39
Col de Taillude
411
Collobrières
D 14
D 24
D 14
D 41
Pierrefeu
Real Collobrier
Maures
2 4
GR 90
1 4
de
414
★Col de Babaou
Forêt des
Forêt
MASSIF
Forêt
Real Martin
Arboretum
192
Col de Gratteloup
229
443
RF
Maravenne
Pansard
Col de Caguo-Ven
★ Bormes-les-Mimosas
D 12
Jardin d'oiseaux tropicaux
la Verrerie
D 559
D 41
le Pin
1
Gapeau
N 98
TOULON
A 570
HYÈRES ★
les Salins-d'Hyères
Rade de Bormes
Cap Bénat
Cap de Brégançon
Cap Blanc
Rade d'Hyères
TOULON
D 559
Hyères-Plage
Salins des Pesquiers
Etg des Pesquiers
Giens
Presqu'île de Giens ★★
★★★ ÎLES D'HYÈRES
Île de Bagaud
la Tour Fondue
★★★ ÎLE DE PORT-CROS
ÎLE DE PORQUEROLLES ★★★

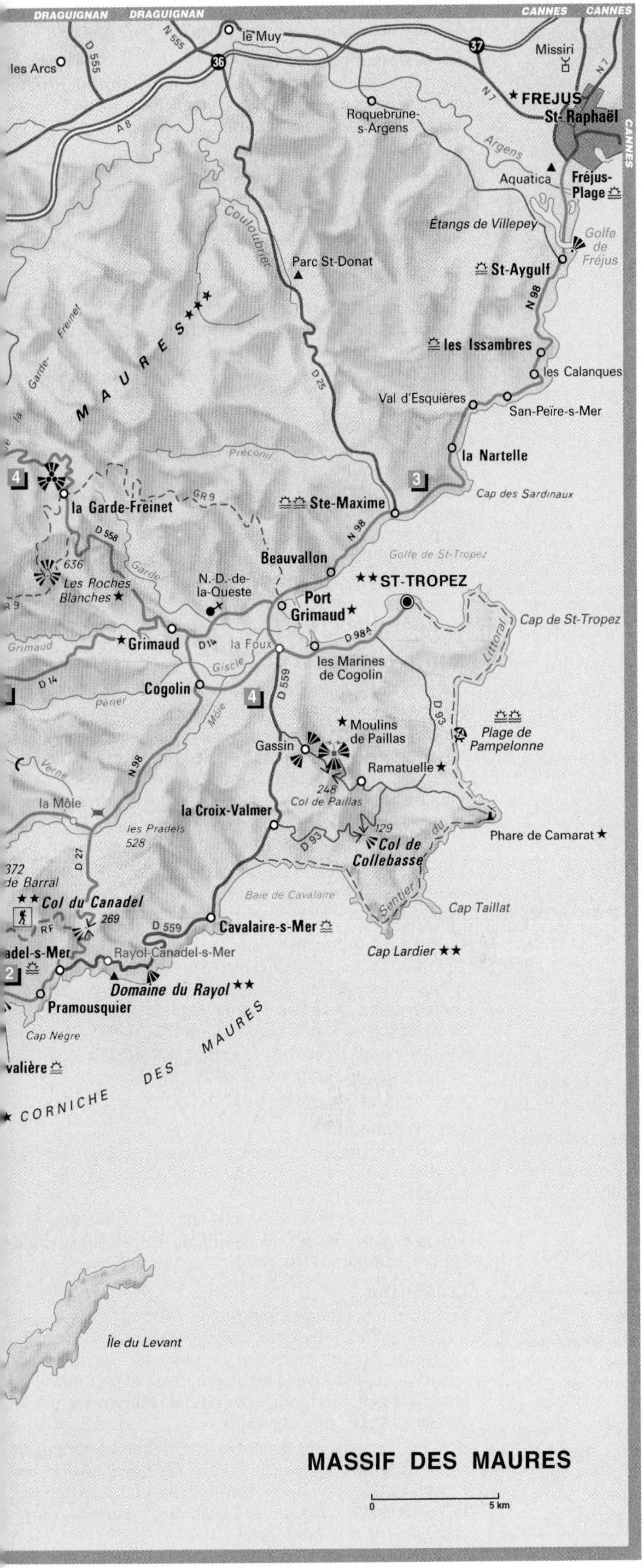
DRAGUIGNAN
DRAGUIGNAN
CANNES
CANNES
CANNES
le Muy
les Arcs
D 555
N 555
A 8
36
37
Missiri
N 7
★ FREJUS
St-Raphaël
Roquebrune-s-Argens
Argens
Aquatica
Fréjus-Plage
Étangs de Villepey
Golfe de Fréjus
Couloubrier
Parc St-Donat
St-Aygulf
N 98
MAURES ★★★
Garde-Freinet
les Issambres
les Calanques
D 25
Val d'Esquières
San-Peïre-s-Mer
la Nartelle
Preconil
4
3
Cap des Sardinaux
la Garde-Freinet
GR 9
Ste-Maxime
D 558
Golfe de St-Tropez
Beauvallon
636
Les Roches Blanches ★
N.-D.-de-la-Queste
★★ ST-TROPEZ
Port Grimaud ★
Cap de St-Tropez
★ Grimaud
D 14
la Foux
D 98A
Littoral
Giscle
les Marines de Cogolin
Cogolin
Périer
Môle
D 559
D 93
★ Moulins de Paillas
Plage de Pampelonne
Gassin
Ramatuelle ★
Verne
N 98
248
Col de Paillas
la Môle
la Croix-Valmer
les Pradels
528
129
Phare de Camarat ★
D 93
Col de Collebasse
du
372
de Barral
D 27
Baie de Cavalaire
Sentier
Cap Taillat
★★ Col du Canadel
269
RF
D 559
Cavalaire-s-Mer
adel-s-Mer
Rayol-Canadel-s-Mer
Cap Lardier ★★
2
Domaine du Rayol ★★
Pramousquier
Cap Nègre
valière
CORNICHE DES MAURES
Île du Levant
MASSIF DES MAURES
0
5 km

Continuer sur la D 27, puis prendre à gauche la N 98, direction la Môle. Poursuivre tout droit jusqu'à la forêt du Dom.

Forêt domaniale du Dom★

La vallée s'encaisse dans un beau massif forestier (pins, chênes-lièges et châtaigniers), où Jean Aicard a placé les exploits de son héros *Maurin des Maures.*

Arboretum de Gratteloup

Laisser la voiture sur le parking situé le long de la N 98, à hauteur de la maison forestière de Gratteloup. Gratuit. ☎ 04 97 71 06 07.

Créé en 1935, il s'étend sur près de 3 ha. La première partie, la plus ancienne, est plantée pour l'essentiel d'essences méditerranéennes (cyprès, pins, genévriers, charmes et ostryas). Les autres secteurs sont plus variés : cèdres métaséquoias, eucalyptus, érables, aulnes et bouleaux. Un secteur est réservé au châtaignier.

Au col de Gratteloup, suivre la D 41, direction Bormes-les-Mimosas.

Col de Caguo-Ven

Alt. 239 m. **Vue** sur les rades d'Hyères et de Bormes, et sur Porquerolles.

Au col, prendre la route forestière vers l'Est en direction du col de Barral et du col du Canadel. Après 45mn de marche, vous serez surpris par l'entassement de roches dit **Pierre-d'Avenon** (alt. 443 m). De là, **vue★** étendue sur tout le littoral des Maures, du cap Lardier à Hyères.

Rejoindre Hyères par Le Pin, puis par la D 559.

ROUTE DES COLS★★ 2

109 km au départ du Lavandou (voir ce nom) – Compter une journée.

Ce beau circuit, qui emprunte des routes souvent désertes, est très accidenté et ne compte pas moins de sept cols (un peu éprouvant pour le conducteur !). Il pénètre profondément à l'intérieur des Maures.

Quitter Le Lavandou à l'Ouest par la D 559, puis à la hauteur du Pin, prendre la D 41 à droite.

La route s'élève en lacet parmi cyprès, eucalyptus, mimosas, lauriers blancs, roses et rouges. Belle **vue** en avant sur Bormes, dominé par son château.

Bormes-les-Mimosas★ *(voir ce nom)*

La D 41 franchit le col de Caguo-Ven. Après une descente très sinueuse, elle atteint le col de Gratteloup (alt. 192 m). Au-delà, on s'élève dans un paysage de chênes-lièges et de châtaigniers, tandis que, à droite et à gauche, alternent des vallons profonds et des échappées sur la mer et les montagnes qui dominent Toulon.

Poursuivre sur la D 41.

Col de Babaou★

Alt. 414 m. Une belle **vue★** se découvre sur les marais salants d'Hyères, la presqu'île de Giens et les îles d'Hyères.

La route descend vers la vallée du Réal Collobrier qui s'élargit pour former le bassin de Collobrières, bien cultivé, et rejoint la D 14 que l'on prend à droite.

Collobrières

Ce bourg très ombragé a gardé de pittoresques maisons qui dominent, près d'un vieux pont en dos d'âne, la rivière au courant rapide. On y exploite le liège des forêts voisines, on y cultive la vigne (vin rosé) et on entretient les châtaigneraies pour récolter les **marrons** dont le village s'est fait une spécialité.

À 6 km, au lieu dit La Croix d'Anselme, à droite, la sinueuse D 214 (en partie revêtue, la fin de parcours est très chaotique) conduit, à travers bois, au monastère de la Verne, bâtie dans un très beau **site★** sauvage, entre châtaigniers et chênes verts.

ACHATS

Confiserie Azuréenne – *Bd Koenig - 83610 Collobrières - ☎ 04 94 48 07 20.* Fabrication de marrons glacés, marrons au naturel, crème de marron... Visite du musée des 50 ans du marron glacé.

Monastère de la Verne★

☎ 04 94 43 45 41 - avr.-sept. : tlj sf mar. 11h-18h ; reste de l'année : tlj sf mar. 11h-17h - fermé janv., Pâques, Ascension, Pentecôte, 15 août, 1er nov. et 25 déc. - 5 € (12-18 ans 3 €).
Avant d'entrer dans la chartreuse aux murs en schiste brun, dont les bâtiments datent pour la plupart des 17e et 18e s., vous prendrez le temps d'admirer le superbe **portail** monumental en serpentine, flanqué de deux colonnes annelées soutenant un fronton triangulaire.

L'entrée se fait par la porterie qui donne accès à de vastes salles constituant l'ancienne **hospitalité** : grange où l'on stockait le grain, boulangerie avec son four à pain *(vidéo sur les remarquables travaux de restauration)*. Un escalier mène aux remparts puis vous accédez à la **cellule « témoin »** reconstituée, humble « ermitage » où le moine vivait, priait et travaillait. Après avoir vu le **grand cloître de la solitude voûté** d'arêtes surbaissées, sur lequel s'ouvraient les cellules *(projet de restauration)*, et le cimetière, vous découvrez les arcades en serpentine du **petit cloître** qui donne sur l'église romane reconstruite. Enfin, par l'huilerie (avec sa « marre » où les olives étaient écrasées) et le cellier orné d'un grand Christ espagnol en bois, vous rejoignez la belle salle de la porterie de cet émouvant lieu de spiritualité, qui, petit à petit, retrouve sa magnifique apparence d'antan d'une grande sobriété.

Marcher
Des fourmis dans les jambes ? Sachez que vous pouvez vous en débarrasser en marchant autour du monastère sur le sentier « feuilles de chêne » aménagé par l'ONF.

Autour des tombes des anciens moines du monastère de la Verne : un lieu de quiétude, propice au recueillement.

Revenir à la D 14.
Après le col de Taillude, la route domine un vallon et, au-dessus, le monastère de la Verne ; puis, après le hameau de Capelude, situé en contrebas, elle longe le ruisseau du Périer au-delà duquel la **vue** porte sur la plaine de Grimaud et le golfe de St-Tropez.
Brusquement, la route traverse la vallée de la Giscle, le ruisseau de Grimaud, d'où l'on distingue Grimaud et les belles ruines de son château.

Grimaud★ *(voir ce nom)*
Piquant au Sud par la D 558, on traverse la plaine de Grimaud.

Cogolin *(voir ce nom)*
La N 98 remonte la vallée de la Môle. À 8 km de Cogolin, juste avant La Môle, la D 27, sinueuse, quitte la vallée pour traverser la chaîne littorale.
Rejoindre le Lavandou par la route côtière.

DE ST-TROPEZ À ST-RAPHAËL 3

39 km – 1/2 journée, visite de St-Tropez et de St-Raphaël non comprise. Quitter St-Tropez par le Sud-Ouest, D 98A.
La route longe le Sud du golfe de St-Tropez ; belles vues sur la rive opposée.

Port-Grimaud★ *(voir Grimaud)*
Revenir à la N 98 qui longe la rive Nord du golfe, découvrant le beau site de St-Tropez. Suivre la N 98 jusqu'à St-Aygulf.

Au-delà de **St-Aygulf**, la **vue** embrasse la plaine du bas Argens. Du massif des Maures se détachent les superbes rochers de la montagne de Roquebrune ; dans l'Esterel, on distingue, derrière le sémaphore du Dramont, le pic du Cap-Roux.

Saint-Aygulf *(voir Fréjus)*

La route longe sur la gauche le parc d'attractions nautiques **Aquatica** avant de pénétrer dans Fréjus *(voir le « carnet pratique » de Fréjus).*

Fréjus★ *(voir ce nom)*

Quitter Fréjus au Sud par le boulevard S.-Decuers.

Fréjus-Plage *(voir Fréjus)*

On longe la mer pour rentrer à St-Raphaël.

ROUTE DES SOMMETS★ 4

120 km au départ de St-Tropez (voir ce nom) – une journée.

Ce circuit traverse des régions boisées et offre de belles vues. Par des routes peu fréquentées, il conduit au pied des sommets jumeaux du massif : N.-D.-des-Anges et la Sauvette.

Quitter St-Tropez par le Sud-Ouest, D 98^{A}. La route longe le Sud du golfe de St-Tropez. À la Foux, prendre la N 98 pour Cogolin.

Aérien

La Môle, le village du *Petit Prince*, est équipé d'un aérodrome où votre avion privé pourra atterrir. L'avion comme le désert inspiraient la méditation chez cet humaniste de l'action que fut Saint-Exupéry (1900-1944).

Cogolin *(voir ce nom)*

La route remonte la vallée de la Môle. Peu avant le village du même nom, on aperçoit, à droite, le château, cantonné de deux tours rondes à poivrières, où **Antoine de Saint-Exupéry** passa une partie de sa jeunesse. Puis on traverse de grandes exploitations de vignobles avant de s'enfoncer dans la **forêt du Dom★**.

Poursuivre sur la N 98. Au col de Gratteloup, prendre à droite la D 41, puis après La Rivière, la D 14 sur la droite. 3 km après Collobrières, prendre à gauche la D 39.

Cette route sinueuse surplombe un ruisseau encaissé et permet d'apercevoir le sommet de la Sauvette à droite. Au col des Fourches s'embranche à gauche une petite route pour N.-D.-des-Anges dont on aperçoit bientôt le relais de la TDF.

N.-D.-des-Anges★

Plus que pour le **prieuré,** refait au 19e s., ce site est admirable pour les **vues★** qu'il procure, au-delà du rideau d'arbres entourant la chapelle : les Alpes dans le prolongement de l'Argens ; la mer, les îles d'Hyères, la presqu'île de Giens et Toulon, par-delà les Maures ; la Ste-Baume à l'Ouest ; la Corse par temps très clair.

Revenez au col des Fourches et tourner à gauche vers Gonfaron.

La route passe à proximité du point culminant des Maures, la Sauvette (alt. 780 m), et descend vers la plaine du Luc.

Gonfaron

Ce village, adossé au massif des Maures, est un centre actif de l'industrie bouchonnière. À la sortie Nord, une chapelle consacrée à saint Quinis coiffe une butte isolée.

Table d'orientation de N.-D.-des-Anges.

Écomusée du Liège – ☎ *04 94 78 30 05 - possibilité de visite guidée (1h) sur demande préalable à la mairie : mar. 9h30-11h, 15h-19h30 et merc. 10h-12h, 14h-17h - 4 €.*
Les traditions du liège avec reconstitutions et outils y sont retracées.

Village de tortues de Gonfaron – *En arrivant dans le village de Gonfaron, prendre à droite la D 75 que l'on suit sur environ 2 km. Pour une visite plus intime, préférer les créneaux horaires de 11h ou 16h.* ☎ *04 94 78 26 41 -www.villagetortues.com - ♿ - mars-nov. : 9h-19h - 9 € (enf. 6 €).*
Bien à l'abri dans le maquis des Maures, des tortues représentatives de trois espèces importantes se reproduisent ici paisiblement : tortues d'Hermann (friandes de feuilles de chêne, fruits et mollusques), cistudes (espèce aquatique française carnivore) et tortues grecques (animal de compagnie).

Espèce protégée

La **tortue d'Hermann** est la seule espèce terrestre autochtone (on en trouve également en Corse). Vieille d'un million d'années, elle peut vivre jusqu'à cent ans. Elle hiberne dans une souche d'arbre jusqu'en juin, moment où la femelle pond ses œufs dans un nid aussitôt abandonné. Victime en particulier des incendies, mais aussi des machines à débroussailler et du ramassage intempestif des promeneurs, elle est désormais protégée.

D. Pazery/MICHELIN

« Home sweet home » : à Gonfaron, les tortues d'Hermann font comme chez elles.

Une section « Petite Afrique » présente des espèces de Madagascar et d'Afrique Noire (l'association œuvrant dans ces pays). On visite également l'écloserie, la nurserie (pour les moins de 5 ans), le *terrarium* pour l'hibernation des juvéniles, les enclos et la clinique de soins (car ici on recueille aussi les animaux blessés ou malade).

Prendre la D 75 vers l'Est, puis la D 558.
La route monte vers la Garde-Freinet, dominée par les ruines de son château.

La Garde-Freinet *(voir ce nom)*
Quitter La Garde-Freinet au Sud, par la D 558. La route descend à travers chênes-lièges et châtaigniers, avec de beaux aperçus sur le golfe et la presqu'île de St-Tropez.

Grimaud★ *(voir ce nom)*
Rentrer à St-Tropez par les D 14, N 98 et D 98^A à la Foux.

Menton★★

Son climat passe pour être le plus chaud de la Côte d'Azur. Une végétation tropicale prospère, palmiers et citronniers en tête, fait qu'on ose à peine parler d'hiver dans cette ville au merveilleux cadre montagneux, adossée à des pentes boisées ou cultivées d'agrumes et d'oliviers. Festivités et promenades occuperont estivants comme hivernants.

La situation

Carte Michelin Local 341 F5 – Schémas p. 307 et 325 – Alpes-Maritimes (06). Menton se situe à une trentaine de kilomètres à l'Est de Nice par les corniches *(voir corniches de la Riviera)*. Ceux qui veulent y accéder rapidement sans regarder le paysage défiler prendront l'A 8. Nombreux parkings près du port.
Palais de l'Europe, 8 av. Boyer, 06500 Menton, ☎ *04 92 41 76 76. www.villedementon.com*

Conseil

Les mosaïques de galets posés sur la tranche sont une tradition mentonnaise très décorative. Prévoyez des semelles épaisses si vous avez l'intention d'arpenter longuement les ruelles de la ville...

Le nom

Au 11e s., le site autour de l'Annonciade se nomme « Puypin », c'est-à-dire « pépin » (de citron ?). « Menton » apparaît en 1261 et pourrait venir de *Mons Othonis*, le mont d'Othon, du nom du comte de Vintimille.

La fête du Citron

Les citrons, spécialités réputées de l'agriculture locale, aujourd'hui en partie importés d'Espagne, règnent sur le **Carnaval de Menton** depuis la première exposition d'agrumes (1929). 120 tonnes de citrons, oranges, pamplemousses, kumquats, fixés par des élastiques sur des armatures en métal, illustrent un thème nouveau chaque année. Ils sont revendus en gros à bas prix après la fête (défilé de chars, expositions, attractions).

Les gens

Écrire à Menton
Émile Zola y a écrit *La Faute de l'abbé Mouret*, dans la villa Le Paradou, et la Néo-Zélandaise **Katherine Mansfield** (1888-1923), *L'Étranger, La Femme de chambre, La Jeune Fille.*

28 812 Mentonnais. Menton a été et est encore cosmopolite ; beaucoup d'Italiens y viennent en voisins. Parmi les architectes qui s'illustrèrent à Menton à la Belle Époque, outre **Charles Garnier** qui y résida (et dessina les plans de deux villas) et le Danois **Georg Tersling**, citons le Mentonnais **Adrien Rey** qui a laissé, entre autres, l'agréable marché couvert du quai de Monléon (1898), décoré de céramiques colorées dues à la fabrique locale des Saïssi.

comprendre

Entre France et Italie – Les fouilles des Rochers Rouges de Grimaldi, à la frontière italienne, attestent une présence humaine dès le paléolithique supérieur, mais on ne sait pas grand chose de la suite. Fondé au 13e s., Menton devient propriété des Grimaldi de Monaco en 1346, bien que son église dépende de l'évêché italien de Vintimille.

Ombrelles et couronnes – En 1860, Menton est rattaché à la France, juste avant l'invasion de la Côte d'Azur par l'aristocratie européenne. Jusqu'en 1914, cette dernière vient à Menton soigner sa tuberculose ou simplement passer un hiver douillet. Palaces et autres bâtiments somptueux fleurissent, tandis que les Mentonnais continuent à cultiver avec succès les olives et surtout les citrons.

Aujourd'hui – Les guerres mondiales n'ont pas épargné Menton, la première en sonnant le glas du tourisme Belle Époque, la seconde par deux occupations, italienne et allemande. Depuis, le tourisme d'été a largement contribué au développement de la ville, dont la zone résidentielle s'étend à l'Ouest jusqu'à toucher Roquebrune-Cap-Martin, et à l'Est vers la frontière italienne.

À la tombée du jour, il fait bon flâner sur les quais du vieux port où se prolonge l'animation des ruelles.

E. Baret/MICHELIN

carnet pratique

Transports

Train – La ligne TER Nice/Vintimille dessert Monaco et Menton. ☎ *0892 35 35 35. www.ter-sncf.com/paca*

Bus – *Gare routière - av. de Sospel - ☎ 04 93 35 93 60.* Neuf lignes desservent Menton et ses environs. Ticket à l'unité en vente auprès des conducteurs. Abonnements et cartes 10 voyages en vente en gare routière.

Les Bateaux de la French Riviera – *3 bis Traverse du Bastion, quai Napoléon-III, vieux port de Menton - ☎ 04 93 35 36 38 - cntmenton@aol.com - ouv. tlj sf sam. avr.-oct. (15 €) ; pour la Riviera française (1h45) mer. et dim. à 14h30. (15 €) ; pour la Riviera italienne (1h45) lun. et jeu. à 14h30. Promenades commentées pour Monaco avec ou sans escale (12 ou 13 €) - fermé mi-oct. à mi-avr.* Cette compagnie organise des promenades en mer commentées en français au départ de Menton.

Visite

Visites guidées – *S'adresser à la Maison du Patrimoine, 24 r. Saint-Michel - ☎ 04 92 10 97 10 ou www.vpah.culture.fr - mar. 14h30 : visites-découvertes animées par des guides-conférenciers agréés par le ministère de la Culture et de la Communication - 5 €.*

Visite de jardins – La Maison du Patrimoine *(voir ci-dessus)* organise des visites des jardins toute l'année. Meilleurs moments : Mois des jardins *(juin)*, Journées méditerranéennes du jardin et Journées du patrimoine *(sept.)*.

Petit train – *Jardin du Bastion - ☎ 04 92 41 76 76 - www.menton.fr - visite commentée (30mn) 10h-12h, 14h-19h (17h de Noël à Pâques). En juil.-août, nocturnes 20h30-23h30 pour voir Menton illuminé.*

Se loger

⊖ **Hôtel de Londres** – *15 av. Carnot - Autoroute sortie 59 dir. Menton - ☎ 04 93 35 74 62 - www.hotel-de-londres.com - fermé 1er nov.-10 janv. - 27 ch. 58/110 € - ☕ 8,50 € - restaurant 15,50/26 €.* Rénovation réussie pour cet accueillant hôtel situé à deux pas du front de mer. Chambres de taille variable, bien insonorisées et meublées dans un style rustique ou moderne ; elles sont toutes climatisées en façade. La terrasse, en net retrait de la rue, est très agréable.

⊖⊖ **Dauphin** – *28 av. du Gén.-de-Gaulle - ☎ 04 93 35 76 37 - le.dauphin.hotel@wanadoo.fr - fermé 12 nov.-17 déc. - P - 26 ch. 62/89 € - ☕ 7 € - restaurant 19 €.* Cet hôtel idéalement situé face à la mer abrite des chambres, climatisées, insonorisées et dotées de balcons ; préférez celles qui s'ouvrent sur la Méditerranée. Les musiciens apprécieront le studio de répétition, bien isolé et équipé d'un piano. Fitness.

⊖⊖ **Orly** – *27 Porte de France - ☎ 04 93 35 60 81 - hotel.orly@wanadoo.fr - fermé 15 nov.-27 déc. - P - 29 ch. 68/122 € - ☕ 5 € - restaurant 21/45 €.* Hôtel du front de mer que seule la route sépare des plages de Garavan. Chambres fonctionnelles, plus tranquilles à l'arrière. Recettes traditionnelles servies en terrasse ou dans une sobre salle à manger éclairée par de vastes baies.

E. Baret/MICHELIN

Ancien hôtel Riviera.

Se restaurer

⊖ **Au Pistou** – *9 quai Gordon-Bennett - ☎ 04 93 57 45 89 - fermé 15 nov.-15 déc., dim. soir en hiver et lun. - 13,90/27 €.* L'affaire, située sous les arcades du port, est gérée en famille : jusqu'au doyen de la maison qui ramène les produits de sa pêche ! Sobre décor de type bistrot, terrasse sur caillebotis et cuisine aux plaisantes saveurs méditerranéennes.

⊖⊖ **A Braijade Méridiounale** – *66 r. Longue - ☎ 04 93 35 65 65 - contact@abraijade.com - fermé 6-12 janv., 15 nov.-5 déc., merc. et le midi en juil.-août - 23/45 €.* Simple restaurant discrètement niché dans une des pittoresques ruelles de la vieille ville. Intérieur chaleureux : cheminée, poutres et pierres apparentes. Le chef propose une cuisine régionale et des grillades.

⊖⊖ **Au Petit Gourmand** – *11 r. Trenca - ☎ 04 93 35 79 27 - fermé 25 juin-10 juil., 10-25 janv., lun. midi et merc. - 23,70/29,70 €.* Fort d'un passage chez Michel Guérard à Eugénie-les-Bains, le maître des lieux présente une carte originale à l'accent provençal, travaillée au gré des saisons et des marchés. La petite salle ornée de tableaux et prolongée d'une terrasse devient ainsi le refuge des gourmets en quête de saveurs renouvelées.

⊖⊖ **Auberge Pierrot-Pierrette** – *Pl. de l'Église, à Monti - ☎ 04 93 35 79 76 - pierrotpierrette@aol.com - fermé 1er déc.-15 janv. et lun. - 28/39 € - 7 ch. 67,70/76 € - ☕ 7,50 €.* C'est dans un petit hameau tranquille perché sur les hauteurs de Menton que se niche cette auberge familiale entourée d'un jardin qui embaume la rose. La cuisine provençale généreuse et bien tournée achèvera de vous convaincre avec ses raviolis à la niçoise ou à la mentonnaise, ses paupiettes de veau farcies et autre daurade royale en bouillabaisse.

⊖⊖ **M.N. Café** – *Pl. St-Michel - 06500 Castillon - ☎ 04 93 04 03 83 - www.marenostrum.com.fr - fermé dim. soir et merc. hors sais. - 19/40 €.* M. N. pour Mare Nostrum, précise la carte de ce restaurant aménagé au sein de la brasserie artisanale éponyme. Le menu principal utilise avec succès les bières fabriquées sur place tandis que les autres plats vous entraînent sur la route des épices. Également, visite guidée de la brasserie et dégustation-vente.

En soirée

Bon à savoir – Le climat de Menton étant réputé pour être le plus doux de la Côte d'Azur, la ville attire particulièrement les personnes âgées. D'où le grand nombre de salons de thé et de restaurants qui occupent cette charmante station balnéaire. Les noctambules seront peut-être déçus : les bars de nuit sont rares.

Casino de Menton – *Av. Félix-Faure - ☎ 04 92 10 16 16 - www.lucienbarriere.com - à partir de 10h.* Jeux traditionnels et machines à sous, restaurant, discothèque, salle de spectacles, bar-lounge.

Palais de l'Europe de Menton – *8 av. Boyer - ☎ 04 92 41 76 50 - www.villedementon.com - galerie d'expo. : tlj sf mar. 10h-12h, 14h-18h ; billetterie Office de tourisme : tlj sf w.-end 10h-12h,14h-17h.* Beau palais de 730 places où sont organisés des ballets, des opéras et opérettes, des pièces de théâtre et des concerts de musique classique. Le bâtiment comprend également une galerie d'art contemporain où sont présentées des expositions temporaires dont l'accès est gratuit.

D. Pazery/MICHELIN

Que rapporter

Marchés – *Tlj en matinée.* Marché couvert quai de Monléon. Marché du Careï en haut des jardins Biovès, sous le pont du chemin de fer.

Confitures Herbin – *2 r. du Vieux-Collège - ☎ 04 93 57 20 29 - www.confitures-herbin.com - tlj sf dim. 9h15-12h, 15h15-19h, dim. en sais. 10h30-12h, 16h-19h.* Difficile de ne pas succomber au péché de gourmandise dans cette maison familiale qui produit un nombre impressionnant de confitures, mais aussi des confits, des moutardes, des vinaigres et des miels aux saveurs variées. Si le cœur vous en dit, vous pourrez visiter la fabrique artisanale.

Citron – Les boutiques déclinent le fruit d'or sous forme de tartes, pains d'épice, confitures, bonbons, pâtes d'amande, vins de citron, savons, bougies, eaux de toilette, parfums...

Sports & Loisirs

Bon à savoir – La Promenade de la Mer concentre la plupart des organismes de loisirs : clubs de voile, de plongée, d'ULM... A ne pas manquer : le club de tennis et le Palais de l'Europe.

Koaland – *Av. de la Madone - ☎ 04 92 10 00 40 - juil.-août : 10h-12h, 16h-0h ; reste de l'année : 10h-12h, 14h-19h - fermé mar. pdt vac. scol.* Parc de loisirs pour les plus jeunes. Minigolf et restauration de type snack (boissons, crêpes, glaces, etc.).

Compagnie de Navigation et de Tourisme – *3 bis Traverse du Bastion, quai Napoléon III, Vieux Port de Menton - ☎ 04 92 35 51 72 - info@cntmenton.com - ouv. tlj sf sam. avr.-oct. (15 €) ; pour la Riviera française (1h45) merc. et dim. à 14h30. (15 €) ; pour la Riviera italienne (1h45) lun. et jeu. à 14h30. Promenades commentées pour Monaco avec ou sans escale (12 ou 13 €) - fermé de mi-oct. à mi-avr.* Cette compagnie organise des promenades en mer commentées en français au départ de Menton.

ULM Club – *Prom. de la Mer - ☎ 04 93 14 00 12 - mai-sept. : 8h-21h ; oct.-avr. : 9h-17h sur demande préalable.* Ce club dispose d'une base hydro ULM où l'on propose baptêmes de l'air et vols d'initiation à l'hydravion à bord d'un Weedhopper Europa 2. Sensations fortes garanties !

Calendrier

Fête du Citron – 2 semaines en février, autour de Mardi gras. Réserver au moins 2 mois à l'avance, l'évènement attire beaucoup de monde. ☎ *04 92 41 76 95.*

Salon des Orchidées – Pendant la fête du Citron.

Festival de Musique de chambre – Août. Environ 10 concerts donnés sur le parvis de la basilique St-Michel. Solistes et chefs d'orchestre prestigieux ont bâti sa réputation internationale. ☎ *04 92 41 76 95.*

se promener

À voir aussi

Décors Belle Époque : ancien hôtel d'Orient *(1 r. de la République)* ; Winter-Palace *(20 av. Riviera)* ; Riviera-Palace *(28 av. Riviera)* ; marché couvert *(quai de Monléon)*.

◀ LA VIEILLE VILLE★★

Compter 2h.

Rue St-Michel

Cette rue piétonne, bordée d'orangers et de nombreuses boutiques, conduit au cœur du vieux Menton. À mi-chemin, à droite, l'agréable **place aux Herbes**, dotée d'une colonnade et d'une fontaine, donne accès au marché.

Arrivé place du Cap, monter la rue des Logettes.

MENTON

Bosano (R. Lt)	Y 5	Guyau (R.)	Y 19	République (R. de la)	Z 33
Boyer (Av.)	Z 6	Herbes (Pl. aux)	Z 20	St-Michel (R.)	Z
Carnot (Av.)	Z 10	Laurenti (Av.)	Y 21	St-Roch (Pl. R.)	Z 35
Ciapetta (R.)	Z 12	Logettes (R. des)	Z 22	Trenca (R.)	Z 37
Félix-Faure (Av.)	Z	Longue (R.)	Y 24	Verdun (Av. de)	Z 40
Gallieni (R. Gén.)	Z 18	Monléon (Q. de)	Z 27	Vieux-Château (R.)	Y 42
		Partouneaux (R.)	Z 30	Villarey (R.)	Z 44

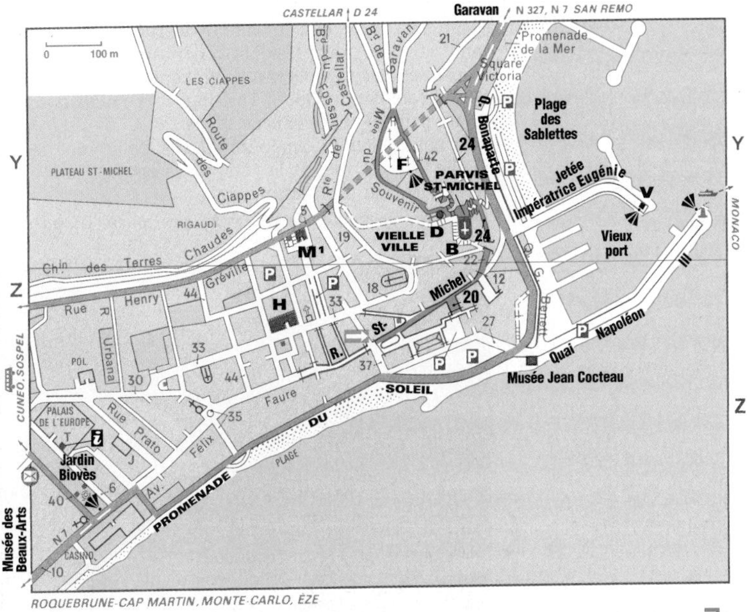

Basilique St-Michel-Archange	Y B	Cimetière du Vieux-Château	Y F	Musée de préhistoire régionale	Y M1
Chapelle de la Conception	Y D	Hôtel de Ville	Z H	Sculpture de Volti	Y V

Celle-ci se transforme bientôt en **rue Longue**, ex-artère principale de la ville et ancienne via Julia Augusta.

Parvis St-Michel★★

Accès par les rampes du Chanoine-Gouget. Dans ce décor à l'italienne, vous apprécierez la vue sur la mer et la ville. Pavé d'une belle mosaïque de galets gris et blancs dessinant les armes des Grimaldi, le parvis est encadré par les façades baroques de deux églises et par de vieilles demeures mentonnaises.

S. Sauvignier/MICHELIN

Rampe d'accès au parvis St-Michel.

Façade de la chapelle de la Conception★

Chapelle des Pénitents-Blancs (1689), très restaurée au 19e s. ; guirlandes de fleurs en stuc, fronton en anse de panier surmonté des statues des trois Vertus théologales.

Basilique St-Michel-Archange

☎ 04 93 35 81 63 - tlj sf w.-end : 10h-12h, 15h15-17h.

La plus belle et la plus vaste église baroque de la région. Façade jaune et vert pâle à deux étages, flanquée, à gauche, de la tour (15e s.) d'une église antérieure coiffée d'un campanile à tuiles vernissées (17e s.), et, à droite, du grand campanile (53 m) d'allure génoise ajouté au début du 18e s. Les statues au-dessus des portes figurent saint Michel entouré de saint Maurice et de saint Roch.

L'intérieur en croix latine, inspiré de l'Annunziata de Gênes, est somptueux. Les chapelles latérales, au décor baroque dû en partie à des artistes mentonnais comme Puppo et Vento sont les chapelles funéraires de notables mentonnais et monégasques. Dans le chœur, **buffet d'orgue** (17e s.), stalles du 18e s. surmontées de *Saint Michel* (1569) de Manchello, maître-autel au baroque exubérant. ▶

Une rampe en escalier accède à la rue du Vieux-Château, qui aboutit au cimetière.

Honoré III de Monaco se maria en 1757 dans la basilique et offrit des tentures en damas amarante (rouge), visibles tous les cinq ans dans le chœur et la nef. À droite du chœur, la chapelle des princes de Monaco ; tableau de *Sainte Dévote devant le Rocher* (17e s.).

Cimetière du Vieux-Château

Ses terrasses superposées, que l'on distingue nettement du port, occupent l'emplacement de l'ancien château médiéval. Chaque niveau accueille une religion ou une nationalité différente, celles notamment des riches hivernants du Menton du 19e s. Parmi eux : le révérend Webb Ellis, prétendu inventeur du rugby, les oncle et tante (Delano) du président américain Roosevelt, des princes russes (Troubetzkoy, Volkonsky, Ouroussof) et l'architecte danois Georg Tersling, concepteur de nombreux palaces et résidences sur la Côte.
À la pointe Sud du cimetière anglais, belle **vue★** sur la vieille ville, la mer et la côte, de la pointe Mortola en Italie jusqu'au cap Martin.

Descendre la montée du Souvenir, qui ramène au parvis.

J. Guillard/SCOPE

Chaque année, les jardins Biovès se peuplent d'étranges créatures orange et jaunes, autant de variétés d'agrumes.

LE BORD DE MER ET LES PLAGES

Depuis le casino municipal.

Promenade du Soleil★★

Environ 2 km de promenade. D'un côté, la mer et une longue plage de galets gris ; de l'autre, la vieille ville et les Alpes, puis toute la façade littorale de la ville moderne. Des terrasses de cafés permettent de s'asseoir face à la mer.

Vieux port

Utilisé par les pêcheurs et les plaisanciers, il est encadré par le **quai Napoléon-III**, le long de la jetée du phare, et par la **jetée Impératrice-Eugénie**. De son extrémité, près de la sculpture de Volti, *Saint Michel à la mer*, **vue★** sur le vieux Menton soutenu par des arcades ; au fond, sur les montagnes de l'arrière-pays et la côte du cap Martin à Bordighera (le cap Mortola cache Vintimille).

La Riviera italienne
À deux tours de roues, en train ou en voiture : **Vintimille** (ville médiévale, grand marché le vendredi), **jardins Hanbury★★** et **Bordighera**. *Voir « Escapade Transalpine » dans les Informations pratiques.*

Plage des Sablettes

Planche à voile et scooter des mers interdits. Cette plage de graviers est surplombée par le **quai Bonaparte**. De là, agréable coup d'œil sur la vieille ville.

Garavan

Autrefois isolé de Menton, à côté de la frontière italienne, Garavan en est devenu un luxueux quartier résidentiel, où vous découvrirez nombre de témoignages (souvent représentatifs du style éclectique alors en vogue) de l'architecture Belle Époque comme la fondation Barriquand-Alphand, d'Abel Gléna (bd. de Garavan). Le port de plaisance peut accueillir à quai des unités de 40 m de long. La petite **chapelle St-Jacques**, édifice baroque du 17e s., abrite des expositions municipales.

LES JARDINS DE MENTON★

Jardin Biovès

Centre-ville. Beau jardin de ville avec palmiers, orangers, citronniers, et fleurs, décoré de fontaines et de statues (*Déesse aux fruits d'or*, de Volti). Jolie **perspective** sur les montagnes de l'arrière-pays.

Jardin du Val Rameh★

Chemin de St-Jacques, voir schéma p. 259. ☎ 04 93 35 86 72 - avr.-sept. : tlj sf mar. 10h-12h30, 15h-18h ; oct.-mars : tlj sf mar. 10h-12h30, 14h-17h - fermé 1er Mai - 4 € (enf. 2 €).
Jardin botanique touffu, au meilleur de ses couleurs en juin-juillet. Créé vers 1930 autour de la villa Val Rameh par des Anglais passionnés, il fut repris en 1966 par le muséum d'Histoire naturelle de Paris. Il regroupe plus de 700 espèces végétales venant d'Australie, d'Asie et d'Amérique : agrumes, fruits exotiques (passiflore, sapote blanche, goyave, avocat), bassin de lotus de l'Inde. De ses terrasses, vue vers la ville ancienne et la mer.

SANS OUBLIER
Oliveraie du Pian – *Bd de Garavan. Possibilité d'y accéder par un escalier depuis le jardin du Val Rameh.* Plus de 530 oliviers centenaires. On s'y donne rendez-vous pour la promenade du dimanche ou pour pique-niquer.

S. Sauvignier/MICHELIN

Exotisme au jardin du Val Rameh.

Jardin Fontana Rosa

Av. Blasco-Ibanez, voir schéma p. 259. Visite uniquement avec la Maison du Patrimoine. ☎ 04 92 10 97 10 - visite guidée (1h30) vend. 10h - fermé 1er janv., 1er Mai, 14 Juil., 15 août, 11 Nov. et 25 déc.- 5 € (enf. gratuit).
La villa Fontana Rosa se signale à l'attention du passant par son porche orné de céramiques représentant de grands noms de la littérature espagnole. Elle a été créée en 1921 par le romancier **Vicente Blasco Ibañez**. Kiosque, bancs et bassins couverts de céramique colorée donnent de fait un petit air espagnol au jardin.

Jardin de Maria Serena

Promenade Reine-Astrid, voir schéma p. 259. Visite uniquement avec la Maison du Patrimoine. ☎ 04 92 10 97 10 - visite guidée (1h30) mar. 10h - fermé 1er janv., 1er Mai, 14 Juil., 15 août, 11 Nov. et 25 déc.- 5 € (enf. gratuit).
Construite (suppose-t-on) par Charles Garnier, la villa Maria Serena est entourée du jardin le plus tempéré de France : il n'y fait jamais moins de 5 °C. Collection de palmiers ; vue sur Menton et la vieille ville.

Jardins Serre de la Madone

74 route de Gorbio, voir schéma p. 259. Visite uniquement avec la Maison du Patrimoine. ☎ 04 93 57 73 90 - www.serredelamadone.com - avr.-oct. : tlj sf lun. 10h-18h - déc.-mars : tlj sf lun. 10h-17h - possibilité de visite guidée (1h30) - fermé nov. - 8 € (12-18 ans 4 €).
« Serre » signifie « crête » en provençal. Ce grand jardin en pente, créé dans les années 1920-1930 par Lawrence Johnston, a été sauvé de la spéculation immobilière. Ses grands arbres (dont une espèce non identifiée !) font écran aux environs et cachent une petite villa et de grands bassins.

visiter

Voir les plans pour localiser les sites.

Musée des Beaux-Arts (palais Carnolès)★

Accès par l'av. Carnot. ☏ 04 93 35 49 71 - tlj sf mar. 10h-12h, 14h-18h - fermé j. fériés - gratuit.

Le bâtiment, construit au 17e s. dans l'esprit du Grand Trianon, accueillit le gotha avant d'être acheté au 19e s. par l'Américain Allis, célèbre ichtyologiste (qui étudie les poissons), qui le fit restaurer et redécorer par l'architecte danois Tersling et l'Allemand Matthiessen.

Bel intérieur
Dans les salles de cette ancienne résidence d'été des princes de Monaco : escalier en fer forgé, superbe décor de fresques à la mode antique, dorures et stucs (Grand Salon de musique Antoine Ier, salon Bleu).

L'**art ancien** *(étage)* est illustré par des peintures essentiellement religieuses d'artistes français, italien et flamand : œuvres de Louis Bréa, du Maître de la Maddalena (13e s.), de Léonard de Vinci, de Bernadino Orsi et de Ph. de Champaigne. Quelques tableaux modernes de Suzanne Valadon, Kisling et Camoin.

Les expositions temporaires *(rez-de-chaussée)* de **peinture moderne et contemporaine** puisent dans la collection Wakefield Mori (Picabia, Forain, Dufy...), les apports des Biennales de peinture et les dons des artistes (Gleizes, Desnoyers, Delvaux, Sutherland).

À la sortie, en hiver, les arbres du **jardin d'agrumes** (plus de 400 d'une cinquantaine d'espèces) seront chargés de fruits ; en été resteront les sculptures modernes des allées.

Musée Jean-Cocteau

☏ 04 93 57 72 30 - tlj sf mar. 10h-12h, 14h-18h - fermé j. fériés - 3 € (-18 ans gratuit), gratuit 1er dim. du mois.

Ce bastion, bâti par Honoré II de Monaco (17e s.), a été restauré et transformé en musée (salle des gardes et magasins de munitions) sous la direction de Cocteau, qui y travailla à partir de 1957. L'artiste a réalisé les mosaïques extérieures en galets *(Orphée, Faune de la jeunesse, Mentonnaise et Pêcheur)* et dessiné les vitrines qui abritent ses vases zoomorphes. La tapisserie l'*Âge du Verseau* fut tissée par les ateliers des Gobelins. À l'étage, série de pastels *Les Innamorati* (1961).

Immanquables
Mosaïque au lézard (emblème méditerranéen), technique mentonnaise utilisée par Cocteau. *Judith et Holopherne*, « seule vraie tapisserie moderne », disait Matisse. Poétique portrait de Cocteau par McAvoy.

Hôtel de ville

Ce bel édifice inspiré du style italien abrite une **salle des mariages★** décorée par Jean Cocteau : histoire d'Orphée et Eurydice et une noce imaginaire. Un pêcheur à l'œil en forme de poisson porte l'ancien bonnet des pêcheurs de Menton, une jeune fille est coiffée d'un chapeau niçois. Au plafond, la Poésie chevauche Pégase, la Science jongle avec les planètes et l'Amour n'est plus aveugle. Cocteau a choisi le mobilier lui-même : les candélabres en forme de palmier, les chaises de type espagnol, la peau de panthère face à la table de mariage. Il a également dessiné les deux Marianne gravées sur les miroirs de l'entrée. *Visite de la salle des mariages Jean Cocteau tlj sf w.-end 8h30-12h30, 14h-17h. Fermé j. fériés. 1,50 €. ☏ 04 92 10 50 20. www.villedementon.com*

Musée de Préhistoire régionale

Tlj sf mar. 10h-12h, 14h-18h. Fermé j. fériés. Gratuit. ☏ 04 93 35 84 64.

Joli bâtiment (1909) construit spécialement par l'architecte Adrien Rey. Les fouilles de Bonfils, naturaliste mentonnais du 19e s., ont fourni le noyau des collections de préhistoire régionale *(rez-de-chaussée)*, dont on suit les grandes étapes de 1 million d'années à 1 500 ans avant J.-C. *(salle de projection, bornes interactives)*.

Dans les grottes
Le feu, la métallurgie, l'agriculture, mais aussi la maladie, l'art, le quotidien : des scènes reconstituent la vie des premiers hommes de la région, à Caucade, au mont Bego, au Cavillon...

L'histoire, l'art et les traditions mentonnaises sont retracés à travers des reconstitutions d'intérieurs (cuisine et chambre), des objets traditionnels de la culture du citron, des olives et de la pêche.

Église orthodoxe russe

R. Morillot. Accès par l'av. Carnot. ☎ 04 92 10 97 10 - visite guidée (1h30) : 4e sam. du mois 14h30 - fermé juil.-août. Œuvre de l'architecte danois Tersling (1892). Ses dimensions modestes sont plutôt celles d'une chapelle. Intérieur richement décoré de peintures murales réalisées par le prince Gagarine et de nombreuses icônes.

Alentours

L'Annonciade★

6 km. Quitter Menton par les avenues de Verdun et de Sospel et tourner à gauche dans une petite route (signalisée) en forte montée et très sinueuse. La **chapelle** (17e s.) est un centre de pèlerinage marial depuis le 11e s. L'endroit vaut surtout par le **panorama★** depuis la terrasse, côté mer (de la pointe de Bordighera au cap Martin) et côté terre (montagnes autour de Menton).

Gorbio★

9 km. Quitter Menton par la D 23, route de Gorbio, étroite et tortueuse (croisement souvent difficile). Le val de Gorbio, très fleuri, bordé d'oliviers, de pins et de luxueuses résidences, précède Gorbio, perché dans un **site★** rocheux et sauvage. Ruelles pavées de galets, fontaine Malaussène dans une rue voûtée et orme planté en 1713, sont à découvrir dans cette cité médiévale. En contournant l'église, beau **point de vue** sur la mer vers la pointe de Bordighera.

En colimaçon

La **procession aux limaces** (des coquilles d'escargot remplies d'huile et garnies d'une mèche allumée) a lieu à Gorbio le jour de la Fête-Dieu (juin).

Sainte-Agnès★

13 km. Quitter Menton au Nord par l'avenue Carnot, puis à droite le cours René-Coty, l'avenue des Alliés et la route des Castagnins (D 22). Route en montée continue au-dessus du val de Gorbio. Au **col St-Sébastien** (alt. 602 m), **vue★** sur le joli village de Ste-Agnès, le plus haut du littoral (alt. 800 m), et son site : une falaise de calcaire gris que le soleil couchant enflamme de superbes teintes roses. Petites rues étroites, voûtées, pavées de galets et bordées de boutiques d'artisans (rue Longue, rue des Comtes-Léotardi). Près du cimetière, un chemin mi-caillouteux, mi-maçonné conduit aux ruines du château : jardin médiéval, table d'orientation et vaste **panorama★★**

E. Baret/MICHELIN

Ste-Agnès est le plus haut village du littoral.

Fort Maginot de Ste-Agnès – *Le parking Sud (à droite à l'entrée du village) est à côté. Même en été, prévoir un vêtement chaud, il fait froid à l'intérieur. Juil.-sept. : visite guidée (1h) 15h-18h ; oct.-juin : w.-end 14h30-17h30 ; fév. (pdt la fête du Citron à Menton). 3,05 €. ☎ 04 93 35 84 58.* Dissimulé par le décrochement naturel des rochers, le fort fut construit de 1931 à 1938 pour renforcer le secteur alpin de la ligne Maginot et protéger les approches de la baie de Menton, au Sud-Est. Outre canons et mortiers, la visite fait découvrir l'organisation de ce fort creusé profondément dans la falaise, ainsi que le quotidien spartiate de la garnison.

De la plate-forme en contrebas du fort, **vue★★** sur la côte de Bordighera au cap Martin ; à droite, le mont Agel.

Résistance

Ce point d'appui en 1940 était défendu par le capitaine de réserve instituteur Jean Allègre. Il s'engagea dans le groupe résistant « Franc-Tireur » et devint chef de l'Armée Secrète à Nice. Emprisonné en Italie puis déporté à Neuengamme, il en revint.

Castellar

13 km. Quitter Menton au Nord par la route de Castellar. Agréable village perché, aux vieilles rues parallèles reliées par des passages voûtés. Place Clemenceau, vue sur la mer et les sommets environnants. À l'intersection des GR 51 et 52, c'est également un centre d'excursions pédestres.

Au retour, au bout de 2,5 km, prendre le sinueux « chemin du Mont-Gros ». Belles vues sur la côte et l'arrière-pays.

Roquebrune-Cap-Martin★ *(voir ce nom)*

circuit

ROUTE DU COL DE CASTILLON

21 km – environ 1h30. Quitter Menton par les avenues de Verdun et de Sospel.

La route du col, dite aussi route de la Garde, relie le pays mentonnais au bassin de Sospel grâce aux vallées du Carei et du Merlanson, torrent affluent de la Bévéra.

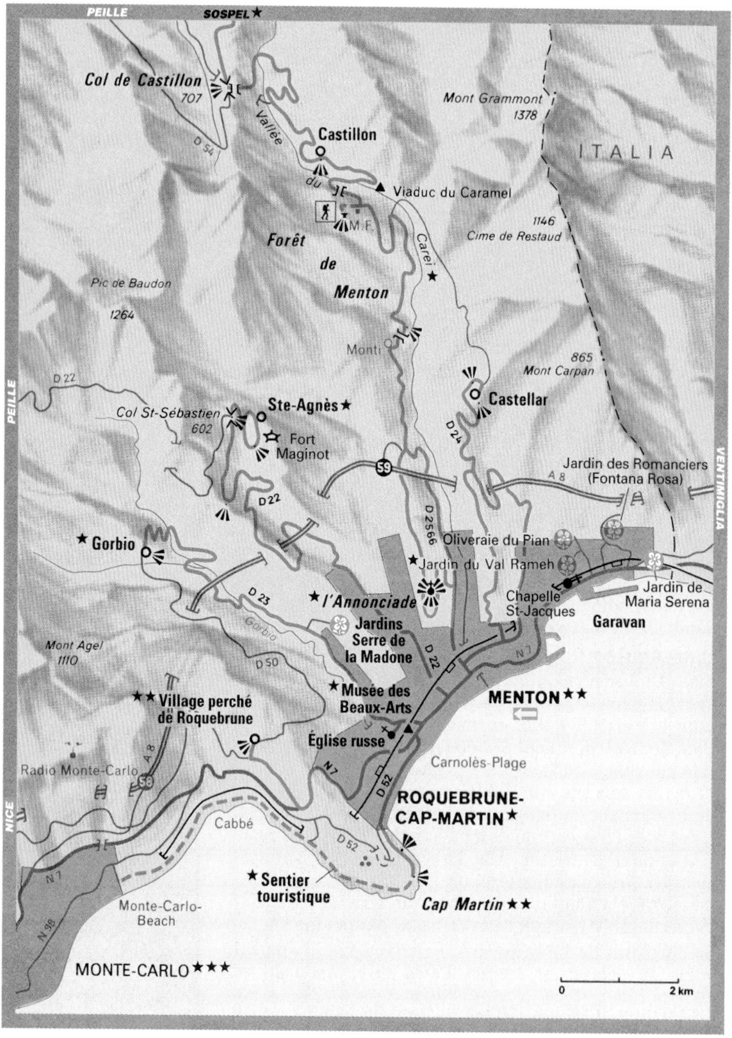

La D 2566 remonte la **vallée du Carei★**. La rive gauche est dominée par les crêtes de la frontière franco-italienne. Aux citronniers succèdent oliviers et pins. Au-delà du hameau de Monti, jolie vue sur Menton, la mer et le village de Castellar, alors que la route longe la forêt de Menton.

Forêt de Menton

Belle forêt d'essences variées, aménagée pour la balade.

1h AR. Près d'une maison forestière, un chemin, à gauche, mène à une table d'orientation : **vue★** sur la côte.

La route passe ensuite près du beau **viaduc** courbe du Caramel, emprunté jadis par le tramway Menton-Sospel.

À PIED

Des panneaux de bois indiquent les petits sentiers dont regorge la forêt. Les parcours grande randonnée sont balisés en blanc et rouge, les sentiers de pays en jaune et rouge.

Castillon

Le village a été reconstruit deux fois, après un tremblement de terre (1887) et des bombardements (1944). Le quartier des artisans d'art (vitrail, peinture, sculpture...) domine le nouveau village, modèle d'urbanisme rural, bâti à mi-pente en style provençal. Du sommet, **vue** sur la vallée du Carei et la mer.

Après le village, à gauche : route d'accès direct à la vallée de Sospel, par des tunnels suivant l'ancien tracé du tramway. La route de droite atteint bientôt le col.

Col de Castillon

Alt. 707 m. **Vue** sur la vallée de la Bévéra avec, au loin, les cimes de Peïra-Cava et de l'Authion *(voir forêt de Turini)*. À gauche, la D 54 monte vers le col St-Jean. Puis, longue descente dans le verdoyant vallon du Merlanson. En approchant de Sospel *(voir ce nom)*, oliviers et vignes en terrasses remplacent la forêt. Vue sur le fort du Mont-Barbonnet, puis sur la ville de Sospel et les hauteurs qui l'encadrent.

Vallée des Merveilles★★

À l'Ouest de Tende, non loin de la frontière italienne, dans un spectacle grandiose, cirques, vallées, lacs glaciaires et moraines cernent le mont Bégo (alt. 2 872 m) de leur atmosphère minérale façonnée par les glaciations du quaternaire. Ce site du Parc national du Mercantour est réputé pour ses gravures rupestres, dont la plupart remontent à l'âge du bronze ancien, entre 2 800 et 1 300 ans avant J.-C. Ces « merveilles » constituent l'un des ensembles les plus riches d'Europe.

7 EN 1

Le site de la vallée des Merveilles est composé de sept secteurs distincts rayonnant autour du **mont Bégo** :
– la **vallée des Merveilles** elle-même ; logée entre le Grand Capelet et le mont Bégo, elle est la plus vaste et regroupe plus de la moitié des gravures ;
– la **vallée de Fontanable**, moins étendue, rassemble près de 40 % des gravures ;
– enfin, les secteurs de Valmasque, Valaurette, du lac Ste-Marie, du col du Sabion, du lac Vei del Bouc ne détiennent que de rares gravures dispersées.

La situation

Carte Michelin Local 341 F3/4 - Alpes-Maritimes (06). On atteint le site de la vallée des Merveilles par la **vallée de la Roya**. Les gravures se voient de juin à septembre et se méritent après 2h à 3h de marche guidée dans un paysage magique. La découverte pédestre du parc est facilitée par ses 600 km de sentiers aménagés, dont le GR 5, le GR 52^{A} qui constitue le sentier panoramique du Mercantour et traverse la vallée des Merveilles, ainsi que par des sentiers de découverte à l'Authion, le Boréon et à la Madone de Fenestre *(voir vallée de la Vésubie et forêt de Turini)*.

Parc national du Mercantour - 23 r. d'Italie - 06000 Nice - ☎ 04 93 16 78 88 - www.parc-mercantour.fr

Maison du Parc national à Tende - ☎ 04 93 04 67 00 - www.tendemerveilles.com

Point d'information estival du Parc national à Castérino - ☎ 04 93 04 89 79.

Le nom

La vallée fut ainsi nommée par le savant britannique **Clarence Bicknell** qui, le premier, étudia ces gravures au 19e s. Pour ce qui est du mont Bégo, *be* signifie en langage pré-indo-européen « montagne sacrée » et *go*, « habitée par le dieu-taureau ».

Les gens

Ici peu d'âmes du fait de l'absence de routes et de la rigueur du climat d'altitude, mais de vieux amis des bergers : dans le ciel, gypaètes barbus, et sur terre, chamois, mouflons, bouquetins.

comprendre

Parc national du Mercantour – Créé en 1979, il s'étend sur une superficie de 68 500 ha dans les Alpes-Maritimes (22 communes) et les Alpes-de-Haute-Provence (6), s'étageant entre 590 m et 3 143 m d'altitude.

Partie française de l'ancienne réserve de chasse des rois d'Italie qui occupait avant 1861 les deux versants des Alpes, le Parc national du Mercantour est jumelé depuis 1998 au **Parco Naturale delle Alpi Marittime** (ancien-

carnet pratique

Visite

Réglementation des sites rupestres – Les sites des gravures rupestres des Merveilles et de Fontanalbe sont soumis à une réglementation spéciale. La libre circulation n'est autorisée que sur certains sentiers de randonnée : le GR 52 et sur les sentiers qui le rejoignent du Pas de l'Arpette et du refuge de Fontanalbe ; il est interdit de s'en écarter. Des pictogrammes (reproduits ci-dessous) rappellent aux visiteurs les règles à respecter dans le but de protéger les gravures. Tout graffiti ou dégradation de roche est passible de très fortes amendes. Pour avoir accès aux gravures situées loin de ces sentiers, il est obligatoire d'utiliser les services des visites guidées à heures fixes organisées par les accompagnateurs agréés par le Parc national du Mercantour, dont la liste peut être obtenue auprès des points d'information du parc et des Offices du tourisme des vallées de La Vésubie *(voir Saint-Martin-Vésubie)*, de la Roya *(voir Tende)* et de Menton.

Défense de marcher sur les gravures

Défense d'utiliser des cannes ou des bâtons ferrés

Défense de toucher aux gravures

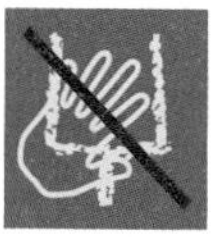

Défense de quitter les sentiers balisés sans accompagnateurs agréés

Parc national du Mercantour

Visite guidée des gravures – *Pour la vallée des Merveilles : dép. du refuge CAF des Merveilles. Juil.-août : 8h, 11h, 13h et 15h ; juin : w.-end et j. fériés 8h et 13h. ; sept. : lun., vend. et w.-end 8h et 13h. Pour la vallée de Fontanalbe : dép. du refuge de Fontanalbe 8h, dép. du pont du Lac Vert, 11h et 14h. Juil.-août : tlj ; juin : w.-end et j. fériés ; sept. : lun., vend. et w.-end. 8 € (enf. 4 €). Pour tous renseignements s'adresser au point d'information du Parc national à Castérino, ☎ 04 93 04 89 79 et à Tende, ☎ 04 93 04 67 00.*

Se Loger

Refuge des Merveilles – *☎ 04 93 04 64 64. Ouvert de déb. juin à fin sept. ; hors sais. se renseigner au ☎ 04 93 62 59 99 ou 04 93 04 69 22.*
Hébergement et demi-pension possibles sur place ; il est cependant obligatoire en saison de réserver à l'avance sa nuit (s'adresser directement aux refuges).

Refuge de Fontanalbe – *☎ 04 93 04 89 19. Ouvert sur réservation de mi-juin à mi-sept.*
Hébergement et ravitaillement possibles sur place ; il est cependant prudent en saison de réserver à l'avance sa nuit (s'adresser directement aux refuges).

Sports & Loisirs

Randonnées pédestres – Il est important de garder à l'esprit que les visites et les randonnées décrites s'effectuent en haute montagne (entre 1600 et 2500 m). Un minimum de précautions est donc nécessaire : bonne condition physique, chaussures de montagne et surtout vêtements chauds et imperméables. Les orages étant fréquents et parfois d'une violence redoutable, il et prudent au préalable de s'informer des conditions météorologiques. Pour étudier l'itinéraire à emprunter, il est conseillé de se référer aux cartes au 1/25 000. Le schéma indique les itinéraires accessibles dans ces périmètres protégés.

Merveilles, Gravures & Découvertes – *18 r. Operto - 06430 Tende - ☎ 06 86 03 90 13.* Accompagnateurs en montagne agréés par le Parc National du Mercantour, visite de la vallée des Merveilles et sorties thématiques.

Association des guides, accompagnateurs et amis des Alpes méridionales – *Bureau AGAAM de la haute Vésubie - 06450 St-Martin-Vésubie - ☎/fax 04 93 03 26 60.* Organisme spécialiste de la vallée des Merveilles.

Destination Merveilles – *10 r. des Mesures - 06270 Villeneuve-Loubet - ☎ 04 93 73 09 07 - www.destination-merveilles.com.* Organise des sorties et des séjours randonnée dans la vallée des Merveilles ou des randonnées en liberté.

nement de l'Argentera) avec lequel il possède 33 km de frontière commune. Ces deux organismes s'associent sur différents dossiers : le suivi des espèces animales qui parcourent l'ensemble de ce domaine protégé, la mise en place d'une signalétique transfrontalière, etc. Ils projettent de créer un « parc européen », et dans un premier temps travaillent à la présentation d'une candidature commune pour un classement au Patrimoine mondial de l'Unesco (les deux parcs sont inscrits sur la liste indicative française depuis 2003).

Faune et flore – Le Mercantour est le seul massif européen à accueillir les trois ongulés montagnards, amoureux des cirques, vallées glacières et gorges profondes du Parc : chamois (plus de 9000), mouflons (890) et bouquetins des Alpes (plus de 520). Les milieux boisés de moyenne altitude abritent le cerf et le chevreuil, ou le lièvre, l'hermine et la marmotte. Les volatiles comprennent le tétras-lyre, la perdrix des neiges ou lagopède, et un bel échantillon de rapaces : circaète, aigle royal. La réintroduction du **gypaète barbu** *(voir la vallée de la Vésubie)* s'y est effectuée avec succès, et pour la première fois en France depuis 1942, des **loups** ont effectué un retour naturel (des plus controversés) dans le massif du Mercantour, depuis l'Italie où ils sont protégés *(voir Saint-Martin-Vésubie)*.

Outre le **mélèze**, la plus célèbre parmi les 2 000 espèces végétales représentées (dont 220 rares) : le *saxifrage florulenta* (espèce endémique qui fleurit une fois dans sa vie), premier symbole du parc. Du rhododendron à la gentiane, en passant par une soixantaine de variétés d'orchidées, le parc offre toute une palette de couleurs.

Parc national du Mercantour

Logo du Parc national du Mercantour.

Les gravures – Les environs du **mont Bégo** constituent un musée préhistorique en pleine nature : plus de 40 000 gravures y ont été recensées. Relevées et identifiées depuis la fin du 17e s., elles ne furent systématiquement étudiées qu'à partir de 1897 par le Britannique Clarence Bicknell, puis par le sculpteur Carlo Conti de 1927 à 1942. Le rattachement de la région à la France en 1947 a permis une intensification des recherches, notamment par l'équipe d'Henry de Lumley (muséum d'Histoire naturelle) qui répertorie depuis près de trente ans l'ensemble des gravures sur un territoire de 14 ha.

Celles-ci sont inscrites sur de grandes dalles de schiste ou de grès polis, les chiappes, pans de roches lissées il y a 10 000 ans par l'érosion glaciaire. La technique est celle du piquetage : les contours et les surfaces sont obtenus par juxtaposition de petites cupules de 1 à 5 mm de diamètre creusées à l'aide d'outils de silex ou de quartz.

Écrin de lumière dans ce monde minéral, le lac du Basto (2 341 m) ne se laisse découvrir qu'au prix de plusieurs heures de marche depuis le refuge des Merveilles.

B. Kaufmann/MICHELIN

B. Kaufmann/MICHELIN

Dans la vallée de Fontanalbe : les mystérieux messages de nos lointains ancêtres de l'âge du bronze.

Il faut distinguer les gravures linéaires, de l'époque gallo-romaine à nos jours, de celles, bien antérieures, qui fascinent les archéologues : les plus nombreuses datent de l'âge du bronze ancien (entre 2800 et 1300 ans avant J.-C.).

POUR LES PASSIONNÉS
Vous trouverez certains précieux originaux des gravures au **musée de Tende** *(voir ce nom)*.

◀ **La montagne magique** – Ces gravures témoignent des croyances des peuplades ligures des basses vallées qui auraient divinisé le mont Bégo et en auraient fait un lieu de pèlerinage. Ce dernier serait une puissance à la fois tutélaire en raison des eaux qui en descendent et redoutable par ses orages fréquents et violents.

Le thème le plus important est le culte du taureau, associé, ici comme ailleurs, à celui de la montagne : les dessins de bovidés, les symboles cornus se retrouvent dans les trois quarts des gravures. La présence d'araires ou de herses attelées aux animaux atteste la pratique de l'agriculture ; des dessins réticulés évoquent des enclos ou des parcelles de champs. Par ailleurs, les armes (poignards, haches et sagaies) représentées en nombre, sont proches de celles de sites archéologiques contemporains. Peu nombreuses, les figures anthropomorphes ont été baptisées, pour les plus connues, le **Sorcier**, le **Christ**, le **Chef de tribu**, la **Danseuse**... D'autres, plus énigmatiques, autorisent toutes les interprétations, tel l'**Arbre de vie** à Fontanable.

randonnées

Vallée des Merveilles

10 km au départ de St-Dalmas-de-Tende. Par la D 91, se rendre au lac des Mesches pour laisser la voiture.

8h AR environ, pour les bons marcheurs. Gagnez par la piste balisée le refuge des Merveilles puis le lac Long *(3h)*, départ des visites guidées du secteur de l'Arpette et d'un sentier de découverte pour la visite libre *(2h AR)*.

B. Kaufmann/MICHELIN

Au cœur du secteur préservé des Merveilles, le mont Bégo, point culminant, est souvent sujet à de violents orages, terreur des premiers habitants.

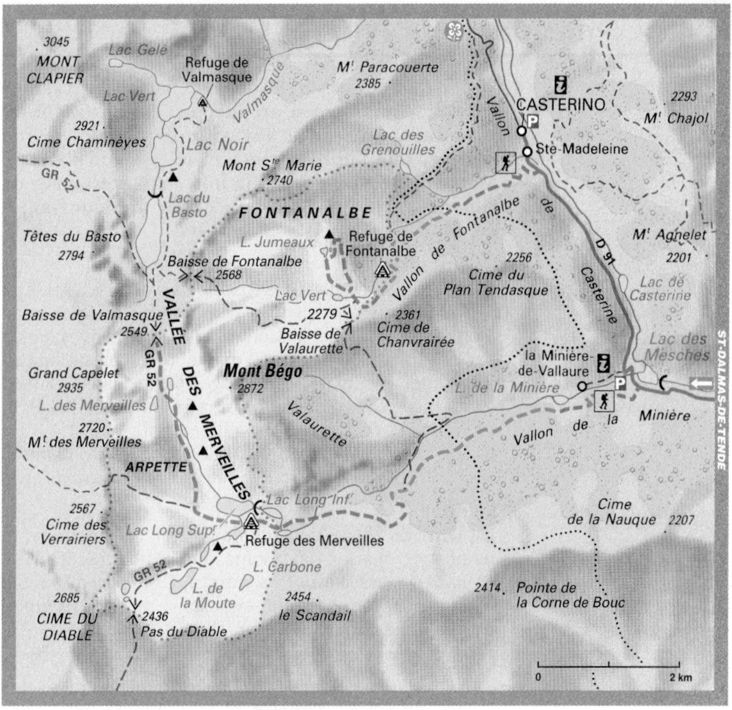

▲ Gravures rupestres · Périmètre protégé · .... Limite du Parc National du Mercantour

Possibilité de passer la nuit au refuge *(réserver)* et, le lendemain, de parcourir la vallée des Merveilles jusqu'à la **Baisse de Valmasque** *(2h30)*. Regagnez le parking des Mesches par le même itinéraire qu'à l'aller.

Fontanalbe

12 km au départ de St-Dalmas-de-Tende. Suivre la D 91, puis rejoindre, par la vallée de la Minière, le hameau de Casterino pour y laisser la voiture.

5h AR. Plus facile que la précédente, cette randonnée est recommandée aux familles. Avant les premières constructions, empruntez à gauche la piste sous bois signalée Fontanalbe avec un panneau d'information et suivez-la jusqu'au refuge *(1h)*. Là, contournez le bâtiment par la gauche et poursuivez jusqu'au **lac Vert** *(30mn)*, point de départ du sentier de découverte *(1h30 AR)* en visite libre. Pour les visites guidées des gravures, continuez le sentier bordant le lac jusqu'à la maison des gardes aux **lacs Jumeaux** *(30mn)*.

En passant la nuit au refuge de Fontanalbe *(réserver)*, vous pourrez le lendemain vous engager sur les contreforts du mont Bégo jusqu'à la **Baisse de Fontanalbe** (alt. 2 568 m) qui offre de superbes échappées sur les trois lacs de la vallée de la Valmasque. Retour par le même itinéraire qu'à l'aller.

Décor d'opérette sur le Rocher, palaces et casinos rococo, paradis du jeu, architecture californienne ou « bonsaï » sur la côte Est, ville de parade et ville policée, une famille princière telle qu'on l'aime... Monaco, c'est tout cela à la fois, mais c'est aussi de superbes jardins, un musée océanographique remarquable et des hôtels... abordables.

La situation

Carte Michelin Local 341 F5 – Schémas p. 309 et 325. L'État souverain sur ses 1,5 km^2 comprend : le Rocher de Monaco (vieille ville) et Monte-Carlo (ville neuve) réunis par la Condamine (le port), Fontvieille à l'Ouest (l'industrie) et le Larvotto à l'Est (la plage). Visitez la ville à pied ou en bus... car y circuler en voiture relève de l'exploit, du moins si vous n'êtes pas pilote de formule 1.

2A, bd des Moulins, 98030 Principauté de Monaco, ☎ *00 377 92 16 61 66. www.monaco-tourisme.com*

Le nom

Du latin, du pré-celtique ou du grec, le sens varie entre montagne, maison ou moine. On retiendra celui de « Monoeci », associé au 1er s. avant J.-C. au port d'Hercule (vénéré des Grecs), qui signifie « maison (temple) unique ». Les temps ont bien changé depuis !

Les gens

32 020 habitants, dont 6 089 citoyens monégasques seuls à être dispensés d'impôts directs. Vouée aux fastes princiers, la ville vit cependant naître en 1917 un fameux rebelle, le chanteur **Léo Ferré**, dont le père était employé au casino.

comprendre

UNE HISTOIRE AGITÉE

Au 16e s., Jean II est tué par son frère Lucien ; celui-ci est à son tour assassiné par son neveu. En 1604, Honoré Ier est jeté à la mer par ses sujets.

Occupation espagnole (1524-1641) : les Grimaldi sont princes ; occupation française (1641-1814) ; sous la protection de la Sardaigne (1815-1861) ; sous la protection de la France depuis 1861. Menton et Roquebrune, qui appartenaient à la Principauté, sont alors achetés avec Nice par Napoléon III.

Les Grimaldi - Monaco a été habité dès les temps préhistoriques. Elle fut fondation phénicienne, phocéenne puis romaine, mais c'est avec la dynastie des Grimaldi qu'elle prend sa véritable place dans l'histoire. Cette famille compte de nombreuses branches : à Cagnes et à Beuil, à Gênes et à Naples, 110 représentants mâles sont dénombrés en 1333. Dans le cadre de la lutte des Guelfes contre les Gibelins, François Grimaldi, expulsé de Gênes, s'empara de Monaco en 1297, déguisé en moine ainsi que ses hommes (d'où son surnom de « la Malice » et les deux moines armés qui figurent sur le blason des Grimaldi), mais il ne put s'y maintenir. Un autre Grimaldi acheta aux Génois la seigneurie de Monaco en 1308 et, depuis, le nom et les armes des Grimaldi furent toujours portés par les héritiers du titre, que ceux-ci aient appartenu à la maison de Goyon-Matignon (1731-1949) ou, cas actuel, à la maison de Polignac.

La naissance de Monte-Carlo - En 1856, afin de se créer des ressources, le prince de Monaco autorise l'ouverture d'une maison de jeux. Celle-ci s'installe chichement à Monaco, modeste et unique ville de la Principauté. En 1862, une autre bâtisse est élevée sur l'ancien plateau des Spélugues ou Monte-Carlo : elle est isolée, nul ne voulant acheter aux alentours un terrain avec obligation de construire. Mais tout va changer quand **François Blanc**, le directeur du casino de Bad Homburg, ville d'eaux de la Hesse, en devient concessionnaire. Grâce à ses talents et à ses capitaux, il réussit là où ses prédécesseurs s'étaient ruinés : en quelques années, le succès est là et le plateau se couvre de constructions somptueuses ; la fameuse société des Bains de Mer (SBM), animée par François Blanc, en est en grande partie propriétaire. Toute l'aristocratie d'Europe en villégiature défile dans les palaces, le casino et l'opéra de Monte-Carlo.

Une économie florissante - Attirant sur son sol le tourisme par ses manifestations sportives ou culturelles, et des sociétés étrangères en quête de privilèges fiscaux, Monaco n'a cessé de se construire... jusqu'à occuper tout l'espace disponible. Qu'à cela ne tienne ! On décida de remblayer la côte : 22 % du territoire ont été ainsi gagnés sur la mer.

Le tourisme reste la grande activité de Monaco, mais sans négliger la clientèle traditionnelle, il s'oriente résolument vers le tourisme d'affaires et de congrès : à preuve, le complexe résidentiel et hôtelier *(Loews Hôtel)* des Spélugues, construit sur pilotis en contrebas du casino, qui comporte un centre de congrès-auditorium doté des équipements les plus modernes. Aujourd'hui, la capacité d'accueil de Monte-Carlo est considérable, rivalisant avec Nice et Cannes.

Coup de théâtre

En 1933 avec l'autorisation donnée à la France et à l'Italie d'ouvrir des casinos, Monaco perd son monopole et de nombreux clients... mais, rassurez-vous, la principauté trouve très vite d'autres moyens d'en gagner.

Un urbanisme révolutionnaire - L'exiguïté du territoire monégasque (197 ha sur 3 km de long) se prêtait mal à l'explosion économique du milieu des années 1960, qu'accompagnèrent les premiers grands projets d'urbanisme.

Une première période, jusqu'à la fin des années 1970, privilégia la construction verticale de surface. Ainsi, une dizaine d'immeubles de grande hauteur (IGH), supérieurs à 30 étages, ont vu le jour et ont consacré le paysage « américain », traduction architecturale du développement économique monégasque.

Depuis les années 1980, une nouvelle conception se développe pour satisfaire l'extension des besoins résidentiels et de services : il semble que l'avenir immobilier de la ville se situe... dans ses sous-sols ! Les nouveaux accès routiers directs sont désormais reliés au réseau français par de profonds tunnels. Les communications entre chaque quartier sont facilitées par des batteries d'ascenseurs automatiques ou d'escalators. Les façades de certains fastueux hôtels de Monte-Carlo dissimulent des rampes d'accès à de vastes parkings publics s'enfonçant dans le roc.

À Fontvieille, une gare routière a été installée à 10 m sous le niveau de la mer et une véritable presqu'île de 22 ha a été gagnée sur l'élément marin en dix ans pour y aménager des zones résidentielles et récréatives (parc paysager, musées, centres commerciaux).

À l'aube du 21^{e}s. a été construit un immense palais de congrès et d'expositions *(le Grimaldi Forum)*, encastré le long du rivage du Larvotto. D'autres projets à plus long terme mettront en œuvre des techniques encore plus audacieuses et novatrices, telle la création de lagons artificiels en vue de bâtir des quartiers au-dessus des hauts-fonds marins de la Principauté.

Audacieuses

Les lignes du **stade Louis-II**, dans le nouveau complexe sportif de Fontvieille, conçu par H. Pottier selon des normes parasismiques.

D. Pazery/MICHELIN

Vue générale sur Monaco. Depuis la Grande Corniche ou le belvédère de la Turbie, la vue est féerique !

carnet pratique

Mode d'emploi

Poste – Pour les visiteurs, l'affranchissement du courrier se fait avec des timbres de Monaco et leur dépôt dans les boîtes aux lettres orange de la Principauté.

Téléphone – Les appels téléphoniques à destination de la Principauté débutent par (00-377), suivi du n° du correspondant, et ceux vers la France doivent être précédés du 00 33.

Transports

Voitures – L'accès au Rocher est réservé aux véhicules immatriculés Monaco ou Alpes-Maritimes. Parkings publics et payants (plus de 500 places) : centre commercial de Fontvieille, sous-sol du stade Louis-II, chemin des Pêcheurs et les Boulingrins.

Ascenseurs – Des ascenseurs de grande capacité permettent de traverser à la verticale certains quartiers. Principaux axes desservis : pl. Ste-Dévote vers le bd de Belgique (trajet le plus long), plages du Larvotto (et Musée national) vers la pl. des Moulins, av. Hector-Otto vers le bd de Belgique, centre des congrès (bd Louis-II) vers les terrasses du casino, parking des Pêcheurs vers le Musée océanographique, av. de Grande-Bretagne vers l'av. des Citronniers, centre commercial de Fontvieille vers la pl. d'Armes, port de Monaco vers l'av. de la Costa.

Bus – N° 1 (Rocher-casino), n° 2 (jardin exotique) ou n° 4 (les plages).

Héli Air Monaco – Héliport de Monaco-Fontvieille, cette société assure 50 vols quotidiens entre Nice et Monaco en 6mn de vol. Elle propose également vols vers St-Tropez, l'Italie, la Corse, des vols privés toutes destinations, des vols panoramiques, des baptêmes de l'air ou des vols photos. ☎ *00 377 92 050 050, www.heliairmonaco.com*

Visite

Monaco Tours – ☎ *00 377 92 05 64 38 - été : 10h-17h ; hiver : 10h30-17h - fermé janv. et de mi-nov. au 26 déc. - 6 €.* Circuit touristique en petit train, départ face au Musée Océanographique Monaco ville.

Se loger

Hôtel Miramar – *126 av. du 3-Septembre - 06320 Cap d'Ail - 1,5 km de Monaco -* ☎ *04 93 78 06 60 - www.monte-carlo.mc/hotel-miramar-capdail - fermé 5-20 janv. - P - 25 ch. 43/63 € - 6,50 €.* Dans une petite localité balnéaire voisine de Monaco, hôtel familial dont la façade ne paie pas de mine mais dont les chambres, pas trop chères et plutôt agréables à vivre, offrent un niveau de confort très valable. Elles ont bénéficié d'une rénovation en 2003, et six d'entre elles, à l'arrière, s'agrémentent d'une terrasse avec vue sur mer.

Hôtel de France – *6 r. de la Turbie - près de la gare -* ☎ *00 377 93 30 24 64 - monte-carlo.mc/france - 26 ch. 70/98 € - 9 €.* Cet hôtel vient de s'offrir une sympathique cure de jouvence : chambres bien insonorisées, parées de jolies couleurs provençales ; salle des petits-déjeuners moderne garnie d'un plaisant mobilier en bois et métal.

Alexandra – *35 bd Princesse-Charlotte -* ☎ *00 377 93 50 63 13 - hotel alexandra@monaco377.com - 56 ch. 125/170 € - 14 €.* La façade richement ouvragée témoigne du goût ostentatoire de la Belle Époque. Petit-déjeuner servi uniquement dans les chambres, dont le décor est aimablement désuet.

Se restaurer

Le Jazz – *3 r. de la Turbie -* ☎ *00 377 97 70 50 24 - fermé août, sam. midi et dim. - réserv. conseillée le w.-end – 14 € déj. - 18,30/42,70 €.* L'endroit ressemble à une boîte de jazz : cadre moderne feutré où domine le rouge, sièges originaux aux immenses dossiers, tableaux évoquant la célèbre musique noir-américaine. Forte clientèle locale à midi. Le soir, ambiance plus intime sur fond de musique jazzy.

Polpetta – *2 r. Paradis -* ☎ *00 377 93 50 67 84 - fermé 5-25 juin, 1er-15 nov., sam. midi et mar. - 23 €.* Ce petit restaurant italien vous propose trois cadres différents pour apprécier sa cuisine : la véranda côté rue ; la salle à manger rustique ; enfin, un espace plus intime et cossu à l'arrière. Cuisine transalpine dont quelques spécialités familiales.

Le Bistroquet – *Galerie Charles III, avenue des Spéluges -* ☎ *00 377 93 50 65 03 - bistroquet@mcpam.com - fermé 24-25 déc. - 26/52 €.* Face aux jardins du casino, agrégé à un centre commercial, restaurant devancé d'une grande terrasse abritée et chauffée, où défile sans mondanité le « tout-Monte-Carlo ». Carte mi-classique, mi-bistrotière et sélection de vins servis au verre. Animation musicale en soirée le vendredi et le samedi.

La Maison du Caviar – *1 av. St-Charles -* ☎ *00 377 93 30 80 06 - fermé août, sam. midi et dim. - 26/45 €.* L'un des plus anciens restaurants de la ville. Dans un chaleureux décor composé de casiers à bouteilles, de cuivres et de boiseries, vous dégusterez... du caviar bien sûr, mais aussi du foie gras ou du saumon. Un classique à découvrir.

Costa à la Crémaillère – *Pl. de la Crémaillère - Monte-Carlo -* ☎ *00 377 93 50 66 24 – 20/35 €.* Ce pavillon-véranda d'inspiration 1900 a conservé les structures métalliques de l'ancienne gare du train à crémaillère qui montait à La Turbie. Quelques photos et fresques évoquent son passé. Ambiance brasserie moderne avec son banc d'écailler.

Castelroc – *Pl. du Palais - ☎ (00-377) 93 30 36 68 - fermé janv., déc., le soir d'oct. à avr. et sam. - 36 €.* Quelle belle terrasse pour s'adonner au farniente le temps d'un déjeuner, sous les arbres de la place du Palais... Vous y savourerez une cuisine du cru, entre ombre et soleil, à moins que vous ne préfériez la fraîcheur de la salle à manger, ornée de paysages « panoramiques ».

E. Baret/MICHELIN

Hôtel de l'Ermitage, verrière Eiffel.

En soirée

Bar du Vistamar (hôtel Hermitage) – *Sq. Beaumarchais - ☎ 377 92 16 40 00 - www.montecarloresort.com - 12h-14h30, 19h-1h - fermé juil.-août à midi.* Superbe palace de style Belle Époque abritant, entre autres, un élégant bar dont la terrasse offre une vue splendide sur le port et le Rocher. Carte de champagnes et de cocktails. Tenue correcte exigée.

Sass Café – *11 av. Princesse-Grace - ☎ 377 93 25 52 00 - restaurant : été : tlj 20h-2h ; hiver : tlj 20h-0h ; piano-bar : tte l'année : tlj 23h-aube.* Ce bar-restaurant de standing au décor feutré est le passage obligé de la jet-set avant de se rendre au « Jimmy'z ». Piano-bar chaque soir à partir de 23h. Spécialités : vodkas, cocktails, champagne.

Le Jimmy'z – *Quai Princesse-Grace - ☎ 377 92 16 22 77 - tlj 23h à l'aube. Réserv. conseillée.* C'est un sacrilège de quitter Monaco sans avoir goûté à l'atmosphère du célèbre Jimmy'z. Le costume et la cravate sont exigés dans ce sanctuaire de la jet-set où vous croiserez des top models en paillettes, des stars et autres célébrités. C'est tout petit mais grandiose, unique, magique !

Casino de Monte-Carlo – *Pl. du Casino - ☎ 377 92 16 20 00 - www.casino-monte-carlo.com - tlj 12h jusqu'au dép. du dernier client.* Premier casino d'Europe, avec plus d'un milliard de chiffre d'affaires (obtenu à 70 % avec des jeux européens et non avec des machines à sous comme dans les autres casinos). Il faut voir les salons de jeux majestueux et le luxueux restaurant au décor de train (Le Train Bleu). La terrasse donnant sur la mer vous offrira une quiétude incomparable que vous ressortiez les poches vides ou pleines.

Le Cabaret – *Pl. du Casino, Monte-Carlo - ☎ 377 98 06 24 30 - www.montecarloresort.com - ouv. merc.-sam - fermé de mi-juin à mi-sept.* Le cabaret du casino de Monte-Carlo présente trois shows différents (danse). Concerts exceptionnels de variétés internationales et de jazz.

Que rapporter

Bon à savoir – Toutes les grandes marques de luxe sont représentées à Monte-Carlo et dans les galeries de certains palaces (Métropole, Park Palace). Les boutiques d'articles traditionnels sont regroupés dans les ruelles du Rocher, face au palais. À noter la Boutique du Rocher, av. de la Madone, boutique officielle de l'artisanat monégasque.

Loisirs

L'Aquavision – *Compagnie de Navigation et de Tourisme de Monaco - quai des États-Unis - ☎ 00 377 92 16 15 15 - www.aquavision-monaco.com - juil.-août : dép. à 11h, 14h30, 16h et 17h30 ; juin et sept. : tlj sf dim. 11h, 14h30, 16h - 11 € (3-18 ans 8 €).* Promenades en mer avec vision sous-marine (55mn).

Calendrier

Outre le Rallye Automobile de Monte-Carlo qui a lieu fin janvier depuis 1911, il faut signaler la fête de Ste-Dévote (27 janvier), le Festival international de télévision (juillet), le Printemps des arts et les Masters Series Monte-Carlo (avril), le Concours international de bouquets et le Grand Prix automobile de Monaco qui se déroule dans les rues de la Principauté sur un circuit sinueux de 3,145 km (mai), la fête de la St-Jean avec le groupe folklorique « La Palladienne de Monaco », les concerts dans la Cour d'Honneur du Palais princier et le Concours international de feux d'artifice (juillet-août), la Fête nationale monégasque (19 novembre), le Festival international du cirque (janvier).

se promener

LE ROCHER DE MONACO★★

Compter 3h. Laisser la voiture dans l'immense parking des Pêcheurs creusé dans le rocher et prendre l'ascenseur.

Le promontoire, couronné des remparts de la vieille ville et surplombant la mer, invite d'emblée à faire son ascension. Là, un véritable décor de théâtre vous accueille, avec de jolies maisons pimpantes du 18e s., fraîchement colorées d'un même rose-saumon, serrées dans un lacis de ruelles engageantes. Vous êtes au cœur de la Principauté, ▶

Spectacle

Monte Carlo Story – *Sur les terrasses du parking, à proximité du musée océanographique.* Historique (30mn) sur écran géant de la dynastie des Grimaldi et évolution de la Principauté. *☎ 00 377 93 25 32 33 - ♿ - juil.-août : 14h-18h ; reste de l'année : 14h-17h - fermé 1er nov.-25 déc. - 6,50 € (enf. 3 €).*

Albert-1er (Bd)	BXY	
Antoine-1er (Quai)	BCY	
Armes (Pl. d')	BY	2
Basse (R.)	BY	3
Belgique (Bd de)	AXY	
Bel-Respiro (R.)	BX	
Campanin (Pl. du)	BZ	5
Castelans (Av. des)	AZ	
Castro (R. Col.-de)	BY	7
Comte-Félix-Gastaldi (R.)	BY	10
Costa (Av. de la)	BCX	
Crovetto-Frères (Av.)	AY	
Doumer (Av. Paul)	AX	
États-Unis (Quai des)	BCX	
Fontvieille (Av. de)	AYZ	15
Gabian (R. du)	AZ	
Grimaldi (R.)	BXY	
Guelfes (Av. des)	AZ	
Jardin exotique (Bd du)	ABXY	
Kennedy (Av. J.-F.)	BCX	23
Ligures (Av. des)	BZ	
Louis-II (Bd)	CX	
Madone (Av. de la)	CX	
Major (Rampe)	BY	27
Moneghetti (Bd des)	AX	
Moulins (Bd des)	CX	32
Notari (R. L.)	BY	
Ostende (Av. d')	CX	34
Palais (Pl. du)	BY	35
Papalins (Av. des)	BZ	
Pasteur (R.)	AX	
Pêcheurs (Ch. des)	CY	37
Port (Av. du)	BY	
Porte-Neuve (Av. de la)	BCY	
Prince-Héréditaire-Albert (Av.)	AZ	
Princesse-Caroline (R.)	BY	48
Princesse-Charlotte (Bd)	BCX	49
Princesse-Alice (Av.)	CX	
Princesse-Marie-de-Lorraine (R.)	BCY	54
Quarantaine (Av. de la)	BCY	
Rainier-III (Bd)	AY	
Roqueville (Av. de)	BX	
Sanbarbani (Quai des)	BZ	
St-Martin (Av.)	CY	
Ste-Barbe (Promenade)	BY	60
Ste-Dévote	BX	
Suffren-Reymond (R.)	BY	64
Suisse (Bd de)	BX	
Villaine (Av. de)	BX	

Casino	CX	
Cathédrale	BY	
Chapelle de la Miséricorde	BY	B
Collection des voitures anciennes	AY	M1
Église Ste-Dévote	BX	
Église St-Martin	AY	
Grotte de l'Observatoire	AY	D
Historial des Princes de Monaco	BY	M2
Jardin animalier	BY	E
Jardin exotique	AY	
Jardin japonais	CX	
Jardins St-Martin	BZ	
Musée d'Anthropologie préhistorique	AY	M3
Musée de la chapelle de la Visitation	CY	
Musée des Timbres et des Monnaies	BY	M4
Musée national : Automates et Poupées d'autrefois	CX	M5
Musée naval	AY	M6
Musée océanographique	CY	
Palais Princier	BY	
Parc paysager	BZ	
Port de la Condamine	BCXY	

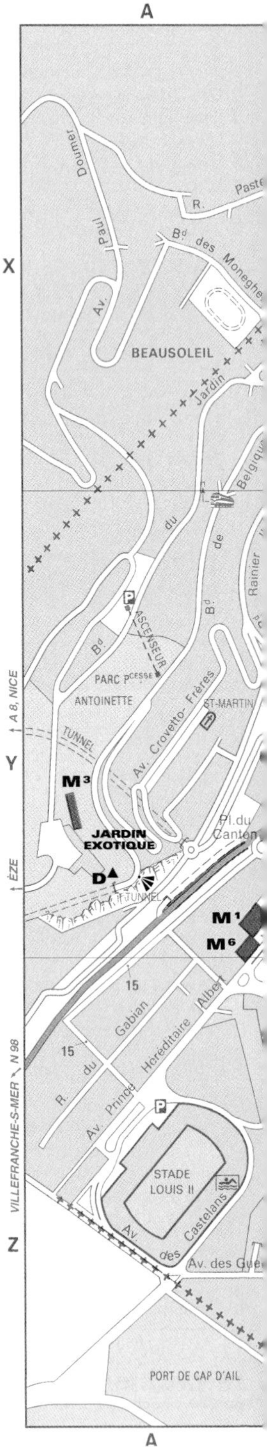

là où se trouvent les principales attractions : le musée océanographique *(voir « découvrir »)* et la chapelle de la Visitation *(voir « visiter »)*, la cathédrale et le palais. Et afin de jouer le jeu de la Principauté jusqu'au bout, vous ne manquerez pas la relève de la garde !

Terrasse du musée océanographique

Arrêtez-vous au deuxième niveau. La **vue★★** s'étend de l'Esterel à la Riviera italienne. Dominant les construc-

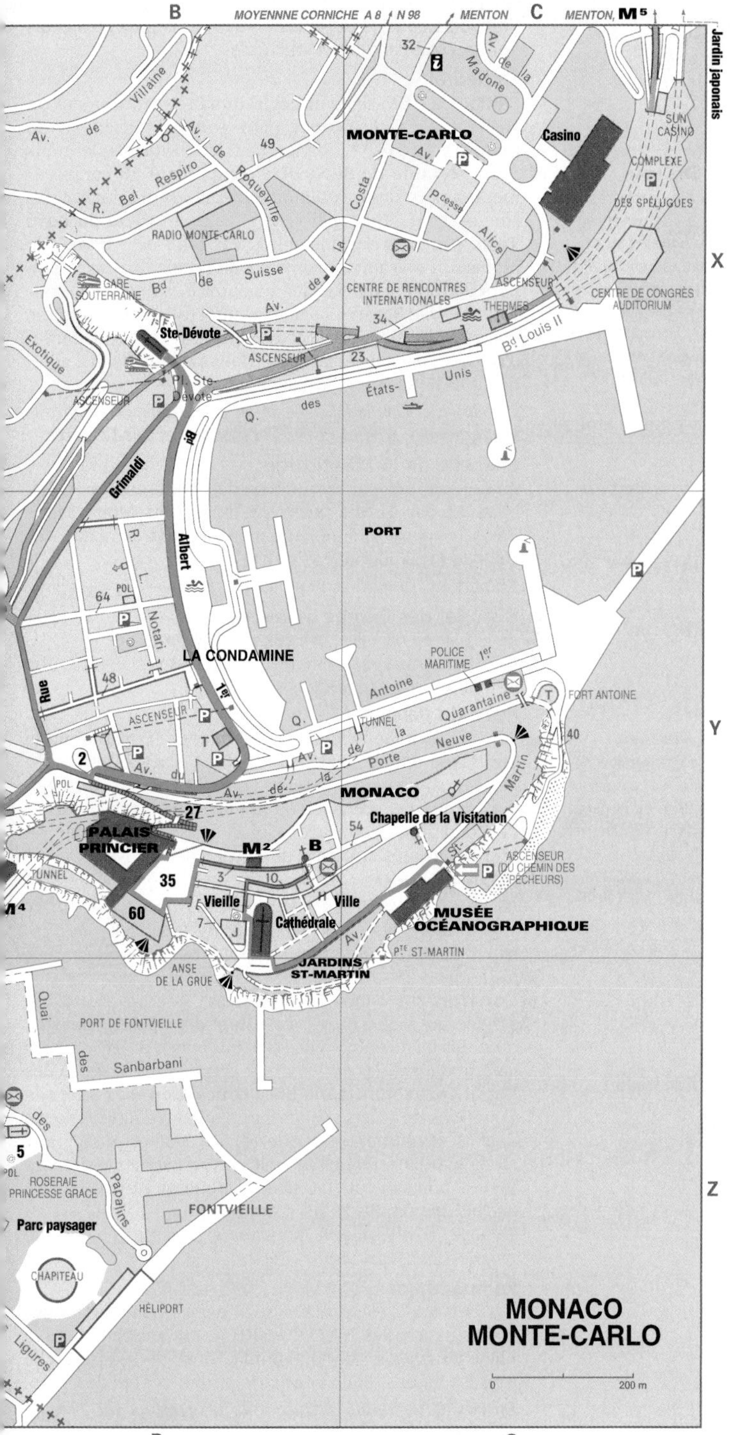

tions modernes de la Principauté, on reconnaît la Tête de Chien et derrière, le mont Agel, avec ses antennes de télédiffusion.

Suivre l'avenue St-Martin sur la gauche, en direction de la cathédrale.

Jardins St-Martin★

La végétation méditerranéenne sème ses effluves à travers des allées ombragées, offrant de belles échappées sur la mer. On y rencontre Albert Ier en bronze (par François Cogné, 1951) et les vestiges de l'église St-Nicolas qui précéda l'actuelle cathédrale.

Cathédrale

Édifiée en 1875 dans un style roman-byzantin alors en vogue, elle vaut surtout pour son bel ensemble de **primitifs niçois★★**. Remarquez deux retables de Louis Bréa : **retable de St-Nicolas** comprenant 18 compartiments aux couleurs rutilantes qui entourent saint Nicolas sur son trône épiscopal vert, et celui dit **Pietà du curé Teste** (du nom du donateur), sur fond de paysage de Monaco. Trois autres panneaux de l'école niçoise retiennent l'attention dans le déambulatoire : saint Roch, saint Antoine et le Rosaire. Le maître-autel est en marbre blanc incrusté de mosaïques et de cuivre (comme le buffet d'orgue et le trône épiscopal). Dans la chapelle, bel autel de style Renaissance espagnole.

> **DES NOMS !**
> Sur le retable de St-Nicolas, les personnages sont pour la plupart nommés : en bas à gauche, sainte Dévote, patronne de Monaco ; à droite, l'admirable sainte Madeleine ; en haut à droite, sainte Anne portant curieusement la Vierge enfant et Jésus.

Par la rue Comte-Félix-Gastaldi (remarquer les portails Renaissance), gagner la rue Princesse-Marie-de-Lorraine.

Chapelle de la Miséricorde

Édifiée en 1646 par la confrérie des Pénitents Noirs. Son beau **Christ gisant** *(niche de droite)*, du Monégasque Bosio, est porté solennellement le Vendredi saint dans les rues de la vieille ville.

En sortant, prendre à droite la rue Basse.

Historial des Princes de Monaco

☏ 93 30 39 05 - ♿ - 11h-18h - 3,80 € (enf. 2 €).

☺ 40 personnages de cire retracent l'histoire de la famille Grimaldi en 24 scènes.

Place du Palais★

Sur le côté Sud-Ouest de la place, la **promenade Ste-Barbe** donne sur le cap d'Ail. La place est protégée par les canons et boulets de Louis XIV et, au Nord-Est, par un parapet crénelé d'où la **vue** s'étend sur le port et la Condamine, qui paraît bien basse, le plateau de Monte-Carlo et la pointe de Bordighera en Italie.

> **AMUSANT**
> ☺ Ne pas manquer, le spectacle si anachronique de la **relève de la garde,** vêtue de noir en hiver et de blanc en été, et réglée comme du papier à musique *(tlj à 11h55 précises).*

Palais princier★

☏ 00 377 93 25 18 31 - www.palais.mc - visite audioguidée (30mn) juin-sept. : 9h30-18h30 ; oct. : 10h-17h30 (dernière entrée 30mn av. fermeture) - fermé reste de l'année - 6 € (8-18 ans 3 €).

Construit sur l'ancienne forteresse génoise du 13e s. soudée au rocher à pic, ce somptueux palais, précédé d'un portail aux armes des Grimaldi, date du 17e s. De la galerie d'Hercule, entièrement décorée de fresques des Ferrari, on admire la très belle **cour d'honneur** ornée de 3 millions de galets ; le marbre blanc habille l'escalier à double révolution. La galerie des Glaces mène aux Grands Appartements, meublés précieusement, au salon Bleu et à la salle du Trône au plafond peint par Ferrari, où ont lieu depuis le 16e s. les réceptions officielles. Au passage, d'intéressants portraits signés Rigaud, Champaigne, J.-B. Van Loo.

Rampe Major

Passer sous la voûte, à droite du palais. Sous de vieilles portes datant des 16e, 17e et 18e s., elle descend vers la place d'Armes de la Condamine, où se tient un marché tous les matins. Belle vue sur le port et la Tête de Chien.

En bas de la rampe, prendre à droite l'avenue du Port qui conduit au quartier de la Condamine.

LA CONDAMINE

Compter 30mn.

Ce terme désignait, au Moyen Âge, les terres cultivables au pied d'un village ou d'un château. C'est maintenant le quartier commerçant entre le rocher de Monaco et Monte-Carlo.

Port

Après les vaisseaux phéniciens, massaliotes, romains et génois, les yachts les plus luxueux s'amarrent dans l'ancienne baie d'Hercule, aménagée en port par le prince Albert Ier. Des **promenades en mer** en catamaran avec vision sous-marine sont organisées en saison, au départ du quai des États-Unis *(voir le carnet pratique)*. On doit au prince Rainier III la piscine olympique, face à la mer.

Le vallon qui sépare la Condamine de Monte-Carlo abrite, sous un viaduc, l'église Ste-Dévote.

Pour y accéder, longer le quai puis emprunter le passage souterrain.

Église Ste-Dévote

Elle remplace depuis 1870 une très ancienne chapelle dédiée à sainte Dévote, dont le corps se trouvait dans une grotte du vallon. À l'intérieur, bel autel de marbre du 18e s. et la châsse des saintes reliques.

Ste-Dévote

La patronne de Monaco est célébrée le 27 janvier. Le 26 au soir a lieu l'embrasement d'une barque en souvenir de celle qui recueillit le corps mutilé d'une jeune fille appelée « Devota » en l'an 312. Guidée par une colombe, la barque aurait conduit la future sainte depuis la Corse jusqu'à Monaco.

En sortant de l'église, tourner à droite. Remonter la rue Grimaldi très commerçante (faites un détour par la rue piétonne Princesse Caroline bordée de boutiques) jusqu'à la place d'Armes.

MONTE-CARLO★★★

Compter 1h30.

Ce nom, célèbre dans le monde entier, évoque le jeu, les caprices de la fortune, le rallye automobile, et aussi un cadre majestueux avec ses palaces ses casinos, ses riches villas, ses magasins luxueux, ses terrasses fleuries. Mais sachez qu'on y trouve également le Musée National *(voir « visiter »)* et le jardin japonais *(voir « découvrir »)*.

Casino

Le casino *(voir « carnet pratique »)* comprend plusieurs corps de bâtiments. **Charles Garnier** a construit en 1878 la façade côté mer et le théâtre-opéra, situé à l'intérieur, en face du vaste hall central, scène des fameux Ballets russes. Avant de faire ou défaire votre fortune, vous pourrez admirer, dans le hall, la belle fresque *La Cueillette des olives* (Jundt) et, dans les salles de jeux sur la gauche, la somptueuse décoration fin 19e-début 20e s. réalisée par les artistes alors en vogue. Tout d'abord, les salles publiques : salon de style Renaissance, grand salon de l'Europe, salle des Amériques, salon des Grâces. Puis les salles du Cercle privé : les deux salles Touzet et la vaste et riche salle François-Médecin.

Les Ballets russes

Compagnie fondée en 1909 à St-Pétersbourg par **Diaghilev** qui, après 1917, l'installa à Monte-Carlo. Elle prit son essor grâce à **Nijinski**. Elle devint alors le carrefour de l'avant-garde, attirant les plus grands chorégraphes, danseurs, peintres et musiciens. Les Ballets russes de Monte-Carlo continuèrent sous l'égide d'autres directeurs et artistes illustres, comme le marquis de Cuevas, jusqu'en 1962.

La **terrasse**★★ du casino mérite votre visite : magnifique oasis de palmiers, elle domine la mer. La vue est divine, de Monaco à Bordighera. Les jardins, ornés d'une œuvre de Vasarely en lave émaillée, *Hexa Grace,* sont installés sur les toitures du complexe immobilier des Spélugues.

À l'Est de la Principauté, les installations luxueuses du **Larvotto**, gagnées sur la mer, présentent leurs plages artificielles de gravier, leurs piscines, leurs palaces et leurs complexes balnéaires ultra-modernes (Monte-Carlo Sporting Club) et, depuis juillet 2000, le translucide **Grimaldi Forum**, élevé par Fabrice Notari et Frédéric Genin. Plus anciennes, celles de Monte-Carlo Beach, au-delà de la frontière, reliées aux Spélugues par l'avenue Princesse-Grace et ses jardins.

B. Kaufmann/MICHELIN

Indissociable de la vie mondaine de la Principauté, la façade du casino de Monte-Carlo figure dans de nombreuses scènes de films.

visiter

Se reporter au plan pour localiser les sites.

Musée des Souvenirs napoléoniens et Collection des Archives historiques du Palais★

☎ 00 377 93 25 18 31 - www.palais.mc - visite audio-guidée (30mn) juin-sept. : 9h30-18h30 ; de déb. oct. à mi-nov. : 10h-17h30 ; de mi-déc. à fin mai : tlj sf lun. 10h30-12h30, 14h-17h - fermé de mi-nov. à mi-déc., 1er janv. et 25 déc. - 4 €.
Installé dans une aile du palais, ce musée passionnera les admirateurs de l'empereur, dont la famille florentine est apparentée à celle des princes de Monaco. On y découvre notamment ses objets personnels : lorgnettes, montre, tabatière, écharpe tricolore, chapeau du « petit caporal », vêtements du roi de Rome, etc. Parmi les sculptures : des bustes de Napoléon par Canova et par Houdon ; buste de Joséphine par Bosio. Portrait de Napoléon par Gérard. L'histoire de Monaco est retracée par des documents.

Musée national : Automates et Poupées d'autrefois★

À Monte-Carlo. ☎ 00 377 93 30 91 26 - www.musee-national.mc - de Pâques à fin sept. : 10h-18h30 ; reste de l'année : 10h-12h15, 14h30-18h30 - fermé 1er janv., 1er Mai, 19 nov., 25 déc. et les 4 J. du Grand Prix automobile de Monaco - 6 € (enf. 3,5 €).
Face à la mer, au milieu des roses et des sculptures (*Jeune faune* de Carpeaux), cette charmante maison de poupées (du 18e s. à nos jours) et d'automates est l'œuvre de **Charles Garnier**. Les scènes de la vie quotidienne des élégantes poupées sont retracées : la cuisine, l'heure du thé, le rendez-vous, la plage, le grand magasin, la coiffeuse... Les automates du 19e s., en fonction plusieurs fois par jour, sont présentés de façon amusante et instructive : les « entrailles » de l'un d'entre eux montrent un mécanisme d'une étonnante complexité. Enfin, 250 personnages peuplent une immense **crèche napolitaine** du 18e s.

A. Soriano/

Le Pierrot aux chiens par Vichy (1865) figure parmi les pièces remarquables du musée national.

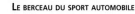

Le berceau du sport automobile

Dès 1898, les premières voitures sans chevaux défilent dans des concours d'élégance. Créé en 1911, le prestigieux Rallye de Monte-Carlo est devenu le championnat du monde de grand tourisme. Depuis 1929, le Grand Prix de Monaco est l'une des épreuves les plus célèbres du championnat du monde de Formule 1 avec sa spectaculaire « course dans la cité ».

Touchants cadeaux

La Rolls-Royce Silver Cloud offerte par les commerçants monégasques au prince Rainier pour son mariage en 1956, et le taxi londonien Austin 1952, aménagé pour la princesse Grace.

Collection de voitures anciennes★

À Fontvieille. ☎ 00 377 92 05 28 56 - www.palais.mc - ♿ - 10h-18h - fermé 25 déc. - 6 € (8-18 ans 3 €).
Dans un somptueux hall d'exposition, une centaine de véhicules hippomobiles et de voitures de la collection princière sont présentés sur 5 niveaux. Le premier est réservé aux calèches du prince Charles III.

Vénérable dame qui eut son heure de gloire en 1928, l'Hispano Suiza H6B conserve son moteur en état de marche.

Ensuite, on remarque la De Dion Bouton (1903), première voiture acquise par le prince Albert Ier, et de prestigieux modèles : Lincoln Torpedo décapotable (1928), Packard cabriolet (1935) et Buick Skylark (1966). L'histoire de l'automobile est retracée par les véhicules à chenillettes Citroën de la Croisière jaune, de belles tractions avant, une Trabant et une Lamborghini 1986 aux lignes futuristes. Dans le salon d'honneur dédié à la Formule 1 trône la Bugatti 1929 (victorieuse au 1er Grand Prix) et une Ferrari F1 1989 développant 600 CV.

Musée naval

À Fontvieille. ☎ 00 377 92 05 28 48 - www.musee-naval.mc - ♿ - 10h-18h - fermé 1er janv. et 25 déc. - 4 € (-8 ans gratuit).

Il est constitué de plus de deux cents pièces, les plus remarquables de la collection princière, de maquettes navales depuis l'Antiquité jusqu'à l'époque moderne. Les plus anciennes ont été construites par le prince Albert Ier en 1874. On admirera la **Gondole impériale** réalisée en quinze jours pour l'inspection de Napoléon Ier à Anvers, le cuirassé *Missouri*, les navires d'exploration des commandants Charcot et Cousteau, et, bien sûr, le *Titanic* !

Musée des Timbres et des Monnaies

À Fontvieille. ☎ 00 377 93 15 41 50 - ♿ - 9h30-17h - 3 €.

Dans un cadre très moderne, il présente une intéressante rétrospective des collections princières. Le premier timbre à l'effigie d'un souverain monégasque a été émis en 1885 sous le règne de Charles III. Auparavant, l'affranchissement du courrier s'effectuait avec des timbres sardes. À partir du Second Empire (1860), ils sont surchargés de la mention « Monaco ». Pendant un demi-siècle, ils furent imprimés avec une rotative en taille-douce. La salle des timbres rares enchantera les philatélistes.

À SAVOIR

On peut se procurer à l'accueil l'ensemble des timbres monégasques du programme philatélique en cours ainsi que des coffrets de monnaies de collection ou en circulation.

Musée de la chapelle de la Visitation

☎ 00 377 93 50 07 00 - ♿ - tlj sf lun. 10h-16h - fermé 1er janv., 1er Mai, 19 nov., 25 déc et les 4 J. du Grand Prix automobile de Monaco - 3 €.

Cette chapelle baroque abrite la riche collection d'art sacré du 17e s. de Barbara Piasecka-Johnson. Dès l'entrée, un ensemble d'apôtres vous accueille, magnifiquement peint en grisaille par un anonyme de l'école espagnole ; plus hommes que saints, ils sont habillés de drapés tourmentés, comme leur visage qui implore le ciel sombrement nuageux. Plus juvénile, voire primesautier, le saint Sébastien de **Zurbarán**, est néanmoins accablé par des flèches qui le font tourner de l'œil. Les superbes gaillards que sont saint Pierre et saint Paul vous narguent du haut de leur ciel, enveloppés des belles couleurs de **Rubens**. Cantarini nous dépeint une Madone tout à son enfant, accoudée dans une attitude très humaine. **Ribera** accentue la souffrance de saint Barthélemy en le traitant dans ce puissant clair-obscur qui a fait la gloire de ce disciple du Caravage.

découvrir

FAUNE ET FLORE DANS LA PRINCIPAUTÉ

Musée océanographique★★

☎ 00 377 93 15 36 00 - www.oceano.mc - ♿ - juil.-août : 9h30-19h30 ; avr.-juin et sept. : 9h30-19h ; oct.-mars : 10h-18h - 11 € (6-18 ans 6 €).

☺ Dans un site exceptionnel, ce majestueux édifice ▶ forme sur le rocher une falaise en pierre de taille dominant la mer de 85 m. Également institut de recherches scientifiques, le musée a été fondé en 1910 par le prince Albert Ier pour y abriter les collections scientifiques de ses campagnes menées depuis 1885. L'**aquarium**★★ au sous-sol est l'un des plus remarquables avec ses 6 000 locataires (350 espèces de poissons) présentés en deux zones, « tropicale » et « méditerranéenne ». Les plus bariolés et les plus insolites vous transporteront vers les mers chaudes des tropiques, dont on a ici reproduit fidèlement le biotope (90 bassins). Les acteurs nous invitent à un ballet en technicolor : clown orange, murène étoilée, mérou à pois, arlequin jaune et bleu, requin léopard nous dévisagent. Très poétique, le poisson-va-

UN COMMANDANT HORS NORME

Jacques-Yves Cousteau (1910-1997) fut directeur du musée de 1957 à 1988. À bord de la Calypso, équipé de soucoupes plongeantes (trônant devant l'entrée monumentale), ou vêtu de son scaphandre autonome, il pouvait mener ses recherches tout en réalisant les films qui ont consacré sa notoriété : *Le Monde du silence* et *Le Monde sans soleil (projetés parfois dans la salle de cinéma du musée).* Il milita activement pour la protection des mers et de l'environnement, et fut membre de l'Académie française.

Une première mondiale : le récif corallien vivant de la mer Rouge a été aménagé en 1989 au musée océanographique.

che ; si fragile et si gracieux, l'hippocampe majestueux ; le napoléon, as du camouflage ; le mortel poisson-pierre, sans oublier l'inquiétant poisson-chirurgien, ni l'étonnant apogon des îles Banggai. 25 000 l sont nécessaires au requin-nourrice pour qu'il ait de bonnes relations de voisinage avec les grandes tortues vertes et les tortues à écailles. Enfin, inaugurée en décembre 2000, l'impressionnant **lagon aux requins**, immense aquarium de 400 m^3 d'eau présentant une barrière de corail et, derrière une vitre de 9 m sur 6 m, de grands prédateurs des fonds marins : requins, raies et poissons Napoléon.

Le musée proprement possède des collections de faune marine, d'animaux naturalisés et d'impressionnants squelettes de mammifères marins : orque, cachalot, lamantin, narval et une baleine de 20 m, échouée sur le rivage italien. Les salles de l'étage ont été restituées selon leur architecture originelle, avec leurs passerelles de métal évoquant un décor de Jules Verne. La **salle océanographie physique★** évoque les campagnes scientifiques du prince Albert Ier avec, notamment, le laboratoire reconstitué de son dernier bateau, l'*Hirondelle II*, et la baleinière qui lui permit de chasser des cétacés et de récupérer dans leur estomac des animaux de grandes profondeurs. À bord de la *Princesse Alice II*, il rapporta des poissons d'une profondeur record de -6 000 m et atteignit, lors d'expéditions au Spitzberg, les 80° de latitude Nord. La **terrasse** abrite un restaurant offrant une vue étendue jusqu'à la Riviera italienne.

Jardin exotique★★

Bd du Jardin-Exotique. ☏ 00 377 93 15 29 80 - www.jardin-exotique.mc - de mi-mai à mi-sept. : 9h-19h ; reste de l'année : 9h-18h - fermé 19 nov. et 25 déc. - 6,80 € (enf. 3,50 €) billet combiné avec la grotte de l'Observatoire et le musée d'Anthropologie préhistorique.

Dépaysement garanti dans cette insolite collection de cactées qui apprécient – certains depuis plus de cent ans – le microclimat exceptionnel de ce jardin suspendu le long d'une falaise rocheuse. Depuis les allées, **panorama★** grandiose sur la principauté, le cap Martin et la Riviera italienne. Les couleurs du Mexique et de l'Afrique australe éclatent à travers les 6 000 variétés de la flore semi-désertique : cactus et autres plantes « succulentes » telles que les espèces arborescentes : euphorbes en forme de candélabres, aloès géants, « coussins de belle-mère » ou figuiers de Barbarie.

Vous serez surpris par les merveilles végétales du jardin exotique qu'on croirait sorties d'un tableau surréaliste.

Grotte de l'Observatoire★ – *Visite guidée 30mn, toutes les heures.* Elle est creusée dans le calcaire de la Tête de Chien. En bas des 279 marches, une magnifique forêt de stalactites, stalagmites et concrétions délicates pare des salles superposées sur 40 m. Dans la salle d'entrée, des fouilles ont révélé la présence de l'homme (outillage), il y a environ 200 000 ans, et livré des ossements d'animaux préhistoriques : ces objets sont exposés à côté, dans le musée d'Anthropologie préhistorique.

Musée d'Anthropologie préhistorique★ – *Accès par le Jardin exotique.* Par sa richesse, sa diversité et une présentation particulièrement soignée, ce musée intéressera même les profanes. Les collections régionales permettent de constater que la Côte d'Azur a été fréquentée, selon les variations climatiques, par le renne, le mammouth, l'ours des cavernes, aussi bien que par l'hippopotame ou l'éléphant. Batterie impressionnante de squelettes d'*Homo sapiens* : négroïdes de Grimaldi, type Cro-Magnon, et leur sépulture collective. La salle Albert-Ier présente une rétrospective des principaux jalons de l'évolution de l'humanité.

Jardin japonais★

Accès par le bd Louis-II. ☎ 00 377 92 16 61 66 - ♿ - avr.-oct. : 9h-19h ; nov.-mars : 9h-18h - gratuit. 9h-18h. Gratuit. *☎ (00-377) 92 16 61 66.*

Réalisation, par l'architecte paysagiste nippon **Yasuo Beppu**, d'un vœu de la princesse Grace. Ce jardin est une oasis de verdure et de calme, apportant une touche spirituelle dans le luxueux quartier du Larvotto, à deux pas du casino. Tout est symbole dans cet espace de 7 000 m² régi par des principes shintoïstes. Véritable bonsaï du monde, chaque élément s'y retrouve, mais à une échelle miniaturisée. Moins exotique, la provenance, française, des minéraux (granit, porphyre, galets). Le **pont cintré** rouge (couleur du bonheur) illustre le passage vers les dieux, représentés par les îles centrales : celle ornée de deux pins présente la forme d'une tortue, symbole de longévité ; la petite, tout en hauteur, plantée d'un seul pin, représente une grue qui nidifie, autre symbole de longévité.

Zen

À proximité de la maison de thé, le **jardin zen** invite à la méditation avec son paysage délimité par sept pierres du cap Corse, dans une mer de gravier ratissé en ellipse, symbole du mouvement perpétuel de l'univers.

Jardin animalier

☎ 00 377 93 25 18 31 - ♿ - juin-sept. : 9h-12h, 14h-19h ; mars-mai : 10h-12h, 14h-18h ; oct.-fév. : 10h-12h, 14h-17h - 4 € (8-18 ans 2 €).

Perroquets et perruches à l'insurpassable vert font l'animation de ce superbe enclos fleuri, par ailleurs habité de macaques, pythons et autres jaguars... qui savourent, depuis leur terrasse accrochée au Rocher, leur belle vue sur le cap d'Ail.

Parc paysager

Laisser la voiture dans le parking situé sous le stade Louis-II.

Un magnifique parc de 4 ha dans le quartier de Fontvieille réunit des végétaux du monde entier. Dans la **roseraie** « Princesse Grace » attenante prospèrent 4 000 plans de 150 variétés différentes, dont une partie est l'œuvre de célèbres jardiniers.

Grace

Au cœur du parc paysager, la statue de la princesse Grace a été réalisée à la suite de sa disparition par Kees Verkade en 1983.

randonnées

Sentier touristique du cap Martin★★

Au départ de Monte-Carlo. Schémas p. 325. À Monte-Carlo Beach, prendre à gauche un petit escalier situé entre deux villas (voir Roquebrune-Cap-Martin, « séjourner », sentier touristique, en sens inverse).

3h AR. Les touristes désirant abréger la promenade peuvent aller en voiture jusqu'à la gare de Roquebrune-Cap-Martin : ils retrouveront le sentier en contrebas de celle-ci.

Sentier touristique du cap d'Ail★

Au départ de Fontvieille. Schéma p. 325. Gagner, à l'Ouest de Fontvieille, la petite plage Marquet ; laisser la voiture à proximité.

1h AR. De la plage, un sentier s'engage le long de la mer. Bientôt, le rocher de Monaco disparaît tandis que l'on contourne le cap d'Ail en longeant des rochers battus par les eaux écumantes. À l'horizon se profilent alors Beaulieu et le cap Ferrat. À gauche du restaurant « La Pinède », un escalier débouche sur la route qui mène à la gare de Cap-d'Ail. On peut continuer le sentier jusqu'à la plage Mala. Puis, par un escalier, reprendre la route dans l'agglomération.

Mons★

Mons est un petit coin de paradis entre ciel et terre. Le site, sauvage et ensoleillé, présente tous les aspects de la végétation provençale du haut Var. Maisons en pierres sèches, charmantes ruelles, placettes ornées de vieilles fontaines... un vrai bonheur.

Paradis chinois
Occupé très tôt (vestiges d'un *oppidum* celto-ligure), le village est dévasté par plusieurs épidémies de peste au Moyen Âge. Il aurait été repeuplé par des familles génoises qui l'auraient rebâti de main de maître et auraient remis son terroir en culture sur terrasses : oliviers, blé, herbages, abattant un travail de Chinois.

La situation

Carte Michelin Local 340 P3 – Var (83). Perché à 800 m d'altitude, Mons se situe à 13,5 km au Nord de Fayence *(voir ce nom)* et à 16,5 km à au Nord-Ouest de St-Cézaire-sur-Siagne *(voir Grasse).*

Pl. St-Sébastien, 83440 Mons, ☎ 04 94 76 39 54.

Le nom

Mons signifie en latin « montagne, butte en pays plat ».

Les gens

Les 671 Monsois, surnommés les Chinois, qui sursautent encore aux coups des canons du camp militaire de Canjuers tout proche et réapprennent le provençal.

S. Sauvignier/MICHELIN

Un lieu idéal pour se ressourcer.

Balades
En prenant le chemin de la chapelle St-Pierre (qui mène au hameau de la Colle), on peut découvrir **trois dolmens** : Riens *(400 m)*, la Colle *(3,5 km)* et la Brainée *(7,5 km)*.
30mn AR. Sources de la Siagnole *(voir le circuit « Préalpes de Grasse à Grasse).*

se promener

Place St-Sébastien

Agrémentée d'une jolie fontaine du 18e s., la terrasse propose une **vue★★** exceptionnelle des vallées de la Siagne et de la Siagnole aux îles de Lérins et à la Corse (par temps très clair !), et de Coudon (près de Toulon) aux Alpes de la frontière italienne *(table d'orientation).*

Église

☎ 04 94 76 39 54 - possibilité de visite guidée sur demande à l'Office de tourisme (minimum 10 personnes) - gratuit.

carnet pratique

Se restaurer

Auberg e Provençale – *7 r. du Rempart-du-Midi - ☎ 04 94 76 38 33 - agrondin@wanadoo.fr - fermé de mi-nov. à mi-déc., merc. sf juil.-août - 15/29 €.* En contrebas de la place St-Sébastien, ce restaurant offre une vue panoramique grandiose par ses baies vitrées le long de la terrasse. La cuisine régionale mérite aussi un passage à l'auberge. Salon de thé l'après-midi.

Que rapporter

Marché potier – 1er dimanche d'août.

Calendrier

Fête des femmes à la Ste-Agathe – 1er week-end de février.

Fête de la St-Pierre – Fin juin.

Fête patronale de Notre-Dame – 15 août.

De style roman haut-provençal à l'origine, elle fut transformée aux 15e et 17e s. Elle renferme un mobilier religieux d'une rare homogénéité : cinq beaux retables baroques dont un triptyque monumental de 1680 au maître-autel dédié à l'Assomption de la Vierge, à saint Pierre et saint Paul. À droite du maître-autel, belle croix processionnelle en argent (15e s.). Le clocher carré abrite une cloche de 1438.

Mougins★

Dans un site extraordinaire de verdure, Mougins s'aperçoit de loin, juché sur sa colline. Son visage provençal et médiéval n'a pas changé depuis le temps où le village était plus important que Cannes. Ses rues étroites aux maisons bien restaurées, qui abritent nombre de galeries et ateliers, s'enroulent en colimaçon.

La situation

Carte Michelin Local 341 C6 - Alpes-Maritimes (06). Entre Cannes (6 km) et Grasse (11 km) par la N 85. Des vestiges de remparts, qui datent de l'ancien fief des abbés de Lérins, marquent la limite piétonne du village *(parkings à l'extérieur).*

15 av. Ch.-Malet, 06250 Mougins, ☎ 04 93 75 87 67.

Le nom

Du préceltique *mug* qui signifie « pierre », « butte », à moins qu'on ne préfère y voir l'influence du *pinus mugho*, variété de pins qui, justement, pousse sur des sols caillouteux.

Les gens

16 051 Mouginois. Dès 1935, **Picasso** découvre Mougins, avec Dora Marr et Man Ray. Depuis, les stars continuent de s'y réfugier, loin des strass (et du stress, parfois) de Cannes.

Honneur

Le commandant Lamy, né à Mougins en 1858, explora l'Afrique et fonda N'Djamena, la capitale du Tchad (l'ancien Fort-Lamy). On lui devait bien une place !

S. Sauvignier/MICHELIN

Une fontaine, un cyprès, des volets peints, le bruit des boules entrechoquées : Mougins a su rester une cité provençale.

visiter

Vous partirez de la place du Commandant-Lamy *(plan avec itinéraire commenté disponible à l'Office de tourisme)* que vous repérerez facilement car son animation, ses restaurants, son vieil ormeau et sa fontaine lui donnent un petit air de fête. Vous terminerez votre promenade place des Patriotes qui offre un beau **panorama★** sur les environs et la côte *(table d'orientation).*

Espace culturel

☎ 04 92 92 50 42 - 9h-17h, w.-end et j. fériés 11h-18h - fermé nov., 1er janv., 1er Mai et 25 déc. - gratuit.

carnet pratique

SE LOGER

Hôtel du Val de Mougins – *95 av. Mar.-Juin - ☎ 04 92 28 37 77 - www.val-de-mougins.com - 23 ch. 50/72 € - ☕ 7 €.* Cet établissement familial montant la garde au bord de la route Napoléon, en contrebas du vieux Mougins, dispose de chambres dotées d'une bonne literie et, pour la plupart, d'un petit balcon. Les plus tranquilles se distribuent sur l'arrière, à flanc de colline.

SE RESTAURER

La Broche de Fer – *À St-Basile (rte Valbonne) - ☎ 04 92 92 08 08 - www.labrochedefer.com - fermé 8-31 janv., 22 oct.-6 nov. et lun. - 17/34 €.* Un peu à l'écart du village, ample restaurant dont la salle à manger, agencée sur quatre niveaux, est joliment décorée dans le style rustique provençal. Enseigne pas cachottière : grillades et cuisson à la broche sont effectivement la spécialité de la maison. Grande terrasse d'été sur le devant ; ambiance décontractée.

Brasserie de la Méditerranée – *Au village - ☎ 04 93 90 03 47 - lamediterrannee2@wanadoo.fr - fermé 4-20 janv. et mar. de nov. à fin mars - réserv. conseillée - 22,80/43,50 €.* Sur la place du village, ce bistrot ouvre sa belle terrasse sur la rue principale. À l'intérieur, son décor de brasserie feutrée accueille une clientèle nombreuse venue se restaurer d'une cuisine au goût du jour qui n'a pas oublié ses origines provençales.

L'Amandier de Mougins – *Au village - ☎ 04 93 90 00 91 - phone@ics.fr - fermé 15-26 nov. - 25/50 €.* Ce pressoir du 14e s. est une ravissante halte où il fait bon s'attabler. Choisissez sa jolie salle à manger voûtée agrémentée de mosaïques et de tableaux contemporains, ou, dès les premiers beaux jours, sa petite terrasse prisée.

L'ancienne chapelle St-Bernardin des pénitents blancs abrite les salles du Conseil Municipal, des Mariages, des expositions temporaires et le **musée Maurice Gottlob** (1885-1970) où sont exposées peintures, céramiques et statuettes de music-hall de la main de cet artiste qui vécut à Mougins de 1924 à 1960.

Musée de la Photographie

☎ 04 93 75 85 67 - juil.-sept. : 10h-20h ; oct.-juin : 10h-18h, w.-end et j. fériés 11h-18h - fermé nov., 1er janv., 1er Mai et 25 déc. - gratuit.

Derrière le clocher de l'église et accolé à la porte sarrasine (12e s.), ce musée a été créé grâce à André Villers, ami et photographe attitré de **Picasso**. Ses photos du peintre sont de savoureux témoignages de complicité et de vie, que complètent d'autres portraits par Clergue, Doisneau, Duncan, Lartigue, Roth, Otero, Denise Colomb et le reporter Ralph Gatti. Belle collection d'anciens appareils photographiques, comme l'ancêtre du dessin animé, le cidoscope. Des expositions temporaires de photographie contemporaine sont également organisées.

alentours

Ermitage N.-D.-de-Vie

« L'ANTRE DU MINOTAURE »
En 1961, **Picasso** s'installe à Mougins avec sa femme Jacqueline dans l'ermitage de Notre-Dame-de-Vie. Ce mas devint un lieu de création et de rencontres artistiques ; il y vécut jusqu'à sa mort en 1973.

◄ *6 km. Quitter Mougins au Nord-Ouest par la D 235, puis prendre à droite la D 35 ; 2 km plus loin se trouve, à droite, une route signalée vers N.-D.-de-Vie. Dim. 9h, pdt les offices.*

La beauté du **site**★ est frappante : l'ermitage, du haut de sa prairie, laisse échapper entre ses gigantesques cyprès une **vue**★ divine sur Mougins et un paysage à l'allure toscane. Belle croix de pierre du 15e s. sous les arbres, à droite de l'ermitage. On comprend que Picasso ait choisi ce lieu pour y vivre ses dernières années. Cachée dans la verdure, sa propriété jouxte l'ermitage.

La **chapelle** date du 17e s. ; sa tour est surmontée d'un clocheton de tuiles vernissées. Notre-Dame-de-Vie était « sanctuaire de répit ». On y amenait, parfois de fort loin, des enfants mort-nés : pendant la messe, ceux-ci étaient censés ressusciter provisoirement, le temps d'être baptisés. La collection d'ex-voto naïfs et le beau retable de l'Assomption, sculpté bleu et or sont autant de raisons, s'il en faut, de venir à la messe du dimanche à 9h.

Un chemin carrossable rejoint la D 3 d'où l'on peut regagner Mougins.

Étang de Fontmerle

3 km par la D 35 en direction du golf, puis, au rond-point l'avenue de Grasse et, à droite la promenade de l'Étang.

Naguère en piteux état, cet étang de 5 ha, en bordure du parc départemental de la Valmasque *(voir Valbonne)*, a été réaménagé, protégé et peuplé de lotus *(Nelumbo nucifera)*. Occupant la moitié de sa superficie, ils constituent la plus importante colonie européenne de cette plante sacrée qui fleurit entre juillet et mi-septembre. Mystérieusement avertis du miracle, les oiseaux migrateurs (aigrettes, hérons cendrés, canards) viennent y faire escale. Un point d'observation a été aménagé pour les amateurs.

Musée de l'Automobiliste★

5 km. Quitter Mougins au Nord-Ouest par la D 235, prendre la route de Cannes, la D 3, que l'on quitte peu avant le passage sur l'autoroute pour prendre à gauche le chemin du Belvédère, prolongé par le chemin des Collines. À la 2e intersection, prendre à gauche le chemin de Ferrandou, puis à gauche encore pour passer au-dessus de l'autoroute. Le chemin de Font-de-Currault, à droite, mène au parking du musée. ☎ 04 93 69 27 80 - www.musauto.fr.st - juin-sept. : 10h-18h ; oct.-mai : tlj sf lun. (hors j. fériés et vac. scol.) 10h-13h, 14h-18h - fermé 1er janv., 24-25 et 31 déc. - 7 € (-12 ans gratuit).

Le bâtiment futuriste, qui s'élève en bordure de l'autoroute, présente une façade de béton et de verre évoquant une calandre. Deux passionnés de l'automobile, Adrien Maeght et Antoine Raffaelli ont rassemblé dans ce lieu, avec l'aide de la société d'autoroute ESCOTA, des automobiles de collection exposées par roulement (environ 90 à la fois).

Par l'autoroute
Depuis l'A 8, dans le sens Nice-Cannes, le musée est situé sur l'aire Nord des Bréguières. Possibilité d'accès à pied par une passerelle au départ de l'aire Sud.

B. Kaufmann/MICHELIN

Ce cabriolet encore pimpant vient terminer dans ce musée une belle carrière de parade.

Parmi les modèles rutilants, remarquablement présentés et tous en état de marche, on relève les noms prestigieux de Benz (1er véhicule construit en série, 1894), Bugatti (57, 1938), Ferrari, Hispano-Suiza, Delage, Rolls-Royce, etc. À l'étage consacré aux voitures de compétition, dont quelques-unes ont remporté des grands prix, on remarque une série de Matra des années 1967 à 1974. Chaque année, deux expositions thématiques soulignent un aspect particulier de l'automobile. Le cinéma du musée propose des films qui évoquent l'histoire de l'automobile et la part prise par chaque marque.

Rendez-vous
La visite sera encore plus attrayante si l'on vient aux bourses d'échange, ventes aux enchères publiques et concours d'élégance qui sont organisés au cours de l'année. Tous les amateurs de voitures anciennes s'y retrouvent.

Mouans-Sartoux

À 3 km au Nord-Ouest de Mougins par la N 2085.

Il réunit les communes de Sartoux, village médiéval ruiné par les Sarrasins, et de Mouans, ancienne forteresse protégeant la route de Grasse. En 1588, Suzanne de Villeneuve, veuve d'un huguenot, défendit son village

Dans les écuries du château
L'exposition « Reflets d'un monde rural » rassemble objets et photos évoquant les activités traditionnelles locales (parfumerie, huile d'olive, vigne).

contre les troupes du duc de Savoie. Après avoir rasé le château malgré l'accord passé, celui-ci fut pourchassé par Suzanne jusqu'à Cagnes où il dut indemniser lourdement les habitants.

Espace de l'Art Concret★ – ☎ *04 93 75 71 50 - www.crdp.ac-nice.fr/eac - juil.-août : 11h-19h ; reste de l'année : tlj sf lun. 11h-18h - fermé 1er janv. et 25 déc. - 3 €.* Dans un beau parc, le château de Mouans (19e s., assises 16e s.) accueille les expositions temporaires d'art contemporain tandis que la **donation Albers-Honegger** se trouve désormais dans un bâtiment carré en béton vert-jaune encastré dans une pente boisée. Avis aux amateurs d'art abstrait, géométrique, minimaliste ou de design : la collection est exceptionnelle.

Route Napoléon★★

Victorieux
Dans la prodigieuse carrière de Napoléon, il n'est rien peut-être de plus extraordinaire que cette marche triomphale de vingt jours. Le 20 mars 1815, au milieu d'une foule enthousiaste, il entre aux Tuileries et reprend le pouvoir.

L'Empereur, exilé à l'île d'Elbe depuis 1814, veut reconquérir la France. La route Napoléon est la reconstitution du trajet qu'il a suivi de son débarquement à Golfe-Juan jusqu'à Grenoble. Sur les plaques commémoratives et les monuments du parcours figurent des aigles aux ailes déployées dont le symbole est inspiré des paroles de Napoléon : « L'Aigle, avec les couleurs nationales, volera de clocher en clocher jusqu'aux tours de Notre-Dame. »

S. Sauvignier/MICHELIN

Incontournable Napoléon Ier.

La situation
Carte Michelin Local 341 B/D 5/6 – Alpes-Maritimes (06). Nous décrivons ici l'itinéraire suivi par l'Empereur jusqu'au col de Valferrière. La suite de la route est décrite dans *Le Guide Vert Alpes du Sud* (jusqu'à Corps) et *Le Guide Vert Alpes du Nord* (jusqu'à Grenoble).
www.route-napoleon.com

Le nom
La « route Napoléon » a été inaugurée en 1932 . Né à Ajaccio en 1769, Napoléon devient empereur en 1804 et meurt à Ste-Hélène en 1821, après avoir imposé le Code civil et exporté l'idée de la révolution dans toute l'Europe.

Les gens
« Nous partîmes cinq cents et par un prompt renfort... ». Le vieux Corneille n'était pas loin de la vérité : au départ, 700 hommes et quelques chevaux montent sur Paris. À l'arrivée, ils sont 20 000 ! Napoléon, en bon Méditerranéen, dira 40 000, doublant les chiffres comme à son habitude.

circuit

DE GOLFE-JUAN AU COL DE VALFERRIÈRE
57 km – compter 1 journée. Quitter Golfe-Juan (voir Vallauris) par la N 7.

À son arrivée à Golfe-Juan, l'empereur gagne la seule auberge qui se trouvait alors sur la route face à la mer. Il s'y repose tandis que l'on essaie de gagner à sa cause la garnison royaliste d'Antibes. L'entreprise ayant échoué, il ordonne de marcher sur Cannes.
Aujourd'hui, la route contourne la colline de Super-Cannes tandis que se profilent à l'horizon les îles de Lérins et l'Esterel, superbes au coucher du soleil.

Cannes☆☆☆ *(voir ce nom)*
Quitter Cannes par le Nord, en direction de Mougins.
La N 85 s'élève au-dessus de la ville et de la mer tandis qu'à droite se détache le village perché de **Mougins★** *(voir ce nom).*

Le vol de l'Aigle

Depuis Golfe-Juan, Napoléon et sa petite troupe, précédés d'une avant-garde, gagnent Cannes où ils arrivent tard et d'où ils repartent tôt le lendemain. Voulant éviter la voie du Rhône qu'il sait hostile, Napoléon fait prendre la route de Grasse pour gagner, par les Alpes, la vallée de la Durance. Au-delà de Grasse, la colonne s'engage dans de mauvais chemins muletiers : St-Vallier, Escragnolles, Séranon d'où, après une nuit de repos, elle gagne Castellane (3 mars), puis Barrême.

Mouans-Sartoux *(voir Mougins)*

À la sortie, Grasse apparaît, largement étalée à flanc de montagne.

Grasse★ *(voir ce nom)*

Quitter Grasse par le Nord-Ouest.

On longe le « plateau Napoléon » où l'Empereur, évitant Grasse, fit halte le 2 mars. On traverse les Plans de Provence, puis les Préalpes de Grasse, montagnes calcaires. La route franchit successivement trois cols : col du Pilon (782 m), pas de la Faye (981 m), col de Valferrière (1 169 m), offrant des vues admirables à l'arrière.

Napoléon à Grasse

« Là l'Empereur comptait trouver une route qu'il avait ordonnée sous l'Empire ; elle n'avait jamais été exécutée. Il fallut se résoudre à suivre des défilés difficiles et pleins de neige, ce qui lui fit laisser à Grasse, à la garde de la municipalité, sa voiture et deux pièces de canon... »
Mémorial de Ste-Hélène, propos de l'Empereur recueillis par Las Cases.

Col du Pilon

Des pentes Sud de ce col, **vue★★** splendide vers le golfe de la Napoule et les îles de Lérins, Grasse, le lac de St-Cassien, les massifs de l'Esterel et des Maures.

St-Vallier-de-Thiey *(voir ce nom)*

La montée au pas de la Faye offre encore de très belles **vues★**.

Pas de la Faye★★

La **vue★★** est aussi belle qu'au col du Pilon. En sens inverse, on a un premier aperçu de la Méditerranée et la magnifique révélation de la Côte d'Azur.

La route traverse un paysage aride, dominé par les montagnes de l'Audibergue et de Bleine à droite, par la montagne de Lachens à gauche, avec de nombreuses vues en direction du Sud. 1 km avant Escragnolles, au niveau d'une station d'essence, s'embranche à gauche une route pour le belvédère de Baou Mourine.

Belvédère de Baou Mourine★

30mn AR. Chemin fléché (marques rouges). On arrive à une terrasse d'où se découvre un beau **point de vue★** sur la vallée de la Siagne, le golfe de la Napoule, l'Esterel et les Maures.

Après Escragnolles, où Napoléon fit une courte halte, la route offre encore des vues vers le Sud.

Au col de Valferrière, possibilité de retour à Grasse (voir ce nom) en empruntant, en sens inverse, le circuit « Préalpes de Grasse ».

Nice★★★

Vous avez peu de temps ?
Une journée est nécessaire à la découverte de Nice. Consacrez la matinée au front de mer et à la vieille ville ; l'après-midi sera réservé à Cimiez. Les visiteurs disposant de plus de temps verront le musée des Beaux-Arts, le musée d'Art moderne et d'Art contemporain et/ou le musée des Arts asiatiques.

Le charme de Nice « l'Italienne » se conjugue au pluriel dans un **site★★** superbe, entre mer et montagne. Les couleurs de sa vieille ville baroque, la saveur de sa cuisine et la richesse de ses grands musées combleront le visiteur qui pourra à tout moment contempler la capitale de la Riviera depuis la colline du château ou respirer la douceur de l'air marin (hélas trop souvent mêlée aux vapeurs d'échappements) sur la célébrissime promenade des Anglais.

La situation

Carte Michelin Local 341 E5 – Schémas *p. 308 et 324* *– Alpes-Maritimes (06).* De l'A 8, au Nord de la ville, cinq sorties vous mènent dans des quartiers différents. Le torrent du Paillon divise Nice en deux : à l'Ouest, la partie moderne ; à l'Est, la vieille ville, la « colline du Château », et derrière, le port. Au Nord, la colline de Cimiez, l'ancienne cité romaine. Difficile de se déplacer en voiture à Nice ! Les travaux pour la mise en place du tramway *(première ligne en service en 2006)* ajoutent aux difficultés de circulation. Dès que possible, garez votre véhicule dans l'un des nombreux parkings payants, pour ensuite découvrir tranquillement la ville à pied ou en transport en commun.

5 promenade des Anglais, 06000 Nice, ☎ 0 892 707 707 (0,34 €/mn) - Av. Thiers, 06000 Nice. www.nicetourisme.com

Le nom

Issu de Nikaia (du grec *niké*, « victoire »), nom du comptoir commercial grec ouvert vers le 4e s. avant J.-C. sur une citadelle ligure, commémorant ainsi une victoire des Massaliotes sans doute remportée sur les Salyens.

Les Niçois
« C'est un trait de caractère du Niçois qui n'a ni la gesticulation italienne, ni la faconde provençale mais une gravité si souvent simulée qu'elle est devenue une seconde nature. »
Louis Nucera (1928-2000).

Les gens

342 738 Niçois (agglomération de 475 507 habitants). Hier Matisse, Yves Klein, **Louis Nucera** et... Dick Rivers, aujourd'hui Max Gallo, Elton John, Le Clézio et Benjamin Vauthier plus connu sous le nom de **Ben**, qui tenait une boutique dans le vieux Nice au début de sa carrière artistique.

comprendre

Des Grecs aux Savoyards – Le sol de Nice a révélé une occupation humaine vieille de 400 millénaires. Citadelle ligure à l'aube de l'histoire, elle devient, vers le 4e s. avant J.-C., un comptoir des Grecs de

J.-Ch. Gérard/PHOTONONSTOP/

Le Carnaval, place Masséna, temps de folie toléré par les autorités, demeure la référence des fêtes de la Côte.

Deux héros niçois

André Masséna (1758-1817), général dès 1793, s'illustre pendant la campagne d'Italie à Rivoli. Bonaparte l'appelle « l'enfant chéri de la victoire ». Il remporte la bataille de Zurich sur les Autrichiens et les Russes, et permet à Bonaparte de gagner celle de Marengo sur les Italiens. Il conquiert le royaume de Naples (1806). Son génie militaire s'accompagne d'une âpreté au gain et d'un opportunisme qui le fait successivement crier au cours de sa carrière : « Vive la nation ! Vive l'empereur ! Vive le roi ! »
Des convictions plus solides ont animé Giuseppe **Garibaldi** (1807-1882), fils de marin génois, qui s'est battu aux côtés de Mazzini pour l'unité de l'Italie lors de la Révolution de 1848 puis celle de 1859. Exilé en Amérique du Sud, il défend les républicains uruguayens et brésiliens. Ce « Che Guevara » niçois a bien mérité son surnom de « héros des Deux-Mondes ».

S. Sauvignier/MICHELIN

Condottiere et patriote au service de l'indépendance italienne, Giuseppe Garibaldi, fier de son origine niçoise, n'admit jamais la cession du comté de Nice à la France.

Marseille. Cette petite bourgade, bâtie autour du rocher qui domine le port alors à l'Est de l'actuel quai des États-Unis, est éclipsée trois siècles plus tard par les riches Romains, qui portent leur effort colonisateur sur la colline de Cemenelum, ou « Cimiez », d'où ils assurent une meilleure défense.

En 1388, Nice, alors sous domination du comte de Provence, choisit son camp au terme d'une guerre civile : à Louis d'Anjou, comte de Provence, elle préfère **Amédée VII**, comte de Savoie, pour qui le port de Nice est un enjeu capital dans sa maîtrise de la route d'Italie. Cette puissante maison, déjà riche de la province du Piémont, va transformer durablement l'identité niçoise : quittant l'habit provençal, Nice s'italianise avec la Savoie qui établit sa capitale à Turin au 16e s. et annexe la Sicile puis la Sardaigne au 18e s.

Revirement de l'histoire
Les invasions barbares et sarrasines réduisent Cimiez à peu de chose et c'est l'ancienne Nikaia qui, à partir du 10e s., redevient importante grâce aux comtes de Provence.

En 1793, Nice et son arrière-pays deviennent sous la Convention le département des Alpes-Maritimes. À la chute de l'Empire, en 1814, le roi de Piémont-Sardaigne les récupère par le traité de Paris.

Le plébiscite – Napoléon III accepte de s'allier au Piémont-Sardaigne et de chasser les Autrichiens des provinces du

carnet pratique

Transports

Aéroport Nice-Côte d'Azur – Aménagé sur la rive gauche de l'estuaire du Var, c'est le 2e de France pour l'importance du trafic. Pour répondre aux besoins sans cesse croissants, la plate-forme a été doublée par un gain de 200 ha sur la mer pour créer un second aérogare *(www.nice.aeroport.fr)*. Venir en avion est un moyen intéressant pour les courts séjours, renseignez-vous car les tarifs aller-retour sous certaines conditions peuvent être très attractifs *(voir dans la partie Informations pratiques la rubrique « avant le départ »)*.
Outre les taxis, le bus n° 23 au départ du Terminal 1 conduit au centre-ville : *6h-20h50, toutes les 10mn, 1,30 €*. Les navettes 98 et 99 desservent respectivement la gare routière et la gare SNCF : *5h30-20h05, toutes les 20 ou 30mn, 4 €*.

Transports urbains / Ligne d'azur – Ils assurent une large desserte des environs de la ville. Une carte touristique « Pass » permet de voyager pendant 1 ou 7 jours. *En vente 10 av. Félix-Faure ou 29 av. Malausséna.*
Renseignements : ☎ 0 810 061 006, www.lignedazur.com
Un plan « infobus » est disponible à l'Office de tourisme.

TAM – Réseau de cars qui assure les liaisons interurbaines (ligne 100 : Nice-Menton, ligne 200 : Nice-Cannes, ligne 500 : Nice-Grasse, etc.) *Renseignements à la gare routière, Promenade du Paillon, ☎ 04 93 85 61 81. www.rca.tm.fr*

TER – Il permet de rejoindre nombre de villes : Draguignan, Fréjus, St-Raphaël, Cannes, Grasse, Antibes, Menton, Vintimille, etc. La ligne Nice-Cuneo traverse les vallées de la Bévéra et de la Roya *(voir le train des Merveilles). Renseignements à la gare, av. Thiers, ☎ 36 35 (0,34 €/mn). www.ter-sncf.com/paca*

Trans Côte d'Azur – *Quai Lunel - ☎ 04 92 00 42 30. Fév.-oct et déc. : promenade côtière commentée (1h) mar., merc., vend. et dim. à 15h (+ jeu. pdt vac. scol.) 12 € (enf. 7 €). Juin-sept. : excursions vers les îles de Lérins, Corniche d'Or (massif de l'Estérel), St-Tropez, Monaco, San Remo. 24 € à 46 € AR (enf. 17 € à 30 €).*

Visite

Carte Passe-Musées 7 jours - Entrée illimitée dans tous les musées, exceptés le musée Marc-Chagall et le musée des Arts asiatiques. 6 €.
Les musées municipaux sont gratuits les 1er et 3e dim. de chaque mois.

Visite guidée de la ville – *(Nice) S'adresser au Centre du Patrimoine - ☎ 04 92 00 41 90.* Visites guidées permettant la découverte du patrimoine niçois (dix thèmes différents selon les jours de la semaine). *Durée : de 1h30 à 2h - 3 €.*

Petits trains touristiques – Ils partent du front de mer, face à l'hôtel Méridien. *☎ 06 16 39 53 51 - www.petittrainnice.com - visite commentée (40mn) 10h-18h - fermé de mi-nov. à mi-déc. et de déb. janv. à mi-janv. - 6 € (- 9 ans 3 €).*

Nice le Grand Tour – Circuit en bus à impériale (1h30) au départ de la Promenade des Anglais *(face au théâtre de verdure)*. 12 arrêts permettent de moduler la visite de la ville. *Départ toutes les 30mn ; se renseigner pour les horaires. 17 € (enf. 9 €). ☎ 04 92 29 17 00.*

Se loger

Au Picardy – *10 bd Jean-Jaurès - ☎ 04 93 85 75 51 - - 11 ch. 25/43 € - ☕ 3 €.* Au bord d'une artère passante, entre la gare routière et le vieux Nice, petit hôtel familial où vous logerez dans des chambres fonctionnelles à géométrie variable, correctement insonorisées côté boulevard mais tout de même plus calmes à l'arrière, côté cour. Prix sages stationnaires toute l'année ; accueil aussi prévenant que souriant.

Clair H. – *23 bd Carnot - impasse Terra Amata - ☎ 04 93 89 69 89 - hotel.clair@wanadoo.fr - 10 ch. 35/75 € - ☕ 6 €.* Une ancienne école sert de cadre à cet hôtel familial dont les calmes chambres, de plain-pied, mettent à profit les ex-salles de classe, ouvrant sur la cour où les tracés de marelle et les éclats de rire ont fait place à des graviers et des plantes. Petits-déjeuners livrés en chambre ou en terrasse. Emplacement un peu excentré, dans une impasse où d'importantes découvertes archéologiques ont entraîné l'ouverture du musée Terra Amata.

Villa la Tour – *4 r. de la Tour - ☎ 04 93 80 08 15 - www.villa-la-tour.com - 16 ch. 49/125 € - ☕ 7 €.* Ce petit hôtel d'un genre assez charmant bénéficie d'une situation idéale pour les inconditionnels du vieux Nice. Chambres personnalisées, récemment rénovées, et d'un bon niveau de confort, à l'exception de la moins chère, plus sommaire mais non moins avenante. Mini-terrasse perchée. Accueil personnalisé.

Star Hôtel – *14 r. Biscarra - ☎ 04 93 85 19 03 - star-hotel@wanadoo.fr - fermé nov. - 24 ch. 53/69 € - ☕ 6 €.* Atouts majeurs de ce petit hôtel : une situation centrale (proximité du centre commercial Nice Étoile) et des prix doux pour la ville. Les chambres sont sobrement meublées et bien tenues ; certaines bénéficient même d'un balcon.

Villa St-Hubert – *26 r. Michel-Ange - ☎ 04 93 84 66 51 - hotel-villa-st-hubert@wanadoo.fr - fermé 15 nov.-15 déc. - 13 ch. 54/68 € - ☕6 €.* À proximité des universités, villa 1900 donnant sur une rue calme. Chambres pas très grandes, mais bien équipées et tenues avec soin. Aux beaux jours, les petits-déjeuners sont servis dans une courette fleurie.

Buffa – *56 r. Buffa - ☎ 04 93 88 77 35 - nice@hotel-buffa.com - 13 ch. 67/72 € - ☕ 9 €.* Accueil chaleureux, plaisante décoration actuelle et chambres dotées d'un double vitrage sont les atouts de cet hôtel situé sur une avenue passante.

Se restaurer

Salade niçoise, pan-bagnat, poutine, tourte aux blettes, beignets de fleurs de courgettes..., tant de spécialités qui donnent à l'art culinaire local ses lettres de noblesse et son appellation. Pour en apprécier toutes les saveurs, rendez-vous dans les établissements affichant le label **« Cuisine nissarde »**. Guide des restaurants disponible à l'Office de tourisme.

Le Pain Quotidien – *3 r. St-François-de-Paul (cours Saleya) - ☎ 04 93 62 94 32 - 6/15 €.* Au début du cours Saleya. Décor où domine le bois, odeurs de pain chaud et carte de tartines, salades et brunchs le week-end. Sur le sol de la salle à manger, une petite baie vitrée laisse entrevoir les ateliers.

Lou Balico – *20-22 av. St-Jean-Baptiste - ☎ 04 93 85 93 71 - www.loubalico.com - fermé dim. midi en juil.-août - 12/35 €.* Trois générations d'une même famille œuvrent parfois côte à côte dans ce restaurant restituant bien l'âme de la cuisine nissarde. Salle à manger de mise simple, où trône un piano, ambiance au beau fixe et réputation dépassant les frontières du pays niçois : Nougaro, Lavilliers et Indochine n'ont-ils pas signé le livre d'or ?

Nissa Socca – *7 r. Ste-Réparate - ☎ 04 93 80 18 35 - fermé janv. et dim. - ✗ - 15 € déj. - 13,70/17 €.* Pâtes, pizzas et spécialités locales sont à découvrir dans les deux petites pièces chaleureuses. Confort simple et atmosphère typiquement locale avec un four à bois à l'entrée. Les prix sont plutôt doux.

La Table Alziari – *4 r. François-Zanin - ☎ 04 93 80 34 03 - fermé 11-22 janv., 9-20 août, 6-17 déc., dim. et lun. - 15/30 €.* Le charme d'une petite adresse familiale dans une ruelle de la vieille ville : spécialités niçoises et provençales sont suggérées sur l'ardoise du jour et servies dans un cadre sans chichi. La poche de veau (poitrine de veau farcie) compte parmi les classiques de la maison. Menue terrasse sur le devant.

La Diva – *4 r. de l'Opéra - ☎ 04 93 85 96 15 - fermé dim. soir - 17/30 €.* Ce refuge gourmand où l'on vient faire de savoureux repas traditionnels se situe dans une petite rue reliant la place Masséna et la rue St-François-de-Paule. Installation assez confortable, décor intérieur feutré et mise en place soignée. Les jours de grande affluence, une deuxième salle, à l'étage, joue les vases communicants.

La Tapenade – *6 r. Ste-Réparate - ☎ 04 93 80 65 63 - ✗ - 17/23 €.* Décor sympathique reconstituant une rue typique, avec ses volets, pots de fleurs et chapelets d'ail. Ambiance chaleureuse et familiale, où déguster, bien sûr, la tapenade, la cuisine régionale ou une pizza. Terrasse fermée et chauffée en hiver. Pas de réservation : on vous installe à table s'il y a de la place !

Grand Café de Turin – *5 pl. Garibaldi - ☎ 04 93 62 29 52 - www.cafedeturin.com - 19,82/30,49 €.* Institution niçoise depuis plus de 200 ans, ce grand café propose, dans un cadre simple et convivial, une carte de fruits de mer à prix attractif. La générosité et la fraîcheur des plateaux, la terrasse urbaine chauffée et l'ambiance animée du lieu en font une adresse attachante. Service en continu jusquà 23 h.

L'Escalinada – *22 r. Pairolière - ☎ 04 93 62 11 71 - www.escalinada.fr - fermé 15 nov.-15 déc. - ✗ - 22/33 €.* Maison traditionnelle dans les ruelles du vieux Nice, avec sa petite salle rustique pimpante, où la tradition des plats niçois est cultivée autour d'un attrayant menu. Atmosphère sympathique et conviviale.

La Capeline – *06830 Toudon - 9 km de Gilette par D 17 rte de Roquesteron - ☎ 04 93 08 58 06 - ouv. mars à oct., w.-end de nov. à fév. et fermé merc. - réserv. obligatoire - 20/30 €.* Poussez la porte de cette petite maison dans la vallée de l'Esteron, vous ne le regretterez pas ! Le patron mitonne chaque jour un menu aux saveurs régionales qui vous sera annoncé verbalement. Petit plus : l'huile d'olive maison. Décor rustique simple et terrasse ombragée de canisses.

S. Sauvignier/MICHELIN

En soirée

Le Mélisande (Hôtel Palais Maeterlinck) – *30 bd Maurice-Maeterlinck, quartier le cap de Nice - ☎ 04 92 00 72 00 - www.palais-maeterlinck.com - tlj 11h-0h.* Ce bar est installé dans un très bel hôtel qui fut jadis propriété du poète Maurice Maeterlinck, prix Nobel de littérature en 1911. Salon feutré accueillant des expositions de peintures, bar à champagne et cave à cigares. Depuis la terrasse, vue magnifique sur la mer et sur les caps Ferrat et d'Antibes.

Le Relais de l'Hôtel Negresco – *37 prom. des Anglais - ☎ 04 93 16 64 00 - direction@hotel-negresco.com - 11h-1h, jusqu'à minuit en hiver.* La décoration de ce bar somptueux n'a pas changé depuis l'ouverture de l'hôtel Négresco en 1913. Vous boirez du champagne entouré d'œuvres d'art : tapisserie de Bruxelles (1683), peintures du 18e s., réplique des appliques de la salle de Bal du château de Fontainebleau, et un tapis identique à celui choisi par Napoléon Ier pour la chambre du roi de Rome. Piano-bar tous les soirs.

La Trappa – *R. de la Préfecture et r. Gilly, lieu-dit Vieux Nice - ☎ 04 93 80 33 69 - tlj sf dim. 17h-2h30.* L'endroit où est situé ce bar à tapas s'appelait déjà La Trappa en 1886. Ambiance conviviale et musique latino-américaine dans une grande salle aux murs rouges. Spécialités de cocktails cubains et tapas espagnols, sans oublier vins et spécialités niçoises. Un D.J. anime la soirée en fin de semaine.

Casino Ruhl – *1 prom. des Anglais - ☎ 04 97 03 12 22 - casinoruhl@aol.com - tlj 10h à l'aube.* Trois cents machines à sous, roulettes française et anglaise, black jack, punto banco, stud poker. Bar américain. Dîner et spectacle dansant le vendredi et le samedi.

S. Sauvignier/MICHELIN

Que rapporter

Rues commerçantes – Les rues rayonnant autour de la cathédrale Ste-Réparate satisferont les acheteurs de tissus provençaux (r. Paradis, r. du Marché), d'artisanat (r. du Pont-Vieux, r. de la Boucherie) et de santons (r. St-François-de-Paule).

Confiserie Auer – *7 r. St-François-de-Paule - ☎ 04 93 85 77 98 - www.maison-auer.com - tlj sf dim. 9h-13h30, 14h30-18h.* Près du cours Saleya, jolie boutique au cadre un peu « rétro » où se procurer des fruits confits de fabrication artisanale et de tout premier choix. La même famille de confiseurs - d'origine suisse - perpétue à Nice depuis plus de cent ans ce savoir-faire représentatif de la gastronomie provençale.

Florian – *14 quai Papacino - sur le port de Nice - ☎ 04 93 55 43 50 - www.confiserieflorian.com - 9h-12h, 14h-18h30 - fermé 25 déc.* Visite guidée et gratuite des ateliers de fabrication artisanale des produits de la confiserie : confits de fleurs, sirops de fleurs, fruits confits, confitures d'agrumes, fleurs cristallisées, orangettes au chocolat, bonbons acidulés, chocolats maison, etc. Dégustation offerte et salon de vente.

L'Art Gourmand – *21 r. du Marché - vieille ville - ☎ 04 93 62 51 79 - www.nice-ville.com - juil.-août : 10h-23h ; le reste de l'année : 10h-19h.* Cette boutique du vieux Nice propose toutes sortes de douceurs en libre-service et en dégustation sur place : nougats, calissons, pâtes de fruits, sablés, pâtisseries, glaces, etc. Petit salon de thé en mezzanine ; décor frais égayé de peintures murales. En dépit des apparences, la plupart des produits présentés viennent du Nord de la France !

Maison Poilpot - Aux Parfums de Grasse – *10 r. St-Gaëtan - ☎ 04 93 85 60 77 - tlj sf lun. 10h-12h30, 14h30-18h.* Ce fabricant artisanal de parfums propose un choix de 80 senteurs différentes (lavande, mimosa, rose, violette, citron...)

À l'Olivier – *7 r. St-François-de-Paule - ☎ 04 93 13 44 97 - nice@olivier-on-line.com - tlj 9h30-13h, 14h-19h (19h30 en été).* Cette enseigne, fondée en 1822 et débarquée à Nice en 2004, propose toutes les huiles d'olive françaises distinguées par une AOC. Vous y trouverez aussi des variétés étrangères, quelques macérations aromatiques, d'autres produits de bouche, de la vaisselle, du linge et des accessoires de table raffinés. Cadre design.

La Maison de L'Olive – *☎ 04 93 80 01 61 - brunolive@wanadoo.fr - tlj sf lun. 9h30-19h, dim. 10h-14h - fermé janv.* Les produits vendus dans cette boutique, destinés au corps (savon de Marseille, parfums d'ambiance...) ou au palais sont pour la plupart à base d'olives dont les vertus sont reconnues depuis des millénaires. Vous trouverez également des tomates séchées, des citrons confits, des câpres, des épices...

Alziari – *14 r. St-François-de-Paule - ☎ 04 93 85 76 92 - www.alziari.com.fr - tlj sf dim. 8h30-12h30, 14h15-19h.* Spécialiste de l'huile d'olive. Produits du terroir. Il est possible de visiter le moulin à Nice en téléphonant au 04 93 44 45 12.

Domaine de la Source – *303 chemin de Saquier - 10 km de Nice par N 202 - 06200 st-Roman-de-Bellet - ☎ 04 93 29 81 60 - domainedelasourcevindebellet@wanadoo.fr - 9h-21h.* Une famille d'horticulteurs convertis à la vigne est à la tête de ce domaine produisant des vins rouge, blanc et rosé bien représentatifs de l'appellation Bellet. Exposition de vieux outils dans la cave ; techniques viticoles privilégiant l'écologie. Propriétaire au caractère bien trempé, maniant volontiers la galéjade !

Sports & Loisirs

Randonnées – *14 av. Mirabeau - ☎ 04 93 62 59 99 - www.cafnice.org – tlj sf w.-end 16h-20h - fermé j. fériés.* Le Club Alpin Français organise depuis Nice des randonnées pédestres à la découverte du Parc du Mercantour avec hébergement possible dans ses différents refuges.

Ski – La proximité des stations de ski d'Auron et Valberg – accessibles en une ou deux heures par la route – est, pour une nombreuse clientèle, un des attraits de Nice.

Plages – Immenses plages de galets sur 5 km surveillées et publiques en dehors des 15 plages privées, animées de diverses activités sportives.

Calendrier

Fêtes traditionnelles et autres manifestations sont multiples, difficile donc de retenir toutes les dates. Demandez le programme à l'Office de tourisme.

Carnaval de Nice – Il attire chaque année plus d'un million de spectateurs enchantés par les coloris des fleurs. Les réjouissances ont lieu au moment de Mardi gras, pendant 2 semaines : corsos carnavalesques, feux d'artifices, bals masqués, batailles de fleurs, de confettis, charivari dans les quartiers...

Festin des cougourdons – Fin mars ou début avril, place du monastère de Cimiez. Les cougourdons sont des courges séchées et peintes (décoratives ou utilitaires).

Fête de la Mer et de la Saint-Pierre – Week-end fin juin, sur le quai des États-Unis et au port. Procession de pêcheurs, évolution de barques fleuries, animations...

Fête de la San Bertoumiéu – Week-end début septembre. À l'instar de l'ancienne grande foire de Nice : produits du terroir, artisanat, animations... dans le vieux Nice.
En été, Nice accueille de nombreux festivals de musiques.

Crèche vivante lou Presèpi – *S*emaine de Noël, place Rossetti.
En été, Nice propose de nombreux concerts de musique en tout genre.

Nice Jazz Festival – Dernière quinzaine de juillet dans les jardins des Arènes de Cimiez. Il accueille les plus grandes vedettes de la scène internationale. *☎ 0 892 707 407.*

Nord de l'Italie pour reprendre Nice et la Savoie. Le traité de Turin (1860), entre Napoléon III et le roi de Sardaigne Victor-Emmanuel II, stipule le retour de Nice à la France « sans nulle contrainte de la volonté des habitants ». Le plébiscite est triomphal : 25 743 oui contre 260 non, parmi lesquels Garibaldi, bien sûr. Le 12 septembre, l'empereur et l'impératrice Eugénie reçoivent du maire de Nice les clés de la ville sur l'actuelle place Garibaldi. La région de Tende et de la Brigue devait demeurer territoire italien pendant encore 87 ans, jusqu'au traité du 10 février 1947.

Aujourd'hui – En 1860, Nice ne comptait que 40 000 habitants. Son rattachement à la France marqua le début d'un développement exceptionnel fondé sur le commerce, le transport et surtout le tourisme, grâce au chemin de fer. Nice rivalise avec Cannes en têtes couronnées anglaises et russes qui embellissent leur villégiature.
Actuellement 5ᵉ ville de France, elle est devenue un pôle technologique de dimension internationale grâce à la technopole de Sophia-Antipolis et au palais des congrès Acropolis. Centre administratif, Nice a aussi vocation culturelle, d'autant qu'elle a accueilli nombre de créateurs rassemblés au sein de l'**école de Nice** : musées prestigieux, conservatoire de musique, centre national d'art contemporain *(voir Villa Arson)* et université. Son climat, doux en hiver et tempéré par la brise en été, fait le bonheur des retraités, en nombre croissant. Un équipement hôtelier hors pair finit de faire de Nice l'un des hauts lieux du tourisme en France.

Le roi Carnaval

Célèbre et fort ancienne, la tradition du carnaval de Nice★★ est déjà mentionnée en 1294 lors du passage du comte de Provence, Charles II. Cette grande fête fut toujours un dérivatif aux tensions de la société et aux difficultés nées des conflits que la situation géographique de Nice ne cessait d'engendrer. Après une longue interruption pendant la Révolution et l'Empire, un premier défilé de chars eut lieu en 1830 pour honorer le retour à la souveraineté sarde. Sa forme moderne date de 1873, ses décors ayant été enrichis par le peintre niçois Alexis Mossa. De nos jours, l'entrée de Sa Majesté Carnaval a lieu environ trois semaines avant le Mardi gras ; il est brûlé en effigie ce soir-là. Pendant les festivités, des corsos de 20 chars et 800 grosses têtes loufoques défilent les week-ends, en journée ainsi que certains soirs. La fabrication de chaque char nécessite en moyenne 1 tonne de carton-pâte.

B. Kaufmann/MICHELIN

La coupole du Négresco, symbole évocateur des palaces, attire le regard de tout nouvel estivant.

se promener

LE FRONT DE MER★★

Compter 2h. Partir de l'intersection de la promenade des Anglais et du bd Gambetta (facilités de parking, voir le plan de la ville).

Promenade des Anglais★★

Fermée à la circulation un dimanche par mois.

Exposée en plein midi, cette magnifique avenue épouse l'immense courbe de la baie des Anges. La grande bleue vous convie à un tête-à-tête où n'interfèrent ni l'intense circulation automobile, ni les promeneurs et autres sportifs qui s'ébattent dans ce cadre grandiose. En contrebas, les plages de galets invitent à la baignade... Jusqu'en 1820, la côte à cet endroit était d'un accès difficile. La colonie anglaise, nombreuse depuis le 18e s., prit à sa charge l'établissement du chemin riverain qui a donné son nom à la voie actuelle. En 1931, c'est encore un Anglais, le fils de la reine Victoria, qui donne à la promenade des Anglais sa dimension actuelle. Témoin somptueux de cette splendeur passée, le **Négresco**, avec ses rondeurs Belle Époque. Pour voir la superbe verrière de Gustave Eiffel, ornée d'un lustre de cristal de Baccarat, don du tsar Nicolas II, entrez prendre un verre. Un peu plus loin, la monumentale façade Art déco, seul vestige du majestueux **palais de la Méditerranée** conçu en 1928 par Frank Jay Gould et décoré par le sculpteur niçois Sartorio, qui habilla le béton armé de pierres sculptées. Menacée de démolition, suite à la fermeture de l'établissement, la façade fut préservée grâce à un classement aux Monuments historiques et le reste du bâtiment détruit. Restaurée à l'identique, elle ouvre désormais sur un lieu destiné au tourisme d'affaire (hôtel de luxe, casino...).

Par l'avenue de Verdun, on longe le **jardin Albert-Ier** comprenant un théâtre de verdure, une belle fontaine signée Volti et une sculpture de Bernard Venet qui dessine un immense arc dans l'espace.

MISE EN GARDE

Le « vol à la portière » est devenu un véritable fléau à Nice et dans les autres villes de la Côte... Le mode opératoire est simple : vous êtes arrêté à un feu rouge lorsqu'un quidam ouvre soudain la portière côté passager pour s'emparer des vestes et sacs qui pourraient s'y trouver avant de s'enfuir aussitôt en scooter. Prenez donc la précaution élémentaire de verrouiller vos portières lorsque vous circulez en ville.

À VOIR ÉGALEMENT

La façade latérale de l'**Élysée Palace** *(r. Honoré-Sauvan)* avec la *Vénus de bronze* du sculpteur Sacha Sosno (1989), de 26 m de haut.

Place Masséna

Sur la promenade du Paillon qui recouvre le torrent, ce bel ensemble architectural de style turinois colore de ses arcades ocre-rouge le cœur de la ville. L'**avenue Jean-Médecin** s'ouvre au Nord, animée de ses grands magasins. À l'Ouest se situe ce que les Anglais du 18e s. nommaient Newborough (quartier neuf). La **rue Masséna** et la **rue de France**, qui la prolonge, sont deux artères piétonnes agréablement parsemées de cafés, restaurants et commerces de toutes sortes.

À l'Est, au-delà de la gare routière et du musée d'Art moderne, une belle perspective s'étend vers des collines au charme toscan. À l'angle du jardin Maréchal-Juin entouré de fontaines, se trouve la **Tête Carrée** de Sacha Sosno qui abrite la bibliothèque Louis-Nucéra.

Le port

Deux millénaires durant, les bateaux abordant à Nice venaient simplement accoster au pied du rocher du château. Charles-Emmanuel III, duc de Savoie, ordonna le creusement du port en 1750 dans les marécages de Lympia. Des travaux d'extension furent entrepris au 19e s. La **place de l'Île-de-Beauté** face au port, avec ses immeubles à portiques aux jolies façades ocre, a été aménagée à la même époque.
Navires de fret (exportation de ciment niçois), paquebots de croisière, bateaux de pêche et de plaisance, car-ferries pour la Corse entretiennent dans le port une constante activité. Sur le quai de Lunel, vous pourrez faire un tour au petit marché aux puces avant de rejoindre la Promenade des Anglais.

découvrir

LE VIEUX NICE★

Encore ébloui par le grand large, ses embruns et sa lumière, vous vous laisserez envoûter par le Nice baroque, construit entre la rue des Ponchettes et la colline du Château. Son dédale de venelles abrite du vent en hiver et procure une délicieuse fraîcheur en été. Ancien mais vivant, le cœur de Nice séduit le touriste par son charme méridional, animé de commerces aux couleurs de la Provence, de bistrots ou petits restaurants

Le romancier et son Héros

Alexandre Dumas s'éprend de la ville – qu'il décrit ainsi : « Nice italienne, adossée à ses collines avec ses maisons sculptées ou peintes, ses madones au coin des rues » – tout autant que de son héros, Garibaldi, qu'il accompagne dans son expédition de 1859 et dont il rédige les *Mémoires* en 1860.

NICE

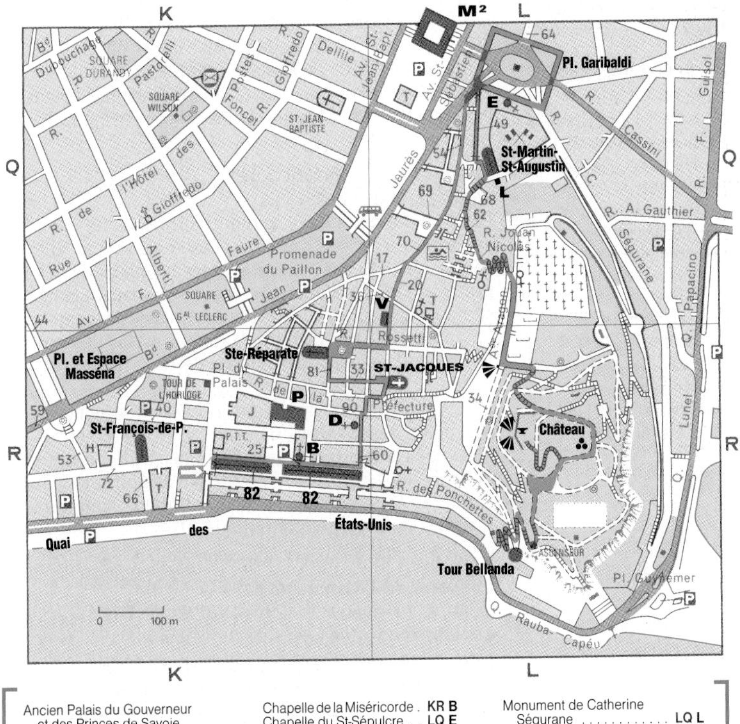

Répertoire des rues et sites des plans de Nice, voir page 295

qui fleurent bon la cuisine du pays. Les immeubles pastel sont habillés du linge qui sèche aux fenêtres jusqu'à ce que les persiennes se ferment à l'heure de la sieste. Le vieux Nice se fige alors dans un calme étrange.

Cours Saleya

La vieille ville se découvre comme par inadvertance après une flânerie sur le **cours Saleya**, rassasié des odeurs et des couleurs du marché aux fleurs et aux primeurs : œillets, fruits, légumes, mesclun et olives sont un enchantement.
Au 18e s., le cours était une artère élégante et mondaine, comme en témoignent la **chapelle de la Miséricorde** ou, à l'extrémité Est, celle jaune du **palais Caïs de Pierla**, où Matisse vécut de 1921 à 1938 au 3e puis au 4e étage, avec vue sur la mer.

B. Kaufmann/MICHELIN

Sous les bâches du cours Saleya, le marché aux fleurs, lieu haut en couleurs du vieux Nice. Ici, ce n'est pas le mimosa mais l'œillet, principale production des Alpes-Maritimes, qui est cultivé sur les collines niçoises.

À gauche de la chapelle, la place P.-Gautier donne sur l'ancien palais du Gouverneur et des princes de Savoie (actuelle préfecture) du 17e s., tandis qu'apparaît, à l'Ouest, la tour de l'Horloge (18e s.). Faites un détour par la rue St-François-de-Paule, où se trouve l'**église** (18e s.) du même nom, à la belle façade beige et bleue et au campanile coloré. *Tlj sf w.-end 9h-12h, 15h-18h30.*
Elle fait face à l'**opéra** (1885), construit selon les plans de l'architecte niçois François Aune, approuvés par Charles Garnier.

Art primitif niçois
La sacristie recèle des trésors d'art primitif niçois dont deux **retables★** qui représentent une Vierge de Miséricorde. Si l'œuvre de Jean Miralhet, de 1429, est encore teintée du hiératisme byzantin de l'école siennoise, le panneau central de la seconde Vierge, peinte par Louis Bréa en 1515, possède la grâce de la Renaissance italienne et fait apparaître peut-être la plus ancienne vue de Nice.

Chapelle de la Miséricorde★

Mar. apr.-midi 14h30-17h30.
Petit chef-d'œuvre du baroque niçois, cette chapelle appartient à la confrérie des Pénitents Noirs. Elle fut édifiée en 1740 par Vittone d'après les plans du célèbre prêtre-architecte italien du 17e s., Guarini. L'élégante symétrie de son architecture extérieure est parsemée de volutes et contre-courbes, depuis sa façade ventrue à ses oculi ovoïdes, surmontés de lucarnes enguirlandées.
L'intérieur, à couper le souffle, n'est que coupoles et absidioles recouvertes d'anges virevoltants entre les dorures et les faux-marbres. Si le décor démesurément riche est du 19e s. (voûte peinte par Bistolfi), le volume ample et mouvementé, le plan elliptique sont caractéristiques du baroque piémontais.
Prendre à gauche la rue de la Poissonnerie.

Baroque
Le décor baroque s'épanouit dans un ordre hiérarchique qui lui est propre : dépouillé au niveau des hommes, il s'enrichit en montant vers la voûte, niveau du divin, entourée d'anges, de ciel et de nuages.

Chapelle de l'Annonciation

☎ 04 93 62 13 62 - 9h-12h, 14h30-16h et 17h30-18h30.
Anciennement consacrée à saint Giaume, la chapelle est plus connue des Niçois sous le nom de **Sainte-Rita**, car cette patronne italienne des causes désespérées y reçoit un culte fervent, comme en témoignent les fleurs et les cierges qui entourent son autel *(à gauche en entrant)*. Bâti au 13e s., entièrement restructuré au 17e s., l'édifice oppose la simplicité de sa façade, caractéristique de l'architecture niçoise, à la profusion baroque de ses

décors★ : balustrades et autels ornés de marqueterie de marbre, retables somptueux, voûtes ornées de peintures et de caissons, belles boiseries, le tout réalisé entre le 17e et le 19e s.

Continuer tout droit, puis prendre à droite la rue de la Place-Vieille, qui offre une belle percée sur le Château. Prendre ensuite à gauche.

Église St-Jacques ou Gesù★

☏ 04 93 62 34 40 - possibilité de visite sur demande au secrétariat de la cathédrale.

Les jésuites, pour qui cette chapelle a été édifiée au 17e s. (façade de 1825), se sont inspirés du modèle romain, mais surtout des canons de la Contre-Réforme. D'où une nef unique, large et peu élevée. Ici, les lignes droites, bien plus importantes qu'ailleurs, sont assouplies par le foisonnement majestueux et théâtral des ornements et des dorures : du haut de leur frise, de merveilleux angelots (164 peints et 48 sculptés) vous regardent, comme surpris en plein vol. Remarquez la chaire d'où se faisait le prêche, dotée d'un bras tenant une croix. La **sacristie**, ancienne salle de réunion des religieux, se visite pour son plafond et ses 14 stalles de noyer massif (17e s.) qui abritent le trésor de l'église.

La rue du Jésus (en face en sortant de l'église) vous mène à la rue Ste-Réparate et à la cathédrale du même nom.

S. Sauvignier/MICHELIN

Depuis la colline du château, plongez dans les méandres de la vieille ville.

Cathédrale Ste-Réparate

Point de repère précieux, son superbe dôme de style génois du 18e s. illumine le cœur de la vieille ville de ses 14 000 tuiles vernissées, tandis que sa belle façade 19e s., équilibrée et colorée dans le goût baroque, participe à l'animation de la très agréable place Rossetti, qui prolonge la place aux Herbes où se tenait autrefois le marché aux légumes.

Construite en 1650 par l'architecte niçois J.-A. Guiberto, la cathédrale est dédiée à la patronne de la ville, jeune martyre dont la mer aurait porté le corps de la Palestine jusqu'aux rivages niçois, dans une barque halée par les anges. C'est à l'**intérieur★** que le baroque déploie toute sa fantaisie dans le stuc et le marbre. Remarquez au-dessus du maître-autel, à droite du tableau *La Gloire de sainte Réparate*, une vue de Nice et de son château au 17e s. La frise, armoriée des initiales des ducs de Savoie, et la corniche sont particulièrement pittoresques. Belles boiseries du 17e s. dans la sacristie.

> **« Baie des Anges »**
> Deux sens possibles de ce nom : la légende de sainte Réparate ou le poisson-ange qui abondait dans la mer...

En sortant, prendre en face la rue Rossetti et tourner à la 3e à gauche, rue Droite.

Palais Lascaris

☏ 04 93 62 72 40 - tlj sf mar. 10h-18h - possibilité de visite commentée vend. 15h - fermé 1er janv., Pâques, 1er Mai et 25 déc. - gratuit ; 3 € visite commentée.

Qui était J.-B. Lascaris ?
Ce neveu du grand-maître de l'ordre de Malte était issu des comtes de Vintimille qui se prévalaient d'une alliance antique avec les empereurs byzantins Lascaris qui régnèrent au 13e s. à Nicée, en Asie Mineure, alors que Constantinople était occupé par les croisés.

Ce palais de style génois, construit en 1665 par J.-B. Lascaris, est habillé d'une somptueuse façade parée de balcons à balustres sur consoles de marbre sculpté et pilastres avec chapiteaux à guirlandes de fleurs ; un fronton brisé à volutes surmonte la porte.

Dès l'entrée, on est ébloui par la majesté de l'escalier d'apparat. Avant de monter, admirez à droite la belle **pharmacie** dans ses boiseries, vases et chevrettes (récipients à bec) de 1738, de Besançon. Le prestigieux **escalier★** à balustres mène à l'« étage noble » *(deuxième étage)* par un ensemble époustouflant de voûtes, peintures du 17e s. et statues de Mars et de Vénus du 18e s. dans leurs niches rocaille. La décoration est représentative du mode de vie d'une grande famille du comté de Nice avant la Révolution. Tapisseries flamandes d'après des cartons de Rubens dans l'antichambre ; sur le plafond du grand salon, fresque en trompe l'œil du 18e s., la *Chute de Phaéton* : proche de celle du château de Cagnes *(voir ce nom)*, elle est attribuée au peintre génois Carlone. De superbes atlantes et cariatides supportent la cloison de stuc qui introduit à la chambre d'apparat. De l'autre côté de l'escalier, l'appartement privé avec ses plafonds du 18e s. et ses médaillons peints cernés de stuc. Les boiseries Louis XV sont incrustées de cuivre argenté et surmontées de trumeaux à paysages.

Socca
« Farine de pois chiche, huile d'olive, sel fin, eau participent à sa composition. Il convient d'y ajouter (...) dextérité et rapidité afin de la couper en petites parts au moment de la servir : la socca n'admet pas d'attendre ; elle se doit d'être brûlante. Et poivrée au goût de chacun (...). C'est la même socca que les dockers, après le café arrosé de 5 heures, mangeaient au bar niçois à 6h30. »
Louis Nucera, *Chemin de la lanterne* (1981), Éd. Grasset.

Place St-François

C'est le domaine des poissonnières qui l'animent le matin autour de la jolie fontaine. À droite, la belle façade 18e s. de l'ancienne maison communale, aujourd'hui bourse du travail. Derrière pointe le clocher St-François de l'ancien couvent franciscain transféré à Cimiez. Continuez par la très vivante rue Pairolière où, en cas de « petit creux », vous ne manquerez pas de déguster la *socca*.

Place Garibaldi

C'est une des plus belles places de Nice, avec ses élégantes maisons ocre-jaune à arcades à la mode piémontaise. Contemporaine du nouveau port à l'Est et de la route royale de Turin (d'où le café du même nom, spécialisé en excellents fruits de mer), elle devient un carrefour essentiel de la ville au 18e s. Au centre, la statue de Garibaldi campe fièrement. Sur le côté Sud, la **chapelle du Saint-Sépulcre** (18e s.), propriété de l'archiconfrérie des Pénitents Bleus, présente un décor baroque aux tonalités bleues.

À l'angle du Café Turin, prendre la rue Neuve jusqu'à l'église St-Martin-St-Augustin.

Église St-Martin-St-Augustin

☎ 04 93 92 60 45 - tlj sf lun. 10h-11h30, 14h30-16h - possibilité de visite guidée mar. 14h30-16h - gratuit.

C'est la plus ancienne paroisse de Nice (1510). Luther, alors catholique, y aurait célébré une messe et Garibaldi y fut baptisé. L'**intérieur★** forme un bel ensemble baroque. Dans le chœur, à gauche, on peut admirer une **Pietà** au centre du retable de Louis Bréa.

En sortant de l'église, remarquez de l'autre côté de la rue le **monument de Catherine Ségurane**, *eroïna nissarda*, bas-relief sculpté en 1923. Nice, assiégé en 1543 par les Français et leurs alliés turcs, aurait été défendu par cette femme du peuple qui symbolise depuis lors l'esprit de résistance des Niçois. Hommage lui est rendu le premier dimanche de septembre.

Par la rue Saint-Augustin (à droite en sortant de l'église), rejoindre la rue de la Providence pour emprunter les escaliers qui mènent au Château (attention, ça grimpe !).

Le canon de midi
Chaque jour, un coup de canon rappelle aux Niçois l'heure du déjeuner. L'origine de cette coutume est due à Sir Thomas Coventry, un de ces Anglais à la vie réglée comme du papier à musique : las de prendre ses repas à des heures fluctuantes, il proposa l'achat et l'entretien sur ses deniers d'un canon afin que soit donnée du haut de la colline du Château, à midi précise, l'heure du déjeuner à tous les Niçois. Si la tradition s'est maintenue, le canon a été remplacé par un gros pétard.

Château

On désigne ainsi la colline, haute de 92 m, aménagée en promenade ombragée, sur laquelle s'élevait le château fort de Nice détruit en 1706 par les armées de Louis XIV. En longeant le cimetière, vues plongeantes sur les toits de la vieille ville et la baie des Anges. Vers le Sud-Est de la colline gisent les vestiges de l'**ancienne cathédrale**, dont on a dégagé la base des absides et des absidioles (11e s.), ce qui a permis de mettre en évidence, sous les ruines, un niveau romain et grec. De la vaste plate-forme établie au sommet, **vue**★★ à peu près circulaire *(table d'orientation)*. Sous la terrasse jaillissent les cascades artificielles alimentées par les eaux de la Vésubie.

Continuer vers la tour Bellanda.

Tour Bellanda

Cet énorme bastion circulaire où Hector Berlioz aurait composé l'ouverture du *Roi Lear* a été bâti au 19e s. sur une ancienne tour de la citadelle médiévale.

Descendre les escaliers qui mènent au quai des États-Unis d'où on peut rejoindre la promenade des Anglais.

L'ART MODERNE ET CONTEMPORAIN

Se reporter au plan de ville pour localiser les sites.

Musée des Beaux-Arts Jules-Chéret★★

33 av. des Baumettes, bus 38 (arrêt Chéret). Tlj sf lun. ☎ 04 92 15 28 28 - www.musee-beaux-arts-nice.org - tlj sf lun. 10h-18h - fermé 1er janv., dim. de Pâques, 1er Mai et 25 déc. - 4 € (enf. gratuit), gratuit 1er et 3e dim. du mois.

Cette ravissante demeure, construite en 1878 pour la princesse ukrainienne Kotschoubey dans le style Renaissance des palais génois du 17e s., abrite une riche

Répertoire des rues et sites des plans de Nice

Alberti (R.) KQ, GHY 2
Alsace-Lorraine (Jardin d') EZ 3
Anglais (Promenade des) EFZ
Arène (Av. P.) DX
Arènes de Cimiez (Av. des) HVX
Armée-du-Rhin (Pl. de l') JX 5
Arson (Pl. et R.) JY
Aubert (Av.) FY
Auriol (Pont Vincent) JV 7
Barbéris (R.) JXY
Barel (Pl. Max) JY
Barla (R.) JY
Baumettes (Av. des) DZ
Bellanda (Av.) HV 10
Berlioz (R.) FY 12
Besset (Av. Cyrille) EFV
Bieckert (Av. Émile) HX
Binet (R. A.) FX
Bonaparte (R.) JY 13
Borriglione (Av.) FV
Bounin (R. P.) FV
Boyer (Square R.) EV
Brancolar (Av. de) FV
Carabacel (Bd) HY
Caravadossi (Av.) FV
Carnot (Bd) JZ 15
Châteauneuf (R. de) EY
Cimiez (Bd de) GHVX
Clemenceau (Av. Georges) FY
Collet (R. du) LQ 17
Comboul (Av. R.) FX
Congrès (R. du) FZ
Cyrnos (Av. de) EV
Dante (R.) EZ
Delfino (Bd Gén. L.) JX
Dellile (R.) KQ
Desambrois (Av.) GHX 18
Diables-Bleus (Av. des) JX 19
Droite (R.) LQ 20
Dubouchage (Bd) GHY
Durante (Av.) FY
Estienne (Av. Gén.) HV
Estienne-d'Orves (Av. d') DEY
États-Unis (Quai des) GHZ, KLR
Europe (Parvis de l') JX 21
Félix-Faure (Av.) QK, GZ 22
Fleurs (Av. des) EZ
Flirey (Av. de) HV
Flora (Av.) GV
Foch (Av. Mar.) GY
Foncet (R.) KQ
France (R. de) DEFZ
Gal (R. Auguste) JXY
Gallieni (Av.) HJX 24
Gambetta (Bd) EXYZ
Garibaldi (Pl.) JY, LQ
Garnier (Bd Joseph) EFX
Gaulle (Pl. Ch.-de) FX
Gauthier (R. A.) LQ
Gautier (Pl. P.) HZ, KR 25
George-V (Av.) GVX
Gioffredo (R.) HY, QK
Gorbella (Bd de) EFV
Gounod (R.) FY
Grosso (Bd François) DYZ
Guisol (R. F.) LQ
Guynemer (Pl.) JZ, LR
Hôtel-des-postes (R. de l') QK, HY 30
Ilde-de-Beauté (Pl. de l') JZ 32
Jean-Jaurès (Bd) KLQ, HYZ 33
Jésus (R. du) KR 33
Joffre (R. du Mar.) FZ
Jouan (R. Nicolas) LQ
Karr (R. A.) FYZ
Léopold-II (Av.) HV
Lesage (Montée) LR 34
Liberté (R. de la) GZ 35
Loge (R. de la) KLQ 36
Lunel (Quai) LR, JZ 37
Lyautey (Quai Mar.) JVX
Malausséna (Av.) FX
Malraux (Tunnel) HX
Marceau (R.) FX
Mari (R. Alexandre) KR 40
Masséna (Pl. et Espace) GZ, KR
Masséna (R.) FGZ 43
Médecin (Av. J) KQ 44
Meyerbeer (R.) FZ 45
Michelet (R.) FV
Monastère (Av. et Pl. du) HV 46
Moulin (Pl. Jean) HY 47
Neuve (R.) LQ 49
Opéra (R. de l') KR 53
Paillon (Promenade du) HZ, KQ
Pairolière (R.) LQ 54
Palais (Pl. du) KR
Papacino (Quai) JZ, LQR
Paradis (R.) GZ 55
Parc-Impérial (Bd du) DEX
Passy (R. F.) EY 57
Pasteur (Bd) HJV
Pastorelli (R.) QK, GY 58
Pessicart (Av. de) DEX
Phocéens (Av. des) GZ, KR 59
Pilatte (Bd F.) JZ
Poissonnerie (R. de la) KRL 60
Ponchettes (R. des) LR
Préfecture (R. de la) KLR
Primerose (Av.) DY
Prince-de-Galles (Bd) GHV
Providence (R. de la) LQ 62
Raiberti (R.) FVX
Rauba-Capéu (Quai) HJZ, LR
Ray (Av. du) FV 63
Raynaud (Bd A.) FV
République (Av. de la) LQ 64
Riquier (Bd de) JY
Risso (Bd) JX
Rivoli (R. de) FZ 65
Robbins (R.) KR 66
Roquebilière (R. de) JVX
Rossetti (R.) KLR
Rossini (R.) FY
St-Augustin (R.) LQ 68
St-Barthélemy (Av.) EV
St-François (R.) LQ 70
St-François-de-Paule (R.) GHZ 72
St-Jean-Baptiste (Av.) KLQ, HY 73
St-Lambert (Av.) FV
St-Pierre-de-Féric (Rte) DX
St-Sébastien (Av.) LQ
Ste-Réparate (R.) KR 81
Ste-Rosalie (Corniche) HV
Saleya (Cours) HZ, KR 82
Sauvan (R. H.) EZ 84
Ségurane (R. C.) JYZ, LQ
Semeria (Av. D.) JV
Sola (Bd Pierre) JX
Stalingrad (Bd de) JZ
Thiers (Av.) EFY
Trachel (R.) FX
Turin (Rte de) JV
Tzarewitch (Bd du) DEY
Valrose (Av.) FV
Verany (Bd J.-B.) JV
Verdun (Av. de) FGZ 89
Vernier (R.) FX
Victor-Hugo (Bd) FYZ
Vieille (R. de la Pl.) KR 90
Villebois-Mareuil (Bd) HVX
Walesa (Bd Lech) JYZ 91
Wilson (Pl.) HY 92

Acropolis - Palais des Congrès HJX
Ancien Palais du Gouverneur et des Princes de Savoie (Préfecture) KR P
Cathédrale orthodoxe russe St-Nicolas DXY
Cathédrale Ste-Réparate KR
Chapelle de l'Annonciation KR D
Chapelle de la Miséricorde KR B
Chapelle du St-Sépulcre LQ E
Château LR
Église St-Barthélemy EV
Église St-François-de-Paule KR
Église St-Jacques LR
Église St-Martin-St-Augustin LQ
Église Ste-Jeanne-d'Arc FV
Élysée Palace EZ F
Faculté de droit DZ U
Jardin Albert 1er GZ
Monastère franciscain HV K
Monument de Catherine Ségurane LQ L
Musée archéologique HV M1
Musée d'Art moderne et d'Art contemportain LQ M2
Musée d'Art naïf A. Jakovsky DZ
Musée des Arts asiatiques DZ
Musée des Beaux-Arts DZ
Musée Marc Chagall GX
Musée Masséna FZ M3
Musée Matisse (Villa des Arènes) HV M4
Musée de Terra Amata JZ M5
Muséum d'Histoire naturelle HJY M6
Négresco FZ N
Palais de la Méditerranée FZ G
Palais Lascaris LQ V
Parc Phoenix DZ
Port JZ
Prieuré du Vieux-Logis EV M7
Site Gallo-romain HV
Théâtre de la Photographie et de l'Image HY T
Tour Bellanda LR
Villa Arson EV

NICE

Alberti (R.)	GHY	2
Alsace-Lorraine (Jardin d')	EZ	3
Armée-du-Rhin (Pl. de la)	JX	5
Auriol (Pont V.)	JV	7
Bellanda (Av.)	HV	10
Berlioz (R.)	FY	12
Bonaparte (R.)	JY	13
Carnot (Bd)	JZ	15
Desambrois (Av.)	GHX	18
Diables-Bleus (Av. des)	JX	19
Europe (Parvis de l')	GX	21
Félix-Faure (Av.)	GZ	22
France (R. de)	DFZ	
Gallieni (Av.)	HJX	24
Gambetta (Bd)	EXZ	
Gautier (Pl. P.)	HZ	25
Gioffredo (R.)	HY	
Hôtel-des-Postes (R. de l')	HY	30
Ile-de-Beauté (Pl. de l')	JZ	32
Jaurès (Bd J.)	HYZ	33
Liberté (R. de la)	GZ	35
Lunel (Quai)	JZ	37
Masséna (Espace Pl.)	GZ	
Masséna (R.)	FGZ	43
Médecin (Av. J.)	FGY	44

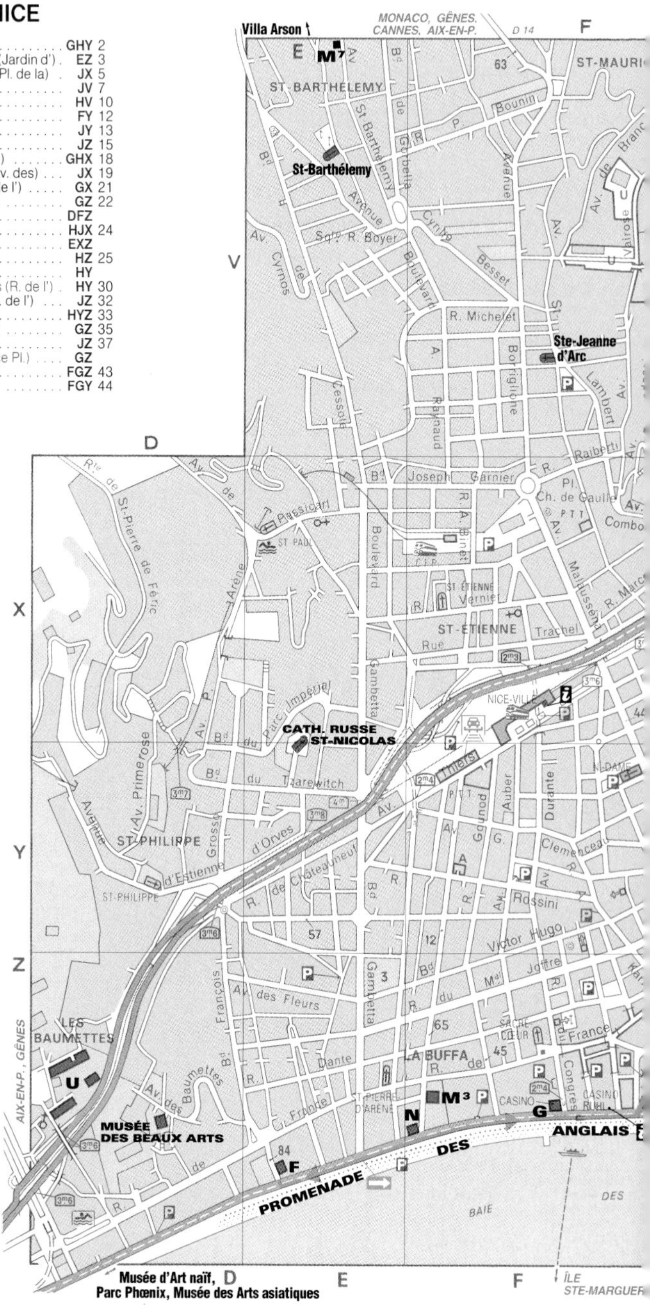

Meyerbeer (R.)	FZ	45
Monastère (Av., Pl. du)	HV	46
Moulin (Pl. J.)	HY	47
Paradis (R.)	GZ	55
Passy (R. F.)	EY	57
Pastorelli (R.)	GY	58
Phocéens (Av. des)	KR	59
Ray (Av. du)	FV	63
République (Av. de la)	JXY	64
Rivoli (R. de)	FZ	65
St-François-de-P. (R.)	GHZ	72
St-Jean-Baptiste (Av.)	HY	73
Saleya (Cours)	HZ	82
Sauvan (R. H.)	EZ	84
Verdun (Av. de)	FGZ	89
Walesa (Bd Lech)	JYZ	91
Wilson (Pl.)	HY	92

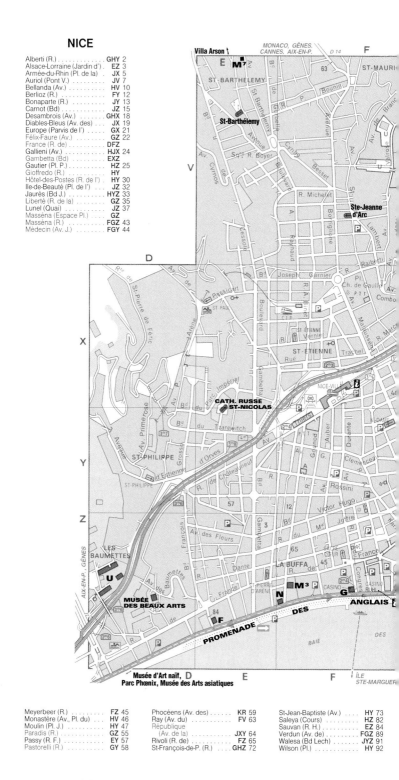

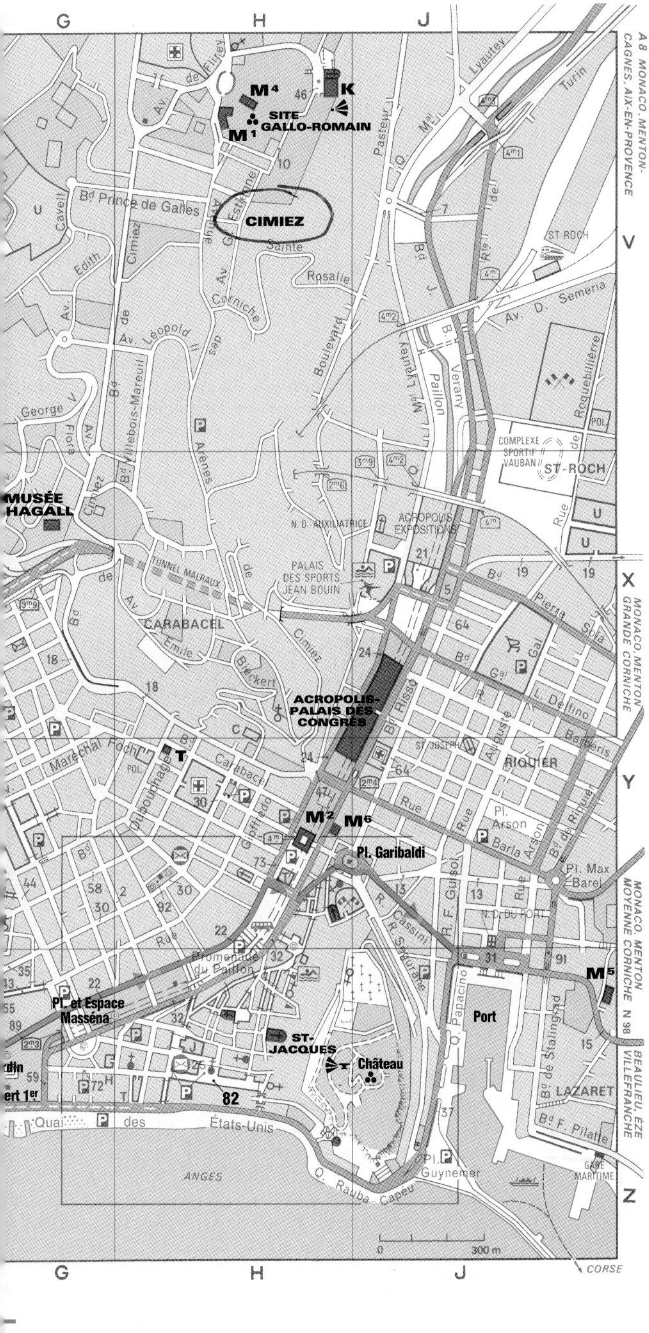

Elysée Palace . . . . EZ **F**
Faculté de droit . . . . DZ **U**
Monastère Franciscain . . . . . HV **K**
Musée archéologique . . . . . . HV **M¹**
Musée d'Art moderne et d'Art contemporain . . . LO **M²**
Musée Masséna . . . . FZ **M³**
Musée Matisse (Villa des Arènes) . . . . . . HV **M⁴**
Musée de Terra Amata . . . . . JZ **M⁵**
Muséum d'Histoire naturelle . . . . HJY **M⁶**
Negresco . . . . FZ **N**
Palais de la Méditerranée . . . . FZ **G**
Prieuré du Vieux-Logis . . . EV **M⁷**
Théâtre de la Photographie et de l'Image . . . . HY **T**
Villa Arson . . . . EV

LES VAN LOO
Une salle est consacrée à cette importante dynastie de peintres dont le plus illustre représentant, Carle, premier peintre du roi, est né à Nice en 1705 : devant l'immense toile *Thésée, vainqueur du taureau de Marathon* ou le merveilleux *Polichinelle*, on perçoit une touche virtuose qui annonce celle d'un Fragonard.

collection fondée sur un noyau d'œuvres envoyées à Nice par Napoléon III en 1860 pour l'édification du premier musée des Beaux-Arts.
Des chefs-d'œuvre des 17e, 18e et 19e s. européens sont répartis dans les trois salles attenantes du rez-de-chaussée. Remarquez notamment une œuvre rarissime de A. Tassi : *Paysage avec Jésus guérissant l'aveugle*, la *Tête de vieillard* de Fragonard, peinte de façon si moderne, et l'ambiance à la fois lumineuse et tragique d'Hubert Robert dans *Les Gorges d'Ollioules*. De superbes portraits féminins parent les murs de la grande galerie, ainsi que le beau *Thamar* de Cabanel. Le patio abrite *L'Âge d'airain* de Rodin et le *Triomphe de Flore* de Carpeaux.
L'escalier d'honneur, où se donnaient des concerts, conduit à la période fin 19e-début 20e s., introduite par la gaieté fraîche des œuvres de l'inventeur de l'affiche moderne, **J. Chéret**, mort à Nice en 1932.
Les courants académique, romantique et orientaliste du 19e s. s'illustrent dans la galerie, avec notamment les sculptures de J.-B. Carpeaux. Une salle permet de découvrir **R. Dufy** avec *Bois de Boulogne, Nature morte* ; une autre **Van Dongen** et ses couleurs fauves qui teintent ses figures de passion et d'insolence : *Chimère pie* (1895), *Tango de l'Archange*. À noter aussi la peinture du paysage en France à travers d'intéressantes œuvres de Boudin, Camoin, Lebasque, Monet, Sisley, Bonnard, Marie Laurencin... et petits maîtres du 19e s. regroupés par genre : nus, scènes de genre, paysages. On retrouve le style de Renoir chez Louise Breslau, l'intimisme de Carrière, des portraits de Desboutin et l'univers étrange du symboliste Mossa.

« Lectrice à la table jaune » (1944), Matisse.

CONSEIL D'AMI
Si vous vous obstinez à atteindre les hauteurs de Cimiez en voiture, n'hésitez pas à prendre, sur la droite, depuis le bd de Cimiez, le bd Edouard-VII puis, à gauche, une des petites rues bordées de villas où vous y trouverez plus facilement une place pour vous garer.
Plus astucieux : transport gratuit sur la ligne 15 entre les 3 musées de Cimiez sur simple demande d'un ticket à la billetterie des musées.

Musée Matisse ★★

Villa des Arènes, Cimiez. Bus 15, 17, 20, 22 (arrêt Arènes). ☎ 04 93 81 08 08 - www.musee-matisse-nice.org - ♿ - tlj sf mar. 10h-18h - fermé 1er janv., dim. de Pâques, 1er Mai et 25 déc. - 4 € (enf. gratuit), gratuit 1er et 3e dim. du mois.
Dominant la mer du haut de l'antique site de Cimiez, cette splendide villa du 17e s., de style génois et couleur terre de Sienne, se prête merveilleusement à exposer le peintre de *Luxe, calme et volupté*. Associées à son beau mobilier, une trentaine de **toiles** résument parfaitement l'itinéraire de Matisse (1869-1954).
Chemin faisant, on passe d'une palette assez sombre à des toiles éclairées de la lumière méditerranéenne. Sa facture se libère sous l'influence de Cézanne, puis de Signac à Saint-Tropez. À Collioure, en 1905, ses couleurs posées en aplat et son émotion s'expriment de manière plus violente, alors qu'il est à la tête du **fauvisme**. Après un séjour au Maroc, puis à Nice (1916), la couleur pure se déploie à l'intérieur d'un simple cerne noir de plus en plus virtuose et évocateur *(Portrait de Laurette)*. Une grande sensualité se dégage de ses

gouaches, huiles ou dessins, nourrie de ses voyages et de sa vue sur la mer depuis ses ateliers niçois (1921-1938) : *Odalisque au coffret rouge* (1926), *Fenêtre à Tahiti* (1935), *Nu dans un fauteuil* (1937), *Lectrice à la table jaune* (1944), *Nature morte aux grenades* (1947). Désormais, le tracé épuré de ses papiers découpés dans la gouache « bleu absolu » traduit avec bonheur la femme, la lumière, la mer : *Nu bleu IV, Baigneuse dans les roseaux* (1952). Et encore : *Océanie la mer et Océanie le ciel,* célèbres sérigraphies de 1947, *Polynésie,* immense tapisserie de Beauvais.

L'été à Nice
Chaud et langoureux à sentir dans *Nu renversé au grand feuillage* (1936) et *Figure endormie* (1941) par celui qui recherchait dès 1908 « un art d'équilibre, de pureté, de tranquillité ».

Matisse sculpteur s'illustre dans ses **bronzes** dont *Le Serf* (vers 1900) et la *Serpentine* (1909), d'une extrême élégance. Une forme de plus en plus abstraite transparaît dans la série des *Jeannette* (1910-1913), des *Nus,* des *Henriette* (1925-1929), ou monumentale dans les *Nus de dos* (1913, 1916).

Enfin, deux ensembles sont présentés par roulement : les esquisses et maquettes pour la **chapelle du Rosaire** à Vence *(voir ce nom)* retracent la construction de ce chef-d'œuvre d'un art de l'essentiel (1948-1951) et constituent un complément indispensable à sa visite ; et, d'autre part, 41 études préparatoires (dessins, gouaches découpées, gravures et huiles sur toile) à la *Danse de Merion* (1930-1933).

G. Blot/RMN © Adagp, Paris 2005

« Depuis ma première jeunesse, j'ai été captivé par la Bible et il me semble encore que c'est la plus grande source de poésie de tous les temps. » Chagall, volet IV du « Cantique des cantiques ».

Musée Marc-Chagall★★

Av. du Docteur-Ménard, Cimiez. Bus 15 (arrêt Chagall). ☎ *04 93 53 87 31 - www.musee-chagall.fr - ♿ - juil.-sept. : tlj sf mar. 10h-18h ; oct.-juin : tlj sf mar. 10h-17h - fermé 1er janv., 1er Mai et 25 déc. - 5,50 €, gratuit 1er dim. du mois.*

Suite à la donation de Chagall (1887-1985) de ses 17 grandes toiles du **Message biblique** (1954-1967), ce musée national fut conçu comme une « maison », selon le vœu du peintre, par A. Hermant (collaborateur de Le Corbusier). L'architecte a donc privilégié la simplicité et su habilement ménager la lumière du Sud, pour mettre en valeur cette imposante collection. En outre, inspirés de la création du monde, trois grands vitraux inondent l'auditorium (où se déroulent concerts et conférences) de leur lueur bleutée. Le bâtiment est entouré d'un jardin à dominante blanche et bleu, et le prophète Élie, représenté sur une **mosaïque** extérieure (1970), se reflète dans un bassin *(visible de l'intérieur du musée).*

Pour tout voir de Chagall à Nice
Courez à la faculté de droit *(à l'Ouest de la ville).* Au premier étage, dans le hall, une admirable **mosaïque★** couvre toute la surface d'un mur : Ulysse, triomphant de toutes ses épreuves, retrouve la paix auprès de Pénélope à Ithaque. ☎ 04 92 15 70 22 - ♿ - tlj sf w.-end 9h-11h, 14h-16h - fermé de mi-juil. à fin août, vac. de Noël et j. fériés - gratuit.

Son enfance russe et israélite, puis son rêve de paix pour l'humanité, sont à l'origine de cette œuvre qu'une grande poésie inonde d'un même souffle. Dans la grande salle, la gravité des sujets traités, extraits de l'**Ancien Testament** (12 toiles), n'exclut pas la naïve féerie chère à l'artiste et une débauche de couleurs d'un lyrisme puissant. Dans la salle attenante, le **Cantique des**

cantiques (5 toiles) est magnifiquement illustré par des créatures de rêve qui voguent au-dessus de villes endormies dans un rougeoiement somptueux.
Gouaches de 1931, planches gravées à l'eau-forte pour la Bible éditée par Tériade en 1956 et esquisses finissent de montrer les cheminements de l'artiste.

Musée d'Art moderne et d'Art contemporain★★

Promenade des Arts. ☎ 04 93 62 61 62 - www.mamac-nice.org - tlj sf lun. 10h-18h (dernière entrée 17h15) - fermé 1er janv., dim. de Pâques, 1er Mai et 25 déc. - 4 €, gratuit 1er et 3e dim. du mois.

Ce château fort moderne de marbre gris, construit par Yves Bayard et Henri Vidal, expose les œuvres de l'**école de Nice** et les courants qui en découlent des années 1960 jusqu'à nos jours, et ceux, américains, dont elle émane. Les collections sont présentées par roulement sur les deux étages supérieurs (expositions temporaires au 1er).

Au début des années 1960, Nice devient l'un des foyers artistiques les plus exubérants d'Europe avec notamment les **nouveaux réalistes**. Nourris des maîtres qui ont marqué la Côte d'Azur du début du siècle, ils s'en distinguent par des œuvres conçues non plus isolément, mais où vie et art sont mêlés. À l'instar du **pop art**, ils tentent d'exprimer la réalité quotidienne de la vie moderne et de la société de consommation. Si le courant américain, Andy Warhol en tête, se réapproprie la culture médiatique, le courant niçois développe une réflexion critique sur les objets industriels en les accumulant ou les cassant (Arman), les compressant (César), les piégeant sous verre (Spoerri), les empaquetant (Christo et Marie-Jeanne)... Une place de choix est réservée à **Yves Klein** (1928-1962), instigateur du mouvement, avec d'une part, ses happenings qui traduisent l'idée d'un art total, et, d'autre part, ses monochromes, or et surtout bleus, qui expriment le concept d'un art abstrait épuré.

Découvrir
La *Samarkand* de Rauschenberg à travers une sérigraphie sur patchwork de tissus.

Cette idée d'un art total est reprise par le mouvement néo-dada **Fluxus**, que Filliou définit ainsi : « L'art est ce qui rend la vie plus intéressante que l'art. » **Ben** en est le principal représentant niçois, connu par ses réflexions qui se lisent sur de nombreux supports.

Les développements de l'abstraction en France sont illustrés par **Supports/Surfaces** qui poursuit les voies ouvertes par l'abstraction américaine (Morris Louis, Frank Stella). Viallat, Pagès, Dezeuze, Dolla... et les Niçois du Groupe 70 réduisent la peinture à sa réalité matérielle en jouant sur le support ou le mode d'application de la couleur. Sur les traces des pliages de Simon Hantaï, la toile hors châssis est découpée, suspendue, pliée.

Issu de l'**art minimal** américain (Sol Le Witt, Richard Serra), le **BMPT** (Buren, Mosset, Parmentier, Toroni) réduit l'œuvre à sa plus simple expression : le support, la couleur et la composition de la matière.

Les années 1980 voient le retour à la figuration (fabuleuse donation de **Niki de Saint-Phalle**), en référence à la tradition (Gérard Garouste, Jean-Charles Blais) ou à la culture rock et à la bande dessinée chez les artistes de la figuration libre (Robert Combas, Hervé Di Rosa, Blanchard...).

Savourer
La beauté classique de l'Italie à travers les interventions au dessin d'**Ernest Pignon-Ernest** sur le crépi vétuste des murs de Naples.

Ressentir
L'Afrique du Nor d avec *Le Tigre de papier* de **J.-C. Blais** réalisé à partir d'affiches collées, creusées, déchirées.

Villa Arson

20 av. Stephen Liégeard. Bus 4, 7 (arrêt Fanny). Juil.-sept. : tlj sf mar. 14h-19h ; oct.-juin : tlj sf mar. 14h-18h. Fermé entre deux expositions. Gratuit. ☎ 04 92 07 73 73. www.villa-arson.org

Au Nord de la ville, elle s'étage sur la colline de Saint-Barthélémy au milieu d'un jardin méditerranéen offrant une belle vue sur la Baie des Anges. La villa du 18e s. est intégrée dans un ensemble architectural d'influence Bauhaus (labellisé Patrimoine du 20e s.) qui abrite une École Nationale Supérieure d'Art, des rési-

B. Kaufmann/MICHELIN

Vestiges éloquents des thermes de la cité romaine de Cimiez.

dences d'artistes et un centre national d'art contemporain. Les expositions (quatre par an) présentent des artistes de renommée internationale, que vous pourrez découvrir en compagnie d'un guide si vous le désirez.

2 600 ANS D'HISTOIRE À CIMIEZ

Voir le plan de la ville. Le bus n° 15 y mène aussi (arrêt Arènes).

Bien avant la reine Victoria ou le consul de Nice Gubernatis, les riches Romains s'établissent au 1er s. avant J.-C. à « Cemelenum », qui devient le chef-lieu des Alpes-Maritimes : on en compte 20 000 au 2e s. après J.-C. À partir du 16e s., les franciscains s'installent à l'Est de la colline et nous livrent leurs trésors.

Arènes

De proportions modestes, elles forment une ellipse de 67 m sur 56 m et pouvaient recevoir 4 000 spectateurs. On aperçoit quelques vestiges des couloirs d'accès et des consoles de la façade extérieure, destinées à porter les mâts soutenant la toile *(velum)* qui protégeait du soleil.

ARÈNES COMBLES

Autrefois, des jeux de lance, des luttes de gladiateurs y étaient proposés. Aujourd'hui, grands noms du jazz et fêtes traditionnelles y attirent d'autres nombreux Gaulois *(voir « carnet pratique »).*

Musée archéologique

☎ 04 93 81 59 57 - ♿ - tlj sf mar. 10h-18h (dernière entrée 17h) - possibilité de visite guidée (1h) merc. 15h - fermé 1er janv., dim. de Pâques, 1er Mai et 25 déc. - 4 € billet combiné avec le site archéologique, gratuit 1er et 3e dim. du mois.

Issus de fouilles et de donations, de riches bronzes et céramiques illustrent les grandes civilisations méditerranéennes. Au rez-de-chaussée, le monde ligure puis romain de la province des Alpes-Maritimes (14 avant J.-C.) est évoqué : statuette archaïque du guerrier du mont Bégo, matériel des *oppida* (habitats perchés), bornes milliaires de la via Julia Augusta (1er s.), monnaies, maquettes des ensembles thermaux de Cimiez et culte romain. Un magnifique **masque de Silène★** retient l'attention. Les usages funéraires sont expliqués au sous-sol : incinération aux 1er et 2e s. (stèles) et inhumation à partir du 3e s. (sarcophages). Un ensemble paléochrétien (4e-5e s.) termine la visite.

Site archéologique gallo-romain★

Mêmes conditions de visite que le musée archéologique.

L'immense quartier des thermes, de part et d'autre du *decumanus* I (axe Est-Ouest), reflète le haut degré de technologie atteint par cette brillante civilisation au 3e s. après J.-C. Au Nord se trouvent les thermes réservés au procurateur de la province et aux notables, qui avaient leur piscine d'été en marbre entourée d'un péristyle à chapiteaux corinthiens. À droite, on reconnaît les latrines. Plus au Nord s'élève le **frigidarium**, salle des bains froids, vaste et voûtée. Au Sud du *decumanus* I, la passerelle franchit des restes d'habitations, puis domine les thermes de l'Est : il s'agit de bains populaires, plus modestes dans leur décor, mais semblables aux autres dans leur équipement et la proportion de leurs salles. On arrive ensuite dans le quartier des habitations limité par le *decumanus* II, dallé (boutiques en bordure). Une voie Nord-Sud *(cardo)* se dirige vers la villa des Arènes. À gauche de cette voie se trouvent les **thermes de l'Ouest**, réservés aux femmes, dont le dispositif en est assez bien conservé. Réutilisées successivement dès le 5e s. en baptistère paléochrétien, certaines parties de ces thermes conservent les traces des transformations en cathédrale : le chœur se situe dans le *frigidarium*, et dans une rotonde apparaît le **baptistère**.

Traverser le jardin public planté d'oliviers.

QUEL CALVAIRE !
Auparavant situé sur la place St-François de la vieille ville, le **calvaire de Cimiez**, situé sur la place du Monastère, est une colonne torse en marbre blanc portant une croix tréflée datant de 1477 avec, d'un côté, le séraphin crucifié qui apparut à saint François et imprima sur son corps les stigmates de la Passion, de l'autre, sainte Claire et saint François entourant la Vierge.

Monastère franciscain★

Bordée de magnifiques jardins, l'église, bâtie sur un couvent bénédictin du 9e s., a été remaniée par les franciscains qui en assument toujours la charge.

Église Sainte-Marie-des-Anges – Les **trois œuvres maîtresses★★** du célèbre primitif niçois **Louis Bréa** *(voir « invitation au voyage »)* rendent la visite de l'église incontournable. À droite en entrant, une **Pietà** datée de 1475, très siennoise, est une œuvre de jeunesse et pourtant l'une des plus parfaites. À l'intérieur d'une composition horizontale sévèrement marquée par les bras de la croix et le corps raidi du Christ, Marie apparaît, étrangement seule, en dépit des angelots pleureurs qui voltigent autour de la croix. Un paysage s'esquisse sur un fond d'or guilloché de rinceaux. Le volet de gauche du panneau retient l'attention : il représente saint Martin, jeune cavalier plein de grâce, partageant son manteau écarlate, dans un mouvement incurvé qui donne une rare élégance à la composition.

D. Pazery/MICHELIN

Détail de saint Martin partageant son manteau ; triptyque de la « Pietà », une des œuvres majeures de Louis Bréa (1475).

Très différente mais aussi belle est la **Crucifixion**, qui figure à gauche du chœur. Plus tardive (1512), elle n'a plus rien de gothique ; le fond doré a fait place à un paysage très fouillé, où la perspective s'affirme. La prédelle offre une savante mise en scène : remarquez, soulignée par les lances, la composition rayonnante de l'*Arrestation de Jésus* et la composition oblique du *Portement de croix*.

La **Déposition**, complète la *Crucifixion* et marque également l'assimilation des données picturales de la Renaissance ; ici, la disposition des personnages est oblique, s'alignant sur celle du corps de Jésus, les verticales du paysage rétablissant l'équilibre.

Enfin, un monumental retable de bois sculpté mi-Renaissance mi-baroque, doré à la feuille, sépare le chœur des fidèles de celui des moines où se trouvent 40 stalles et un lutrin à 3 pans, beau travail de noyer du 17e s.

Musée franciscain – *☎ 04 93 81 00 04 - tlj sf dim. 10h-12h, 15h-18h - fermé 1er janv., 1er Mai, Ascension, 14 Juil., 15 août, 1er et 11 Nov., 25 déc. - gratuit.*

Intéressante évocation du franciscanisme à Nice, du 13e s. à nos jours, et de son message spirituel et social. Entre autres œuvres d'art et documents, remarquez un magnifique antiphonaire (recueil de chants liturgiques) enluminé (17e s.), ainsi que la chapelle des novices et la cellule, qui ont été reconstituées.

VOIR
Au cimetière de Cimiez, à coté de la place du Monastère, les tombes de Raoul Dufy, Roger Martin du Gard et Henri Matisse.

Jardin du monastère★

Au Sud du monastère (où se trouvait à l'origine le jardin des moines), il séduit par son calme et sa simplicité : parcelles gazonnées plantées de citronniers, parterres fleuris, pergolas où serpentent des rosiers... Un bosquet de cyprès et de chênes-verts marque l'emplacement des anciennes fortifications ligures. Enfin, surplombant la vallée du Paillon, il constitue un **balcon** de rêve sur Nice, le Château et la mer, le mont Boron, l'Observatoire.

L'HÉRITAGE RUSSE À NICE

Dès le milieu du 19e s., à la suite de l'installation en 1856 de l'impératrice Alexandra Fedorovna, veuve du tsar Nicolas II, de riches aristocrates russes choisissent Nice comme lieu de villégiature. Ces « excentriques » (c'est ainsi que les Niçois surnommaient les Russes) rivalisèrent de prodigalité pour recréer un coin de leur patrie sur la Côte avec des architectures qui mêlèrent l'inspiration slave à celle méditerranéenne. Le baron von Dewies, créateur des chemins de fer russes, fit élever le gothique **château de Valrose** *(faculté des sciences de Nice, au Nord de la ville)* et installa une **isba** de Kiev dans son immense parc. À l'entrée Ouest de Nice, près de la voie ferrée, le **château des Ollières** *(actuellement hôtel-résidence)* dresse son étonnant donjon encadré de quatre petites tourelles. À proximité, le musée des Beaux-Arts est installé dans les murs du **palais Kotschoubey**. La résidence Palladium *(bd Tsarévitch)* a été construite pour un banquier russe.

La Russie sur la Côte
À Cannes, l'église St-Michel-Archange (1894).
À Menton, la chapelle de l'ancien sanatorium russe (1908).

J.-L. Gallo/MICHELIN

Construite par un architecte russe en 1912, la cathédrale St-Nicolas est l'édifice religieux orthodoxe le plus grand à avoir été édifié hors de Russie.

Cathédrale orthodoxe russe St-Nicolas★

Bd Tsarévitch. ☎ 04 93 96 88 02 - mai-sept. : 9h-12h, 14h30-18h ; de mi-fév. à fin avr. et oct. : 9h15-12h, 14h30-17h30 ; de déb. nov. à mi-fév. : 9h30-12h, 14h30-17h - fermé 1er janv. - 2,50 €.

Avec ses six coupoles à bulbes et sa façade de briques ocre, elle jette une touche d'exotisme inattendu dans le ciel de Nice et symbolise l'importance de la colonie russe sur la Côte d'Azur.

La magnificence du tsar Nicolas II s'exprima dans le choix des matériaux : les tuiles vernissées des coupoles et les croix dorées qui les surmontent proviennent d'Italie, les briques, d'Allemagne ; la coupole du clocher est recouverte de feuilles d'or fin et les mosaïques des façades furent réalisées à la main par des artistes russes. L'intérieur a la forme d'une croix grecque et son décor de fresques, de boiseries et d'icônes relevées d'orfèvrerie est d'une richesse extraordinaire. Le chœur est fermé par une somptueuse **iconostase★**, synthèse des plus belles réussites de l'art religieux russe, empruntée aux églises de Moscou. À droite du chœur, l'icône de **N.-D.-de-Kazan**, peinte sur bois, est rehaussée d'argent ciselé et de pierreries.

Dans le parc
Une **chapelle byzantine** perpétue la mémoire du tsarévitch Nicolas, fils du tsar Alexandre II, qui mourut dans la villa Bermond cédée en 1900 par l'impératrice Alexandra pour l'édification de la nouvelle cathédrale.

Restez « zen » !
Le très épuré **salon de thé japonais**, situé après la librairie, accueille des cérémonies du thé. *dim. (sf 1er dim. du mois) 15h et 16h sur réservation 1 sem. av. au ☎ 04 92 29 37 02. 10 € (visite du musée comprise).*

visiter

Musée des Arts asiatiques★★

De la promenade des Anglais, suivre la direction de l'aéroport Nice-Côte d'Azur, puis prendre à droite la contre-allée signalée « parc Phœnix » dans le nouvel ensemble de l'Arenas. Parking payant en sous-sol. ☎ 04 92 29 37 00 - www.arts-asiatiques-.com - ♿ - de déb. mai à mi-oct. : tlj sf mar. 10h-18h ; reste de l'année : tlj sf mar. 10h-17h - fermé 1er janv., 1er Mai et 25 déc. - 6 € (-18 ans gratuit), gratuit 1er dim. du mois.

Délicatement posé sur le lac du parc Phœnix *(voir ci-après)*, cet écrin de marbre blanc recèle des objets d'art sacré et traditionnels provenant d'Asie. L'architecture conçue par le Japonais **Kenzo Tange** (1998) symbolise la cosmogonie extrême-orientale, associant le cercle (le ciel) au carré (la terre) avec ses quatre points cardinaux. Un audioguidage facilite la découverte de ces passionnantes civilisations.

Méditer
Devant des bouddhas en pierre de l'art gandhara (4e s.) ou khmer (12e s.) qui invitent à un voyage spirituel hors du temps et de l'espace.

◀ Au 1er étage, un parcours de la route du bouddhisme est proposé, superbement esthétique mais également pédagogique.

Au rez-de-chaussée, chaque salle est consacrée à une civilisation d'Asie : Chine, Japon, Cambodge et Inde. D'une grande qualité et significatives du monde religieux et matériel du pays, sculptures, céramiques ou peintures sont mises en scène dans un dépouillement minimaliste qui suscite la contemplation et l'émotion.

Le sous-sol, plus contemporain, est consacré aux expositions temporaires. Des bornes multimédias « branchées » sur l'Asie présentent les collections des musées d'Art asiatique du monde entier.

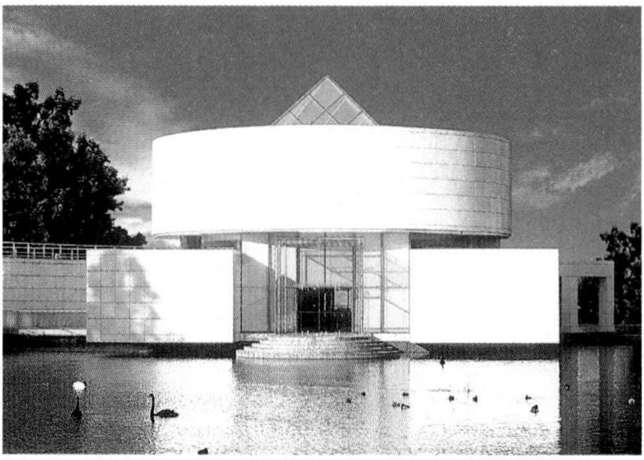

Édifié par l'architecte japonais Kenzo Tange, le bâtiment du musée des Arts asiatiques est à l'image d'un chapeau traditionnel de jeune mariée.

G. Véran/Conseil général des Alpes Maritimes

Parc Phœnix★

☎ 04 92 29 77 00 - ♿ - avr.-sept. : 9h30-19h30 ; oct.-mars : 9h30-18h (dernière entrée 1h av. fermeture) - 2 € (-12 ans gratuit).

Cet immense parc botanique (7 ha) vous fait sentir la nature comme si vous étiez en plein cœur de la jungle, les moustiques en moins ! 1 500 espèces végétales, toutes latitudes confondues, se découvrent par thème. L'**infothèque** fournit tout sur les végétaux exotiques par banques de données télématiques.

Au milieu d'un grand lac, « l'île des temps révolus » remonte à l'origine de la vie à travers des fossiles végétaux vivants : cycas, gingkos bilobas, fougères arborescentes. À côté, étonnants cratères fleuris. Plus loin, une volière abrite un ensemble fantastique de perroquets et autres oiseaux exotiques. Une chute d'eau rassemble une centaine de tortues. L'oued-oasis reconstitue l'écosystème saharien.

Pour voir le monde d'en-dessous
« La grande pyramide aztèque » présente l'envers de la végétation et la vie animale souterraine avec une superbe collection de lépidoptères.

◀ La **serre géante★**, « le diamant vert » (7 000 m^2 sous 25 m de haut), fait cohabiter sept climats à la température et à l'hygrométrie différentes. On admire successivement des orchidées et des broméliacées, la serre australe, un vivarium-insectarium souterrain, des plantes carnivores, des fougères du monde entier et, au centre, le grand jardin tropical qui réunit palmiers, bananiers, arbres du voyageur (Madagascar) et cultures vivrières tropicales (arbres à pain, caféiers, papayers...).

Musée d'Art naïf A.-Jakovsky★

Av. du Val-Marie. Quitter le centre-ville par la promenade des Anglais. ☎ 04 93 71 78 33 - tlj sf mar. 10h-18h - fermé 1er janv., dim. de Pâques, 1er Mai et 25 déc. - 4 € (-18 ans gratuit), gratuit 1er et 3e dim. du mois.

L'élégant château Ste-Hélène abrite la riche donation d'Anatole Jakovsky. Un fonds de 600 toiles témoigne de la fraîcheur et de l'étonnant pouvoir d'invention des « peintres de l'éternel dimanche ». Une histoire de l'art naïf est retracée depuis le 17e s. et à travers le monde. Une salle est réservée à une série de savoureux portraits d'A. Jakovsky !

Les naïfs

Les Croates, maîtres du genre, sont à l'honneur : Generalic', Rabuzin, Kovacic', Petrovic'. La France est abondamment représentée, notamment par Bauchant, Vivin, Vieillard, les Niçois Restivo et Crociani et des peintures plus oniriques de Vercruyce ou Lefranc. Les Suisses comme Luthé et les Belges apportent une large contribution, sans compter les États-Unis (O'Brady) et l'Amérique latine – le Brésil surtout.

Musée Masséna★

35 promenade des Anglais. ☎ 04 93 88 11 34 - fermé pour travaux.

Entouré de ses jardins, ce très bel édifice construit en 1898 par le petit-fils du maréchal a le charme d'une résidence italienne du Premier Empire. L'intérieur est fastueusement décoré de **salons** Premier Empire, et directement inspiré du château de Lucien Bonaparte à Govone (Piémont).

Acropolis-palais des Congrès★

À proximité du musée d'Art moderne. ☎ 04 93 92 83 00 - possibilité de visite guidée sur demande préalable.

Sur le Paillon, ce vaisseau de verre et de béton ancré sur ses cinq voûtes est équipé pour recevoir de grandes manifestations de plusieurs milliers de personnes. Des œuvres d'artistes contemporains sont disposées à l'intérieur et à l'extérieur du palais, en parfaite harmonie avec l'architecture : Volti, Arman, César, Paul Belmondo, Moretti, Cyril de la Patellière, etc.

Théâtre de la Photographie et de l'Image

27 bd Dubouchage - ☎ 04 97 13 42 20 - mar., merc. et jeu. 13h30-17h, vend. 13h30-15h45 - fermé lun. et w.-end - gratuit.

L'ancien Théâtre de l'Artistique qui a fait peau neuve vaut le coup d'œil rien que pour son architecture. Outre les expositions temporaires, il abrite un centre de documentation (collection de photographie sur Nice et sa région).

Muséum d'Histoire naturelle

60 bis bd Risso. ☎ 04 97 13 46 80 - www.mhnnice.org - tlj sf lun. 10h-18h - possibilité de visite guidée merc. et 1er dim. du mois 15h - fermé j. fériés - gratuit.

Ce premier musée de Nice créé au milieu du 19e s. par deux naturalistes niçois, Jean-Baptiste Vérany et Jean-Baptiste Barla, compte dans ses réserves de nombreux spécimens (zoologie, botanique et géologie) du monde méditerranéen. Actuellement, il présente une exposition sur les céph† olopodes (pieuvres, seiches, nautiles...).

Musée de Terra Amata

25 bd Carnot. ☎ 04 93 55 59 93 - ww.musee-terra-amata.org - tlj sf lun. 10h-18h - fermé 1er janv., Pâques, 1er Mai et 25 déc. - 4 € (enf. gratuit), gratuit 1er et 3e dim. du mois.

Ce musée est installé sur le lieu même de la découverte d'un site préhistorique ayant livré l'un des plus anciens habitats connus en Europe, aménagé voici 400 000 ans. Les outils de pierre taillée, les restes osseux de la faune chassée, les moulages des sols d'habitat et les analyses de laboratoire concernant l'environnement et le climat sont présentés le long d'un parcours didactique qui conduit le visiteur depuis les fouilles jusqu'aux reconstitutions. Commentaires audiovisuels et diaporama des fouilles.

Prieuré du Vieux-Logis

59 av. St-Barthélémy. ☎ 04 93 84 44 74 ou 04 92 00 41 90 - sam. 15h-17h - possibilité de visite guidée (1h45) dans le cadre d'un parcours découverte de la colline Saint-

E. Baret/MICHELIN

D'une modernité révolutionnaire pour l'époque (1934), l'église Ste-Jeanne-d'Arc en béton est l'œuvre de l'architecte Jacques Droz.

Barthélemy - juin-sept. : sam. 17h ; reste de l'année : sam. 15h - fermé 1er janv., dim. Pâques, 1er Mai et 25 déc. - gratuit (visite libre), 3 € (visite guidée).
Un intérieur de la fin du Moyen Âge a été reconstitué dans une ferme du 16e s. : belles œuvres d'art (Pièta franc-comtoise du 15e s.), mobilier du 14e au 17e s., ustensiles de la vie quotidienne, remarquable cuisine.

Église St-Barthélemy

Tlj sf dim. apr.-midi.
Elle abrite, au fond du bas-côté droit, le beau triptyque de **François Bréa** : Vierge en majesté entre saint Jean Baptiste et saint Sébastien.

Église Ste-Jeanne-d'Arc

11 rue Gramond. Son clocher formé de flammes torsadées (65 m), ses trois coupoles et son porche ellipsoïdal la rendent futuriste. À l'intérieur, on est frappé par le bel élan des voûtes. Chemin de croix peint à fresque par Klementief.

circuits

Pour l'ensemble de ces circuits, se reporter au schéma de l'arrière-pays niçois.

LES DEUX MONTS★★ 1

11 km – environ 45mn. Quitter Nice à l'Est par la place Max-Barel et la Moyenne Corniche (N 7). Au bout de 2,5 km, au milieu de la montée, tourner à droite à angle aigu dans une route forestière, puis à gauche dans la route menant au fort du mont Alban (itinéraire balisé).

Mont Alban★★

Alt. 222 m. **Vue★★** splendide sur la côte : à l'Est, le cap Ferrat, le cap d'Ail, la pointe de Bordighera et les hauteurs calcaires de la Tête de Chien ; à l'Ouest, la baie des Anges et la Garoupe. On peut faire à pied le tour du fort du 16e s., de ses bastions et échauguettes *(l'accès du fort est interdit).*
Revenir à la précédente bifurcation et aller tout droit vers le mont Boron.

La meilleure vue sur la baie des Anges et la baie de Villefranche s'admire depuis le fort du mont Alban.

Qui étaient les premiers Niçois ?
Sur les pentes occidentales du mont Boron, des ossements, des outils de pierre, des traces de feu ont permis d'identifier l'un des plus anciens habitats connus en Europe : celui de chasseurs acheuléens (paléolithique inférieur), vieux de 400 millénaires. Tout cela est expliqué au musée Terra Amata.

Mont Boron★

Alt. 178 m. **Vues★** étendues sur la rade de Villefranche et la côte jusqu'au cap d'Antibes. À l'horizon, les montagnes de Grasse et l'Esterel.
Rentrer à Nice par la Corniche Inférieure.

PLATEAU ST-MICHEL★★ 2

19 km – environ 1h. Quitter Nice à l'Est par l'avenue des Diables-Bleus et la Grande Corniche (D 2564).
La route offre, à l'arrière, des vues sur Nice et la baie des Anges, puis sur le cap d'Antibes, l'Esterel, le bassin du Paillon ; en avant, vue sur le fort de la Drète au premier plan, et sur celui du mont Agel au fond.

Observatoire du Mont-Gros

À droite de la Grande Corniche se détache la route privée de l'observatoire de Nice. ☎ 04 93 85 85 58 - www.astrorama.net - visite guidée (2h) merc. et sam. 14h45 - fermé 1er janv. et 25 déc. - 5 € (enf. 2,50 €).

Classé monument historique, il réunit les talents de **Charles Garnier** qui l'édifia en 1881 et de **Gustave Eiffel**, concepteur de la structure métallique de sa grande coupole (26 m de diamètre). Ce centre international de recherche astronomique réputé est entouré d'un parc de 35 ha qui domine Nice et son littoral. Après le col des Quatre-Chemins, on voit se dégager la presqu'île du cap Ferrat, puis la rade de Villefranche-sur-Mer.

> **Astronomique !**
> La lunette dite « grand équatorial », de 18 m de long et de 76 cm de diamètre optique, fut un temps le plus grand instrument de cette catégorie au monde.

Prendre à droite la D 34 ; 500 m plus loin, laisser la voiture à une plate-forme de stationnement.

Point de vue du plateau St-Michel★★

Une table d'orientation permet de situer tous les points où porte la vue, du cap d'Ail à l'Esterel.

La D 34 rejoint la Moyenne Corniche (N 7) qu'on prend à gauche. Peu après un long tunnel, **vue★** merveilleuse sur Beaulieu, le cap Ferrat, Villefranche-sur-Mer, Nice et le cap d'Antibes. La route contourne la rade de Villefranche. Passé le col de Villefranche, le regard se porte sur Nice avec la colline du Château, le port et la baie des Anges ; à l'horizon se profilent l'Esterel et les montagnes calcaires de Grasse. *Rentrer à Nice par la place Max-Barel.*

LE TOUR DU MONT CHAUVE ★ 3

53 km au départ de Nice – 1/2 journée. Quitter Nice au Nord par l'avenue du Ray puis, à droite à angle aigu, l'avenue de Gairaut (D 14), direction Aspremont. Environ 2 km après être passé sous l'autoroute, continuer à droite sur la D 14 et prendre à gauche la route signalisée.

Cascade de Gairaut

Ses deux ressauts font dévaler ses eaux dans une belle piscine naturelle, eaux venant du canal de la Vésubie alimentant Nice. Continuez jusqu'à l'esplanade de la chapelle d'où l'on a une belle **vue★** sur la ville.

Revenir à la D 14.

Peu après, beau paysage sur la gauche vers Nice avec le mont Boron, le cap d'Antibes. Puis la route s'élève vers Aspremont, et l'horizon s'étend sur les *baous*, la vallée du Var, les montagnes du haut pays.

Aspremont

Village joliment perché, bâti suivant un plan concentrique. L'**église** a une nef gothique, peinte à fresque, retombant sur de solides chapiteaux cubiques. Jolie Vierge à l'Enfant en bois polychrome. *☎ 04 93 08 00 23 - pdt les offices.*

> **Encore une belle vue**
> Contourner l'église et monter jusqu'à la terrasse de l'ancien château (rasé) qui domine le village : le **panorama★** s'étend sur le cours inférieur du Var avec le pays de Vence, le cap d'Antibes, les collines niçoises, le mont Chauve et le mont Cima.

À la sortie du village, une petite route sur la gauche, signalée Mont Cima, mène à une bergerie. De là, belle vue sur Aspremont et la vallée du Var.

Revenir sur ses pas et poursuivre sur la D 719 qui franchit le petit col d'Aspremont entre le mont Chauve et le mont Cima et mène au riche bassin de Tourrette-Levens.

Tourrette-Levens

Encerclé de montagnes, ce village de la route du sel s'accroche à son rocher, en forme de lame de couteau. La petite **église** du 18e s. abrite, derrière le maître-autel, un beau retable de bois sculpté de même époque (la Vierge entre saint Sylvestre et saint Antoine). *Visite sur demande au secrétariat de la paroisse, ☎ 04 93 91 00 41 - dim. pdt les offices.*

Suivant la montée du château, arrêtez-vous au **Musée des métiers traditionnels** qui rassemble près de 6 000 outils mis en scène. *☎ 04 97 20 54 60 - tlj sf lun. 14h30-18h (dernière entrée 17h30) - fermé 1er janv. et 1er Mai - 3 € (enf. 1,5 €).*

Poursuivez l'ascension, votre effort sportif sera récompensé par la visite du **Musée d'histoire naturelle** qui-

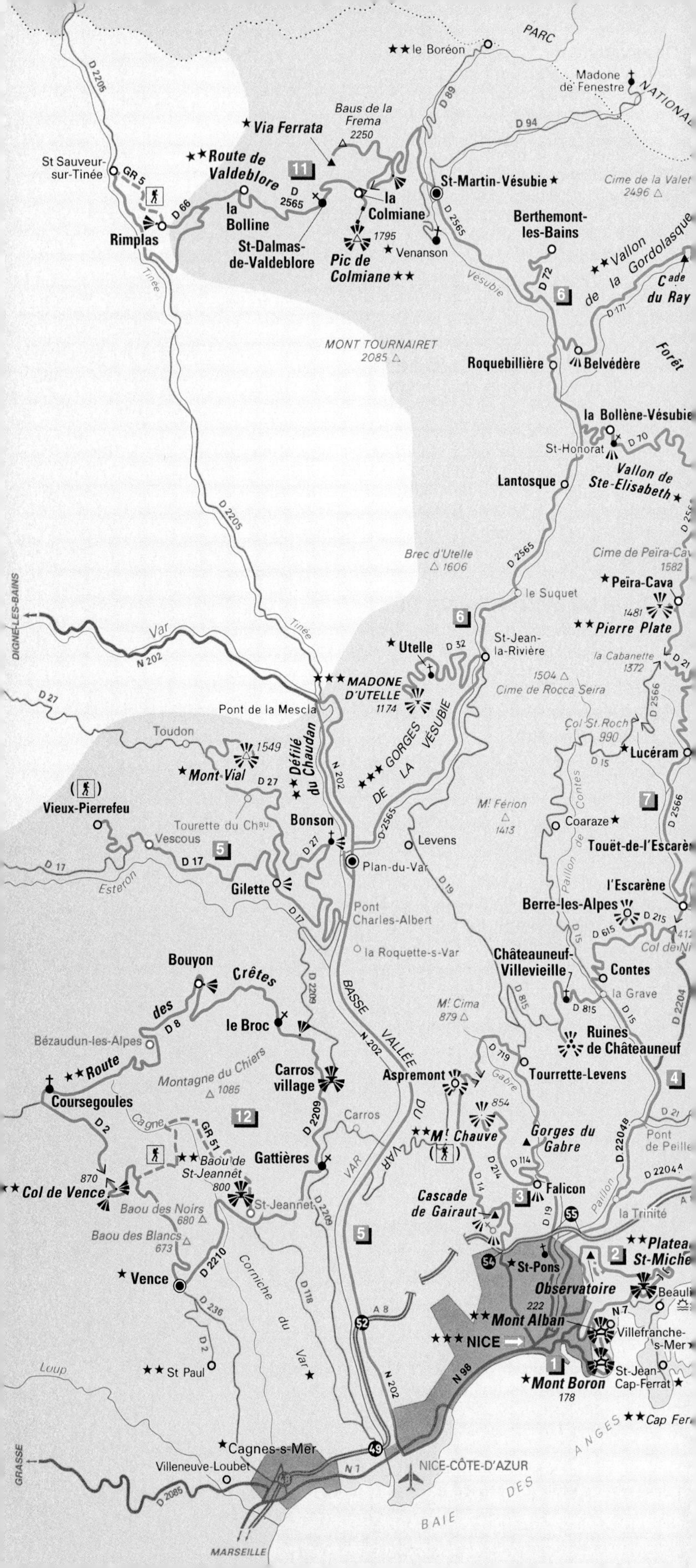

PARC
NATIONAL
★★le Boréon
Madone de Fenestre
D 2205
D 89
D 94
Baus de la Frema 2250
★ Via Ferrata
★★Route de Valdeblore
11
St Sauveur-sur-Tinée
GR 5
D 66
la Bolline
D 2565
la Colmiane
St-Martin-Vésubie★
Cime de la Valette 2496
Rimplas
St-Dalmas-de-Valdeblore
1795
Pic de Colmiane★★
★ Venanson
D 2565
Berthemont-les-Bains
★★Vallon de la Gordolasque
Cade du Ray
Tinée
Vésubie
D 72
6
D 171
MONT TOURNAIRET 2085
Roquebillière
Belvédère
Forêt
la Bollène-Vésubie
St-Honorat
D 70
Vallon de Ste-Elisabeth★
Lantosque
D 2205
Brec d'Utelle 1606
D 2565
Cime de Peïra-Cava 1582
le Suquet
★Peïra-Cava
1481
★★Pierre Plate
DIGNE-LES-BAINS
Var
N 202
Tinée
6
★ Utelle
D 32
St-Jean-la-Rivière
la Cabanette 1372
D 21
★★★MADONE D'UTELLE
1174
1504
Cime de Rocca Seira
D 27
Pont de la Mescla
D 2566
Toudon
1549
★★ Défilé du Chaudan
★★★GORGES DE LA VÉSUBIE
Col St-Roch 990
Lucéram
D 15
★Mont Vial
D 27
Vieux-Pierrefeu
Tourette du Chau
Mt Férion 1413
7
D 2566
Coaraze★
Bonson
Paillon de Contes
Touët-de-l'Escarène
N 202
D 27
D 2565
Levens
Vescous
5
D 17
D 17
Plan-du-Var
Esteron
Gilette
D 19
l'Escarène
D 17
Pont Charles-Albert
Berre-les-Alpes
D 215
D 615
Col de Nice
la Roquette-s-Var
D 15
Bouyon
Crêtes
Châteauneuf-Villevieille
Contes
BASSE VALLÉE DU VAR
D 2209
des
Mt Cima 879
la Grave
le Broc
D 815
D 815
D 15
D 2204
D 8
Bézaudun-les-Alpes
★★Route
Montagne du Chiers 1085
Carros village
N 202
Aspremont
D 719
Ruines de Châteauneuf
Tourrette-Levens
Gabre
4
Coursegoules
Cagne
12
GR 51
Carros
854
D 21
D 2
★★Mt Chauve
Gorges du Gabre
D 2204B
Pont de Peille
★★Baou de St-Jeannet 800
Gattières
VAR
D 214
D 114
D 2204A
870
★★Col de Vence
Baou des Noirs 680
St-Jeannet
D 14
Cascade de Gairaut
3
Falicon
D 19
55
Paillon
la Trinité
Baou des Blancs 673
D 2209
5
54
★St-Pons
★★Plateau St-Michel
2
Observatoire
★ Vence
D 2210
D 236
Corniche du Var
D 118
A 8
52
★★Mont Alban
222
Beaulieu
N 7
★★★NICE
Villefranche-s-Mer
D 2
★★ St Paul
Loup
★
N 202
N 98
1
★Mont Boron 178
St-Jean-Cap-Ferrat
★★Cap Ferrat
ANGES
DES
★Cagnes-s-Mer
49
Villeneuve-Loubet
N 7
NICE-CÔTE-D'AZUR
GRASSE
D 2085
BAIE
MARSEILLE

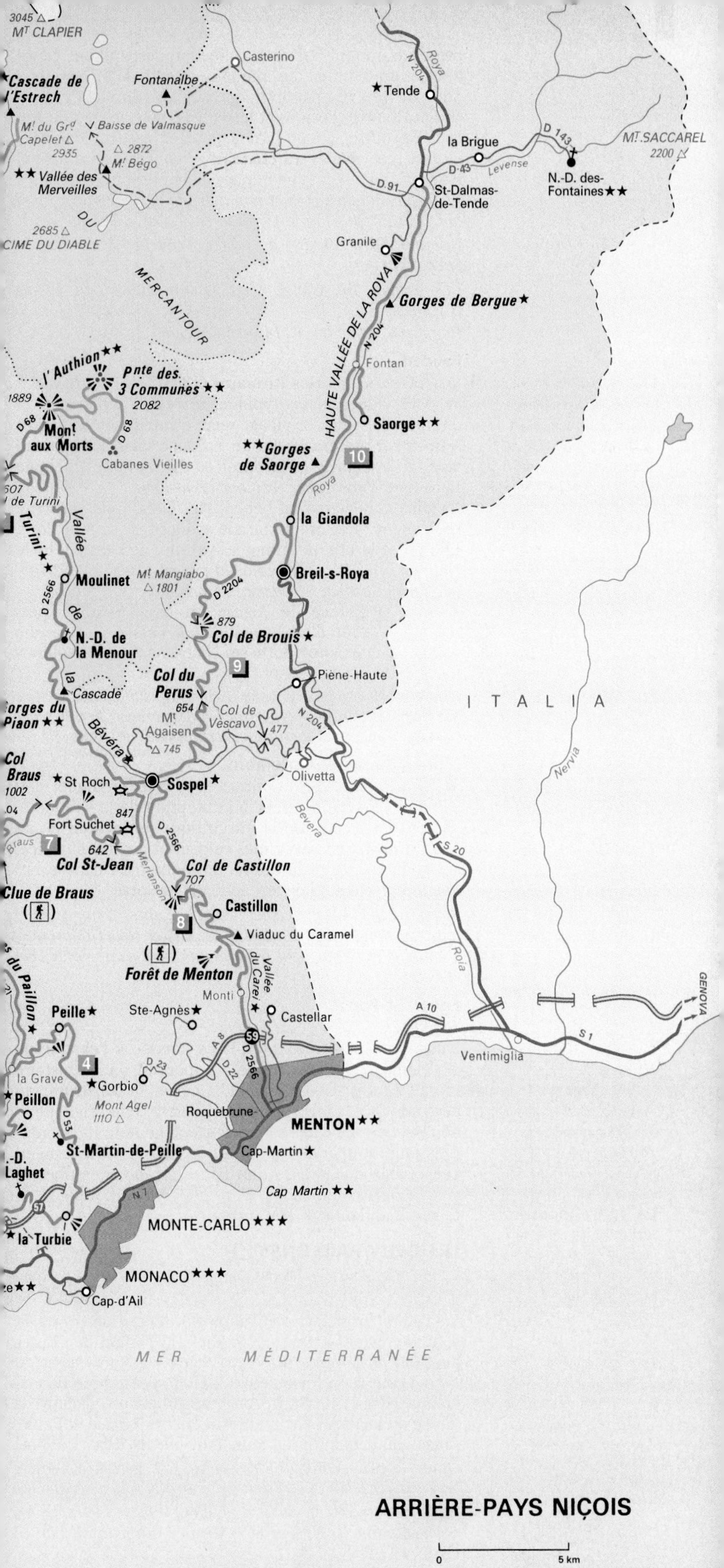

ARRIÈRE-PAYS NIÇOIS

présente une intéressante collection de papillons exotiques et un diorama des animaux du monde entier, ainsi que par une vue panoramique sur les sommets voisins (mont Chauve, Férion) et les vallées du Gabre et du Rio Sec. En outre, en été, vous pourrez assister dans les jardins aux « **Nuits du château** » : concerts de musique baroque, chants polyphoniques ou conférences. ☎ *04 93 91 03 20 - mai-oct. : tlj sf lun. 14h-18h30 ; nov.-avr. : tlj sf lun. 14h-17h30 - fermé 1er janv. et 25 déc. - gratuit.*

Rejoindre la D 19 que l'on prend à gauche, descendant la vallée du Gabre.

Les **gorges du Gabre** sont taillées dans des parois calcaires.

Prendre à droite la D 114 vers Falicon.

Falicon

LA DOUCEUR DE LA VIE
Ce livre de Jules Romains a rendu le village et son auberge célèbres en y situant un épisode des amours de Jallez et de la petite marchande de journaux niçoise. Outre sa « Bellevue », l'auberge expose des souvenirs de l'auteur.

Les lecteurs de **Jules Romains** (1885-1972) connaissent ce petit village niçois typique, serré sur son rocher et entouré d'oliviers. Le village reçut d'autres hôtes illustres séduits par l'agrément du site. La reine Victoria venait en voisine de Cimiez y savourer le thé, comme le clame fièrement l'enseigne : *Au Thé de la Reine.*

L'**église**, fondée par les bénédictins de St-Pons, présente un clocher carré et une façade agencée en trompe l'œil. Elle possède une nef unique. À droite de l'abside, belle Nativité du 17e s. auréolée d'or. ☎ *04 92 07 92 70 - possibilité de visite sur demande préalable à la mairie.*

Prendre à gauche de l'église un large escalier, puis tourner à droite dans le sentier qui s'élève jusqu'à une terrasse d'où la **vue**★ porte sur Nice et la mer, les collines niçoises et le mont Agel.

Rejoindre la D 114 à gauche. À la chapelle St-Sébastien se détache, à droite, la D 214, étroite et dangereuse, vers le mont Chauve. Laisser la voiture au terminus de la route.

Mont Chauve d'Aspremont

30mn à pied AR. Comme son nom l'indique, son sommet (854 m) est pelé, à l'exception de la silhouette du fort désaffecté. De là, magnifique **panorama**★★, au Nord sur les Alpes aux cimes neigeuses, au Midi sur Nice, ses collines et tout le littoral de Menton au cap Ferrat. Par temps (très) clair, on aperçoit la Corse.

Revenir à la D 114 et tourner à gauche ; après 2 km, prendre à droite à angle aigu dans la D 19. Passer sous l'autoroute ; 1 km plus loin se détache à droite une rampe qui monte vers St-Pons.

Église St-Pons★

14h30-17h.

STUC
L'intérieur de l'église est formé d'un grand vaisseau elliptique, précédé d'un vestibule et prolongé par un chœur en hémicycle. Il est étayé de chapelles rayonnantes entre de hauts et puissants piliers et est richement décoré de stuc.

L'abbaye bénédictine de St-Pons, fondée à l'époque de Charlemagne, a joué un rôle important dans l'histoire locale durant un millénaire. L'église, reconstruite au début du 18e s. sur un piton dominant la vallée du Paillon, déploie de tous côtés sa gracieuse silhouette et l'un des plus jolis campaniles génois de la région. Ce charmant édifice baroque dresse une haute façade à courbes et contrecourbes précédée d'un péristyle qui épouse la forme ondulante de l'ensemble.

LES DEUX PAILLONS★ 4

90 km au départ de Nice - compter une journée - schéma *p. 308.*

Le Paillon principal ou Paillon de l'Escarène prend sa source au Nord-Est du col St-Roch, le Paillon de Contes descend de la cime de Rocca Seira, au Nord-Ouest du même col ; ils se rejoignent à Pont-de-Peille pour déboucher à Nice. L'itinéraire proposé emprunte d'abord la vallée du Laghet, avec un crochet par la Turbie et Peille, puis il fait découvrir les cours moyens des deux Paillons.

Quitter Nice au Nord par le boulevard J.-B.-Vérany et la route de Turin (D 2204). À la Trinité, prendre à droite vers Laghet.

La route remonte la vallée du Laghet, très verdoyante. La voie romaine de la Turbie à Cimiez empruntait l'autre rive.

N.-D.-de-Laghet

Son cadre sylvestre au charme italien est connu de nombreux pèlerins qui y viennent, de Nice ou d'Italie, célébrer la Madone en mémoire de ses miracles de 1652. Le cloître et l'église qui ont été fondés alors regorgent d'innombrables **ex-voto**, qui témoignent de cette ferveur populaire. D'une naïveté touchante et amusante, les plus beaux sont exposés dans le petit **musée** de la place du Sanctuaire. Ils remontent au 19e s., la Révolution ayant détruit ceux qui la précédèrent. ☏ *04 93 41 50 50 - http://nice.cef.fr/laghet - ♿ - sanctuaire : 7h-21h30 - musée en été : tlj sf mar. 15h30-17h30 ; en hiver : 15h-17h - gratuit.*

Montée sinueuse dans les oliviers vers la Grande Corniche où l'on tourne à gauche.

SUBLIME

Dans l'église on ne peut plus baroque, la statue de la Madone de Laghet apparaît au maître-autel, dans sa robe de bois sculpté.

S. Sauvignier/MICHELIN

Ex-voto de N.-D.-de-Laghet.

La Turbie★ *(voir ce nom)*

Quitter la Turbie au Nord par la D 53 qui ménage des vues sur la mer et le bassin du Paillon. À gauche de la route, on aperçoit la chapelle St-Martin.

St-Martin-de-Peille

L'**église**, isolée, s'élève dans un beau cadre de montagnes plantées d'oliviers. Moderne, elle est d'une grande simplicité : vitraux en plastique, base d'autel faite d'un tronc d'olivier massif. De grandes baies s'ouvrent de chaque côté de l'autel sur la montagne. *Fermeture pour travaux.*

La route serpente au pied du mont Agel puis descend sur Peille. Près du dernier tunnel, on a un beau **coup d'œil** sur le village et son site.

Peille★ *(voir ce nom)*

À la Grave, la route rejoint la vallée du Paillon. 2,5 km plus loin, prendre à gauche la D 121 d'où se détache le pittoresque nid d'aigle de Peillon.

Peillon★★ *(voir ce nom)*

Par la D 21 que l'on reprend à droite, on remonte la vallée du Paillon. Bientôt, sur la droite, apparaît le village de Peille, bâti au flanc du mont du Castellet.

Gorges du Paillon★

Beaux défilés, frais et verdoyants, entre des murailles boisées.

L'Escarène

Bâti à la croisée de l'accès à la station de Peïra-Cava *(voir forêt de Turini, circuit* 7) et à l'amorce des lacets du col de Braus, ce gros bourg s'étend au fond d'une vallée parcourue par le Paillon. Il fut un important relais muletier sur l'ancienne route de Nice à Turin, appelée la **route du sel** *(voir Sospel)*. L'ancien pont à arche unique et la place de la Gabelle en conservent le témoignage. Du pont de l'Armée-des-Alpes, qui enjambe le Paillon, le vieux village se profile élégamment.

POUR SE SOUVENIR

Sur la route du col de Turini, après l'Escarène, un imposant **mausolée dédié à la 1re DFL**, inauguré en 1964 par le général de Gaulle, rappelle les sacrifices et les combats de la Libération sur la route du col de Turini (D 2566).

Du 17e s., flanquée de deux chapelles de pénitents blancs et noirs, l'**église St-Pierre★** est l'œuvre de l'architecte niçois Guibert, concepteur de la cathédrale de Nice. Elle est parée d'une intéressante façade baroque très ouvragée. L'intérieur, remarquablement grand, présente un décor de la même époque. À droite du vestibule, le bénitier est creusé dans un antique autel gallo-romain surmonté d'une statuette dorée du 17e s. L'orgue, daté de 1791, est signé des **frères Grinda**, célèbres facteurs d'orgues niçois.

Monter au col de Nice par la D 2204 puis tourner à droite dans la D 125 qui mène à Berre-les-Alpes par de belles vues renouvelées sur le village.

Berre-les-Alpes

Ce village perché (675 m) est un charmant belvédère naturel dans un très joli site. Aux abords du cimetière, **panorama★** sur les Préalpes de Nice et la mer.

Redescendre par la même route et prendre à droite la D 615.

La route, très tourmentée, qui mène à Contes est un enchantement. Les bouquets de châtaigniers alternent avec les pins, les cyprès, les mimosas, les oliviers et les cultures en terrasses pour composer un paysage typique de l'arrière-pays niçois.

Contes

UN VILLAGE DE CARACTÈRE

On raconte qu'au 16e s., la commune libre de Contes condamne solennellement à l'exil... les chenilles qui l'avaient envahie. Au terme d'une grande procession de reliques, elles exécutèrent l'arrêt du tribunal et disparurent !

◀ Les Romains l'ont bâti comme ses voisins sur un rocher formant ici une proue surplombant la vallée du Paillon de Contes. Outre une élégante fontaine à deux étages de 1587, le village possède dans son **église** *(chapelle de droite)* un retable de sainte Madeleine de l'école niçoise (1525), remarquable pour sa **prédelle★** qui raconte la vie de la sainte en 5 petits tableaux ; également, belles boiseries du 17e s.

En bordure du Paillon *(D 15, en direction de Coaraze)*, le **site des moulins** comprend le moulin à huile (13e s.) du village toujours en activité *(déc.-mars)* et le moulin à fer (14e s.) où l'on fabriqua des outils agricoles jusqu'en 1958. Outre l'atelier du forgeron, vous verrez au 1er étage une cuisine paysanne du 19e s. reconstituée. *☏ 04 93 79 19 17 - sam. 9h30-12h30, 14h-17h - fermé nov. - 2 €.*

Prendre la D 715 jusqu'à la Grave, qui traverse le Paillon, puis la D 815 parmi les pins et les oliviers.

Châteauneuf-Villevieille

Ce fief domine la vallée du Paillon depuis l'aube des temps (les Ligures), comme en témoigne le magnifique paysage de ruines de la ville médiévale, située 2 km plus loin *(30mn)*, d'où se dégage un vaste **panorama★**, du mont Chauve et du Férion (Ouest) aux Alpes (Nord-Est). Dans le village actuel, réinvesti au 18e s., la présence romaine se lit dans l'inscription encastrée de la façade de l'**église**, la « Madone de Villevieille ». Cette dernière est du 11e s., comme l'attestent ses festons et ses bandes lombardes. Elle a été rhabillée au 17e s. par une voûte à fresque et un beau retable en stuc qui entoure une Vierge à l'enfant du 15e s. *Possibilité de visite sur demande la veille à Mme Morand, ☏ 04 93 79 14 71.*

Revenir à la D 15, qui, de Contes, ramène à Nice par la vallée du Paillon.

VALLÉES DU VAR ET DE L'ESTERON 5

66 km – 1/2 journée. Quitter Nice par la promenade des Anglais prolongée par la promenade Corniglion-Molinier, agréable parcours le long de la baie des Anges. Rejoindre la N 98, puis prendre à droite vers Plan-du-Var.

La N 202 qui longe le Var permet un accès rapide dans l'arrière-pays niçois. Dans un décor de cultures florales et potagères, de vignobles et d'oliveraies apparaissent tour à tour les villages perchés de l'arrière-pays niçois et vençois. À gauche, au pied des *baous*, Gattières, puis Carros et le Broc, à droite, Aspremont et Castagniers au

D. Pazery/MICHELIN

Imprenable aux temps troublés, Gilette, accroché au-dessus d'un ravin, garde sa réputation d'accès difficile, comme la plupart de ses voisins perchés.

pied du mont Chauve, St-Martin-du-Var, la Roquette-sur-Var... À l'horizon, la **vue★** se porte sur les cimes enneigées des Alpes. À St-Martin-du-Var, l'Esteron se jette dans le Var.

Gagner la rive droite du Var par le pont Charles-Albert et prendre la D 17 en direction de Gilette.

On aperçoit le site de Bonson, village qui couronne un à-pic vertigineux au-dessus de la rivière, et bientôt, le curieux site de Gilette, bâti dans une brèche.

Gilette

☺ 3 km avant le village, faites une halte au surprenant **Musée « Lou Ferouil »**. C'est le maître des lieux, Pierre-Guy Martelly, qui vous guide. Passionné d'anciens outils, il les remet en état et en situation en recréant des ateliers (menuiserie, ferronerie...). Il vous fera découvrir les métiers d'autrefois mais aussi l'histoire locale à travers eux, et partager sa passion pour le travail du métal en oeuvrant devant vous, car le collectionneur-conteur est également sculpteur. *☎ 04 92 08 96 04 - mai-sept. : tlj sf lun. 9h-19h ; oct.-avr. : tlj sf lun. 10h-17h30 - fermé j. fériés - 4 € (enf. 2 €).*

De la place de la Mairie, suivre le parcours fléché qui monte aux ruines du château, d'où le **panorama★** porte sur d'impressionnantes routes en corniche, la vallée du Var, son confluent avec l'Esteron et les Préalpes. Une agréable allée, bordée de platanes et d'acacias, passe sous le château, livrant de belles vues sur les villages perchés de Bonson et de Tourette-du-Château ainsi que sur les Grandes Alpes, au Nord.

Reprendre la D 17 au Nord de Gilette, qui remonte la vallée de l'Esteron, puis, 2 km après Vescous, s'engager à droite dans la petite route qui monte à Vieux-Pierrefeu.

Vieux-Pierrefeu

Accès interdit en voiture. Austère et fier, ce beau village perché (618 m), vêtu de ses vieilles pierres bien restaurées, donne envie de s'y attarder. L'Esteron tout proche, avec son lit escarpé et son eau turquoise, réjouit les amateurs de canyoning.

L'église (16e s.) abrite le **musée « Hors du temps »**, collection unique de peintures contemporaines sur le thème de la Genèse, où l'on relève, parmi la quarantaine de signatures, les noms de Brayer, Carzou, Folon, Erni, Vicari, Villemont, Moretti et Dupuis. *☎ 04 93 08 58 18 - possibilité de visite guidée sur demande à la mairie 2 j. av. (le mat.) - 2 €.*

PETRA IGNIARIA

Vieux-Pierrefeu, ancien poste romain du nom de Petra Ignaria, était le maillon de la longue chaîne qui s'étirait entre le Mur d'Hadrien (frontière entre l'Écosse et l'Angleterre) et Rome, servant à transmettre des messages optiques.

HEUR ET MALHEUR
Le cadre sylvestre réputé de Bonson a malheureusement subi les ravages d'un terrible incendie en août 1994.

En redescendant par la superbe D 17, vous apercevrez la vallée du Var et les villages rocheux de Bonson et de La Roquette.

Bonson

Bâti dans un **site★** remarquable, au bord d'un éperon sur le Var, Bonson offre de la terrasse de l'église une **vue★★** exceptionnelle sur le confluent du Var et de la Vésubie, le défilé du Chaudan, les gorges de la Vésubie ; en bas coule le Var, au pied de nombreux villages perchés.

L'**église** renferme trois œuvres de primitifs niçois, pleines d'une touchante dévotion populaire à une époque de peurs, d'épidémies et de guerres. Au revers de la façade, le **retable de saint Antoine**, où l'on reconnaît sainte Gertrude – invoquée contre la peste – aux rats qui l'escaladent. Sur le bas-côté droit, le **retable de saint Jean-Baptiste**, attribué à Antoine Bréa (repeints fâcheux au centre). Au maître-autel, enchâssé dans un cadre Renaissance, le **retable de saint Benoît★**, émouvant par son style naïf et direct, avec sainte Agathe retenant ses seins coupés, sainte Catherine armée d'un glaive, saint Sébastien au corps transpercé de flèches, traité à la manière byzantine.

Quitter le village à l'Ouest par la D 27 en direction de Puget-Théniers.

La route serpente à flanc du relief et offre de belles échappées sur Gilette. Après Tourette-du-Château, prendre à droite la route en forte déclivité qui sinue jusqu'à la crête du **mont Vial★** avant d'atteindre le sommet (1 549 m) *(possibilité de demi-tour).*

COURAGE !
Un **panorama★★** impressionnant récompense les courageux de leur ascension. Par beau temps, la vue s'étend sur le cours du Var depuis Puget-Théniers jusqu'à l'embouchure.

Retourner à Bonson par le même itinéraire.

Par de belles **vues★**, de grands lacets descendent sur le Var qu'on atteint au pont Charles-Albert. À gauche, la N 202 conduit à Plan-du-Var, où l'on franchit la Vésubie à son confluent avec le Var. On laisse à droite les gorges de la Vésubie *(voir Vallée de la Vésubie).*

Défilé du Chaudan★★

Jusqu'à proximité du pont de la Mescla, le Var développe ses méandres au fond d'une gorge étroite aux superbes parois verticales. La route, serrée de près par le fleuve, contourne ces méandres dans un spectacle éblouissant. Le défilé tire son nom du petit village du Chaudan.

Au **pont de la Mescla**, la Tinée se jette dans le Var.

Revenir à Nice par la N 202.

UNE VOIE DE PASSAGE
Le **Var** a toujours été, aux confins de la Provence et du comté de Nice, l'une des deux grandes voies de pénétration vers les Alpes de Haute-Provence – l'autre étant la route Napoléon *(voir ce nom)*. Large dans son cours inférieur et en voie d'industrialisation et d'urbanisation poussées, sa vallée se prête à une intense circulation. Son charme augmente à mesure que l'on remonte son cours qui se resserre en amont du confluent de la Vésubie.

VALLÉE DE LA VÉSUBIE 6 *(voir ce nom)*

De Plan-du-Var à la Madone d'Utelle.
De St-Jean-la-Rivière à St-Martin-Vésubie.

FORÊT DE TURINI 7 *(voir ce nom)*

L'Authion★★
Vallon de Ste-Elisabeth★
Route du col de Braus★★

ROUTE DU COL DE CASTILLON 8

De Menton à Sospel. Voir les « circuits » de Menton.

ROUTE DU COL DE BROUIS 9

De Sospel à la Giandola. Voir les « circuits » de Sospel.

GORGES DE SAORGE ET DE BERGUE 1

Voir « alentours », Saorge.

ROUTE DE VALDEBLORE 11

Le Boréon et la Madone de Fenestre. Voir les « alentours » de St-Martin-Vésubie.

ROUTE DES CRÊTES 12

Voir Vence.

Peille★

Ce bourg médiéval de caractère est perché dans un site exceptionnel, à la fois désolé avec ses montagnes rocheuses, vert avec ses oliveraies, et sauvage, dominant le profond ravin du Faquin. Les ruines du château des comtes de Provence (13e s.) surplombent le village.

La situation

Carte Michelin Local 341 F5 - Schémas p. 64 et 309 - Alpes-Maritimes (06). À 11 km au Nord de La Turbie par la D 53 *(voir le circuit* 4 *à Nice).* En haut du village, parking de la via ferrata. Pour visiter le bourg, se garer en bordure de la route d'accès au village.

Mairie, 06440 Peille, ☎ 04 93 91 71 71.

Le nom

Peille, l'ancienne *Pilia*, est un nom d'origine ligure qui signifie « hauteur nue et herbeuse ». Le nom du village est en parfait accord avec sa situation !

Les gens

2 045 Peillasques. Tout respire le calme dans ce village dont les vénérables habitants parlent encore un dialecte à eux, le « pelhasc », proche du nissart, mais prononcé différemment.

En savoir plus
Un musée du Terroir évoque les us et coutumes locales.
☎ *04 93 91 71 71 - w.-end et j. fériés 14h - gratuit.*

B. Kaufmann/MICHELIN

Entassées, bousculées, empilées, les maisons de Peille semblent tenir par miracle au-dessus du vide.

se promener

Bourg

Depuis la place de la Tour en bordure de la D 53, les marches descendent la rue de la Sauterie, rocailleuse, entrecoupée d'escaliers et de passages voûtés ; la rue dégringole ensuite vers la place A.-Laugier. À droite, la rue Centrale mène à la mairie sise dans l'ancienne chapelle St-Sébastien (13e s.), couronnée d'un dôme. En tournant deux fois à gauche, on tombe sur la rue St-Sébastien : à gauche se dresse l'ancien hôtel de la Gabelle. À nouveau sur la place A.-Laugier, admirez l'ancien hôtel des Consuls ou « palais du juge Mage » avec ses portails et ses fenêtres géminées. Derrière une fontaine gothique, sous une maison, deux demi-arches s'appuient sur un pilier roman ; celle de droite conduit à la rue Lascaris ; celle de gauche, à la rue Mary-Garden qui monte au monument aux morts, d'où le point de vue est superbe.

carnet pratique

Se loger

⊖ **Chambre d'hôte Les Lavandes** – *247 rte de la Turbie - 2,5 km au S de Peille, dir. La Turbie - ☎ 04 92 10 86 23 - ⊭ - 5 ch. 48 € ☕.* Cette maison de style provençal abrite des chambres d'hôte dont certaines sont équipées d'un balcon offrant une vue étendue sur la montagne. Cadre d'inspiration rustique. Le petit-déjeuner est servi en terrasse ou dans une salle décorée d'objets anciens.

Se restaurer

⊖⊖ **Le Relais St-Martin « Chez Cotton »** – *06440 St-Martin-de-Peille - 6 km au S de Peille dir. La Turbie - ☎ 04 93 41 16 03 - www.chezcotton.com - fermé nov., le soir de sept. à juin et lun. - ⊭ - 18/30 €.* Lorsqu'il fait bien chaud au bord de l'eau, les gens montent ici avec délectation pour profiter de la fraîcheur. Recettes du terroir et grillades servies dans la grande salle vitrée (flambées dans la cheminée en hiver) ou sur la terrasse ombragée. Vue sur la vallée et la montagnes.

Église

☎ 04 93 91 71 71 (mairie) - 12h-19h.

Flanquée d'un élégant clocher lombard pyramidal, l'église (12e-13e s.) est formée de deux chapelles accolées. À gauche en entrant, un retable à quinze compartiments (1579) d'Honoré Bertone décore un autel. À droite, Peille est représenté tel qu'il était au Moyen Âge. Sainte Anne, la Vierge et l'Enfant figurent sur une peinture murale du 14e s.

Via ferrata

Se garer sur le parking public à l'entrée du village et suivre la signalétique spécifique. Longueur totale du parcours : 800 m ; compter 3h30 environ. Tarif d'accès : 3 €. Location d'équipement sur place, s'adresser au bar l'Absinthe, ☎ 04 93 79 95 75. Pour un encadrement, s'adresser aux guides de haute montagne.

Cet itinéraire de randonnée sportive riche en émotions, au-dessus du village de Peille, offre une succession de passerelles, ponts de singe et tyrolienne en toute sécurité.

Peillon★★

Se loger et se restaurer

⊖ Annexe Lou Pourtail – *☎ 04 93 79 91 17 - fermé 20 oct.-20 déc. - 6 ch. 40/68 € - ☕ 11 €.* Au pied du village-crèche, l'annexe de l'Auberge de la Madonne se révèle être une maison ancienne pleine de charme : murs chaulés, voûtes ou hauts plafonds et mobilier campagnard. Cuisine du terroir servie dans une petite salle à manger rustique ou dans le jardin-terrasse.

Ce village, juché en nid d'aigle sur un rocher étroit et abrupt, est l'un des plus spectaculaires de la Côte d'Azur. Une rigoureuse unité architecturale, imposée par le site et les nécessités de la défense, en compose harmonieusement les formes jusqu'au sommet occupé par l'église.

La situation

Carte Michelin Local 341 F5 – Schémas p. 64 et 309 – Alpes-Maritimes (06). Un peu en retrait de la vallée du Paillon, Peillon se rejoint facilement depuis Nice *(voir ce nom, circuit 4).* Se garer en bordure de la route d'accès au village.

Mairie, 06440 Peillon, ☎ 04 93 79 91 04.

Le nom

En provençal, le suffixe *-on* (prononcé *-oun* ou *-ou*) est un diminutif affectueux. Peillon est donc le petit Peille. Rien de plus normal puisque le village en fut détaché au 13e s.

Sur l'ancienne voie romaine, un sentier relie Peillon à Peille en 2h depuis l'église.

E. Baret/MICHELIN

Les scènes de la Passion peintes dans la chapelle des Pénitents-Blancs n'ont pas pris une ride en plus de quatre siècles d'existence.

visiter

Village★

Il a gardé intégralement son aspect médiéval. Peu de rues : partout des escaliers en calades qui serpentent parmi
les maisons fleuries, et de nombreux passages voûtés.

L'église a été bâtie au 18e s. ; surmontée d'une lanterne octogonale, elle abrite des toiles des 17e et 18e s. ainsi qu'un Christ en bois du 18e s.

Chapelle des Pénitents-Blancs

Une minuterie extérieure permet de voir à travers la grille les fresques. ☎ 04 93 91 98 34 - possibilité de visite guidée sur demande au Syndicat d'initiative.

L'intérêt de cette chapelle réside dans les **fresques★** de Jean Canavesio, datées de la fin du 15e s. Au fond, la Crucifixion, avec les portraits de saint Antoine et de sainte Pétronille. Sur les murs et les voûtes sont peintes des scènes de la Passion, remarquables par la vigueur de leur mouvement (voir notamment la Flagellation et le Baiser de Judas) et le goût de l'anecdote. La parenté avec les fresques de N.-D.-des-Fontaines *(voir La Brigue)* est évidente. Sur l'autel, remarquez une belle Pietà de bois polychrome.

Le Pradet

Jolies plages entre les rochers, promenades bucoliques et musée minéralogique surprenant font de cette station balnéaire une bouffée d'oxygène pour Toulon et un agréable lieu de séjour.

La situation

Carte Michelin Local 340 L7 - Var (83). À la lisière Est de Toulon, au pied Ouest de la colline de Paradis et du mont des Oiseaux, à deux pas de la plage ou, plus prosaïquement, sur la D 559 qui mène à l'aéroport de Hyères.

Pl. du Gén-de-Gaulle, 83220 Le Pradet, ☎ 04 94 21 71 69.

APPRENDRE EN MARCHANT
En plein cœur de la ville, le **bois de Courbebaisse** offre une belle balade botanique (5 ha).

Le nom

Dérivé du latin *pratus* qui, dans l'espace occitan, a donné *prada*, la « prairie » : témoignage d'une époque où le littoral n'intéressait guère que les pêcheurs.

Les gens

10 975 habitants. Des gens illustres sont passés par là : Churchill, Claudel, Valéry, Bernanos, Fernandel, Raimu...

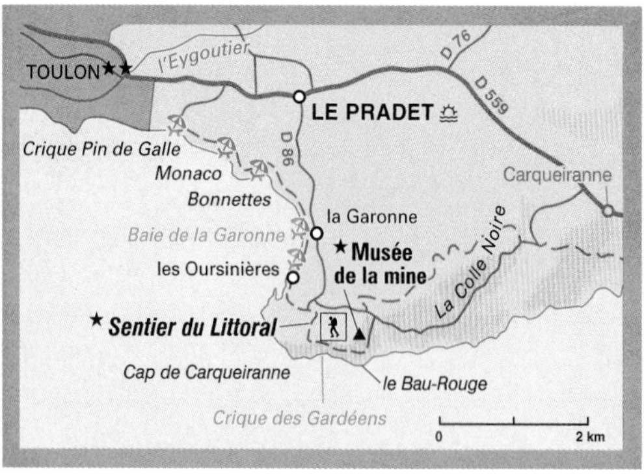

séjourner

SE RESTAURER

⊜⊜⊜ La Chanterelle – *50 r. Tartane, port des Oursinières - ☎ 04 94 08 52 60 - fermé janv., fév., 7-25 nov. et lun. de sept. à avr. - 35/45 €.* Un plafond en bois sculpté agrémente la salle à manger ; aux murs, vitraux colorés représentant des natures mortes. Plaisant jardin fleuri. Cuisine régionale actualisées.

Plages

De remarquables **criques** ponctuent la baie de la Garonne jusqu'au cap de Carqueiranne. Certaines sont accessibles par la route, mais l'idéal est de les découvrir par le sentier du littoral.

Sentier du littoral★

7 km. Prévoir au moins 3h (sentier sinueux et parfois abrupt). Un escalier raide taillé dans le rocher donne souvent accès aux plages. À l'Ouest, au pied d'une pente escarpée, la plage du **Pin de Galle** embrasse la rade de Toulon. On traverse une pinède bâtie de nombreux cabanons, puis un parc. Descente raide vers la plage de **Monaco** *(en partie naturiste)*. Au-delà d'un muret, le sentier escalade la falaise. Un peu plus loin, un cap procure une belle vue sur les échancrures successives de la côte. Une descente bien tracée mène aux **Bonnettes**, au pied d'une ravissante calanque *(guinguette)*. Le tracé relie ensuite la plage de la **Garonne** à celle des **Oursinières**. Au-delà du port, un sentier à droite, détaché de la route du Pradet, conduit au-dessus des falaises jusqu'au **baou Rouge**. Belles vues sur la crique des Gardéens et vers Carqueiranne, que l'on peut rejoindre à travers le massif de la Colle-Noire. Ces trois plages sont surveillées en été.

visiter

Musée de la Mine de Cap-Garonne★

Au Pradet, prendre la D 86 au Sud et suivre les panneaux. Après la plage de la Garonne, ne pas manquer le tournant à gauche, dans une route en montée. ☎ 04 94 08 32 46 - www.mine-capgaronne.fr - ♿ - visite guidée (1h, température 15 °C) juil.-août : 14h-18h ; janv. : dim. 14h-17h ; sept. et vac. scol. : 14h-17h ; hors vac. scol. : merc., w.-end et j. fériés 14h-17h - fermé 1er janv., 24-25 et 31 déc. - 6,20 € (6-18 ans 3,80 €).

Coiffé d'un casque de chantier, le visiteur explore le passé de ce modeste gisement de cuivre, exploité industriellement de 1862 à 1917. Animation « son et lumière » illustrant le quotidien des mineurs prennent du relief dans le silence et l'obscurité de cette vaste caverne, creusée par les mineurs venus du Piémont italien. Une salle abrite une très belle collection de **minéraux★** du monde entier. Une pause vidéo dans une sorte de caisson de bois permet d'en savoir plus sur la transformation du minerai et les multiples usages du cuivre.

1,2 km. Panneaux explicatifs et table d'orientation. À la sortie, un **sentier de découverte** fait le tour du site. Belles vues sur la mer, la presqu'île de Giens et le massif de la Colle-Noire.

Musée de la Mine, Cap Garonne

Par la puissance du microscope, admirons les reflets de la syanotrichite (cristal de sulfate de cuivre et d'aluminium).

Ramatuelle★

Blotties en colimaçon, les maisons de Ramatuelle forment une architecture défensive typique des vieux bourgs provençaux. Isolé sur sa colline de maquis et de vignes, le village devient en été une station très fréquentée, avec la plage de Pampelonne à deux pas et ses festivals.

Plages de stars
Sur la commune de Ramatuelle, Tahiti, Bora-Bora, Mooréa, Club 55, Lagon Bleu... sont accessibles par la D 93, puis parkings payants devant, supplément pour l'ombre et le forfait à la journée.

La situation

Carte Michelin Local 340 O6 - Schémas p. 247 et 354 - Var (83). Ramatuelle est situé à 11 km à l'Est de La Croix-Valmer *(voir massif des Maures)* et à 11 km au Sud de St-Tropez *(voir ce nom)* par la D 93. Pour vous garer, parkings près de l'église, du cimetière et de la mairie.

Pl. de l'Ormeau, 83350 Ramatuelle, ☏ 04 94 12 64 00. www.golfe-infos.com

Le nom

Ancien ? Les Ligures auraient donné leur nom, *Camatullici*, à la ville. Exotique ? Les Sarrasins qui l'ont occupée au 10e s. l'auraient appelée *Ramatu'allah*, « bienfait de Dieu ». Classique ? Le latin *ramus* signifie « bois », « branche ».

Les gens

2 131 Ramatuellois, et des célébrités comme **Gérard Philipe** (1922-1959) qui repose dans une émouvante tombe du cimetière local, rejoint en 1990 par son épouse, l'écrivain Anne Philipe. De nos jours, S. Audran, J. Gréco et J.-C. Brialy y organisent le festival de théâtre.

se promener

Village

Les ruelles sinueuses, étroites, enjambées de voûtes et d'arceaux, invitent à une balade agréable et paisible. Le linteau des maisons restaurées et serrées contre l'**église** romane à chevet plat, qui renferme deux retables baroques (17e s.) aux splendides boiseries dorées, rappelle que le village fut reconstruit en 1620, après sa destruction pendant les guerres de Religion. Remarquez, rue du Moulin Roux *(en bas du village)*, les **prisons** construites par Napoléon III dans un style si arabisant qu'on les attribue aux Sarrasins.

Résistance
Face au cimetière du village, un monument aux morts des Services spéciaux de la Défense nationale rappelle que sur la côte, à la Roche-Escudelier, venaient accoster les sous-marins qui assuraient la liaison avec la Résistance de la France occupée.

Ramatuelle : un énorme escargot sur la colline.

S. Sauvignier/MICHELIN

carnet pratique

Se loger

Chambre d'hôte Leï Souco – *Plaine de Camarat - 3,5 km de Ramatuelle sur D 93, rte de St-Tropez - ☎ 04 94 79 80 22 - www.leisouco.com - fermé 15 oct.-31 mars -* ⊭ *- 6 ch. 73/110 €* ☕. Au cœur des vignes, entouré d'oliviers et de mûriers, ce mas est un havre de paix. Les chambres (dont deux climatisées) sont charmantes avec leurs tomettes, boiseries et faïences de Salernes. Copieux petit-déjeuner sous les glycines de votre terrasse. Tennis.

Ferme d'Hermès – *2,5 km au SE de Ramatuelle par rte l'Escalet et chemin privé - ☎ 04 94 79 27 80 - lafermedhermes@aol.com - ouv. 1er avr.-1er nov. et 27 déc.-10 janv. -* **P** *- 9 ch. 120/150 € -* ☕ *13 €.* Au milieu des vignes, cette maison provençale accueille ses hôtes dans de jolies chambres claires, décorées de meubles en bois blond cirés à l'ancienne. Toutes ouvrent sur le délicieux jardin planté d'oliviers et de lauriers roses. Calme absolu. Piscine.

Se restaurer

Key West Beach – *Plage de Pampelonne - 4 km à l' E de Ramatuelle, dir. St-Tropez - ☎ 04 94 79 86 58 - keywestbeach@.wanadoo.fr - 30/48 €.* Maquettes et photos de voiliers, reproductions de poissons colorés, scaphandres et antiquités marines décorent ce restaurant sur la célèbre plage de Pampelonne. Une agréable baignade vous attend avant de prendre un verre, louer un matelas ou vous y sustenter.

Chez Camille – *À la Bonne Terrasse - 5 km à l'E de Ramatuelle par D 93 et rte de Camarat - ☎ 04 98 12 68 98 - fermé 4 oct.-2 avr., lun. midi, jeu. midi, vend. midi et mar. en sais. et lun. soir en avr.-mai - réserv. obligatoire en été et le w.-end - 31/57 €.* On se presse pour déguster la bouillabaisse et les poissons grillés dans ce sympathique restaurant familial. Il faut dire que cette ancienne buvette, fondée en 1913, jouit d'une situation formidable au bord de la plage.

La Forge – *R. Victor-Léon - ☎ 04 94 79 25 56 - fermé 16 nov.-14 mars, le midi en juil.-août et merc. - 35 €.* L'imposant soufflet témoigne du passé de ce restaurant : autrefois les villageois venaient y ferrer leurs montures. Aujourd'hui, le feu crépite encore, mais pour rôtir à la broche viandes et poissons. Sympathique cadre rustique et cuisine provençale.

Que rapporter

Marchés – Jeudi et dimanche matin.

Domaine du Bourrian et domaine de Pin-Pinon – *2496 chemin du Bourrian - 83580 Gassin - ☎ 04 94 56 16 28 - www.domainedubourrian.com - mars-oct. : 8h-12h, 14h30-19h ; janv.-fév. : 8h-12h, 14h-18h ; nov.-déc. : 8h-12h, 13h-17h - fermé dim. et j. fériés.* Depuis trois générations, la famille Chapelle gère ce domaine viticole (l'un des plus vieux de la presqu'île de Saint-Tropez) installé sur le site d'un ancien village gallo-romain. Il produit, avec le domaine de Pin-Pinon, des vins de pays des Maures et des AOC Côtes de Provence.

Sports & Loisirs

Team Water Sports – *Rte de l'Épi, baie de Pampelonne - 3 km à l'E de Ramatuelle par D 93 - ☎ 04 94 79 82 41 - mai-sept. : 10h-17h.* Ski nautique, parachute ascensionnel, bouée tamponneuse, jet-ski et scooter des mers...

Calendrier

Les Temps musicaux – 2e quinzaine de juil. : musique classique.

Festival de théâtre – 1re quinzaine d'août : pièces récentes et de qualité, variétés.

alentours

Moulins de Paillas

À 3 km au Nord de Ramatuelle. À 325 m d'altitude se trouvent trois moulins en activité jusqu'au 19e s., puis laissés à l'abandon. L'un d'eux a été restauré. *De mars à mi-oct. : mar. 10h-12h. Gratuit. ☎ 04 98 12 64 00.*

On découvre, par des échappées à travers la futaie, un très beau **panorama★** sur le golfe de St-Tropez, la longue étendue de sable de Pampelonne, le phare blanc du cap Camarat émergeant de la pinède, la baie de Cavalaire et, par temps clair, les îles du Levant et de Port-Cros.

Gassin

À 5,5 km au Nord de Ramatuelle. Fièrement campé à 201 m d'altitude, Gassin a préservé le caractère typiquement provençal de ses maisons et entrelacs de ruelles reliées parfois d'escaliers.

De la **terrasse des Barri**, plantée de micocouliers, et qui fleure l'ambiance méridionale, admirable **vue★** sur le golfe de St-Tropez, la baie de Cavalaire, les îles d'Hyères, la chaîne des Alpes à l'Est par mistral et au-dessous, la forêt de chênes-lièges restée vierge.

Programme

Venir à Gassin pour le marché le dimanche, l'aïoli de la St-Laurent, patron du village (2e dim. d'août) et la fête des vendanges (2e dim. de sept.). Acheter les bons crus AOC côtes-de-Provence dans les domaines viticoles de la commune.

Domaine du Rayol★★

Le **site★** exceptionnel du Rayol, qui s'étage en amphithéâtre sur les pentes boisées de chênes-lièges, mimosas et pins, est l'un des plus beaux du littoral varois. Témoin d'une époque fastueuse, le domaine du Rayol a vu le jour au début du 20e s. lorsqu'industriels et banquiers firent construire des villégiatures dans des sites encore vierges de toute construction, en belvédère sur la mer au milieu d'une végétation luxuriante.

La situation

Carte Michelin Local 340 N7 - Schéma p. 247 - Var (83). En venant de St-Tropez, l'embranchement pour le domaine est à gauche à l'entrée du village du Rayol-Canadel-sur-Mer *(voir le massif des Maures).* Deux circuits de visite, rapide *(30mn)* ou plus approfondie *(1h30 à 2h)* sont proposés, ainsi que des promenades naturalistes en compagnie d'un guide *(2h30, sur réservation).*

Pl. du Rayol, 83240 Rayol-Canadel-sur-Mer, ☎ 04 94 05 65 69.

Baignade

À 2 km à l'Ouest par la D 559, la plage bordée de pinèdes du **Rayol-Canadel-sur-Mer** est une des mieux abritées de la côte des Maures, au pied de la chaîne des Pradels.

Le nom

Du ruisseau du même nom qui serpente dans le domaine ; l'étymologie latine *radicum* qui signifie « terrain défriché » est en tout cas appropriée.

La nature

Grâce à une institution, le Conservatoire du littoral, et un homme, le paysagiste Gilles Clément, vous pouvez y découvrir une flore insolite et la faune méditerranéenne, inouïe.

D. Pazery/MICHELIN

Le jardin du Rayol conjugue le plaisir de l'odorat à celui de la vue.

visiter

Le domaine

☎ 04 98 04 44 00 - www.domainedurayol.org - tlj sf lun. : se renseigner pour les horaires - fermé janv.

Un banquier parisien, Courmes, ayant visité de nombreux pays, y fit construire en 1910 une résidence entourée d'un jardin exotique. Le krach de 1929 interrompit brutalement le développement du domaine.

Le constructeur aéronautique Henri Potez, contraint en 1940 de se réfugier sur le littoral, met à nouveau en valeur le domaine et son jardin. Une majestueuse volée d'escaliers raccorde le belvédère du Patek, garni d'une pergola circulaire, au littoral, et le jardin atteint sa plus grande splendeur. Après plusieurs décennies d'abandon, le Conservatoire du littoral rachète en 1989 l'ensemble du domaine (20 ha) afin de préserver un des derniers rivages sauvages de la corniche des Maures.

Intermède

Pendant la période estivale, des **concerts** classiques sont organisés en nocturne dans le domaine, permettant au cours de l'entracte une promenade originale dans les jardins illuminés.

De par le monde
Dragonniers des Canaries, agaves d'Amérique centrale, rarissimes palmiers à miel chiliens ou araucarias des Andes, eucalyptus, bottle-brush et gommiers bleus d'Australie, strelitzias sud-africains, bambouseraies chinoises.

Le paysagiste Gilles Clément réalisa sur ces lieux une mosaïque de jardins présentant les végétations associées aux climats méditerranéens dans le monde. Entre chaque continent, au détour des allées ou de la pinède, on a de belles échappées sur la mer turquoise.

Sentier marin*

Juil.-août : visite guidée (1h30-2h) de la faune et la flore marines méditerranéennes, tous les jours sauf le lundi. Sur réservation préalable. 15 € (8-18 ans 12 €). Tout l'équipement est fourni (combinaison, masque, palmes et tuba). À partir de 8 ans.

La petite plage du Domaine est le point de départ d'une originale et passionnante découverte de la vie sous-marine en Méditerranée.

Cette visite, accompagnée par des moniteurs du Conservatoire, est précédée d'une présentation des principales espèces marines susceptibles d'être rencontrées, de leurs spécificités et de la meilleure façon de les reconnaître dans leur milieu lié à l'**herbier de posidonies** *(voir « En direct de la mer » dans l'Invitation au voyage)*. On découvre ainsi la vie étonnante du concombre de mer (holothurie), la curiosité inlassable des gobies, véritables concierges des mers, ou l'étrange sexualité des girelles. On pourra déceler la présence de la limace de mer (espèce endémique), se laisser distraire par le ballet d'un banc de saupes, admirer les couleurs chatoyantes de labres solitaires et espérer déjouer la vigilance du congre à l'affût dans une anfractuosité des rochers qui parsèment la baie.

Corniches de la **Riviera*****

Entre Nice et Menton, la montagne plonge brusquement dans la mer. Trois routes célèbres, la Grande, la Moyenne et la Basse Corniche, sillonnent les hauteurs dominant les plages. La plus haute multiplie les panoramas saisissants, la deuxième, les perspectives sublimes, celle du bas arpente les stations chic de la côte.

La situation

Carte Michelin Local 341 F/G5 – Alpes-Maritimes (06).
Périlleux exercices de construction hier, les corniches requièrent aujourd'hui de la prudence au volant. Savourez le paysage en passager plutôt qu'en conducteur...

Le nom

La Riviera est le nom donné au littoral italien du golfe de Gênes, depuis la frontière française jusqu'au golfe de la Spezia. Mais c'est aussi le nom porté par la Côte d'Azur entre le massif des Maures, Hyères et la frontière italienne. Même climat, mêmes paysages, même beauté, même nom donc...

Les gens

Les réalisateurs de cinéma et de télévision adorent les corniches. On y tourne de superbes poursuites...

Au volant à l'écran
Sur les corniches, Grace Kelly joue à faire peur à Cary Grant dans *La Main au collet* d'A. Hitchcock ; Roger Moore et Tony Curtis font la course dans la série *Amicalement vôtre* ; Pierce Brosnan-James Bond rivalise de virtuosité avec une belle espionne dans *Golden Eyes*.

circuits

Les temps estimés pour parcourir les itinéraires suivants ne tiennent pas compte de la visite de Nice et Menton.

GRANDE CORNICHE*** [1]

31 km de Menton à Nice – environ 3h.

La Grande Corniche, la plus élevée, passe à la Turbie, à 450 m au-dessus de Monaco. Outre des vues saisissantes, elle permet de visiter le village perché de Roquebrune.

Quitter Menton par les avenues Carnot et de la Madone (N 7).

Historique
La Grande Corniche suit en partie le tracé de l'ancienne voie romaine, **via Julia Augusta**, et fut construite sur ordre de Napoléon Ier, faute de mieux ; il la jugeait en effet dangereuse et aurait préféré une route le long de la côte.

S. Sauvignier/MICHELIN

Monaco vu depuis la Grande Corniche.

Laissant à gauche la Moyenne Corniche, la route (D 2564) s'élève au-dessus de la ville et du cap Martin. 400 m après la plaque de Roquebrune-Cap-Martin, à droite, à angle aigu, une petite route mène au village perché.

Roquebrune-Cap-Martin★ *(voir ce nom)*
Revenir à la D 2564.

Le Vistaëro★★
À hauteur de l'hôtel du même nom, à 300 m au-dessus de la mer. Merveilleuse **vue★★** sur la pointe de Bordighera, le cap Mortola, Menton, le cap Martin, Roquebrune et, en contrebas, Monte-Carlo Beach ; à droite, Monaco et Beausoleil dominés par la Tête de Chien ; plus à droite, la Turbie et son Trophée.

La Turbie★ *(voir ce nom)*
La Grande Corniche révèle de jolies **vues** sur le cap Ferrat, puis sur le village d'Èze. On atteint le point le plus élevé de la route (près de 550 m). Au lieu dit Pical, la croix de pierre, à gauche, rappelle le passage du pape Pie VII de retour d'exil en 1814.

Col d'Èze
Alt. 512 m. **Vue** au Nord sur les montagnes des hautes vallées de la Vésubie et du Var. À gauche, le mont Bastide fut un oppidum celto-ligure, puis un *castrum* romain.
À la sortie du col d'Èze, direction Nice, prendre à droite la route sinueuse en montée signalisée « Parc départemental de la Grande Corniche-Astrorama ».

Astrorama
☎ 04 93 85 85 58 - www.astrorama.net - visite guidée (3h) juil.-août : tlj sf dim. 18h-22h30 ; sept.-juin : vend. et sam. 18h-22h30 - 7 €, 10 € avec conférence (-6 ans gratuit).
L'ancienne batterie des Feuillerins, élément du système défensif de Séré de Rivières, entre les forts de la Drète et de la Revère, abrite un centre d'initiation grand public à l'observation astronomique. On passe de la théorie à la pratique de la découverte et de l'observation célestes. Assez épargné par la pollution lumineuse, l'endroit permet l'utilisation encadrée de matériels sophistiqués.
Après Astrorama, continuer jusqu'au parking du fort de la Revère (accès du fort interdit).

Parc de la Revère
De là, superbe **panorama★★** sur toute la côte, du Var à l'Italie *(table d'orientation)*. En hiver, un matin clair vous montrera même, au Sud-Est, le profil de la Corse.

Belvédère d'Èze
1 200 m après le col, virage à droite, à hauteur d'une buvette : **vue★★** panoramique sur la Tête de Chien, Èze

SENTIER NATURE
1h. Intéressant parcours ponctué de panneaux explicatifs sur la flore et la géologie.

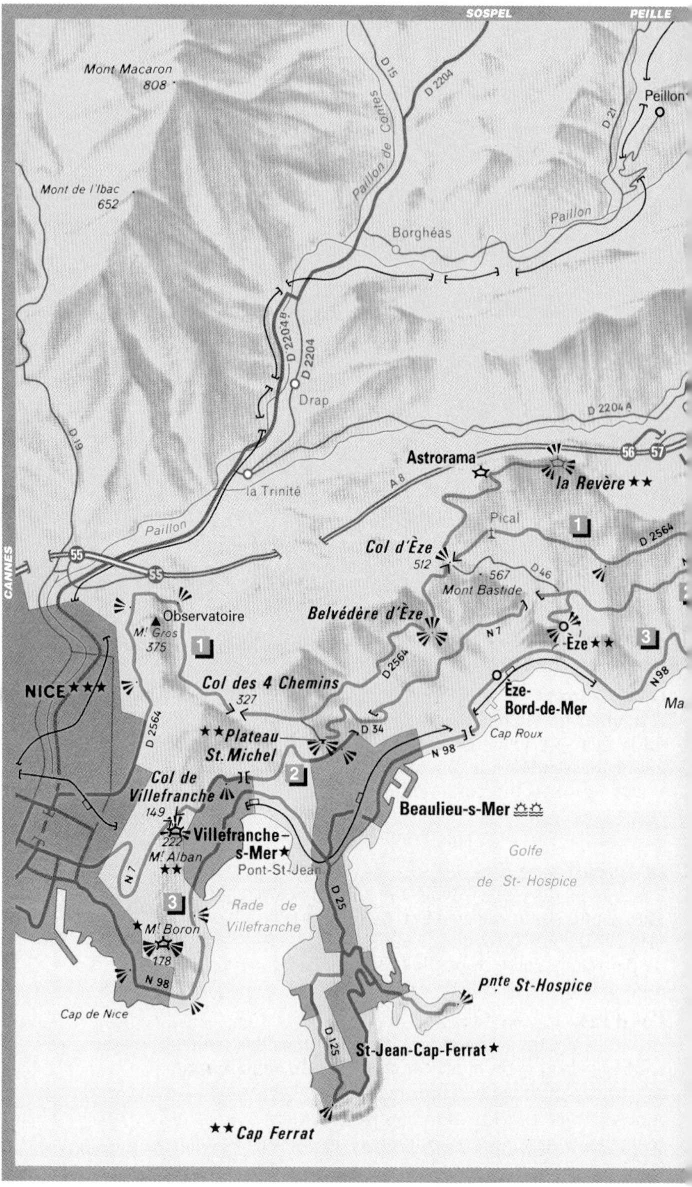

et la « mer d'Èze », le cap Ferrat, le mont Boron, le cap d'Antibes, les îles de Lérins, l'Esterel, le cap Roux et les Alpes françaises et italiennes.

Col des Quatre-Chemins

Alt. 327 m. Peu après le col, par l'échancrure de la vallée du Paillon, on découvre les Alpes.

Depuis la route en forte descente, **vues**★ sur les Préalpes, Nice et la colline du Château, le port, la baie des Anges, le cap d'Antibes, l'Esterel. La nuit, féerique paysage illuminé.

On pénètre à Nice par l'Est, avenue des Diables-Bleus.

> **Historique**
> La Moyenne Corniche a été construite à mi-pente de 1910 à 1928. C'est une belle et large route, moins sinueuse et plus courte que la Grande Corniche.

MOYENNE CORNICHE★★ 2

31 km de Nice à Menton – environ 2h.

La Moyenne Corniche franchit en tunnel les arêtes rocheuses les plus importantes. Elle offre de belles perspectives sur la côte et les stations et permet de visiter l'étonnant village d'Èze.

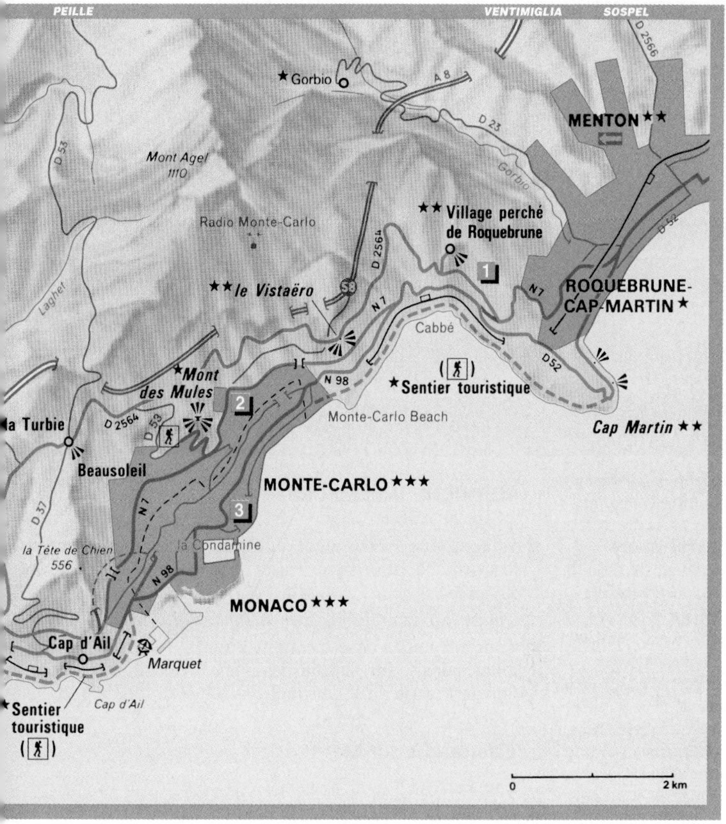

Quitter Nice à l'Est par la place Max-Barel et la N 7. Un parapet masque beaucoup de vues côté mer. Heureusement, des parkings sont prévus pour les admirer... et les photographier !

Au départ, le regard porte sur la ville, la colline de l'ancien château, le port et la baie des Anges ; à l'horizon, l'Esterel et les montagnes calcaires de Grasse.

Col de Villefranche

Alt. 149 m. Dans un coude de la route, peu après le col, vue sur la rade de Villefranche-sur-Mer et le cap Ferrat.

À la sortie d'un tunnel long de 180 m apparaît le vieux village d'Èze, perché sur son rocher. Légèrement à droite, le promontoire massif de la Tête de Chien.

> **AVANT ET APRÈS... LE TUNNEL**
> Avant, **vue★★** sur Beaulieu, le cap Ferrat, Villefranche-sur-Mer, Nice et le cap d'Antibes. Après, prendre à droite l'étroite D 34. Se garer à 2 km *(plate-forme)*. De la table d'orientation (alt. 731 m), **vue★★** du cap d'Ail jusqu'à l'Esterel.

Èze★★ *(voir ce nom)*

Au-delà d'Èze, la route contourne la Tête de Chien et offre de nouveaux horizons vers le cap Martin et Bordighera. En contrebas, la principauté de Monaco. À l'entrée de Monaco, la route de gauche (N 7) contourne la Principauté : **vues★** sur Monaco, le cap Martin, la côte italienne, les montagnes du littoral.

Beausoleil

Bien que située en territoire français, la station ne forme avec Monte-Carlo qu'une seule agglomération. Véritable balcon sur la mer, elle étage maisons et rues en escaliers sur les pentes du mont des Mules.

Mont des Mules★

1 km par la D 53. *30mn AR, sentier signalisé.* Du sommet, beau **panorama★** *(table d'orientation)*. Passant sous le belvédère du Vistaëro, la route rejoint à Cabbé la Corniche Inférieure.

Cap Martin★★ *(voir Roquebrune-Cap-Martin)*

S. Sauvignier/MICHELIN

Roquebrune vu depuis la Moyenne Corniche.

CORNICHE INFÉRIEURE★★ 3

33 km de Nice à Menton – environ 6h.

Suivant tous les contours du littoral, au pied des pentes, la Corniche Inférieure dessert toutes les stations de la Riviera.

Quitter Nice au Sud-Est par le boulevard Carnot (N 98).

Contournant la base du mont Boron, la route révèle de jolies **vues★**, sur la baie des Anges, l'extrémité du cap Ferrat, la rade de Villefranche-sur-Mer, Èze et la Tête de Chien.

Villefranche-sur-Mer★ *(voir ce nom)*

Cap Ferrat★★ *(voir ce nom)*

Beaulieu *(voir ce nom)*

La route contourne le cap Roux : vues sur la « mer d'Èze » et le cap d'Ail.

Èze-Bord-de-Mer

Station abritée par de hautes falaises et le nid d'aigle d'Èze. La route serre la côte rocheuse ; vues sur le cap d'Ail.

Cap-d'Ail

Dominée par l'escarpement de la Tête de Chien, dont elle occupe les dernières pentes, la station étage jusqu'à la mer ses propriétés fleuries, noyées de palmiers, cyprès et pins. Nombre de célébrités y résidèrent : Sacha Guitry (villa Les Funambules), Greta Garbo (Villa le Rock), les sœurs Caritta (Villa Le Chien Bleu dite aussi « la cabane bambou »)... Toute une époque !

Sentier touristique du cap d'Ail★

À droite de la gare, descendre l'escalier qui passe sous une voûte et débouche sur une route, puis à gauche jusqu'au restaurant. À droite, autre escalier vers la mer. 1h AR.

Long de 4 km, le sentier aménagé, doté d'une remarquable flore méditerranéenne, contourne le cap d'Ail vers l'Est et le rocher de Monaco. À l'horizon, Beaulieu, le cap Ferrat. Le sentier aboutit à la plage la Mala, d'où l'on peut revenir sur ses pas ou rejoindre Monaco par la route.

Principauté de Monaco★★★ *(voir ce nom)*

Près de la plage de Cabbé, la route rejoint la Moyenne Corniche.

Cap Martin★★ *(voir Roquebrune-Cap-Martin)*

Historique

Esquissés au 18e s. par un prince de Monaco, les travaux de la Basse Corniche, ou Corniche Inférieure, furent inaugurés en 1857 par l'impératrice de Russie et achevés en 1881. Route de bord de mer, sa construction était déjà très avancée au milieu des années 1960.

Se restaurer

La Réserve de la Mala – *Plage de la Mala - 06320 Cap-d'Ail - descendre par av. Combattants-Afrique-du-Nord (au magasin Spar) - 04 93 78 21 56 - plagemala@monte.carlo.mc - fermé 4 nov.-24 mars - 30/120 €.* Petit coin de paradis situé à même la plage et accessible à pied par le sentier touristique du cap d'Ail ou par le centre-ville. Multiples terrasses, ponton où il fait bon paresser face au coucher du soleil, décoration d'esprit « zen ». Cuisine vouée aux poissons de Méditerranée.

Roquebrune-Cap-Martin★

De Monte-Carlo à Menton en passant par le cap Martin, cette vaste commune littorale est couronnée par le village perché de Roquebrune et le donjon de son château. Ce dernier représente le seul vestige en France de château carolingien, embryon de ceux qui, deux siècles plus tard, marquèrent l'apogée de la féodalité. Sublime, la vue du haut du donjon plonge sur la mer, les toits rouges et les cyprès. Tôt le matin, vous l'aurez pour vous tout seul !

Histoire
Le château fut édifié à la fin du 10e s. par Conrad Ier, comte de Vintimille, pour résister aux Sarrasins. Comme celui de Menton, il appartint plusieurs siècles aux Grimaldi *(voir Monaco)* qui renforcèrent sa défense.

La situation

Carte Michelin Local 341 F5 – Schémas p. 259 et 325 – Alpes-Maritimes (06). Roquebrune surplombe la grande corniche *(voir corniches de la Riviera)* et au-dessous, le tissu urbain continu que forment Menton *(voir ce nom)* et Roquebrune-Cap-Martin. Parking à l'entrée du village.
214 av. Aristide-Briand, 06190 Roquebrune-Cap-Martin, ☎ 04 93 35 62 87. www.roquebrune-cap-martin.com

Le nom

On ne peut plus explicite, le nom désigne à la fois la butte rocheuse, ou le château bâti dessus, et la teinte foncée des pierres éboulées de la montagne sur lesquelles la localité s'est érigée. Quant au cap Martin, il rappelle la basilique Saint-Martin qui y fut bâtie au 11e s.

Les gens

11 692 habitants y compris les Roquebrunois ! De son « cabanon » du Cap-Martin au cimetière du village perché, **Le Corbusier**, a fait preuve d'une remarquable fidélité à Roquebrune.

se promener

LE VILLAGE PERCHÉ★★

Le site remarquable et le **donjon médiéval** de Roquebrune ne sont pas les seuls attraits de ce village. Son charme si italien se saisit en flânant dans le dense lacis des ruelles, couvertes, en pente raide ou en escalier. Ces dernières ont conservé leur physionomie ancienne malgré les boutiques touristiques qui investissent les vieilles maisons à tuiles rouges ou en pierre.

Précisions
À l'origine, le donjon et le village étaient réunis dans l'enceinte du château, percée de six portes fortifiées. Au 15e s., le donjon prenait la dénomination de **château** et le reste de la forteresse devint le village qui, jusqu'à aujourd'hui, a conservé intact son caractère médiéval.

carnet pratique

Se loger

Hôtel Westminster – *14 av. Louis-Laurens, par N 98, rte de Monaco par Basse Corniche - ☎ 04 93 35 00 68 - hotel@westminster06.com - fermé 22 nov.-6 fév. - P - 28 ch. 60/90 € - ☕ 6 €.* L'atout majeur de cet hôtel simple, situé dans une rue calme, est son joli jardin en terrasses surplombant la mer. Certaines chambres disposent d'un balcon où vous pourrez prendre votre petit-déjeuner face à la vue. La voie ferrée, toute proche, ne troublera pas votre séjour.

Se restaurer

La Roquebrunoise – *Av. Raymond-Poincaré (au vieux village) - ☎ 04 93 35 02 19 - www.laroquebrunoise.com - fermé de la Toussaint au 30 déc., lun. sf le soir en juil.-août, mar. midi, merc. midi, jeu. midi et vend. midi - 19,50/22 €.* Cette maison rose à l'entrée du village constitue une petite halte sympathique. La salle à manger campagnarde est décorée de tableaux. Cuisine simple et goûteuse, à savourer aussi en terrasse avec vue sur la mer et le château.

Au Grand Inquisiteur – *18 r. du Château (au vieux village - accès piétonnier) - ☎ 04 93 35 05 37 - fermé 28 juin-5 juil., 8 nov.-10 déc., mar. sf juil.-août et lun. - réserv. obligatoire - 25/36,50 €.* Rassurez-vous : malgré son nom, la seule question à laquelle vous serez soumis dans ce restaurant concernera le choix de votre menu. La maison accueille ses hôtes dans une jolie cave voûtée du 14e s. et les régale d'une appétissante cuisine traditionnelle, préparée avec des produits locaux, biologiques pour certains.

B. Kaufmann/MICHELIN

Vieilles tuiles, pierres patinées par le soleil et cyprès autour du château médiéval, le vieux Roquebrune ressemble à un village de crèche provençale.

De la place de la République, ancienne barbacane (défense avancée du donjon), gagner la place des Deux-Frères (deux rochers) pour prendre la rue Grimaldi. Prendre la première rue à gauche.

Rue Moncollet★

Taillée dans la roche, elle est surprenante avec ses longs passages voûtés, étroits et coupés d'escaliers, ses demeures médiévales aux fenêtres à barreaux, où résidaient jadis les invités de la cour seigneuriale.

Rue du Château (prendre à gauche pour le donjon, voir « visiter »), prendre à droite puis à gauche la rue de la Fontaine.

Olivier millénaire

Sur le chemin de Menton *(200 m après la sortie du village)*, se trouve un olivier qui passe pour l'un des plus vieux au monde.

En revenant prenez à droite pour rejoindre le **cimetière** où repose Le Corbusier, dans une tombe conçue par lui *(carré J, n° 3)*.

visiter

Donjon★

☎ 04 93 35 07 22 - juil.-août : 10h-12h30, 15h-19h30 ; fév.-mars et oct. : 10h-12h30, 14h-18h ; avr.-juin et sept. : 10h-12h30, 14h-18h30 ; nov.-janv. : 10h-12h30, 14h-17h - 3,70 € (enf. 1,60 €).

Puissant et austère du haut de ses 26 m, il se découvre après avoir traversé l'« enceinte fleurie ».

Les murailles du donjon, de 2 à 4 m d'épaisseur, sont dotées de tous les éléments nécessaires à une parfaite défense : mâchicoulis, créneaux, meurtrières, archières... Vingt marches montent à la salle des Cérémonies féodales, au 1er étage, où l'on voit une citerne de forme cubique ; la fenêtre à meneaux, du 15e s., remplace les regards de 20 cm de côté qui donnaient jour. En contrebas, le magasin aux vivres, creusé dans le roc. Au

S. Sauvignier/MICHELIN

La Vierge de Roquebrune est portée en procession lors des fêtes de la Passion.

Cortèges traditionnels

Depuis plus de cinq siècles a lieu, dans l'après-midi du 5 août, une procession représentant les principales scènes de la **Passion**. Elle est exécutée telle qu'elle fut conçue à son origine par les auteurs du vœu prononcé en 1467 durant une épidémie de peste.

Dans la nuit du Vendredi saint, à 21h, a lieu la **procession du Christ Mort★**, représentant la Mise au tombeau, instituée par la confrérie des Pénitents Blancs, aujourd'hui disparue. Un cortège composé d'une soixantaine de personnages – centurions et légionnaires romains, disciples transportant la statue du Christ, saintes femmes – parcourt les rues du village ornées de motifs lumineux rappelant les symboles de la Passion et éclairées par une multitude de lumignons formés de coquillages et de coquilles d'escargot.

2e étage, on traverse la petite salle des Gardes ; à droite, une confortable prison ; plus loin, le dortoir des Archers. Au 3e étage se trouve la demeure seigneuriale, meublée : salle des armes, salle à manger, cuisine avec four à pain. Enfin, on accède à la terrasse et au chemin de ronde. La plate-forme supérieure d'artillerie procure un fabuleux **panorama★★** sur les toitures du village, la mer, le cap Martin, Monaco, le mont Agel (base militaire aérienne).

Église Ste-Marguerite

☏ 04 93 35 62 87 - tlj sf dim. 15h-17h.

Baroque, elle recouvre, avec sa jolie façade sobre et pastel, une construction du 12e s. L'intérieur, décoré de stucs polychromes, abrite une Crucifixion *(2e autel)* et une Pietà *(au-dessus de la porte)* du 17e s. attribuée au peintre Roquebrunois **Marc-Antoine Otto**.

séjourner

LE CAP MARTIN★★

Annexe aristocratique de Menton, la presqu'île du cap Martin a conservé intact son visage Belle Époque, avec ses somptueuses résidences cachées dans la luxuriante végétation. Des routes odorantes la traversent, ombrées de pinèdes et d'olivettes, de bouquets de cyprès et de massifs de mimosa. Au milieu se dresse la tour à l'allure féodale du sémaphore, devenu relais de TDF. À ses pieds, les ruines du prieuré et de la basilique St-Martin (11e s.), détruits par les pirates vers 1400.

De la rive Est du cap Martin, vous découvrirez une **vue★★** merveilleuse sur Menton, son cadre de montagnes et la rive italienne jusqu'à Bordighera... mais, si vous êtes en voiture, il ne vous sera pas très facile de vous arrêter pour la contempler !

PAUSE PLAGE

Dominée par le vieux village, la station balnéaire compte plusieurs plages sableuses, notamment celle de Carnolès, dans le prolongement de celle de Menton.

Le « Cabanon » de Le Corbusier

Visite guidée mar. et vend. 10h sur réservation à l'Office de tourisme, ☏ 04 93 35 62 87. 8 €.

Bâti en 1952, il est magnifiquement situé en contrebas de la promenade Le Corbusier, qui longe le bord de mer entre Cap-Martin et Cabbé. L'architecte vécut chaque été (jusqu'à sa mort en 1965) dans cette construction à l'aspect faussement banal. Constituée d'une simple pièce de 10 m² et d'un couloir orné d'une fresque, il s'agit en fait d'un exemplaire unique, appliquant au cabanon marseillais traditionnel des dimensions calculées selon son système de **modulor**. Donnant vue sur la baie, les fenêtres - certaines sont articulées - apportent clarté et ventilation latérale. Le mobilier dépouillé est multifonctionnel. Les couleurs sont lumineuses. Cette construction demeure un élément de référence pour les écoles d'architectes.

MODULOR

C'est l'outil de mesure à l'échelle humaine conçu par l'architecte comme référence pour réaliser ses Unités d'habitation modulaire (« Cité radieuse » ou « maison du fada » à Marseille).

S. Sauvignier/MICHELIN

Le cap Martin invite à la promenade.

Sentier touristique★

Laisser la voiture au parking, avenue Winston-Churchill, à la pointe du cap. Près d'un restaurant s'amorce le sentier signalisé : promenade Le Corbusier. 🚶 *4h AR. Du cap Martin à Monte-Carlo Beach.* La végétation méditerranéenne, dense et sauvage, parfume le sentier qui serpente entre de belles perspectives sur la mer et les villas nostalgiques du début du siècle. Depuis certains rochers culminants, tout l'amphithéâtre de Monaco se découvre peu à peu, avec la pointe du cap Ferrat, la Tête de Chien, le mont Agel, la Turbie, le vieux village de Roquebrune et son château.

Raccourci
Un escalier, à droite, franchit la voie ferrée et permet d'abréger la promenade en gagnant, par la mairie, la plage de Carnolès.

◀ Le sentier côtoie ensuite la voie ferrée, surplombant la mer par un à-pic impressionnant, et gagne la gare de Cap-Martin-Roquebrune. Longeant les belles plages de Cabbé et les rochers de Bon Voyage, on continue en direction de Monte-Carlo, puis on passe derrière la pointe de la Veille et on débouche, par un escalier, près du Monte-Carlo Beach Hotel.

Roquebrune-sur-Argens

Surplombant l'Argens qui forme la limite des Maures, la petite ville née après la victoire sur les Sarrasins s'installe au 11e s. au pied du rocher de Roquebrune. Le site est superbe et conserve un patrimoine intéressant.

La situation

Carte Michelin Local 340 O5 – Schéma p. 247 – Var (83). À 12 km à l'Ouest de Fréjus par la D 8, puis la D 7. De l'A 8, sortir à Puget-sur-Argens, prendre la N 7 vers l'Ouest puis tourner à gauche sur la D 7. Parkings en contrebas du village.

ℹ 1 r. Jean-Aicard, 83520 Roquebrune-sur-Argens, ☎ 04 94 19 89 89. www.ville-roquebrune-argens.fr

Que rapporter
Marchés – Mardi et vendredi matin (juil. et août).
L'Amie Ailée – *19 r. Jean-Sicard - ☎ 04 94 45 30 20 - merc. et sam. 10h-13h.* Vente de miel, pollen, gelée royale, propolis et produits de la ruche. Nougats de Provence, pains d'épice.

Le nom

Du prélatin *rocca*, qui signifie « butte rocheuse », puis « château bâti sur roche » ; « brune » fait référence au grès rouge du rocher de Roquebrune ou au schiste brun des Maures. *Argens,* du latin *argenteus* laisse supposer l'existence (très probable) de mines d'argent dans le Var.

Les gens

11 349 Roquebrunois. Ils vivent du terroir : vigne (côtes-de-Provence), cultures maraîchères, et à l'américaine : l'ancien maire, Robert Manuel, était acteur !

Le rocher de Roquebrune.

J. Malburet/MICHELIN

visiter

Village

En contrebas de l'église, sur le boulevard de la Liberté, on peut deviner les traces d'anciens remparts sous les maisons : avec le beffroi, ils représentent le *castrum* élargi près de l'église à partir de la simple maison forte de départ. L'enceinte a été détruite en 1592 lors des guerres de Religion. Au pied de la tour de l'Horloge (beffroi) se dressent la fontaine Vieille et, en face, des maisons à portique remontant pour certaines au 16e s. Les ruelles étroites et sinueuses ainsi que de vieux portails évoquent le passé médiéval de Roquebrune.

Église St-Pierre-St-Paul

8h-19h - possibilité de visite guidée sur demande à la Maison du Patrimoine, ☎ 04 98 11 36 85.
Construite au 16e s. dans le style gothique sur des vestiges du 12e s., elle est dotée d'une curieuse façade ajoutée au 18e s. Elle conserve de l'église primitive deux chapelles *(côté gauche)* couvertes de remarquables croisées d'ogives, épaisses et à section rectangulaire. À voir : des ▶ retables, des panneaux peints du 16e s. *(tribune)* et d'importantes peintures ajoutées au 19e s. *(chœur et chapelles latérales).*

> **Beaux retables**
> L'un illustre saint Jean-Baptiste en haut-relief entouré de saint Claude et sainte Brigitte, le 2e le Jugement dernier, le 3e des scènes de la Passion sur 6 panneaux sculptés autour d'un grand Christ en croix.

Maison du Patrimoine

Impasse Barbacane, dans le prolongement de la rue des Portiques. ☎ 04 98 11 36 85 - juil.-août : 9h-12h30, 15h-18h30 ; reste de l'année : tlj sf dim. et lun. 9h-12h, 14h-18h - fermé 1er janv., 1er et 11 nov., 25 déc. - gratuit.
Elle rassemble des vestiges préhistoriques dont la plupart ▶ proviennent des grottes de la Bouverie (situées sur le territoire de Roquebrune) habitées de façon continue de 30 000 à 8 000 ans avant notre ère. Autres beaux vestiges du néolithique et remarquables témoignages de la présence romaine (reconstitution d'une tombe sous *tegulae*). À noter également l'intéressante collection d'ex-voto (17e-18e s.) et les documents d'archives retraçant l'histoire du village.

> **Préhistorique**
> Le matériel trouvé dans les environs permet de définir une culture propre au Sud-Est de la France : le **bouvérien** (environ 15 000 à 10 000 avant J.-C.), correspondant ailleurs au magdalénien.

Chapelle St-Pierre

À la sortie Sud-Est de Roquebrune sur la D 7. Ne se visite pas.
Elle conserve une abside carolingienne, mais fut reconstruite en roman au 11e s. après les invasions sarrasines *(voir La Garde-Freinet)*. Un enfeu d'époque Renaissance a été aménagé sur la façade. Le chevet est entouré d'un cimetière primitif, dont les tombes ont été creusées dans le roc, peut-être à l'emplacement du premier village.

alentours

Le Muy

À 8 km à l'Ouest de Roquebrune par la D 7, puis la N 7.
L'important marché du dimanche matin *(plus petit le jeudi)*, attire les foules alléchées par les bons produits du terroir à accompagner d'un côte-de-Provence du cru bien sûr ! Il se tient autour de l'**église** (16e s.) surmontée d'un élégant campanile en fer forgé. Attenant à la **tour Charles-Quint** *(à l'entrée du village sur la N 7)* qui accueille des expositions temporaires, se trouve le **musée de la Libération**. Dans une pièce exiguë chargée d'émotion sont rassemblés objets et documents relatifs à l'opération aéroportée qui se déroula dans la nuit du 14 au 15 août autour du Muy pour soutenir le débarquement de Provence *(voir la « Corniche des Maures », au massif des Maures). ☎ 04 94 45 12 79 -juil.-août : tlj sf lun. 10h-12h, 15h-18h ; avr.-juin : dim. 10h-12h - gratuit.*

circuit

AUTOUR DU ROCHER DE ROQUEBRUNE

14 km – environ 1h. Nous ne décrivons pas l'ascension au sommet de Roquebrune, la randonnée étant périlleuse. Sachez en outre que l'essentiel du site appartient à des particuliers et qu'il vous faudra suivre exclusivement le GR 51.

Partiellement boisé de chênes-lièges et de résineux, le rocher forme, avec sa fière silhouette en avant-garde des Maures, un petit massif isolé, dont les rochers déchiquetés de grès rouge s'apparentent plutôt à l'Esterel et dominent de façon spectaculaire la vallée de l'Argens.

Quitter Roquebrune-sur-Argens par la petite route au Sud, face au cimetière.

N.-D.-de-Pitié

La chapelle couronne l'une des premières éminences des Maures parmi les eucalyptus et les pins. Des abords de la chapelle, **vue★** sur la plaine de l'Argens, Fréjus, St-Raphaël et le massif de l'Esterel. À travers la grille, on aperçoit au maître-autel un retable du 17e s. encadrant une **Pietà** apparentée à une œuvre d'Annibal Carrache *(collections du Louvre).*

Revenir à Roquebrune et tourner à gauche dans la D 7. Au bout de 500 m, tourner à gauche. 1 km plus loin, tourner encore à gauche dans la route forestière. Le **rocher de Roquebrune★** apparaît sur la droite.

GOLGOTHA

Le rocher est surmonté de trois croix de forme différente, œuvres du sculpteur Vernet. Elles ont été placées là en hommage à trois célèbres crucifixions peintes par Giotto, Grünewald et le Greco, le sommet du rocher symbolisant le Golgotha.

Tourner à droite dans la D 25 que l'on emprunte pendant 1 km (vue sur l'Argens) et la quitter pour passer, à droite, au pied du versant Nord de la montagne. La route suit de près l'autoroute la Provençale. Dépasser le hameau de la Roquette.

N.-D.-de-la-Roquette

Laisser la voiture sur un parking aménagé au bord de la route et prendre le sentier à droite. 30mn AR. La chapelle en ruine, rendez-vous des promeneurs et antique lieu de pèlerinage, avoisine un **site★** étonnant par son important chaos rocheux de grès rouge, peuplé de micocouliers, de châtaigniers et de houx. De la terrasse, à 143 m d'altitude, la **vue** porte sur la vallée du bas Argens et les Plans de Provence.

Regagner la route et prendre à droite pour rejoindre la D 7 et Roquebrune.

Saint-Cyr-sur-Mer

Entre Marseille et Toulon, St-Cyr-sur-Mer donne un avant-goût des stations balnéaires de la Côte d'Azur avec sa longue plage des Lecques (1,25 km) et ses multiples activités. Il conserve aussi les vestiges de Taurœntum, unique villa romaine de bord de mer sur la côte méditerranéenne française.

La situation

Carte Michelin Local 340 J6 – Schéma p. 118 – Var (83).
Trois quartiers principaux : au Nord, la voie ferrée longe le centre-ville ; par une longue avenue flanquée de lotissements, on parvient au bord de mer avec, à l'Ouest, le port des Lecques, à l'Est, celui de la Madrague.

Pl. de l'Appel-du-18-Juin, 83270 St-Cyr-sur-Mer, ☎ 04 94 26 73 73.

carnet pratique

Se loger

Le Petit Nice – *Aux Lecques - 83270 St-Cyr-sur-Mer - ☎ 04 94 32 00 64 - petitnice@lcm.fr - P - 31 ch. 52/63 € - ☕ 8,50 €.* Le calme du beau jardin arboré fait l'attrait de cette avenante pension. Petites chambres au décor actuel ; celles de l'annexe sont plus simples mais plus spacieuses. Les baies du restaurant, en partie sous charpente, s'ouvrent sur la piscine et la verdure.

Grand Hôtel des Lecques – *Les Lecques - 83270 St-Cyr-sur-Mer - ☎ 04 94 26 23 01 - info@lecques-hotel.com - fermé 16 nov.-22 mars - P - 60 ch. 129/189 € - ☕ 14,50 € - restaurant 29/33 €.* Palmiers, pins et fleurs volubiles bordent les allées d'un parc luxuriant : un écrin de verdure tout à fait séduisant pour cet hôtel logé dans une bâtisse de la fin du 19e s. Chambres très calmes et joliment aménagées, sympathique salle à manger, piscine et tennis.

Sports & Loisirs

Aqualand de St-Cyr-sur-Mer – *ZAC des Pradeaux - 83270 St-Cyr-sur-Mer - ☎ 04 94 32 08 32 - www.aqualand.fr - 4 juin-3 juil. et 29 août-4 sept. : 10h-18h ; 4 juil.-28 août : 10h-19h - fermé de déb. sept. à déb. juin.* Parc aquatique équipé de toboggans, piscine à vagues, rivière à bouée et autres activités bienvenues dans la chaleur de l'été. Restauration et bar.

Plages - 2 km de sable s'inscrivent en demi-cercle dans la baie, entre Les Lecques et La Madrague. D'abord un peu étroite et dominée par la promenade du front de mer, la plage s'élargit vers La Madrague. Plus à l'Ouest (10mn en voiture), la calanque de Port d'Alon, cernée par une pinède, est nettement plus intime.

Lecques Aquanaut – *Nouveau port de Lecques - 83270 St-Cyr-sur-Mer - ☎ 04 94 26 42 18 - www.lecques-aquanaut.fr - 9h-12h, 14h-18h.* Club de Plongée.

Nouveau port des Lecques – *Capitainerie - 83270 St-Cyr-sur-Mer - ☎ 04 94 26 21 98.* 431 places.

Port de la Madrague – *Port de la Madrague - 83270 St-Cyr-sur-Mer - ☎ 04 94 26 39 81.* 400 places dont 37 réservées aux bateau de passage.

Golf dolce Frégate – *Rte de Bandol - 83270 St-Cyr-sur-Mer - ☎ 04 94 29 38 00 - www.fregate.dolce.com - nov.-mars : 8h-18h, août-oct. 7h30-19h.* Ce beau golf dessiné par Ronald Fream, entouré de vignes et de champs d'oliviers, domine la mer. Parcours de 9 et 18 trous (dont 12 avec vue plongeante sur la « grande bleue »), hôtel, deux restaurants, tennis et salle de musculation.

Le nom

« St-Cyr-de-Provence », puis « sur-Mer », parfois « les-Lecques »... des qualificatifs variés sont venus s'ajouter au nom de ce pauvre Cyricus, martyr du 4e s., honoré sous les noms de Cirgues, Cirice, Cirq, voire Cricq suivant les régions.

Les gens

8 898 Saint-Cyriens, sans compter la petite cousine de la **statue de la Liberté** de New York : une mini-réplique dorée installée en 1903, place Portalis.

visiter

Musée de Taurœntum

Longer la côte vers la Madrague, en direction du port des Lecques. ☎ 04 94 26 30 46 - juin-sept. : tlj sf mar. 15h-19h ; oct.-mai : w.-end et j. fériés 14h-17h - fermé 1er janv. et 25 déc. - 3 € (-7 ans gratuit).

Le musée est astucieusement construit sur les vestiges d'une villa romaine du 1er s. après J.-C. et s'organise autour de trois **mosaïques** noir et blanc. Il rassemble des fours de potier et de tuilier, objets funéraires et familiers, colonnes torsadées en marbre retrouvés sur le site ou à proximité.

E. Baret/MICHELIN

Mosaïque du 1er s. exposée sur son lieu d'origine.

Centre d'Art Sébastien

Bd Jean-Jaurès. ☎ 04 94 26 19 20 - ♿ - juin-sept. : tlj sf mar. 9h-12h, 15h-19h ; oct.-mai : tlj sf mar. 9h-12h, 14h-18h (dernière entrée 15mn av. fermeture) - fermé 1er janv. et 25-31 déc. - 1 €.

Installé dans une ancienne usine à câpres, il présente depuis 1993 des expositions temporaires et un ensemble d'œuvres de **Sébastien** (1909-1990), artiste ami de Picasso, Cocteau, Matisse et Gide.

randonnée

Prudence
Parcours sans difficultés, mais prévoyez chaussures de marche et réserve d'eau. Et surtout, ne laissez pas gambader sans surveillance vos jeunes enfants au-dessus des falaises ou de la voie ferrée.

Sentier du littoral

De St-Cyr prendre la D 87, puis longer le littoral jusqu'au port de la Madrague. Le sentier débute au niveau de la pointe Grenier.
4,5 km jusqu'au Port d'Alon (balisage jaune) ou 6 km de plus jusqu'à Bandol (voir ce nom, possibilité de revenir en bus).
Au sommet de la pointe Grenier s'élève une batterie Napoléon III, avec chapelle, caserne et poudrière. Côté terre, fours à plâtre, vue sur les domaines viticoles, les espèces endémiques : violette « arborescente » (en automne) et champignon hygrophore, surnommé « pousse-que-là »... Côté mer, jolis fonds marins et invitation à la baignade : calanque de Port-Alon, plages de la Moutte et des Engraviers.

Saint-Martin-Vésubie ★

Fraîchement bâti entre les deux eaux du Boréon et de la Madone de Fenestre, ce village est situé dans un cadre magnifique de forêts et de montagnes, que l'on a même qualifié de « Suisse niçoise » ! Les sportifs n'auront que l'embarras du choix entre alpinisme, randonnées, canyoning, vol libre, équitation...

La situation

Carte Michelin Local 341 E3 – Schéma p. 308 – Alpes-Maritimes (06). Du Sud par la D 2565, on arrive à la pointe de la vieille ville. Le parking se situe au Nord-Ouest.
Pl. Félix-Faure, 06450 St-Martin-Vésubie, ☎ 04 93 03 21 28.

Le nom

La ville s'appelait St-Martin-Lantosque avant 1889. Saint Martin, le patron, est représenté sur le retable de l'église, du 15e s.

B. Kaufmann/MICHELIN

Capitale de la Suisse niçoise, St-Martin-Vésubie conserve, en toute saison, un charme indéniable.

Les gens

1 098 Saint-Martinois. « Félix Faure, Gallicae Reipublicae Praeses hic moravit », annonce, avec une fierté digne de l'Antique, une plaque apposée sur la façade du Café des Alpes pour rappeler le séjour effectué le 27 avril 1893 par le président de la République, dans la ville où J.-M.-G. Le Clézio situe l'action de son livre *Étoile errante.*

se promener

LE VILLAGE

De la belle place Félix-Faure, ombragée de platanes, on s'enfonce au Sud dans le cœur de la cité médiévale.

Rue du Dr-Cagnoli

Regardant paisiblement couler la « gargouille » qui les sépare, de jolies maisons gothiques habillées de porches et de linteaux longent cette étroite ruelle pentue.

Dans cette rue, s'arrêter à la chapelle des Pénitents-Blancs.

Chapelle des Pénitents-Blancs

Remarquez son charmant clocher à bulbe, et sa façade ornée de bas-reliefs. Sous l'autel, statue du Christ gisant entouré d'angelots qui tiennent les instruments de la Passion.

Poursuivez dans la rue du Dr-Cagnoli.

Maison des Gubernatis

En descendant la rue jusqu'en bas, on trouve, au n° 25, la maison à arcades des comtes de Gubernatis.

Place de la Frairie

La rue du Plan mène à cette place en terrasse, ornée d'une fontaine, avec **vue** sur l'abondante rivière de la Madone et les montagnes voisines (cime de la Palu, cime du Piagu). Gagnez l'église derrière la place.

Église

Cet édifice roman orné d'une belle décoration 17e s. présente à droite du chœur une statue de N.-D.-de-Fenestre assise en bois polychrome (12e s.). Deux panneaux de retable attribués à Louis Bréa *(2e chapelle du bas-côté gauche)* : à gauche saint Pierre et saint Martin, à droite saint Jean et sainte Pétronille. Bel autel du Rosaire du 17e s., en bois sculpté et doré : Vierge à l'Enfant entourée de scènes de la vie du Christ *(3e chapelle)*. De la terrasse devant l'église, **vue** partielle sur la vallée du Boréon et le village de Venanson dominé par la Tête du Siruol, ronde et boisée.

UN ÉTÉ EN MONTAGNE

La statue N.-D.-de-Fenestre est transportée en procession chaque année, le dernier samedi de juin, dans son sanctuaire montagnard. Elle y passe l'été jusqu'au 2e dimanche de septembre, puis regagne ses quartiers d'hiver (pèlerinage également les 26 juillet, 15 août et 8 septembre).

alentours

Venanson★

4,5 km. Quitter St-Martin-Vésubie au Nord-Ouest par le pont sur le Boréon et la D 31.

Depuis la place de ce village bâti sur un piton rocheux triangulaire, belle **vue★** sur St-Martin, la vallée de Vésubie et son cadre de montagnes.

Chapelle St-Sébastien – *☎ 04 93 03 25 11 - sur demande préalable au restaurant Le Bella Vista, ou s'adresser à l'épicerie de Mme Yvonne Guigo.*

Cette chapelle du 15e s. est l'un des ensembles les plus achevés de l'art niçois, entièrement couverte des **fresques★** de Baleison, remarquablement composées. La vie de saint Sébastien, imploré contre la peste, y est narrée avec la simplicité d'un conte d'enfant. Vous serez saisis par le réalisme avec lequel sont dépeints les costumes, le naturel des personnages, les marques du supplice du saint, et son visage, aux traits si gracieux.

Église paroissiale – En entrant, à gauche, un triptyque représente une Vierge à l'Enfant, entourée de saint

La vie de saint Sébastien, magistralement illustrée par Baleison (chapelle St-Sébastien à Venanson), constitue une des fresques les mieux conservées du comté, avec celles de N.-D.-des-Fontaines (voir la Brigue).

Jean-Baptiste et de sainte Pétronille. Au maître-autel, dans un retable baroque, une grande toile de 1645 évoque le Couronnement de la Vierge où figure le donateur. À droite, retable du Rosaire.

Site de haute montagne accessible à tous, la cascade du Boréon n'en impressionne pas moins, par son caractère sauvage et impétueux.

Le Boréon★★

8 km. Quitter St-Martin-Vésubie au Nord par la D 2565, qui suit la rive droite du Boréon.

À la limite du **Parc national du Mercantour** *(voir vallée des Merveilles)*, cette petite station alpestre occupe à 1 500 m d'altitude un site superbe où tombe sur 40 m de haut, la **cascade★** du Boréon dans une gorge étroite. Un petit lac de retenue ajoute une note de beauté au paysage verdoyant de pâturages et de bois qui incite à se lancer à l'assaut des sommets et des lacs de montagne.

On peut aller en voiture, à l'Est, jusqu'à la Vacherie du Boréon *(2,5 km)*, où se détache la silhouette si particulière de la Cougourde. À l'Ouest, longeant le Parc, une route permet de remonter sur 4 km le vallon de Salèse.

Vallon de la Madone de Fenestre

12 km à l'Est. Quitter St-Martin par l'avenue de Saravalle (au Nord-Est).

La D 94 suit le vallon de la Madone en s'élevant rapidement entre les cimes du Piagu et de la Palu, traversant plusieurs fois le torrent. On parcourt une admirable forêt de sapins et de mélèzes, et de beaux sous-bois. Puis on arrive dans un site pittoresque d'alpages et de haute montagne.

◀ La route se perd dans un **cirque★★** sauvage, très apprécié des alpinistes. Tout près, à l'Est, se dresse le Caïre de la Madone (2 532 m), massif et pointu ; vers le Nord-Est, dominant la frontière, la cime du Gélas (3 143 m), aux pentes couvertes de névés, ferme l'horizon.

La **chapelle de la Madone de Fenestre** est un lieu de pèlerinage.

Révélation

Victor de Cessole qui dirigea pendant quarante ans le Club alpin français eut son premier contact avec l'alpinisme dans cette vallée. Il y aménagea un refuge dès 1901. Le musée Masséna à Nice conserve sa remarquable bibliothèque.

carnet pratique

Se loger

Hostellerie de Rimplas – *1 chemin des Cavaliers - 06420 Rimplas - ☎ 04 93 02 86 80 - 9 ch. 59,90/66,90 € - ☕ 13,60 € - restaurant 24,80/27 €.* Cette grosse maison en pierres du pays est située dans un charmant village perché bâti au 11e s. Chambres fonctionnelles dotées d'une literie neuve. Sobre salle à manger contemporaine où l'on présente un menu unique composé de plats régionaux.

La Châtaigneraie – *Au Village - ☎ 04 93 03 21 22 - fermé 30 sept.-15 mai - 37 ch. 65/70 € - ☕ 5 € - restaurant 18,50 €.* Dans un parc tranquille, cette maison accueillera ceux qui souhaitent profiter de leurs vacances pour se balader dans le Parc du Mercantour, faire de l'escalade ou se mettre au vert... Chambres rustiques et confortables. Cuisine traditionnelle ; menu unique.

Que rapporter

Marchés – Mardi, samedi et dimanche, pl. du marché en saison estivale.

Sport

Ski – Le Boréon offre 30 km de piste de fond.

Le retour naturel du loup

Des traces relevées en 1992, l'avaient fait supposer : au printemps 1995, la présence de 8 loups évoluant en meute et, probablement, d'un couple isolé était confirmée. Provenant par migrations successives des Abruzzes en Italie centrale (plus de 500 individus), le loup cherche constamment de nouveaux territoires et ses capacités d'adaptation se révèlent étonnantes. Dans le Parc national du Mercantour, on en dénombrait 19 en 2000, 12 en 2002. Une politique active de sensibilisation auprès des bergers, exposés à cette délicate cohabitation, est gérée au niveau national. C'est que le loup n'a pas bonne presse, c'est le moins que l'on puisse dire ! La solution ? Des mesures de précaution, telles que parcage des troupeaux la nuit et introduction d'un chien de berger (le patou des Pyrénées) très dissuasif contre les attaques de loups... Et surtout, apprendre à mieux connaître cet animal à l'origine de tant de fantasmes. Le centre du loup de Boréon y contribuera peut-être.

circuit

ROUTE DE VALDEBLORE★★ 11

29 km – environ 2h1/4 – schéma p. 308. Quitter St-Martin au Nord par la D 256.

Immense territoire qui fait communiquer les vallées de la Vésubie et de la Tinée, la commune de Valdeblore est couverte de pâturages verdoyants et de hautes montagnes boisées.

La route s'élève en laissant derrière elle la vallée et les villages de St-Martin et de Venanson. Juste avant le tunnel, la **vue★** est particulièrement belle, à gauche, sur la Vésubie, St-Martin, le vallon de la Madone et, à l'extrême gauche, sur le cirque de montagnes du Boréon.

Un 2e barbe-bleue

Les noms géographiques des rivières de la région se réfèrent au souvenir d'un des seigneurs du Valdeblore, sorte de Barbe-Bleue. Les gémissements des épouses du monstre, enfermées et mourant de faim, ont donné naissance à Valdeblore (« val des pleurs ») et à Bramafan (« crie la faim »).

La Colmiane

Dispersés au milieu des mélèzes et des sapins, chalets et hôtels font du col St-Martin (alt. 1 500 m) une station de sports multiples d'hiver et d'été.

Au col de St-Martin, prendre à gauche la petite route qui mène au télésiège remontant le pic de Colmiane.

Pic de Colmiane★★

Télésiège. Juil.-août : 10h-18h ; sept.-juin : w.-end 10h-18h. 3,70 € (possibilité de forfait). ☎ 04 93 02 83 54.

Du sommet, on découvre un immense **panorama★★** : au Sud, sur le Tournairet et, au-delà de la Vésubie, sur les hauteurs de la forêt de Turini ; à l'Est, sur la chaîne du Mercantour ; au Nord et à l'Ouest, du Baus de la Frema jusqu'au mont Mounier avec tout le Valdeblore au premier plan.

Via ferrata du Baus de la Frema★

Au col St-Martin, prendre la route à droite face au minigolf fléchée « Via ferrata ». Possibilité de stationnement dans la montée. Départ de la via ferrata au bout de la piste, après le panneau d'information. ☎ 04 93 02 83 54 ou 04 93 23 25 90 - www.colmiane.com -mai-oct. : se renseigner pour les horaires - 3 €.

Ludique et intéressant, cet aménagement permet de s'initier à l'escalade et de tester sa maîtrise du vertige. Son accès est direct, sans marche d'approche. Le parcours où se succèdent passerelle, pont de singe et passages aériens s'effectue en 4h environ jusqu'à la cime du Baus de la Frema. Plusieurs sorties (ou échappatoires) permettent aux moins endurants d'interrompre l'expérience. Un sentier, parallèle au circuit, permet d'accéder au sommet. Les amateurs de sensations apprécieront particulièrement deux temps forts : la passerelle de 35 m de long qui, à 50 m de hauteur, relie les deux pics rocheux des Aiguillettes, et le pont de singe donnant accès à la partie sommitale.

Après le col St-Martin, on débouche sur une cuvette verdoyante, partie haute du Valdeblore.

Se préparer

Pour effectuer une balade ou une randonnée dans le Valdeblore, demandez les itinéraires à l'Office du tourisme de Valdeblore-la-Colmiane. ☎ 04 93 23 25 90, www.colmiane.com

Colmiane Forest

04 93 02 83 54 - www.colmiane.com - juil.-août : 9h30-16h ; mai-juin et sept. : merc., w.-end et j. fériés 9h30-16h - sur demande préalable (1 sem. av.) - 11 € à 18 € (selon parcours).

Que diriez-vous d'enchaîner à une « passerelle montante » une « double tyrolienne » avant un « trapèze à Raymond » et de terminer par une « balançoire de géants » ? Ces appellations mystérieuses désignent les obstacles des parcours (dénommés « Beaucoup », « Passionnément », « À la folie ») qui vous permettront d'évoluer, d'arbre en arbre, à votre rythme dans un superbe paysage de montagne. Ajoutons pour les moins assurés un parcours « Découvre », ouvert aux enfants. Émotions garanties et un bon entraînement avant de vous lancer sur la via ferrata !

St-Dalmas-de-Valdeblore

Arpentez les ruelles de cet ancien village fortifié, avant de visiter l'**église Ste-Croix**.

D'époque romane, elle est magnifique avec son haut clocher alpin en forme de « pointe de diamant », ses puissants contreforts et les bandes lombardes de son chevet. De plan basilical, elle a été construite sur une crypte préromane ; l'intérieur a été voûté au 17e s. Dans l'abside de droite, les fresques du 14e s. (histoire de saint Jean-Baptiste) sont cachées par un retable du Rosaire (17e s.). Sur la voûte, Christ en majesté. Au-dessus du maître-autel, on remarque un polyptyque du 16e s., à fronton et à prédelle, de G. Planeta : **saint Dalmas**, saint Roch et les évangélistes. Dans le bas-côté gauche, retable de saint François, attribué à A. de Cella. *04 93 23 25 90 - juil.-août : 10h-18h ; reste de l'année : sur demande à l'Office de tourisme.*

Un saint venu de loin
Le culte de saint Dalmas, soldat romain martyré, s'est répandu dans les Alpes avec ferveur, grâce à la communauté piémontaise.

La route domine le vallon de Bramafan et traverse le village de La Roche, au pied d'un éperon gris.

La Bolline

Centre administratif de la commune de Valdeblore, c'est une agréable station d'été au cœur d'une claire châtaigneraie qui contraste avec le bois Noir du versant opposé.

Après la Bolline, prendre à droite la D 66.

Rimplas

Le village frappe par son **site★** très curieux sur une arête rocheuse à 1 000 m d'altitude. Au pied du fort, à l'extrémité de l'arête, les abords de la chapelle de la Madeleine offrent une **vue** étendue sur la vallée de la Tinée, le vallon de Bramafan, les villages du Valdeblore.

2h AR. Une promenade agréable et facile permet de descendre sur **St-Sauveur-sur-Tinée** (*voir* le Guide Vert Alpes du Sud) par le GR 5 au Nord-Ouest du village.

Par la route, on longe le Valdeblore par la D 2565, puis la Tinée par la D 2205, à droite pour St-Sauveur, à gauche pour Nice.

Saint-Paul★★

Dans un **site★** plein de charme, sa silhouette effilée apparaît de loin entre paisibles collines et riches vallons du pays de Vence. Ce ravissant village, l'un des plus visités de France, a su conserver son visage féodal propre aux cités fortifiées qui gardaient la frontière du Var jusqu'en 1870. Depuis 1967,. la fondation Maeght en fait un des hauts lieux de l'art moderne.

La situation

Carte Michelin Local 341 D5 - Schéma p. 308 - Alpes-Maritimes (06). À 4 km au Sud de Vence par la D 2. Parkings devant la porte Nord. En entrant à droite, la tour carrée à mâchicoulis abrite l'Office de Tourisme et une exposition permanente de peinture moderne. Circuler dans Saint-Paul relève quasiment, en été et le week-end, de l'impossible, tant la Grand-Rue est embouteillée par les piétons ! Visitez donc (si vous le pouvez) Saint-Paul hors saison, faute de quoi la magie des lieux risque de céder le pas à l'agacement... En outre, vous pourrez découvrir les collections permanentes de la fondation Maeght, remplacée aux beaux jours par des expositions temporaires.

Maison de la Tour, 2 r. Grande, 06570 St-Paul, ☎ 04 93 32 86 95.

Le nom

Vous avez le choix entre Saint-Paul et Saint-Paul-de-Vence. C'est pareil, mais la seconde appellation, rappelant la proximité du village avec Vence, est plus chic !

ORIGINAL

Alors que la ville déclinait depuis un siècle au profit de Vence, sa rivale, un certain **Paul Roux** la relança, en gardant ses amis artistes à coucher. Il y gagna une canonisation dans laquelle Rome n'eut pas son mot à dire.

Les gens

2 847 Saint-Paulois. Dans les années 1920, Modigliani, Signac, Bonnard, Soutine, Chagall (qui repose au cimetière), puis gens de lettres et du spectacle ont contribué à la notoriété de St-Paul.

se promener

Rue Grande

Cette belle artère qui traverse la ville de bout en bout se découvre tôt le matin, avant que la foule, compacte, n'arrive et que n'ouvrent les boutiques de plus ou moins bon aloi et les galeries, où le pire côtoie le meilleur, qui ont investi les belles maisons blasonnées, à arcades et loggias, des 16e et 17e s. L'ensemble témoigne de la prospérité de cette ancienne cité royale, autonome depuis le 13e s. La célèbre **fontaine** et son lavoir voûté donnent beaucoup de cachet à la petite place.

S. Sauvignier/MICHELIN

L'emblème de la cité et d'un certain art de vivre.

Monter la ruelle en escalier, tourner dans la première ruelle à droite et, enfin, dans la première à gauche pour atteindre l'église.

Église

De cet édifice des 12e et 13e s., on a refait les voûtes au 17e s. et le clocher au 18e s.

L'intérieur à 3 nefs renferme de belles œuvres d'art : un tableau attribué au **Tintoret** représente sainte Catherine d'Alexandrie couronnée, dans un somptueux manteau rouge, une épée à la main *(au fond de la nef gauche)*. Belles stalles de noyer sculptées au 17e s. dans le chœur. La chapelle de droite attire l'attention par la richesse de sa décoration en stuc ; le devant d'autel est un bas-relief figurant le martyre de saint Clément. Au-dessus de l'autel, belle toile de l'école italienne du 17e s. : saint Charles Borromée offrant ses œuvres à la Vierge ; à gauche, Assomption de l'école de Murillo. La chapelle

TRÉSOR

Situé dans la nef collatérale, il est riche en pièces du 12e au 15e s. Des statuettes, un ciboire, une croix processionnelle et des reliquaires témoignent du talent des orfèvres provençaux, en particulier une belle Vierge à l'Enfant en vermeil (13e s.) et un parchemin signé du roi Henri III.

Difficile de passer à côté...

suivante est ornée d'une Madone du Rosaire de 1588, où l'on reconnaît dans la foule des fidèles le visage de Catherine de Médicis. Chemin de croix moderne, peint suivant une technique du 16e s., la détrempe à la colle.

Donjon

En face de l'église, l'ancien donjon seigneurial abrite la mairie.

Revenir sur ses pas jusqu'à la rue Grande et pousser jusqu'à la porte du Sud.

Remparts★

Les remparts n'ont guère subi d'altération depuis François Ier, qui les fit élever comme réplique à la citadelle de Nice de 1537 à 1547. Par endroits, on peut emprunter l'ancien chemin de ronde. Depuis le bastion Sud et vers l'Est, la promenade procure un beau **panorama** sur la vallée cultivée d'orangers et de fleurs, la mer (cap d'Antibes), l'Esterel et les Alpes.

Lieu total
L'architecte **José Luis Sert** (collaborateur de Le Corbusier et successeur de Gropius) a réussi une parfaite intégration du bâtiment dans le paysage méditerranéen par ses matériaux – béton blanc et briques roses – et ses grandes baies qui ouvrent sur le jardin d'arbres et de sculptures. Les œuvres, avec les mosaïques de Braque, Tal-Coat, Chagall participent de l'architecture comme le souhaitait Aimé Maeght (1906-1981).

visiter

Fondation Maeght★

La collection permanente n'est pas visible pendant la durée des expositions. ☎ *04 93 32 81 63 - www.fondation-maeght.com - juil.-sept. : 10h-19h ; oct.-juin : 10h-12h30, 14h30-18h - 11 € (-10 ans gratuit).*

◀ Ce temple de l'art moderne est admirablement situé au Nord-Ouest de St-Paul, sur la colline des Gardettes.

Les œuvres qui animent le parc sont des monuments, tout comme le sont les arbres ou l'édifice : mobiles et stabiles géants de Calder, le bronze de Zadkine, le *Pépin géant* d'Arp, la fontaine mobile de Pol Bury et de l'autre côté, les sculptures et céramiques du *Labyrinthe* de Miró

Salle d'exposition de la fondation Maeght.

carnet pratique

VISITE

L'Office de tourisme propose 4 thèmes de découverte : le patrimoine, les sentiers (entre terre et pierre), les artistes et la pétanque. *8 €.*

SE LOGER

⊜ **Hostellerie Les Remparts** – *72 r. Grande - ☎ 04 93 32 09 88 - h.remparts@wanadoo.fr - fermé de mi-janv. à mi-fév. - P - 9 ch. 39/80 € - ☕ 7 € - restaurant 12/30 €.* Murs en pierre parfaitement restaurés, meubles anciens, parterre de tomettes et chaleureux coloris composent cet univers plein de charme où chaque chambre porte le nom d'une fleur ; les plus grandes offrent une jolie échappée sur la campagne.

⊜ **Chambre d'hôte La Bastide de St-Donat** – *Rte du pont-de-Pierre, parc St-Donat - 06480 La Colle-sur-Loup - 2 km au S de St-Paul par D 6 - ☎ 04 93 32 93 41 - ⌧ - 5 ch. 65/95 € ☕.* La façade en pierre de cette bergerie de 1850 ne laisse rien soupçonner des richesses décoratives intérieures. Tons pastel, poutres et beaux meubles dans les chambres restaurées à l'ancienne. La terrasse, bercée par le doux murmure d'une rivière, est délicieuse.

⊜⊜ **Les Bastides de St-Paul** – *880 chemin Blanquières, D 336 - ☎ 04 92 02 08 07 - bastides@fr.fm - P - 20 ch. 77/125 € - ☕ 10 €.* En léger retrait d'une route passante, demeure colorée abritant des chambres spacieuses, fonctionnelles et bien insonorisées. Piscine en forme de trèfle.

⊜⊜ **Hostellerie des Messugues** – *Quartier des Gardettes - 2 km par rte Fondation Maeght - ☎ 04 93 32 53 32 - info@messugues.com - fermé oct.-mars - P - 15 ch. 85/130 € - ☕ 10 €.* Cette grande villa provençale située à proximité de la fondation Maeght est nichée dans un paisible jardin agrémenté d'une piscine originale où l'on trouve un îlot planté de bananiers. Les portes des chambres, confortables et calmes, proviennent d'une prison du 19e s.

SE RESTAURER

⊜ **Chez Andréas** – *Remparts Ouest - ☎ 04 93 32 98 32 - 15/25 €.* Idéale pour admirer le coucher de soleil, la charmante petite terrasse s'ouvre sur une salle à manger décorée avec goût : du mobilier au moindre objet, tout est « sur mesure » ! Quelques salades, un plat du jour et des vins régionaux au programme...

⊜ **La Cocarde de Saint Paul** – *23 r. Grande - ☎ 04 93 32 86 17 - 15/35 €.* Au cœur du village, dans la rue piétonne principale, ce restaurant-salon de thé capte l'attention par son harmonie de couleurs méditerranéennes. La table et notamment les pâtisseries du propriétaire, conforteront votre choix.

⊜⊜ **La Ferme de St-Paul** – *1334 rte de la Colle - entre la Colle et St Paul - ☎ 04 93 32 82 48 - fermé nov.-20 déc. - 25/79 €.* Ancienne ferme merveilleusement restaurée où le charme du décor - tonalités provençales, poutres, fer forgé et superbe vaisselle - rivalise avec les plaisirs de l'assiette, dédiée au poisson. Jolie terrasse avec vue sur le village.

EN SOIRÉE

Café de la Place – *Pl. du Gén.-de-Gaulle - ☎ 04 93 32 80 03 - juil.-août : 8h-1h ; reste de l'année : 8h-20h - fermé de déb. nov. à fin déc.* Incontournable, ce café l'est d'emblée par son emplacement central. C'est là que les Paulois boivent un verre entre deux parties de pétanque. Il appartient au mythique hôtel de la Colombe d'Or (situé juste en face) - ancienne propriété d'Yves Montand - qui accueillit par le passé Picasso, Prévert et bien d'autres artistes.

S. Sauvignier/MICHELIN

ou la *Sirène* de Laurens peuplent l'espace de façon surnaturelle... et toute naturelle tant elles donnent l'impression d'être ici dans leur élément.

La cour Giacometti avec ses troublantes figures sépare le musée en deux. La fabuleuse collection de la fondation y est présentée par roulement. Pour vous mettre en appétit, vous pourrez y trouver, outre les noms déjà cités : Léger, Kandinsky, Bonnard, Soulages, Van Velde, de Staël, Bazaine, Hartung, Tapiès, Alechinsky, etc., mais aussi des artistes marquants de la jeune génération : Adami, Garache, Messagier, Viallat... et tant d'autres qui nous laissent sans voix.

Très actif, le centre organise de grandes expositions thématiques ou des rétrospectives qui font souvent événement. Librairie, cinéma, bibliothèque contribuent à faire de la fondation un lieu total.

Musée d'Histoire locale

Pl. de la Castre. ☎ 04 93 32 41 13 - 10h-12h30, 13h30-17h30 - fermé de mi-nov. à fin nov. - 3 € (-6 ans gratuit). Cet édifice offre un intéressant raccourci de l'histoire de la commune, et donc de la Provence. Des scènes historiées de figures grandeur nature relatent la venue à St-Paul du comte de Provence, Raymond Béranger V, en 1224, de la reine Jeanne, de François Ier lors de la « trêve de Nice », de Vauban (intégration du village dans le système défensif des frontières) et enfin, les épisodes locaux de la guerre entre les républicains français et la coalition austro-sarde.

CLICHÉS DU 20E S.
Au rez-de-chaussée, les expositions temporaires de photographies, issues de la photothèque municipale J. Gomot, apportent une note contemporaine à cette évocation historique.

Saint-Raphaël

Couché sur les dernières pentes de l'Esterel, St-Raphaël épouse l'anse Sud du golfe de Fréjus, sa voisine. Sa plage bien abritée, son front de mer vivant et une ambiance animée en font une station balnéaire appréciée. Le chemin de fer a créé la cité de la IIIe République et un siècle d'histoire l'a transformée en une grande ville moderne.

La situation

Carte Michelin Local 340 P5 – Schémas p. 176 et 247 – Var (83). La commune s'étend au pied du **massif de l'Esterel** *(voir ce nom)* sur 35 km de côte et la ville, sur plusieurs quartiers : le port, la vieille ville, Valescure au Nord, sans compter les stations balnéaires qui en dépendent, de Boulouris au Trayas.

R. Waldeck-Rousseau, 83700 St-Raphaël, ☎ 04 94 19 52 52. www.saint-raphael.com

Le nom

Au 11e s., la ville porte déjà le nom de l'archange qui figure sur ses armoiries.

Les gens

30 671 Raphaëlois. Des hôtes illustres marquèrent leur séjour à St-Raphaël par la création d'œuvres artistiques : Gounod y composa *Roméo et Juliette* en 1869, Scott Fitzgerald y écrivit *Tendre est la nuit* et Félix Ziem y peignit certaines de ses toiles.

comprendre

St-Raphaël, fille de Rome, comme Fréjus – Une villégiature gallo-romaine était installée sur l'emplacement occupé aujourd'hui par le casino. Les riches familles de Fréjus y venaient en cure. Au Moyen Âge, les villas gallo-romaines sont ravagées par les pirates sarra-

B. Kaufmann/MICHELIN

En dépit d'un urbanisme très présent, le front de mer de St-Raphaël, offre de belles plages de sable.

carnet pratique

Transports

Les bateaux de St-Raphaël – *Juil.-août : 5 traversées par j. pour St-Tropez (50mn, dép. du vieux port) ; avr.-juin et sept. : 2 traversées par j. 20 € AR. Renseignements à la gare maritime, ☎ 04 94 95 17 46. Également, excursions dans l'Estérel ou les îles de Lérins. À Agay, bateau à vision sous-marine.*

Visite

S'adresser à l'Office de tourisme - visite guidée (2h) jeu. 10h - 2,30 €. Possibilité de visites guidées thématiques : « À la découverte des mégalithes raphaëlois » et « La belle Époque à Saint-Raphaël ». Se renseigner pour les périodes, les horaires et les tarifs. L'Office de tourisme propose également une « balade nature » sur le sentier du littoral et des « balades pédestres » dans le **massif de l'Esterel,** en partenariat avec l'ONF.

Se loger

⊖ **Hôtel Bellevue** – *22 bd Félix-Martin - ☎ 04 94 19 90 10 - hotel.bellevue3@wanadoo.fr - P - 20 ch. 35/68 € - ☕ 6 €.* Ce petit établissement sans prétention vaut par sa situation centrale, à deux pas du casino et de la plage. Chambres sobrement décorées, climatisées et bien insonorisées. Prix abordables pour la station.

⊖⊖⊖ **Sol e Mar** – *Rte de la Corniche-d'Or - 83530 Agay - 6 km de St-Raphaël par N 98 - ☎ 04 94 95 25 60 - hotelsolemar@club-internet.fr - P - 45 ch. 129/149 € - ☕ 10 € - restaurant 28/35 €.* Face à la mer, cet hôtel des années 1960 a été rénové. Installez-vous au bord de l'eau ou autour d'une des deux piscines : l'une d'elles, d'eau de mer, est creusée dans la roche. Presque toutes ses chambres ouvrent sur les îles d'Or et le cap du Dramont.

Se restaurer

⊖ **Le Sémillon** – *12 r. de la République - ☎ 04 94 40 56 77 - 16/35 €.* Il règne une ambiance conviviale dans ce minuscule restaurant voisin de l'église. Intérieur d'esprit bistrot et terrasse profitant de l'animation de la rue. Appétissante cuisine régionale et ardoise de suggestions du jour : composez votre choix et régalez-vous de magrets, de poissons poêlés ou de fleurs de courgette farcies.

⊖⊖ **Le Sirocco** – *35 quai Albert-1er - ☎ 04 94 95 39 99 - salesirocco@wanadoo.fr - réserv. conseillée - 18,50/46 €.* Le vent chaud et sec d'origine saharienne vous portera peut-être vers ce restaurant ancré depuis bientôt vingt ans en face du vieux port. Une savoureuse cuisine d'orientation littorale s'y concocte dans la stabilité. Mise en place soignée sur les tables, petite terrasse d'été sur le devant, ambiance balnéaire.

En soirée

Bon à savoir – Grands et petits auront de quoi se distraire à Saint-Raphaël qui, avec sa voisine Fréjus, regorge d'activités : casino, golfs, sports nautiques... Sa vie nocturne n'est pas moins animée, grâce aux nombreux pubs, bars et glaciers.

Casino de St-Raphaël – *Sq. Gand - ☎ 04 98 11 17 77 - juil.-août : 10h-5h ; reste de l'année : 10h-4h.* Ce casino fut construit en 1881 sur l'emplacement d'une villa romaine. Il est doté de plus de 150 machines à sous et de jeux traditionnels. Un piano-bar assure l'animation musicale.

Que rapporter

Marché – Marché pl. de la République et Victor Hugo tous les matins ; marché aux poissons tous les matins au vieux port à partir de 7h30.

Le Salon des Saveurs – *17 pl. Châteaudun - ☎ 04 94 83 11 00 - tlj sf lun. 9h-12h30, 15h-19h, dim. 9h-12h30 - fermé 1 sem. en nov.* La propriétaire de ce salon sélectionne avec une grande exigence ses produits. Elle peut ainsi s'enorgueillir de vendre le meilleur de la région. Vous y trouverez : huiles d'olive, tapenades, rillettes, terrine de canard aux figues, soupe de poisson, confitures, jus de fruits, vins de Provence et apéritifs locaux (vin d'orange, liqueur de farigoule, absinthe).

Sports & Loisirs

Saint-Raphaël est labellisé « **station nautique** » ce qui atteste de la diversité et de la qualité des activités proposées. *Renseignements à l'Office de tourisme ou www.france-nautisme.com*

Golf de Valescure – *Av. des Golfs - ☎ 04 94 82 40 46 - juil.-août : 8h-20h ; mai-juin, sept.-oct. : 8h-19h ; nov.-avr. : 8h-17h.* Ce beau golf de 18 trous est également doté d'un restaurant situé dans une charmante maison, d'un hôtel et d'un bar.

École de Cirque – *Cap Esterel Village - 83530 Agay - ☎ 04 94 82 58 11/04 94 82 58 14 - www.capesterel.com - tlj sf w.-end 9h-12h, 16h-18h - fermé de déb. janv. à déb. fév. et de déb. nov. à déb. déc.* Stages de cirque (trapèzes, jonglage, grand ou minitrampoline, acrobaties, etc.) pour les enfants de 6 à 12 ans. Trapèze volant pour les adultes et les adolescents de plus de 13 ans ; cours à la séance ou stages.

Calendrier

Les fêtes de la lumière – décembre : ville illuminée et théâtre de rue.

La fête du mimosa – 2e semaine de février : corso le dimanche après-midi.

Fête traditionnelle de la St-Pierre – début août : procession, joutes, feu d'artifice.

sins. Après leur expulsion (fin 10e s.), le comte de Provence abandonne ces territoires déserts aux abbayes de Lérins et de St-Victor de Marseille. Les moines créent un village autour de l'église. Au 12e s., on en confie la garde aux templiers. Au 18e s., les pêcheurs et les paysans qui vivent à St-Raphaël occupent les vieux quartiers actuels. Le paludisme y anémie les habitants : on leur donne le nom de « visages pâles ». Après le rattachement de la Corse à la France en 1768, le port de St-Raphaël devient la tête de ligne d'une éphémère liaison maritime avec l'île de Beauté.

Sic transit...
Le 9 octobre 1799, **Bonaparte** débarque à St-Raphaël, de retour d'Égypte, après 48 jours de voyage *(obélisque à l'angle Nord-Est du port)*. En 1814, le 28 avril, St-Raphaël revoit Napoléon, vaincu, partant pour l'île d'Elbe, son nouveau et minuscule « empire ».

Alphonse Karr et Félix Martin : deux artisans du développement de la station balnéaire – Personnalité extravagante, Alphonse Karr (1805-1890) exerce ses talents de journaliste (directeur du *Figaro* en 1839) et de pamphlétaire à l'encontre de Napoléon III, depuis Nice où il s'est exilé. Ses compétences d'horticulteur l'amènent à se fixer en 1864 à St-Raphaël où il vit à la villa dite **« maison Close »**. Il en fait une description enthousiaste à ses amis parisiens qui le rejoignent. À sa suite, Félix Martin, maire de la localité et ingénieur des Ponts et Chaussées, transforme le village en une pimpante station balnéaire, favorisée par l'arrêt de la ligne de chemin de fer dès 1864. Avec l'architecte Pierre Aublé, le centre originel de la station est bâti selon un urbanisme propre à la IIIe République.

séjourner

35 km de côtes au pied de l'Esterel, avec des anses, des criques, des rochers rouges, et la mer couleur turquoise, invitation permanente à piquer une tête : un vrai paradis !

Boulouris

Petite station aux villas dispersées dans les pins. Plusieurs petites plages de sable et de galets et un port de plaisance.

Plage du Dramont

À droite de la route, une **stèle** rappelle le débarquement de la 36e division américaine, le 15 août 1944.

La plage est bordée par la forêt domaniale du Dramont qui couvre le cap *(voir aussi Esterel : « randonnées », sémaphore du Dramont* 5*)*.

Longeant la belle plage de Camp-Long, la route atteint les stations d'Agay et d'Anthéor, de part et d'autre de la rade d'Agay. Peu avant la pointe de l'Observatoire, **vue** à gauche sur les roches rouges de St-Barthélemy et du cap Roux.

Agay

Station dominée par les splendides versants de porphyre rouge du **Rastel d'Agay**, au bord de la meilleure rade de l'Esterel. Ligures, Grecs et Romains l'ont fréquentée ; on a retrouvé sous l'eau des amphores romaines provenant sans doute d'un naufrage, il y a 2 000 ans.

Saint-Ex' à Agay
L'auteur du *Petit Prince* a fréquenté et aimé Agay, où il s'est marié en 1932 et où vivait son beau-frère, Pierre d'Agay. Saint-Exupéry disparut le 31 juillet 1944 au cours d'une mission de reconnaissance sur la Côte.

La grande plage, ensoleillée, se prolonge à gauche jusqu'à une petite jetée ; au-delà, plage ombragée plus fréquentée.

Anthéor

Station dominée par les sommets du cap Roux. Anthéor-Plage est un peu plus loin.

Le Trayas★

Deux agglomérations composent la station : l'une étagée sur les pentes, l'autre en bordure de mer. Criques et calanques festonnent la côte et abritent plusieurs plages, la plus longue se trouvant au fond de l'**anse de la Figueirette**. Celle-ci fut au 17e s. un grand centre de pêche au thon. Des filets posés au large restaient en place pendant quatre mois. Pour les surveiller, une tour avait été élevée sur le rivage.

ST-RAPHAËL

Aicard (R. J.) .... Z 2
Albert-Ier (Quai) .... Z 3
Allongue (R. Marius) .... Y 5
Barbier (R. J.) .... Z 6
Basso (R. Léon) .... Y 7
Baux (R. Amiral) .... Y 9
Carnot (Pl.) .... Y 10
Coty (Promenade René) .... Y 13
Doumer (Av. Paul) .... Z 14
Gambetta (R.) .... Y 15
Gounoud (R. Ch.) .... Z 17
Guilbaud (Cours Cdt) .... Y 18
Karr (R. A.) .... Y 21
Libération (Bd de la) .... Z 22
Liberté (R. de la) .... Y 23
Martin (Bd Félix) .... YZ 24
Péri (Pl. Gabriel) .... Y 26
Remparts (R. des) .... Y 28
Rousseau (R. W.) .... Y 30
Vadon (R. H.) .... Z 31

Musée archéologique .... Y M

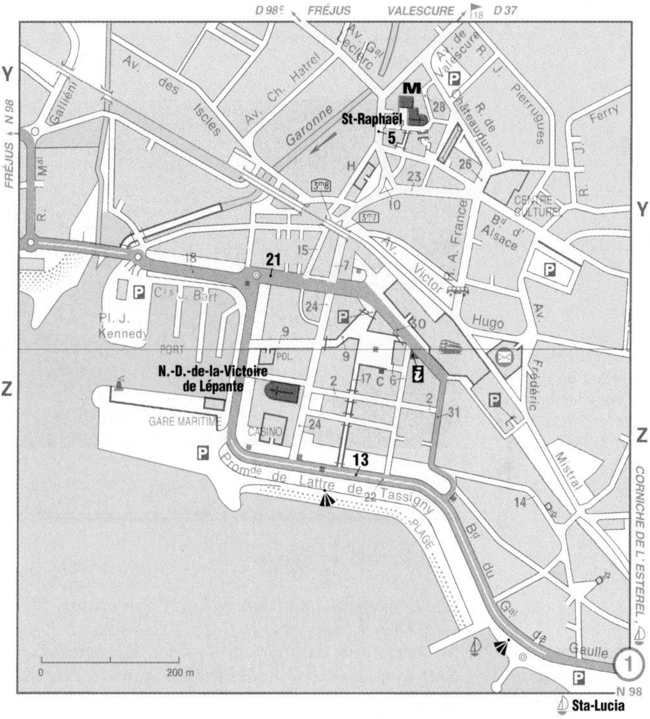

se promener

Front de mer

Bordant le vieux port, le cours Jean-Bart et le quai Albert-Ier connaissent une grande animation sur leurs larges trottoirs où se pressent commerces et restaurants. À l'angle du **casino** s'élève une statue offerte par la ville de Gand, copie du « Communier » (homme de la milice), qui orne le beffroi de cette ville. La promenade René-Coty et le boulevard du Gén.-de-Gaulle, plantés de platanes et de palmiers, offrent une belle **vue** sur la mer et les rochers jumeaux rouges appelés : le Lion de terre et le Lion de mer. Ils mènent au port de plaisance de **Santa-Lucia**, bordé de terrasses, de restaurants, de boutiques.

Villas

Le réaménagement du quartier résidentiel compris entre la promenade René-Coty et la rue Alphonse-Karr a malheureusement entraîné la disparition de nombreuses façades de villas aux décorations exotiques ou aux allures de chalet normand. ▶

Rares mais belles

Villas à dénicher :
Promenade René-Coty : le décor exubérant de la **villa Roquerousse** (1900).
Bd Félix-Martin : le charme oriental de la **villa Sémiramis**, le décor en céramique de la **villa Pâquerettes**.
Av. du Touring-Club, l'ombre de Gounod hante encore l'**Oustalet dou Capelan** (en provençal « maison du curé »).

Église N.-D.-de-la-Victoire-de-Lépante

Pierre Aublé, l'architecte de nombreuses villas raphaëloises, a construit en 1883 cet édifice original dans un style néobyzantin. L'appellation de l'église a été voulue par son créateur, originaire de Grèce.

Église St-Pierre-des-Templiers (dite St-Raphaël)

Cette église à nef unique, construite au 12e s. dans le style roman provençal sur les fondations d'un édifice préroman de plan basilical remis au jour par les fouilles récentes, servait de forteresse et de refuge pour la

population en cas d'attaque des pirates. La tour de guet qui remplace l'absidiole Sud rappelle les constructions militaires des templiers.
Une chapelle latérale contient un monolithe de grès rouge, ancien autel païen qui sert de support à la table de l'autel. Remarquez également un buste de saint Pierre (patron des pêcheurs) en bois doré ; il est porté en procession au mois d'août jusqu'au Lion de mer par des pêcheurs.

Deux conceptions du monde : au pied de l'église commémorant la victoire de Lépante, un temple de la roulette...

S. Sauvignier/MICHELIN

visiter

Musée archéologique

☎ 04 94 19 25 75 - juil.-août : tlj sf dim. et lun. 10h-12h30, 14h30-19h ; reste de l'année : tlj sf dim. et lun. 9h-12h30, 14h-17h30 - fermé nov. et j. fériés - gratuit.

POINT FORT
Une remarquable collection d'**amphores★** du 5e s. avant J.-C. au 5e s. après J.-C. rend ce musée incontournable sur le plan de l'archéologie marine.

Au carrefour d'importantes voies de communication terrestres (voie Aurélienne) et maritimes (entre Massalia et les comptoirs de la Méditerranée occidentale), le site de St-Raphaël offre un riche gisement de vestiges antiques déposés dans ce musée : intéressante reconstitution du chargement d'un navire romain *(rez-de-chaussée)* ; borne milliaire de l'an 3 avant J.-C. du cap Roux (jardin).

Séquence technologique avec des prototypes d'appareils de plongée autonome et de photographie sous-marine, ou avec la technique de conservation des bois immergés. Retour à la préhistoire de l'Esterel depuis le paléolithique jusqu'à l'âge du bronze à travers les produits des fouilles, ou les dolmens et menhirs de l'Est varois. On peut voir dans le jardin du musée, ainsi que dans la rue Allongue, des vestiges des remparts qui entouraient jadis la vieille ville.

Saint-Tropez★★

Indémodable « St-Trop' », toujours aussi séduisant, quoi qu'on en dise, et aussi couru des stars, des étrangers et des Parisiens. À quoi tient son succès ? Admirablement ancrées au bout du golfe de St-Tropez, ses jolies maisons pastel observent la côte, épaulées de collines aux rivages de roche et de sable idylliques. Coquet, St-Tropez se fait beau pour ressembler à l'image dépeinte au début du 20e s. par les plus grands artistes, conservée au musée de l'Annonciade. Il plaît ainsi au monde entier, associant un charme à l'allure provençale à une ambiance internationale, avec ses adresses chic et snob propices à la fête de jour comme de nuit.

La situation

Carte Michelin Local 340 O6 – Schémas p. 247 – Var (83).
Colette a tellement vanté St-Tropez que l'arrivée depuis La Foux est un cauchemar l'été. Mieux vaut préférer les autres saisons, circuler tôt le matin ou pas du tout et rester entre l'Est et le Sud de la presqu'île.
Quai Jean-Jaurès, 83990 St-Tropez, ☎ 04 94 97 45 21. www.saint-tropez.fr

Le nom

Comme beaucoup de saints patrons de la Côte, Torpetius, centurion chrétien décapité par ordre de l'empereur Néron, fut mis dans une barque avec un coq et un chien. Le tout aurait abordé à l'emplacement de ville. St-Torpès devient St-Tropez à la Révolution... puis St-Trop' au 20e s. !

Les gens

5 444 Tropéziens parmi lesquels **Roger Vadim** qui, tandis que Dieu créait la femme, inventait et épousait B.B., Hamilton et ses flous artistiques, Barclay et ses mariages, et tant d'autres, dont les gendarmes, acteurs autant que représentants de l'ordre depuis de Funès. Beaucoup plus d'habitants l'été avec les « people » et les simples quidams prêts à tout pour les apercevoir à la terrasse du Sénéquier.

Colette

« Aucune route ne traverse St-Tropez. Une seule vous y mène et ne va pas plus loin. Si vous voulez repartir, il vous faut rebrousser chemin. Mais voudrez-vous repartir ? Craignez de faire comme moi, qui me suis amarrée à ce port, que de loin j'avais vu suspendu, étiré sur la mer. »

Revoir

Et Dieu créa la femme et *Les Gendarmes de St-Tropez* pour retrouver le St-Trop des années 1960 et 1970, mythique avec B.B., cocasse avec de Funès.

E. Baret/MICHELIN

Le port de St-Tropez présente une animation permanente entre les badauds et les propriétaires des somptueux yachts.

comprendre

La république de St-Tropez (15e-17e s.) – En 1470, le grand sénéchal de Provence accepte l'offre d'un gentilhomme génois de s'installer avec 60 familles génoises à St-Tropez pour relever et défendre la ville, à condition d'être affranchi de toute taxe ou charge. La renaissance est rapide, sous forme de petite république autonome consulaire.

Le bailli de Suffren (18e s.) – Parmi les navigateurs tropéziens qui contribuèrent à l'essor de la ville et à la défense du royaume à partir du 17e s., le plus illustre est le chevalier puis bailli de l'ordre de Malte, **Pierre-André de Suffren** (1729-1788 – vous verrez sa statue quai Suffren). Capitaine de vaisseau de la marine royale, il est

Les Bravades

Deux bravades ont lieu chaque année. La première est à l'origine (13e s.) une simple procession religieuse ayant pour but d'honorer saint Tropez. Elle est devenue une fête municipale, en souvenir des temps heureux où, génoise, Saint-Tropez était une ville franche : un capitaine de ville y est élu, escortant le buste du saint avec le conseil municipal et le corps de bravade, les 16, 17 et 18 mai. Une foule euphorique assiste à ce spectacle explosif en rouge et blanc, aux couleurs des corsaires.
La seconde manifestation commémore la victoire du 15 juin 1637 sur vingt-deux galères espagnoles qui tentaient de surprendre la ville et d'enlever quatre vaisseaux du roi mouillés dans le port, grâce à la défense énergique de la milice tropézienne.

carnet pratique

Transports

Transports maritimes EMC/Les bateaux verts – *Navettes régulières au départ de St-Tropez pour Ste-Maxime : fév.-déc. 11 € AR ; pour Port-Grimaud : de fin mars à déb. oct. 10 € AR ; pour les Issambres : de mi-mai à fin sept. 12 € AR ; pour St-Aygulf : de mi-mai à fin sept. 15 € AR ; pour la baie des Canoubiers : de déb. fév. à déb. nov. depuis St-Tropez (8,50 € AR) et depuis Ste-Maxime (12,20 € AR).*
☎ 04 94 49 29 39
- *www.bateauxverts.com.*

Se loger

☺ **Hôtel Lou Cagnard** – *18 av. Paul-Roussel -* ☎ *04 94 97 04 24 - fermé 3 nov.-27 déc. -* 🅿 *- 19 ch. 55/110 € -* ☐ *9 €.* Façade jaune et volets bleus égayent cette vieille maison tropézienne proche de la célèbre place des Lices. Les chambres, majoritairement rénovées, bénéficient toutes d'une tenue impeccable. Aux beaux jours, le petit-déjeuner est servi dans un jardinet, à l'ombre des mûriers. Prix raisonnables... pour St-Tropez !

☺ **Bello Visto** – *Pl. Deï-Barri - 83580 Gassin -* ☎ *04 94 56 17 30 ou 04 94 56 47 33 - www.bello-visto.com - fermé janv. et nov. - 9 ch. 60/85 € -* ☐ *8 € - restaurant 19/25 €.* Enseigne-vérité pour cet hôtel-restaurant familial posté sur la place des remparts (barri), au sommet de Gassin : la plupart des chambres, comme la terrasse, ménagent en effet une « belle vue » sur le pays des Maures et le golfe de St-Tropez. Salle à manger avec cheminée ; plats provençaux, pêche locale, bouillabaisse...

☺☺☺ **Hôtel Ponche** – *Pl. Révelin -* ☎ *04 94 97 02 53 - hotel@laponche.com - fermé 1er nov.-13 fév. - 18 ch. 235/405 € -* ☐ *19 € - rest. 23/35 €.* Romy Schneider aima sa chambre bleue, avec sa terrasse blottie dans les toits, entre citadelle et clocher. Installé dans quatre anciennes maisons de pêcheurs, cet hôtel intime a tout le charme des maisons provençales. Détails raffinés et couleurs du soleil vous enchanteront.

☺☺☺ **Bastide des Salins** – *4 km au SE de St-Tropez -* ☎ *04 94 97 24 57 - info@labastidedessalins.com - fermé 6 oct.-31 mars -* 🅿 *- 14 ch. 295/350 € -* ☐ *13 €.* Vous serez reçu comme des amis dans cette ancienne bastide au milieu d'un grand jardin. Son isolement est un atout précieux à 5mn à peine de la place des Lices. Ses vastes chambres provençales, meublées avec sobriété, et sa belle piscine devraient vous combler...

Se restaurer

☺☺ **La Cantina** – *16 r. des Remparts -* ☎ *04 94 97 40 96 - elmexicano@wanadoo.fr - fermé 3 nov.-mars - 18/34 €.* Entre deux tequilas, découvrez une cuisine du monde assortie de plats mexicains, dans une atmosphère latino créée par les statuettes

religieuses, les collections de vases et les bois colorés. Même les toilettes méritent une visite ! Ambiance jeune et décontractée.

☺☺ **La Table du Marché** – *38 r. Georges-Clemenceau -* ☎ *04 94 97 85 20 - www.christophe-leroy.com - 18/26 €.* À toute heure, poussez la porte de cette « épicerie-bistrot » proche de la place des Lices : du petit-déjeuner au dîner en passant par le goûter avec ses pâtisseries, dont le fameux « gendarme de St-Tropez ». Salle rétro et boutique aux produits régionaux choisis.

☺☺ **Leï Salins** – *Plage des Salins - rte des Salins -* ☎ *04 94 97 04 40 - info@lei-salins.com - fermé 15 oct.-31 mars - 30/50 €.* Dans ce restaurant de plage protégé du mistral, vous pourrez déguster les salades et la pêche du jour grillée devant vous. La beauté du site ajoute au plaisir de cette escale face à la mer et au rocher de la « tête de chien ».

☺☺ **Régis Restaurant** – *19 r. de la Citadelle -* ☎ *04 94 97 15 53 - www.regisrestaurant.com - fermé 30 oct.-15 mars - 30/49 €.* Les salles à manger de ce restaurant accroché à une ruelle pentue du vieux St-Tropez ont été entièrement redécorées. À table, sélection de pâtes, sushis et plats cuisinés au wok. Terrasse sous une tonnelle.

☺☺ **Au Vieux Gassin** – *Pl. Deï-Barri - 83580 Gassin -* ☎ *04 94 56 14 26 - fermé nov.-janv. et le soir du 6 oct. à fin mars - 19/55 €.* Un ravissant village perché sert de cadre à ce repaire gourmand dont la terrasse panoramique, partiellement protégée et chauffée durant l'arrière-saison, colonise un tout petit morceau de la place des Barri. Carte régionale rehaussée de touches exotiques, menu « provençal » et plats du jour. Accueil et service charmants.

☺☺☺ **Leï Mouscardins** – *Au port (Tour du Portalet) -* ☎ *04 94 97 29 00 - info@lei-mouscardins.com - fermé 9 janv.-4 fév., 14 nov.-17 déc. et mar. hors sais. - 67/89 €.* Passerelle reliant le restaurant à la tour du Portalet, deux salles dont une panoramique offrant une superbe vue sur le

S. Sauvignier/MICHELIN

La fameuse tarte tropézienne.

golfe de St-Tropez, cadre contemporain égayé d'objets marins et cuisine créative faisant la part belle aux saveurs du Sud : cette adresse séduit un public de connaisseurs.

Faire une pause

Sénéquier – *Quai Jean-Jaurès - ☎ 04 94 97 00 90 - juil.-août : 7h-3h ; le reste de l'année 8h-19h.* La terrasse et les chaises rouges de ce salon de thé-pâtisserie sont mondialement connues. Colette, Jean Cocteau, Jean Marais, Errol Flynn et bien d'autres y passèrent pour boire un café glacé ou déguster un nougat maison devant le port.

La Tarte Tropézienne – *Pl. des Lices - ☎ 04 94 97 04 69 - info@tarte-tropezienne.com - 6h30-22h - fermé lun. en hiver.* Pâtissier, traiteur, épicerie fine, salon de thé et espace de petite restauration, cet établissement est le lieu incontournable pour se procurer la célèbre tarte tropézienne. Cette spécialité, créée en 1955 par Alexandre Micka, se présente sous la forme d'une brioche fourrée d'une crème mœlleuse et riche à souhait.

En soirée

Bon à savoir – Saint-Tropez est une ville à deux temps : ville du spectacle, des yachts, des palaces et... des embouteillages l'été, elle se transforme l'hiver en ville fantôme. En effet, l'armistice du 11 novembre sonne aussi la fin des ébats estivaux avec la fermeture jusqu'en avril de la plupart des palaces, bars et restaurants. Reste alors la mince consolation de croquer voluptueusement dans une tarte tropézienne, seul sur la célébrissime terrasse du « Sénéquier »...

Bar du Château de la Messardière – *Rte de Tahiti - ☎ 04 94 56 76 00 - www.messardiere.com – de mi-mars à oct. : à partir de 18h.* Ce bar de standing est celui de l'un des plus prestigieux hôtels méditerranéens. Atmosphère feutrée dans le piano-bar de cette ancienne demeure familiale du 19e s. De la terrasse, vue sur le golfe de St-Tropez.

Bar Sube – *15 quai de Suffren - ☎ 04 94 97 30 04 - www.hotel-sube.com - 18h-23h ; juil.-août : jusqu'à 3h - fermé 5-31 janv.* C'est l'un des plus beaux bars de la ville. Des maquettes de bateau sont exposées à l'intérieur. La cheminée et les fauteuils en cuir en font un lieu chaleureux et confortable. De petites tables sont installées sur le balcon, offrant une belle vue sur le vieux port.

Kelly's Traditional Irish Pub – *Quai Frédéric-Mistral - ☎ 04 94 54 89 11 - kellyssainttropez@hotmail.fr - 8h30-1h.* Ce petit pub, rendez-vous des skippers et situé dans une charmante cave, a le rare avantage de proposer des consommations à meilleur marché que dans les autres bars. Grand choix de bières.

Que rapporter

Marché – Mardi, samedi, pl. des Lices.

Foires de la Ste-Anne – 26 juillet (toute la journée), pl. des Lices.

Rues commerçantes – Les commerces des rues Clemenceau, Gambetta et Allard proposent une grande variété d'articles de qualité : poteries, verreries.

D. Pazery/MICHELIN

Petit Village – *Rd-pt de la Foux - près du centre commercial, dir. Cogolin - 83580 Gassin - ☎ 04 94 56 40 17 - www.mavigne.com - juin-15 sept. : tlj sf dim. 8h30-13h, 14h30-19h30 ; le reste de l'année : tlj sf dim. 8h30-12h30, 14h30-19h.* Cette grande boutique commercialise la production d'un groupement de huit domaines viticoles - dont le prestigieux Château de Pampelonne - et d'une coopérative de l'arrière-pays toulonnais (Cave Saint-Roch les Vignes à Cuers). Dégustation gratuite et vente de produits du terroir : huiles, tapenade, miels, olives, etc.

Les Sandales Tropéziennes Rondini – *16 r. Georges-Clemenceau - ☎ 04 94 97 19 55 - oct.-mars : tlj sf dim. et lun. 9h30-12h et 14h30-18h30 ; juin-août : jusqu'à 20h - fermé de mi-oct. à fin nov., 25 déc. et 1er janv.* L'atelier Rondini fabrique la sandale tropézienne depuis 1927. Différents types de sandales sont proposés : sachez que la plus vendue est la sandale en cuir naturel, mais le modèle en peau de serpent n'est pas non plus dénué de séduction.

Sports & Loisirs

Artemis – *Rte des Plages - ☎ 04 94 97 86 69 - artemis-stk@wanadoo.fr - juil.-août : tlj sf dim. 9h-21h ; sept.-juin : tlj sf dim. 9h-20h, sam. 9h-14h.* Un principe unique en France : dans cette salle de gym, des entraînements personnalisés sont gérés par informatique. L'ordinateur établit les séances en fonction de vos objectifs (compétition, perte de poids, détente...). Les soins du corps viennent compléter ce lieu de bien-être.

envoyé en renfort aux Indes où il se distingue par plusieurs victoires sur les Britanniques dans une prodigieuse campagne. Il est ensuite promu vice-amiral quand la paix de Versailles est signée.

La notoriété – À bord de son yacht le *Bel Ami*, **Maupassant** découvre St-Tropez, alors charmant petit village isolé, à peine desservi par un chemin de fer à voie étroite. Dans le port se balancent pointus des pêcheurs et tartanes chargées d'huile, de liège, de sable et de vin. **Paul Signac** et ses amis peintres, conquis par la beauté lumineuse de la ville, l'immortalisent de leur célèbre touche. Colette, qui y passe l'hiver dans sa villa, « La Treille Muscate », depuis 1925, contribue par ses écrits à sa notoriété et par ses actes à sa préservation : après la guerre, qui détruit le port, elle se bat pour que ce dernier soit reconstruit à l'ancienne. Saint-Tropez accueille encore Anaïs Nin, Errol Flynn, Paul Poiret, le fastueux couturier, et, plus tard, Jean Cocteau. À partir des années 1950, Saint-Tropez connaît l'engouement des milieux littéraires de St-Germain-des-Prés, puis du monde du cinéma drainant son public de curieux, ce qui lui vaut désormais une célébrité internationale.

Luxe, calme et volupté
Sont à apprécier entre 8h et 10h quand les oiseaux de nuit, nombreux en cette contrée, sont encore endormis. **Matisse** tropézien (1904) y a préparé la toile *Luxe, calme et volupté*, et a peint *Mme Matisse en kimono*, une *Vue de St-Tropez, place des Lices*.

séjourner

Port★★

Bercé par le cliquetis des haubans, vous vous mêlerez à la population cosmopolite dans le cœur grouillant de la vie tropézienne. Les yachts les plus clinquants s'y amarrent pour l'été, l'arrière tourné non vers le large mais vers les quais : c'est qu'il s'agit avant tout de montrer qui on est ! Un théâtre où chacun se pavane, sur les quais et dans les rues voisines, devant les vitrines des cafés, glaciers, restaurants, boutiques de nippes ou de luxe, au pied des façades jaunes et roses des maisons traditionnelles, que couronne l'altier clocher vivement coloré de l'église.

Pour bien suivre la course
La meilleure solution est de s'embarquer sur les vedettes de la société MMG *(voir « carnet pratique »)*. Une vue d'ensemble plus paisible s'offre des contreforts de la citadelle, à condition de s'être muni d'une bonne paire de jumelles.

La Nioulargue ou les voiles de St-Tropez

Ce grand événement de l'arrière-saison tropézienne réunit les authentiques amoureux de la mer et l'aristocratie des voiliers de tradition (swans, ketchs et goélettes) construits dans les années 1920 pour des vedettes ou des célébrités. Depuis sa création en 1981, plus de 250 concurrents (dont la plupart ont participé auparavant à l'*America's Cup*) se pressent début octobre pour participer à cette course dont le trajet débute à la tour du Portalet pour contourner le haut-fond signalé par la bouée de la Nioulargue (« le nid au large », en provençal) et revenir au port.

Le spectacle inoubliable de cette forêt de mâts sur l'horizon remplira d'admiration celui qui a réussi à dénicher un poste d'observation satisfaisant. Ketchs et goélettes exécutent des ballets sur l'eau dont la majesté fait oublier les prouesses techniques dans l'anticipation du choix des manœuvres et les contraintes imposées par les immenses voilures (la traction au pied du mât central peut atteindre 500 t !).

Plages

Elles sont divines, nappées de sable fin, entrecoupées de rochers formant parfois de délicieuses criques sous des pins parasols gorgés de pignons l'été. Vous n'aurez que l'embarras du choix sur 10 km. Les plus courageux les dénicheront à pied par le sentier du littoral qui fait le tour de la presqu'île jusqu'à la baie de Cavalaire *(voir « randonnée »)* ou à travers la campagne par le chemin de la Belle Isnarde qui mène à la plage Tahiti (Pampelonne). Pas d'embouteillage pour atteindre les plages proches et assez tranquilles de la **Bouillabaisse** (idéal pour la planche à voile par temps de mistral), à l'Ouest ; la plage ombrée des **Graniers** *(accès par la rue Cavaillon)*, à l'Est, avant la baie des Cannebiers, plage privilégiée entre la citadelle et les rochers. Plus à l'Est encore se trouve la **plage des Salins** *(accès par l'avenue Foch)*.

Apercevoir
Le long de la **baie des Cannebiers**, les villas « La Hune » de Paul Signac, « La Treille Muscate » de Colette et « La Madrague » de B.B.

Bien protégées du mistral, les plus belles et les plus branchées, les **plages de Pampelonne**≙≙, souvent privées, affichent toutes les tendances : Club 55 pour danser toute la nuit, ou Nioulargo, BCBG.

se promener

Môle Jean-Réveille

Cette jetée qui ferme le port ménage l'une des meilleures **vues**★ sur St-Tropez (côté ville et côté citadelle), le fond du golfe, Grimaud et les ruines de son château, Beauvallon, Ste-Maxime, le cap des Sardinaux, la pointe des Issambres, le Dramont, l'Esterel avec le sommet du Cap-Roux, les Alpes par temps clair.

Quartier de la Ponche

Serré entre le port et la citadelle, c'est le plus ancien, le plus charmant des quartiers, où vivaient pêcheurs et artisans. Du quai J.-Jaurès, on atteint la place de l'Hôtel-de-Ville où se trouve, en face, la belle porte sculptée de Zanzibar et, à gauche, la tour de l'ancien **château de Suffren** des seigneurs de St-Tropez au 16e s. Après l'hôtel de ville, prenez à gauche l'anse de la Glaye, crique entre deux tours de l'ancienne fortification. Puis la rue de la Ponche, passant sous une porte ancienne, mène à une grève, ancien port de pêche.

Emprunter la rue, puis la place des Remparts, si mignonne, et le boulevard d'Aumale.

Citadelle★

Elle domine la ville à l'Est de son beau donjon et de ses trois tours rondes du 16e s. Au siècle suivant, on y ajouta une enceinte bastionnée. Du pied des remparts, **vue**★ sur St-Tropez, son golfe, Ste-Maxime et les Maures.

Revenir sur ses pas, par la rue d'Aumale et la place de l'Ormeau.

S. Sauvignier/MICHELIN

Le clocher de l'église a souvent été immortalisé par les peintres.

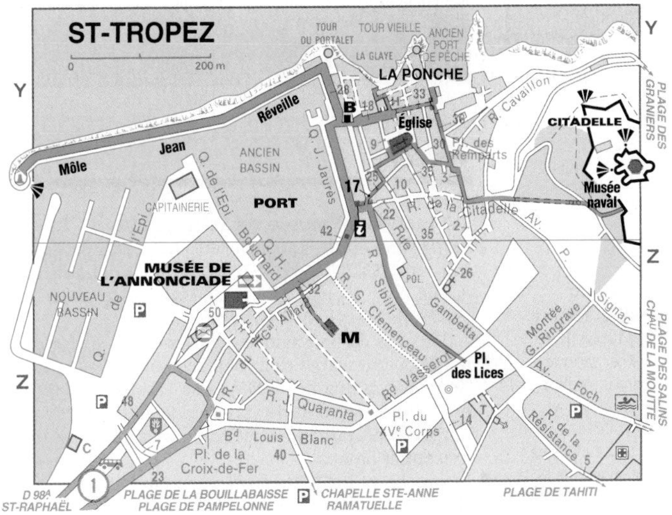

En saison zone piétonne dans la vieille ville

Aire-du-Chemin (R.)	Y 2	Herbes (Pl. aux)	Y 17	Péri (Quai Gabriel)	Z 32
Aumale (Bd d')	Y 3	Hôtel-de-Ville (Pl. de l')	Y 18	Ponche (R. de la)	Y 33
Belle-Isnarde (R. de la)	Z 5	Laugier (R. V.)	Y 22	Portail-Neuf (R. du)	YZ 35
Blanqui (Pl. Auguste)	Z 7	Leclerc (Av.)	Z 23	Remparts (R. des)	Y 38
Clocher (R. du)	Y 9	Marché (R. du)	Y 25	Roussel (Av. Paul)	Z 40
Commerçants (R. des)	Y 10	Miséricorde (R.)	Z 26	Suffren (Quai)	Y 42
Grangeon (Av.)	Z 14	Mistral (Quai Frédéric)	Y 28	8-Mai-1945 (Av. du)	Z 48
Guichard (R. du Cdt)	Y 15	Ormeau (Pl. de l')	Y 30	11-Novembre (Av. du)	Z 50

[Château de Suffren . . . . . Y B   Maison des papillons . . . . . Z M]

Église

Du début du 19e s., imbriquée dans le tissu serré de la vieille ville, elle se repère à son clocher surmonté d'un petit campanile et à son style baroque italien. À l'intérieur, belles boiseries sculptées datant de la Restauration. Le **buste de saint Tropez**, pièce maîtresse de la bravade des 15-17 juin, repose dans la chapelle de gauche, entouré de vieux tromblons dont les pétarades accompagnent les processions. En période calendale, magnifique crèche provençale du 19e s.

Descendre la rue du Clocher, puis prendre à gauche la rue des Commerçants, et à droite la rue du Marché.

L'adorable **place aux Herbes**, comme Marquet l'a dépeinte inondée de lumière, est le cadre rêvé de l'ancien petit marché, qui a toujours lieu le matin. On passe devant les étals des pêcheurs sous la porte de la Poissonnerie pour retomber sur le quai J.-Jaurès et l'Office de tourisme.

Place des Lices

Depuis le port, empruntez l'une des rues commerçantes aux belles adresses internationales : Laugier puis Gambetta ou F.-Sibilli, G.-Clemenceau pour rejoindre l'incontournable place des Lices, animée toute l'année d'une vie locale, avec ses cafés, platanes, marché et parties de pétanque dans lesquelles les vedettes consentent à se mêler aux Tropéziens lorsque les photographes de presse sont là.

D. Pazery/MICHELIN

Une toile cubiste ? Une ville de De Chirico ? Le quartier de la Ponche, comme vous ne le verrez qu'hors saison.

visiter

L'Annonciade, musée de St-Tropez★★

☎ 04 94 17 84 10 - juin-août : 10h-13h, 15h-22h ; sept.-oct. : 10h-13h, 15h-20h ; déc.-mai : tlj sf mar. 10h-12h, 14h-18h -fermé nov., 1er janv., 1er et 17 Mai, Ascension et 25 déc. -5,50 € (juin-oct.), 4,50 € reste de l'année.

À deux pas du port agité et pourtant loin des frasques de la ville, cette chapelle du 16e s. recueille, avec la donation Georges-Grammont (1955), des chefs-d'œuvre de la peinture de la fin du 19e s. et du début du 20e s., pour la plupart, interprétations merveilleuses du site tel qu'il se présentait alors.

Mémento

Paul Signac, installé à St-Tropez depuis 1892, y attire par sa forte personnalité Matisse, Bonnard, Marquet, Camoin, Dunoyer de Segonzac... La lumière exceptionnelle de la région va révolutionner leur palette et leur technique, générant les grands mouvements du post-impressionnisme : pointillisme, fauvisme, nabi et expressionnisme, révélés par le Salon des indépendants et le Salon d'automne.

◀ La touche **pointilliste** de Signac rayonne d'emblée avec le bleu scintillant de son *Orage*. Éblouissante aussi, la nature méridionale vue par ses disciples H.-E. Cross *(Plage de St-Clair)*, T. Van Rysselberghe, Maximilien Luce et Picabia. Le **fauvisme**, qui simplifie les formes et les transfigure par la couleur, s'exprime avec Matisse *(La Gitane)*, Van Dongen et Manguin, Braque *(L'Estaque)*, Vlaminck, Camoin, Derain, Friesz, Marquet. La peinture des **nabis** décrit une atmosphère intimiste et subjective, aplanissant la réalité de ses couleurs franches : celles fondues de Bonnard irradient ses œuvres *(Paysage du*

Cannet). Plus sombres et mystérieuses, celles de Vuillard et Vallotton. Plus noires, les toiles des **expressionnistes** Rouault, Chabaud *(Hôtel-Hôtel)*, Utrillo, Suzanne Valadon. Enfin, des sculptures de Maillol et Despiau, des vases de grès d'E. Decœur finissent d'illustrer l'époque.

Maison des Papillons (musée Dany-Lartigue)

9 r. Étienne-Berny. ☎ 04 94 97 63 45 - http://maisondespapillons.ifrance.com - avr.-oct. : tlj sf dim. 14h30-18h ; reste de l'année : se renseigner - fermé 16 et 17 Mai - 3 €.

Dans une venelle à l'écart de la cohue se cache une fantastique collection de 4 500 papillons. Dans la charmante maison de famille du photographe J.-H. Lartigue, son fils Dany, peintre et entomologiste, présente avec art les fruits de sa chasse en France ou les donations de spécimens du monde entier. Les espèces exotiques les plus remarquables sont disposées dans de superbes compositions esthétiques : les ornithoptères de Nouvelle-Guinée (les plus grands papillons diurnes du monde) voisinent avec les morphos d'Amérique du Sud aux magnifiques ailes irisées de chatoiements bleus (mâles). Peintures illustrant les fêtes tropéziennes dans le patio, photos de famille de J.-H. Lartigue (petit-fils du compositeur A. Messager) conduisent à l'étage où des compositions artistiques permettent d'apprécier les capacités de mimétisme des insectes placés dans leur biotope : le talent de l'artiste nous ravit encore à travers une intéressante carte du monde des papillons ou un tableau-herbier reproduisant le biotope des papillons.

Rarissimes
À l'étage, vitrines regroupant des espèces rares dont le fameux Apollon noir du Mercantour, le Parnassius et le Zerynthia.

Musée naval

☎ 04 94 97 59 43 - avr.-sept. : 10h-12h30, 13h30-16h30 ; oct.-mars : 10h-12h30, 13h30-17h30 (dernière entrée 30mn av. fermeture) - fermé 1er janv., 1er Mai, Ascension et 25 déc. - se renseigner pour les tarifs (-8 ans gratuit).

Installé dans le donjon de la citadelle, ce musée de la marine est une annexe de celui du palais de Chaillot à Paris. Coupe d'une authentique torpille des ateliers navals de St-Tropez. Estampes, tableaux et objets illustrant les activités et l'histoire de St-Tropez jusqu'au débarquement allié de 1944.

De la terrasse, magnifique **panorama★★** sur la ville et le golfe de St-Tropez, les Maures et l'Esterel. Dans la cour, des canons surveillent symboliquement le golfe.

Admirer
Les maquettes de vaisseaux anciens (galère grecque) et modernes (la *Calypso* du commandant Cousteau, *la Normandie* et ses 26 canons).

alentours

Chapelle Ste-Anne

Au Sud. Bâtie sur un piton volcanique à l'ombre de grands arbres, cette jolie chapelle provençale n'est ouverte que pour les pèlerinages des gens de mer *(26 juillet)*. **Vue★** étendue sur le golfe et la mer.

Ramatuelle★

À 11 km au Sud de St-Tropez par la D 93. Voir ce nom.

randonnée

PRESQU'ÎLE PAR LES CAPS★★

Les 40 km du littoral de la presqu'île, préservés de l'emprise du béton par la politique d'acquisitions du Conservatoire du littoral, se répartissent entre les à-pics rocheux et sauvages des caps Camarat, Taillat et Lardier, et les longs rubans de sable fin de l'anse de Pampelonne et de la baie de Cavalaire.

De St-Tropez à la plage de Tahiti

Environ 3h. Le sentier part de la plage des Graniers à l'extrémité Ouest du port. Il épouse les sinuosités du rivage en offrant de superbes belvédères sur les contre-

Conseils
S'équiper de bonnes chaussures de marche. Éviter évidemment les heures les plus chaudes de la journée, la visibilité étant réduite par les brumes de chaleur.

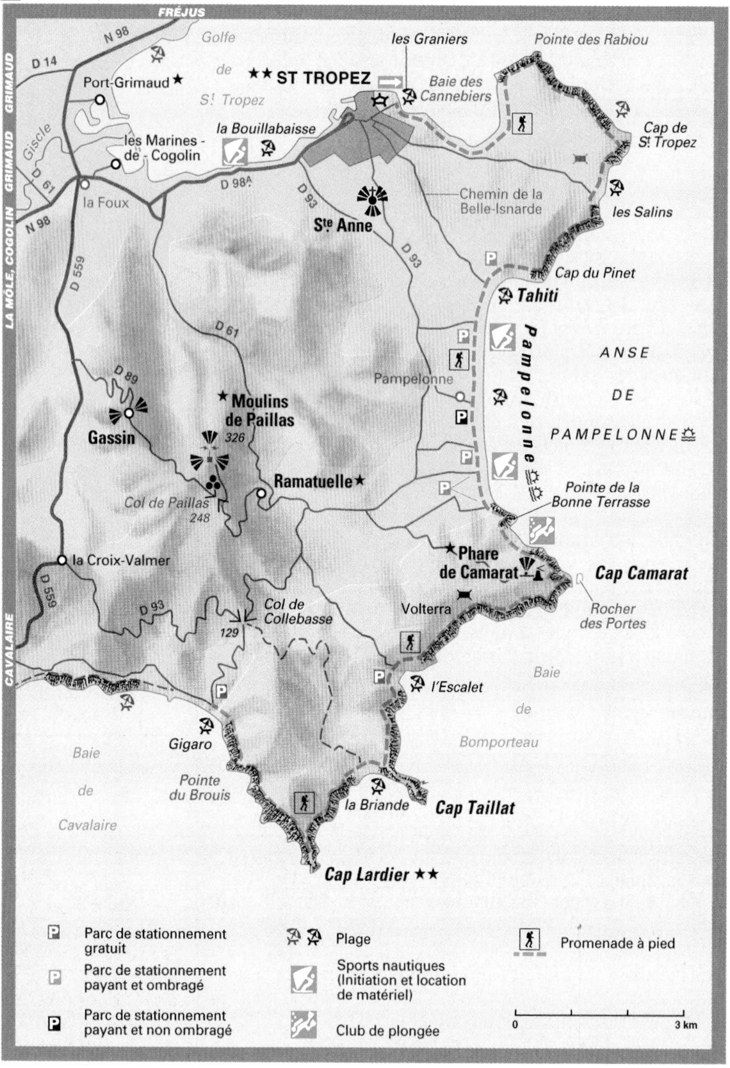

forts des Maures et les premières avancées de roches rouges de l'Esterel. Par la pointe des Rabiou et le cap de St-Tropez, on accède à la plage des Salins, première étape où l'on peut trouver réconfort et ravitaillement auprès des guinguettes ouvertes en saison estivale. En contournant le cap du Pinet, on débouche sur la plage de Tahiti qui ferme le Nord de l'anse de Pampelonne.

De la plage de Tahiti au cap Camarat

Environ 2h. Jusqu'à la pointe de la Bonne-Terrasse, le sentier se confond sur 5 km avec le chemin parallèle à l'immense plage de sable de **Pampelonne**. En abordant la baie de la Bonne-Terrasse, le sentier esca-

Le sentier des douaniers

Il ourle l'ensemble du littoral varois au plus près du rivage. Sa destination initiale, voulue par le ministre Fouché sous le Premier Empire, était de faciliter les patrouilles de douaniers armés, chargés de réprimer le trafic du sel puis celui du tabac et des armes. La réhabilitation du sentier, depuis 1976, a entraîné une servitude de passage obligatoire à 3 m minimum sur toute propriété privée donnant sur le rivage. Cette obligation ne s'applique pas aux clôtures en dur et murs édifiés avant cette date. Dans le Var, près de 200 km de littoral sont concernés par cette disposition.

La baie de Briande où la mer prend souvent des reflets turquoise.

lade les premiers rochers au milieu d'une végétation plus dense. À proximité du rocher des Portes, un sentier s'engage à droite en direction du phare de Camarat qui émerge d'une forêt d'arbousiers et de fougères arborescentes.

Phare de Camarat★

Ce noble phare de 129,80 m est l'un des plus hauts de France par rapport au niveau de la mer et a une portée lumineuse de 60 km. Mis en service en 1831, il fut électrifié après la Seconde Guerre mondiale et entièrement automatisé en 1977. Du sommet, superbes **vues★★** sur l'anse de Pampelonne, l'ensemble de la presqu'île et le golfe de St-Tropez. *☎ 04 98 12 64 00 - se renseigner à l'Office de tourisme.*

En voiture

Depuis la D 93 de Ramatuelle, prendre la route fléchée « Route du phare » qui serpente sur la crête du promontoire au-delà du camping. Stationner sur les emplacements à l'extérieur de l'enclos du phare dans lequel on ne pénètre qu'à pied.

Du cap Camarat au cap Taillat

Environ 2h. Restauration uniquement à l'Escalet. Après avoir contourné le rocher des Portes, le sentier mène à la plage de l'Escalet que l'on atteint après une succession de criques d'accès aisé et bien isolées par de grandes dalles rocheuses idéales pour parfaire votre bronzage.

Possibilité de rejoindre la route depuis la cabane de douaniers qui marque l'entrée du parking de l'Escalet.

Le sentier s'enfonce ensuite dans une végétation de maquis dominée par les chênes verts coupant à la base du cap. Le **cap Taillat** est en fait un tombolo en formation qui rattache l'écueil rocheux au littoral, le transformant en presqu'île. À l'extrémité s'élève un sémaphore.

Inattendu

La vision du majestueux **château de Volterra** *(ne se visite pas)* qui domine la baie. Il a été le cadre de la série télévisée *Les Cœurs brûlés.*

Magie du cap Lardier...

Criques à l'horizon
Plages de sable à Gigaro, Briande et l'Escalet, mais multitude de criques sinueuses que le sentier épouse, comme autant d'invites à une baignade privilégiée dans une nature préservée comme par miracle.

Du cap Taillat à Gigaro par le cap Lardier

Environ 2h. Le **site★★** du cap Lardier présente une belle unité d'essences forestières, protégé par le Conservatoire du littoral. Au-delà de la forêt, les domaines viticoles occupent la totalité de l'espace. De la baie de Briande à Gigaro en passant par le cap, le sentier longe une suite ininterrompue de falaises abruptes.

L'origine du domaine du cap Lardier

À la Belle Époque, un remarquable vignoble s'étendait à l'emplacement des lotissements et du mas de Gigaro ; ce dernier date des années 1950 lorsque le domaine fut vendu et transformé en camping. Au début des années 1970, un établissement bancaire racheta l'ensemble, y incluant de nouvelles parcelles jusqu'à la plage de Brouis en vue d'y aménager un port de plaisance. La mobilisation des riverains, puis l'acquisition en 1976 de l'ensemble par le Conservatoire de l'espace littoral ont permis de conserver à cette portion de la côte varoise son aspect primitif.

À Gigaro, parking sur le front de mer ou à gauche juste avant la pinède. En saison, un poste d'information est installé à proximité du panneau de situation à l'entrée de la pinède.

Saint-Vallier-de-Thiey

Se loger
Villa Quercus *–2 chemin Blaqueirette, à l'entrée du village, face à la pharmacie - ☏ 04 92 60 03 84 - claudine.henry@wanadoo.fr - fermé de nov. aux vac. de fév. - ⌀ - 4 ch. 55/70 €.* Les atouts majeurs de cette villa : son immense jardin ombragé où paresse une piscine, et sa plaisante terrasse couverte pour les petits-déjeuners d'été. Étonnant mélange de styles dans les chambres. Cuisine commune pour les hôtes désirant manger sur place.

Au milieu d'un plateau verdoyant, le dernier avant les Préalpes, cette villégiature des Grassois comblera les randonneurs amateurs de nature « lunaire » ou sous-terraine. Ancien château seigneurial (mairie), enceinte avec belle porte à archères (sous l'alignement des maisons voisines) et église témoignent d'un passé important, d'abord romain, puis médiéval.

La situation

Carte Michelin Local 341 C5 – Alpes-Maritimes (06). À 12 km au Nord-Ouest de Grasse par la N 85. Parking place du Grand-Pré *(marché l'été, ven.)* et place St-Roch *(marché le reste de l'année, ven.).*

10 pl. de la Tour, 06460 St-Vallier-de-Thiey, ☏ 04 93 42 78 00.

Le nom

Il dérive de St-Valerio ou Valerius, le 1er évêque d'Antibes, martyrisé au 4e s. Thiey peut venir de Théodose, empereur à la même époque, qui fit du christianisme la religion officielle. Tout cela atteste que St-Vallier était une ancienne place forte romaine.

Les gens

2 261 Vallérois. **Napoléon Bonaparte** passa à St-Vallier le 2 mars 1815 comme le rappelle la colonne portant son buste sur la place *(voir Route Napoléon)*. La route n'était alors qu'un chemin muletier. De nombreux cinéastes choisissent le plateau du Caussols comme cadre de leur film. L'air y est pur, le site surnaturel : crevassé, désertique, désolé.

visiter

Église

Romane (12e s.), puis remaniée au 17e, elle possède une belle nef du 13e s. voûtée en berceau brisé et abrite deux retables baroques. Son clocher, avec sa tour à arcatures lombardes, est coiffé d'un gracieux campanile du 19e s.

Souterroscope de la Baume Obscure★

À la sortie Sud de St-Vallier-de-Thiey en direction de St-Cézaire, prendre à droite la route du cimetière signalée « Grotte Baume Obscure ». Après le cimetière, la route non revêtue se poursuit sur 2 km avant d'atteindre un vaste parking en face d'une construction abritant la billetterie de la grotte. S'équiper de chaussures à semelles antidérapantes. Prévoir un pull pour les frileux : la température y est constante à 14 °C. ☎ 04 93 42 61 63 - visite audioguidée (1h) juil.-août : 10h-18h ; mai-juin et sept. : 10h-17h, dim. et j. fériés 10h-18h ; oct.-avr. : tlj sf lun. 10h-17h - 7,65 € (enf. 3,80 €).

Ce véritable réseau souterrain a été mis en évidence seulement en 1958 à cause des longs et étroits boyaux d'accès aux salles qui découragèrent les premiers découvreurs. Sur une longueur totale de 1 200 m, la visite ne s'étend que sur un parcours de 500 m, mais descend à 50 m de profondeur (« galerie du pas de course »).

Après un long corridor, à l'origine comblé d'argile, le visiteur découvre dans les neuf salles successives les vastes dômes, les gours cascadants et des multitudes de stalactites filiformes, véritable forêt d'aiguilles parsemant les plafonds. Dans la **salle des gours**, on admire la couleur particulière de l'eau, mise en valeur par un éclairage approprié, et le sol constitué d'une gigantesque coulée de stalagmite, tandis que la musique vient accentuer le caractère d'irréalité.

S. Sauvignier/MICHELIN

Fascinant monde souterrain.

DÉFINITION

Les **gours** sont issus de l'assèchement de petits lacs formés par les rivières souterraines. Ces cuvettes se sont creusées peu à peu sous l'action du carbonate de chaux.

Grottes des Audides

À 3,5 km au Sud par la N 85, puis la D 4. Voir Cabris.

circuit

LE PLATEAU DE CAUSSOLS*

De St-Vallier-de-Thiey à Gourdon (voir ce nom) - 30 km - 2h, visite de l'observatoire non comprise.

Sortir au Nord du village par la N 85 vers le pas de la Faye (superbes vues sur le bassin de St-Vallier), puis à droite, la D 5 qui serpente à flanc de montagne. Après le col de Ferrier, la route surplombe le vallon boisé de Nans. Laisser la route principale qui contourne la montagne de l'Audibergue et prendre à droite la D 12 signalée « Caussols ».

À une altitude moyenne de 1 000 m, le plateau est un rare exemple de **relief karstique** en France. Il est lui-même encaissé dans des plans plus élevés. La partie Nord présente un paysage de culture et de prairies grâce à l'apport de terre fertile ; en revanche, au Sud, dans un secteur plus chaotique, une succession de dolines, gouffres ou avens offre un incroyable panorama de formes dissolues de calcaire. On peut d'ailleurs en observer un exemple impressionnant en empruntant la petite route à droite à la sortie Est du village de **Caussols**,

Berger sur le plateau de Caussols.

S. Sauvignier/MICHELIN

PRUDENCE
À proximité des cavités, le promeneur devra faire attention de ne pas glisser, particulièrement par temps de pluie.

à l'habitat très dispersé. Elle traverse diagonalement le plateau pour atteindre les **claps★** (les « pierres » en provençal). Il s'agit en fait d'un remarquable chaos, dont l'absence de végétation aux alentours renforce le caractère minéral. Quelques cabanes en pierres sèches marquent la présence de l'homme. En se retournant, sur le plateau faisant face, on aperçoit les dômes des installations du CERGA.

Revenir à la D 12 et poursuivre vers Gourdon. Après 1,5 km à gauche de la D 12 se détache une route signalée « St-Maurice – Observatoire du CERGA ». Après les habitations, continuer au-delà de la pancarte « Route privée » marquant l'accès au domaine du CERGA. La route entame une série de lacets et offre de belles vues sur la dépression de Caussols.

OBSERVATION
Créé en 1974, ce centre d'études et de recherches géodynamiques et astronomiques est spécialisé dans le développement d'instrumentations modernes en astronomie et l'observation des mouvements de la Terre. L'observatoire comprend également celui de Nice.

Observatoire du CERGA

☎ 04 93 85 85 58 - www.astrorama.net - visite guidée (2h) de mi-juil. à fin sept. : 15h30 ; de déb. mai à mi-juil. : dim. 15h30 - 5 € (enf. 2,50 €).

Situé à 1 300 m d'altitude, le **plateau de Calern** est un site unique du point de vue géologique. Le CERGA en occupe une partie. La visite permet d'approcher les équipes qui travaillent autour des interféromètres (mesure des diamètres stellaires), du télescope de Schmidt (surveillance du ciel), des télémètres laser (mesure distance terre-lune et vers les satellites) et des astrolabes (positions des étoiles).

Revenir à la D 12 et prendre la direction de Gourdon.

La route droite jusqu'à l'extrémité Est du plateau serpente ensuite vers Gourdon. **Vue★** magnifique sur la vallée du Loup *(voir ce nom)* au premier grand virage.

Sainte-Maxime

Idéal pour un séjour au bord de la mer : site superbe, vieille ville restaurée avec goût, port de pêche et de plaisance sont les atouts de cette station familiale, bien moins mondaine que sa voisine St-Tropez. En plein midi et abritée du mistral par des collines boisées, sa belle plage de sable fin fait la joie de fidèles estivants.

La situation

Carte Michelin Local 340 O6 – Schéma p. 247 – Var (83). En lisière du massif des Maures *(voir ce nom)* et face à St-Tropez *(voir ce nom)*, à 14 km par la N 98.

Promenade Simon-Loriere, 83120 Ste-Maxime, ☎ 04 94 55 75 55. www.sainte-maxime.com

Le nom

Les moines de Lérins occupant les lieux vers le 7e s. lui donnèrent le nom de cette sainte de leur ordre, qui avait fondé le couvent de Callian.

Moins médiatique que St-Tropez, le port de Ste-Maxime a ses inconditionnels. Il constitue un excellent point de départ pour la découverte de la Côte et des îles varoises.

D. Pazery/MICHELIN

carnet pratique

Transports

Les bateaux Verts – *14 quai Léon-Condroyer - ☎ 04 94 49 29 39 - www.bateauxverts.com - De Pâques à octobre, excursions côtières : tour du golfe de St-Tropez, calanques de l'Estérel, îles d'Hyères, Cannes-îles de Lérins... Et suivi des « Voiles de St-Tropez » (1re sem. oct.).*

Se loger

Le Chardon Bleu – *29 r. de Verdun - Autoroute A 8 sortie Ste-Maxime centre-ville - ☎ 04 94 55 52 22 - www.aubergeduchardonbleu.fr - 25 ch. 47/80 € - 6,50 €.* Cet établissement profite d'une situation intéressante au centre de la station et à 150 m de la plage. La plupart des chambres sont climatisées et dotées d'un balcon ; deux possèdent une grande terrasse où l'on peut prendre le petit-déjeuner (également servi au jardin en été).

L'Auberge Provençale – *19 bd Aristide-Briand - ☎ 04 94 55 76 90 - fermé 20 déc. au 10 janv. - 15 ch. 55/60 € - 5,50 € - restaurant 18/37,50 €.* Une façade ocre-rouge signale ce petit hôtel où flotte une chaleureuse ambiance méridionale. Les chambres, simples et fonctionnelles, adoptent les couleurs de la Provence, au même titre que la salle des repas voûtée. Terrasse d'été close de murs et ombragée de platanes. Proximité de la plage.

Croisette – *2 bd Romarins - ☎ 04 94 96 17 75 - contact@hotel-la-croisette.com - fermé 2 déc.-28 fév. - 19 ch. 57/170 € - 11 €.* Lauriers roses, palmiers et figuiers entourent cette villa située dans un quartier pavillonnaire. Chambres fraîches et soignées ; certaines offrent la vue sur le large.

Se restaurer

La Maison Bleue – *48 r. Paul-Bert - ☎ 04 94 96 51 92 - la.maisonbleue@wanadoo.fr - fermé 6 nov.-27 déc. - 14/25,50 €.* Les pâtes ont pris possession de cette maison provençale : vieilles affiches publicitaires, plaques en émail et anciens paquets de pâtes alimentaires ornent les murs ocre. Elles tiennent aussi une bonne place sur la carte. Belle terrasse sous les platanes.

Chez Sophie – *4 pl. des Sarrasins - ☎ 04 94 96 71 00 - fermé nov.-déc. - 19,50/23,50 €.* Une petite adresse qui sent bon la Provence : intérieur aux tons ensoleillés où domine le bois et terrasse sous un immense platane, idéale pour boire le pastis en été. Les plats aux parfums du Midi et les appétissants desserts maison sont servis « avé l'assent ».

Faire une pause

La Tarte Tropézienne – *112 av. Charles-de-Gaulle - ☎ 04 94 96 01 65 - www.tarte-tropezienne.com - été : 6h-20h ; le reste de l'année : tlj sf lun. 6h-18h30.* Situé sur le front de mer, face au port de plaisance, ce point de vente de la fameuse et authentique tarte tropézienne est une halte toute indiquée pour s'offrir une petite pause sucrée ou salée avant de partir à la découverte des charmes balnéaires de Ste-Maxime.

En soirée

Bon à savoir – À la différence de Saint-Tropez, situé de l'autre côté du Golfe, les cafés et les pubs de Sainte-Maxime sont ouverts toute l'année, ce qui en fait une station balnéaire tout aussi vivante l'hiver que l'été.

Bar de l'Amarante Golf Plaza – *Av. Célestin - domaine du Golf - ☎ 04 94 56 66 66 - www.golf-plaza.fr - mars-janv. à partir de 18h.* Bar aménagé au sein d'un grand hôtel dominant Sainte-Maxime et le golfe de Saint-Tropez. Atmopshère cossue et... « so british » !

Café de France – *Pl. Victor-Hugo - ☎ 04 94 96 18 16 - juil.-août : tlj 7h-2h ; oct.-mars : 7h-20h ; sept., avr.-juin : 7h-00h.* Miroirs d'origine, clichés d'antan, lustres et appliques façon « 1900 » confèrent un charme « rétro » à cette brasserie fondée en 1852. En haute saison, fonctionnement de type restaurant à l'heure du dîner, avec une mise en place et une cuisine plus élaborées qu'à midi. Vaste terrasse en face de la marina. Écailler d'octobre à mi-avril.

Théâtre de la Mer - SMACT – *1 prom. Simon-Lorière - ☎ 04 94 55 75 55 - www.ste-maxime.com - juin-sept. : 21h-23h30 - 15 à 35 €.* Ce théâtre en plein air propose chaque été des spectacles très variés : chanteurs et humoristes de renommée nationale et internationale, danse, bals ainsi que des feux d'artifice. Se renseigner à l'Office de tourisme.

Que rapporter

Marchés – Marché couvert très animé tous les matins (sauf le lundi en hiver) pl. du Marché ; marché forain (vendredi matin) pl. Jean Mermoz ; marché de produits régionaux (jeudi matin) pl. des Sarrazins ; marché des Artisans (mi-juin à mi-septembre, de 17h à 23h) rues piétonnes du centre-ville.

Sports & Loisirs

Club nautique de Ste Maxime – *Bd Jean-Moulin - ☎ 04 94 96 07 80 - www.cnsm83.fr.st - vac. scol. : 8h30-18h30, dim. 13h30-18h30. vac. été 9h-19h - fermé vac. de Noël, j. fériés et dim. sf en été.* En juillet-août : stages de voile ; location de planches à voile et de catamarans.

Héli Sécurité – *Quartier Perrat-ZA Grimaud - 83310 Grimaud - ☎ 04 94 55 59 99 - helisecurite@wanadoo.fr - 9h-19h30.* Ce centre organise des circuits touristiques, mais aussi des transferts d'aéroport (ou autres), des transports de charge... Prix : 38,11 € pour voler au-dessus de la presqu'île de St-Tropez. Il est également possible d'y apprendre à piloter.

Golf de Ste-Maxime – *Rte du Débarquement - ☎ 04 94 55 02 02 - www.bluegreen.com - été : 7h-20h30 ; hiver : 9h-17h30.* Un golf magnifique et spectaculaire, situé sur les contreforts du massif des Maures : le parcours (18 trous) est très vallonné et offre souvent une vue superbe sur la baie de St-Tropez. Club-house avec restaurant, bar et boutique. Voiturette obligatoire sur les 9 derniers trous.

Les gens

11 785 Maximois. La station vit aussi hors saison : Fête de l'Huile et de l'Olive en novembre, du Mimosa le 1er dimanche de février, de Ste-Maxime le 15 mai, de la Vigne et des Vendanges en septembre.

se promener

N° 1
Première étape de la voie libératrice Ste-Maxime-Langres, la borne no 1 rappelle le débarquement des Alliés en 1944.

Bord de mer

Longeant la plage puis le port, la **promenade Simon-Lorière** propose une belle vue sur St-Tropez, à l'ombre de magnifiques platanes, pins parasols et palmiers. Pour les voitures, elle s'appelle l'avenue Charles-de-Gaulle.

Tour carrée des Dames

Face au port. Tour défensive érigée au 16e s. par les moines, elle servit par la suite aux audiences de justice et abrite aujourd'hui le **musée des Traditions locales** : la nature, l'histoire et les traditions de Ste-Maxime et de sa région y sont évoquées (mer, artisanat, costumes provençaux...). Vous y apprendrez qu'à partir du 18e s., la ville connut la prospérité grâce au transport maritime des produits des Maures vers Marseille et l'Italie : huile, bois, liège, vin. Le chemin de fer mit fin à ce trafic, mais permit l'avènement du tourisme. *☎ 04 94 96 70 30 - tlj sf lun. et mar. 10h-12h, 15h-18h - fermé 1er janv., 1er Mai, 25 déc. - 2,30 € (enf. 0,75 €).*

Église

Le portail est décoré d'un tympan moderne en céramique. À l'intérieur, bel autel baroque en marbre ocre et vert provenant du monastère de la Verne (17e s.) et stalles du 15e s.

alentours

Parc St-Donat

10 km au Nord. Quitter Ste-Maxime par le boulevard G.-Clemenceau, D 25. Entre le col de Gratteloup et la chapelle de St-Donat, la forêt a été aménagée en un lieu de détente. Le **musée du Phonographe et de la Musique mécanique** en constitue la principale attraction. On y découvre une étonnante collection de 350 instruments de musique et appareils à reproduire le son. Pièces rares comme le mélophone de 1780 (ancêtre de l'accordéon), orgues de Barbarie et pianolas, une série de phonographes de 1878 (Edison) à nos jours, un pathégraphe pour l'étude des langues étrangères (premier appareil audiovisuel), et même un oiseau chanteur (Bontemps, 1860). *☎ 04 94 96 50 52 - ♿ - de Pâques à fin sept. : 10h-12h, 15h30-18h - possibilité de visite guidée (1h) - fermé lun. et mar. - 3 €.*

Architecture
La façade du musée évoque un orgue mécanique (limonaire) des années 1900.

Sanary-sur-Mer

Rose et blanche, cette charmante station est fréquentée en toute saison, animée par son petit port de pêche et de plaisance bordé de palmiers. La ville et la baie sont protégées du mistral par les collines boisées que domine le Gros Cerveau.

La situation

Carte Michelin Local 340 J7 – Schéma p. 118 – Var (83). À 5 km de Bandol *(voir ce nom)* par la D 559. Sanary jouxte Six-Fours-les-Plages *(voir ce nom)*, à l'Est.

2 quai du Gén.-de-Gaulle, 83110 Sanary-sur-Mer, 04 94 74 01 04. www.sanarysurmer.com

Le nom

Le mot Sanary est la déformation de saint Nazaire (San Nary), lequel est vénéré dans l'église paroissiale.

Les gens

16 995 Sanaryens. L'un d'eux, Marius Michel (1819-1907), fut surnommé **Michel Pacha** pour avoir construit 110 phares sur les côtes ottomanes... transformant la Corne d'Or en corne d'abondance. Mais s'il fut à son retour élu maire de Sanary, c'est à Tamaris *(voir Toulon, circuit* 1*)*, près de la Seyne, qu'il fit édifier, autour de son « château », tout un quartier de villas néomauresques.

E. Baret /MICHELIN

Le port de Sanary allie harmonieusement traditions et activité balnéaire.

comprendre

Sanary, « capitale de la littérature allemande » d'avant-guerre – Le petit port varois, déjà réputé en 1920 et habité par des artistes et écrivains étrangers (Huxley, Kisling), devint à partir de 1933 le refuge d'un grand nombre d'intellectuels fuyant le régime d'Hitler. Parmi les plus connus, Thomas Mann et son frère Heinrich, Lion Feuchtwanger, Alma Mahler et Franz Werfel, Stefan Zweig... Lors de l'armistice de 1940, grâce à l'intervention de l'épouse du président Roosevelt, la plupart purent se réfugier aux États-Unis. Certains, moins connus, furent internés au camp des Milles, près d'Aix-en-Provence *(voir Le Guide Vert Provence)*.

SOUVENIR
À côté de l'Office de tourisme, une plaque rappelle les noms des artistes réfugiés à Sanary. C'est le point de départ du circuit « Les lieux de vie des intellectuels exilés à Sanary-sur-Mer ». *Livret avec plan de localisation des villas disponible à l'Office de tourisme.*

se promener

Partir de l'Office de tourisme, longer le port jusqu'à la place Michel-Pacha, sur la droite.

Église St-Nazaire

Elle fut reconstruite par Michel Pacha en 1890. Fresques à l'intérieur.

Poursuivre sur le port.

carnet pratique

Se loger

Hôtel Synaya – ☎ *04 94 74 10 50 - fermé 2 nov.-mars* - P - *11 ch. 40/43 €* - ☕ *5,80 €*. Petit hôtel dans une grande maison aux volets bleus avec un jardin au calme. La plage est à 200 m. L'ambiance et la cuisine sont familiales : pourquoi ne pas opter pour la demi-pension ?

Chambre d'hôte Villa Lou Gardian – *646 rte de Bandol - Autoroute A 50, échangeur Bandol - ☎ 04 94 88 05 73 ou 06 60 88 05 73 - www.lougardian.com - fermé oct.-mars -* ⊬ *- 4 ch. 70/80 €* ☕. Malgré la proximité de la route, les chambres, climatisées, colorées et sobrement décorées, de ce bâtiment récent bénéficient d'une certaine quiétude. Le vaste jardin fleuri et planté d'arbres centenaires, la grande piscine et le tennis vous séduiront.

Se restaurer

La Table d'Adrienne – *18 av. Gallieni - ☎ 04 94 88 06 29 - ouv. le midi du lun. au vend. et sam. ; tlj en juil.-août sf sam. midi et dim. midi - 9/16 €*. Petit restaurant intime face au cinéma ABC. Cuisine raffinée. Essayez le confit de canard accompagné de pommes salardaises ou les filets de rouget avec des tomates confites et du basilic.

Chez Mico – *18 r. Barthélémy-de-Don - ☎ 04 94 74 16 73 - chezmico@wanadoo.fr - fermé lun. et mar. hors sais. - 11/26 €*. Une institution locale où l'on se régale d'une cuisine méditerranéenne dans un décor d'ustensiles de cuisine, de souvenirs de voyage, de masques et de sorcières (une salle réservée aux non-fumeurs)... Brochettes, grillade ou pizza, un plat vous suffira !

L'Océan Jazz – *74 rte de la Gare - ☎ 04 94 07 36 11 - ojazz@net-up.com - fermé sam. midi et dim. sf juil.-août et j. fériés - 12,50/37 €*. Comme son nom l'indique, cette petite adresse aime le jazz. Des soirées sont organisées tous les samedis d'avril à septembre et les menus portent des noms évocateurs : Armstrong, Ray Charles, Lionel Hampton et Charles Mingus. La cuisine aux accents provençaux utilise au maximum les produits frais locaux.

Restaurant du Théâtre – *Imp. de l'Enclos - près du théâtre - ☎ 04 94 88 04 16 - nicolaslambo@neuf.fr - fermé dim. soir et lun. - 22 €*. Quelques petites marches à descendre, et vous voilà installé dans une salle d'esprit rustique, originalement disposée en U. Votre attention sera vite captée par la belle cheminée où rôtissent viandes (spécialités de l'Aubrac et charolaises), saumons, gambas et brochettes. Cuisine du marché.

En soirée

Centre National de création et de diffusion culturelles – *Chateauvallon - 83190 Ollioules - ☎ 0 820 222 004 - www.chateauvallon.com - 9h-12h, 14h-19h - fermé août et dim.* Cette structure située à Châteauvallon dispose d'un théâtre couvert de 400 places et d'un amphithéâtre en plein air de 1 200 places. Programmation diversifiée consacrée aux arts de la scène (danse, théâtre, cirque, musique, etc.) ; rencontres et ateliers d'activités artistiques.

Que rapporter

Marché – Mercredi sur le port.

Sports & Loisirs

Acquascope – ☺ - *Quai d'Honneur (face à la mairie) - juil.-août : 9h-18h30 ; avr.-juin et sept. : 14h-17h ; janv. et mars : w.-end et j. fériés. Durée : 30mn - 12 € (enf. 8 €).* Approche originale du monde sous-marin par une promenade en bateau semi-submersible.

Pêche au gros – Sanary est un des centres de la pêche au gros en France. La pêche au thon ou à l'espadon ne s'improvise pas, embarquez avec des professionnels qui vous initieront aux techniques. Renseignements à l'Office de tourisme.

Plages - La côte alterne anses sableuses et pointes rocheuses : entre Sanary et Bandol, plages Dorée et de Gorguette ; sur la baie de Cousse, plage de Beaucours (galets) ; baie de Portissol, plage du même nom ; entre Sanary et Six-Fours, plage de Bonnegrâce.

Calendrier

Les Floralies – Mai (tous les 2 ans).

St-Pierre et de la Lavande – Juin, fête de la merc.

Festival brésilien – Juillet (tous les 2 ans).

Fête de la St-Nazaire – Août, joutes provençales.

Le Vent des Arts – Mai (tous les 2 ans).

Les Voix du Gaou – Programmation internationale ; salsa ou raggamuffin mais aussi soul, reggae, rock, raï et variétés... Ce festival se tient la dernière quinzaine de juillet dans l'île du Gaou, accessible à pied.

Tour romane

Cette tour de guet (fin 13e s.), enceinte par un hôtel, pointe du haut de ses 21,50 m. Elle abrite un musée dédié à **F. Dumas**, l'un des pionniers, avec Taillez et Cousteau, de la plongée sous-marine. Le premier étage est consacré à l'ancien matériel de chasse sous-marine. Le deuxième expose des équipements de plongeurs des années 1940 à 1970. Le troisième étage présente des objets et amphores provenant des épaves antiques du fond de la baie de Sanary. Vue panoramique sur la ville. ☎ *04 94 74 01 04 - juil.-août : 10h-12h30, 16h-19h30 ; reste de l'année : w.-end 10h-12h30, 16h-19h30 - gratuit.*

Continuer de longer le port.

Chapelle N.-D.-de-Pitié

Des marches bordées d'oratoires modernes y mènent depuis le port. Là-haut, jolie **vue★** sur la baie de Sanary, les collines de Toulon, la côte jusqu'à l'archipel des Embiez, les hauteurs du cap Sicié. La chapelle de 1560 renferme de beaux ex-voto, naïfs pour la plupart.

Ex-voto de Provence-Côte-d'Azur

Présents dans toute la Provence et jusqu'en pays niçois, les ex-voto sont de naïves peintures religieuses, déposées dans les églises pour l'accomplissement d'un vœu ou en remerciement d'une grâce obtenue. Le tableau illustre le contexte de manière souvent aussi fraîche et qu'expressive : un bateau dans la tempête, un accident, une chute, un malade se relevant dans son lit... ; dans un angle, entourés d'une aura lumineuse, apparaît la Vierge, plus rarement le saint, auxquels s'adressent les remerciements du donateur.

Au 17e s., grande période de production, les ex-voto illustrent un esprit très prononcé de contre-réforme, marqué par l'importance de l'intercession de la Vierge dont les représentations sont majoritaires. On les trouve ainsi dans les sanctuaires dédiés à Marie.

Voir : N.-D.-du-Beausset-Vieux près de Bandol, N.-D.-du-Mai au cap Sicié, N.-D.-du-Peuple à Draguignan, N.-D.-des-Anges près de Gonfaron, collégiale St-Paul à Hyères (autrefois à N.-D.-de-Consolation), N.-D.-de-l'Ormeau à Seillans, N.-D.-de-Vie près de Mougins, N.-D.-de-Laghet en pays niçois.

Plages

La côte alterne anses sableuses et pointes rocheuses : entre Sanary et Bandol, plages Dorée et de Gorguette ; sur la baie de Cousse, plage de Beaucours (galets) ; baie de Portissol, plage du même nom ; entre Sanary et Six-Fours, plage de Bonnegrâce.

Descendre le chemin de la Colline, et prendre à droite l'escalier des Baux. Possibilité de rejoindre la plage du Portissol par le sentier du littoral (30mn) ou de revenir au port.

circuits

LE GROS CERVEAU★★ 1

13 km au Nord – environ 1h15. Quitter Sanary à l'Est par l'avenue de l'Europe-Unie.

La D 11 traverse un bassin fertile où l'on cultive fleurs, arbres fruitiers et vigne.

À l'entrée d'Ollioules, prendre à gauche la D 20.

À travers les cultures en terrasses, la vue porte alternativement sur la butte du fort de Six-Fours et la Petite Rade de Toulon dominée par le mont Faron. À mesure que l'on monte, le panorama s'étend vers le Sud-Est sur Toulon et la presqu'île du cap Sicié. Plus loin, la **vue★** est magnifique, à droite, sur les grès de Ste-Anne – énormes rochers percés de grottes –, la plaine du Beausset, le massif de la Ste-Baume, les collines d'Évenos, les gorges d'Ollioules, puis, à nouveau, sur la côte.

8 km après Ollioules, on atteint une plate-forme (possibilité de faire demi-tour).

Belle **vue★** dégagée sur le littoral. Poursuivez à pied vers le sommet du Gros Cerveau par la piste sinuant dans le maquis. Au pied du fortin (alt. 443 m), **vue★★** merveilleuse sur la côte, depuis la presqu'île de Giens jusqu'à l'île Verte au Sud de la Ciotat.

B. Kaufmann/MICHELIN

La production de fleurs de la région alimente le marché aux fleurs d'Hyères, le plus important du Sud-Est destiné à l'exportation.

LE MONT CAUME★★ 2

23 km au Nord-Est – environ 2h. Quitter Sanary à l'Est par l'avenue de l'Europe-Unie et suivre la D 11 jusqu'à Ollioules.

Ollioules

Au pied des vestiges d'un château féodal, ses rues sont bordées de vieilles maisons à arcades où se sont installés des artisans d'art. L'église est de style roman provençal. Le village vit encore de la culture florale, malgré l'avancée de l'urbanisme. Chaque année paire, pendant quatre jours à la fin mai, se déroule la **Fête des Fleurs** : exposition, vente, corso fleuri *exposition, vente (renseignements à l'Office de tourisme, ☎ 04 94 63 11 74). Corso fleuri les années impaires.*

Bassin fertile

Bâti sur du basalte noir, Ollioules l'exploita dès 1 000 ans avant J.-C. en fabriquant meules, mortiers et auges. Vers le 11e s., la petite ville tire sa richesse de la **culture de l'olivier** (d'où son nom), ainsi que du raisin, de l'amande, des figues. Au 19e s., elle se spécialise dans la **culture florale** qu'elle expédie dans toute l'Europe. Elle devient la capitale de l'immortelle jaune.

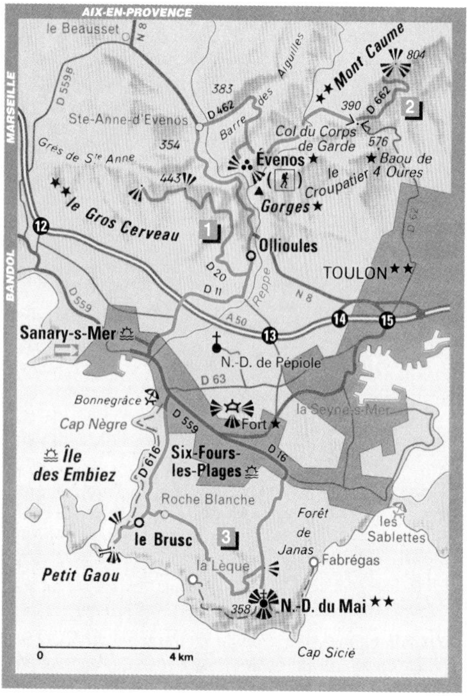

À la sortie d'Ollioules, prendre à gauche la N 8 qui s'enfonce dans des gorges.

Gorges d'Ollioules*

Comme les a peintes Hubert Robert au 18e s. *(voir musée des Beaux-Arts de Nice)* et les a décrites avec enthousiasme Victor Hugo, les gorges sont arides, sinueuses, déchirées. La Reppe y a creusé une profonde faille avant de se jeter dans la baie de Sanary. Plus haut, on voit les grès de Ste-Anne, étonnants rochers sculptés par l'érosion.

À Ste-Anne-d'Évenos, tourner à droite dans la D 462. On remonte un ravin encaissé, dominé à gauche par l'abrupte barre des Aiguilles.

Prendre à droite vers Évenos et laisser la voiture à hauteur d'un rocher surmonté d'une croix.

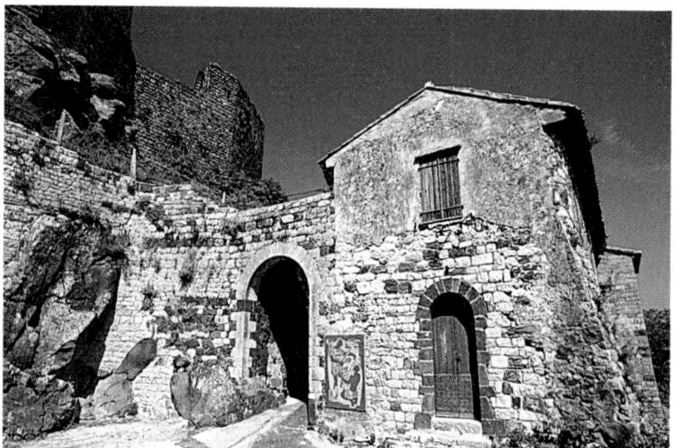

D. Pazery/MICHELIN

Évenos : l'unité hors du temps d'une cité abandonnée, en équilibre sur les pentes d'un volcan escarpé.

Évenos*

15mn AR. Incroyablement perché sur des pentes escarpées, le village est fait d'un enchevêtrement de maisons, aujourd'hui restaurées, entre lesquelles s'insinuent des calades. Cette « cité de basalte qui meurt autour de son donjon » s'élève sur un volcan dont on peut encore voir les scories. L'église du 13e s. présente un clocher à deux baies. Le tout est dominé par les ruines d'un château du 16e s. De la plate-forme, la **vue** s'étend sur les gorges du Destel et le Croupatier tout proches, le cap Sicié, les gorges d'Ollioules et le Gros Cerveau, la Ste-Baume à l'horizon.

Reprendre la voiture et emprunter la D 62. Au col du Corps-de-Garde, prendre à gauche la D 662.

Mont Caume

Il culmine à 801 m d'altitude. La route, en forte pente, propose de beaux points de vue et, à l'endroit où elle se termine *(monter sur la butte)*, un magnifique **panorama★★** sur la côte, du cap Bénat à la baie de la Ciotat et, à l'intérieur, sur la Ste-Baume.

PRESQU'ÎLE DU CAP SICIÉ★ 3

Circuit de 25 km – environ 2h (île des Embiez non comprise). Quitter Sanary par l'avenue d'Estienne-d'Orves (direction Six-Fours). La route longe la plage de Bonnegrâce. Tourner à droite à la racine de la pointe Nègre.

BONS MARCHEURS
Un sentier longe le littoral de Sanary à N.-D.-du-Mai en passant par Le Brusc *(voir Six-Fours-les-Plages)*.

Parc Méditerranéen

La partie paysagée du parc plaira aux amateurs d'espèces exotiques, tandis que les enfants apprécieront l'aire de jeux et les sportifs le parcours aménagé. Jolie vue sur la baie de Sanary depuis la pointe où se trouve la **batterie** (19e s.). Celle-ci abrite un centre d'interprétation sur le thème de l'activité maritime et le passé militaire. *☎ 04 94 07 02 21 - juin-sept. : 8h-22h ; avr.-mai et oct. : 8h-20h ; nov.-mars : 8h-18h - gratuit.*

Revenir sur la D 616.

Le Brusc

Village de pêcheurs et station bien située qui possède un petit port d'où l'on peut s'embarquer pour l'île des Embiez *(voir ce nom)*.

Petit Gaou

C'est une ancienne île maintenant rattachée à la côte et dont les rivages rocheux, furieusement battus par la mer, ont des airs de paysage breton. De la pointe, la **vue** s'étend largement sur la côte et l'archipel des Embiez.

Grand Gaou

Accessible par une passerelle, cette île a été aménagée afin d'en préserver l'aspect sauvage (dans le cadre d'un classement « Natura 2000 »). On chemine entre des barrières en bois délimitant des parcelles où la végétation se régénère (sentier botanique). Possibilité de pique-niquer *(aires réservées)*. En été, ce cadre enchanteur accueille le « Festival des Voix du Gaou » *(voir « Calendrier » dans le « carnet pratique »)*.

Revenir au Brusc et prendre à droite la D 16 qu'on laisse à gauche au lieu dit « Roche-Blanche ».

Suivre la route tracée à 1 km environ en retrait du littoral, mais offrant quelques belles échappées sur la Ciotat, Bandol, Sanary. Cette route débouche sur celle de N.-D.-du-Mai : la **vue★★** porte sur la rade de Toulon, le cap Cépet, la presqu'île de Giens et les îles d'Hyères.

Tourner à droite et aller jusqu'au parc de stationnement de la TDF. Accès en voiture interdit de mi-juin à mi-septembre.

Chapelle Notre-Dame-du-Mai★★

Gagner la chapelle en contournant les installations de la TDF. ☎ 06 20 89 74 17 - possibilité de visite sur demande auprès de M. Metairie oct.-avr. : 1er sam. mat. du mois ; mai, lun. Pâques, 15 août et 14 sept. : se renseigner pour les horaires.

PÈLERINAGE
De nombreux et intéressants ex-voto ornent l'intérieur de ce lieu de pèlerinage (14 septembre).

Point culminant de la presqu'île (318 m), elle surplombe dans un à-pic vertigineux le **cap Sicié** dans les flots et procure un **panorama★★** splendide des îles d'Hyères aux calanques de la région marseillaise.

Faire demi-tour ; au carrefour d'accès, continuer tout droit.

La route, étroite, traverse la belle **forêt de Janas**, plantée de résineux, et rejoint la D 16 qu'on prend à gauche.

Six-Fours-les-Plages *(voir ce nom)*

Rentrer à Sanary par la D 559.

Saorge★★

À la sortie de ses admirables gorges, la perle de la région apparaît entre ses deux falaises rocheuses, dans un **site★★** extraordinaire. Bâtie en amphithéâtre comme les autres villes de la haute vallée de la Roya, son architecture médiévale est particulièrement intacte. Protégeant la vallée de ses châteaux forts, elle était en effet réputée imprenable. Aujourd'hui, cette région sauvage a pour principales ressources des usines hydro-électriques et des exploitations forestières.

VIGIE DE LA VALLÉE
Ancienne ville ligure, puis romaine, son importance stratégique en fit au Moyen Âge une place forte invincible. Saorge céda tout de même aux Français commandés par Masséna en 1794, et une deuxième fois au cours des opérations d'avril 1945.

La situation

Carte Michelin Local 341 G4 – Schémas p. 64 et 309 – Alpes-Maritimes (06). En venant de Breil-sur-Roya *(voir ce nom)*, dépasser Saorge et prendre à droite dans le centre de Fontan.

Mairie, ☏ 04 93 04 51 23.

Vallées Roya-Bévéra, ☏ 04 93 04 92 05. www.royabevera.com

Le nom

Il est la traduction du provençal *sorga* dont la racine préceltique *sor* ou indo-européenne *sarit* signifie « source », « rivière ».

se promener

Laisser la voiture à l'entrée Nord du village.

Vieux village★

Le village est construit sur trois niveaux : à chacun sa fontaine et sa place. Ses ruelles en dédale, presque toujours en escalier, souvent voûtées, sont amusantes à parcourir. On y découvre des maisons du 15e s. abritées de lauzes et des portes aux linteaux sculptés. Les fiers clochers des trois chapelles des Pénitents (l'une d'elle abrite la bibliothèque) dominent le village.

À DOS DE MULET !
L'**orgue** de l'église, fabriqué en 1847 par les Lingiardi, facteurs à Pavie, fut transporté du port de Nice à Saorge à dos de mulet, après un voyage par mer de Gênes à Nice.

Église St-Sauveur

Construite au 16e s. et revoûtée au 18e, elle est composée de trois nefs, séparées par des colonnes à chapiteaux corinthiens dorés. Outre ses retables, on remarque un beau tabernacle Renaissance, une Vierge en bois doré avec baldaquin (1708), des fonts baptismaux du 15e s., surmontés d'un petit tableau peint en 1532 par un notable saorgin, et enfin, un primitif du 16e s. sur l'autel de l'Annonciation.

Traverser le village vers le Sud. À une bifurcation, prendre le chemin de droite.

Un bout de Tibet sur la terre d'Azur ? Oui, lorsqu'on atteint Saorge et ses maisons perchées.

E. Baret/MICHELIN

carnet pratique

Se restaurer

⊖⊖ **Le Bellevue** – *5 r. Louis-Périssol - ☏ 04 93 04 51 37 - fermé lun. soir et mar. - 17/26 €.* Au cours de votre promenade dans les ruelles, venez vous restaurer en toute confiance dans sa salle à manger jaune, au plafond lambrissé de bois, sans perdre la vue panoramique sur les gorges de la Roya et le village.

Sports et loisirs

Pour les amateurs de sensations fortes, les gorges de Saorge sont à découvrir en kayak, canoë, raft ou canyoning. S'adresser à l'Office du tourisme de Breil pour la liste des prestataires, *☏ 04 93 04 99 76. Pour les informations sur les vallées Roya-Bévéra : www.royabevera.com*

Madonna del Poggio

Propriété privée. Exemple marquant de l'architecture romane primitive de la région, il s'agirait de son plus vieil édifice religieux. On admirera le **clocher** élancé à six étages de bandes lombardes et le chevet. Le chemin de retour offre un beau point de vue sur Saorge et ses terrasses d'oliviers.

À la bifurcation, prendre à droite à angle aigu vers le monastère.

Couvent des franciscains

☏ 04 93 04 55 55 - visite guidée (1h) avr.-oct. : tlj sf mar. 10h-12h, 14h-18h ; reste de l'année : tlj sf mar. 10h-12h, 14h-17h - fermé 1er janv., 1er Mai, 1er et 11 Nov., 25 déc. - 4,60 € (enf. gratuit), gratuit 1er dim. du mois.

Dans un bel environnement d'oliviers, il domine au Sud le village. L'église du 17e s., de style baroque italien, possède un porche surmonté de balustres et un clocher à bulbe couvert de tuiles polychromes. On visite également le réfectoire orné de fresques du 17e s. ainsi qu'un petit **cloître** décoré de jolies peintures rustiques.

De la terrasse, la **vue★★** porte sur Saorge, la Roya et ses gorges.

circuit

GORGES DE SAORGE ET DE BERGUE 1

39 km – environ 4h – schéma p. 281.

Breil-sur-Roya *(voir ce nom)*

Quitter Breil-sur-Roya au Nord par la N 204.

On laisse à gauche la route du col de Brouis *(voir Sospel).*

La Giandola *(voir Sospel)*

La route remonte la vallée de la Roya, qui se resserre de plus en plus.

Gorges de Saorge★★

La route longe le torrent, puis surplombe, en corniche étroite sous les rochers, les gorges parmi les plus belles de la région avec celles de Bergue. La voie ferrée de Nice à Cuneo a réussi aussi à s'y frayer un passage au prix de nombreux ouvrages d'art. Ces premières gorges s'interrompent par le fantastique tableau que compose Saorge parmi ses oliviers.

Gorges de Bergue★

Après Saorge et Fontan, les gorges apparaissent, grandioses, creusées dans un défilé de schistes feuilletés et colorés de rouge. On peut rejoindre le mignon hameau de **Granile** *(voir Tende)* par un joli sentier. La vallée s'élargit ensuite dans le bassin de St-Dalmas-de-Tende.

Seillans★

SURRÉALISTE
Max Ernst (1891-1976) devient un animateur très actif du mouvement dada, qui va se transformer en surréalisme. Il s'installe à Seillans en 1964, avec son épouse peintre, Dorothéa Tanning.

◀ Village surréaliste par excellence. D'abord parce que Max Ernst l'a élu pour y vivre ses dernières années. Ensuite parce qu'il est incroyablement bâti en pente, bien plus que ses voisins. Depuis son château médiéval, on descend avec plaisir des ruelles pavées de galets, ponctuées par les étages de maisons blondes, roses et fleuries.

La situation

Carte Michelin Local 340 O4 – Var (83). Sur les contreforts du plan de Canjuers *(voir circuit « Le col du Bel-Homme » à Fayence).* Parking tout en haut, avant le château et l'Office de tourisme.

R. du Valat, 83440 Seillans, ☎ 04 94 76 85 91. www.seillans-var.com

Le nom

Il dériverait du nom d'un certain Cælius, peut-être celui-là même dont on a retrouvé l'épitaphe à Seillans (N.-D.-de-l'Ormeau), encore que certains aiment à y voir un hommage rendu à Séléné, la déesse de la lune.

Les gens

2 115 Seillanais. Ils vivent de l'art et de l'artisanat, de la fabrication de matières aromatiques (exportation dans le monde entier) et produisent un miel apprécié.

visiter

Collection Max Ernst et Dorothéa Tanning

Ce **petit** musée expose les belles lithographies de ce peintre de l'imaginaire, de l'humour et du rêve. *☎ 04 94 76 85 91 - juil.-août : tlj sf lun. 15h-18h ; juin et sept. : tlj sf dim. et lun. 15h-18h ; oct.-mai : tlj sf dim. et lun. 14h30-17h30 - possibilité de visite guidée - fermé 1er et 8 Mai, 14 Juil., 1er et 11 Nov. - 2 € (-15 ans gratuit).*

Église

Tlj sf dim.

Rebâtie en 1477, elle a gardé quelques parties du 11e s. Elle abrite, sur le côté droit, deux beaux triptyques dont un Couronnement de la Vierge, peint sur bois au 15e s., et un bénitier en marbre de 1491.

N.-D.-de-l'Ormeau

1 km au SE sur la route de Fayence. ☎ 04 94 76 85 91 - juil.-août : mar. 17h30-18h30, jeu. 11h-12h ; sept.-juin : sur demande préalable - possibilité de visite guidée au cours de la visite du village - s'adresser à l'Office de tourisme.

carnet pratique

SE LOGER ET SE RESTAURER

Hôtel restaurant Les Deux Rocs – *Pl. Font-d'Amont - ☎ 04 94 76 87 32 - www.hoteldesdeuxrocs.com - fermé janv.-fév. - 14 ch. 58/115 € - ☕ 8,50 € - restaurant 28/35 €.* Cette belle bastide située sur les hauteurs du bourg abrite une hostellerie de caractère. Le vieil escalier mène aux chambres personnalisées, garnies de meubles anciens. Repas servis auprès de la cheminée ou sur la terrasse ombragée de platanes et dressée autour de la fontaine du village.

QUE RAPPORTER

Foires thématiques de Seillans – Marché potier le 15 août.

CALENDRIER

Fête de N.-D.-des-Selves – 1er week-end de juillet.

Fête de St-Cyr et St-Léger – Dernier week-end de juillet.

Fête des fleurs – Pentecôte (tous les deux ans).

Les hauts cyprès de cette chapelle romane rivalisent avec son clocher en pierre de taille. Ultérieur, le porche dépare un peu avec le lieu, mais l'ensemble reste harmonieux.
À l'intérieur, on est saisi par la profusion décorative des œuvres, en particulier de l'exubérant **retable★★**, en bois taillé dans la masse et peint au 16e s. par un moine italien. Richement ouvragé dans un cadre Renaissance, il est dédié à la Vierge : la prédelle représente sa vie, le fronton, l'Ascension. Au centre, quantité de personnages escaladent l'Arbre de Jessé. À gauche, l'Adoration des bergers, à droite l'Adoration des mages. Elles sont toutes deux d'un expressionnisme frappant.
Également, un beau bas-relief de l'Assomption (17e s.), une pierre tombale romaine avec inscription, de nombreux ex-voto de l'époque 1800, naïfs et touchants, qui montrent l'importance de ce sanctuaire.

PROCESSION
De la statue du 14e s. de Notre-Dame-de-l'Ormeau le 16 juillet, la chapelle ayant été la paroisse du village primitif.

E. Baret/MICHELIN

L'Adoration des bergers, détail du retable (16e s.) de la chapelle N.-D.-de-l'Ormeau.

Six-Fours-les-Plages

Plages, littoral sauvage, lieux de culte antique sont les richesses de cette vaste commune qui s'étend sur la partie Ouest de la presqu'île de Sicié, la partie Est étant occupée par La Seyne-sur-Mer. À partir des 18e-19e s., les villageois ont préféré la plaine de Reynier au vieux Six-Fours fortifié et perché sur la colline dont il ne reste que la précieuse collégiale St-Pierre.

La situation

Carte Michelin Local 340 K7 - Schéma p. 364 - Var (83).
Autour du centre-ville Reynier, la commune se disperse sur 125 hameaux et des quartiers résidentiels. Mieux vaut se munir d'une carte à l'Office de tourisme situé en bord de mer (D 559).
Prom. Charles-de-Gaulle, 83140 Six-Fours-les-Plages, ☎ 04 94 07 02 21. www.six-fours-les-plages.com

Le nom

Plutôt que « six fours », il semble qu'il faille comprendre « six forts » : ceux-ci remonteraient à la colonisation des Phocéens venus de Massilia.

Les gens

32 742 Six-Fournais. Saint Pierre y est le patron des pêcheurs. La collégiale le représente.

LES PLAGES
La commune en comprend plusieurs : la plus proche et la plus vaste (2 km de sable) est celle de **Bonnegrâce** qui jouxte Sanary *(voir ce nom)*. Les autres s'étendent jusqu'au **Brusc**. Ensuite, la corniche, très découpée, n'est accessible que par la mer. Seule la **plage des Fosses** peut être atteinte par le sentier du littoral, au niveau de la Haute-Lèque.

carnet pratique

TRANSPORT

Accès aux Îles des Embiez – *Voir ce nom.*

Se loger

Hôtel du Parc – *112 r. Marius-Bondil, le Brusc - ☎ 04 94 34 00 15 - fermé nov.-15 mars - 17 ch. 45/65 € - 6,80 €.* À deux pas du port du Brusc et à 250 m de la plage, c'est aussi le point de départ idéal pour les randonnées à pied et en VTT dans la forêt du cap Sicié. L'hôtel (demi-pension uniquement) est établi dans une grande maison. Demandez l'une des chambres récemment rénovées dans des tonalités fraîches. La salle à manger lumineuse donne sur un jardin.

Clos des Pins – *101 bis r. de la République - ☎ 04 94 25 43 68 - closdespins@wanadoo.fr - P - 23 ch. 63/67 € - 8 € - restaurant 18/24 €.* Cet hôtel bordé de quelques pins borde une voie fréquentée, mais bénéficie d'une bonne insonorisation. Ses chambres sont avant tout fonctionnelles.

L'Île Rose – *242 prom. du Gén.-de-Gaulle - ☎ 04 94 07 10 56 - fermé nov. - P - 21 ch. 70/85 € - 5,50 €.* On fréquente ce petit hôtel pour sa situation privilégiée à 20 m de la plage de Bonnegrâce, pour ses chambres unicolores rénovées et pour le plaisir d'ouvrir chaque matin ses fenêtres sur la baie de Sanary et les îles des Embiez.

Se restaurer

Le Ligure – *60 av. John-Kennedy, rte de Playes - ☎ 04 94 25 63 87 - fermé 15 nov.-15 déc., dim. soir et lun. hors sais. - 11/25,50 €.* Cet établissement offre, depuis sa vaste terrasse, un panorama assez exceptionnel sur la mer et la baie de Sanary. Intérieur peint aux couleurs provençales et agrémenté d'une fresque. La carte privilégie le poisson et les pizzas cuites au feu de bois.

La Marmite – *Quai St-Pierre, au port du Brusc - ☎ 04 94 34 04 81 - lamarmite@infonie.fr - fermé janv., dim. soir et lun. sf juil.-août - 12/25 €.* Profitant de la vue sur le port, à l'abri des grandes baies vitrées, vous pourrez choisir votre menu, dans un cadre très simple. On y vient aussi pour ses prix raisonnables.

Le Chant des Elfes – *70 r. de la Citadelle, le Brusc - ☎ 04 94 34 01 21 - 14,50/31,50 €.* À deux pas du port, Christine et Steven vous accueillent dans une salle conviviale et vous proposent salades composées, plats de viande ou de poisson, moules frites, camembert au four et autres spécialités maison.

Saint-Pierre - Chez Marcel – *47 r. de la Citadelle, le Brusc - ☎ 04 94 34 02 52 - contact@lesaintpierre.fr - 18/33,50 €.* Près du port, ancienne maison de pêcheur proposant, dans sa lumineuse salle à manger, un choix de préparations imprégnées de saveurs littorales.

Sports & Loisirs

Six-Fours/les Embiez est labellisé **« station nautique »** ce qui atteste de la diversité et de la qualité des activités proposées. Renseignements à *l'Office de tourisme ou www.france-nautisme.com.*

À pied – Outre le sentier du littoral (voir « se promener »), le massif du cap Sicié offre 5 itinéraires de découverte (d'environ 2h) à parcourir seul ou accompagné d'un guide. Tout au long du littoral, 3 sentiers de découverte botanique ont été balisés et les plants jalonnés : le sentier du Parc de la Méditerranée (1h30), le sentier du cap Nègre (1h) et le sentier de l'île du Gaou (1h). Renseignements à l'Office de tourisme.

En vélo – Six-Fours compte 5 circuits en boucle balisés (10 à 25 km). Carte disponible à l'Office de tourisme.

se promener

LE VIEUX SIX-FOURS

Accès par l'avenue du Mar.-Juin (D 559 en venant de La Seyne-sur-Mer); prendre à gauche la petite route du fort.

La montée, très raide, alterne des perspectives sur la baie de Sanary et sur la rade de Toulon. Regroupée au sommet de la colline dès le haut Moyen Âge, la communauté villageoise était protégée par trois rangées de remparts. Elle est descendue s'installer dans la plaine vers le 19e s.

Premiers Chrétiens

Persécutés, les premiers chrétiens se réfugièrent dans la collégiale. Celle-ci fut ensuite occupée au 5e s. comme l'attestent l'autel, le baptistère et des parties de l'abside. Les moines de Montmajour puis de St-Victor y édifièrent un prieuré et une chapelle au 11e s.

Fort de Six-Fours★

Alt. 210 m. Construit au 19e s., il ne se visite pas. La plate-forme offre un superbe **panorama★** sur la rade de Toulon, la presqu'île de St-Mandrier, le cap Sicié, la baie de Sanary, le Brusc et l'archipel des Embiez.

Collégiale St-Pierre

☎ 04 94 34 24 75 - juin-oct. : tlj sf mar. 15h-19h ; nov.-mai : tlj sf mar. 14h-18h.

Au pied de la forteresse, l'église du village abandonné du vieux Six-Fours présente la particularité d'avoir deux nefs perpendiculaires, l'une romane, l'autre bâtie au 17e s. dans le style gothique pour agrandir le sanctuaire. On y

Le caviar de la Méditerranée

Depuis l'Antiquité, l'**oursin**, appelé familièrement châtaigne de mer, est apprécié pour la finesse de ses « œufs ». La partie comestible est constituée par les organes sexuels, répartis en cinq branches, orange chez la femelle et blanchâtres chez le mâle. Mais sa récolte intense entraîne sa raréfaction sur les rivages méditerranéens, au grand dam des gourmands qui sont bien punis de leur gloutonnerie ! Pour assurer sa protection, des campagnes d'information sont menées par des organismes tel l'Institut océanographique Paul-Ricard aux Embiez. L'interdiction de la pêche d'avril à octobre correspond à la période où l'animal est vide. La pêche professionnelle, en plongée avec bouteille, se pratique à l'aide d'un gabarit permettant de calibrer les prises supérieures à 5 cm de diamètre.

remarque un magnifique polyptyque attribué à Louis Bréa, une Descente de croix de l'école flamande (fin 16e s.) et une Vierge attribuée à Pierre Puget.

SENTIER DU LITTORAL★

Variante par la route, voir le circuit la « presqu'île du Cap Sicié★ 3 » à Sanary-sur-Mer. Il se décompose en deux parties : la première de 6 km est facile, la seconde de 10 km est plus sportive.

1h30. Départ de la plage de Bonnegrâce. Le sentier longe les plages en passant par le **cap Nègre** *(voir le circuit 3 à Sanary-sur-Mer)* pour arriver au petit port de pêche du **Brusc**, animé par les jolies embarcations de pêcheurs, les « pointus ».

4h. Départ du Brusc. Du rond-point, montez par le chemin de la Gardiole et, via le chemin de la Lèque, gagnez les Hautes Lecques. Vous quittez le bitume au bout du chemin des Gargadoux *(balisage jaune)*. Cette partie du sentier du littoral est appelée la « corniche Merveilleuse ». La nature schisteuse de la roche, les sols acides, qui font exception dans la région, favorisent le développement d'une végétation mixte de résineux méditerranéens, de feuillus (chêne vert, chêne kermès et chêne-liège), d'eucalyptus, de sorbiers, d'arbousiers et de plantes aromatiques. La faune n'est pas en reste. On grimpe ainsi jusqu'à la **chapelle Notre-Dame-du-Mai** *(voir le circuit 3 à Sanary-sur-Mer)*. La randonnée se poursuit jusqu'au **cap Sicié** et longe la face Est du massif jusqu'à la plage de Fabrégas.

E. Baret/MICHELIN

N.-D.-de-Pépiole présente une architecture originale avec ses trois absides réunies.

alentours

N.-D.-de-Pépiole

4 km au Nord. Par la D 63 (venant de la plage de Bonnegrâce), après 2 km, tourner à gauche et suivre la petite route balisée. Laisser la voiture sur une terrasse, à 100 m de la chapelle. ☏ *04 94 63 38 29 - 15h-18h.*

Antique
Les enduits qui la recouvraient ont fait méconnaître pendant des siècles l'un des plus antiques monuments paléochrétiens de France.

Cette adorable chapelle, bâtie en pierres roses, jaunes et grises, et dotée de deux charmants campaniles et de trois absidioles, occupe un **site★** merveilleux : un paysage composé de pins, cyprès, oliviers, vignes et genêts sur fond de montagne toulonnaise. Ses trois chapelles primitives, indépendantes aux 5e-6e s., ont été réorganisées en un unique lieu de culte au 12e s. par le percement de grandes arcades latérales de pierre bleue. À l'intérieur, statue du 17e s. de Notre-Dame-de-Pépiole.

Sospel★

Les riches heures de Sospel
Sospel fut tour à tour évêché au 5e s., commune libre de la Provence puis de la Savoie au Moyen Âge, de nouveau évêché rattaché au pape d'Avignon suite au Grand Schisme, académie littéraire au 17e s., comté avec les fiefs de Moulinet et de Castillon au 18e s. et enfin titulaire de la croix de guerre en 1944.

Cette petite cité chargée d'histoire regarde aujourd'hui paisiblement la Bévéra couler face aux montagnes qui la cernent. Son site verdoyant d'oliviers fut un lieu de passage obligé sur la « route du sel » qui reliait le littoral à Turin, alors capitale sarde. D'où de nombreux sentiers de muletiers et routes en corniche qui feront la joie des randonneurs.

La situation

Carte Michelin Local 341 F4 – Schéma p. 309 – Alpes-Maritimes (06). À 19 km au Nord de Menton. Comme à Paris, il y a la rive gauche et la rive droite. Un vieux pont les sépare ; à Paris, c'est le Pont-Neuf, à Sospel, le Pont-Vieux !

Le Pont-Vieux, 06380 Sospel, ☎ 04 93 04 15 80. www.sospel-tourisme.com

Vallées Roya-Bévéra, ☎ 04 93 04 92 05. www.royabevera.com

Le nom

La localité était appelée au 11e s. *Hospitellum*, probablement en raison de l'établissement d'un relais par l'ordre des Hospitaliers sur la route de Turin.

Les gens

2 885 Sospellois placés sous la protection martiale de l'archange saint Michel, patron du village, dont la statue de « peseur d'âmes » trône au-dessus du porche de l'ancienne cathédrale.

Symbole du village et silhouette emblématique du haut pays mentonnais, le vieux pont à péage était le lieu de passage obligé sur la route du sel.

E. Baret/MICHELIN

carnet pratique

Se restaurer

L'Auberge du Pont Vieux – *3 av. Jean-Médecin* - *☎ 04 93 04 00 73 - fermé 2 sem. déb. mars, 2 sem. en juin, 2 sem. en oct. et dim. soir hors sais. - 12/24 € - 5 ch. 32/40 € -* ☕ 6 €. Aménagée dans les murs d'un monastère du 14e s., auberge sans prétention appréciée des Sospellois pour sa copieuse cuisine régionale. Salle climatisée, en partie lambrissée, égayée de nappes aux couleurs ensoleillées. Les chambres ont toutes été rénovées.

Que rapporter

Marchés – Marchés le jeudi sur la place Gianotti et le dimanche matin sur la place de la Cabraïa : fromages de chèvre et miel. Marché des producteurs régionaux à la St-Michel.

Sports & Loisirs

Randonnées – Itinéraires des sentiers pédestres et de VTT au départ du village disponibles auprès de l'Office de tourisme. Possibilités également de randonnées équestres.

Azalpe – *20bis r. Collet - ☎ 08 00 59 83 25 - www.azalpe.com - 17h-20h.* Guide de montagne proposant canyoning et via ferrata (La Colmiane, Tende et Peille), avec location de matériel.

ABC d'Air – *☎ 04 93 21 11 39 ou 06 81 09 80 52.* Le mont Agaisen dominant le village est une bonne base de parapente et l'occasion de découvrir la vallée d'en haut. Baptêmes de parapente.

se promener

VIEUX VILLAGE★

Dépliant de découverte du village disponible à l'Office de tourisme.

Rive droite

La charmante place St-Michel compose, avec l'église et les maisons gothiques, un ensemble très agréable. La plus vieille maison (palais Ricci), à droite de l'église, accueillit Pie VII en 1809 : chassé par Napoléon des États pontificaux annexés à l'Empire, il se vengea en excommuniant l'Empereur.

Église St-Michel

Romane (clocher, bandes lombardes), elle fut rebâtie au 17e s. dans le goût baroque, comme le montrent sa belle façade et la richesse de sa décoration intérieure : autel, fresques, dorures. Parmi les retables, une des œuvres les plus remarquables de François Bréa de 1520, la **Vierge immaculée★**, nimbée d'angelots et dominant un superbe paysage de mer et montagne.

S. Sauvignier/MICHELIN

Sainte Suzanne, détail de la « Vierge immaculée », une des œuvres les plus abouties (1520) de François Bréa.

Depuis le parvis, flâner à la découverte des ruines d'un couvent de carmélites *(en haut des escaliers)*, de fortifications (tour d'angle du 15e s.) puis, après une porte d'enceinte et un escalier, dans la **rue St-Pierre** où arcades, placette, jolie fontaine et linteaux armoriés (nos 3, 20 et 29) ponctuent la promenade. Au no 30, intéressante façade en bel appareil ornée de deux fenêtres Renaissance et rez-de-chaussée gothique avec fenêtre et porte en ogive.

Vieux pont★

Trait d'union des deux rives depuis le 11e s., ce passage sur la route du sel était le lieu idéal pour installer un péage, dans sa tour, reconstituée après la guerre de 1939-1945. Il abrite l'Office de tourisme et en saison, un bureau d'informations sur le parc du Mercantour.

Rive gauche

On y admire la place St-Nicolas, avec ses maisons anciennes et son pavement de galets colorés (calades). Sous les arcades de l'ancienne maison communale, ornée d'un agneau pascal en bas-relief, belle **fontaine** du 15e s. (la plus ancienne). À droite, la rue de la République bordée de linteaux (nos 14, 15, 23, 51) était animée de nombreux négoces ; elle abrite de vastes caves qui servaient d'entrepôts pour les commerçants de

> **Les fontaines de Sospel**
> Sculptées, les fontaines attestent du passé commercial de la cité. La plus imposante, est celle de la **place de la Cabraïa** *(rive droite)* à deux niveaux.

passage avant d'acquitter les taxes du pont. Après le n° 51, dans un renfoncement à droite, élégante fontaine provençale. En prenant la pittoresque et étroite rue des Tisserands, vous découvrirez la chapelle Ste-Croix (17e s.).

alentours

Fort St-Roch★

À 1 km du centre du village, sur la route de Nice, D 2204. À droite après le cimetière, prendre une ancienne route militaire signalée. ☎ 04 93 04 00 70 - juil.-août : tlj sf lun. 14h-18h ; avr.-juin et sept.-oct. : w.-end et j. fériés 14h-18h - 5 € (enf. 3 €).

Comme des taupes
Pouvant tenir un siège de trois mois, le fort abritait dans ses 2 km de galeries tout le nécessaire vital (cuisine, centrale électrique, bloc opératoire, salles de ventilation), et même le superflu : une salle de cinéma !

Véritable ville souterraine à 50 m de profondeur, le fort faisait partie de la « ligne Maginot des Alpes » construite pendant les années 1930 dans la région. Il a été conçu pour verrouiller la vallée de la Bévéra, couvrir le col de Brouis et la sortie du tunnel ferroviaire de Breil. Un funiculaire menait au poste de tir et aux salles d'artillerie. Des périscopes permettent d'avoir une vue intéressante des environs. Visite sonorisée. Musée de l'artillerie. Une rétrospective de l'armée des Alpes de 1939-1945 est également proposée.

Fort Suchet (dit du Barbonnet)

Un peu plus au Sud. Voir forêt de Turini, circuit 7.

Piène-Haute (par le col Vescavo)★

9 km – 1/2 journée. Quitter Sospel à l'Est par la D 2204. Après 2 km, une route se détache à droite, signalée « Piène-Olivetta ». Après 4 km, la D 93 atteint le col de Vescavo (478 m) qui domine le versant italien de la Bévéra. Prendre à gauche la D 193.

Un petit goût d'Italie
Après le col, la D 93 redescend en Italie sur le village d'**Olivetta**, au nom inspiré des oliviers qui l'entourent.

On atteint le charmant village de **Piène-Haute** isolé à 613 m d'altitude. Stationnez à l'entrée du village sur l'esplanade. Avant de s'engager à pied dans la descente, belle **vue★** sur les vieilles maisons serrées et dominées par les ruines du château. De petites rues fleuries conduisent à la pittoresque placette de la mairie. L'église, située en hauteur, est accolée d'un beau clocher sculpté et abrite un curieux retable en marbre rouge. Au-dessus, les ruines du château offrent des vues impressionnantes sur la vallée de la Roya et le hameau de Piène-Basse, poste frontière.

randonnées

Sentier botanique

Prendre la D 2204, puis la D 93 vers le poste frontière d'Olivetta. Descendre à droite vers la voie de chemin de fer, puis à gauche sous le pont. Le sentier est annoncé près d'une ruine.

1h15 AR. Agréable et pédagogique, ce parcours traverse une forêt de chênes, un bosquet d'aulnes qui apprécient l'humidité régnante, une garrigue qui a colonisé les anciennes cultures et une autre forêt de chênes.

Mont Agaisen

7 km en voiture. Quitter Sospel par la route qui longe le bâtiment des Postes et remonte la rive gauche de la Bévéra. Après 1,5 km, tourner à droite et monter en direction des serres de Bérins. La route serpente à flanc de collines, au milieu des vergers, avec de belles échappées sur la vallée. À Bérins, prendre la route à droite qui s'engage vers le Sud. Après une traversée sous bois, l'ancienne route militaire atteint les premiers fortins de l'ensemble fortifié du mont Agaisen (on ne visite pas). Stationner sur les espaces libres de la montée.

1h AR. Poursuivez le sentier qui atteint le sommet (alt. 745 m), parsemé de casemates et tourelles de tir. Le rebord du sommet se trouve plein Sud, près d'une grande croix métallique. On est récompensé par une belle vue

S. Sauvignier/MICHELIN

Étiré sur la crête frontalière avec la basse vallée de la Roya, le village de Piène-Haute se termine par le clocher de l'église.

sur le village, la vallée de la Bévéra et le mont Barbonnet, reconnaissable aux glacis fortifiés. Un peu plus loin, d'autres points de vue sur le col de Brouis, et au Nord, la vallée encaissée, dominée par le sommet dénudé du mont Mangiabo (1 801 m).

circuit

ROUTE DU COL DE BROUIS 9

21 km – environ 1h – schéma p. 309. Quitter Sospel à l'Est par la D 2204.

C'est l'ancienne « route du sel » du col de Braus *(voir Forêt de Turini)* à Turin. Elle relie la vallée de la Bévéra à celle de la Roya.

En gagnant de la hauteur, belle vue en arrière sur Sospel et le fort du Mont-Barbonnet qui la commande.

LA « ROUTE DU SEL »

Par son rôle économique primordial pour la conservation des viandes et le tannage des peaux, le sel a présenté de tout temps un intérêt stratégique. Depuis le Moyen Âge, les salines provençales approvisionnaient le Piémont, via la mer jusqu'à Nice, puis à dos de mulet jusqu'à Turin, en passant par Sospel et Saorge. Au retour, les caravanes étaient chargées de riz piémontais, de chanvre et de tissus. Cet intense trafic (plus de 5 000 t par an) d'environ 15 000 mulets à la fin du 18e s. obligea les autorités à rendre cette route royale carrossable et à concevoir les plans d'un tunnel sous le col de Tende, achevé seulement en 1883. Ce trajet demeure l'axe principal de la Côte d'Azur aux cités piémontaises.

POUR MARCHEURS ENTRAÎNÉS

environ 3h. On peut partir à pied du village. En haut du groupe scolaire, suivre la route qui s'engage à gauche, balisée GR 52 sur 1 km, puis balisage jaune. Prendre à gauche une route goudronnée (1 km) avant de rejoindre les premières ruines de bâtiments militaires et l'itinéraire décrit ci-contre.

Col du Pérus

Alt. 654 m. La route y domine le profond ravin de la Bassera.

Col de Brouis ★

Alt. 879 m. Au-dessus du parking, un monument commémore la dernière offensive française en 1945 contre les forces allemandes repliées dans les vallées.

À l'amorce de la descente du col, belle **vue★** sur les crêtes de la rive gauche de la Roya. Une pente raide puis sinueuse conduit à la vallée encaissée de la Roya et au hameau de la Giandola.

DEVINETTE

Qu'est-ce que le **brouis** ? Un buisson de bruyère particulièrement abondant en ces lieux.

La Giandola

Rural et plaisant à souhait dans son beau paysage de montagne, ce village possède un clocher Renaissance.

Revenir par le même itinéraire : possibilité de faire un détour par Breil-sur-Roya (voir ce nom), ou remonter la vallée de la Roya, Saorge est à 5 km (voir ce nom).

Massif du Tanneron ★

Hors des sentiers battus et pourtant si près de Cannes, ce beau tapis de verdure se transforme en or de mi-janvier à mi-mars, par la magie du mimosa. Prolongeant l'Esterel au Nord, il s'apparente davantage aux Maures par ses formes massives et arrondies, la nature de ses roches (gneiss) et sa végétation.

La situation

Carte Michelin Local 341 C6 - Schéma p. 177 - Alpes-Maritimes (06). Entre le lac de St-Cassien et la Siagne. La N 7 et l'autoroute La Provençale le séparent de l'Esterel. Itinéraire à faire au moment de la floraison du mimosa, c'est-à-dire entre janvier et mars.

Le nom

Tan est une racine pré-indo-européenne signifiant « montagne ».

Les gens

Dispersés dans leurs hameaux, ils font de beaux bouquets, du miel, pêchent dans la Siagne ou travaillent à la centrale hydroélectrique du lac de St-Cassien.

comprendre

Floraison précoce
Par la technique du **forçage** : les branches coupées prématurément sont enfermées dans une chambre close (la « forcerie ») où elles passent 2 à 3 jours dans l'obscurité, à une température de 22 à 25°°C, avec une hygrométrie très forte. Par l'addition d'une poudre magique diluée dans de l'eau chaude, elle provoque l'éclosion des rameaux encore en boutons.

Le mimosa – Jadis le massif était couvert essentiellement de pins maritimes et de châtaigniers. Mais la forêt a considérablement reculé sous la triple agression des hommes (un « droit d'usage à culture » existe depuis le Moyen Âge), de la cochenille (insecte parasite, ennemi mortel du pin maritime) et des incendies. À partir de 1839, le mimosa est importé d'Australie en Europe méditerranéenne ; on signale sa présence autour de Cannes dès 1864. Depuis, il est parti à l'assaut des pentes du massif du Tanneron abandonnées par la forêt ; à l'aube du 20e s., il faisait la fortune de la région. Le mimosa a beaucoup souffert des chutes de neige et des fortes gelées des hivers 1985 et 1986.

Le mimosa appartient au genre acacia (ne pas confondre avec l'acacia commun ou robinier, qui est un « faux acacia »). Il existe de nombreuses espèces de mimosas qui se présentent sous forme d'arbustes ou d'arbres pouvant atteindre 12 m de hauteur, et qui fleurissent à des époques différentes entre novembre et mars ; le mimosa dit « des 4 saisons » fleurit même toute l'année. Le mimosa le plus répandu vit pratiquement à l'état sauvage par massifs étendus. Des milliers de tonnes de fleurs coupées du Tanneron sont expédiés annuellement dans toute la France et à l'étranger.

carnet pratique

Se loger

Auberge de Nossi-Bé – *66 rte du Village - 06810 Auribeau-sur-Siagne - au centre du village - ☎ 04 93 42 20 20 - info@nossi-be.net - fermé 1er nov.-30 nov. et mar. sf le soir en été - 6 ch. 59/68 € - ☕ 7,50 € - restaurant 23,50/34 €.* Cette engageante auberge en pierre offre, depuis sa vaste terrasse, un joli panorama sur la vallée et les collines boisées de la Siagne. Chambres de style rustique, d'ampleur variée, mais bien tenues. Plats traditionnels.

Que rapporter

Vial Bernard – *Les Carreiros - 83440 Tanneron - ☎ 04 93 60 66 32 - 9h-12h, 14h-18h.* La visite de cette exploitation entourée de 10 ha (mimosas, eucalyptus, serre d'agrumes) est un enchantement : le site et la vue sur les alentours sont superbes. Les ruches installées sur place et dans les Alpes et le Mercantour produisent un miel parfumé que l'on peut déguster et acheter sur place. Produits dérivés (pollen, gelée royale...), plants et fleurs sont également en vente ici.

S. Sauvignier/MICHELIN

Balade bucolique dans le Tanneron : si près de Cannes et si loin, dirait-on !

circuit

LE TANNERON AU DÉPART DE CANNES

65 km - 1/2 journée. Quitter Cannes par l'Ouest, en direction de Fréjus, N 7. Jusqu'au carrefour du Logis-de-Paris, le parcours est décrit au circuit 2 *du massif de l'Esterel* *(p. 177).*

Prendre ensuite à droite la D 237 qui offre de belles **échappées** sur le golfe de La Napoule et le mont Vinaigre. Après les Adrets-de-l'Esterel, on aperçoit les Préalpes de Grasse. On traverse le bois de Montauroux et on passe au-dessus de l'autoroute La Provençale avant de longer le lac de St-Cassien.

Avant le pont de Pré-Claou, tourner à droite dans la D 38.

Lac de St-Cassien *(voir Fayence)*

La route s'élève dans un bois de pins, offrant d'agréables **coups d'œil** sur le lac, le barrage et sur les crêtes à l'horizon.

Autour du hameau des Marjoris, le parcours sinueux s'effectue sur les versants chargés de mimosas du vallon de la Verrerie.

Avant l'entrée du village de Tanneron, prendre à droite une route étroite en forte montée.

N.-D.-de-Peygros★

Alt. 412 m. Depuis la terrasse de cette petite chapelle romane, superbe **panorama★** sur le lac de St-Cassien, la vallée de la Siagne et Grasse ; à l'Est, le mont Agel et les Alpes franco-italiennes ; au Sud, la vue porte sur l'Esterel et les Maures.

Traverser le village de Tanneron et tourner à gauche au carrefour.

Au cours de la descente, de belles **vues** se révèlent sur Auribeau et ses abords, Grasse et la vaste dépression de la Siagne.

Auribeau-sur-Siagne★

Fondé au 12e s., Auribeau fut reconstruit en 1490 par une colonie génoise. La porte Soubran, c'est-à-dire supérieure (16e s.), mène aux ruelles en escalier qu'il faut prendre le temps de parcourir. Les vieilles maisons restaurées se groupent autour de l'**église**, où l'on peut voir un reliquaire du 15e s. en vermeil avec émaux et un calice du 16e s. ☎ *04 93 40 79 56 ou 04 93 42 23 60 - merc. et w.-end 10h-16h.*

De la place de l'église, la **vue** porte sur les collines boisées de la Siagne, la ville de Grasse et ses montagnes, le pic de Courmettes et le plateau de Valbonne. Les degrés descendent ensuite vers la porte Soutran, c'est-à-dire inférieure, fortifiée en plein cintre (15e s.).

AU FIL DE L'EAU

Remontez le cours de la **Siagne** vers ses gorges par le sentier qui s'amorce sur la rive gauche au Nord d'Auribeau, en bordure de la D 38.

Balades
La forêt du Grand Duc offre 3 itinéraires à partir de l'air de pique-nique.
Renseignements à l'Office du tourisme de Mandelieu.

Rejoindre la D 9 (direction Pegomas), puis la D 109 en direction de Mandelieu-la-Napoule. Prendre à droite la D 309 (direction Tanneron), au carrefour, tourner à gauche dans la D 138.

Route de Mandelieu★★

La D 92 grimpe sur les pentes du massif occupées par un maquis. La descente rapide sur Mandelieu-la-Napoule, parmi les mimosas, est merveilleuse, offrant à plusieurs reprises des **vues★★** sur l'Esterel, la ville et son aérodrome, le golfe de La Napoule, Cannes et les îles de Lérins, la vallée de la Siagne, Grasse et les Préalpes ; au loin les cimes des Alpes franco-italiennes.

Mandelieu-la-Napoule *(voir ce nom)*

Retour à Cannes par le bord de mer (D 92 puis N 98).

Tende★

Sévère avec ses hautes maisons sombres aux toits de lauzes, alpestre (816 m) entre montagne et rivière (la Roya), Tende compose un site★ surprenant. Commandant le principal col avec l'Italie, elle ne devint française qu'en 1947, avec La Brigue. Comme St-Dalmas, Tende est le point de départ des excursions pour la vallée des Merveilles, dont elle introduit la visite par un intéressant musée.

Nature contrastée
En montant à Tende depuis Sospel *(voir ce nom)* et Breil-sur-Roya *(voir ce nom)*, on passe d'un paysage de rocaille et d'oliviers à celui de prairies et de pommiers, en traversant la belle **forêt de châtaigniers** de St-Dalmas-de-Tende.

La situation

Carte Michelin Local 341 G3 – Schéma p. 309 – Alpes-Maritimes (06). La vieille ville s'étage sous les ruines de son château sur la rive gauche de la Roya. Tende, en lacet jusqu'à son col, était l'ancienne route du sel pour Cuneo et Turin.

Av. du 16-Septembre-1947, 06430 Tende, ☎ 04 93 04 73 71. www.tendemerveilles.com

Vallées Roya-Bévéra, ☎ 04 93 04 92 05. www.royabevera.com

Le nom

Il apparaît au 11e s. pour désigner la tente ou campement qui précéda le village, au pied du col de Tende, ancien mont *Cornio* (« mont escarpé »).

Les gens

1 844 Tendasques. De nouveaux sportifs ont remplacé les bergers, les chasseurs et les muletiers. Ces derniers sont encore honorés à la St-Éloi (10-11 juillet) : ils défilent avec leurs mulets richement caparaçonnés.

Les maisons de Tende, uniformément couvertes de schiste vert de la Roya, s'étagent sous l'ombre des vestiges du château des Lascaris.

B. Kaufmann/MICHELIN

carnet pratique

Se loger

Prieuré – *R. Jean-Médecin - 06430 St-Dalmas-de-Tende - 4 km au S de Tende par N 204 - ☎ 04 93 04 75 70 - contact@leprieure.org - fermé mars - P - 24 ch. 48/64 € - ☕ 6 € - restaurant 16/22 €.* Cet ancien prieuré restauré avec goût dans un style actuel accueille un centre d'aide par le travail. Petites chambres dotées de beaux meubles rustiques et impeccablement tenues. Salle à manger voûtée donnant sur un agréable patio ; terrasse sous la treille. Cuisine traditionnelle.

Se restaurer

Auberge Tendasque – *65 av. du 16-Septembre-1947 - ☎ 04 93 04 62 26 - fermé vac. de fév., mar. soir et jeu. soir de juin à oct. - 13,50/21 €.* Cette haute maison au toit de lauzes flanquée d'une tonnelle est située au pied du village médiéval de Tende. Une salle à manger rustique agrémentée d'un joli plafond peint et la terrasse ombragée servent de cadre à une copieuse cuisine régionale.

Sports & Loisirs

Lucien Bérenger – *☎ 04 93 04 77 85 - www.berengeraventures.com.* Guide de haute montagne.

Via ferrata – Comme Peille (voir ce nom), Tende fait partie du circuit des Comtes Lascaris. Le parcours intégral est assez sportif (5h) mais vous pourrez opter pour la version courte (2h30). *Dépliant du parcours et vente des billets à l'Office de tourisme. 3,50 € (12-18 ans 1 €).*

Ski – Les amateurs de ski de piste se rendront en Italie, à la station de Limone (accessible en train) qui offre 105 km de pistes. Ceux qui préfèrent le ski de fond ou les raquettes iront à Casterino qui compte 24 km de pistes. *Renseignements à l'Office de tourisme.*

comprendre

Française – Lorsque le comté de Nice fut rattaché à la France, le roi italien Victor-Emmanuel II réussit à conserver la **haute vallée de la Roya**... pour pouvoir continuer à y chasser le chamois ! Le traité de paix avec l'Italie, confirmé le 12 octobre 1947 par un plébiscite, mit un terme à cette situation : les hautes vallées de la Roya, de la Tinée et de la Vésubie furent rattachées à la France, faisant ainsi coïncider la frontière avec la ligne de partage des eaux.

se promener

Vieille ville★

Les demeures, dont certaines datent du 15e s., sont souvent habillées des schistes verts et violets de la haute vallée de la Roya. Balcons à tous les étages pour profiter du soleil, larges toits débordants contre les chutes de neige, l'architecture est définie par le climat alpin. Dans le lacis des rues étroites ponctué de passages voûtés, de nombreux **linteaux** armoriés ou historiés rappellent un passé glorieux. Derrière la collégiale, on voit, au passage, les clochers Renaissance des chapelles des Pénitents-Noirs et des Pénitents-Blancs. En haut de la ville, un pan de mur aigu de 20 m est le dernier vestige de la grandeur des Lascaris, comtes souverains de Vintimille-Lascaris dont Tende était le chef-lieu (jusqu'en 1575, passant à la Savoie ensuite). Le **château** fut démantelé par les Français au cours de la guerre de la Ligue d'Augsbourg (1692). Près des ruines, un curieux **cimetière** étagé ajoute une note d'étrangeté. De là-haut, belle **vue★** sur clochers et lauzes.

Conseil

Ça grimpe et le pavage est inégal, prévoyez donc des chaussures confortables.

Collégiale N.-D.-de-l'Assomption

Elle aussi est en schiste vert et du début du 15e s., à l'exception d'une tour lombarde romane à coupole. Le magnifique **portail** Renaissance est constitué de deux colonnes doriques reposant sur deux lions d'inspiration romane ; l'entablement, orné des statuettes du Christ et des apôtres, est couronné par un tympan semi-circulaire où l'Assomption se détache en bas-relief. L'intérieur, qui conserve les tombes des Lascaris, est divisé en trois nefs par de grosses colonnes en schiste. Bel orgue des facteurs lombards Serrassi.

visiter

Musée des Merveilles★

Av. du 16-Septembre-1947, face au bâtiment des douanes. ☎ 04 93 04 32 50 - ♿ - juil.-août : 10h-18h30 ; de déb. mai à fin juin et de déb. sept. à mi-oct. : tlj sf mar. 10h-18h30 ; de mi-oct. à fin avr. : tlj sf mar. 10h-17h - fermé 12-24 mars, 13-25 nov., 1er janv., 1er Mai et 25 déc. - 4,55 € (14-18 ans 2,30 €), gratuit 1er dim. du mois. www.museedesmerveilles.com

Graveur de tout temps
Depuis cinq mille ans, bergers, pèlerins, voyageurs, déserteurs, chasseurs ou prieurs inscrivent dans la pierre la trace de leur passage dans cette région à la fois isolée et carrefour naturel. La tradition se maintient, mêlée de vandalisme, ce qui oblige les autorités à protéger davantage le site des gravures de la vallée des Merveilles.

Il est incontournable, aussi bien d'un point de vue esthétique, avec les douze colonnes de sa façade moderne (parvis tapissé de motifs rupestres), que d'un point de vue pédagogique, complément précieux de la randonnée autour du **mont Bégo** *(voir vallée des Merveilles)*. Le contexte géologique régional est d'abord présenté à l'appui de maquettes en relief et de tables d'animation. Ensuite la section archéologique, prépondérante, évoque les croyances et explique la vie quotidienne des populations des Alpes méridionales à l'âge du cuivre et à l'âge du bronze ancien, notamment à partir de la stèle originale dite du « **Chef de tribu** », de dioramas et de nombreuses vitrines d'objets. Enfin, la partie des arts et traditions populaires de la vallée de la Roya décrit la vie économique de la région, aux activités pastorales continues depuis cinq mille ans. Un mannequin animé récite contes et légendes de la vallée de la Roya.

alentours

St-Dalmas-de-Tende

5 km au Sud. Agréable petite station de séjour pour rayonner à pied, à cheval, à vélo ou à ski, notamment jusqu'à la **vallée des Merveilles** *(voir ce nom)*. La gare, avec son immense et luxueuse façade, rappelle qu'elle fut dans les années 1930 l'important poste-frontière de la ligne Nice-Cuneo.

La Brigue

6,5 km au Sud-Est. Voir ce nom.

Granile

10 km au Sud. Prendre la direction Casterino (D 91), après 1 km tourner à gauche. La route serpente sur 5 km au milieu de châtaigniers et de pins sylvestres avant de se terminer en cul-de-sac (garer la voiture avant les premières maisons).

Ce charmant hameau, encerclé de montagnes, présente une belle unité de style montagnard, avec ses habitations ornées de balcons de bois, recouvertes de dalles de lauze. Impressionnante vue sur les gorges de la Roya et à l'Est sur la crête des cimes frontalières.

Abbaye du Thoronet★★

Chef-d'œuvre de pureté, la plus ancienne des trois abbayes cisterciennes de Provence (avec Sénanque et Silvacane) procure un moment de beauté et de sérénité, loin des préoccupations terrestres. Elle se cache parmi les chênes dans un site sauvage et isolé qui s'accorde bien avec la règle austère de l'ordre de Cîteaux.

La situation

Carte Michelin Local 340 M5 - Schémas p. 137 et 246 - Var (83). Entre Lorgues *(voir ce nom)* et le lac de Carcès *(voir circuit* 1 *à Brignoles)*. De l'A 8, sortie Le Cannet. Parking et buvette *(l'été)* à proximité.

Le nom

Toron ou *teron* en préceltique signifie « source jaillissante ». Outre le sens symbolique, l'abbaye s'est implantée entre une rivière et une source.

Les gens

Les conférenciers des Monuments historiques sont des passeurs passionnés du message cistercien. Et le dimanche à 12h, les portes s'ouvrent à tous ceux qui désirent assister à la superbe **messe chantée** par les sœurs de Bethléem, voisines discrètes du lieu.

comprendre

Des origines à nos jours – D'abord installés en 1136 à Floriège, près de Tourtour, des moines venus de l'abbaye de Mazan (Ardèche) s'établirent définitivement au Thoronet, sur un domaine que leur céda Raymond Bérenger V, comte de Barcelone et marquis de Provence. L'abbaye ne tarda pas à connaître la prospérité, à la suite des nombreuses donations qui affluèrent, notamment de la part des seigneurs de Castellane. L'église, le cloître et les bâtiments monastiques virent le jour entre 1160 et 1190.

Au 14e s., le Thoronet, comme bien d'autres abbayes cisterciennes, connut peu à peu le déclin. Les révoltes internes, puis plus tard les guerres de Religion entraînèrent la défection des moines de l'abbaye qui, en 1787, fut rattachée à l'évêché de Digne. Vendue à la Révolution, puis de nouveau délaissée, elle fut rachetée par l'État en 1854. Grâce à l'intervention de Prosper Mérimée, elle échappa à la ruine. Depuis, les travaux de consolidation et de restauration se sont succédé. Ils étaient devenus d'autant plus indispensables que l'abbaye souffrait de l'exploitation de la bauxite à proximité.

visiter

☎ 04 94 60 43 90 - avr.-sept. : 10h-18h30, dim. 10h-12h, 14h-18h30 ; oct.-mars 10h-13h, 14h-17h - fermé 1er janv., 1er Mai, 1er et 11 Nov., 25 déc. - 6,10 €.

La qualité de l'ensemble conservé (église et cloître) ainsi que la recherche de simplicité et de rigueur dont elle

carnet pratique

SE RESTAURER

Le Tournesol – *9 r. des Trois-Ormeaux - 83340 Le Thoronet - 4 km de l'abbaye - ☎ 04 94 73 89 81 - fermé janv. - ⊭ - 15/17 €.* Malgré la modeste taille de cette maison du 17e s., au cœur du petit village, vous serez charmé par les couleurs gaies des murs et du mobilier, par la simplicité de la cuisine et par le charme de la terrasse située dans la ruelle.

CALENDRIER

Rencontres de musique médiévale – Elles se déroulent durant la dernière quinzaine de juillet dans l'abbaye et les églises alentour.

témoigne valent à l'abbaye du Thoronet d'être l'un des joyaux de l'architecture cistercienne de l'école romane provençale.

Église★

Dénuement
En respect à la règle de saint Bernard, le décor sculpté est quasiment absent de l'église, soulignant la majesté des formes. On remarque simplement l'arrondi des impostes des piliers et celui des demi-colonnes qui reçoivent les doubleaux et s'interrompent à 2,90 m du sol selon l'usage adopté par les cisterciens.

On est ébloui d'emblée par la pureté des lignes de l'édifice. La belle pierre blonde y contribue : finement taillée, elle présente un remarquable appareillage. La façade occidentale est percée symétriquement de petites ouvertures : sous l'oculus, quatre baies et deux portes latérales. Les frères convers entraient dans l'église par la porte de gauche.

Sur le flanc droit, on voit un des rares « **enfeus** » extérieurs de Provence : il s'agit d'un « dépositoire » pour les morts du village.

La présence d'un petit clocher carré en pierre constitue une exception dans les prescriptions architecturales de l'ordre cistercien, qui ne tolérait que de modestes ouvrages en bois. Il est justifié ici par la violence des vents et les risques d'incendie.

La beauté de l'espace intérieur coupe le souffle. La hauteur, le dénuement, la pénombre, tout ici invite au silence de la méditation, à l'élévation de l'âme, loin du monde et de ses futilités.

Le plan, en forme de croix latine, ressemble étonnamment à celui de Sénanque. Les trois travées de la nef se terminent à l'Est par le chœur entouré de deux chapelles : semi-circulaires à l'intérieur et comprises dans un massif rectangulaire à l'extérieur. Le chœur, en cul-de-four, comme à Sénanque, est percé de trois baies, symbole de la Trinité. L'oculus qui le surmonte appelle le regard vers la magnifique voûte, en berceau légèrement brisé.

E. Baret/MICHELIN

La fontaine, lieu de rencontre des moines, servait à leur ablution.

Cloître★

Une étonnante sérénité se dégage de ce monde clos qui s'ouvre sur le ciel par les toits roses, les collines de chênes verts et un unique cyprès. Dépouillement et proportions puissantes apportent ce sentiment d'équilibre. La forme trapézoïdale est justifiée par le dénivelé du terrain, compensé par sept marches.

Voûtées en parfaits berceaux sur doubleaux, les galeries offrent leur ombre et leur fraîcheur. Les murs épais sont percés en plein cintre par d'austères arcades géminées, simplement ajourées d'un oculus au tympan.

Face à la porte du réfectoire (disparu aujourd'hui), comme il se doit, le **lavabo** ou fontaine servait à la consommation d'eau. Une architecture hexagonale l'abrite, voûtée d'une coupole restaurée.

Bâtiments conventuels

Ils s'ouvrent au Nord de l'église. Au rez-de-chaussée, on trouve l'**armarium** ou bibliothèque dont la porte est surmontée d'un linteau en bâtière.

Ornements
La salle capitulaire présente les seules sculptures de l'abbaye sur les chapiteaux des colonnes qui soutiennent les voûtes d'ogives. Feuilles d'eau (roseau ou cistel d'où vient le nom de Cîteaux), pommes de pin (vérité), branches de palmiers, main refermée sur une crosse (l'abbé est un guide comme le berger) sont autant de messages dans ce lieu où le père-abbé était élu démocratiquement.

La **salle capitulaire**★ était consacrée à la lecture de la règle de saint Benoît (6e s.), réaffirmée par saint Bernard. Dans ce seul lieu non dévolu à la prière, on décèle une architecture plus ornementée, influencée par le premier art gothique.

À côté, le **parloir** – seul lieu où l'on pouvait parler – forme passage entre le cloître et le jardin extérieur : on y distribuait les tâches avant les travaux des champs.

Un escalier voûté dessert le **dortoir**, couvert d'un berceau brisé sur doubleaux. Il offre un accès direct à l'église, permettant aux moines de se rendre facilement aux offices de nuit et de jour. Les dix-huit baies et les pierres du sol délimitent l'espace attribué à chaque moine. L'abbé avait sa propre cellule.

Les portes au Nord donnaient sur la salle des moines, le chauffoir, le réfectoire et la cuisine.

B. Kaufmann/MICHELIN

La salle capitulaire réunissait tous les matins les moines pour une lecture d'un chapitre de la règle des bénédictins.

À l'Ouest du cloître, dans le **cellier**, on produisait le vin (cuves du 18e s.) et l'huile d'olive de l'abbaye. Une belle voûte en berceau brisé le recouvre.
Le **bâtiment des frères convers** ou « lais », à l'angle Nord-Ouest du cellier, comprend le réfectoire au rez-de-chaussée et le dortoir au 1er étage. Les lais déchargeaient les moines des travaux manuels les plus contraignants, mais suivaient une règle de vie plus souple.

Bâtiments annexes

En bordure du torrent, les bases de l'ancienne **hôtellerie** ont été dégagées. Dans la **grange dîmière**, située au Sud de l'église et transformée par la suite en moulin à huile, on peut voir des meules et un mortier.

Toulon★★

Toulon est d'abord une **rade★★**, l'une des plus belles de la Méditerranée, qui s'arrondit majestueusement en une nappe bleu sombre bordée de bâtiments aux tons clairs, crème et rosés. Les croiseurs et frégates du port militaire ont depuis longtemps remplacé galères et forçats ; l'ombre de Vidocq a dû souvent entendre ce refrain résonner dans les petites rues du vieux Toulon : « C'est nous, les gars de la marine... »

La situation

Carte Michelin 340 K7 - Schéma p. 395 - Var (83). Le boulevard de Strasbourg et l'avenue du Gén.-Leclerc, tracés sur d'anciennes fortifications, raccordent les tronçons de l'A 57 et de l'A 50, laissant au Sud la vieille ville et le port, au Nord la ville moderne et les banlieues qui grimpent sur les collines. L'arsenal et le port militaire sont interdits au public.
ℹ Pl. Raimu, 83000 Toulon, ☎ 04 94 18 53 00. www.toulontourisme.com

Le nom

Issu de *Telo Martius* : « poste rouge », nom du site romain lié à une manufacture impériale de pourpre (teinture rouge fabriquée à partir de la glande d'un coquillage, le murex).

Les gens

L'agglomération compte 519 640 habitants. On appelle « moccots » les Toulonnais d'origine. De **Raimu** à **Bécaud** en passant par **Mayol**, ils furent nombreux à mener carrière dans le spectacle. ▶

Félix Mayol
L'auteur de « Viens Popoule » est en médaillon sur la façade d'un bâtiment en face du stade *(av. Franklin-Roosevelt)*

Sérénité à la tombée du jour sur la rade de Toulon.

comprendre

Les galères – À partir du 17e s. et jusqu'en 1748, les voyageurs de passage à Toulon ne manquent pas d'aller admirer les galères amarrées dans la Darse Vieille : majestueux bâtiments aux voiles triangulaires, décorés par les maîtres sculpteurs et peintres de l'arsenal, elles glissent puissamment à la surface de l'eau. Les milliers de galériens ont, eux, une autre vision de la chose. Il faut quatre hommes pour chacun des 25 ou 26 avirons d'une galère : malfaiteurs variés, esclaves turcs, condamnés politiques, huguenots, « volontaires » conduits là par la misère. Ils ne quittent leur place ni pour manger, ni pour dormir.

Bagnard à Toulon – En 1748, la suppression des galères transforme le galérien en forçat, employé à la construction navale ou à l'entretien de la rade. Enchaîné en permanence à un autre condamné, il porte un bonnet rouge (peine limitée), vert (perpétuité) ou brun (déserteur) et occupe ses rares loisirs à fabriquer de menus objets à vendre. Le bagne de Toulon a compté jusqu'à 4 000 forçats. Quoique les bagnes soient transférés aux colonies (Guyane et Nouvelle-Calédonie) dès 1854, celui de Toulon ne ferme définitivement qu'en 1874. De cet endroit sinistre où Victor Hugo et Balzac ont fait évoluer les personnages antithétiques de Jean Valjean et de Vautrin, il ne reste qu'un pan de mur dans l'arsenal.

Les premières armes de Bonaparte – Le 27 août 1793, Toulon est livré par les royalistes à une flotte anglo-espagnole. Une armée républicaine accourt. L'artillerie est sous les ordres d'un petit capitaine au nom obscur de Bonaparte. Entre la Seyne et Tamaris, les Anglais construisent un ouvrage si puissant qu'on lui donne le nom de « petit Gibraltar », et où s'élève aujourd'hui le fort Carré ou Napoléon. Une batterie est installée face au fort anglais. Elle subit un feu terrible et ses servants fléchissent. Le jeune Corse fait planter un écriteau sur lequel on peut lire : « Batterie des hommes sans peur ». Aussitôt, les volontaires affluent. Bonaparte donne l'exemple : il pointe et manie l'écouvillon. Le petit Gibraltar est pris le

17 décembre. La flotte étrangère s'enfuit après avoir incendié les navires français, l'arsenal, les magasins de vivres et embarqué une partie de la population. Tandis que Bonaparte est fait général de brigade, Toulon frise la destruction. La Convention renonce, au dernier moment, à ce projet, mais débaptise la ville en signe d'opprobre : pour un temps, elle s'appellera « Port la Montagne ».

Le sabordage de la flotte de la Méditerranée – C'est le 27 novembre 1942 que la flotte française, bloquée dans le port de Toulon par son commandement, choisit de se saborder pour ne pas tomber aux mains de l'armée allemande en train d'envahir la « zone libre ».

75 bâtiments, privés par le gouvernement de Vichy des moyens d'appareiller, se sabordent. Parmi les rescapés, plusieurs sous-marins dont le *Casabianca* qui assurera la liaison entre les Forces françaises libres et la Corse. Les épaves demeureront sur place pendant le restant du conflit. À la Libération, le nettoyage de la rade prendra dix années au cours desquelles seront enlevées près de 400 000 tonnes de ferraille.

se promener

DE LA GARE À L'ARSENAL 1

Place de la Liberté

Au cœur du Toulon moderne trône la **fontaine de la Fédération**, œuvre du sculpteur Allar inaugurée en 1889 pour le centenaire de la République. En arrière-plan, la façade très 19e s., du **Grand Hôtel**, dernier vestige des constructions de la Belle Époque toulonnaise. Au Sud de la place, le défilé incessant des bus rythme le trafic du boulevard de Strasbourg.

Place Victor-Hugo

Un peu plus loin sur le même boulevard apparaît le **théâtre** de Toulon, une des plus belles salles de province, construite en 1862 d'après les plans de Charles Garnier. Faites le tour pour apprécier la belle façade principale restaurée, donnant sur la place et des terrasses de café.

Prendre la rue J.-Jaurès, puis à gauche la rue A.-France. ▶

Le petit Raimu illustré

Le Marseillais des films de Pagnol était toulonnais ! Jules Muraire, dit Raimu (1887-1947), est né **6 rue Anatole-France**. La partie de cartes de *Marius* est peinte **place Victor-Hugo** (où se trouve aussi la statue du comédien) et sculptée **place Raimu**.

carnet pratique

TRANSPORTS

Zone piétonne – Le secteur de la vieille ville délimité par la r. Anatole-France, l'av. de la République, l'av. de Besagne et le bd de Strasbourg n'est pas accessible aux véhicules de passage. Les parkings les plus vastes se situent pl. d'Armes, pl. de la Liberté/Palais Liberté et au centre Mayol.
Train touristique – Départ du Carré du Port. Se renseigner pour les horaires au *☎ 06 20 77 44 42. 5 € (enf. 2,50 €).* Circuit commenté (50mn) de la vieille ville aux plages du Mourillon en passant par la Tour Royale.

Bus – Les lignes du Réseau Mistral desservent Toulon et les communes voisines. *Plan, horaires et billetterie au kiosque, pl. de la Liberté. ☎ 04 94 03 87 03. www.reseaumistral.com*

Tour de la rade en bateau – *Voir le circuit* [2]

Navettes maritimes Toulon Provence Méditerranée/RMTT – *Vente de titre de transport aux kiosques, à Seyne centre, 11 rue Revel, et au ponton du quai Cronstadt à Toulon. Se renseigner tlj sf w.-end 8h-19h, ☎ 04 94 03 87 03.* Les localités de La Seyne-sur-Mer, Sablettes, Tamaris et St-Mandrier-sur-Mer sont desservies toute l'année par des vedettes, à partir de Toulon. Ces lignes sont complètement intégrées au réseau de transport urbain de l'agglomération toulonnaise et accessibles au prix d'1,80 €. Possibilité d'un Pass 10 voyages (bus et bateau), 9 €.
Pass Téléphérique – Billet journalier valable sur tout le Réseau Mistral (bus et bateau) et donnant droit à un trajet AR sur le téléphérique du Mont Faron. *5,50 €. ☎ 04 94 03 87 03. www.reseaumistral.com*

VISITE

Visites guidées de la ville – *S'adresser à l'Office de tourisme* - Circuit des galeries d'art. Visite guidée (2h) du Toulon insolite par un conteur de rue - *mar. 10h - 8 € (-12 ans gratuit) - réservation obligatoire.*

SE LOGER

⊖ **Les Trois Dauphins** – *9 pl. des Trois-Dauphins - ☎ 04 94 92 65 79 - 14 ch. 30/42 € - ☕ 7 €.* Les fenêtres de ce sympathique hôtel tout juste rénové s'ouvrent sur une minuscule place où trône un buste de Raimu. Décoration réussie dans les chambres, petites mais illuminées par de jolies couleurs ensoleillées. Accueil charmant.
⊖ **Little Palace** – *6-8 r. Berthelot - ☎ 04 94 92 26 62 - www.hotel-littlepalace.com - 23 ch 40/50 € - ☕ 7 €.* Derrière une façade étroite, un petit hôtel de charme récent au mobilier simple, mais aux tons chaleureux et à l'atmosphère lumineuse et sereine. Accueil charmant.
⊖ **Grand Hôtel Dauphiné** – *10 r. Berthelot - ☎ 04 94 92 20 28 - contact@grandhoteldauphine.com - 55 ch. 57 € - ☕ 8,50 €.* Cet hôtel central est un point de départ idéal pour découvrir à pied les ruelles enchevêtrées de la vieille ville. Les chambres, progressivement rénovées, sont avant tout fonctionnelles. Petit-déjeuner sous forme de buffet.
⊖ **Val Hôtel** – *Av. René-Cassin, ZA Paul-Madon - 83160 La Valette - ☎ 04 94 08 38 08 - www.monalisahotels.com - 42 ch. 50/72 € - ☕ 7 € - restaurant 10/18,50 €.* L'environnement verdoyant, les chambres spacieuses et colorées (récemment rajeunies) dotées de balcons ou de terrasses, la piscine extérieure et les tarifs attractifs du week-end font vite oublier la proximité d'une sortie d'autoroute.
⊖⊖ **New Hôtel de l'Amirauté** – *4 r. Adolphe-Guiol - ☎ 04 94 22 19 67 - toulonamiraute@newhotel.com - 58 ch. 77/83 € - ☕ 9 €.* Bien situé au centre-ville, cet hôtel vous permettra de concilier affaires et tourisme si vous en avez le temps. Dans un décor qui s'inspire de celui des grands navires de croisière, ses chambres fonctionnelles sont bien insonorisées.
⊖⊖ **La Corniche** – *Face au port St-Louis et à proximité des plages du Mourillon - ☎ 04 94 41 35 12 - info@cornichehotel.com - fermé dim. - 21 ch. 85/125 € - ☕ 10 € - restaurant 20/50 €.* Cet hôtel à deux pas des plages du Mourillon, et avec vue sur la mer, est parfait si vous envisagez votre week-end comme un petit séjour farniente.

SE RESTAURER

⊖ **Le Petit Prince** – *16 r. Charles-Poncy - ☎ 04 94 93 03 45 - fermé 3 sem. en août, 2 sem. en hiver, sam. midi et dim. - 9/25 €.* Un tout petit restaurant dans une toute petite ruelle qui porte vraiment bien son nom. Cuisine française du sud-ouest et provençale. Ambiance chaleureuse.
⊖ **Al Dente** – *30 r. Gimelli - ☎ 04 94 93 02 50 - jjhervas@wanadoo.fr - fermé dim. - 10,80/25 €.* Une carte de pâtes et de plats italiens complétée par des menus très abordables attirent une clientèle d'habitués qui apprécie également l'atmosphère créée par la décoration contemporaine et colorée.
⊖ **Chez Mimi** – *Square Léon-Vérane - ☎ 04 94 24 97 42 - fermé juil. et lun. - 11,60/26,94 €.* La salle à manger simplement aménagée, les tableaux traditionnels tunisiens, la gentillesse de l'accueil, l'ambiance familiale, la carte des couscous et les plats vous feront passer un chaleureux moment sans avoir à traverser la Méditerranée voisine.
⊖ **Le Pascalou** – *3 pl. à l'Huile - ☎ 04 94 62 87 02 - fermé lun., ouv. le midi et sam. soir - 13/15 €.* Restaurant très simple attenant à l'étal du marchand de poissons du même nom, sur une placette typique. Idéal pour y manger la pêche du jour.
⊖ **L'Avant-Première** – *60 r. de la Pomme-de-Pin - ☎ 04 94 46 05 99 - fermé vac. scol. sf juil.-août, sam. midi, lun. midi et dim. - 20 €.* Bistrot à vins et cuisine de terroir. Salle en contrebas de la rue dans un décor rustique et chaleureux. Une bonne adresse.

L'Eau à la Bouche – *54 r. Muiron - ☎ 04 94 46 33 09 - fermé vac. de Pâques, 1er-6 juin, vac. de Noël, lun. sf juin à sept., sam. midi et dim. - 28/37 €.* Restaurant voisin de l'arsenal du Mourillon, sur la route de la Tour royale. Le coquet décor est bien évidemment de style... marin ! Les suggestions du jour, présentées sur ardoise, ne manqueront pas de vous mettre l'eau à la bouche...

Chez Daniel et Julia « rest. du Rivage » – *83500 La Seyne-sur-Mer - 4 km au S de La Seyne par rte de St-Mandrier et rte secondaire - ☎ 04 94 94 85 13 - fermé nov., dim. soir et lun. de sept. à juin - 38/75 €.* Charmant restaurant familial niché au fond d'une jolie petite crique. Vous pourrez y déguster de bons produits de la mer ou ceux tout juste sortis des viviers de la maison. Ne manquez pas la collection de vieux outils exposés dans la salle à manger, joliment rénovée dans un esprit rustico-provençal.

Faire une pause

Bon à savoir – Comme toute vraie ville, Toulon grouille de monde. Sa rade (la plus belle d'Europe), ses salles de spectacles et ses nombreux organismes de loisirs en font un centre d'activités touristiques, culturelles et sportives. Les soirées y sont animées, grâce à ses nombreux bars et restaurants.

Spécialités – Escabèche de sardine, « pompe à l'huile » (galette dure, huilée et parfumée à la fleur d'oranger). On déguste le chichi-fregi (beignet sucré) et la cade (galette de pois chiche, cousine de la socca niçoise) devant les étals du marché Lafayette.

La Cade à Dédé – *17 r. Charles-Poncy - ☎ 04 94 89 32 32 – tlj sf lun. : 8h30-12h30 - fermé 3 sem. en janv.* Il faut se lever tôt pour voir Dédé s'activer autour de son four et préparer la cade pour la journée. C'est une spécialité toulonnaise d'origine italienne (galette de farine de pois chiches cuite au feu de bois), que vous pourrez également trouver sur les marchés du cours Lafayette et du Mourillon.

Chichi Fregi G. Toine – *Kiosque pl. Paul-Conte sur le cours Lafayette - ☎ 06 09 18 83 27 - tlj sf dim. et lun. 8h-12h, 14h-18h - fermé j. fériés.* Une gourmandise perpétuée par la famille Guglielmi depuis 1914. Un délicieux beignet dont la recette est jalousement gardée. À déguster en déambulant dans les ruelles du vieux Toulon. Il faut bien dépenser ces calories inévitables.

Le Tigre – *Sommet du mont-Faron - ☎ 04 94 88 08 00 - juin-sept. : 9h30-22h ; oct.-mai : 10h-18h.* Une vue d'exception depuis ce café-restaurant qui, juché sur le mont Faron, domine la rade de Toulon. La famille de Souza (propriétaire du zoo) occupe les lieux depuis avril 2000 et se fera un plaisir de vous guider dans votre contemplation de la plus belle rade d'Europe. Accueil chaleureux. Commentaires et jumelles à disposition.

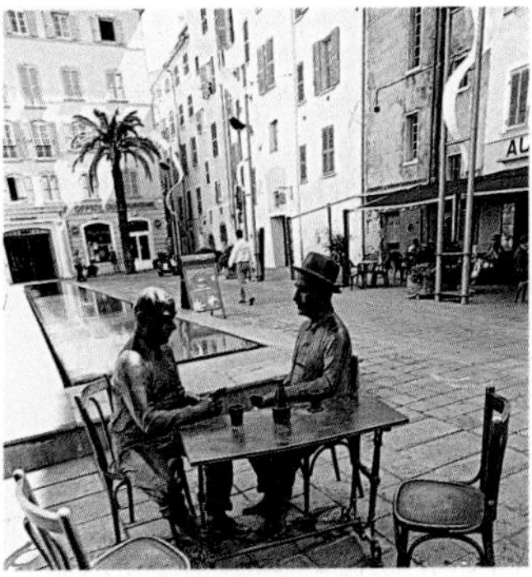

D. Pazery/MICHELIN

La partie de cartes de Pagnol, place Raimu.

En soirée

Opéra Toulon Provence Méditerranée – *7 r. Racine - ☎ 04 94 92 58 59 - operadetoulon@tpmed.org – tlj sf dim. et lun. 10h-12h30, 14h30-17h - fermé août.* Construit en 1862, l'Opéra de Toulon est la deuxième salle de France en terme de capacité et d'acoustique. La saison 2001-2002 est composée d'opéras (*Norma, La Somnambule, Manon, La Traviata, Don Giovanni*...), d'opérettes (*Valses de Vienne, La Veuve Joyeuse, La Belle Hélène* ...), de ballets (*La Belle au Bois Dormant, Don Quichotte* ...) et de pièces de théâtre.

Que rapporter

Marché – Cours Lafayette (tous les matins sauf lundi). Marché du Pont du Las et marché du Mourillon (tous les matins sauf lundi).

Rues commerçantes – Rues d'Alger, Jean-Jaurès, Hoche et place Victor-Hugo.

Les Navires de la Royale – *30 r. des Riaux - ☎ 06 11 18 55 61 - tlj sf dim. et lun. 9h-12h, 14h-18h.* À voir absolument ! Jean-Michel Delcourte est un artiste passionné de bateaux, dont il réalise ou restaure les maquettes : bâtiments de la marine nationale, navires, voiliers... Il se fera un plaisir de tout vous raconter sur la vie de ses bateaux.

Place d'Armes

Colbert l'avait conçue pour la revue des troupes. Elle s'appelait alors « champ de Bataille ». La bourgeoisie toulonnaise et les officiers en partance en firent le lieu de rendez-vous à la mode, avec kiosque à musique, cafés, restaurants et siège de grands quotidiens locaux comme *Le Petit Marseillais*. Aujourd'hui, l'endroit est plus calme.

Corderie

Au Sud de la place d'Armes. Domaine militaire fermé au public. L'ancienne fabrique de cordage de la Marine, conçue par Vauban, est longue de 320 m. La **porte★**,

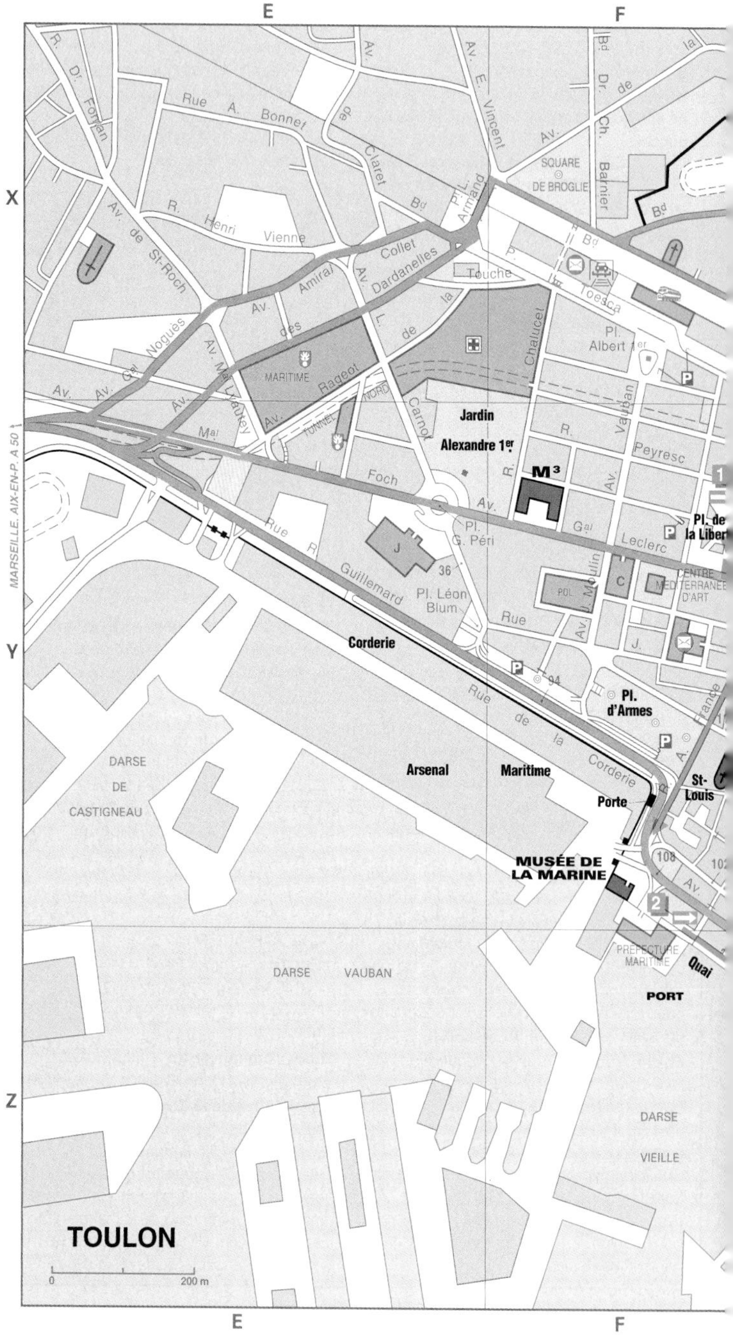

Arsenal maritime . . . . EFY
Atlantes . . . . GZ F
Cathédrale Ste-Marie . . . . GY

Corderie . . . . EY
Corniche du mont Faron . . GX
Église St-François-de-Paule GZ

Église St-Louis . . . . FY
Fontaine des
Trois-Dauphins . . . . GY K

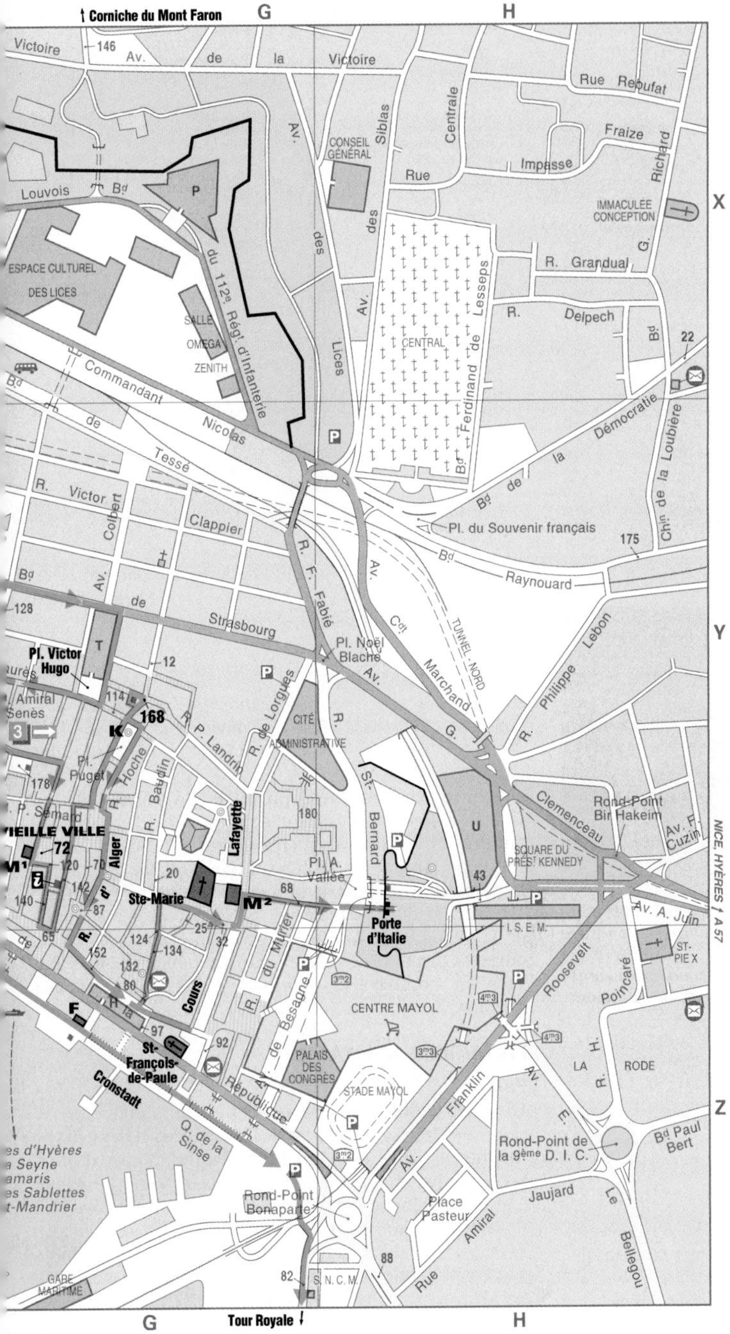

Jardin Alexandre 1er . . . . . EFY
Maison de la photographie, musée de la Figurine . . GY M1
Musée de la Marine . . . . . FY
Musée du Vieux Toulon . . GY M2
Muséum et Musée d'Art . . . . FY M3
Porte de l'Arsenal Maritime . . . . FY
Porte d'Italie . . . . HYZ

Répertoire des rues du plan de Toulon, voir page suivante.

Répertoire des rues du plan de Toulon

Albert 1er (Pl.) FX
Alger (R. d') GY
Amiral Senès (Pl.) GY
Anatole-France (R.) FY
Armes (Pl. d') FY
Baudin (R.) GY
Bernard (R. Saint) HY
Bert (Bd Paul) HZ
Berthelot (R.) GY 12
Besagne (Av. de) GZ
Bir-Hakeim (Rd-pt) HY
Blache (Pl. Noël) HY
Blum (Pl. Léon) EY
Bonaparte (Rond-Point) GHZ
Bonnet (R. A.) EX
Bony (R. A.) EX
Boucheries (R. des) GY 20
Bozzo (Av. L.) HX 22
Brunetière (R. F.) GYZ 25
Carnot (Av. L.) EXY
Cathédrale (Traverse de la) GYZ 32
Centrale (R.) HX
Chalucet (R.) FXY
Churchill (Av. W.) EY 36
Clappier (R. Victor) GY
Clemenceau (Av. G.) HY
Colbert (Av.) GY
Collet (Av. Amiral) EX
Claret (Av. de) EX
Corderie (R. de la) EFY
Cronstadt (Quai) FGZ
Cuzin (Av. François) HY
Dardanelles (Av. des) EXY
Daudet (R. Alphonse) HY 43
Delpech (R.) HX
Démocratie (Bd de la) HY
Dr. Barnier (R.) FX
Dr. Fontan (R.) EX
Fabié (R. François) GHY
Foch (Av. Mar.) EY
Fraize (Impasse) HX
Gambetta (Pl.) GYZ 65
Garibaldi (R.) GY 68
Glacière (R. de la) GY 70
Globe (Pl. du) GY 72
Grandval (R.) HX
Guillemard (R. G.) EY
Hoche (R.) GY
Huile (Pl. à l') GZ 80
Infanterie de Marine (Av. de l') GZ 82
Italie (Porte d') HYZ
Jaujard (R. Amiral) HZ
Jaurès (R. Jean) FGY
Juin (Av. Alphonse) HY
Lafayette (Cours) GYZ
Lambert (Pl. Gustave) GY 87
Landrin (Cours) GY
Landrin (R. P.) GY
Lattre de Tassigny (Av. Mar. de) HZ 88
Le Bellegou (Av. E.) HZ
Lebon (R. Philippe) HY
Leclerc (Av. Gén.) EFY
Lesseps (Bd Ferdinand de) HXY
Liberté (Pl. de la) GY
Lices (Av. des) GHX
Lices (Chemin des) HX
Lorgues (R. de) GY
Loubière (Chemin de la) HY
Louis-Blanc (Pl.) GZ 92
Louvois (Bd) FGX
Lyautey (Av. Mar.) EXY
Magnan (Av. Gén.) FY 94
Marchand (Av. Cdt) HY
Méridienne (R.) GZ 97
Micholet (Av. V.) FY 102
Monsenergue (Pl. Ingénieur-Gén.) FY 108
Moulin (Av. Jean) FY
Muraire (R. Jules) GY 114
Murier (R. du) GYZ
Nicolas (Bd Cdt) FGX
Noguès (Av. Gén.) EX
Notre-Dame (R.) GY 118
Noyer (R. du) GY 120
Orfèvres (Pl. des) GYZ 124
Pasteur (Pl.) HZ
Pastoureau GY 128
Péri (Pl. Gabriel) EY
Peyresc (R.) FY
Poincaré (R. H.) HZ
Poissonnerie (Pl. de la) GZ 132
Pressensé (R. F. de) GZ 134
Puget (Pl.) GY
Rageot de la Touche (Av.) EXY
Raimu (Pl.) GY 140
Raynouard (Bd) HY
Rebufat (R.) HX
République (Av. de la) FGZ
Riaux (R. des) GY 142
Richard (Bd G.) HX
Roosevelt (Av.-Franklin) HZ
Saint-Roch (Av.) EX
Sainte-Anne (Bd) GX 146
Seillon (R. H.) GZ 152
Sémard (R. P.) GY
Siblas (Av. des) HX
Sinse (Quai de la) GZ
Souvenir Français (Pl. du) HY
Strasbourg (Bd de) GY
Tessé (Bd de) GXY
Toesca (Bd P.) EFX
Trois Dauphins (Pl. des) GY 168
Vallée (Pl. A.) HY
Vauban (Av.) FXY
Vert coteau (Av.) HY 175
Vezzani (Pl. César) GY 178
Victoire (Av. de la) FGX
Victor-Hugo (Pl.) GY
Vienne (R. H.) EX
Vincent (Av. E.) EFX
Visitation (Pl. de la) GHY 180
9e D.I.C. (Rond-Point de la) HZ 188
112e Régt d'Infanterie (Bd du) GXY

ornée d'allégories de la Loi et de la Force, date de 1689, mais provient de l'ancien séminaire des jésuites. Elle a été plaquée sur la façade en 1976.

Poursuivre la rue A.-France.

Musée de la Marine★

☎ 04 94 02 02 01 - www.musee-marine.fr - ♿ - de déb. avr. à mi-sept. : 10h-18h30 ; reste de l'année : tlj sf mar. 10h-12h, 14h-18h - fermé de mi-déc. à fin janv. - 5 € (-18 ans gratuit).

On entre par l'ancienne **porte de l'Arsenal** (18e s.). Quatre colonnes encadrant des trophées d'armes supportent le fronton ; à gauche, statue de Mars, à droite, statue de Minerve. À l'intérieur, deux niveaux retracent le passé et le présent de la marine de guerre à Toulon : *Vue du port* d'après J. Vernet, spectaculaires maquettes de la frégate *la Sultane* et du vaisseau *Duquesne* (18e s.), curieuse torpille « écorchée », rutilant tableau de manœuvres du porte-avions *Clemenceau*. Des cordages aux cadrans...

J.-L. Gallo/MICHELIN

La monumentale porte de l'Arsenal, construite au 18e s. reflète l'importance accordée à la marine de guerre.

LA MARINE MILITAIRE 2

Port★

La construction de la Darse Vieille commence sous le règne de Henri IV, aux frais de Toulon, qui la finança par une taxe de 25 % sur l'huile. L'arsenal militaire, destiné à construire et réparer la flotte royale, est créé par le cardinal de Richelieu. C'est pour l'arsenal que Vauban creuse la Darse Neuve, de 1680 à 1700, et c'est encore l'arsenal qui bénéficie de plusieurs agrandissements successifs (annexe du Mourillon, darses de Castigneau, de Missiessy) au 19e s. Aujourd'hui, la Darse Vieille est consacrée au transport de voyageurs (vers les îles d'Hyères, la Corse, la Sardaigne) et à la plaisance. Le port de commerce occupe l'anse de Brégaillon, du côté de La Seyne-sur-Mer.

L'ARSENAL AUJOURD'HUI

C'est la base logistique des bâtiments de la Marine nationale opérant en Méditerranée. En chiffres : plus de 268 ha, 10 km de quais et 30 km de routes, environ 12 000 employés, civils pour la moitié. La zone de la Force d'action navale est interdite au public. Seule solution pour les curieux : engagez-vous !

Quai Cronstadt

Le port fut bombardé pendant la Seconde Guerre mondiale. Aujourd'hui, un rideau d'immeubles, guère harmonieux, des années 1950, cache la vieille ville. Sur le quai, cafés et magasins attirent la foule des promeneurs. C'est de là qu'on embarque pour la visite ou la traversée de la rade.

J.-L. Gallo/MICHELIN

Quai Cronstadt, les célèbres Atlantes★ de Pierre Puget, sauvés des bombes, soutiennent le balcon de la mairie d'honneur : l'un est fort, l'autre, fatigué.

Tour de la rade en bateau★

Avr.-oct. : circuit commentée (1h) dans la rade, matin et après-midi. Embarcadère : quai Cronstadt, côté préfecture maritime. 8,50 €. Réservations : les Bateliers de la Côte d'Azur, ☏ 04 94 93 07 56.

On sort de la Darse Vieille pour explorer la Petite Rade et longer (de loin) les installations militaires, surtout les bassins Vauban. Parmi les bâtiments visibles : chasseurs de mines, transporteurs de péniches de débarquement, remorqueurs au pied de la vigie, frégates lance-missiles, navires ravitailleurs, voire un porte-avions ou la silhouette sombre et effilée d'un sous-marin. Dans le cimetière marin, les navires en fin de carrière attendent leur « désossage » au chalumeau.

Le bateau passe devant le port de commerce, l'institut IFREMER, l'ex-chantier naval de la Seyne. Les forts de l'Éguillette et de Balaguier encadrent les parcs à moules de la corniche de Tamaris. Le circuit se termine par la côte de St-Mandrier, elle aussi colonisée par la marine, et la digue déchiquetée qui protège la Petite Rade. Tout au long de la promenade, magnifiques **vues★** sur Toulon, couché de tout son long entre la mer et les montagnes. *Au rond-point du Gén.-Bonaparte, poursuivre l'av. de la Tour-Royale.*

Tour Royale

Fermeture pour travaux.

Ouvrage défensif (murs épais de 7 m à la base), la Grosse Tour, ou tour de la Mitre, fut construite au début du 16e s. et servit surtout de prison. Du chemin de ronde, beau **panorama★** sur Toulon, le mont Faron, les rades et la côte, de la presqu'île de Giens au cap Sicié.

D. Pazery/MICHELIN

Depuis Richelieu, si le bois a cédé la place à l'acier, Toulon reste le havre privilégié de la « Royale ».

DANS LA VIEILLE VILLE★ 3

La vieille ville enchevêtre ses ruelles entre les rues Landrin *(au Nord)* et Anatole-France *(à l'Ouest)*, et le cours Lafayette *(à l'Est)*, soit le tracé des fortifications de l'époque Henri IV. Rénové progressivement depuis 1985, le vieux Toulon, avec ses placettes et ses fontaines *(l'Office de tourisme propose un dépliant « circuit des fontaines »)* vaut toujours la promenade.

Entrer place de l'Amiral-Senès et tourner à droite dans la rue Notre-Dame.

Église St-Louis

Belle façade néoclassique (fin 18e s.), assez inattendue ici. L'intérieur est à l'avenant : trois nefs à double colonnade dorique et une coupole à lanternon, soutenue par dix colonnes corinthiennes et ornée d'une frise de rinceaux.

Continuer dans la rue Vezzani.

La reproduction d'une **proue de navire** du 18e s. semble jaillir d'un mur, en hommage aux constructions navales.

Prendre à droite la rue Pomet.

La curieuse fontaine de la place du Globe évoque le bagne de Toulon.

D. Pazery/MICHELIN

Mur peint illustrant construction navale et les filles à matelots (rue Micholet).

Maison de la Photographie, musée de la Figurine

☎ 04 94 93 07 59 - tlj sf dim. et lun. 12h-18h - gratuit.

La Maison de la Photographie accueille des expositions temporaires et le musée de la Figurine présente des dioramas historiques.

Prendre la rue du Noyer qui aboutit à la pl. Raimu. Jeter un œil à droite pour voir la peinture murale rue Micholet. Rejoindre la rue de la Glacière (avec ses passages voûtés) à gauche et poursuivre rue Andrieux.

Fontaine des Trois-Dauphins

La place Puget, ombragée et nantie de nombreuses terrasses, s'orne depuis 1780 de cette curieuse fontaine-jardin due à deux artistes toulonnais et à mère Nature : la végétation a comblé les vasques et les fameux dauphins disparaissent sous la mousse, les fougères, un figuier, un néflier et un laurier-rose !

C'est un buste de Raimu qui occupe, un peu plus haut, la minuscule place des Trois-Dauphins. *Revenir place Puget et descendre par la rue Hoche.*

Rue d'Alger

La principale artère, modernisée, de la vieille ville, débouche sur la Darse Vieille.

Tourner à gauche dans la rue Seillon, puis suivre la rue de la Fraternité.

Église St-François-de-Paule

☎ 04 94 93 15 56 - 15h-18h, dim. tte la journée - sur demande.

Construite en 1744 par les récollets, elle évoque le baroque niçois par sa façade rose doublement cintrée et son clocher génois.

Rebrousser chemin et tourner dans la première rue à droite.

De la place à l'Huile (jadis lieu d'un marché aux huiles), on atteint la place de la Poissonnerie ; les dernières halles au poisson, hauts lieux du verbe toulonnais, ont été détruites en 1988.

Remonter sur la droite par les rues Pressensé, puis des Boucheries.

Cathédrale Ste-Marie

La belle façade classique date des agrandissements du 17e s. Le clocher est encore plus récent (1740). L'intérieur, plutôt sombre, associe roman et gothique, les architectes du 17e s. ayant voulu respecter les lignes de l'édifice primitif (11e s., restauré au 12e s.). La chapelle du Corpus est d'influence Baroque. La chapelle de la Croix renferme des objets de culte.

Continuer vers le cours Lafayette.

Cours Lafayette

Bécaud a chanté le marché qui se tient chaque jour (sauf le lundi) sur cette voie qu'on appelait autrefois « le pavé d'amour ». La mercerie, la fripe et les gadgets tiennent les deux extrémités, les fruits et légumes règnent sur le reste. Olives, herbes de Provence, figues de Barbarie pour la couleur, verbe aussi haut que coloré.

Musée du Vieux Toulon

N° 69. ☎ 04 94 62 11 07 - www.avtr-org - tlj sf dim. 14h-17h45 -fermé j. fériés - gratuit.

Installé dans une maison du 17e s. (ancien évêché) ; les marches de l'escalier sont couvertes de tomettes. Impressionnante collection de plaques de cheminées (ce qui restait des maisons bombardées en 1943-1944) et d'autres souvenirs de l'ancien Toulon (tableaux, gravures, maquette). Une salle est dédiée à l'art sacré.

Sortir de la vieille ville par la rue Garibaldi.

Porte d'Italie

Porte bastionnée construite en 1790. C'est l'unique vestige des fortifications de Toulon.

Revenir sur ses pas et choisir entre trois possibilités : tranquille, remonter le cours Lafayette vers la ville moderne ; aquatique, le redescendre vers le port ; aventureuse, retraverser la vieille ville au hasard des ruelles...

visiter

Muséum d'Histoire Naturelle

☎ 04 94 36 81 10 - www.museum-toulon.org - ♿ - 9h-18h, w.-end 11h-18h - fermé j. fériés - gratuit.

Il occupe l'aile droite d'un édifice de style Renaissance, l'aile gauche est réservée au musée d'Art *(voir ci-dessous).*

Belles collections de minéralogie et d'animaux naturalisés, des oiseaux principalement. L'accueil est confié à une célébrité locale, le tigre Clem, ancienne mascotte du porte-avions *Clemenceau*, né au mont Faron *(voir « alentours »)*, mort de vieillesse.

Musée d'Art

☎ 04 94 36 81 01 - tlj sf lun. 12h-18h - fermé j. fériés - gratuit.

Une grande salle expose des tableaux des écoles flamande, hollandaise, italienne et française (16e-18e s.), et un fonds du 19e s. où figurent des œuvres de peintres provençaux comme le paysagiste toulonnais Vincent Courdouan. Un vaste choix de peintures et de sculptures contemporaines est exposé par roulement.

À BOIRE !
À côté du musée d'Art, dans le **jardin Alexandre Ier**, le buste de *Puget*, par Injalbert, et la bien nommée *fontaine du Buveur*, par Hercule, se cachent parmi les cèdres, palmiers et magnolias.

séjourner

Plage du Mourillon

À l'Est, le long du littoral Frédéric-Mistral, entre le fort St-Louis et la base nautique. Postes de secours. Restaurants, sanitaires. Grand parking gratuit de 1 300 places. La grande plage (artificielle) de Toulon, séparée de la route par un vaste jardin, est constituée de quatre arrondis de sable

D. Pazery/MICHELIN

La vertigineuse descente du mont Faron sur Toulon : un spectacle que vous ne serez pas près d'oublier !

fin, de graviers ou d'un mélange des deux, selon les endroits. Pente douce vers la mer et baignade abritée par des digues.

Sentier des douaniers
1h30 AR. Du fort St-Louis en passant par le cap Brun, vous arrivez à l'anse Méjean. Belle vue sur la rade.

Plages des anses Méjean et Magaud

Du Mourillon, suivre la direction La Garde-Le Pradet. À l'entrée de La Garde, le chemin de la Mer mène à deux plages de sable naturelles, les anses Magaud *(à gauche)* et Méjean *(à droite)*.

alentours

Mont Faron★★★

On ne visite pas
Les passionnés se feront une raison. Certains forts de Toulon, domaines militaires, sont fermés au public : forts St-Antoine et de la Croix-Faron (mont Faron), fort du Lieutenant-Girardon (mont Coudon), forts St-Louis et du cap Brun, (de part et d'autre du Mourillon).

Le massif calcaire du mont Faron (alt. 584 m) domine Toulon. La montée est l'occasion de découvrir de belles **vues★** sur la ville, les rades, St-Mandrier, le cap Sicié et Bandol. À quelques pas du parking démarre le **sentier des Crêtes**, agréable promenade balisée (*1h30 AR. Plan à l'Office de tourisme de Toulon*). Du fort de la Croix-Faron, belle vue sur la côte, la presqu'île de Giens, Bandol. Une centaine de mètres au Nord du fort, vue sur les Alpes de Provence.

Téléphérique du mont Faron★ – *Gagner le boulevard Ste-Anne, puis suivre les panneaux « Téléphérique du mont Faron ». Gare de départ av. Perrichi. En cas d'affluence, laisser la voiture à gauche en contrebas de la station.* ☎ *04 94 92 68 25 - juil.-août : 9h30-20h ; fév.-juin et sept.-nov. : se renseigner pour les horaires - fermé déc.-janv., lun. (sf juil.-août, lun. Pâques, lun. Pentecôte), 22 et 23 juin, 7 et 8 sept. - 6 € (enf. 4,20 €).*

Montée (et descente !) spectaculaires : si vous êtes sujets au vertige, fermez les yeux ; sinon profitez de la vue sur la ville et la rade, et aussi sur les pentes, habitées, puis assez vertes, puis franchement caillouteuses et peu accueillantes. La terrasse de la station d'arrivée n'est ouverte qu'aux consommateurs, mais on aura une vue agréable sur la route d'accès au mont Faron, une dizaine de mètres à gauche.

Musée-mémorial du Débarquement en Provence★ – ☎ *04 94 88 08 09 - ♿ - de déb. juil. à mi-sept. : 9h45-12h45, 13h45-18h30 ; mai-juin : tlj sf lun. 9h45-12h45, 13h45-18h ; de mi-sept. à fin sept. : tlj sf lun. 9h45-12h45, 13h45-18h30 ; oct.-avr. : tlj sf lun. 9h45-12h45, 13h45-17h30 - fermé 1er janv., 25 et 26 déc. - 3,60 €.*

Tour d'horizon
Du haut de la terrasse *(accessible avec la visite du musée)* : superbe **vue★★★** sur Toulon, la rade, la Méditerranée, les îles et les montagnes alentour *(trois tables d'orientation)*.

Installé dans la tour Beaumont, construite entre 1840 et 1845, le musée commémore la libération du Sud-Est de la France par les Alliés en août 1944. Les premières salles présentent des souvenirs des combattants dans la région lors de la Libération : Anglais, Américains, Canadiens, Français, Allemands. Un diorama met en scène la libération de Toulon et de Marseille. Dans la salle de cinéma sont projetés des documents filmés lors du débarquement *(15mn)*.

Zoo – ☎ *04 94 88 07 89 - ♿ - juil.-août : 10h-19h ; de Pâques à fin juin et sept. : 10h-18h ; reste de l'année : 14h-17h - fermé j. de pluie - 8 € (enf. 5 €), 11 € (enf. 7,50 €) pass téléphérique + zoo.*

Centre de reproduction d'espèces menacées, spécialisé dans les fauves : panthère des neiges, ocelot, caracal. On y trouve également singes, ours, hyènes et lémuriens.

La Garde

9 km par la D 29 à l'Est, en direction de la Valette.

Aujourd'hui banlieue industrielle de Toulon, cette petite cité a ouvert un **musée Jean-Aicard - Paulin-Bertrand** dans la maison où l'auteur de *Maurin des Maures* recevait disciples et amis, dont le peintre Paulin Bertrand (1852-1940). Son atelier a été aménagé et des toiles sont

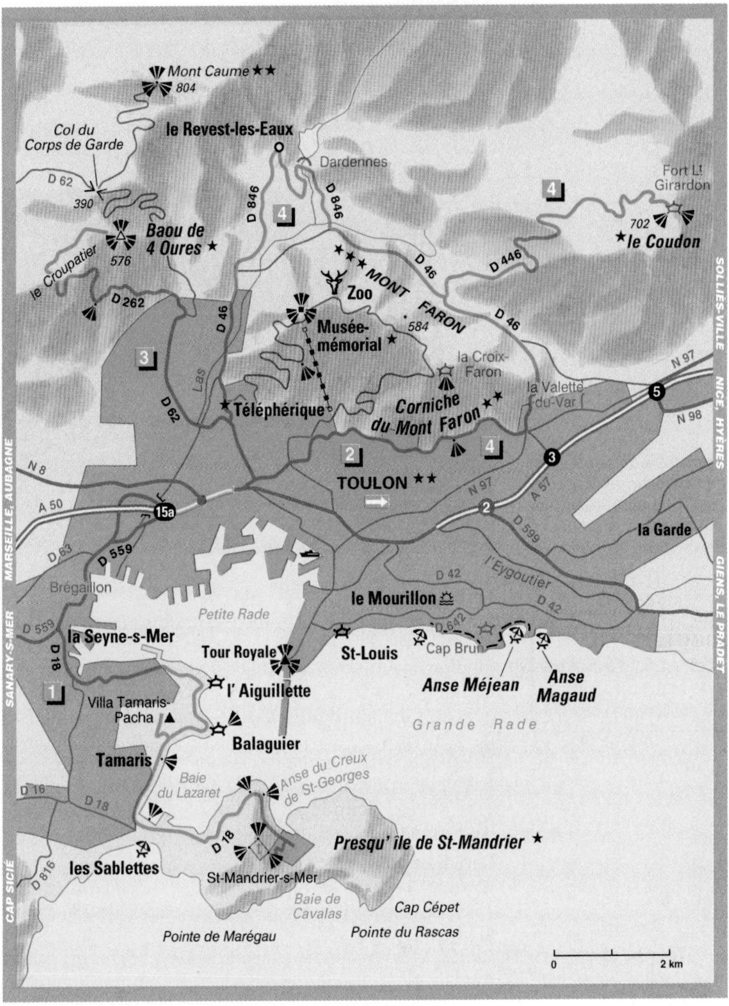

exposées. ☎ *04 94 14 33 78 - visite guidée (45mn) tlj sf dim. et lun. 12h-18h (dernière entrée 30mn av. fermeture) - fermé j. fériés - gratuit.*

Solliès-Ville

15 km au Nord-Est. Quitter Toulon par l'A 57. Sortie La Farlède, puis direction Solliès-Ville par la D 67.

On entre dans Solliès-Pont (grand producteur de figues) avant de monter à Solliès-Ville, qui domine la plaine. Sur l'**esplanade de la Montjoie**, ruines du château des Forbin, seigneurs de Solliès, et **vue**★ sur la vallée du Gapeau et les Maures. L'**église**, une ancienne salle capitulaire, abrite, au maître-autel, un curieux monolithe qu'on suppose être un ciborium (15e s.). *Mêmes conditions de visite que la Maison Jean-Aicard.*

On visite (ici aussi !) la **maison Jean Aicard** (1848-1921), ainsi qu'un **musée du vêtement provençal**. ☎ *04 94 33 72 02 - mai-oct. : tlj sf mar. 10h, 14h30 et 16h30, dim. et lun. 14h30 et 16h30 ; nov.-avr. : 1er et 3e sem. du mois 10h, 14h et 16h, dim 14h et 16h, 2e et 4e sem. du mois merc., jeu. et vend. 10h, 14h et 16h, lun. 14h et 16h - fermé 1er janv., Pâques, Pentecôte, 1er nov. et 25 déc. - gratuit.*

circuits

La région de Toulon comprend des zones militaires dont l'accès est strictement interdit au public.

TOUR DE LA RADE EN VOITURE★★ 1

17 km au Sud – environ 1h30. Quitter Toulon par l'autoroute A 50, puis la D 559, et tourner à gauche vers La Seyne.

D. Pazery/MICHELIN

Petit frère de feu le pont transbordeur de Marseille, le pont levant des chantiers navals de La Seyne a, lui, été conservé.

LUMIÈRE
C'est en fin d'après-midi que vous bénéficierez du meilleur éclairage.

La Seyne

Port de pêche et de plaisance, autrefois connu pour ses chantiers des Constructions navales et industrielles de la Méditerranée, créés en 1856 et qui construisaient des bâtiments pour la marine marchande et la flotte de guerre. L'ancien **pont levant** à l'entrée des chantiers a été conservé.

Une petite baie, limitée par les forts de l'Éguillette et de Balaguier construits au 17e s. pour verrouiller, avec la tour Royale, l'entrée de la Petite Rade, donne une vue d'ensemble sur Toulon, le Faron et le Coudon.

Fort Balaguier

☎ 04 94 94 84 72 - de mi-juin à mi-sept. : tlj sf lun. 10h-12h, 15h-19h ; reste de l'année : tlj sf lun. 10h-12h, 14h-18h - fermé j. fériés - 3 €.

En 1793, ce fort aux murs épais de 4 mètres fut repris aux Anglais par un jeune commandant nommé Bonaparte. Aujourd'hui, outre un aperçu du confort très relatif dont bénéficiait la garnison, on y trouve un **musée naval** qui présente des expositions temporaires relatives à l'histoire de la marine et, dans la chapelle (17e s.), des objets et des documents sur le bagne et les galères.

TOUR DE GARDE
Du chemin de ronde, très belles **vues★** sur St-Mandrier, Toulon et la rade. Charmant jardin, agrémenté d'un bassin et d'une volière où se promène un paon.

Tamaris

Agréable petite station ombragée, étalée au flanc d'une colline, avec une belle vue sur la presqu'île de St-Mandrier. Elle se développa à partir des années 1880 sous l'impulsion du maire de Sanary, « Michel Pacha », mais ne s'est jamais imposée durablement. Il reste de cette époque la **villa Tamaris Pacha**, somptueuse demeure à l'italienne que Michel Pacha fit construire pour sa femme, avant d'arrêter les travaux à la mort de celle-ci, assassinée en 1893. Inhabitée pendant un siècle, la maison, située dans un beau parc, accueille aujourd'hui des expositions d'art contemporain. *☎ 04 94 06 84 00 - ♿ - tlj sf lun. 14h-18h30 - fermé j. fériés - gratuit.*

En bordure de la baie du Lazaret, une belle **villa mauresque** *(ne se visite pas)*, autre création de Michel Pacha, abrite l'Institut de biologie marine de l'université de Lyon. Côté mer, des cabanes sur pilotis jalonnent les parcs à moules.

Les Sablettes

Longue plage de sable fin tournée vers le large, le long de l'isthme reliant le continent à St-Mandrier. Le **parc Fernand Braudel** invite à la déambulation, ceux qui s'intéressent à la botanique apprécieront les nombreuses variétés de plantes méditerranéennes.

Presqu'île de St-Mandrier★

La côte sur la rade est largement occupée par la base aéronavale et les écoles des mécaniciens et nageurs de combat de la Marine, domaine militaire isolé de la route par un mur. Les plages et quartiers résidentiels se trouvent sur le versant tourné vers le large. Le Creux St-Georges abrite un joli petit port.

Au sommet
Beaux **panoramas★★** sur le cap Sicié *(prendre la route du cimetière, à droite en montée, à l'entrée de St-Mandrier)* et la rade de Toulon *(depuis le cimetière franco-italien)*.

CORNICHE DU MONT FARON★★ 2

30mn en voiture. Gagner la corniche par le pont de Ste-Anne, l'avenue de la Victoire et le boulevard Ste-Anne à gauche.

La magnifique corniche Marius-Escartefigue donne la meilleure **vue★** d'ensemble des rades de Toulon : la Petite Rade entre le Mourillon et La Seyne, la Grande Rade limitée au Sud par la presqu'île de St-Mandrier, à l'Est par le cap Carqueiranne ; plus loin encore, le golfe et la presqu'île de Giens. Sans oublier, bien sûr, la vieille ville, le port et les faubourgs adossés à la montagne.

BAOU DE QUATRE-OURES★ 3

11 km au Nord-Ouest - environ 1h. Quitter Toulon par l'avenue St-Roch. Tout droit, puis à gauche dans l'avenue des Routes. Place Macé, prendre à droite la D 62 (avenue Clovis-Hugues), puis 4 km plus loin, à gauche dans la D 262.
Après 3 km, une plate-forme procure une magnifique **vue★★** sur Toulon et sa rade ainsi que sur la côte. *Au-delà, la route étroite qui conduit au sommet (4 km) traverse un champ de tir.*

Encore au sommet
Autre **panorama★★** sur la côte, du cap Bénat à La Ciotat, et sur l'intérieur, de la Ste-Baume aux Maures.

LE COUDON★ 4

36 km - environ 1h30. Quitter Toulon par le pont de Ste-Anne, l'avenue de la Victoire et le boulevard Ste-Anne à gauche, puis la corniche Marius-Escartefigue à droite. Au bout, prendre à gauche l'avenue Canaillette qui mène à la D 46, puis tourner à droite dans la D 446, route du Coudon, étroite et en forte montée.

Le Coudon★

Alt. 702 m. Il apparaît d'abord tout entier, dominant la plaine de la Crau. La route traverse une pinède puis une région plantée d'oliviers, et atteint la garrigue peuplée de chênes verts ; la **vue★** s'élargit jusqu'à l'entrée du fort du Lieutenant-Girardon, d'où le regard embrasse toute la côte, de la presqu'île de Giens à l'ancienne île de Gaou près du Brusc.

Revenir à la D 46 et prendre à droite. 2,5 km plus loin, la D 846 atteint Le Revest-les-Eaux, en passant à hauteur d'un barrage de retenue.

Le Revest-les-Eaux

Charmant vieux village ombragé, construit au pied du mont Caume et dominé par une « tour sarrasine ». Château fin 16e s. avec ses deux tours en poivrière (occupé par un bar-tabac). L'église est de la même époque. Dans la maison des Comoni est installé un des trois musées de France consacrés exclusivement aux monnaies. Visitez aussi le surprenant petit **Musée copte et byzantin** : collection d'icônes coptes et byzantines, objets liturgiques du 4e au 19e s. *Se renseigner pour les périodes, horaires et tarifs au Syndicat d'initiative, ☎ 04 94 98 94 78.*

Rentrer à Toulon par le vallon du Las (D 846) qui s'ouvre entre le Faron et le Croupatier.

Tourrettes-sur-Loup★

C'est le pays des violettes, cultivées sur les « planches » d'oliviers. Mais c'est surtout un ravissant village, bâti au bord d'un à-pic de pierre et de verdure, vision saisissante qu'on découvre depuis la route de Vence. Un rempart de maisons, étroites et hautes sur leur socle de roche, dissimule les ruelles du village où il est particulièrement agréable de s'adonner à la flânerie.

S. Sauvignier/MICHELIN

Tourrettes, la cité de la violette...

La situation

Carte Michelin Local 341 D5 - Schéma p. 64 - Alpes-Maritimes (06). À 5 km de Vence par la D 2210. Laisser la voiture sur le parking à l'entrée de Tourrettes et gagner le village à pied (chemin piétonnier). Belle vue en venant de Grasse (à 20 km au Sud-Ouest).

5 rte de Vence, 06140 Tourrettes-sur-Loup, ☎ 04 93 24 18 93. www.tourrettessurloup.com

Le nom

Histoire de tour, bien sûr. Le latin *turris alta* (« tour » ou « point d'observation élevé ») a donné Tourrettes, complété en « lès-Vence » ou « de-Vence », puis « sur-Loup » depuis 1894.

Les gens

3 870 Tourrettans et quelques visiteurs célèbres, comme **Francis Poulenc** qui y acheva en 1955 son opéra le *Dialogue des Carmélites*. Nombre d'autochtones quant à eux cultivent la violette pour les fleuristes, confiseurs et parfumeurs : il n'y a pas de véritable crèche sans une Tourrettane au bouquet de violettes !

se promener

Vieux village★

Prendre la porte à beffroi, dans l'angle Sud de la place.

Restauré et habité par des artisans, artistes et restaurateurs, c'est une succession de ruelles, de passages parfois voûtés, de petits escaliers où somnolent des chats. Un charme fou ! La Grand'Rue traverse le village et aboutit de l'autre côté de la place, mais, en cours de route, on peut descendre le long du chemin de ronde planté de

carnet pratique

Se loger

Chambre d'hôte Mas des Cigales – *1673 rte des Quenières - 1,5 km de Tourrettes rte de St-Jean - ☎ 04 93 59 25 73 - www.lemasdescigales.com - 5 ch. 92/97 €* ☕. Le plus dur est de quitter cette belle villa entourée d'un jardin. De la terrasse qui borde la piscine, vous découvrirez en contrebas une petite cascade, le tennis et la mer dans le lointain. Les chambres sont confortables et joliment aménagées. VTT à disposition, spa et accès Internet (wi-fi).

Se restaurer

Le Médiéval – *☎ 04 93 59 31 63 - fermé 15 déc.-15 janv., merc., jeu. et le soir de nov. à mars - 18/38 €.* En déambulant dans les ruelles de ce pittoresque village, vous découvrirez ce restaurant familial qui abrite une longue salle à manger rustique. La cuisine traditionnelle est sans surprise, mais copieuse et à prix plutôt sages.

Auberge de Tourrettes – *11 rte de Grasse - ☎ 04 93 59 30 05 - info@aubergedetourrettes.fr - fermé 10 janv.-10 fév., mar. et merc. d'oct. à mai - 29 € déj. - 45/58 € - 7 ch. 88/106 € - ☕ 12,50 €.* Maison rose aux volets verts dont la belle salle à manger ensoleillée et la terrasse offrent un large panorama sur la vallée. Dans l'assiette, les plats du marché sont à l'honneur. Pour prolonger l'étape, quelques jolies chambres provençales.

Calendrier

Fête des violettes – 1er ou 2e w.-end de mars (selon la floraison) : sam. marché provençal le matin et visite d'exploitation l'apr.-midi, dim. corso fleuri (vers 14h30).

figuiers de Barbarie, profiter d'un large **panorama★** *(table d'orientation)* et jeter un coup d'œil au château *(expositions en saison)*.
Sur la place, l'**église** abrite un beau triptyque du 15ᵉ s. dont la facture évoque l'école des Bréa : saint Antoine entre saint Pancrace et saint Claude. Remarquez également l'autel en bois doré de St-Antoine.

Chapelle St-Jean

☎ 04 93 24 18 93 - possibilité de visite sur demande à l'Office de tourisme.
Au Nord du village, la route St-Jean conduit à cette chapelle décorée en 1959 de fresques naïves par **Raphaël Soupault**.

Tourtour★

Site unique pour humer l'air frais depuis sa crête boisée de chênes et de pins, entre deux châteaux, de vieilles rues blotties sur elles-mêmes et une place où il fait bon contempler le panorama infini sur la côte. Tourtour est l'un de ces bouts du monde où le temps semble s'être arrêté... hors saison !

La situation

Carte Michelin Local 340 M4 - Var (83). À 14 km l'Est d'Aups *(voir ce nom)*. Parking à l'entrée du village et derrière l'église.
Av. des Ormeaux, 83690 Tourtour, ☎ 04 94 70 54 36.

Le village résidentiel de **St-Pierre-de-Tourtour**, à l'Est, a été créé de toutes pièces par Beaumont, le concepteur des Issambres *(voir le massif des Maures)*, dans un beau cadre forestier.

Le nom

La racine préceltique *tur* signifie « point culminant ». Et comme il est très culminant...

Les gens

472 Tourtourains. En 1638, Anne d'Autriche a semé sur son passage des ormeaux sur la place. Celle-ci est aujourd'hui plantée de deux gros oliviers et de platanes qui, avec les restaurants et la terrasse où se disputent des parties de boules, font toute l'animation du village.

se promener

Village★

Médiéval à souhait avec ses vestiges de fortifications, ses maisons restaurées avec goût, ses fontaines où se désaltérer, ses ruelles étroites en pente qui communiquent par des passages voûtés et se rejoignent sur la place centrale.

Religieusement
Au 12ᵉ s., des moines cisterciens fondèrent à Tourtour l'abbaye de Florielle *(au Sud-Est)*, avant de s'installer au Thoronet. Quelques vestiges subsistent près de l'actuelle **chapelle de Florielle** *(accès par D 51, direction Ampus)*.

carnet pratique

Se loger

⊖⊜⊜ Chambre d'hôte Mas des Cigales – *1673 rte des Quenières - 1,5 km de Tourrettes rte de St-Jean - ☎ 04 93 59 25 73 - www.lemasdescigales.com - 5 ch. 92/97 €* ☕. Le plus dur est de quitter cette belle villa entourée d'un jardin. De la terrasse qui borde la piscine, vous découvrirez en contrebas une petite cascade, le tennis et la mer dans le lointain. Les chambres sont confortables et joliment aménagées. VTT à disposition, spa et accès Internet (wi-fi).

Se restaurer

⊖⊜ Le Médiéval – *☎ 04 93 59 31 63 - fermé 15 déc.-15 janv., merc., jeu. et le soir de nov. à mars - 18/38 €*. En déambulant dans les ruelles de ce pittoresque village, vous découvrirez ce restaurant familial qui abrite une longue salle à manger rustique. La cuisine traditionnelle est sans surprise, mais copieuse et à prix plutôt sages.

⊖⊜⊜ Auberge de Tourrettes – *11 rte de Grasse - ☎ 04 93 59 30 05 - info@aubergedetourrettes.fr - fermé 10 janv.-10 fév., mar. et merc. d'oct. à mai - 29 € déj. - 45/58 € - 7 ch. 88/106 € - ☕ 12,50 €*. Maison rose aux volets verts dont la belle salle à manger ensoleillée et la terrasse offrent un large panorama sur la vallée. Dans l'assiette, les plats du marché sont à l'honneur. Pour prolonger l'étape, quelques jolies chambres provençales.

Depuis celle-ci, le passage sous voûte conduit à la **tour de l'Horloge** puis au musée des Fossiles *(voir visiter)*, installé dans un ancien moulin. À gauche, on atteint le **vieux château** du 12e s., restauré, qui abrite une galerie d'art et d'antiquités. Au bord de la route en montée, remarquez, à droite, un charmant **lavoir**.
De l'autre côté de la place centrale, la mairie occupe l'ancien **château des Raphelis**, solide bâtisse du 16e s. cantonnée de tours en poivrière. Plus haut se trouve l'église.

Isolée à l'extrémité Sud-Est de la crête, l'église St-Denis date du 11e s., mais a été très remaniée au siècle dernier.

D. Pazery/MICHELIN

Coup d'œil
À la sortie du village en direction de Villecroze, prendre à droite. Un chemin rejoint une tour médiévale de deux étages, la **tour Grimaldi**.

Point de vue

De l'esplanade devant l'église, on découvre un immense et splendide **panorama★** *(table d'orientation)* sur les dépressions de l'Argens et du Nartuby. La vue s'étend jusqu'aux Maures à l'Est et à la Ste-Baume, la montagne Ste-Victoire et au Luberon à l'Ouest.

visiter

Musée des Fossiles

☎ 04 94 70 59 47 - www.tourisme-tourtour.com - ♿ - de fin juin à mi-sept. : tlj sf mar. 11h-12h30, 15h30-19h - gratuit.
Intéressante présentation de fossiles provenant de la région. On y remarque des œufs de dinosaure, des ammonites, grandes ou déroulées, et des empreintes de fossiles.

L'ancêtre
L'ammonite, fossile de mollusque à coquille enroulée, abonde dans les terrains secondaires (130 millions d'années).

Moulin à huile

☎ 04 94 70 59 47 - www.tourisme-tourtour.com - ♿ - de mi-mai à mi-oct. et de mi-déc. à mi-janv. : se renseigner pour les horaires ; reste de l'année : possibilité de visite, se renseigner à l'Office de tourisme - gratuit.
Ce moulin communal possède 3 pressoirs. En période de production, à l'automne, 5 000 litres d'huile sortent de ses cuves, démontrant l'importance de la tradition oléicole dans la région. L'été, le moulin abrite un autre genre d'huiles : celle des peintures qui y sont exposées.

Ce moulin à huile fonctionne depuis le 17e s. pour le bonheur de habitants de Tourtour.

E. Baret/MICHELIN

La Turbie★

La Turbie est avant tout l'endroit où s'élève l'un des deux seuls trophées romains qu'ait conservés le monde moderne : un site archéologique majeur. Mais sa position sur la grande corniche, à 480 m d'altitude, en fait aussi un point de vue splendide et imprenable sur la côte, surtout le soir, quand s'illuminent Monaco et Monte-Carlo.

Pour comparer
Il n'y a qu'un seul autre trophée érigé à la gloire d'Auguste. Il se trouve à Adamklissi (Roumanie), à 150 km de Bucarest.

La situation

Carte Michelin Local 341 F5 - Schémas p. 309 et 325 - Alpes-Maritimes (06). La Turbie est située au point culminant de la via Julia Augusta, qui conduisait de Gênes à Cimiez, à 450 m juste au-dessus de Monaco, sur le promontoire de la Tête de Chien. Le Trophée est visible de loin. Parking en contrebas.

Le nom

Le « Trophée d'Auguste » a donné son nom, *Tropea Augusti*, déformé, à la ville qu'il a fait naître.

Les gens

Les 3 021 habitants doivent le trophée et, disons-le, leur existence en tant que Turbiasques à une décision du Sénat et du peuple romains, rien que cela, prise en l'an 6 avant J.-C.

se promener

Départ avenue Charles-de-Gaulle.

À la **fontaine** de l'avenue Charles-de-Gaulle, construite au 19e s., aboutit l'aqueduc romain remis en service à la même époque. En bas, au Sud-Ouest de la **place Neuve**, belle **vue★** sur tout le littoral jusqu'aux Maures.

Rue Comte-de-Cessole

C'est l'ancienne via Julia Augusta, qui passe sous le portail de l'Ouest, entre deux rangs de demeures médiévales. À droite, gravés sur une pierre d'angle de maison, les vers que Dante consacra à La Turbie. Une autre inscription précise que la ville figurait sur l'itinéraire d'Antonin : liste de villes-étapes (avec distances intermédiaires) sur les grandes routes de l'Empire romain.

Église St-Michel-Archange

Éclairage : 1re chapelle à droite en entrant. Bel exemple de baroque niçois : façade légèrement concave à deux étages, clocher à coupole en tuiles vernissées et plan ellipsoïdal. À l'**intérieur★**, la nef et les chapelles, voûtées en berceau sur de hauts pilastres, sont couvertes de fresques et de stucs. Table de communion (17e s.) en onyx et agate, maître-autel en marbre polychrome provenant de l'abbaye de St-Pons près de Nice *(voir ce nom, circuit* 3*)*, où il servit, sous la Révolution, au culte de la Raison.

Nombreux tableaux : dans la chapelle à gauche du chœur, *Pietà* (école des Bréa), *Saint Marc écrivant l'Évangile* (attribué à Véronèse) ; dans la 1re chapelle de droite, *Sainte Dévote* (attribué à Ribera) ; dans la 2e chapelle, *Marie Médiatrice* (école de Murillo), *Flagellation* à la manière de Rembrandt.

Revenir dans la rue de Cessole.

En haut de la montée, coup d'œil sur le trophée. Redescendre vers la **rue Droite** qui emprunte aussi le tracé de la via Julia vers l'Italie, avant de passer sous le portail Est. Des **terrasses**, splendide **panorama★★★** sur la principauté de Monaco, la côte italienne, le cap Martin, Èze, le cap Ferrat, l'Esterel, les hauteurs de la corniche, le vallon du Laghet, le mont Agel.

Remonter vers l'avenue Charles-de-Gaulle.

visiter

Trophée des Alpes★

☎ 04 93 41 20 84 - ♿ - de mi-mai à mi-sept. : 9h30-18h30 (dernière entrée 30mn av. fermeture) ; de mi-sept. à mi-mai : tlj sf lun. 10h-13h30, 14h30-17h - fermé 1er janv., 1er Mai, 1er et 11 Nov., 25 déc. - 4,60 €, gratuit 1er dim. du mois (oct.-mai).

Vénéré pendant l'Antiquité, puis mutilé et dépouillé de son décor, il fut converti en ouvrage fortifié à l'époque féodale, d'où une relative conservation. Louis XIV le fit miner, sans parvenir à une totale destruction. Exploité ensuite comme carrière, notamment pour l'église de la Turbie, il n'était plus qu'une tour ruinée entourée de décombres, avant la restauration menée de 1929 à 1933 par l'architecte Jules Formigé et financée par le mécène américain Edward Tuck.

Le trophée des Alpes.

B. Kaufmann/MICHELIN

Un trophée pour Auguste

À la mort de César, la Gaule et l'Espagne sont romaines, mais les peuplades insoumises des Alpes contrarient la communication entre Rome et ses possessions transalpines. **Auguste** entreprend alors une série de campagnes (25-14 avant J.-C.), auxquelles il participe sans doute en personne, aidé de Drusus et Tibère. Il en résulte de nouvelles provinces, faisant la liaison entre l'Italie, la Gaule et la Germanie : parmi elles, les « Alpes maritimes », avec Cimiez pour capitale.

C'était écrit

Une face du soubassement portait une immense dédicace à Auguste et l'énumération des 44 peuples soumis. Elle a été reconstituée grâce à une citation de Pline. C'est la plus longue inscription lapidaire connue de l'Antiquité romaine.

Monument – Une grande partie de la ruine a été laissée intacte ; les arcatures aveugles au sommet datent du Moyen Âge. Construit surtout en belle pierre blanche de la Turbie, le trophée mesurait 50 m de haut (35 m aujourd'hui) et 38 m de long. Des escaliers accèdent à tous les niveaux. Le soubassement carré portait un petit étage en retrait, puis une colonnade dorique circulaire, avec des niches abritant les statues des généraux ayant pris part aux campagnes. Une coupole conique à degrés servait de piédestal à une colossale statue d'Auguste, peut-être flanquée de deux captifs.

Musée – Plans, dessins, photos, film retracent l'histoire du trophée et de sa restauration (maquette). Également des bornes milliaires, inscriptions, fragments du Trophée, moulages, documents sur les autres monuments romains en Europe.

Forêt de Turini★★

Son nom évoque fraîcheur et dépaysement pour les habitants de la côte. Depuis les pins maritimes et les chênes au Sud, on monte parmi les hêtres, les châtaigniers et les érables, et surtout, les magnifiques sapins et épicéas grands de plus de 35 m au Nord. Entre 1 500 et 2 000 m règne le mélèze. L'ensemble représente une forêt de 3 500 ha entre les vallées de la Vésubie et de la Bévéra.

La situation

Carte Michelin Local 341 F4 - Schéma p. 308 - Alpes-Maritimes (06). Du col de Turini, plusieurs routes invitent à rayonner dans la région, point incontournable pour passer de la vallée de la Bévéra *(voir Sospel)* à la vallée de la Vésubie *(voir ce nom)*.

Le nom

Turin ? Certes, certes, la route qui franchit le col de Turini y conduisait... Mais pourquoi ne pas y voir tout simplement la racine pré-indo-européenne *tur-* qui signifie « rocher » ou « montagne » ?

Les gens

À part les loups, et, plus fréquemment, quelques bouquetins égarés, on y rencontre en hiver les concurrents du **rallye de Monte-Carlo** dans l'une des épreuves chronométrées les plus difficiles. Même sans neige, vous comprendrez bientôt pourquoi !

Lors du passage du rallye de Monte-Carlo, finie la quiétude des sous-bois pour les habitants naturels de la forêt.

circuits

L'AUTHION★★ 7

18 km au départ du col de Turini - environ 45mn - schéma p. 308.

Depuis le col de Turini, la route de l'Authion (D 68), au milieu des sapins et des mélèzes, parcourt un paysage de montagnes de plus en plus grandiose à mesure qu'on s'élève. À 4 km du col, un monument aux morts fait face à un **panorama★** étendu.

Pour ne pas se perdre en hiver
Un circuit d'interprétation est aménagé, qui facilite une meilleure compréhension des paysages traversés quand les routes sont obstruées par la neige, parfois jusqu'au printemps.

Monument aux morts

Le massif de l'Authion fut à deux reprises le théâtre d'opérations militaires. En 1793, les troupes de la Convention se battirent contre les Austro-Sardes. En avril 1945, la 1re DFL livra de durs combats avant de déloger les Allemands de cette partie stratégique de la ligne Maginot.

Près de là se rejoignent les extrémités de la boucle formée par la D 68 que l'on prend à droite.

Après les Cabanes Vieilles, casernes endommagées en 1945, on traverse les alpages des Vacheries révélant de très belles **vues★** sur la vallée de la Roya.

À la hauteur d'un monument, emprunter à droite une piste qui mène en 500 m à une plate-forme où l'on peut faire demi-tour.

Pointe des Trois-Communes★★

Un merveilleux **panorama★★** se découvre du haut de ses 2 082 m, sur les cimes du Mercantour et des Préalpes de Nice.

Revenir à la D 68, et, au monument aux morts, reprendre la route de l'aller.

VALLON DE STE-ÉLISABETH★ 7

18 km au départ du col de Turini – environ 1h – schéma p. 308.

La D 70 s'insinue entre la cime de la Calmette et la tête du Scoubayoun, surplombant le profond vallon où coule la petite Ste-Élisabeth, affluent de la Vésubie.

Randonnées
La forêt de Turini ravit les marcheurs endurants. Deux randonnées faciles, « Crêtes de l'Arpiha » (*2h30)* et « Tour de la Calmette » (*3h30)* sont présentées dans le *Guide Randoxygène*« Haut Pays » *(disponible dans les Offices de tourisme).*

Gorges de Ste-Élisabeth

Très sauvages, elles sont creusées dans des roches aux plis violemment redressés.

Peu après un tunnel, dans un coude de la route, s'arrêter près de la chapelle.

Point de vue de la chapelle St-Honorat★

De la terrasse, le beau village perché de La Bollène s'aperçoit tout près ; au-delà, la vallée de la Vésubie, de Lantosque à Roquebillière ; au Nord, les cimes du Mercantour.

Enchâssé dans un écrin de cimes bleutées, le village de La Bollène-Vésubie reste une étape appréciée dans la traversée du massif de Turini.

R. Kaufmann/MICHELIN

La Bollène-Vésubie

Ce village de montagne, qui a conservé sa tradition pastorale, domine agréablement une forêt de châtaigniers, au pied de la cime des Vallières. Ses rues concentriques montent vers l'église, serrées de demeures du 18e s. En hiver, la station Turini Camp-d'Argent (alt. 1 700 m) permet de découvrir la forêt de Turini à ski ou en raquettes.

Par de nombreux lacets, on descend vers la vallée de la Vésubie et la D 2565 qui rejoint Nice, offrant des vues plongeantes.

ROUTE DU COL DE BRAUS★★ 7

76 km au départ du col de Turini – compter la journée – schéma p. 308.

Jusqu'à Peïra-Cava, la D 2566 traverse la partie la plus dense et la plus verte de la forêt de Turini. À flanc de pente, elle offre de belles **vues** sur la vallée de la Vésubie et son cadre de montagnes.

Acrobatique
Peïra-Cava Aventures - *- Les Granges du Lac –☏ 04 93 91 36 25 - saison tlj 9h-17h30, vend.-sam. nocturne sur réserv.- 14 € (13 € parcours enf.), 23 € (2 parcours), 30 € (3 parcours).* 4 parcours au choix dans les arbres (enfant, découverte, sportif ou surf).

Peïra-Cava★

Charmante station d'été et d'hiver (une piste de ski alpin) boisée de conifères, ce véritable belvédère (1 450 m) se situe sur une arête étroite entre les vallées de la Vésubie et de la Bévéra, d'où l'on a une vue quasi aérienne sur la région.

À la sortie de la station, une route à droite (à angle aigu) mène à une plate-forme de stationnement. De là, faire 50 m à pied jusqu'à un escalier, à gauche.

Pierre Plate★★
Après la pierre creuse *(cava)*, la pierre plate ! Mais qu'importe, puisque le **panorama★★** y est tout aussi splendide *(table d'orientation)*.

Revenir à la D 2566, toujours en forêt, et prendre à la Cabanette la route de Lucéram (D 21) qui descend en lacets très serrés, offrant des **vues★** magnifiques de tous côtés. Soudain changement de décor : on quitte la forêt de sapins pour un paysage d'oliviers, laissant sur la gauche la route pittoresque qui rejoint le col de Braus par le col de l'Orme.

Lucéram★ *(voir ce nom)*
À partir de Lucéram, la D 2566 descend la vallée du Paillon jusqu'à L'Escarène.

L'Escarène *(voir Nice, circuit 4)*
La D 2204 au Nord de L'Escarène remonte le torrent de Braus. Jusqu'à Sospel, elle n'est qu'une étonnante suite de lacets escaladant les Préalpes niçoises. On traverse **Touët-de-l'Escarène**, coquet petit village avec une église baroque. Quittant les oliviers, le paysage se dénude et fait place à une garrigue de genêts.

À SAVOIR
La route du col de Braus, qui relie les vallées du Paillon et de la Bévéra, est un tronçon de l'ancienne route du Piémont, de Nice à Turin.

Clue de Braus
Courte mais impressionnante, elle s'ouvre après le village de Touët. Du hameau de St-Laurent, on peut accéder à la cascade de Braus *(15mn AR)*, avant d'attaquer les 16 lacets répartis sur 3 km.
Tandis que l'on s'élève, la **vue★** s'étend progressivement à l'observatoire de Nice dont on aperçoit la coupole blanche au sommet du mont Gros et jusqu'à la mer dans laquelle se découpent le cap d'Antibes et le massif de l'Esterel.

Col de Braus
Alt. 1 002 m. Quel soulagement de voir d'en haut les lacets tourmentés qu'on vient de parcourir ! Mais sachez qu'il en reste 18 à négocier avant d'atteindre Sospel...
Le col franchi, on descend en parcourant du regard les **vues★★** étendues sur les montagnes du bassin de la Bévéra, notamment l'Authion et la cime du Diable. La route contourne le **mont Barbonnet** couronné des fortifications du fort Suchet.

Col St-Jean
À gauche, entre les habitations, se détache l'ancienne route militaire qui donne accès au porche d'entrée du **fort Suchet**, dit du Barbonnet, construit de 1883 à 1886, puis modernisé dans les années 1930. On remarque notamment sur le sommet les deux imposantes tourelles. *Juil.-août. Se renseigner à l'Office du tourisme de Sospel, ☎ 04 93 04 15 80 ou 06 85 96 72 88.*

Après le col St-Jean, la route se rapproche de la vallée du Merlanson, puis atteint Sospel. À la hauteur des casemates du fort St-Roch *(voir Sospel)*, belle vue sur le village.

Sospel★ *(voir ce nom)*
Les oliviers font leur réapparition dans le large bassin de Sospel. Puis la D 2566 remonte, en forêt, la **vallée de la Bévéra★**. La rivière a creusé de profonds méandres très serrés dominés par de hautes arêtes rocheuses et boisées. Jolie **cascade**, à droite.

Gorges du Piaon★★
En corniche et parfois sous un toit rocheux, la route surplombe de façon impressionnante le lit du torrent, chamboulé par d'énormes blocs de rochers.

Chapelle N.-D.-de-la-Menour
Du chemin qui y mène à droite (petit oratoire à l'entrée), on bénéficie d'un aperçu vertigineux de la vallée et des gorges. Un escalier monumental donne accès à la chapelle ornée d'une façade Renaissance à deux étages.

La route traverse **Moulinet**, charmant village établi dans un petit bassin frais et verdoyant, puis regagne le col de Turini à travers la forêt.

S. Sauvignier/MICHELIN

Charmant village de Sospel.

Utelle★

Se restaurer
L'Aubergerie Del Campo *–Rte d'Utelle - 06450 St-Jean-la-Rivière - 5 km à l'E d'Utelle par D 132 - ☎ 04 93 03 13 12 - fermé 1 sem. en juil. - ⊭ - réserv. conseillée le soir - 15/42 €.* Il règne une ambiance un rien bohème en cette petite auberge bâtie sur les ruines d'une ancienne bergerie. Salle toute simple éclairée par de minuscules fenêtres et superbe terrasse surplombant les gorges de La Vésubie. Cuisine provençale.

Après les gorges de la Vésubie, vous découvrirez l'un des plus beaux panoramas de la région en montant au sanctuaire de la Madone, isolé dans son plateau verdoyant. Entre les deux, Utelle procure une halte très agréable. Loin de tout, ce fut pourtant un véritable chef-lieu entre la Tinée et la Vésubie, comme en témoignent ses fortifications, ses maisons anciennes, ses cadrans solaires et sa jolie fontaine.

La situation
Carte Michelin Local 341 E4 - Schéma p. 308 - Alpes-Maritimes (06). À la sortie des gorges *(voir Vallée de la Vésubie)*, prendre à gauche à St-Jean-la-Rivière. Les terrasses d'oliviers et la vue, de plus en plus belle, vous font presque (car il vous faut rester vigilant) oublier les 9 km de lacets de la route. Garez-vous à l'entrée du village.

Le nom
Il dérive probablement de la racine préceltique *ut* qui signifie « hauteur ».

Les gens
488 Utellois. Une atmosphère paisible dans ce bout du monde. L'animation vient des randonneurs ou des pèlerins qui, plusieurs fois par an, viennent prier la Madone. Des guérisons miraculeuses s'y produisent, la première mentionnée étant celle du comte de Tende, George Lascaris, au 16e s.

se promener

Église St-Véran
☎ 04 93 03 15 22 - possibilité de visite sur demande auprès de M. Belletini : 9h-18h.
Bâtie au 14e s. sur un plan basilical et remaniée au 17e s., elle offre à l'intérieur un surprenant contraste entre l'architecture sobre de montagne (voûtes d'arêtes ou en plein cintre sur des colonnes et chapiteaux romans archaïsants) et l'abondante décoration baroque (beaux stucs jusque sur les arcs). Derrière le maître-autel, la statue de saint Véran se détache sur un grand **retable en bois sculpté★** représentant des scènes de la Passion. Sur l'autel du bas-côté gauche, un intéressant retable de l'Annonciation, de l'école niçoise. Sous l'autel du bas-côté droit, un Christ gisant (13e s.) en bois polychrome. On remarquera enfin les belles boiseries du 17e s. (chœur, chaire), les fonts baptismaux de pierre et de bois sculptés (16e s.) et, dans la sacristie, les ornements sacerdotaux en velours de Gênes et soie.

Saint patron
Saint Véran figure dès la porte d'entrée de l'église sous l'élégant porche gothique. Douze superbes vantaux sculptés du 16e s. racontent la légende de la vie de ce moine, vainqueur du dragon du mal... et réputé très efficace lors des épidémies de peste.

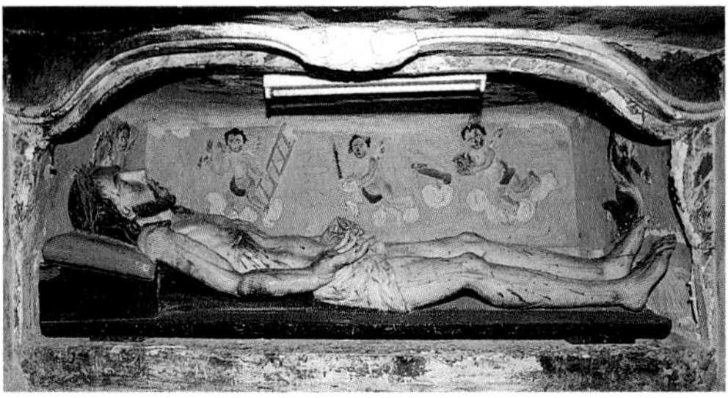

Christ gisant (13e s.) de l'église St-Véran à Utelle.

Chapelle des Pénitents-Blancs
Près de l'église, elle abrite un retable en bois sculpté reproduisant la Descente de croix de Rubens et six grands tableaux du 18e s.

alentours

Panorama de la Madone d'Utelle★★★

6 km au Sud-Ouest. Lieu de pèlerinage, le sanctuaire de N.-D.-des-Miracles, reconstruit en 1806, fut fondé en 850 par des marins espagnols qui remercièrent ainsi la Vierge de les avoir sauvés d'un naufrage en les guidant par une étoile. L'intérieur contient les ex-voto parfois amusants, souvent émouvants, des pèlerins reconnaissants. Les étoiles à cinq branches qui couronnent la Madone sont des fossiles d'animaux marins (proches des oursins) retrouvés sur le site.

À peu de distance, sous un dôme, depuis la table d'orientation (alt. 1 174 m), vous découvrirez un **panorama** inoubliable sur l'ensemble des Alpes-Maritimes et la mer.

Pèlerinages

Ils ont lieu lors des grandes fêtes de la Vierge, le 15 août (précédées, le 14, d'une marche aux étoiles) et le 8 septembre, les lundis de Pâques et de Pentecôte, ainsi que le jeudi de l'Ascension.

Valbonne

Sur son doux plateau entouré de verdure, les moines fondèrent une abbaye qui devint un beau village. La route de Biot traverse les maquis de la « vallée verte » et celle de Sophia-Antipolis recouvre de forêts ce complexe industriel et scientifique, rattaché à la commune de Valbonne.

La situation

Carte Michelin Local 341 D6 – Alpes-Maritimes (06). Entre Grasse (11,5 km) et Biot (9 km) par la D 4. Le plateau valbonnais, à 200 m d'altitude moyenne, descend doucement des Préalpes de Grasse au littoral par un manteau vert de 2 000 ha, arrosé de rivières.

1 pl. de l'Hôtel-de-Ville, 06560 Valbonne, ☎ 04 93 12 34 50. www.tourisme-valbonne.com

Le nom

La « vallée heureuse » *(vallis bona)* fut exploitée dès l'Antiquité.

Les gens

10 746 Valbonnais, nonobstant les 18 000 personnes qui travaillent à Sophia. Tous les ans, autour de la St-Blaise (3 février), a lieu la fête du « **servan** » qui réunit villageois et visiteurs.

Le servan

Ce raisin doré tardif est conservé en plongeant les sarments dans des bocaux remplis d'eau (la grappe pendant à l'extérieur), entreposés dans une pièce à température ambiante de 4-5 °C.

se promener

Village

Plan commenté disponible à l'Office de tourisme.

Reconstruit au 16e s. sous la direction des moines de Lérins, le village est dessiné selon un plan en damier, depuis les maisons-remparts jusqu'à la **place des Arcades** (17e s) qui a très fière allure et que les terrasses de restaurants animent.

Non loin *(rue de la Fontaine au Nord-Est de la place)*, vous ne manquerez pas le **musée de la Céramique et de la Barbotine** qui rassemble dans deux pièces exiguës des créations réalisées à Vallauris (1880-1950). Le kitsch prédomine dans cette collection privée foisonnante où se côtoient céramiques utilitaires et décoratives. *☎ 04 93 42 02 15 - ♿ - tlj sf dim. et lun. 13h-19h, 1er dim. du mois 10h-17h - 2 €.*

S. Sauvignier/MICHELIN

À deux pas de Sophia-Antipolis, le sobre dépouillement de l'église de Valbonne, témoignage de la haute technologie des bâtisseurs romans.

carnet pratique

Se loger

Château de la Bégude – *06650 Opio - 2 km au NE de Valbonne par rte de Biot - ☎ 04 93 12 37 00 - begude@opengolfclub.com - fermé 16 nov.-19 déc. - P - 33 ch. 87/164 € - ☕ 14 € - restaurant 29/43 €.* Cette bastide du 17e s. s'avère un lieu de séjour idéal pour les adeptes du golf ou du farniente au bord de la piscine. Chambres spacieuses dans la demeure ancienne ; celles de la bergerie sont plus contemporaines. Le restaurant sert aussi de club-house et de bar au golf.

Se restaurer

L'Auberge Fleurie – *Rte de Cannes - 1,5 km par D 3 - ☎ 04 93 12 02 80 - fermé 6 déc.-12 janv., lun. et mar. - 25/43 €.* Enseigne-vérité : un plaisant jardin fleuri entoure cette auberge. Vous serez placé à votre convenance dans la salle à manger intérieure, en véranda ou sur la terrasse pour apprécier une généreuse cuisine traditionnelle.

Église

Au Sud du village, sur la Brague. D'une sobre beauté, elle fait partie de l'abbaye fondée en 1199 par l'ordre de Chalais, passée ensuite dans l'obédience de Lérins avant de devenir **église** paroissiale. Malgré de nombreux remaniements, l'édifice en forme de croix latine et à chevet plat a gardé le caractère d'extrême dépouillement des constructions chalaisiennes.

L'abbaye abrite un intéressant **musée du patrimoine** constitué d'objets, outils, costumes confiés par les villageois. Une cuisine et une chambre de conservation du « servan » ont été reconstituées. *☎ 04 93 12 96 54 - juin-sept. : tlj sf lun. 15h-19h ; reste de l'année : tlj sf lun. 14h-18h - fermé 15 déc.-20 janv. - 2 €.*

Au bord de l'eau

9 km. Un sentier a été aménagé le long de la **Brague** permettant de rejoindre Biot.

Parc de Valmasque

Il s'étend sur les communes de Valbonne et Mougins *(voir ce nom)* offant aux marcheurs 20 km de sentiers à travers bois de pins et de chênes. Il intègre le centre d'activités Sophia-Antipolis qu'il cache de sa verdure aux deux tiers.

découvrir

Les sciences de demain

Actuellement sont implantés quatre grands secteurs d'activité : l'informatique, l'électronique et les télécommunications ; les sciences de la santé et les biotechnologies ; l'enseignement et la recherche ; les sciences de l'environnement.

Sophia-Antipolis (technopole)

◀ Sur ses 2 400 ha, ce site, à l'architecture intégrée dans de vastes espaces verts, est conçu sur le modèle des campus américains.

Sophia-Antipolis est née d'une association du même nom créée en 1969 par le directeur de l'École des mines, Pierre Laffitte. La proximité de l'autoroute et de l'aéroport international Nice-Côte d'Azur rend la situation privilégiée pour les plus de 1 200 entreprises françaises et étrangères qui y sont implantées. Première technopole européenne, elle termine la **route des hautes technologies** qui relie, entre Aix-en-Provence et Valbonne, un certain nombre de centres de pointe.

Vallauris

À deux pas de la mer, cette commune s'étend largement sur ses douces collines. Rasée en 1390, la vieille ville fut reconstruite en damier au 16e s. et repeuplée de familles génoises. L'activité traditionnelle de la ville, la poterie, déclinait lorsque Picasso lui insuffla un sang nouveau. La vogue qui en ▶ découla contribua à une urbanisation accélérée. Mais la Biennale internationale de la céramique continue d'en faire la « Ville française de la céramique ».

REVALORISER ET REDYNAMISER
Tel est le projet de la commune qui prévoit une réhabilitation et une rénovation de l'espace urbain. *Informations à la Maison du Patrimoine, 6 av. Georges-Clemenceau.*

La situation

Carte Michelin Local 341 D6 – Schéma p. 153 – Alpes-Maritimes (06). Formant commune avec Goïfe-Juan (distant de 2 km par la D 135), la ville moderne s'étend en longueur à l'Est du vieux quartier et du château. Parking en haut de la ville (au-dessus du château) ou en bas (à côté de l'Office de tourisme).

Square du 8-Mai-1945, 06227 Vallauris, ☎ 04 93 63 82 58 - Bureau de Golfe-Juan : parking du Vieux-Port, Vallauris, ☎ 04 93 63 73 12. www.vallauris-golf-juan.com

Le nom

Elle était appelée dès le 11e s. *Vallis Aurea*, c'est-à-dire « vallée d'or ».

Les gens

25 773 Vallauriens (avec Golfe-Juan) dont nombre d'artistes de renom parmi lesquels les citoyens d'honneur **Pablo Picasso** (de 1948 à 1955) et **Jean Marais**, qui s'y installe en 1980 pour peindre, modeler, sculpter, jusqu'à sa mort en 1998. Il repose dans le petit cimetière.

carnet pratique

VISITE

Visite d'ateliers traditionnels de poterie – *☎ 04 93 63 82 58 - tlj sf w.-end 10h-12h, 14h-16h - gratuit. S'adresser à l'Office de tourisme.*

Stage de découverte des techniques de la terre – *Espace Grandjean - bd des Deux-Vallons - ☎ 04 93 63 07 61 - été : tlj sf w.-end (30h) - 170 €.* Modelage, tournage et décor ou raku (adultes et enfants).

SE RESTAURER

⊜⊜ **La Gousse d'Ail** – *11 av. de Grasse - ☎ 04 93 64 10 71 - fermé 1er-15 juil., 25 oct.-10 nov., mar. soir l'hiver, mar. midi et dim. midi l'été, dim. soir et lun. - 23/35 €.* Rien qu'à prononcer le nom, on pense déjà à l'aïoli, au romarin, aux anchois, à la rascasse ou à la rouille. Pour le décor, imaginez un cadre rustique animé d'un esprit convivial. Mélangez le tout et vous obtenez une affaire familiale qui met un point d'honneur à servir une cuisine régionale soignée et abordable.

QUE RAPPORTER

Bon à savoir – Afin de vous assurer de ne pas acheter n'importe quelle poterie, procurez-vous le dépliant sur la « charte qualité » disponible à l'Office de tourisme.

Galerie Madoura – *R. Suzanne et Georges-Ramié - ☎ 04 93 64 66 39 - www.madoura.com - tlj sf w.-end 10h-12h30, 15h-18h - fermé nov. et j. fériés.* Exposition et vente des céramiques éditées par Picasso.

LOISIRS

Outre toutes les informations sur les activités nautiques à Golfe-Juan, vous trouverez à l'Office de tourisme un dépliant regroupant trois **balades en forêt** (1h à 2h) autour de Vallauris.

CALENDRIER

La **Biennale** (juil.-oct.) a lieu l'été dans les salles du château. Aujourd'hui, elle fonctionne comme une exposition dont les œuvres sont sélectionnées par un commissaire. Auparavant, 200 pièces étaient choisies parmi 1 500 venant du monde entier, puis primées par un autre jury. Données par leurs auteurs au musée, elles rendaient compte de la création contemporaine la plus récente.

Fête de la poterie – 2e dimanche d'août.

visiter

Château-Musée★

☎ 04 93 64 16 05 - www.vallauris-golfe-juan.fr - de mi-juin à mi-sept. : tlj sf mar. 10h-12h, 14h-18h ; reste de l'année : tlj sf mar. 10h-12h, 14h-17h - fermé 1er janv., 1er Mai, 1er et 11 Nov., 25 déc. - 3,20 €, gratuit 1er dim. du mois.

Avec ses quatre tours rondes coiffées en poivrière, le château, reconstruit au 16e s., rare exemple d'architecture Renaissance en Provence, est l'ancien prieuré des moines de Lérins qui possédaient la ville. Ne reste de cette époque que la chapelle du 12e s. Il abrite aujourd'hui trois musées : le musée national « La Guerre et la Paix », le musée Magnelli et le musée de la Céramique.

Détail de « La Guerre et la Paix », par Picasso.

Sarramon/TOP/© Succession Picasso 2005

Musée national « La Guerre et la Paix » – Réalisée par Picasso en 1952 et donnée à l'État en 1956, cette unique composition *La Guerre et la Paix* remplit de son intensité le vestibule de la **chapelle romane**. Dans un cheminement narratif puissant, deux panneaux se confrontent : dans l'un, dominé de noir, des envahisseurs foulent les symboles de la civilisation, juste (balance) et pacifique (colombe). L'autre est une explosion de couleurs vives où les personnages savourent les joies innocentes de la paix et s'adonnent aux travaux féconds. *Les Quatres Parties du Monde* figure au fond.

Musée Magnelli – L'importante **donation Magnelli** (1888-1971), peintre né à Florence mais français d'adoption, retrace l'évolution de son œuvre : depuis ses larges à-plats figuratifs aux couleurs pures, il passe à l'abstraction *(Explosion lyrique)* qu'il abandonne dans les années 1920 pour y revenir définitivement en 1931 *(Attention naissante, Rien d'autre, Volontaire n° 3)*. Parmi les collages, on remarque surtout les « râteaux japonais ».

Musée de la Céramique – Ce musée est l'un des rares lieux en France qui représente la création céramique contemporaine. On peut y admirer les pièces primées

Au commencement était l'argile

Les Romains, les moines, puis les Génois exploitent la riche terre argileuse des environs et font de Vallauris un centre de céramique culinaire. Aux 18e s. et 19e s., de grandes familles font la réputation de la ville avec le fameux décor provençal uni de belles couleurs vernissées ou orné de magnifiques jaspures. La poterie est alors exportée par mer et par dos de mulet. La céramique d'art apparaît au 19e s. avec les **Massier**, qui excellent dans l'Art nouveau. Au 20e s., c'est l'âge d'or, avec une riche production, innovante ou décorative, grâce à des céramistes tels que Valentin (Les Archanges), Ferlay et Bourguet, les Batigue, Baud, Capron, Derval, Innocenti... et les Ramié, Picasso et, avec lui, tous les artistes qui s'essayèrent à la céramique : Chagall, Brauner, Jean Marais pour ne citer que les plus connus.

lors des Biennales internationales de la céramique d'art et données par des céramistes maintenant connus (salles voûtées).
Au 1er étage, autour de la grande collection Declein, on découvre la production traditionnelle de Vallauris, et surtout l'**Art nouveau**, en France et à Vallauris, avec l'œuvre superbe des Massier, aux formes et motifs naturalistes et symbolistes nappés d'onctueuses couleurs lustrées. Également, céramique Art déco et des années 1950. Par ailleurs, un étonnant ensemble de **céramiques précolombiennes** montre l'ingéniosité de leurs auteurs (vase en forme d'acrobate, sifflet).
Un bel escalier à balustres mène aux céramiques de **Picasso**, quelques-unes parmi les 4 000 originales qu'il réalisa en vingt ans : superbes ou fantaisistes, elles sont la géniale synthèse de son art de la peinture et de la sculpture à travers des formes humaines ou animales.

Une passion
Picasso, qui habitait Golfe-Juan, se passionne pour la céramique en 1946 lorsqu'il rencontre les Ramié, propriétaires de l'atelier Madoura, chez qui il va réaliser des pièces, parfois aidé de leur tourneur.

Musée de la Poterie

R. Sicard. ☎ 04 93 64 66 51 - ♿ - mai-oct. : 9h-18h, dim. et j. fériés 14h-18h ; fév.-avr. : 14h-18h - fermé nov.-janv. - 2 € (-6 ans gratuit).
Initiative d'un céramiste passionné et généreux, ce musée présente une intéressante rétrospective du travail de l'argile tel qu'il se pratiquait pendant la première moitié du 20e s. : techniques d'extraction de la terre, machines à battre et à filtrer l'argile, à préparer les vernis, fours à bois, collections de poteries anciennes... La visite de l'atelier actuel permet ensuite de mesurer l'évolution du métier.

Espace Jean-Marais

☎ 04 93 63 46 11 - ♿ - juil.-août : 10h-12h30, 14h-18h30 ; reste de l'année : tlj sf dim., j. fériés et lun. 9h-12h30, 14h-17h30 - 1,50 €.
Dans l'ancienne galerie de l'artiste, vous découvrirez une autre facette de Jean Marais à travers ses sculptures, peintures et céramiques (une centaine d'œuvres originales), qui rappellent l'univers des films de Jean Cocteau dans lesquels l'acteur joua (*La Belle et la Bête*, *Orphée*).

séjourner

Golfe-Juan⛱⛱

C'est sur la plage de Golfe-Juan que **Napoléon** et son armée de 1 100 hommes débarquèrent de l'île d'Elbe avec le brick l'*Inconstant* et quelques voiliers, le 1er mars 1815. Il n'y avait alors qu'une auberge sur le bord de la route ; Napoléon s'y reposa avant de partir sur Cannes *(voir route Napoléon)*. Ce petit port de pêche se développa ensuite dans la deuxième moitié du 19e s. en exportant les céramiques culinaires faite dans la région.

Au départ de la route Napoléon
Sur le quai du port, une mosaïque commémore l'événement et tous les ans, le 1er week-end de mars, une reconstitution du débarquement a lieu.

Avec ses 3 km de sable fin et ses activités nautiques, Golfe-Juan est devenue une station très fréquentée. Les plages (publiques et privées) s'étendent de part et d'autre du Vieux Port, où sont ancrés les « pointus » à la proue surmontée d'une roue pour remonter les filets, et du complexe Camille-Royon réservé exclusivement à la plaisance. Sa rade, bien abritée par les collines fleuries de Vallauris, le cap d'Antibes *(voir Antibes)* et les îles de Lérins *(voir ce nom)*, forme un excellent mouillage.

Vence★

S. Sauvignier/MICHELIN

Si vous voyez un dôme aux tuiles polychromes, il s'agit de la jolie **chapelle des Pénitents-Blancs**, place F.-Mistral, qui accueille des manifestations artistiques.

Au pied des Baous, Vence est entouré de sa belle nature provençale, baigné de ravins à l'eau pure. Posté sur son rocher, il regarde la mer de loin, trop occupé à rassembler les villages voisins les jours de marché ou à faire le bonheur du visiteur avec sa vieille ville où abondent les galeries d'art moderne et contemporain.

La situation

Carte Michelin Local 341 D5 - Schéma p. 286 - Alpes-Maritimes (06). À 10 km au Nord de Cagnes-sur-Mer *(voir ce nom)*, par la D 36. La ville s'étend bien au-delà de ses remparts, vers l'Ouest, où l'on pourra se garer dans l'un des trois parkings.

◀ *Pl. du Grand-Jardin, 06140 Vence, ☎ 04 93 58 06 38. www.ville-vence.com*

Le nom

De Provence ? Ou de la divinité locale romaine Vintius ? Ou de *vin-t* qui indique une « hauteur » en préceltique ? Nous optons pour la dernière, la plus plausible.

Les gens

16 982 Vençois. La ville, au cours de son illustre histoire, donna deux saints, un pape et des reines. Au 20e s., elle s'urbanise du fait de son succès auprès d'artistes comme Chagall, Matisse, Dubuffet... sans perdre son âme.

comprendre

Une ville épiscopale depuis le 4e s. - Fondée par les Ligures, la cité romaine de *Vintium*, vit croître sa puissance avec le christianisme et devint une importante ville épiscopale. Parmi les évêques qui s'y succédèrent, on compte saint Véran (5e s.) et saint Lambert (12e s.), Alexandre Farnèse (16e s.), le futur Paul III (qui n'y mit jamais les pieds), Antoine Godeau et Surian (18e s.), autre brillant prélat.

Les seigneurs de Vence - Les évêques de Vence durent de tout temps disputer le pouvoir aux barons de Villeneuve, coseigneurs de la ville. Cette famille tirait son renom de **Romée de Villeneuve**, l'habile sénéchal d'origine catalane qui, au 13e s., rétablit les affaires du comte de Provence et de Forcalquier. Le comte avait un trésor à sec et quatre filles à marier. Fin diplomate, il parvint à en faire des reines, regonflant du même coup ses finances.

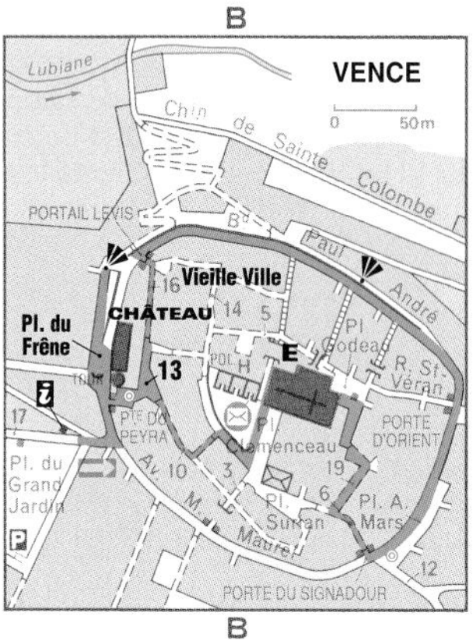

Alsace-Lorr. (R.)	B 3	Place-Vieille (R. de la)	N 14
Évêché (R. de l')	B 5	Poilus (Av. des)	A 15
Hôtel-de-ville (R.)	B 6	Portail-Levis (R. du)	B 16
Leclerc (Av. Gal.)	A 9	Résistance (Av. de la)	AB 17
Marché (R. du)	B 10	Rhin-et-Danube (Bd)	A 18
Meyère (Av. Col.)	B 12	St-Lambert (R.)	B 19
Peyra (Pl. du)	B 13	Tuby (Av.)	A 21

Cathédrale .... B E

Se loger

⊖ **Parc Hôtel** – *50 av. Foch - ☎ 04 93 58 27 27 - resa@le-parc-hotel.net* - P *- 12 ch. 55/65 € - ☕ 7 €.* Demeure bourgeoise du début du 20e s. tournée sur une cour bordée de palmiers. Les chambres, de faible ampleur, bénéficient d'une récente rénovation et de plaisantes couleurs.

⊖⊖ **Miramar** – *167 av. Bougearel, plateau St-Michel - ☎ 04 93 58 01 32 - resa@hotel-miramar-vence.com - fermé 17 nov.-12 déc. -* P *- 18 ch. 78/148 € - ☕ 12 €.* Cette jolie bâtisse des années 1920 à la façade rose domine baous et vallée. Les chambres, accueillantes et entièrement refaites, portent chacune le nom d'une fleur.

⊖⊖ **Villa Roseraie** – *Rte de Coursegoules - ☎ 04 93 58 02 20 - fermé 16 nov.-14 fév. -* P *- 14 ch. 85/140 € - ☕ 13 €.* Un soin particulier est apporté à la décoration de cet hôtel de charme aménagé dans une jolie villa 1900. Les chambres sont petites mais agréablement personnalisées. La piscine et le jardin invitent au repos.

⊖⊖⊖ **La Bastide aux Oliviers** – *1260 chemin de la Sine - rte de Tourrettes-sur-Loup - ☎ 04 93 24 20 33 - www.bastideauxoliviers.com - ⊠ - 4 ch. 100/175 € ☕.* Trois belles chambres et une suite, harmonieusement décorées aux couleurs provençales, ont été aménagées dans cette bastide en pierre blonde plantée au milieu des pins et des oliviers. La terrasse offre une jolie vue sur la vallée du Loup.

⊖⊖⊖⊖ **La Tour de Vence** – *310 chemin du Baou-des-Noirs - au NE de Vence dir. St-Jeannet - ☎ 04 93 24 59 00 - www.latourdevence.com - fermé nov.-déc. - ⊠ - 5 ch. 150/460 € - ☕ 12 € - repas 15/20 €.* Difficile de ne pas succomber au charme de cette splendide demeure construite avec les pierres d'un ancien monastère de Bourgogne. Chambres douillettes, exhalant le raffinement. Beau parc avec piscine et tennis. Vue panoramique sur la côte et les montagnes.

Se restaurer

⊖ **Le Pêcheur de Soleil** – *1 pl. Godeau - ☎ 04 93 58 32 56 - fermé nov.-fév. - 6,50/22,90 €.* Cette pizzeria du vieux Vence mériterait une inscription dans le Livre des Records : sa carte propose quelque 600 variétés de pizzas, cuites au feu de bois et servies dans une salle à manger (non-fumeurs) décorée de vieux ustensiles de cuisine. L'été, terrasse au pied de la cathédrale.

⊖⊖ **Chez Jordi** – *8 r. de l'Hôtel-de-Ville - ☎ 04 93 58 83 45 - fermé 1er juil.-15 août, 15 déc.-31 janv., dim. et lun. - réserv. obligatoire - 22/30 €.* Jordi Bofill anime avec passion et générosité ce petit restaurant du vieux Vence. Côté décor, rien d'original à signaler, l'essentiel se joue du côté des assiettes : la cuisine puise son inspiration dans le terroir, au fil du marché et des saisons, et met à l'honneur de bons produits (poêlée de gambas au beurre citronné, filets de rougets au basilic, côtes d'agneau aux herbes de Provence, etc.).

⊖⊖ **L' Armoise** – *9 pl. du Peyra - ☎ 04 93 58 19 29 - fermé 23-30 juin, 10-30 nov., 1er-10 fév., dim. soir hors sais., mar. midi et lun. - 22 €.* Ce petit restaurant dédié aux saveurs de la mer borde la jolie place du Peyra. Au programme : grands classiques (bouillabaisse) et recettes maison régulièrement renouvelées.

⊖⊖⊖ **Auberge des Seigneurs** – *Pl. du Frêne - ☎ 04 93 58 04 24 - fermé 2 nov.-14 mars, mar. midi, merc. midi, jeu. midi et lun. - 31/42 € - 6 ch. 49/85 € - ☕ 10 €.* Des artistes célèbres (Renoir, Modigliani) fréquentèrent jadis cette chaleureuse auberge du 17e s. logée dans une aile du château de Villeneuve. On y déguste des grillades préparées à l'ancienne dans la cheminée et des plats amoureusement mitonnés, comme la caille fermière cuite au four ou la terrine de foie gras.

S. Sauvignier/MICHELIN

Que rapporter

Marchés aux fleurs et de producteurs : tlj sauf lundi sur les pl. du Grand-Jardin et Surian. Brocanteurs et bouquinistes : mercredi pl. du Grand-Jardin. Autres marchés (vêtements, chaussures) : mardi et vendredi pl. Clemenceau, Godeau, r. de l'Évêché, impasse Cahours (le matin uniquement).

Calendrier

Fête de Pâques – Durant le week-end de Pâques. Elle commémore chaque année le siège victorieux que Vence soutint lors des guerres de Religion contre le huguenot Lesdiguières en 1592. Elle est prétexte à une fête villageoise et provençale de plusieurs jours : musiques et danses folkloriques, messe en plein air, bataille de fleurs...

Autres festivités – Festival « Les Nuits du Sud » : de mi-juillet à mi-août. Fête patronale Ste-Elizabeth : 1er week-end d'août. Le Moyen Pays fête ses traditions : début octobre.

BRILLANT
Petit, maigrichon, noiraud, fort laid, **Godeau** n'en fait pas moins fureur chez les précieuses par son esprit, sa parole facile et sa veine poétique. Sa réputation est inouïe. D'un texte qui bravera les siècles, on dit : « C'est du Godeau ». Sans attendre, Richelieu en fait le premier membre de l'Académie française.

En attendant Godeau – Le souvenir d'Antoine Godeau est resté vivant dans le pays. Ses débuts ne semblaient pas devoir le conduire à l'épiscopat : il était l'oracle de l'hôtel de Rambouillet. On le surnomme le « nain de Julie » (fille de la marquise de Rambouillet) et le « bijou des Grâces ».
À 30 ans, sans doute fatigué de composer des vers, et à la suite d'une déception sentimentale, Godeau entre dans les ordres et, l'année suivante, il est nommé évêque de Grasse et de Vence. Il reste pourtant plusieurs années entre deux mitres avant d'opter pour Vence. L'ancien précieux prend son rôle au sérieux ; il relève sa cathédrale qui tombe en ruine, introduit diverses industries : parfumerie, tannerie, poterie, et rend prospère son pauvre et rude diocèse. En 1672, à 67 ans, en toute humilité d'esprit, il rend son âme à Dieu.

se promener

S. Sauvignier/MICHELIN

Fontaine rafraîchissante de la place du Peyra.

VIEILLE VILLE

Partir de la place du Grand-Jardin, puis de la place du Frêne.
Médiévale à souhait, avec son beau **château** *(voir « visiter »)* situé sur la place du Frêne, ombragée par un arbre vénérable planté selon la tradition – apocryphe bien entendu – par François Ier et le pape Paul III en 1538, et son enceinte elliptique à cinq portes dont celle du Peyra (1441), la vieille ville abrite un charmant lacis de ruelles, animées de marchés, galeries d'art, restaurants, boutiques d'artisanat et de spécialités provençales.

Place du Peyra★

Ancien forum de la ville romaine, c'est la plus mignonne, avec les eaux chantantes et fraîches de sa jolie fontaine en forme d'urne (1822) et sa tour carrée.
Prendre au Sud de la place la rue du Marché et tourner à gauche pour atteindre la place Clemenceau.

Vers les remparts

COLONNES À LA UNE
La ville recèle deux **colonnes romaines** élevées au dieu Mars et données en cadeau par la ville de Marseille en 230 en gage de bonnes relations. Elles se dressent sur les places Godeau et du Grand-Jardin.

En sortant par la porte du chevet de la cathédrale *(voir description dans « visiter »)*, on débouche sur la **place Godeau**, avec au centre une colonne, d'où l'on voit le clocher carré couronné de merlons, et de vieilles maisons. Par la rue St-Lambert et la rue de l'Hôtel-de-Ville, gagnez la porte de Signadour (13e s.) et tournez à gauche.
Poursuivant vers le Nord, on trouve, à gauche, la **porte de l'Orient**, ouverte au 18e s. (la date de 1592 gravée sur une pierre, en haut à gauche, est celle du siège de Lesdiguières).
Le boulevard Paul-André, vers lequel dégringolent des calades, borde des vestiges importants de remparts ; il offre de belles **vues** sur les *baous* et les contreforts des Alpes.
Franchissez le **portail Lévis** (13e s.), à arcature gothique, et suivez la rue du Portail-Lévis (belles maisons anciennes) qui ramène à la place du Peyra.

visiter

Cathédrale

Construite sur l'emplacement d'un temple de Mars puis d'une église mérovingienne, elle surprend par son caractère hétéroclite : roman, gothique, baroque.
L'intérieur est composé de cinq nefs. On peut y voir *(2e chapelle de droite)* la tombe de saint Lambert avec

son épitaphe, un sarcophage du 5e s. *(3e chapelle de droite)* dit tombeau de saint Véran ; dans le bas-côté, retable des saints Anges, du 16e s. Dans plusieurs piliers sont encastrées des **pierres carolingiennes** à très beau décor d'entrelacs. Dans le baptistère, une mosaïque de Chagall représente Moïse sauvé des eaux. Remarquez la **tribune** avec son lutrin et les **stalles★** qui viennent du chœur : montants, accoudoirs et surtout miséricordes ont été traités avec une verve qui frôle parfois la grivoiserie par le sculpteur grassois, Jacques Bellot, au 15e s.

« Je la [chapelle du Rosaire] considère, malgré toutes ses imperfections, comme mon chef-d'œuvre... un effort qui est le résultat de toute une vie consacrée à la recherche de la vérité. »
H. Matisse, 1951.

Chapelle du Rosaire★ (chapelle Matisse)

☎ 04 93 58 03 26 - mar. et jeu. 10h-11h30, 14h-17h30 ; lun., merc. et sam. 14h-17h30 ; vend. pdt vac. scol. seulement 14h-17h30 ; dim. 10h (messe) - dernière entrée 30mn av. fermeture - fermé de mi-nov. à mi-déc. - 2,80 € (enf. 1,50 €).

À l'intérieur, on est littéralement saisi : tout est blanc et de ce blanc, par les vitraux hauts et serrés, explosent les couleurs pures de Matisse, qui transfigurent ce lieu dénudé en un hymne à Dieu. Le trait éminemment essentiel de Matisse cerne les grandes figures du mur droit, saint Dominique et la Vierge à l'Enfant, qui remplissent l'espace de leur douceur et de leur présence, telles des ombres humaines. Plus débridé et gestuel est le trait qui dessine le chemin de croix, ascension tragique vers le Calvaire.

Moderne
Le mobilier, les objets liturgiques, les vêtements sacerdotaux sont d'une simplicité extrême. L'autel en biais est le trait d'union entre la nef des religieuses et celle des fidèles.

Dans la galerie sont réunies les études faites pour la réalisation de la chapelle (d'autres études préparatoires sont présentées au musée Matisse à Nice, complément indispensable à la visite de la chapelle).

Château de Villeneuve-Fondation Émile-Hugues

☎ 04 93 58 15 78 - www.museedevence.com - tlj sf lun. 10h-12h30, 14h-18h - fermé 1er janv., 1er Mai et 25 déc. - 5 € (-12 ans gratuit).

L'ancien château des barons de Villeneuve édifié au 17e s. englobe la tour de garde datant du 13e s. Dans sa belle décoration intérieure ont lieu des expositions temporaires d'art contemporain.

alentours

Tourettes-sur-Loup★

À 6 km à l'Ouest par la D 2210. Voir ce nom.

Saint-Paul-de-Vence★★

À 4 km au Sud pad la D 2. Voir ce nom.

circuit

LA ROUTE DES CRÊTES★★ 12

59 km – Schéma p. 308 – compter 1/2 journée. Quitter Vence par le Nord-Est, route de St-Jeannet.

La D 2210, longeant les fiers *baous* des Blancs, des Noirs et de St-Jeannet, permet de contempler à loisir le **site★** de St-Jeannet *(voir le circuit à Cagnes-sur-Mer).*

Gattières

Perché parmi les vignes et les oliviers, le village regarde la vallée du Var et ses voisins. Sa charmante **église** romano-gothique renferme une sculpture naïve polychrome, saint Nicolas et trois enfants *(à droite du chœur)*, et un beau Christ en terre émaillé *(chœur)*. *☎ 04 93 08 67 07 - 9h-18h - possibilité de visite guidée sur demande préalable auprès de Mme Marnet.*

À la sortie Ouest de Gattières, prendre la D 2209.

La route en corniche contourne le rebord des Préalpes de Grasse en dominant le Var, et offre à l'arrière un joli coup d'œil sur Gattières.

Carros village

Groupé autour de son château (13e-16e s.), le vieux village occupe un **site★** remarquable. En contrebas, un rocher couronné des vestiges d'un vieux moulin permet d'admirer le **panorama★★** *(table d'orientation).*

Les **vues★** magnifiques se prolongent sur la route de Carros au Broc avec les nombreux villages perchés et le confluent de l'Esteron et du Var.

Poursuivre sur la D 1.

Le Broc

Ce village perché est doté d'une jolie place à arcades et à fontaine. L'**église** du 16e s. a été décorée, à l'époque moderne, par le peintre Guillonet.
☎ 04 93 29 37 73 - possibilité de visite guidée sur demande à la mairie tlj sf w-end 9h-12h, 14h-17h.

La route s'encastre dans les contreforts des Alpes du Sud, surplombant le confluent de l'Esteron et du Var, puis le ravin du Bouyon.

Village perché de Bouyon.

S. Sauvignier/MICHELIN

Bouyon
Ce village est un véritable **belvédère★** donnant sur un paysage découpé entre torrents et montagne. Le Cheiron rocailleux domine à 1 778 m.

La D 8, au Sud de Bouyon, longe la montagne du Chiers et gagne Coursegoules par Bézaudun-les-Alpes.

Coursegoules
Dans une nature qui invite à la balade, ce beau village sis au pied du Cheiron, domine de ses hautes maisons le ravin de la Cagne naissante.

Prendre la route de Vence (D 2).

La route traverse alors un paysage désertique splendide, contrastant avec la Provence de Vence si proche. En dessous, la Cagne se transforme, en période d'orages, en une belle cascade.

Col de Vence★★
Alt. 970 m. Peu après le col, la route plonge dans un **panorama★★** spectaculaire : la rive gauche du Var jusqu'au mont Agel ; la côte avec le cap Ferrat, la baie des Anges, le cap d'Antibes, l'île Ste-Marguerite, l'Esterel. À l'arrière, les barres blanches du Cheiron se détachent violemment du ciel.

La route dégringole au Sud des Préalpes de Grasse, dans une garrigue calcaire dénudée.

BALADE

4h. Un sentier partant après le col de Vence à gauche permet de rejoindre St-Jeannet par le GR 51 qui longe la Cagne, avec vue sur les *baous* : superbe.

Vallée de la Vésubie★★

Alimentée par les neiges des derniers hauts massifs alpins, la Vésubie, l'une des plus belles vallées de l'arrière-pays niçois, présente des aspects très variés. Dans son cours inférieur, à partir du Plan-du-Var, le torrent a taillé des gorges aux parois verticales pour rejoindre le Var. Le paysage est encore méditerranéen entre St-Jean-la-Rivière et Lantosque : les versants les moins abrupts et les mieux exposés de la vallée moyenne se couvrent de cultures en terrasses, de vignes et d'oliviers. La haute vallée est, elle, résolument alpestre, alternant pâturages verdoyants, forêts de sapins, cascades et hauts sommets.

La situation
Carte Michelin Local 341 E3/4 - Schéma p. 308 - Alpes-Maritimes (06). La Vésubie, affluent de la rive gauche du Var, est formée de deux torrents : la Madone de Fenestre et le Boréon, nés près de la frontière italienne.

Pl. Félix-Faure, 06450 St-Martin-Vésubie, ☎ 04 93 03 21 28.

Le nom
À défaut d'une étymologie latine ou celtique, tentons un rapprochement : un célèbre volcan napolitain, le Vésuve, une montagne des Alpes piémontaises, le mont Viso, n'aurions nous pas là une racine *ves* qui pourrait signifier « hauteur » en quelque dialecte pré-indo-européen ?

Les gens
Ils regardent leur rivière couler depuis leurs austères villages encaissés entre des versants montagneux. Côté Sud-Est (*adrech* ou adret), ils bronzent. De l'autre (ubac), ils ont droit au coucher du soleil, à moins que la cime d'en face ne les en prive !

E. Baret/MICHELIN

Tumultueuses, les eaux des fontes dévalent la cascade du Ray.

circuit

DE PLAN-DU-VAR À ST-MARTIN-VÉSUBIE 6

Conseil
N'hésitez pas à vous arrêter (pour la photo) aux rares refuges... Ailleurs, c'est d'autant plus impensable que les conducteurs locaux, totalement insensibles à la beauté des paysages, ne vous laisseront guère le loisir de ralentir !

110 km - environ 5h - schéma p. 308.

La D 2565 suit le fond des **gorges de la Vésubie★★★**, étroites, sinueuses, abruptes, sauvages. Les parois de ces roches sont stratifiées de couleurs changeantes. À St-Jean-la-Rivière, prendre à gauche la D 32 qui monte vers Utelle.

La Madonne-d'Utelle★★★ *(voir Utelle)*

Faire demi-tour vers St-Jean-la-Rivière et reprendre à gauche la D 2565.

La vallée se serre entre des barres rocheuses, ne s'élargissant qu'au Suquet, dominée alors par le Brec d'Utelle (1 606 m) sur la gauche.

Le vallon de la Gordolasque, modelé par les glaciers, est dominé par la cime du Diable toujours enneigée.

E. Baret/MICHELIN

Lantosque

Ce village apparaît curieusement perché sur une arête de calcaire. Ses mélèzes marquent le seuil de la haute montagne. Ceux qui souhaitent faire un peu d'exercice apprécieront la **via ferrata** *(2h de parcours)* aménagée dans les gorges de Lantosque. *Renseignements à la mairie, ☎ 04 93 03 00 02.*

Roquebillière

Entre le vieux village et le nouveau village, l'**église St-Michel-du-Gast** est un exemple de prolongement tardif d'éléments romans (clocher à flèche de pierre et piliers trapus à l'intérieur) associés à du gothique (trois nefs). Remarquez surtout un **retable** de l'école niçoise, voué à saint Antoine, avec les scènes de sa légende sur la prédelle. La cuve baptismale en pierre volcanique, sculptée d'une croix de Malte, atteste l'origine hospitalière de l'église. À la sacristie, on peut admirer des vêtements sacerdotaux des 17e et 18e s. - *www.roquebillière.com - visite guidée (1 h 30) 10 h-12 h, 14 h-18 h - gratuit. ☎ 04 93 03 51 60.*

Six fois mais pas sept

Six fois depuis le 6e s., Roquebillière a été détruit par des éboulements ou des inondations. Et six fois, les habitants l'ont reconstruit au même endroit. Sauf une fois, la dernière, après le glissement de terrain de 1926 : la majeure partie des habitants a quitté les hautes maisons sévères du vieux village pour la rive droite où se trouvait déjà une église du 15e s.

À la sortie de Roquebillière-Vieux, prendre à droite la D 71.

Cette route remonte le **vallon de la Gordolasque★★**, qui s'insinue sauvagement entre les cimes minérales du Diable et de la Valette.

Belvédère

Charmant village, dont le **site★** domine à la fois la Vésubie et la Gordolasque. De la terrasse derrière la mairie, on a un excellent **point de vue★** sur l'aval de la Vésubie avec le mont Férion, la forêt de Turini *(voir ce nom)* à gauche, le Tournairet à droite et Roquebillière-Vieux à ses pieds.

La D 171 s'élève parmi les roches grandioses et les jolies cascades, dont la **cascade du Ray★**, qui s'écoule abondamment en deux branches.

La route continue de monter parallèlement à la vallée des Merveilles *(voir ce nom)* dont elle est séparée par la cime du Diable. Plus loin se profilent les rochers découpés du Grand Capelet.

Cascade de l'Estrech★

La route se perd en un sentier qui longe le torrent de la belle cascade de l'Estrech (*1 km*) dévalant un **cirque★★** de hautes montagnes enneigées. À plus de 3 000 m, dominent la cime du Gélas et le mont Clapier.

Observer la nature

Ici règnent la **nigritelle**, orchidée des montagnes herbeuses, de couleur rose à pourpre, le **passereau** nommé accenteur, l'**aigle royal**, le **chocard à bec jaune** et le **bouquetin**.

Revenir à la D 2565, puis prendre à droite la D 72.

Berthemont-les-Bains

Dans un site ombragé, la principale station thermale de la Côte d'Azur était déjà connue des Romains. Son eau sulfureuse radioactive à 30 °C soigne les affections respiratoires, la rhumatologie et les troubles articulaires.

La D 2565 remonte la vallée qui change de caractère à mesure qu'on s'élève : châtaigniers, sapins et verts pâturages justifient l'appellation de « Suisse niçoise » qu'on a donnée à la région de St-Martin-Vésubie. À gauche, on aperçoit le village perché de Venanson.

St-Martin-Vésubie★ *(voir ce nom)*

La réintroduction du « casseur d'os »

Si vous recevez sur la tête un os de belle taille, au lieu de vous lamenter, levez alors les yeux : peut-être aurez-vous la chance d'apercevoir dans le ciel de la vallée un **gypaète barbu**. Ce majestueux vautour de 2,80 m est l'une des espèces menacées d'Europe. Le plus grand oiseau alpin a un mode de vie bien particulier : alternant vol planant et périlleuses acrobaties, il survole les versants escarpés des pâturages pour se nourrir des charognes de chamois ou de brebis dont il détache les gros os (jusqu'à 3 kg). Il les lâche ensuite sur les rochers afin de les briser. Il était considéré autrefois comme l'auxiliaire naturel du berger.

Décimé au 19e s. dans les Alpes, il a subsisté dans les Pyrénées et en Corse. Dans le cadre d'un vaste programme international de réintroduction, il y eut des lâchés en Haute-Savoie en 1986, puis dans le Parc national du Mercantour en 1993. En 1997, la première reproduction d'un couple sauvage réussit. Depuis, 14 poussins sont nés et on dénombre en 2004 au moins 73 oiseaux sur toutes les Alpes.

Villecroze

Pas besoin d'être grand pour attirer les curieux ! Ce petit village, entouré de vergers, de vignes et d'oliviers, et adossé aux premiers contreforts des plans de Provence, vous réserve de bonnes surprises.

Belvédère
À 1 km, en bordure de la route vers Tourtour. Sentier fléché, parking en face. **Panorama★** circulaire sur Tourtour, les plans de Provence, Villecroze, Salernes, le Gros Bessillon et, plus loin à l'Est, sur les Maures et la Ste-Baume *(table d'orientation)*.

La situation

Carte Michelin Local 340 M4 – Var (83). À l'entrée du village en venant d'Aups *(voir ce nom)* à 8 km au Nord, parking pratique, proche de tout.
R. Ambroise-Croizat, 83690 Villecroze, ☎ 04 94 67 50 00.

Le nom

Vient-il de « ville creusée », à cause des grottes, ou de « ville croisée », comme l'affirment les armes de Villecroze ?

Les gens

1 087 Villecroziens. Ce sont les seigneurs de Villecroze qui aménagèrent une partie des grottes en repaire, au 16e s.

S. Sauvignier/MICHELIN

Parc, grotte et cascade : un enchantement !

se promener

Vieux village

Enserré dans d'anciennes murailles reconverties en murs de soutènement, il a conservé ses rues étroites. Non loin se dresse l'église Notre-Dame, du 18e s. De la **tour de l'Horloge** (15e s.), on atteint la rue de France qui a conservé son charme médiéval, puis la surprenante **rue des Arcades**.

Parc municipal

Une cascade d'une quarantaine de mètres dévale de la falaise et coule en ruisseau dans le jardin. Un chemin fléché monte vers les grottes.

Carnet pratique

Se restaurer

La Cascade - Chez Martine – *Av. Ambroise-Croizat - au centre du village - ☎ 04 94 67 57 10 - fermé dim. soir et lun. - 15/23 €.* Une cuisine mi-traditionnelle, mi-provençale s'emploie à combler votre faim dans ce petit restaurant familial établi sur la traversée du village, à hauteur de la place du Gén.-de-Gaulle. Salle à manger simplement dressée où flotte une atmosphère conviviale.

Que rapporter

Marché – Marché : jeudi matin, place du Général de Gaulle. Foire à la brocante : 2e dimanche de mai. Marché artisanal : 2e dimanche de juillet.

visiter

Les grottes

Du dehors, on aperçoit d'insolites fenêtres à meneaux encastrées dans la roche. Dedans, plusieurs petites salles avec de jolies concrétions. ☎ *04 94 70 63 06 - visite guidée (30mn) juil.-août : 10h-12h, 14h30-19h ; de déb. fév. à déb. mars : 14h-17h ; de déb. mars à fin mars : w.-end 14h-17h30 ; avr.-juin : 14h-18h ; sept. : w.-end 14h-18h - 1re sem. d'oct : w.-end 14h-17h30 - 2 € (-16 ans 1 €).*

Villefranche-sur-Mer★

Ce joli port de pêche a gardé tout son charme du 17e s. avec ses couleurs, ses ruelles imbriquées et sa citadelle. La station balnéaire de Villefranche est surtout connue pour sa rade★★, encadrée de pentes boisées, l'une des plus belles de la Méditerranée. La baie s'étend entre la presqu'île du cap Ferrat et les hauteurs du mont Boron ; profonde (25 à 60 m), elle peut accueillir une escadre entière.

La situation

Carte Michelin Local 341 E5 - Schémas p. 308 et 324 - Alpes-Maritimes (06). À 6 km à l'Est de Nice par la corniche inférieure *(voir corniches de la Riviera)*. La rade est signalée par trois phares et un sémaphore. Pour les voitures, parkings autour de la citadelle et sur la darse. *Jardin François-Binon, 06230 Villefranche-sur-Mer,* ☎ *04 93 01 73 68. www.villefranche-sur-mer.com*

Le nom

Le neveu de Saint Louis, le comte de Provence Charles II d'Anjou, fonda la ville au 13e s. et lui accorda des libertés ou « franchises » commerciales. D'où le nom.

Les gens

6 833 Villefranchois. Ambiance populaire aujourd'hui, artistique hier. Quatre citoyens ou fils adoptifs de la ville lui ont laissé leur art dans les musées qui portent leur nom : Cocteau, Volti, Goetz et Boumeester.

Balades

Pour admirer la rade d'en haut, monter sur la colline superbement boisée des monts Alban et Boron, ainsi qu'au quartier St-Michel *(itinéraire à l'Office de tourisme).*

B. Kaufmann/MICHELIN

Villefranche-sur-Mer : une rade superbe et des maisons étagées... un petit air d'Italie pour le plus russe des ports méditerranéens.

comprendre

La présence russe à Villefranche – Elle remonte à la fin du 18e s. et a fait preuve depuis d'une originale constance. L'intérêt stratégique de la rade n'avait pas échappé aux autorités maritimes russes de l'époque qui y mouillaient à chaque conflit avec l'empire ottoman. Elle leur devient essentielle quand, au lendemain de la guerre de Crimée en 1856, la flotte militaire russe est privée d'accès à la Méditerranée par le Bosphore : le roi

carnet pratique

Visite

Visites guidées de la ville – *(Villefranche-sur-Mer) S'adresser à l'Office de tourisme - visite guidée (1h45) merc. à 10h - 5 €. Visites thématiques : « Les petits matins de la Citadelle » mai-sept. : vend. petit-déjeuner dans les jardins du musée, visite de la citadelle et de la vieille ville. Sur réservation. 8 €. Visite spectacle de la citadelle. Sur réservation. 8 €.*

Se loger

Le Riviera – *2 av. Albert-Ier - ☎ 04 93 76 62 76 - www. hotelrivieravillefranche.com - fermé janv. - 24 ch. 46/110 € - ☕ 8,50 €.* Cet hôtel simplement - mais joliment - rénové offre une halte agréable sur la corniche inférieure. Les chambres, climatisées et progressivement améliorées, sont accessibles à toutes les bourses ; certaines ont vue sur la mer. Petit-déjeuner servi sur le plaisant toit-terrasse.

Se restaurer

La Grignotière – *3 r. du Poilu - ☎ 04 93 76 79 83 - grignotiere@hotmail.com - fermé le midi sf dim. et merc. soir hors sais. - 10/30 €.* L'enseigne peut induire en erreur, mais les assiettes gargantuesques, se chargeront de vous rassurer. Fi donc des grignotages, on vient ici pour la qualité des produits, cent pour cent frais, et les portions généreuses. Les habitués ne s'y trompent pas ! La carte s'est récemment enrichie de spécialités de couscous.

La Fille du Pêcheur – *13 quai Courbet - ☎ 04 93 01 90 09 - contact@lafilledupecheur.com - fermé le midi en juil.-août et merc. en hiver - 23/27 €.* Boiseries couleur acajou et plaisant décor contemporain de style marin agrémentent l'intérieur de ce restaurant du port. Le « père » rapporte sa pêche quotidienne.

de Sardaigne accepte alors de céder à la Russie le lazaret et la darse de Villefranche qui lui servent de dépôt à vivres et à combustibles. La rade devient alors le port d'attache de la noblesse impériale en villégiature sur la Côte, et ce malgré le rattachement du comté de Nice. Puis l'intérêt pour le site évolue à la fin du siècle : en 1893, une équipe de scientifiques de Kiev remplace les militaires pour pratiquer des recherches océanographiques en profitant de la présence d'un courant ascendant dans la rade. Ces études, malgré les aléas politiques, se poursuivent jusqu'aux années 1930.

Station de zoologie
L'université de Paris reprend dans les années 1930 les locaux scientifiques russes et y établit une station de zoologie marine de réputation internationale.

séjourner

Vieille ville★

Elle s'ouvre sur le charmant port de pêche par un front de hautes façades vivement colorées. La rue du Poilu forme l'artère principale de ce bel enchevêtrement de rues étroites, parfois en escalier ou voûtées, comme la curieuse **rue Obscure**, où la population cherchait refuge lors des bombardements.

Pause avant la visite de la chapelle St-Pierre.

S. Sauvignier/MICHELIN

VILLEFRANCHE-SUR-MER

Cauvin (Av.) 2
Corderie (Quai de la) 3
Corne-d'Or (Bd de la) 5
Courbet (Quai Amiral) 6
Église (R. de l') 7
Foch (Av. du Maréchal) 8
Gallieni (Av. Général) 9
Gaulle (Av. Général-de) 10
Grande-Bretagne (Av. de) . . . 12
Joffre (Av. du Maréchal) 14
Leclerc (Av. Général) 15
Marinières (Promenades des) 16
May (R. de) 18
Obscure (R.) 19
Paix (Pl. de la) 20
Poilu (R. du) 22
Pollonais (Pl. A.) 24
Ponchardier (Quai Amiral) . . 25
Poullan (Pl. F.) 26
Sadi-Carnot (Av.) 28
Settimelli-Lazare (Bd) 30
Soleil d'Or (Av. du) 31
Verdun (Av. de) 32
Victoire (R. de la) 34
Wilson (Pl.) 35

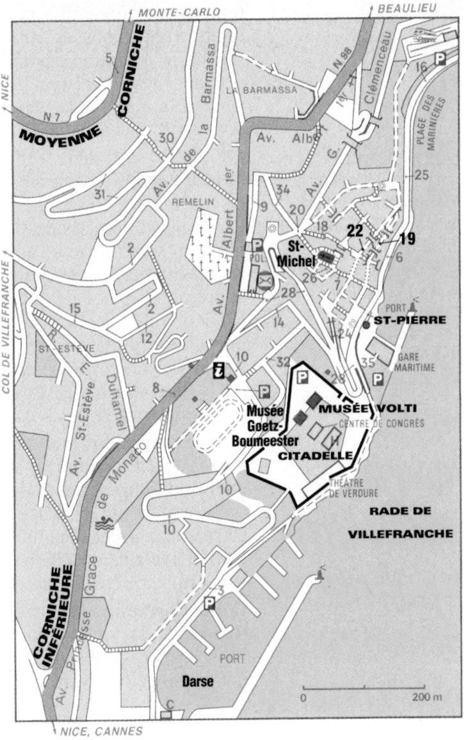

Église St-Michel

Discrètement baroque, elle abrite des retables du 18e s. et des statues : en bois polychrome du 16e s., saint Roch et son chien *(à gauche, contre un pilier)*, et un Christ gisant du 17e s., sculpté par un galérien dans un tronc de figuier, d'un réalisme impressionnant *(croisillon gauche)*. À la tribune, **orgue** typiquement français de 1790, œuvre des frères Grinda, facteurs niçois de grande réputation.

Darse

C'est l'ancien port militaire où se construisaient les galères et où embarquaient les forçats ; aujourd'hui y mouillent yachts et canots de plaisance.

> **PROFONDE**
> Les fonds sous-marins de la rade atteignant jusqu'à 60 m ont attiré les bateaux romains avant que ne s'y relâchent bâtiments de guerre russes, yachts ou paquebots. « Port de toute la Côte d'Azur » selon P. Morand, la rade de Villefranche fut, du 14e au 18e s., le grand port de l'État savoyard puis sarde, avant que Nice n'ait le sien. De 1945 à 1962, la base navale américaine y prit ses quartiers.

visiter

Chapelle St-Pierre★

☎ 04 93 76 90 70 - de mi-juin à mi-sept. : 10h-12h, 16h-20h30 ; de mi-mars à mi-juin : 9h30-12h, 15h-19h ; de mi-sept. à mi-déc. : 9h30-12h, 14h-18h ; de mi-déc. à mi-mars : 9h30-12h, 14h-17h - fermé lun., de mi-nov. à mi-déc. et 25 déc. - 2 €.

Jean Cocteau, qui découvrit Villefranche dès 1924, décora la chapelle en 1957. Elle est dédiée à saint Pierre, patron des pêcheurs. Les fresques affirment la primauté du dessin, ample et précis, qui cerne des images figuratives et populaires : elles racontent la vie du saint, mais traitent aussi de sujets profanes comme l'*Hommage aux demoiselles de Villefranche* ou *Les Gitans*. Un décor géométrique relie les différentes scènes.

> **VOIR**
> De part et d'autre de la porte peinte intérieurement, les flammes des chandeliers de l'Apocalypse (traités en céramique) sont des yeux grands ouverts.

Citadelle

Restaurée à la perfection en 1981, elle a été élevée à la fin du 16e s. par le duc de Savoie pour protéger la rade. Elle faisait l'admiration de Vauban et fut épargnée par Louis XIV avec le fort du mont Alban lors de la destruction des défenses du comté de Nice. Elle abrite l'hôtel de ville, l'ancienne chapelle St-Elme, qui accueille des expositions temporaires, un auditorium de 200 places, un théâtre de verdure, trois musées *(voir ci-dessous)* et une salle-souvenir du 24e bataillon des chasseurs alpins (dernier corps d'armée ayant occupé les lieux). *Juil.-août : 10h-12h, 14h30-19h, dim. 14h30-19h ; juin et sept. : 9h-12h, 14h30-18h, dim. 14h30-19h ; oct.-mai : 9h-12h, 14h-17h30, dim. 13h30-18h. Fermé mar., nov. Gratuit. ☎ 04 93 76 33 27.*

L'humour n'est pas exclu, des œuvres de **Volti**, comme dans les *Cavaliers du ciel*, véritables hommes-cheminées en cuivre martelé *(dans la cour)*.

Musée Volti★ – La grande cour de la citadelle et le dédale de casemates voûtées mettent admirablement en valeur les corps voluptueux de Volti, sculpteur de Villefranche que l'on sent formé à l'art de Maillol. Il excelle dans la représentation inlassable de la femme, dressée avec la suprême élégance des Parisiennes, couchée avec grâce *(Nikaïa)*, noblement assise *(Maternité de Cachan)* ou enroulée comme un œuf *(Lotus)*. Certaines des œuvres les plus récentes atteignent à une majesté monumentale *(La Reine, Minerve...)*. De très belles sanguines accompagnent, çà et là, les sculptures.

Musée Goetz-Boumeester – Une centaine d'œuvres, représentant cinquante ans de recherches picturales allant du figuratif à l'abstrait, parmi lesquelles celles du peintre-graveur Henri Goetz, né en 1909, et de son épouse Christine Boumeester (1904-1971) qui donnèrent leur collection à la ville de Villefranche. Également des œuvres-souvenirs signées Picasso, Miró, Hartung, Picabia, etc.

Collection Roux – Figurines de céramique évoquant des scènes de la vie quotidienne au Moyen Âge et à la Renaissance, réalisées d'après des traités et ouvrages datant de cette époque.

Villeneuve-Loubet

Vague en béton

Marina-Baie-des-Anges a été reconnue par le ministère de la culture « Patrimoine architectural du 20e s. ». À vous de voir... *L'Office de tourisme organise des visites guidées. 3 €.*

Deux villes en une, contenant tous les contrastes de la Côte : le château médiéval dominant la vieille ville ou la moderne Marina-Baie-des-Anges sur le littoral. Côté mer, 4 km de plage de galets et un label « station kid » s'offrent à vous. Côté tradition, les villageois pratiquent toujours la pelote provençale à main nue.

La situation

Carte Michelin Local 341 D6 - Schéma p. 144 - Alpes-Maritimes (06). Entre le Loup et la Brague, la plage de Villeneuve prolonge celle de Cagnes *(voir ce nom)*. Derrière se trouvent la moderne puis la vieille ville.

16 av. de la Mer, 06270 Villeneuve-Loubet, ☎ 04 92 02 66 16. www.ot-villeneuveloubet.org

Le nom

Il désigne une agglomération neuve au Moyen Âge, fondée par un seigneur qui s'appelle Villeneuve, de surcroît ! Loubet, ancien fief voisin, tire son nom du Loup qui se jette ici dans la mer.

Due à André Minangoy, Marina-Baie-des-Anges est l'une des réalisations immobilières les plus prestigieuses de la Côte d'Azur... Une réussite ? En tout cas, elle se voit de partout !

E. Baret/MICHELIN

Les gens

13 104 Villeneuvois. Natif de Villeneuve, l'illustre cuisinier **Auguste Escoffier** (1846-1935) fit ses armes à Nice, puis à Paris au Petit Moulin Rouge avant de se forger une réputation dans les palaces qu'il créa avec César Ritz. « Cuisinier des Rois et Roi des Cuisiniers », il sut plaire aux grands de ce monde en leur concoctant des plats attitrés (il créa ainsi la pêche Melba, en l'honneur d'une cantatrice du même nom) tout en innovant dans la légèreté, la simplicité et la qualité.

découvrir

Le vieux village *(plan commenté disponible à l'Office de tourisme)* aux ruelles pentues agréables à arpenter est blotti au pied du **château** des Villeneuve, du 13e s., restauré au 19e s. Le haut donjon pentagonal fut en partie édifié au 9e s. C'est dans ce château, où résidait François Ier, que fut signée en 1538 l'éphémère paix de Nice avec Charles Quint (elle ne dura que cinq ans !). *Visites guidées toute l'année sur inscription à l'Office de tourisme. 5 €.*
2 km, au départ du village. Vous pourrez ensuite vous promener sur les berges ombragées du Loup.

visiter

Musée Escoffier de l'Art Culinaire★

☎ 04 93 20 80 51 - juil.-août : 14h-19h, merc. et vend. 10h-12h, 14h-19h ; reste de l'année : tlj sf sam. 14h-18h - fermé nov. et j. fériés - 5 € (11-18 ans 2,50 €).
Dans la maison natale d'**Auguste Escoffier** sont réunis souvenirs, objets personnels et témoignages du rayonnement international de cet ambassadeur de la cuisine française qui s'illustra au Savoy et au Carlton de Londres ainsi qu'au Ritz à Paris. Ustensiles d'époque, cuisine provençale reconstituée, collection de voitures miniatures (pour le service en salle) et de 1 500 menus, de 1820 à nos jours, panneau chronologique de la cuisine de la préhistoire à nos jours illustrent l'art culinaire. Possibilité de visionner des recettes de grands chefs.

Musée d'Histoire et d'Art

R. de l'Hôtel-de-Ville. ☎ 04 92 02 60 39/50 - 9h-12h, 15h-18h, sam. 9h30-12h30, dim. 11h-13h - fermé j. fériés - gratuit.
Au 1er étage, expositions temporaires d'art. Les 2e et 3e étages sont consacrés aux grands conflits dans lesquels la France a été engagée au 20e s. : les deux guerres mondiales, les guerres d'Indochine (1945-1954) et d'Algérie (1954-1962), les interventions au Tchad et au Zaïre (1969-1984), au Liban (1982-1987) et la guerre du Golfe (1991).

NATURE

Le parc naturel départemental de **Vaugrenier***(accès par la RN 7)* s'étend sur 100 ha partagés entre prairie et bois (pins et différentes variétés de chênes). 6 km de sentiers à parcourir et un étang où observer les oiseaux.

SAVOUREUX

La « balade gourmande » associe la découverte du village, la visite du musée Escoffier et une dégustation surprise. *Sur demande à l'Office de tourisme. 6 €. ☎ 04 92 02 66 16.*

Index

Nice .... Villes, sites et régions touristiques
Picasso .... Noms historiques et termes faisant l'objet d'une explication

Les sites isolés (châteaux, abbayes, grottes...) sont répertoriés à leur propre nom.

Manufacture française des pneumatiques Michelin
Société en commandite par actions au capital de 304 000 000 EUR
Place des Carmes-Déchaux – 63 Clermont-Ferrand (France)
R.C.S. Clermont-Fd B 855 200 507

Dépôt légal mars 2006 – ISSN 0293-9436
Compogravure : Maury, Malesherbes
Printed in Singapore : 12-05/6.1-1

Le Guide Vert propose 24 guides sur les régions françaises.
Ces guides sont mis à jour tous les ans.
Toutes les informations sont alors actualisées et vérifiées sur le terrain.

ÉCRIVEZ-NOUS ! TOUTES VOS REMARQUES NOUS AIDERONT À ENRICHIR NOS GUIDES !

Merci de renvoyer ce questionnaire à l'adresse suivante :
Michelin, Questionnaire Le Guide Vert, 46 avenue de Breteuil,
75324 Paris Cedex 07

En remerciement, les auteurs des 100 premiers questionnaires recevront en cadeau la carte Local Michelin de leur choix !

Titre acheté : ....

Date d'achat (mois et année) : ....

Lieu d'achat (librairie et ville) : ....

1) Aviez-vous déjà acheté un Guide Vert Michelin ? oui ❑ non ❑

2) Quels sont les éléments qui ont motivé l'achat de ce guide ?

	Pas du tout important	Peu important	Important	Très important
Le besoin de renouveler votre ancien guide	❑	❑	❑	❑
L'attrait de la couverture	❑	❑	❑	❑
Le contenu du guide, les thèmes traités	❑	❑	❑	❑
Le fait qu'il s'agisse de la dernière parution (2004)	❑	❑	❑	❑
La recommandation de votre libraire	❑	❑	❑	❑
L'habitude d'acheter la collection Le Guide Vert	❑	❑	❑	❑

Autres : ....

....

Vos commentaires : ....

....

....

3) Avez vous apprécié ?	Pas du tout	Peu	Beaucoup	Énormément
Les conseils du guide (sites et itinéraires conseillés)	❑	❑	❑	❑
La clarté des explications	❑	❑	❑	❑
Les adresses d'hôtels et de restaurants	❑	❑	❑	❑
La présentation du guide (clarté et plaisir de lecture)	❑	❑	❑	❑
Les plans, les cartes	❑	❑	❑	❑
Le détail des informations pratiques (transport, horaires d'ouverture, prix....)	❑	❑	❑	❑

Vos commentaires : ....

....

....

4) Quelles parties avez-vous utilisées ?
Quels sites avez-vous visités ?

....

....

....

....

....

5) Renouvellerez-vous votre guide lors de sa prochaine édition ?

Oui ❑ Non ❑

Si non, pourquoi ? ....

....

....

....

6) Notez votre guide sur 20 :

7) Vos conseils, vos souhaits, vos suggestions d'amélioration :

....

....

....

....

....

....

8) Vous êtes :

Homme ❑ Femme ❑ Âge : .... ans

Nom et prénom : ....

Adresse : ....

....

Profession : ....

Quelle carte Local Michelin souhaiteriez-vous recevoir ?

(nous préciser le département de votre choix)

....

Offre proposée aux 100 premières personnes ayant renvoyé un questionnaire complet. Une seule carte offerte par foyer, dans la limite des stocks disponibles.

Les informations récoltées sur ce questionnaire sont exclusivement destinées aux services internes de Michelin, ne feront l'objet d'aucune cession à des tiers et seront utilisées pour la réalisation d'une étude. Elles seront également conservées pour créer une base de données qui pourra être utilisée pour la réalisation d'études futures. Ce questionnaire est donc soumis aux dispositions de la loi « Informatique et Liberté » du 6 janvier 1978. Vous disposez donc d'un droit d'accès, de modification, de rectification et de suppression des données qui vous concernent. Pour exercer ce droit, il vous suffit d'écrire à MICHELIN 46, avenue de Breteuil 75007 Paris.